工商管理经典译丛
市场营销系列 ｜ Business Administration
Classics·marketing

销售与销售管理

Selling and Sales Management

第10版

Tenth Edition

戴维·乔布（David Jobber）
杰夫·兰开斯特（Geoff Lancaster）
—— 著 ——

李先国　焦腾啸
—— 译 ——

中国人民大学出版社
·北 京·

工商管理经典译丛·市场营销系列

出版说明

　　随着我国市场经济的不断深化，市场营销在企业中的地位日益突出，高素质的市场营销人才也成为企业的迫切需要。中国人民大学出版社早在 1998 年就开始组织策划"工商管理经典译丛·市场营销系列"丛书，这是国内第一套引进版市场营销类丛书，一经推出，便受到国内营销学界和企业界的普遍欢迎。

　　本丛书站在当代营销学教育的前沿，总结国际上营销学的最新理论和实践发展的成果，所选图书均为营销学界有影响的专家学者所著，被世界各国（地区）的高校师生和企业界人士所广泛使用。在内容上，涵盖了营销管理的各个重要领域，既注意与国内营销学相关课程配套，又兼顾企业营销的实际需要。

　　市场营销学是实践性很强的应用学科，随着我国企业营销实践的日渐深入和营销学教育的快速发展，本丛书也不断更新版本，增加新的内容，形成了今天呈现在读者面前的这一较为完善的体系。今后，随着营销学的发展和实践的积累，本丛书还将进行补充和更新。

　　在本丛书选择和论证过程中，我们得到了国内营销学界著名专家学者的大力支持和帮助，原我社策划编辑闻洁女士在早期的总体策划中付出了大量的心血，谨在此致以崇高的敬意和衷心的感谢。最后，还要特别感谢为本丛书提供版权的培生教育出版集团、约翰威立公司、麦格劳-希尔教育出版公司、圣智学习出版公司等国际著名出版公司。

　　希望本丛书对推动我国营销人才的培养和企业营销能力的提升持续发挥应有的作用。

中国人民大学出版社

译者序

当今时代，随着人们消费需求模式的不断演变升级和个性化的凸显，业界对销售的作用和角色愈发重视，越来越多的企业将销售提升到了企业战略的高度，优秀的销售人员和销售经理也成为各行各业不可多得的人才。市面上充斥着各种各样的关于销售和营销的书籍，但对销售进行深度阐述和分析的教材很少，从全球视角对销售进行系统审视和讨论的教材更是屈指可数。销售和销售管理不仅是一种职能或工作，而且是具有丰富内容的一套体系，与营销紧密相关，企业应高度重视。

《销售与销售管理》（第10版）延续了以前版本所形成和总结的观点，主要有两个特点。首先，对销售和销售管理的基本原理和主要知识进行了系统讲述，覆盖了从销售开始到结束的全过程。其次，每一章都含有丰富的实际案例，包括经典案例与近五年的新案例，致力于让读者从理论和实践的双重角度对销售有全面的了解；每章末都有案例练习和思考题，帮助读者对所学知识进行梳理和检验。

本书用大量的篇幅来阐述从全球视角出发的对销售更加系统的认识，并随之增加了许多新的案例。原著的两位作者来自英国，案例以英国企业为主，但也不乏来自世界各地的真实案例、销售决策，不仅涉及大量的中小企业、新创企业、大企业、跨国公司，还包括从营利及非营利机构、社会团体、普通大众的视角对销售和销售管理的形形色色的观点和理解。另外，第10版相较于以往版本的新内容主要体现在加入了信息技术、移动互联网技术、大数据等新兴技术在销售中的应用等内容，使得本书具有与时俱进的特点。

原著的作者具有扎实的理论功底，除了具有教授的身份，还有多年的各类企业的销售管理经验。他们为销售管理、销售战略、销售技术以及销售控制等方面的知识体系贡献了大量研究成果。第10版的注释相对于以往版本有大量的扩增，意味着有大量的新理论、新成果加入本书，最终形成了这本基于全球视角的销售宝典。

参加本书翻译工作的主要有中国人民大学商学院的李先国、焦腾啸、谢纯雅，清华大学经济管理学院的赵小华，加州大学欧文分校的李沐阳。全书最后由李先国和焦腾啸统校定稿。陈宁颉、张新圣、于潇宇、陈建会、黎静仪、郑琛誉、郑一妹、周笑、吴昱潼、宋明蕊、田爽等在本书的初译过程中做出了一定贡献。时间仓促，水平有限，欢迎各位读者、同行和商界人士交流和批评。

前 言

背 景

本书的内容涉及迄今为止市场营销组合中最重要的元素，适用于大多数学生和业界人士。在过去几年中，销售的职能越来越多地向营销职能发生更深层次的转变，但销售作为营销的重要方面在一定程度上仍被人们忽视。不管怎么样，订单的赢得还是不能少了面对面接触这关键的一步。本书从理论和实践的双重角度，详细解释和阐述了销售和销售管理的全过程。

全书结构

确切地说，本书分为五篇：**销售视角**（sales perspective）、**销售环境**（sales environment）、**销售技巧**（sales technique）、**销售管理**（sales management）、**销售控制**（sales control）。

销售视角篇讨论了销售的发展历程，并由此对销售在营销和营销组织中的地位进行评价。其中还分析了不同类型的购买者，帮助我们理解他们的想法，有针对性地组织相应的销售活动。**销售环境**篇关注的是销售的组织形式，包括各类渠道、产业销售、商业销售、公共机构销售和后续的再销售过程。随着商业全球化的进程不断加快，国际销售成为越来越重要的领域，所以国际销售的内容会独立成章。**销售技巧**篇本质是实践性的，包括销售准备、人员销售技巧、销售职责等。**销售管理**篇的内容涉及销售人员的招聘、甄选、激励、培训，还包括如何从管理者的角度创立销售组织、设置薪酬制度。**销售控制**篇讨论了销售预算，解释了为什么销售预算是一切商业计划的出发点。销售预测的内容也在这部分进行讨论，我们给出了一些预测方法，解释了为什么销售预测是销售管理者的职责而不是财务人员的职责。每一章的末尾都会有一个案例供读者学习和练习，还有关于本章知识的思考题，以学生上课、考试中经常出现的简答题、论述题的形式呈现。

本版的新内容

本书为最新版，包括销售管理领域的前沿知识和相关研究，这一点是与很多同类教材相比的优异之处。另外，本书还加入了新的案例，并对原有的部分案例进行了更新，加入了很多实践性内容和相应的例证。

其他的新内容包括：

- 对销售战略和销售伙伴的内容进行补充；
- 对销售的伦理问题进行更多的探讨；
- 在销售渠道的管理部分补充新的内容；
- 对社交媒体对销售的作用进行更深入的探讨；
- 对潜在顾客开发流程（lead generation）进行更深的探讨；
- 增加了每章末尾的思考题数量。

适用对象

本书对于以下人群来说具有极高的学习价值：英国特许营销协会（Chartered Institute of Marketing）的入会考试考生，传播、广告和营销教育基金会（Communication，Advertising and Marketing Education Foundation）、英国伦敦工商会（London Chamber of Commerce and Industry）高级销售和销售管理培训人员，具有国家高级证书和商业研究文凭的营销人员，想要在营销领域进修的销售人员，各个国家商学院营销专业的本科生、研究生等。此外，本书在实践和理论两个方面双管齐下，对销售管理人员和一线销售人员都具有不可估量的价值。

目　录

第4篇　销售管理

第 5 篇　销售控制

第 1 篇　销售视角

第1篇包括两个介绍性的章节，对本书其余内容进行了整体的概括。

第1章首先介绍了销售和销售管理的概念及其在生活中扮演的角色，这里暂且不考虑它们与营销相关概念的联系。然后，对销售和销售管理两个概念之间显而易见的联系进行解释，我们认为所谓更为复杂的营销思维的根源其实就在于销售。企业理念（企业导向）的主要内容也会有所涉猎。营销的概念如何通过一些营销组合策略在实践中得到落地实施也会在本章进行讨论。一些重要的概念，如关于市场细分、定位、营销组合的4P（产品、价格、渠道、促销）等，以及近年来对营销组合中"P"的概念拓展也会在本章介绍。本章以对营销战略和人员销售概念间联系的更为深入的解释作为结尾。

第2章主要探讨销售战略及其如何与营销规划发生联系。首先，介绍传统营销计划的制定流程，对确定目标市场、定价、顾客保留以及计划执行中所拥有资源的控制做了重点陈述。接下来，对销售在营销规划中的角色进行详述，探讨销售在成功营销中的不可或缺的功能，以及营销规划的由内而外思维如何被由外而内思维逐步取代。传统观点认为销售只是促销组合策略中的一个组成元素，但我们认为其中的"促销组合策略"应改为"沟通组合策略"。本章在传统观点的基础上具体解释了销售在沟通组合策略中扮演的角色，这些组合策略涉及广告、促销活动、公共关系等方面。当今时代沟通组合策略的其他组成元素（如直复营销、网络营销、客户关系营销等）在销售流程中的作用和角色也会在本章进行阐述。

第1章 销售在市场营销中的发展和作用

学习目标

学习本章后，你应该可以：

1. 了解产品、销售、营销导向的含义。
2. 了解销售为何通常有一个负面的形象。
3. 了解销售如何被纳入营销组合策略。
4. 了解销售管理的职责。
5. 了解销售作为一种职业的意义。

引 言

除了销售以外，没有哪个其他领域的商业活动（直接参与型的和非直接参与型的）能引发如此多的讨论。这其实不足为奇，因为销售是大多数人直接或间接维持生计的重要手段。即使一个人从不介入销售活动，当他作为消费者时，他就与销售有了密切的联系。也许是因为销售这个概念对我们来说太熟悉，很多人对销售和销售人员存在误解。奇怪的是，这些误解大多数正来自那些长期从事销售工作的人。可以看出，这也是个"过分熟稔易滋侮蔑"的例子。

虽然**销售**（selling）和销售管理之间的联系很紧密，但它们并不是同一个概念。在本章，销售的概念和在生活中扮演的角色将被系统地介绍，当然也包括销售管理在当代组织中的含义。对于那些生活中常见的对销售和销售管理的误解或错误观点，我们也将逐个厘清。

和其他业务职能一样，销售所扮演的角色也随着时代的发展不断改变。也许，这些改变中最重要且影响最深远的是"营销"概念的创造和实践，这也是商业环境不断发展演变的结果。"企业中的营销"和"营销中的销售"这两个方面都将在本章进行讨论。

销售的本质及其扮演的角色

对销售（传统上称为"推销"）的本质和角色最简单的理解就是把东西卖出去，但往往一些看似很明显的理解恰恰掩盖了其背后更深层次的内容，包括一系列的原则和规定、技术层面的问题以及人员技能，当然也包括各种各样的销售任务。后面我们会建立一个更为完整和精细的销售概念框架，现在先来讲一下为何人们会对销售这种商业活动有如此浓厚的兴趣。

关于销售的文献有很多，从侧重于概念和方法的理论文献到关于"如何操作"的实践性文献应有尽有。企业通常会消耗很大的财力，用艺术的形式培养专业销售人员。重视销售人员的理由其实很简单：大多数企业中的销售人员是企业与客户进行直接沟通的最重要的纽带。由于销售人员扮演着这种重要的角色，对于很多顾客来说，销售人员就代表企业。然而，一个设计和计划都很完美的营销方案也会因销售人员的低效率而失败。与招募、培训、维持企业的销售团队这些基础成本一样，制定销售任务、不断尝试提高销售效果的新方法的相关成本也必不可少。本书的第3篇会对销售的技术层面问题做详细讲述。

销售是一系列销售场景和销售活动的集合。例如，有些销售职位要求销售代表按照规定或定时定点地把产品交付给客户。这种职能工作的侧重点与工业采购人员进行资产设备交易的销售沟通工作的侧重点有很大的不同。另外，一些销售代表只负责出口市场的工作，而其他销售代表则负责为客户送货上门的销售工作。销售角色的多样性是销售的一个显著特征。有些销售人员也许只能销售标准化的产品，而其他销售人员却可以根据客户需求销售个性化或定制化的产品。例如，在 EE、沃达丰（Vodafone）、苹果等手机专卖店，销售人员可以销售多种产品。但是关税由公司设定。尽管如此，基于客户的不同需求，他们也可以增加相应的服务项目，并列出所有的额外花销。由此看来，尽管价格计划是标准化的，但不排除一定程度的定制化。

表 1-1 列出了人员销售的优缺点。

表 1-1　人员销售的优缺点

＋ 互动性：问题可以得到回答，障碍可以被克服。
＋ 适应性：销售展示的方式可以根据顾客需求进行调整。
＋ 可以实施更为复杂灵活的沟通。
＋ 可以用个性化的方式建立起客户关系。
＋ 提供成交的机会。
－ 相对于其他销售方式，成本更高（例如，上门拜访客户的花费比给客户发邮件高得多）。
－ 销售人员的经验和专业程度参差不齐。
－ 人与人之间总是存在差异，很难将销售人员的行为标准化。
－ 培训销售人员要花费成本，并且培训是持续不断的（例如，新员工需要培训，而有经验的老员工可能养成不好的习惯，因此需要对他们实施监督；企业必须根据具体岗位所需的新技能和专业程度，进行增员和裁员，保持一定的人力资源流动性）。

当今时代的销售

如今，销售人员需要掌握各种销售技能来确保完成销售任务。曾几何时，销售人员只要掌握产品展示、成交的技能就可视为成功。现如今，销售人员需要掌握一系列的技能，这将在下一节讲述。这一节探讨当今时代销售的特点。一个销售人员如果不了解这些特点，就如同军队粮草不足，很难打胜仗一样，难以处理工作中的问题。

图1-1展示了当今时代销售的特点。

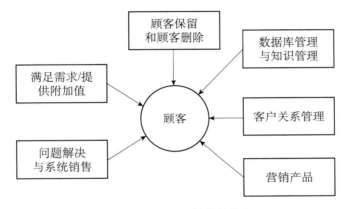

图1-1　当今时代销售的特点

资料来源：Adapted from Moncrief，W. C. and Marshall，G. W. （2005）The evolution of the seven steps of selling，*Industrial Marketing Management*，34：13-22.

1. 顾客保留和顾客删除。根据帕累托原理（Pareto principle），企业销售收入的80%来自20%的顾客。这意味着企业需要将大量的资源投到购买量大、潜力大和有利可图的顾客身上。大客户管理成为销售组织的重要管理模式，因为这一模式下销售人员和销售团队可以将主要的精力放在单个客户或几个重要客户上。

企业会发现，一些小客户给企业本身带来的收益其实是负的，这是因为对这些客户提供服务和分销产品需要花费的成本超过了从他们身上所能获得的销售收益。大企业可能需要对小客户采用电话销售、网络销售的销售方式，如果服务这些客户花费的高额成本无法被抵消，企业就会终止客户关系，放弃这些客户。

2. 数据库管理与知识管理。在现代销售中，销售人员需要建立并使用客户数据库，利用互联网接受完成销售任务方面（例如，搜集顾客信息和竞争对手信息）的相关培训。以前，销售人员将顾客信息记录到卡片上，然后依次传递到领导部门办公室，而现在网络技术的应用（如电子邮件、手机、视频会议）改变了信息传递的方式。笔记本电脑的出现意味着销售人员可以存储客户和竞争者的信息，进行产品展示，随时与上级领导部门进行信息沟通。另外，企业提供的产品目录和价目表等方面的信息也可以电子化。

3. 客户关系管理。客户关系管理要求销售人员有更长远的考虑，而不是在成交后结束交易关系。[1] * 这强调的是创造共赢的局面，使双方都能获利且都有意愿继续保持客户关系。对于一些重要客户来说，客户关系管理往往要求企业成立特别小组，专门服务于这些客户并解决交易关系中出现的各种问题。这种叫作"大客户管理"的组织结构是服务于"关系营销"的，这部分内容将在本书的第 9 章、第 10 章进行详细介绍。

4. 营销产品。相对于过去只是计划并执行销售展示工作，现代销售人员参与了更加广泛、种类更多的活动。确实，面对面的产品展示如今完全可以由网页发布、邮件联络等方式代替，以更容易理解、更便捷的方式传递各种各样的销售信息。[2]销售人员的角色已经扩展到诸多方面，如参与各种各样的营销活动（如产品更新换代、市场扩张、市场细分）以及支持或补充营销活动的一些其他任务（如数据库管理、数据挖掘和分析、评估目标市场等）。[3]

5. 问题解决与系统销售。很多现代销售（尤其是在 B2B 场景下）都建立在销售人员以顾问的角色与客户沟通，然后解决问题，确定顾客需求、销售目的，接着提出有效解决方案的基础上。[4]传统观点认为，销售人员就是通过花言巧语诱导顾客，劝说顾客下单，然后赶快离开的人，而现代销售方法与这种传统观点有本质的不同。现代销售通常包含多种类型的访谈，采用焦点小组访谈法和大量的分析方法。此外，顾客越来越关注系统化的解决方案，而不只是买单个的商品。这意味着如果要把门把手卖给福特公司，供应商一定不能只会销售把手、门锁等方面的门禁系统，还要具备系统性的门禁知识，还要根据福特公司的需求或可能面临的问题，提出相应的解决方案。由此可见，这种所谓的"增值服务"在销售中扮演的角色越来越重要了。

6. 需求满足/提供附加值。现代销售人员必须具备识别并满足顾客需求的能力。某些顾客可能并不知道自己到底有没有需求，在这种情况下，销售人员的工作就是激发顾客对自身的需求进行识别。比如说，顾客可能没有意识到现有的机器与现代的、技术先进的机器在生产效率上有差距。这时，销售人员的任务就是使顾客认识到这个问题，让顾客确信问题需要解决，从而劝说他们进行改进、创新。这样，销售人员就通过降低成本的方式为顾客经营提供了附加值，毕竟留住老顾客的成本比发掘新顾客低得多，这种合作共赢的局面也在这种附加值的基础上得以建立。

专业销售人员的成功因素

对于当今的销售经理、销售人员来说，一个比较关键的问题是识别出哪些因素导致了销售成功。马歇尔、戈贝尔和蒙克里夫（Marshall, Goebel and Moncrief）在 2003 年的一项研究中对一些销售经理进行了调研，让他们甄别出成功销售所需的知识和技能。[5]表 1-2 列出了销售的十大成功因素。

---

* 本书注释放至网上，读者可登录 www. crup. com. cn 下载。——译者

表 1-2　销售的十大成功因素

1. 聆听能力
2. 跟进能力
3. 根据销售场景随机应变的能力
4. 对销售任务的执着精神
5. 组织技能
6. 语言沟通能力
7. 与各级别组织人员进行有效沟通的能力
8. 克服障碍的展示能力
9. 成交能力
10. 个人计划和时间管理能力

资料来源：Reprinted from Marshall, G. W., Goebel, D. J. and Moncrief, W. C. (2003) Hiring for success at the buyer-seller interface, *Journal of Business Research*, 56：247-55. Copyright © 2003, with permission from Elsevier.

这些成功因素也是一种对销售本质的思考。认识这些成功因素是非常必要的，因为这些因素可以从多方面帮助提高整体的销售效率，销售人员与顾客能够高效、顺利地沟通。首先，销售经理可以利用关于这些成功因素的知识提高和改进他们招聘销售人员的质量和培训效果。其次，应聘者也可以将这些因素作为自己销售工作的目标，确保在销售领域高效、高标准地工作，同时在应聘销售工作时着重展示自己的突出优点。最后，高校中教授销售课程的老师也可以利用这些信息，确保教学大纲与实践接轨，教学内容涵盖实践者看重的那些销售知识和技能。[6]

销售的种类

多种多样的购买场景意味着多种多样的销售工作：销售工作将随着销售任务类型和特点的变化而变化。如图 1-2 所示，订单接受者、订单创造者、订单获取者三者之间有显著的区别。订单接受者主要针对那些已经决定购买的顾客；订单创造者与有意向了解的潜在客户进行交谈，而不是直接与购买者沟通，所以不直接接受订单；订单获取者则劝说顾客直接做决定并下订单。

订单接受者有三种类型：内部订单接受者、送货销售人员和外部订单接受者。订单创造者又可以视为宣传任务型销售人员。订单获取者既可以是公司前台的新业务销售人员、组织销售人员或者消费者销售人员，也可以是为销售人员提供技术支持、跟单支持的销售协助人员。每种订单获取者都是在某种直接销售的场景下进行角色扮演的。下面针对以上这些具体工作内容的细节进行详细讨论。

订单接受者

内部订单接受者

在销售人员不在场的情况下，顾客有充分的自由空间选择产品。内部订单接受者在这里的角色就是售货员，纯粹是业务型的——接受顾客的支付并将产品交给顾客。另一种类型的内部订单接受者是电话销售团队成员，他们通过打电话与顾客沟

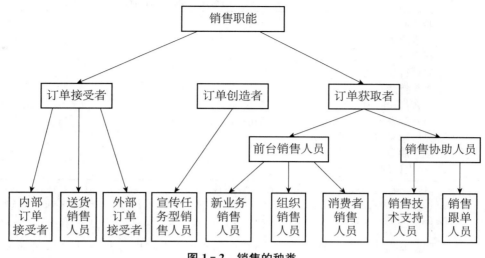

图1-2　销售的种类

通，接受顾客的订单。

送货销售人员

销售人员的主要任务其实就是送货。在英国，牛奶、报纸、杂志都是直接送货上门的。很少会有销售人员尝试说服顾客增加牛奶购买量或者订更多的报纸，这种商品的购买数量完全由顾客决定。订单能否获得主要取决于送货的可靠性以及销售人员的人品。

外部订单接受者

这类销售人员需要和顾客打交道，但是他们的首要目标是满足顾客的需求而不是主动劝说顾客，同时他们不负责送货。在某种程度上，外部订单接受者的角色正在被效率较高的电话销售团队所取代。

订单创造者

宣传任务型销售人员

在某些行业，尤其是医药卫生行业，销售人员的任务并不是完成交易，而是劝说顾客更细致地了解所销售的产品。例如，与医生打交道的医药销售人员是没办法说服医生直接购买药品的，医生不会以个人身份购买药品，但医生会给病人开药，所以相当于是医生让病人购买了商家的药品。类似地，在建筑行业，建筑师与医生类似，也不是购买者，所以销售人员与建筑师打交道的目的当然也不是直接进行销售。在这种情况下，销售的任务是提供信息，建立良好的关系，为以后的成交打下基础。

订单获取者

订单获取者主要由一些以劝说顾客直接下单或直接购买为目标的工作人员组成。这些人员通常是销售前台，很多时候会面临各种销售任务带来的更多、更复杂的挑战。获取订单对销售人员有一定的能力要求，比如善于发现潜在客户，对顾客进行劝导和协商，最终在激烈的竞争环境下创造新的利润点。

销售技术支持人员

这类销售人员一般是为前台销售、一线销售提供技术支持的，所以归入订单获取者。当某些产品的技术含量较高、谈判协商过程很复杂时，销售人员会得到产品和财务专业人士的支持，他们可以为顾客提供更详细的技术信息和资料。这类销售人员将逐渐成为大客户服务团队的重要成员。很多情况下，这些专业人士是在需要的时候临时加入公司的销售团队的。

销售跟单人员

这类销售人员一般在零售、批发的销售场景中起作用。订单可能在公司的销售总部下达，但如果要把产品最终销售给下单的顾客，就需要跟单人员的支持，他们会提供各方面的建议，比如如何进行货架摆放或产品展示、制定促销方案、检查跟踪库存量、与零售店的经理保持联系等。

企业对企业（B2B）与企业对客户（B2C）营销模式

营销人员或销售人员通常根据目标客户的种类区分两种不同的营销或销售模式。消费者群体或市场主要有两种类型，即商业客户（营利性组织或非营利组织）和消费者（个体）。相应地，这两种客户分别对应**企业对企业营销模式**（B2B marketing）和**企业对客户营销模式**（B2C marketing）。虽然营销的基本准则对这两种模式都适用（本章接下来的内容和随后的章节会有详细的描述），但这两种销售或营销模式之间还是存在一些本质区别。接下来，我们对这两种模式的重要特征进行讨论，为之后的论述做准备。

B2C 营销模式

消费者市场区别于其他市场的重要特征是，在这种市场中，消费者购买产品以满足他们的个人需求或者家庭需求。因此，其购买的基本动机是人的本性需求。

根据消费者购买方式的不同和产品类型的不同，消费者市场也可划分为多种类型的子市场，主要包括以下几个：

1. 快消品（fast moving consumer goods，FMCG）市场。在快消品市场中，消费者购买的产品一般价格相对较低。消费者会经常购买这种产品，而且不会用太久，比如牙膏、甜点、香烟、杂货以及化妆品等。这种产品也包括一些需要经常使用的电子产品，比如电池、照明用品等。这些都是用完可以直接扔掉的东西。对于这种产品，消费者一般很少花时间搜集产品信息或者评价不同品牌产品的区别。如果认为某个产品不错，他们就很有可能会认准这个产品持续购买，这就是习惯性购买。快消品也叫低涉入度产品。

2. 半耐用品市场。半耐用品通常是指衣服、鞋子、软体家具、珠宝首饰等。顾名思义，这种产品的购买频率比快消品要低一些，使用时间要长一些。消费者可能需要花一些时间来比较不同品牌产品的优劣。

3. 耐用品。耐用品通常包括电冰箱、汽车、电脑等。这种产品的购买频率一般比较低，并且花销很大，消费者需花更多的时间和精力去选择和购买，对产品的不同品牌、不同供应商进行更多的比较和分析，搜寻更多的产品信息。耐用品也叫高涉入度产品。

B2B 营销模式

这种营销模式下的需求者通常是更大规模的、购买力更强的客户，其购买产品绝大多数情况下是出于实现组织目标的需要，交易双方在组织与组织之间进行交易，并且购买者更加熟练、专业。交易中，购买者通常在地域分布上更加集中，交易通常通过谈判协商的方式进行，销售人员与购买者之间也会下订单。同样，交易双方的规模也是大小不一。

在这种营销模式下，购买者通常要在价格上与卖方进行谈判，并且送货和服务也是非常重要的方面。销售人员一般要面对非常专业的谈判代表，对于比较特殊的企业资产、设备（如饼干工厂的厂房设备），购买过程、售卖过程可以持续几个月甚至几年时间。跟 B2C 市场一样，B2B 市场中也有很多类型的子市场，主要有以下几个：

- 供应品和消耗品市场（例如：原材料市场、半成品市场）；
- 资本设备市场（例如：车间、厂房市场）；
- 商业服务市场（例如：业务咨询、技术顾问等服务导向型市场）。

某汽车制造厂可能会创造一些 B2B 交易，如轮胎、挡风玻璃、汽车照明设备交易等。最终的交易是指把制造的一个汽车成品卖给一个消费者个体，这就是一个更直接的 B2C 交易。

资料来源：Lancaster, G. and Massingham, L.（2011）*Essentials of Marketing Management*. Oxford：Routledge.

以销售为职业

销售有三个层次：订单接受、订单创造、订单获取。这三个层次销售的区别让我们对销售的工作内容和范围有了一个大致的了解。一般来说，订单接受者所面临的压力要比订单创造者小得多，而订单创造者的一个重要特质就是有乐观、友善的人格。然而，高薪总是属于订单接受者，因为他们的报酬一般涵盖佣金、奖金，而佣金和奖金又与他们的接单数量有直接的关系。事实上，很多年轻人获得高薪工作机会的情形正好发生在订单接受者的职位上。

销售场景多种多样，销售工作也多种多样，因此直接详细地总结出在销售工作中获得成功的条件几乎是不可能的。同样，也没有哪个直接的测试或者选拔措施能区别成功和不成功的销售人员，除了亲自尝试，没有什么其他方法能够知道一个人是不是适合销售工作。当然，也有一些公认的比较重要的条件：

1. 亲和力。这种技能可以帮助销售人员更准确地识别顾客的真正需求，发现顾客面临的问题。这种技能可以使得销售人员从顾客的角度设身处地进行思考，从而理解顾客为什么那样想。

2. 沟通能力。这是指向顾客表达、传递信息的能力，更重要的是指聆听和理解的能力。知道何时停止说话、何时倾听顾客是非常重要的。

3. 执行力。尽管销售人员必须接受被拒绝的结果，但对于那些真正想要在销售上获得成功的人来说，他们一定不会善罢甘休。事实上，在顾客说"不"的时候，其实意思是"也许可以"，这种情况下是可以让顾客最终同意的。有执行力的销售人员通常能够促成成交。

4. 自律和抗压能力。很多销售人员大部分时间是没人监管或监督的，除了与顾客进行接触之外，他们都是独处的。作为销售人员工作的一部分，他们总是会面临挫折、拒绝、失败。所以，销售人员既要保持自律，又要有抗压能力，随时面对各种销售任务。

销售的形象

提到"销售"这个词，会引发很多不一样的反应。其中很大一部分是负面的甚至是怀有敌意的，比如不道德、不诚实、令人讨厌、可耻、浪费等。这种观点是公平的吗？我们认为并不公平。其实，这些观点和态度往往出于对销售这个概念的误解，以下就是一些主要的销售误区。

1. 销售不是一个值得做的职业。很多人都有这样的观点，最常见的是认为如果一个人有才能，这种才能会被销售行业埋没。很不幸，持有这种观点的恰恰是那些为年轻人的职业发展规划指路和提供建议的人。有时候，给销售行业的形象抹黑成了一种时尚，这导致很多优秀的学生毕业后没有从事这个行业。

2. 好的产品自然会卖出去，所以销售可能会增加成本。这种观点其实是说，如果某个商家生产出了优质的产品，总会有人买。如果某个公司能够生产出技术领先的产品，这种情况发生的可能性就很大，但如果算上研发的话，就会增加附加成本，公司必须增加研发支出以保持研发优势。另外，本书后面的章节中会提到，销售并不仅仅是把产品卖出去，还可以向公司反馈顾客信息以及潜在顾客信息，这种关于顾客的产品信息可以直接对研发工作起到帮助作用。

3. 销售中存在不道德行为，所以人们应该对那些以销售为生的人时刻保持警惕并持怀疑态度。之所以有这种非常严重的误解和对销售形象的破坏，根本原因是销售人员那种"登门槛现象"已经在很多人的脑海里形成了刻板印象。这种刻板印象会使销售人员工作的难度加大，他们必须首先消除其与顾客之间的阻碍和壁垒。

还有一些消极因素会对销售工作产生影响：

1. 人们普遍认为销售人员的社会地位不高，所以销售人员经常会被拒绝，而且还可能被"惩罚"，比如等了好久，快到约见时间才被通知约见取消，或者被客户推给一些无法做出购买决定或者没有购买力的人。因此，在 B2B 营销和 B2C 营销的场景中，销售人员需要承担一些心理风险。

2. 特别是在 B2B 营销的场景下，销售人员到客户的办公室去拜访他们，因此销售人员其实是在一个陌生的环境下工作，自然而然地会感到一些不自在。有时候，客户还会让销售人员等待很长的时间，这会增强他们不舒服、不自在的感觉。

3. 销售人员通常是单兵作战的，而且经常出差在外。销售工作吸引人的地方就是有比较大的独立性，但有时也会使人感到比较孤单，缺乏归属感。这种情况同样会让销售人员承担心理风险。

销售并不是一个简单的工作，那些想要改善销售人员形象的人一定要大声呼吁，但同时也要更加客观公正，因为要认识到各种误解其实有一定的事实根据。总会有一些不道德的公司和个人试图利用顾客的无知和轻信做文章。这些人根本就不是销售人员，顶多算阴险的奸商，甚至是骗人的罪犯。有时候，我们在日常生活中会亲身经历一些被强行说服购买的场景，往往会买一些自己其实根本不想要的产品，或者负担不起，没办法按期支付的产品。

所以，销售工作并不是完全无可指责，但销售人员在与顾客接触时的确显得越来越专业。一些销售中的恶劣行为已经得到了纠正，有些还通过法律的手段予以解决，但更多的销售还是本着自愿原则，且这种自愿销售会越来越多。想要消除误解，应该对下列事实进行更广泛的普及和宣传：

1. 销售活动中，没有任何的不道德或者不择手段的地方。销售提供了一种交换的机制，在这种机制下消费者和顾客的需要和需求能够得到满足。另外，很多人其实在某些情况下也参与了销售的过程，比如在求职应聘的过程中，展示自己的优势和才能也是一种销售。

2. 销售一定是值得从事的职业。很多毕生从事销售工作的人发现，销售其实是一个非常有挑战性、有责任感且报酬很高的职业。当然销售工作难免要求销售人员不断与人来往且与他们合作，这就给销售人员提供了通盘思考、制定计划的机会，以便更好地安排自己的时间。

3. 再好的产品也不会自动畅销。如果销售人员不把一个好的产品的功能、特性详细解释并告知顾客，再好的产品也无人知晓。那些表面上看似优秀的产品可能根本不是顾客想要的东西。销售的独特之处就在于要满足每个顾客的具体需求。销售人员将自己对产品知识的充分把握和了解，对顾客和产品进行评估，从而给每个顾客提供购买产品的建议。

成功销售的必备技能

想要成功地分享和销售一件产品、一项服务或一个点子，关键就是要问问题，然后仔细倾听问题的答案。很多人想尽一切办法去说服顾客购买，而不是努力发现未来的顾客到底有什么需要或需求，想要从他们这里得到什么。

要想成功地销售，一定要记住以下三个倾听和建立关系的技巧。一旦掌握了这些技巧并加以运用，你的销售业绩就会提高，并且会培养出你的忠诚客户。

1. 真诚——不管顾客说的你想不想听，你都要心无杂念地倾听。

2. 德行——不要试图将别人带到你的话题中，而是去听听别人需要什么。

3. 请教——通过请教别人问题的方式去为别人服务，这会帮助别人做出更明智的购买决定。

要想建立起这种互惠共赢的关系，你要记住更重要的是别人想要什么而不是你想要什么。

资料来源：Sharon Michaels，Forbes.com 22 August 2011.

销售管理的特点和作用

当销售变得越来越专业化的时候，**销售管理**（sales management）的特点和作用也更明确、更突出。销售管理更加强调管理二字。管理者最主要的职责可以用以下关键词来诠释：计划、组织、控制。以前，对管理人员更强调的是销售业绩，认为优秀的领导要有好的个性，主要的工作职责就是保证带领的销售团队能够取得好的业绩。如今，情况已经发生变化，不仅这样的要求仍然存在，而且现代企业中销售经理的职责范围已扩大了许多，职责的重心也有了变化。

如今，销售经理这个职业被寄予厚望，他们要在企业中起到更加具有战略意义的作用，同时，在企业制定计划时要出谋划策、发挥作用。本书的第 2 章和第 15 章会更深入地探讨这个问题。因此，我们有必要了解一下制定计划的一些技巧，包括销售的预测、预算（在第 16 章会讲到）。销售经理还必须熟悉市场营销的概念，确保销售与营销活动能够融为一体，本章我们会探讨这个问题。很多企业不强调销售量而强调利润，因此，销售经理需要对销售人员的活动进行分析，指导销售人员的活动，目的是让他们创造更高的利润。在管理销售团队时，销售经理必须对现代人力资源管理知识有一定的了解和掌握。

迪特尔-施默茨（Deeter-Schmelz）等在 2008 年的研究中[7]，通过对销售人员和销售经理的调查，详细总结出了高效销售经理所具备的特质，如表 1-3 所示。

表 1-3 高效销售经理的特质

特质	描述	销售经理优先级	销售人员优先级
沟通和倾听技巧	销售经理必须是一个好的倾听者，同时是一个好的演讲者	1	1
人际关系技巧	销售经理要能与别人一起高效地工作，并建立密切的关系	2	1
组织和时间管理技巧	销售经理可以有效安排自己的工作时间和工作计划	3	5
知识储备	销售经理对行业知识（一般是指产品知识和企业知识）有比较充分的储备量	3	1
培训技巧	销售经理可以通过培训提高销售人员的销售技巧	5	7
激励技巧	销售经理可以识别出激励团队的因素并给予良好的报酬	6	4
真诚和道德底线	销售经理道德高尚、诚信、直爽	6	8
销售技巧	销售经理有丰富的销售经验，知道如何销售产品	8	*
领导能力	销售经理善于鼓舞销售人员的士气	8	5

续表

特质	描述	销售经理 优先级	销售人员 优先级
敢于授权	销售经理敢于向销售人员授权，让他们放手去做、勇于担当	10	9
适应性	销售经理善于随机应变	*	9

＊代表该特质未列入优先级。

资料来源：Adapted from Deeter-Schmelz，D. R.，Goebel，D. J. and Kennedy，K. M.（2008）What are the characteristics of an effective sales manager? An exploratory study comparing salesperson and sales manager perspectives，*Journal of Personal Selling and Sales Management*，28（1）：7 - 20.

　　由表 1 - 3 可知，大多数人对高效销售经理所具备的特质达成了共识。适应性特质没有在对销售经理的调查结果中出现，销售技巧没有在对销售人员的调查结果中出现，除了这两个特质，剩下的特质均是销售人员和销售经理共同认为的高效销售经理必备的特质。销售经理认为沟通和倾听技巧、人际关系技巧、组织和时间管理技巧、知识储备是高效销售经理特质中最重要的四项技能，这在销售人员调查中大体相同，不过组织和时间管理技巧替换成了激励技巧。

　　如果这样来看的话，销售经理这个角色看起来就可能有点令人望而生畏：这个角色必须同时承担会计、计划制定者、人事管理者、营销人员这些角色。但主要职责还是确保销售职能在公司实现整体发展目标时发挥有效的作用、做出应有的贡献。为了能够担得起这个重任，销售人员必须承担下面一些具体的职责：

- 销售团队的目标制定；
- 销售预测和预算；
- 销售团队的组织和规模确定，管辖区域的划分；
- 销售团队成员的选拔、招聘、培训；
- 销售团队的激励；
- 销售团队的评估和控制。

上述职责涉及销售经理工作的基本层面，我们将在本书的第 4 篇和第 5 篇进行详细讨论。

　　也许，近年来对销售和销售管理影响最大的就是营销概念的发展和演变。鉴于其对销售的重要影响，现在我们将目光转向营销概念的发展和演变及其对销售活动具有的影响。

营销概念

　　当我们对**营销概念**（marketing concept）进行追根溯源的时候，必须讨论几个业务导向，也就是讨论在营销概念发展过程的几个阶段，营销概念分别以什么作为导向和标志。

　　传统的商业环境经历了四个不同的营销理念阶段，或者称为营销导向或概念阶段。回顾这些不同的发展阶段时，我们着重看当时的商业环境特征和销售、营销行业的特征。我们认为，正是这种营销导向发展阶段的微妙变化，使得营销理念越来越丰富、越来越普及，而且这些理念在今天仍然被广泛接受。这四种不同的营销理念可概括为：

1. 销售导向。
2. 生产导向。
3. 产品导向。
4. 营销导向。

营销在过去就是指一种交易，在物品－物品的交易系统中进行交易，而我们如今所说的营销管理其实更像是工业革命及第二次世界大战后社会发展的必然结果。

销售导向

根据布拉辛顿和佩蒂特（Brassington and Pettitt）的说法[8]：

随着营销和科技的发展，公司生产的产品数量往往比它们能卖出去的多。这就衍生出了 20 世纪五六十年代的"销售时代"，这个时期很多企业或组织建立了大型的销售或推销团队，有很激进的广告宣传。

根据科特勒（Kotler）等的说法[9]：

消费者不可能去买足够多的某个企业的产品，除非这个企业组建了大规模的销售团队，进行了大规模的促销活动。

作为四种营销理念之一的销售导向就来自以上这些学者的观点。

当企业生产了过量的产品，产品的供应量过大，或者当消费者需要被劝导买更多的产品时，销售导向的概念和表述就产生了。在这种情况下，企业会认为它们如果想要卖出足够多的产品，只能通过激进的销售措施、产品或服务的促销活动来达到目标。这样一来，我们可以想到的是，企业会把重心放在如何去卖产品，而不是消费者需要上。

随着 20 世纪二三十年代大规模生产技术的广泛引进，尤其是在欧美，地区之间的竞争越来越激烈，所以很多企业不得不采用销售导向的策略。

销售导向型企业或公司的重心和焦点在销售职能上。这样一来，它们很少去关心要生产什么产品，要怎么生产产品，而是去关心如何保证产品能够卖出去。销售导向商业模式下的顾客如果没有主动权的话，不一定能及时买到想要的产品，甚至是买完之后也不情愿。任何时候，就算是非常明白自己要买哪一个或哪一类产品或者服务的顾客，也会有很多卖家或供应商主动来满足他们的需求。更有甚者，在产品的供给比较充足时顾客的需求会受到打压。这种情况在 20 世纪 30 年代的很多发达国家出现过，而且就在那个时候，诞生了很多强买强卖的手段。这些手段大部分是值得商榷的，甚至完全是欺骗性的，很多关于销售的负面形象和误解就是在这个时候产生的。

尽管如今消费者的权益已经得到良好的保护，但很多公司仍然采用销售导向型的策略。销售导向型的市场交易主要发生在一些供过于求的产品市场，比如科技行业、建筑行业，在这些市场上对某些固定资产的投资过大导致产品积压。例如，如果住宅供应量超过了需求量（通常发生在需求的非高峰期），这种时候宾馆、酒店业可能就会采用销售导向的模式。这时，酒店业关注的不是预估最大的酒店供应量，而是如何达到最大的市场占有率，进而更多的酒店就会以增加销量的手段而不是挖掘更广泛潜在客户的手段来增加利润。所以，这种激进型的客房销售行为就开始大量展开，以期能够得到相应的投资回报。但我们也要知道，在消费者的住宿需求量比较大的情况下，酒店业这种销售导向的策略能够帮助企业达到最大限度的销售量。

生产导向

我们认为，科特勒等在提出销售导向以前就提出了生产导向。他们对生产导向的理解和表述如下[9]：

当消费者更期望得到足够的符合他们需要的产品且一定能够负担得起的时候，企业的管理就要聚焦于提高生产能力和销售效率。

在生产导向时代，企业的关注重点是如何提供产品和服务，具体来说就是企业的管理目标是实现生产效率最大化，这一般通过大规模的标准化生产来实现。在这种情况下，销售、财务管理、人力资源等其他职能相对生产来说是次要的。我们要注意到的是，生产导向的成立有个前提，那就是只要产品的质量足够好，产量足够多，价格相对较低或者在合理的范围内，而且消费者比较理性，消费者就一定会购买产品。

这种理念最初来自福特公司的创始人亨利·福特（Henry Ford），这是他 1913 年在底特律实现福特 T 型车的大规模生产时提出的。他提到，如果他能够用大规模生产技术实现标准化汽车款式的大量生产，他就能够满足消费者对成本更低的私人交通的潜在需求。在那个时期，福特的做法是正确的，这种需求确实存在，他的产品也非常成功。在那种经济背景下，生产导向的策略是非常适合当时美国供不应求的环境的。然而，时代一直在发展变化，当时那种商业策略已经不能适应如今这种普遍供过于求的经济环境。

这种商业模式建立在一种重要的理念之上，那就是消费者会尽可能用最低的价格购买功能相对更多的产品或服务。因此，采用生产导向的公司或企业不断地强调用降低生产成本或采用规模经济的方法来提高生产率。然而，这种对生产率的过分追求可能会降低产品质量。因此，当供给量大于需求量时，这样的产品就可能无法与那些高质量产品，或者能够提供更多利益的产品竞争，从而导致企业的市场份额流失。

很显然，生产导向会产生一些问题，如导致价值过剩，生产一些卖不出去的产品，因此，销售导向注定会产生。

在历史上，工业革命时期和 20 世纪 50 年代，世界各地都对西方产品有需求，生产导向的商业模式确实在很多供不应求的产品市场中非常盛行。不仅如此，在那些产品同质化的市场中，或者说在那些不同竞争产品之间差异不明显的供不应求的市场中，生产导向的商业模式也取得了较大的成功。例如，在英国的酒店业中，四星级酒店就曾经是一个产品同质化程度较高的供不应求的市场。

产品导向

生产导向出现之后产生了另一种商业模式，它就是科特勒等提出的产品导向，表述为[9]：

当消费者更期望得到质量最优、性能最强、表现最好的产品时，企业或组织的重点就要集中在如何实现持续的产品改善上。

在这种情形下，质量和性能成为关键词。采用这种商业理念的公司一般都会承认，消费者一定会选择那些质量最好的产品（如五星级酒店）而不是价格最便宜的产品。

产品导向型公司或企业的目标是在市场上提供最好的产品、最好的服务，这就需要对产品和服务进行持续性的改善，比如，在产品上不断增加更多的功能、更高的附加值，如客户服务热线就是一种附加值。

当然，产品导向对于企业来说有好处也有坏处，是一把"双刃剑"。一方面，公司产品的价格可能偏离市场价太多，或者必须与其他竞争者的产品价格相匹配，从而导致利润的损失；另一方面，产品的附加功能或附加值可能并不是现有消费者或者潜在消费者想要的，比如买衣服时提供洗衣服务，买车时提供洗车服务，对于这种附加值导致的价格提高，一般来说消费者是不会买单的。

营销导向

对于营销导向和客户导向的概念究竟是何时出现的，我们并不清楚，但在某些意义上可以说，客户的重要地位在相当长一段时期内是非常受重视的。但直到 20 世纪 50 年代，这些概念才出现并且逐渐扩展成型。营销这个概念最初在美国出现，一部分原因是人们对生产导向、销售导向的批判，也有一部分原因是商业环境的改变和商业意识形态的转变等。

直到 20 世纪 60 年代和 70 年代，企业组织才逐渐摆脱"有什么卖什么"的思维定式，营销的概念也从曾经被普遍认为的仅仅是一种"外部活动"，逐步转变为"发现客户需求并且想办法满足客户需求"。营销导向的概念就在此时产生。

营销概念有时也可以理解为客户导向，甚至是客户至上法则。从 20 世纪 50 年代的美国开始，营销概念逐步成为重要的核心商业理念，从而成为商业史上的一个里程碑。

科特勒等对现代营销导向的概念表述为[9]：

> 根据营销管理的理念，组织目标的实现依赖于识别出目标市场的需要和需求，并且比竞争者更快、更准确地满足这些需求。

这种表述也是在生产导向和销售导向的基础上产生的，尽管在现代商业环境中这两种导向在某些市场中依然存在。

然而，营销导向其实是融合了以上三种导向的一种理念，而不是完全忽略这三种导向的理念。确实，营销导向型企业和产品导向型企业一样，也需要不断地对产品质量加以改进。不同的是，营销导向型企业在确认它们对产品进行改善和努力的方向是消费者能够接受的或者匹配消费者需求的时候，才会去真正执行。同产品导向型企业一样，营销导向型企业在进行产品改善时也会以成本的控制以及生产率的提高为前提，除此以外它们还会像销售导向型企业那样，在短期内采用促销、价格折扣等传统策略。

营销导向是一种完全不同的哲学理念。就像科特勒[9]所说的那样，营销导向是唯一采用"由外而内"而不是"由内而外"的视角去看待问题的一种哲学理念。换句话说，前三种理念都是从自身出发，以自身能够生产的产品为中心，营销导向则是从消费者出发，以客户为中心。（这些内容在本书的后续章节会有详述。）

在营销概念下，消费者的关注点是销售的方向，也是销售利润的来源。因此，营销导向型公司和企业会重点关注其目标客户的真正需求和需要。因此，我们认为营销导向理念和其他三种理念的最重要区别是企业对客户的态度以及对企业瞄准的目标市场的态度，即"顾客就是上帝"。

此外，营销导向意味着企业不仅仅要重视客户并把客户作为公司生存和发展的重要条件，也要探索并生产顾客想要购买的产品。对企业来说，成功且有利可图的销售来自对客户需求的精准把控和能够提供相应的产品。表面上看，营销概念并不是一种全新的概念且与其他商业理念没什么本质区别，但营销其实象征着企业的一场思想革命，要求那些生产或销售导向型企业的基本思想有彻底的转变。转变的核心就是要将思想的重心放在客户的需要和需求上。图 1-3 说明了销售导向与营销导向的区别。

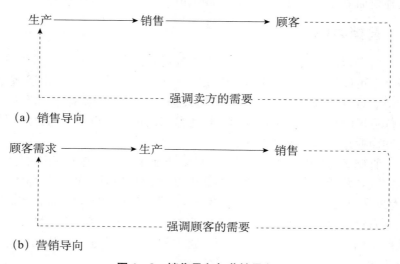

图 1-3　销售导向与营销导向

越来越多的企业意识到，营销导向的商业模式在当今的商业环境中是不可缺少的。消费者现在越来越聪明，掌握的信息越来越多，其净收入也在不断增长，购买力也越来越强，而产品和服务的种类也在不断增多。很多企业都认识到了一个严峻的事实：即使自己的产品拥有品质一流、生产效率很高、促销力度足够强等各种优势，也不能保证就一定能够成功。不管成功的机会是大是小，企业都一定要把顾客需求放在首位。对顾客理解的这种强调解释了为什么那种理解购买行为的方法和理念得到了很大的发展空间。在第 3 章，我们会构建关于消费者购买和组织购买的概念框架，并进行分析。

营销理念的实践

对于一个企业来说，营销就意味着在实践和态度上进行一系列的变革。营销如果要产生价值，营销理论就必须以技术的形式为企业做贡献，从这个意义上说，管理层需要采用一系列的工具（技术、观念等）将营销理念付诸实践。前面已经提到行为科学对我们理解购买行为有帮助。另外，营销研究中定性和定量的方法也有助于我们分析和评估产品市场。现在我们就来探讨营销中一些重要的概念。

营销导向

营销关注的是顾客的需求或需要，这就要求企业先识别出这些需求或需要，然后制定营销计划或方案去满足，以实现企业的经营目标。顾客的需求有多种形式，所以我们也有多种满足客户需求的方法，这就意味着几乎没有哪个行业可以用一种固定的标准模式来满足整个市场中所有顾客的需求。**市场细分**（market segmentation）就是一个发现市场中有相似需要或需求，并且对特定营销行为的反应也具有相似性的顾客群体的过程。当一个市场被细分为若干个顾客群体之后，企业就可以判断哪个群体最具吸引力，对哪个或哪些群体进行营销最有效。这样，企业可针对选定的目标客户群体的需求，有的放矢地进行营销。

市场细分和**确定目标市场**（targeting）是市场营销学中两个重要且有用的概念，在这两个概念的基础上还发展出了一系列应用于实践的方法和技术。有效的市场细分和目标市场的确定能给企业带来更大的益处：

● 把握市场机会，特别是识别出一些市场空缺（还没有竞争者进入的新市场）；
● 将产品设计引到增加市场吸引力、贴近市场需求的方向；
● 能将营销和销售活动的重点放在最具潜力的细分市场上。

市场细分有一些基本的标准和方法，这些方法可以单独使用，也可以与其他方法结合使用。比如，一个生产牙膏的企业可能认为用年龄作为细分市场的标准更合适，也就是说它发现不同年龄的消费者对牙膏的需求是不同的。销售人员也会看到，如果企业设计的产品正好迎合了某个细分市场的需求，这个细分市场中的消费者对产品的评价和反馈就会更好。与此同时，销售人员可能也会发现收入水平也可以作为市场细分的依据，不同收入水平的社会群体对产品的需求也不同。最后，销售人员可能还会发现，也可以把年龄和收入特征结合起来作为市场细分的根据。

在成长型市场中满足顾客需求——网络游戏

我们应该认识到，市场通常由若干个离散的模块组成，每个模块包括具有不同需求的顾客群体。家庭群体和商业群体是两个常见的模块，这两个群体还可继续划分为若干个子群体。

家庭顾客群体可以按年龄段、收入水平划分，还可根据利用网络的方式进行划分：
● 教育型——学习和科研；
● 沟通型——电子邮件、即时通信；
● 运动型——浏览关于足球运动的网页；
● 音乐——下载歌曲；

● 网络游戏。

在网络游戏行业发展的初期，英国电信（BT）发现对网络游戏有兴趣的用户对宽带技术也有较大的兴趣，并识别出两个游戏玩家群体：

● 群体 1：主要由 16～35 岁的男性组成。
● 群体 2：主要由家庭用户（将来可能成为网络用户的父母们）组成。

研究表明，顾客对游戏充满热情，所以喜欢利用最新的技术、最新的游戏机来玩最新款的游戏。对消费者的相关研究表明，游戏的社会意义也很重要，玩家喜欢和他们的朋友进行游戏对抗。这种具有社会意义的游戏继续发展，最终形成一个全新的细分市场。

《旧金山纪事报》（*Francisco Chronicle*）的一篇文章分析了一些类似脸书、MySpace 的社交网站如何能够吸引"社会玩家"，即通过与其他网络用户进行联网对战来结交新朋友的一个新的群体。一些从来不玩游戏的人，甚至是对在网络游戏中与陌生人争斗拼杀非常抵制的人，也开始在网络上与网友一起玩游戏。

作为关于新细分市场产生和发展的案例，"朋友买卖"（一个脸书上的在线小游戏）在几个月内就吸引了 100 万在线玩家。

资料来源：http://www.thetimes100.co.uk/case_study with permission；http://www.fgate.com/cgi-bin；http://www.facebook.com；http://www.myspace.com.

下面列举一些常见的市场细分标准：

1. 消费品/消费市场。

● 年龄；
● 性别；
● 收入；
● 社会阶层；
● 地理位置；
● 居住类型（按所在的居民区进行划分）；
● 个性特征；
● 使用价值；
● 使用频率（分为高频使用者、低频使用者）。

2. 工业品/工业市场。

● 终端产品市场/产业类型/产品用途；
● 使用价值；
● 企业规模；
● 地理位置；
● 使用频率。

不管用哪个标准进行细分，市场细分和确定目标市场都是企业向营销导向进行转变的重要步骤。

市场细分的应用

企业打算营销一种产品时，需要确定不同的细分市场。市场细分包括识别一系列的特征，这些特征将一部分顾客单独区分出来，使其成为特定的群体。某种特征下的群体通常具有同质性，并且与其他消费者群体的特征具有互斥性。例如：

1. 以人口特征为基准，也就是按照年龄、性别等特征把总人口划分为不同的群体：BIC 利用这种方法认识到，不同的零售商会吸引不同年龄段和收入水平的消费者群体，不同的终端消费者群体也会选择不同的产品。促销、广告、产品展示等营销策略也会因群体特征的不同而有所区别。

2. 以产品用途为基准。除了全世界知名的袖珍打火机之外，BIC 专门为烧烤设计了 BIC 超级打火机，还为家用蜡烛设计了 Surestart 蜡烛打火机，这种打火机的设计还具有小装饰品和娱乐属性，从此又开拓了新的细分市场。

3. 以消费者行为/需求为基准。BIC 对固定产品类别的研究表明，书写工具购买者有三种不同的类型：

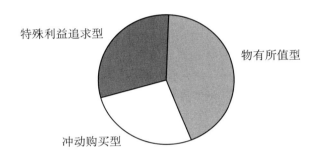

物有所值型

这种类型的典型代表有办公场所、家庭，其实在这些地方文具是无处不在的。任何人都可以用笔，所以某支笔放错了地方并不是问题。家庭主妇更倾向于购买价格便宜的笔，而且会根据需要，购买各种类型的新笔作为书写工具。

特殊利益追求型

这类消费者更多地追求那些满足个性化需求的产品——所谓的"我的笔"。这些笔会保存在属于个人的私人空间中，别人借用这支笔的时候拥有者可能还会不情愿。购买决策的制定可能需要更久的时间，包含对各种选择的谨慎权衡。购买时的主要考虑因素包括舒适性、书写的流畅度（通过颜色、字体等反映个体之间的不同风格）。所以，营销活动要聚焦这些更加复杂的个体需求。

冲动购买型

冲动购买一般在计划之外。创新的设计一般会吸引这一类消费者，很大程度上是因为这类消费者把购物当成一种乐趣。这类群体非常感性，所以老到的营销人员会特别注意创造"渴求的目标"。那种能够吸引眼球的销售展示或产品陈列对刺激消费者的冲动购买极为重要。

BIC 致力于设计一组配套的产品组合，包括：

● 质量可靠的对于常规的家庭消费来说物有所值的产品；

● 专门为那些渴望得到"与众不同"价值的消费者设计高质量产品；

● 新奇的、吸引眼球的产品，这种产品往往生命周期很短。

资料来源：http：//www.thetimes100.co.uk/case_study；http：//www.bicworld.com，reprinted with permission.

营销组合

在讨论细分市场概念时，我们经常提到企业的营销策划方案。目前，营销方案中最重要的部分，同时也是营销经理最核心的任务，就是能够识别出一些可控的营销变量，杰罗姆·麦卡锡（E. Jerome McCarthy）称这些变量为 4P，包括产品、价格、渠道（或分销）、促销。[10]这四个方面，再加上细分市场，就构成了尼尔·博登（Neil Borden）所提出的**营销组合**（marketing mix），这是现代营销实践中的一个核心理念。[11]正如表 1 - 4 所示，多年来学术界不断探索营销组合中可以加入的其他变量[12]，也就是研究有没有其他"P"，尽管 4P 概念在今天仍然占主导地位。

表 1 - 4   营销组合以及学术界对 4P 的延伸扩展

4P (McCartky，1960)	5P (Judd，1987)	6P (Kotler，1984)	7P（Booms and Bitner，1981)	15P (Baumgartner，1991)
产品 价格 促销 渠道	产品 价格 促销 渠道 人员	产品 价格 促销 渠道 政治权力 公共舆论形成	产品 价格 促销 渠道 参与者 物证 流程	产品和服务 价格 促销 渠道 人员 政治 公共关系 探查 区隔 优先级 定位 利润 计划 绩效 积极执行

资料来源：Gummesson，1994：8.

一般来讲，企业管理者都有一些可以控制的变量或因素。例如，他们可以决定生产什么样的产品、产品特征、质量水平等。营销管理的任务就是把这些要素融合到一起，找出成功的路径。营销组合这个词用得恰到好处，它包含了很多成分，且联系组合这些成分的方法更多。4P 中的每个因素都要求我们自主决策：

1. 价格：价格水平、信用条款、价格调整、折扣。
2. 产品：特征、包装、质量、种类。
3. 促销：广告、公关、销售推广、人员推销、赞助。更确切地说，这五种因素的组合可以称为沟通组合。这五种因素的作用能够和谐有效地发挥时，就称为"整合营销沟通"。互联网的兴起和直复营销的广泛应用使得这种沟通组合的重要性愈加凸显。
4. 渠道：库存、分销渠道、中间商数量。

我们可以看到，人员推销在营销组合中被视为促销决策领域的一个元素。我们会在本章的后面继续讨论人员推销在营销组合中的作用，而促销组合在第 2 章中有更为细致的介绍。下面，我们来看一下营销组合的其他元素。

产品

许多人认为，产品在营销组合的元素中是最重要的环节。在这个环节中，产品决策将对企业的成败产生最为直接、持久的影响。表面上，这种观点属于生产导向的说法，而且和营销导向的说法是对立的，但事实并非如此。毋庸置疑，产品决策是企业营销决策中最重要的部分。这是因为除非市场上的某种产品有潜在的需求（真实存在的需求），否则无论产品有多好，都无法成功。当然这并不意味着产品决策可以孤立起来。生活中的很多例子表明，很多产品都有很高的市场潜力，但由于促销做得不到位、价格和分销决策方面存在各种各样的问题等，没能畅销。实际上，产品决策是决定企业销售最大潜力的重要因素。其他营销组合因素的决策是否有效，则取决于这一销售潜力的开发情况。

产品这个概念包括了所有企业提供给顾客的能够满足他们需求的东西。除了那些有形产品、实体产品之外，还有服务、技能等。非营利机构也会向潜在用户宣传它们的服务，慈善机构、教育机构、图书馆、博物馆以及政治候选人都在利用营销的技巧。产品分类的方法有多种，并且每一种产品的分类标准是不同的。例如，如果将消费品和工业品作为两类产品的话，分类标准就是终端消费者/使用者。

不管选择哪一种分类标准，最重要的一点是，我们要牢记顾客购买的是产品带来的好处，而不是产品本身的特征。这个理念也是商业活动中营销导向的一种体现。它是从顾客购买产品的实际层面，也就是需求和需要层面来定义产品这个概念的。例如，人们购买化妆品的时候，买的是化妆品带给他们的外表吸引力。西奥多·莱维特（Theodore Levitt）举了一个非常生动的例子，他在谈到产品的时候说："用户购买的不是 1/4 英寸的钻头，而是 1/4 英寸的孔。"[13] 从这个角度来看产品，就可以给我们的产品营销以一定的启发。在做产品介绍的时候，这种理念可以指导我们将重点放在产品和服务能为顾客提供什么样的解决方案，能够解决顾客的哪些问题上。

产品生命周期

在营销中，有一个非常有用的概念，它来自一个观点，这个观点表述为大部分产品的销售量和利润都会随着时间的推移形成一种特定的模式。这个概念叫作产品生命周期曲线，如图 1-4 所示。

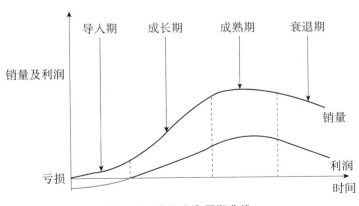

图 1-4　产品生命周期曲线

产品生命周期（product life-cycle）与人类生命周期的模式类似，也要经历四个阶段：导入期（出生阶段）、成长期、成熟期和衰退期。下面我们来介绍每个阶段的特征。

　　1. 导入期。在这个阶段，销售的增长相对较慢。企业必须主动说服经销商进它的货并加紧促销产品。产品在消费者群体中的知名度必须建立起来，让顾客对产品感兴趣，让他们觉得产品是值得购买的。企业要告诉顾客如何使用产品，他们之前的消费习惯甚至是生活习惯可能需要做出哪些改变（比如微波炉能给消费者带来的便利）。在这个阶段，利润是非常少的，而且推销产品的成本往往还会使企业有暂时的亏损。

　　2. 成长期。在经历第一阶段的缓慢接受产品的过程以后，销售额开始加速增长。口碑传播和广告的作用也开始慢慢地发挥出来，还会出现"滚雪球"效应。经销商甚至会主动要求购进企业的产品。当然企业也开始盈利，特别是一开始就定价较高（也称为**撇脂定价法**（market skimming））的新兴产品，其利润增长得更快。

　　3. 成熟期。这个时期销量的增长速度开始放缓，市场开始出现饱和。产品越来越难吸引新的购买者，大量的销售来自老客户的重复购买。竞争者受到高销量、高利润的吸引开始进入市场，加剧了市场的竞争，这导致企业的利润开始走下坡路。

　　4. 衰退期。销量开始下降，本来就被摊薄的利润继续被压缩。顾客可能对产品有厌倦的情绪，并且会关注那些新产品或者改良产品。经销商由于销量的减少，开始对原有的产品进行清仓处理。

产品生命周期的意义

　　并不是所有产品的销量或利润都表现为上述的特征或形式。有些产品（比如一些没成功的新产品）也许根本就没有生命周期。类似地，当竞争者有了新产品或者改良后的优质产品的时候，哪怕产品处在销量迅速增长的成长期，也会突然出现销量骤降的情况。不同产品的生命周期在每个阶段经历的时间长短也不一样。产品不像人有寿命预期。一些产品由于目标市场的消费者对其不太接受，甚至没有经过高速的成长期就直接进入衰退期。但是，不得不说很多产品都遵循了这种普遍的生命周期模式，这对营销和销售战略具有重要的指导意义。我们会在第 2 章对这些内容做介绍。

产品采用和扩散

　　埃弗里特·罗杰斯（Everett Rogers）于 1962 年首次提出与产品生命周期相关的产品采用和扩散理论。[14] 这个理论提到了创新行为，并指出新产品自身的特点会影响消费者采用的比例。这种特点如图 1-5 所示。

　　根据不同的行为特征，消费者被归类到五类采用者中的一类。每一类都包含一定比例的首次购买者（非重复购买者）。是什么吸引了产品或服务的首次购买者，以及产品扩散过程的时间长短如何确定？由产品和服务的自身性质决定。

　　现在举一个新款女装的例子，这种产品的扩散过程持续时间可能不到一年。这里，创新采用者（也就是最初的 2.5%）很有可能就是追求时尚的有钱人。然而，如果换成是新款电脑软件，创新采用者很有可能是重视技术的电脑专家，产品扩散

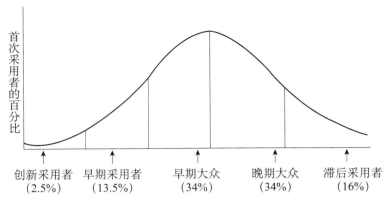

图 1 - 5　创新产品的采用

过程的持续时间就会比女装长。类似地，微波炉几十年前就问世了，但这种产品在市场上仍然没有完全扩散开来，现在还有滞后者购买。另外，出于种种原因，很多潜在消费者可能根本不会选用某种产品，比如一些人考虑到健康，坚决不会购买某种产品。有一些重要的因素决定了创新产品能够在多大程度被采用：

- 与其他产品和服务相比的优势；
- 能够覆盖潜在客户的需求的程度；
- 使用、理解方面的简易程度；
- 消费者做出购买承诺之前，是否能够试用以及在多大程度上能够试用；
- 宣传方面，在购买前产品的创新特点在多大程度上能够让消费者知晓（见下方专栏）。

结交朋友和影响他人

我们在本章的前面提到过，现在社会中网络社交的现象已经司空见惯，例如 MySpace 和脸书网站，这在一定程度上加快了创新的扩散速度。网络社交的发展速度很快，因为其本身有很多导致较快传播扩散的因素。例如，网络社交本身与当今社会消费者的需求有高度的"兼容性"；有非常明显的"比较优势"；易于掌握，并不复杂，并且具有可分割性，因为可以被限制在某个区域内进行。

定价

与产品因素一样，营销组合中的定价决策因素包括很多方面。首先必须确立一个定价目标，然后确定价格水平，接着制定信用和折扣政策，建立价格调整机制。下面我们从影响价格策略的角度，尤其是从如何影响销售和销售管理的角度，来看看定价决策受哪些因素影响。

定价决策时需要考虑的因素

营销中的一个关键问题就是购买力问题。如果一家企业不能使产品和服务与竞争者区别开来，就必须提供更加经济实惠的价格。

根据波特（Porter）的观点[15,16]，公司想要建立竞争优势或在绩效上领先，关键点不仅仅是着眼于长期的成功，还有要采用的核心战略。为了建立这种优势，企业必须首先确定到底要取得什么样的竞争优势，以及使这种优势在多大程度上体现出来。鉴于这种竞争优势建立在一系列的基本策略之上，每个企业组织都必须抉择是要专注于某个细分市场，还是要广泛开发大众市场；是要采用低成本或低价策略，还是要采用差异化策略。如果企业不从这些基本问题入手，企业可能在发展中遇到阻碍，最终的绩效也会降低。

　　企业的定价能力是受到竞争者限制的，但是衡量所谓的"期望价值"也非常重要。这种期望价值建立在考虑边际效用的基础上，我们应在此基础上考虑企业间的价格差异。有些销售人员只关注产品的销售，而不关注如何提供差异化的产品。当产品的差异性不显著，价格上的竞争便凸显出来。降低价格敏感性的方法就是使得产品和其他竞争者的产品不一样。我们应该意识到，不同消费者在价格敏感性方面的表现是不同的，有些消费者把价格当作衡量一切产品的标准，而有些则认为产品的配送、服务、形象等方面更重要。

　　市场导向定价法与成本导向定价法是相反的，这要求公司认识到价格代表产品的价值，而不仅仅是成本的体现。按照惯例，公司把直接成本和间接成本加总，再加上利润就形成了最终的价格。当价格确定后，销售人员的任务就是使顾客相信产品是值得这个价的。参照销售定额，当需求下降时价格可以适当降低，反之可以适当提高。成本导向定价法忽略了顾客和竞争者的存在。市场导向定价法则考虑了消费者所认为的产品价值，即在可以与其他产品或品牌进行比较的基础上，认为产品值多少价。对顾客来说，价值代表了产品的功能，购买产品所配套的服务、公司在多大程度上能够把控顾客需求，以及顾客对产品的印象。

　　附加值通常与想要使得产品更好、服务水平更高，就要付出更高的成本这一观点有关。所以，企业要在顾客能够负担的价格水平和相关的成本之间寻找一个平衡点。基于这一点，在确定价格水平时，有以下几点需要注意：

　　1. 企业目标。企业在进行定价决策的时候，首先要确定在以营销框架和财务目标为前提的背景下，要通过定价达到什么样的目标效果。比如，企业可能提出了一个资本回报率的目标。这样，其个别产品的定价水平就要契合这个目标，或者企业可能将财务目标理解为在做出投资决策后及时实现现金回流或指定投资回收期限。

　　2. 营销目标。这可能直接影响定价决策。例如，企业可能针对一个新的产品制定最合适的营销战略来更快地抢占市场份额。这种策略称为**市场渗透**（market penetration）策略。这种策略以刺激并把握消费者需求为出发点，伴随低价和大力促销的表现形式。另外，企业也可能觉得市场撇脂定价策略是最合适的。这时，产品的新上市价格就会定得很高，同时伴随大规模的促销活动支持。这样的话，在最终降价的时刻来临之前，就已经给企业带来了最大的利润。当价格开始降低时，还会有一批对价格更加敏感的消费者进入市场。总之，不管企业如何设定财务和营销目标，都决定了定价决策的一个基本框架和基本思路。这些目标也应该及时地让销售经理以及销售团队中的每个成员知晓。

　　3. 需求把控。在多数市场中，企业能够制定的价格上限一般是由市场需求决定的。简单来讲，企业只能制定市场能够承受的价格。尽管这样会使得需求分析以及需求与价格决策间的复杂关系过于简化，但这种复杂的关系不应该妨碍做定价决策时对需求的考虑。产品的需求曲线是一个重要的表示需求和价格直接关系的概念，如图 1－6 所示。需求曲线包含了很多对于价格决策者来说非常有用的信息。从图 1－6 中可以看到，价格越低，正常的需求量就越高。同时，我们还能找到价格给定时其对应的需求量是多少。最后，我们还能估计价格变化时需求的敏感性或弹性，也就是价格增加或减少指定的百分比时，需求增加或减少的百分比。除价格之外的其他因素也会对需求有一定的影响，所以在进行市场预测时，必须充分考虑需求水平和价格间可能存在的关系，而销售人员在提供此类信息方面将起到关键的作用。

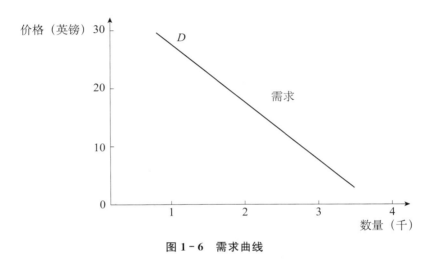

图 1－6　需求曲线

　　最后需要考虑的是需求曲线的斜率。图 1－7 是一条常规的需求曲线，这条曲线向右下倾斜，意为当价格较低时，需求往往较高。但是，我们不能对所有情形都做如此假定。在某些情况下，产品或服务的价格可能定得非常低，不但没有增加需求，反而会使需求减少。这是因为这样的价格已经影响到了消费者对产品的认知，过低的价格会让消费者觉得这是质量很差的产品。这种情况适用于那些因为价格比较高才去购买产品的消费者（比如，所有人都认为比较贵的产品会被贴上带有偏见的标签，人们认为这种产品就应该非常贵），一旦这种产品的价格降低，产品在消费者心目中的高档地位就会动摇。

　　4. 成本把控。如果说需求决定了价格的上限，那么成本决定了价格的下限。在营利性组织中，定价策略一定要覆盖生产成本和营销成本，同时留下来一部分能够令组织满意的利润空间。企业通常先从成本出发去考虑如何定价。一些定价方法甚至仅仅与成本有直接的联系，比如计算单位产品需要付出的总成本，然后加上一定比例的利润，就得出最终的产品价格。这种成本加利润的定价方法虽然最为简单和直接，但忽略了成本计算时的一些细节和重要的方面。与需求因素一样，成本因素也非常复杂。成本加利润定价法忽略的一个重要方面是产品生产过程中变动成本与固定成本的区别。固定成本是指那些不变的受产能限制的（不管产出规模多大都不变）成本（比如租金、利息）。变动成本（比如劳动力成本、原材料成本）则会根据产出的变化而变化。生产规模扩大时，总的变动成本也会增加；反之，当生产规模减小时，变动成本也会减小。这种简单直接的区别在定价决策时非常有用，并由此引出了**盈亏平衡分析**（break-even analysis）方法。

图1-7所示的就是这种方法。图中显示了固定成本、变动成本、总成本和销售收入曲线。收入曲线和总成本曲线的交点就是盈亏平衡点。在这一点上，公司既不盈利，也不蒙受损失。从盈亏平衡图中，我们可以算出不同价格对盈亏平衡的影响。如果再将需求因素考虑进来，盈亏平衡分析就变成了价格决策时非常强大的工具。销售经理必须懂得不同类型成本的概念，熟悉其负责销售产品的成本计算流程。

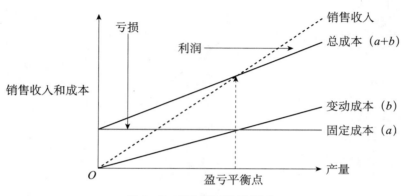

图1-7　简化的盈亏平衡图

5. 竞争者把控：定价决策，尤其是短期的价格调整策略，一般是对竞争对手表现的一种直接反应。在使用这些策略时一定要谨慎，特别是在降价时更要谨慎，因为价格一旦下调，就很难回升。所以，企业除了考虑通过降价来应对竞争之外，还要考虑更多的其他应对方法。比如，有时候产品的规格可以适当缩小，这样能够保证价格不必降低。再比如，就某家生产各种汉堡包的企业来说，当一种烧烤类汉堡包被成功引入市场之后，企业就可以缩减汉堡包的规格，使其能够装在一个四件套的小包装里而不是一个大包装里，而价格能够保持不变。这种做法并不会给企业的新老客户不好的感觉，因为并没有显著地减少产品的供应量，实际上产品的规格确实变小了。

分销

营销组合中的分销因素，特别是物流管理，很早就被认为是商业活动中能够节约成本、提高效率的重要领域。它通常占企业总成本中相当大的一部分，近年来越来越受到重视，并且还有很多新的理论和方法被开发出来，用来服务这种重要的职能。分销管理现在被认为是企业战略管理中的重要部分，而且在大企业中，还会有专业人士负责。因此，我们在这里只能从总体上谈一下营销组合中这个因素的一些重要方面。

广义上的分销包括一系列的活动，比如将货物和原材料搬运到工厂，在工厂中进行转移，最终传递到消费者手中。作为营销组合领域之一的分销，也分为若干个决策领域，现列举如下：

1. 分销渠道的选择。这包括以什么形式、通过哪些分销点将产品或服务传递到消费者手中，使得消费者可以享受产品或服务。营销渠道可以非常短，如将产品和服务直接卖给消费者（比如农场主可以将自己种植的有机蔬菜和水果直接卖给身在农场的消费者），或者通过邮购的方式直接卖出。另外，营销渠道也包括一系列中间商，如代理商、批发商、零售商（比如农场主也可以将他们种植的有机水果和蔬菜卖给超市，或选择将有机蔬果卖给专营店或者类似 Planet Organic 这样的农产品市场）。一些企业实行的是**独家分销**（exclusive distribution），即只是有选择地通过少数中间商来分销产品，另一些企业实行的是广泛的分销路线，要求自己的分销覆盖面尽可能广，即**集中分销**（intensive distribution），这种情况下企业会寻找更多的分销点。

2. 决定顾客服务的水平。除了选择分销渠道之外，企业还要决定交货方式、运输方式等。缩短交货时间对于企业营销产品来说有较为明显的优势。另外，这样的政策通常伴随着企业的库存量提高，进而影响企业的成本开销。企业综合考虑利弊之后，一定要考虑制定一系列的政策规定，然后确定在何种程度上服务顾客、制定什么样的顾客服务水平。

3. 分销的形式和条件。这包含部分分销商的销售条件、最小存货量、最小订单量、信用、付款方式、打折方式等。

作为营销组合中的一个重要部分，除了以上这些因素之外，分销渠道还有一些因素需要考虑。在第 4 章我们会讨论更多有关渠道管理的细节问题。

这里，我们要注意的是渠道决策对销售量的影响是非常显著的。比如说，分销的范围和强度直接影响分销的地域设计和路线规划（第 15 章将讨论更多的细节）。分销的形式和条件影响销售谈判和协商的整体框架。物流管理则影响销售人员能给顾客提供的交货条款。可能在营销组合的其他元素中，没有哪个会像渠道因素对销售过程有如此深远的影响。

沟通

营销组合中的最后一个元素或环节是人员推销，这也是企业促销组合中的一个重要元素，因此也是对销售有最直接影响的营销组合元素。企业沟通组合（有时也叫促销组合）中的子组合还包括广告、销售推广、公关、赞助活动等。

整合的**沟通组合**（communications mix）概念首先由舒尔茨、坦纳鲍姆和劳特朋（Shultz，Tannenbaum and Lauterborn）于 1992 年提出。[17]这一概念认为，沟通的构成子要素历来被认为是单独的实体。他们倡导将这些要素连接起来，向目标市场传递统一的信息，其中信息的各个方面都支持沟通流程中的其他环节。美国广告机构协会（American Association of Advertising Agencies）将整合营销沟通（IMC）定义为：

> 一种营销沟通计划，它识别全面计划的附加值，评估沟通过程具体环节的地位，再将这些环节整合起来，通过离散信息的无缝整合提供明晰、连贯、最大限度的沟通效果。

舒尔茨提出的另一个关于整合营销沟通的概念[18]表述为：

> IMC 是一种营销沟通计划，它识别全面计划的附加值，评估沟通过程具体环节的地位……整合这些元素以期能够提供明晰、连贯、最大化的沟通效果。

整合沟通组合在销售上的意义在于，销售人员对新的销售推广措施、直复营销、广告活动都要有全面的了解。有时候，促销活动并没有效果甚至有反效果，这是因为销售人员的信息掌握不到位。如果顾客比销售人员更早知道某个广告宣传活动中提出的产品优惠措施或价格，并且告知销售人员，这样的情况显然是非常糟糕的。

所有这些子元素在本书中都有比较详细的论述，这些元素与销售之间的关系也有比较明确的说明。现在，我们有必要回头看看 B2B 和 B2C 市场，看看这些营销组合元素在这两种不同类型的市场中发挥作用的方式和效果有哪些区别。

B2B 市场和 B2C 市场中的营销组合

在讨论营销组合工具在不同市场类型中的区别时，我们必须注意到，B2B 和 B2C 市场本身就有好多类型。因此，基于对营销组合的考虑，下面只能对 B2B 和 B2C 市场中的营销组合做一般考虑。

B2C 市场中的营销组合

之前我们已经提到，B2C 市场主要是指企业通过营销产品满足具有家庭需求、个人需求或个人动机的个体消费者。在这种环境下，虽然我们可根据企业的定位以及核心战略，尽可能找到所有的这种市场中可能出现的营销组合类型，但考虑到营销组合中的具体元素时，我们要进行一些概要总结：

1. 产品。营销组合中的产品元素在 B2C 市场中是非常重要的，包括品牌、包装、标识、设计等。品牌和品牌形象是格外重要的，因为对于消费者来说品牌使得他们辨别产品更加容易，选择产品也更加容易。在 B2C 市场中，很多产品和品牌的生命周期都比较短，因为通常来讲，时尚潮流的发展很快，消费者比较容易喜新厌旧。所以，新产品开发和产品创新在 B2C 市场中显得非常重要，为了让消费者持续保持对产品的兴趣和关注，企业一定要有重新定位、重新包装这类措施。

2. 促销。对于营销组合中的促销组合元素，非人员促销方式（比如广告）会非常受重视，而人员促销方式则不那么受重视。广告促销通常瞄准大宗市场，所以会非常重视品牌形象和拥有说服性信息的广告语（而不是具体的事实细节）。广告可以是新闻导向的，也可以是客户导向的。前一种情况下，广告一般来说是为了创造知名度，而后一种情况下，广告则是为了寻求目标市场的客户。很多广告都结合这两种特点吸引客户的兴趣，并且致力于促使顾客行动。销售推广工具的使用是非常普遍的，品牌和企业的形象也非常重要。

3. 价格。在 B2C 市场营销中，价格的重要性和角色会根据产品和市场的不同有所差异，但顾客对产品价值的感知在顾客产品选择中是至关重要的。买者和卖者之间的讨价还价在 B2C 市场中似乎并不是特别多。同样，招标投标在这种情况下也不多，但这也和 B2C 市场的具体情况有关。在某些情况下，谈判磋商、讨价还价这些行为在 B2C 市场中也是存在的。

4. 渠道。B2C 市场中的分销渠道通常是比较集中的，有一些中间商的参与，特别是零售商的参与。最终，分销渠道还是由市场实际情况和企业的战略目标决定。

B2B市场中的营销组合

B2B市场也分为多种类型。就算在同一个类型的市场中，营销组合的元素在不同企业交易中的情形也是不同的。下面是相对于B2C市场，B2B市场中采用的营销组合元素：

1. 产品。在B2B市场中，买家通常在技术产品规范的指导下选择产品。产品通常会根据顾客的需求进行定制设计，还会涵盖质量担保、售后服务、技术服务这些非常重要的方面。产品的信誉和产品的配套服务在B2B市场的营销组合产品方面是最重要的。

2. 促销。B2B市场的促销组合元素更多地强调人员销售，而不是B2C市场中的广告元素，这些我们会在以后的章节中详细讨论。销售推广在B2B市场中也有着广泛的应用，尤其是涉及分销商或中间商时。公关在B2B市场中也是非常重要的营销工具，特别是在推出新产品的时候。最后，直复营销也是B2B市场中非常高效的营销手段，因为邮寄清单的形式相对来说更加精准，并且对于客户的个性化需求来说可以更准确地把握这种需求信息。

3. 价格。虽然B2B市场中价格是首要因素，但我们也不能认为B2B市场中的消费者仅根据价格来购买产品。事实上，消费者看重的是产品的整体价值。然而，B2B市场中价格总是被看作营销组合中的关键要素。B2B市场中的价格通常是通过谈判协商决定的，尤其是确定参考价格、投标价格时，定价的具体流程会呈现多样化。

4. 渠道。B2B市场中的渠道虽然会有中间商的参与，但分销通常是以直销的形式展现。在企业对企业市场中，分销渠道的物流因素、货物配送的可靠性，还有配送速度这些方面至关重要。对物流可靠性的强调，对准时制生产（just-in-time，JIT）和柔性制造系统（flexible manufacturing systems）的引进，在近几年的市场环境中更加受重视。

特拉维斯·珀金斯公司的顾客和营销组合

特拉维斯·珀金斯公司（Travis Perkins）是一家建材行业的供应商，已经有200多年的历史，目前是英联邦建筑行业最大的供应商，在国内拥有600多家分支机构。它为市场提供10万多种产品，包括建筑材料、水暖器材、造景材料、木材和纸质材料、装潢材料、干燥和绝缘材料、门窗和木工制品、手动和电动工具等，大部分在分支机构中有库存。在这些分支机构中，有300多个机构提供工具和设备的租赁服务。

● 内部顾客——所有的员工和商业合作者都非常重要，他们是与外部顾客接触的媒介。

● 外部顾客——他们购买企业的产品，也是将来企业需要吸引的顾客。

特拉维斯·珀金斯公司必须努力保持公司绩效的持续增长，并在维持老顾客和吸引新顾客方面比竞争对手做得更好。为了追求竞争优势，特拉维斯·珀金斯公司需要不断地审视、调整自己的营销组合元素，尤其是那些做出些许改变就能有较大影响的方面。

价格

特拉维斯·珀金斯公司并不以低价为战略目标。它的目标是提供物有所值的产品和服务，让消费者信任。顾客可能在时间上有严格的要求，因此可靠的服务至关重要。

某些顾客相较而言对价格的敏感性更高。对于大客户，企业根据具体的产品需求和购买习惯，给予符合客户偏好的产品价格折扣。数量和总成本是对特定客户制定合理价格水平的两个重要标准。产品可以从码头或者直接从制造商配送，这样就可以使得折扣率保持竞争力。

产品

特拉维斯·珀金斯公司需要密切关注生活方式和时尚风格的转变，以决定提供什么样的产品。很多产品都是标准化的建筑材料产品，但是产品的附加值更为重要。

渠道

顾客与供应商的可及程度对于任何企业都非常重要。在此基础上，还要考虑如何进行产品展示、产品摆放，例如，将替代品或互补品放在一起，并且给每一类产品贴上清楚的标签。

促销

所有的企业都必须告诉顾客它们能够提供的产品。特拉维斯·珀金斯公司非常仔细地考虑了能够产生最大销售量的促销措施，包括特殊报价、网上订购、销售网点促销、展览会等。

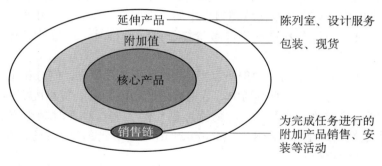

特拉维斯·珀金斯公司的营销组合策略如下：

价格

● 针对一次性购买顾客的标准价；

● 针对大客户和频繁购买顾客的不同折扣力度；

● 多数产品的折扣；

● 物有所值的优质服务。

渠道

● 交通上可以直达的分支机构；

● 足够多的货车和客车停车位；

● 装货/卸货场；

● 互补品必须靠近摆放；

● 销售网点的冲动型购买；

● 类似出租、厨房设计的附加服务；

● 安全、友好的购物环境。

产品

● 要体现生活方式的转变；

- 要能够提供一站式购买/订货服务；
- 要有合法性和技术领先性；
- 要使产品使用起来对环境友好，如可再生资源或可回收材料；
- 要具有附加值，比如为运输方便预先包装好的水泥、沙子；
- 现成的木质材料，如格架、栅栏板、门窗等；
- 要有销售链，以保证顾客能买到附属产品，如装饰品和装修材料等。

促销

- 网址：www. travisperkins. co. uk；
- 在线订购；
- 在线工具出租；
- 产品展示；
- 顾客调查；
- 特价优惠与价格列表——引人注目的热点价格是每月的亮点；
- 产品目录或直接邮递；
- 体育活动赞助；
- 公关——与一些慈善组织（如 NCH、MENCAP 或灯塔高尔夫俱乐部）建立联系。

资料来源：http：//www. thetimes100. co. uk/case_study with permission；http：//www. travisperkins. co. uk.

营销和销售的关系

本章讲述了销售和销售管理的特点和作用，讨论了营销导向商业理念总体的发展趋势。另外，我们可以看到，销售活动会影响营销组合各个方面的决策以及各个营销元素，同时还会反过来受其影响。因此，我们有必要将销售和营销结合起来。营销概念的采用在很多企业中都伴随着企业组织结构的调整转变，同时还伴随着企业对销售性质的认识的不断调整和转变。

图 1-8 展示了销售导向型企业和营销导向型企业的组织结构图，它们代表了营销概念的采用对组织结构决策的意义。

营销导向型企业和非营销导向型企业的最大区别是，营销导向型企业把销售活动看作营销职能的一部分。在营销导向型企业中，营销职能在企业的很多活动中有非常广泛的控制协同作用。营销导向的概念总是被销售人员误解，并且在销售和营销之间引发了强烈的对抗情绪。这是由企业在理念上进行调整和转变商业理念导向时管理上不够敏感、不够熟练导致的。销售只是企业制定营销整体方案中的一个部分，而且所有与销售相关的活动都要服从营销职能的安排。但这并不意味着销售活动就不那么重要，也不意味着营销人员在企业中的地位是最高的。

除了组织结构的变革以外，营销职能的影响以及销售的专业化意味着销售的性质和角色已经发生了改变。销售和销售管理现在必须与消费者需要和需求的分析挂

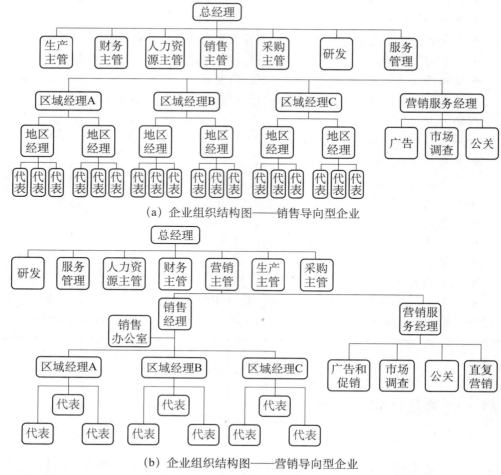

（a）企业组织结构图——销售导向型企业

（b）企业组织结构图——营销导向型企业

图 1-8 营销概念的采用对组织的意义

钩，而且必须通过企业的营销活动为顾客提供利益，满足他们的需要和需求。图1-9展示了人员销售和营销战略的大致关系，并列出了销售管理的一些重要领域。

对于营销组合的各个方面来说，人员销售并不是一个独立的因素，而是一个必须从整体的营销战略角度来考虑的因素。在产品层面上，两个主要的营销因素就是目标市场的选择和差异化优势的建立，这两个方面对人员销售都有重要的影响。

目标市场的选择

目标市场的定义对于销售管理来说有非常明确的作用，因为它与**目标客户**（target accounts）紧密相关。目标市场一旦确立（比如一个行业中初具规模的组织），销售管理就可以使这种特定的市场转变为独立的目标客户。基于此，可以组建销售团队，并最大限度地发挥作用。目标客户的类型包括 B2B 和 B2C 两个层面，它们都是目标市场的考虑因素。

差异化优势

差异化优势的建立是营销战略成功的起点，但是这需要和销售团队进行沟通，

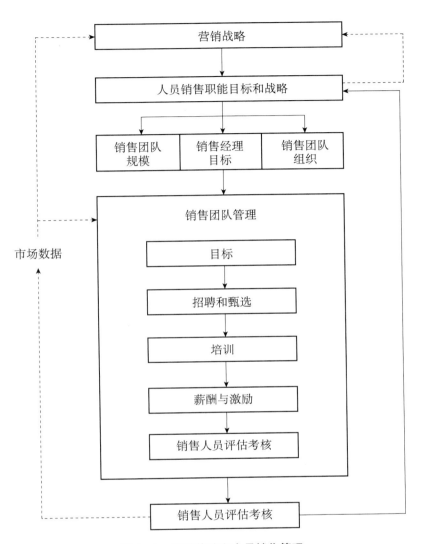

图 1-9 营销战略和人员销售管理

并且扎根于销售计划当中，确保销售人员能够及时有效地向顾客传达。在这里，有两个比较常见的误区：

1. 销售人员必须在顾客砍价时让步妥协，所以从这个角度来讲，差异化优势是允许被破坏的。

2. 差异化优势的特点和信息已经传递给了顾客，但是顾客的利益被忽视了。企业必须向顾客展示差异化优势其实是对顾客有益的。比如，对于重视财务价格的顾客来说，企业在生产能力方面的优势可以体现为给顾客节省成本或者提高利润等方面。

营销战略影响人员销售职能的另一种形式表现为通过战略目标产生影响。每一个目标——建立、保持、收获、放弃——都对销售的目标和战略有深远的意义，这些在表 1-5 中有详细的总结。将经营领域或产品领域的战略目标与职能领域的目标联系起来，对于在市场中快速整合资源并加以有效实施是非常必要的。

表 1 - 5 营销战略和销售管理

营销战略目标	销售目标	销售策略
建立	建立销量目标 增加分销 提供高水平服务	现有客户高短期走访率 短期客户走访率的高度聚焦 发掘（探索）新客户
保持	保持销量 保持分销 保持服务水平	对现有客户保持走访率 短期客户走访率的中等聚焦 出现新销路时进行短期走访
收获	减少销售成本 瞄准有利市场 减少服务成本和库存	只对有利客户进行短期走访 考虑电话营销和放弃剩余市场 不发掘潜在客户
放弃	快速清仓	对目标客户实行数量折扣

资料来源：Strakle, W. and Spiro, R. L. (1986) Linking market share strategies to sales force objectives, activities and compensation policies, *Journal of Personal Selling and Sales Management*，August：11 - 18.

正如我们所看到的，销售目标和策略来自营销战略和决策，并且应该和营销组合当中的其他因素保持高度一致。的确，营销战略会决定是否需要一支营销队伍，或者销售职能能否通过其他方式（比如直邮）更好地实施。销售目标决定了销售职能需要完成的具体工作，通常由下面这些方式来衡量：

- 销售量（如销售量增长 5%）；
- 市场份额（如市场份额增长 1%）；
- 利润率（如毛利率维持现有水平）；
- 服务水平（如年度消费者调查显示，销售人员的协助可以使"变好或变得更好"的消费者人数增长 20%）；
- 销售团队成本（如支出费用减少 5%）。

销售团队的战略规定了销售目标如何实现，一般需要考虑以下几个方面：

（1）客户走访率。

（2）现有市场和潜在市场的走访率。

（3）折扣政策（价格清单中定价允许降低的最大限度）。

（4）资源比例。

- 针对新产品和现有产品；
- 针对销售和售后服务；
- 针对现场销售和电话销售；
- 针对不同类型的顾客（如高潜力和低潜力顾客）。

（5）改善销售团队对顾客和市场的反馈。

（6）改善客户关系。

如果销售和营销之间存在这种联系，这些人员协同进行团队工作就显得非常必要了。特别是那些需要处理外部关系的销售人员，必须与他们的营销部门同事合作，在确定共同目标以后，再进行营销策略（如新产品设计和推广）的制定，使营销策略满足客户的需要，获取客户的信赖。销售和营销中任一环节的缺失，都可能对成功的顾客营销造成威胁，以至于危及企业在市场中的整体地位。[19]

遗憾的是，在销售与营销的关系上，虽然它们之间的依赖性很强，但是它们之间往往既不合作，关系也不是那么好。这种关系似乎缺少一种凝聚力，导致协调困难、冲突、不合作、不信任和不满情绪。[20]迪尤斯耐和乔伯（Dewsnap and Jobber）2004 年的一项研究发现，当高级管理人员主动地推动营销和销售部门之间的合作的时候，或者当销售和营销人员能够在一种自然亲密的氛围中工作时，两个职能部门之间的关系会有所改善。[21]

　　后续的研究表明，营销部门和销售部门的合作会对公司绩效产生积极的影响，并且这种合作本身会受到高级管理人员积极态度的促进。这种态度还会促进营销和销售部门之间冲突的化解、沟通状况的改善和组织学习的系统性[22]（如观点的相互分享、相互实践等）。同时，研究表明像交易促销、品类管理这种整合营销工具的有效使用，也会促进营销和销售部门的合作意愿提升。[23]

　　另一个相关的问题是，对于销售团队来说，相信其起草的或即将执行的营销战略是最恰当的、值得的，这也可以称为销售认同。这是个很重要的方面，因为销售人员要对他们实施的营销战略负责。研究发现，以下方面的提高和改善会对销售认同的提高有积极的影响（见图 1 - 10）[24]：

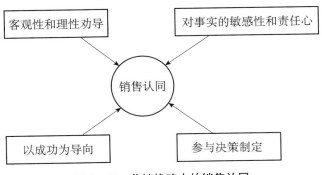

图 1 - 10　营销战略中的销售认同

　　1. 客观性和理性劝导：营销中的展览或展示行为要客观，从事实出发。如果销售人员觉得营销经理是让他们打着产品宣传的幌子去达到不可告人的目的，会对销售认同造成不利的影响。所以，营销经理需要明确告知关于产品的一切事实（包括营销的相关数据）来支持他们的计划和行为，使销售人员的营销展示不带感情色彩、偏见，产品评价（市场竞争地位、成长潜力等）更加理性。

　　2. 对事实的敏感性和责任心：营销人员应该鼓励销售人员去分享他们的一线实践经验，倾听他们的观点和提出的问题，这样营销人员才能对不同销售区域的状况具有敏感性。对于销售人员的意见和提问，营销人员应该用口头的形式做出回复，或者根据销售人员的反馈进行营销战略的修正或改进。简单地说，销售人员更喜欢接受指令而不是讨论。

　　3. 参与决策制定：当销售人员成为营销战略当中的重要角色时，他们会更加忠诚于销售。因此，可以建立一种对话机制，使销售人员能够对营销战略的制定提供建议。这样的话，销售人员就成了决策参与者，从而也会更加愿意去执行自己参与制定的战略决策。可以通过组建由多职能部门构成的团队的方式提高销售人员的决策参与程度。参与意味着营销人员可以直接得到战略可行性的判断依据、具体策略实施的益处以及执行营销战略时可能遇到的问题。

4. 以成功为导向：销售人员要有一个信念，那就是他们所做的一切销售工作都是为了让他们在市场中取得成功。营销经理的活动可以视作给销售人员增加附加值，帮助他们实现销售目标的活动。营销经理应该经常问销售人员一句话："我们如何做才能让你们取得成功？"销售人员向营销人员学习和求助就是为了完成销售任务。一旦这个信念建立起来，销售认同就产生了。

小　结

本章对销售和销售管理的性质和作用进行了详细的讲述，同时还分析了社会大众对销售活动的普遍误解和偏见。我们可以看到，销售和销售管理越来越职业化、专业化，销售人员必须经过培训，并掌握一系列的管理技巧。

现代商业思想和实践中最重要的发展之一就是市场营销概念的发展。企业已经基本摆脱了生产导向的商业理念、销售导向的理念，转而采用营销导向的理念。

本章介绍了一些核心概念，包括市场细分、确定目标市场、产品生命周期和营销组合，同时对营销导向的理念对于销售的意义以及销售在营销中的角色和作用进行了讨论。

鉴于营销工作中对顾客需求和需要的重视和强调，第 3 章我们会对消费者购买行为和组织购买行为的深层次特点进行探讨。

 案例练习

靡菲斯托产品有限公司

"又是糟糕的一年！"摩菲斯托产品有限公司（Mephisto Products Ltd）的高级主管吉姆·布林斯（Jim Bullins）说道，"利润下降了 15%，过去市场销量和营业额以每年 20% 的幅度增长，现在的增长率已经到不了这个数字了。"他声称如果下一年的经营结果和现在一样差，公司将破产。

吉姆·布林斯已在公司担任了三年的高管，每一年他都目睹了销售额和利润的下降。公司致力于为工厂车间生产一系列高精度机电控制装置，主要客户是化工企业。公司产品根据客户加工过程进行调整以提供安全和保险机制，避免生产过程中的任何麻烦和困难造成更恶劣的影响。

公司的产品通过英国的 12 名销售人员销售出去。他们中的每一个人负责不同地区，他们都是合格的机械师或者化学工程师。尽管 95% 的销量来自化工产业，但是也有许多机电控制装置应用于其他产业。

一些历史因素决定了公司的销售只集中在一个产业上。公司的创始人詹姆士·沃特金森（James Watkinson）和一个清洁剂制造商的女儿结婚。作为一名工程师，沃特金森看到了机电控制装置在清洁剂制造产业中的巨大潜力，通过他岳父的贷款赞助，他开始生产这种装置，最开始是为了服务他岳父的公司，之后这种装置广泛应用到各个化工产业中。他从摩菲斯托产品公司辞职后的很长时间里仍持有一定的股份，他为公司带来的企业理念也扎根在摩菲斯托的企业文化中。

这个企业理念的本质是强调产品的精益求精，并依靠强有力的科技生产做支撑。沃特金森相信只要产品是杰出的（如在设计和生产上具有高水平的质量保证），就一定有市场。毋庸置疑，这样的产品如需要销售出去的话（因为顾客还没有完全意识到他们需要这种安全装置），就一定要鼓励销售人员运用所谓的强迫型销售法，强调生产车间没有这种高精装置的严重后果。因此，销售人员往往强调消极的方面（如果没有这种装置）而不是积极的方面（这些装置带来的好处，如发生生产故障时可以节约时间）。在沃特金森掌权的时期，很明显这种产品是有市场的，尽管客户主要是工业企业，大多数人还是认为这种销售技巧是合乎情理的。这个理念一直存在，新来的销售人员都被要求记住。除非迫不得已，大多数客户不会考虑更换它们的控制设备。

虽然公司在有闲置资金的时候会在行业刊物上做一些广告，但是公司总体广告和促销方面的投入还是非常少。其定价采用成本加成定价法，即在总成本的基础上加上一个固定的百分比算作最终的成本。这样的话，财务部门就决定了最终的产品价格，销售部门对价格机制如何建立没有发言权。这导致销售人员对此有争议，他们认为当时的价格没有竞争力，如果降价的话，销售额可能会增加。

产品的交货时间与行业平均水平相比是较长的，而且大批量订单的折扣很少，销售人员在执行这样的订单安排之前首先必须清算这些折扣。同样，沃特金森的理念仍然盛行："如果他们非常想要某个产品，他们一定会等待"，"为什么要提供大量的折扣？如果他们不想要那么多，就不会订购那么多"。

在过去的五年中，作为一家成功的公司，靡菲斯托的产品市场份额却大幅度下降。市场上来了很多新进入者，特别是来自欧盟国家的新进入者，它们进入的是制造商主导的英国本土市场，许多新进入者引入了新产品或者新一代的产品，而且应用了电子科学领域的最新技术成果。这些新产品被市场上的客户视为技术创新型产品，但靡菲斯托产品公司管理层的观点是，这些产品确实很时尚，可一旦过时，客户还是会转向靡菲斯托的优质产品。

与其他人不同，布林斯根据过去五年的事态发展认为需要进行改变。他意识到业内的新进入者越来越成功地将营销理念引入它们的产品。与十年前相比，现在的公司常会任命营销部门的经理，而且从和业内其他人的交谈中可以得知，这些公司认为销售是营销的一个组成部分。在最近与高级职员的一次会议上，他向销售经理提及了任命一位营销总监的想法。销售经理因为很想成为销售总监，所以对这个想法持批评态度。他认为营销只适合烘焙豆生产商，不适合为化工行业制造和销售先进控制设备的公司。他认为，靡菲斯托的客户不会受到肤浅的广告和营销手段的影响。

尽管布林斯一般会听从高级管理人员的意见，但是最近的销售数据让他相信现在是时候做出一些改变了，他决定从任命一位营销经理开始。该营销经理应有营销方面的工作经验，而且很可能来自化工行业。该营销经理应与销售经理拥有同等的地位，最终他或现任销售经理会晋升为董事会成员。

问题讨论

1. 对靡菲斯托的销售和营销方法做出评价。

2. 对靡菲斯托的以下几个方面进行评价：

(1) 营销方向。

(2) 营销组合。

(3) 产品生命周期。

3. 如果布林斯继续照此法做下去，并且任命一位营销经理，你觉得将来可能会有什么问题？

4. 你能否针对靡菲斯托现在的情况给出一些大方向建议，使其更加以营销为导向？

思考题

1. 讨论销售在营销组合中的地位。

2. 对于工业产品和普通消费品的销售，它们的销售人员角色有何不同？

3. 对产品、生产、销售、营销导向这些概念加以区分。

4. 讨论波特提出的一般销售策略之间的相关性。

5. 说明为什么产品生命周期曲线的形状与创新产品的采用曲线相似。

6. 讨论以下两种观点背后存在的问题：

（1）营销就是满足客户的需求从而获利。

（2）营销是一种创造原本不必要的需求的过程。

7. 销售作为促销组合的组成部分这一角色是否影响销售作为营销子元素的角色？是加强影响还是减弱影响？

学习目标

学习本章后，你应该可以：

1. 了解销售战略和营销战略的区别。
2. 熟悉关键的营销概念如何融入战略规划。
3. 了解沟通组合的组成成分。
4. 了解目标、战略、战术的区别。

销售人员评估过程

为了提升销售效果，销售过程一定要在整体战略性营销规划的指导下进行。只有这样，才能保证公司的销售活动和其他营销活动相辅相成，而不是相互竞争。相应地，销售战略和销售管理的概念就扩展到一个更加宏观的层面，往往涉及企业的各个方面。因此，目前业界公认，只有在企业层面的总体目标和战略规划过程的大框架指导下，才能正确执行销售战略和战术并进行效果评估，达成销售目标。在讨论销售战略和战术之前，我们先来讨论一下战略性营销规划的性质和意义，以及销售在战略性营销规划中的地位。

规划过程

销售规划过程（sales planning process）的特点如图2-1所示，这个过程类似于室内中央供暖系统的运行。我们首先要确定需要的温度、供暖时间等（设定目标）和必须遵循的供暖程序，以确保操作是有效果的（确定操作程序）。接下来，我们需要运行合适的程序，包括确定有必要的资源可以利用（组织行动）。到这一步，我们可以开始对整个系统进行操作（执行）。最后，我们需要检查系统运作的情况，具体来讲就是检查是否达到了想要的温度（测量结果）。任何温度偏差的出现都会通过温度调节装置系统报告，并进行修正（重新评估和控制）。

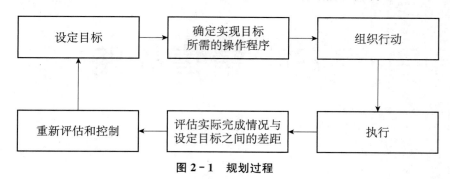

图 2-1　规划过程

这个规划过程可以缩写为 MOST，它描述了从抽象到具体的过程：任务（M）、目标（D）、战略（S）、战术（T）。

制定营销规划

世上不存在建立理想营销规划的通用方法。规划程序在实际运用中不会非常简单，因为每个营销场景都是独一无二的。从概念上讲，规划程序是直截了当的，并且包含一系列的逻辑步骤。营销规划（见图 2-2）由三个层次组成：

- 目标：公司的方向，或公司希望做什么或成为什么样。
- 战略：公司将如何达到目标。
- 战术：公司打算采取哪一种方针路线，具体做些什么。

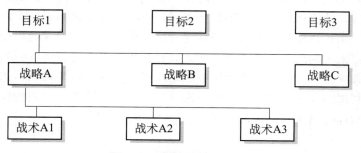

图 2-2　营销规划的层次

图 2-3 说明了目标、战略和战术之间的联系。

企业的定义（公司使命或目标）

作为营销规划的先决条件，企业的整体角色或任务应该如何定义（或重新定义）需要我们慎重考虑。有一个问题最好由高层管理人员提出并进行回答："我们在什么样的企业中？"企业角色的定义应该是客户需要的企业服务是什么，而不是产品或服务的生产方式。例如，微型计算机制造商可能会将公司定义为快速解决问题的企业，在汽车工业中，像沃尔沃这样的公司会被定义为给家庭提供运输服务的

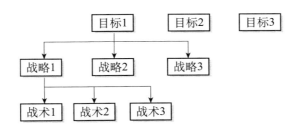

目标：我们的方向是什么？
类型——每一个目标都有属于自己的战术
战略：我们将如何达到目标？
可能需要权衡好几个可能的战略，但最终只有一个被采用
战术：采取的方针路线是什么？
可能有多种战术只为一个战略服务

图 2-3　目标、战略、战术之间的联系

企业；其他公司，比如宝马，则是提供快速的运输服务和成为用户身份地位的象征。这两家公司都不仅仅是制造汽车。

企业定义的过程非常重要。它不仅仅确保公司从客户需要的产品和服务角度考虑问题，在企业规划中，企业定义还要求公司更加聚焦，涉及面更加广泛。这和品牌化密切相关。

情境分析/营销审计

对于每个公司来说，制定营销规划的详细过程的每一步都是不同的，都要根据公司的实际情况。但营销分析的各种工作，对于公司的优势、劣势、在市场环境中面临的机遇和挑战的分析工作（SWOT 分析），基本上是必不可少的。其中就包括对公司所处环境的情境因素的分析（PEST 分析：P——政治因素，E——经济因素，S——社会文化因素，T——技术因素）。

市场分析（或营销审计）

内部审计（internal audit）所要求的数据和数据分析有：

1. 当前和最近一段时间的市场规模和增长趋势。在生产多种产品的公司中，这种分析需要以产品/市场或地理区域为单位来进行。

2. 分析顾客的需求、态度和购买行为的发展趋势。

3. 当前的营销组合。

4. 竞争者分析，分析内容包括：

● 当前战略；

● 当前业绩，包括市场份额分析；

● 优点和缺点；

● 未来行动预测。

除了分析现有的竞争对手，企业还应对潜在的新竞争者进行评估。

外部审计（external audit）包括对宏观环境趋势的分析。政治、经济、社会文化和技术（简称 PEST）因素可能影响未来的公司产品。最初，这个概念中加入了法律（legal）因素从而变成 SLEPT 分析，然后引入了环境因素从而变成 PESTLE 分析，到现在又引入了生态因素，从而变成了 STEEPLE 分析。

内部和外部审计包括了对公司内部和外部各种因素的描述。这些可以由营销人员或其他部门人员来执行，最重要的是它们必须得到高层人员的支持，因为他们是公司营销规划和公司整体规划的核心人物。

PEST 分析在科鲁斯公司的应用

科鲁斯公司（Corus）是一家生产钢材系列产品的跨国公司（印度塔塔集团（Tata Group）的成员企业）。该公司审视了自身的发展战略，认为需要根据外部环境，确定未来市场的需求。基于公司的能力、技术知识与未来市场需求的状况，科鲁斯公司将发展目标确定为以建筑领域为基础开发一系列钢材产品，从而为公司带来竞争性优势。PEST 分析是一种强大的工具，它可以帮助分析外部建筑施工情况。这一分析涉及对以下因素进行审视：

政治因素

各国的政策和指示，比如规划和环境问题、可持续性问题方面的政策和指示都会影响建筑行业。

经济因素

经济的健康程度和利率都会影响对商业住宅的需求。世界各地的许多政府都将税收作为提高经济绩效的手段（例如，一些国家设有气候变化税、垃圾填埋税）。全球的建筑行业对建筑物的整体生命周期成本越来越关注，其中包括初始资本成本、操作和维护成本，以了解如何通过设计来降低一系列的成本。

社会因素

出生率、离婚率和家庭平均人数会影响住房需求。犯罪率的提升、人口老龄化和公民福利都是社会维度的一部分。科鲁斯确保主要社会趋势和变化以及其对产品需求的影响能够得到精准的监控和评估。

技术因素

一些建筑施工新技术的应用对公司产生了影响。例如新技术使得可以在工厂中构筑更多的建筑部件，而不是像过去一样在工地上进行。

法律因素

在世界上的很多地方，建筑行业的安全和环保情况都不理想。这会导致许多当地政府通过更多的立法来改善各产业在安全和环境绩效方面的表现。

环境因素

这里的两个主要问题是分别满足《京都议定书》（Kyoto Agreement）中减少化石燃料燃烧产生的二氧化碳排放量以及垃圾填埋处理的要求。

注：当使用 PESTLE 作为分析工具时，对于那些可以一分为二的具体问题，可能会导致重复分析。重要的是，要识别这些因素的变化并理解这些变化对建筑业的影响。

分析中的这些因素都与当前的情况有关。然而，如果要预测未来几年的情况，使用 PESTLE 分析中的因素来规划未来就很有必要。例如，如果想要在建筑业开发新产品，科鲁斯就必须提前几年考虑和规划。公司需要对产品进行认证，因为公司需要遵循独立机构根据相关国际标准和建筑法规规定的认证制度。如果认证结果是合格的，独立机构就会针对具体领域中的特定产品，颁发性能认证书——通常是对产品的结构、防火、隔音、隔热和耐用性能参数等的认证。这是很重要的，因为建筑行业通常比较保守，因此为了引入新产品，必须由第三方来验证产品的各项性能能否达到制造商声称的标准。拿到这种认证书可能需要两年时间，接下来企业需花费足够多的时间开发产品。

预测未来情况的过程称为"路线地图"。它帮助科鲁斯这种类型的公司了解 PESTLE 中因素随时间所产生的变化，确定这些因素如何影响建筑行业，并将产品的开发与这些变化联系起来。它还帮助科鲁斯发现市场机会，开发相应的产品以满足这些需求，确定哪些现有技术可以用来开发产品。

资料来源：http：//www.thetimes100.co.uk/case_study with permission；http：//www.corusgroup.com.

SWOT 分析

公司的管理层必须在潜在外部机会和外部威胁的背景下，对公司内部的优势和劣势进行现实和客观的评估（**SWOT 分析**（SWOT analysis））。企业的未来机遇和威胁源于公司无法直接控制的因素，特别是之前提到的宏观环境因素（政治、经济、社会文化和技术因素）的趋势和变化。这些可能与公司竞争对手正在做的事情有关。重要的是，公司要认识到什么才是机会和威胁，对机会和威胁强弱程度的判断必须同时进行。一些"招牌"特色优势，例如产品的质量声誉，只有当它可以在市场中被资本化时才可以成为真正的优势。

SWOT 分析并不是冗长的一套陈述，它只是每个标题下的几个要点。SWOT 分析应该简短直接，公司应从 SWOT 分析中得出相应的营销战略。

对于经营美容和健康药品的博姿公司（Boots）的简短的 SWOT 分析如图 2-4 所示。

优势	机会
1. 在国内建立了良好的市场地位 2. 有一段长期销售稳定的历史 3. 优越的地理位置提供了便捷的交通条件 4. 作为药方的供应商拥有良好的声誉 5. 有著名的药剂师 6. 有经专业培训的门店服务人员 7. 博姿会员卡在英国市场中提供了最好的客户忠诚计划	1. 非处方药和健康补品市场处于成长阶段 2. 消费者越来越喜欢使用自我保健型产品 3. 店内的药剂师能够为现有和潜在客户提供有关流感甚至是过敏症等疾病的应对建议 4. 在一些区域与博姿的药剂师交谈沟通，相比预约看医生，更加省时省力
劣势	**威胁**
1. 并非所有员工都有相同的经验水平 2. 服务不一致，有时会产生客户不满 3. 员工有时无法完全了解公司提供的产品和服务 4. 博姿会员卡的会员注册在门店里没有得到激励	1. 超市也销售非处方药和处方药，如头痛片和维生素片（如维生素 C 可溶解碳酸盐药片） 2. 许多产品比廉价零售商（如 Superdrug 和 Poundland）产品的成本更高 3. 对于一些很贵的美妆产品（如吹风机），可以在网上买到更便宜的

图 2-4　博姿公司的 SWOT 分析矩阵

目标的陈述

在上述步骤的基础上，公司现在应该可以确定具体要实现的目标。这些目标同时也是营销战略和营销战术选择的基础。

公司可能同时有若干个目标。尽管营销目标通常倾向于支持总体业务目标，但业务和营销目标可能是同一个。应该指出，公司的目标有多种类型，如财务目标和公司目标。另外，目标可能按照部门来制定或者是按分支来制定。然而，无论目标是什么类型或者用什么表述方式，每个目标都需要有对应的策略。

目标在很多领域都是需要的，如生产目标或许多其他类型的目标。在市场导向驱动的公司中，营销目标是最重要的，因为这反映了客户的需求以及公司如何满足这些需求。还有，在这种公司中，营销计划会首先出现在整个企业规划的内容当中，其他领域的目标必须与市场营销目标保持一致。除了对这些目标一致性的考虑之外，还应该对目标进行明确的表达，最好是定量地表达，并说明实现目标的计划时长。首字母缩略词 SMART 描述了这些目标的要求：具体的（S）、可测量的（M）、可实现的（A）、实际的（R）、限时的（T）。

在进行营销活动时间点规划的时候，常常会存在一些困惑。营销规划通常分为短期、中期和长期三种类型。困惑源自一个事实：对于每个类别营销活动的时间点跨度和定义，没有公认的统一说法。一家公司的长期规划（比如说 5～10 年）可能会被认为是另一家公司的中期规划。我们认为，营销活动规划的不同类别在概念上是一致的，但在细节上有明显的不同。此外，不同类别的营销活动规划在本质上也是相互联系的，企业要实现长期目标，首先要实现中期和短期目标。下面几个标准对于设定目标来说是必要的：

1. 确保目标是结果导向的。

● 因为营销活动的影响在本质上是可以衡量的，所以销售和营销战略应该使营销活动的成果能够量化。

2. 根据目标确定测量方法。

● 投资回报率。

3. 在可能的情况下，对每个目标设立一个主题。

● 量化标准不明确的目标是不能接受的。例如通过提供最高标准服务，将客户流失率降低 20％。这里至少有两个目标，每个目标都应该量化。

4. 确保资源是可利用的。

● 最佳实践：通过试营业、新产品推出计划来尝试解决常见的营销问题。

● 由于试营业可以合理准确地对新产品推出的成本进行预估，因此这些活动的运行成本实际可行。

5. 确保营销目标对于企业目标来说是不可或缺的。

● 这是毋庸置疑的，因为如果企业目标不同于营销目标（例如，公司的整体目标是向欧盟新成员国扩张，而当前的营销目标仅涉及现有的成员国），企业的发展方向就会受到影响。

设定目标的一个实例

SAGA 假日——满足空巢老人的需要

SAGA 假日（Saga Holidays）的主旨是为 50 岁以上有大量空闲时间的人（定义为退休人员或空巢老人）提供服务。服务时间将安排在学校假期和其他高峰期之外的时间段。

原定目标：提供长假服务和游览服务。

成功：谈判优势。

但是，对于公司的业务扩展来说，具体应该选择哪个方向？

1. 向其他细分市场提供假期服务；

2. 向已有客户提供其他产品和服务。

SAGA 假日是如何选择的？

SAGA 假日没有从利润较高的细分市场扩张到其他利润空间较小的细分市场，而是向退休人员或者空巢老人其他类型的需求进军，向这些人售卖更多的保险、储蓄和其他适合的产品，满足他们其他方面的需求。因此，企业现在被定位为退休市场的服务提供商，而不仅仅是专业的度假服务商。

SAGA 假日遵循迈克尔·波特（Michael Porter）所定义的聚焦型战略，而非差异化战略或成本领先战略。

在当今竞争激烈的市场中，企业向已有的客户群提供更加多样化的产品不是什么新鲜的事情。随着招揽顾客、提供客户服务和改善数据库管理等手段司空见惯，这可能确实是最有利可图的业务扩张选择。

SAGA 假日为我们提供了一个关于"我们的客户希望从我们这里购买的下一个产品是什么"的实例。

公司的年度营销规划是非常重要的文件，在销售人员的销售准备过程中起到关键作用。接下来，我们将讨论年度型文件是如何规划和起草的。

确定销售市场的潜力并做出销售预测

制定营销规划的关键是对市场销售潜力做评估，然后是进行详细的**销售预测**（sales forecast）。市场潜力是特定时间内整个行业可获得的最大销售量。销售潜力是指公司在最有利的条件下理论上可能实现的最大市场份额。销售预测是公司预测将会实现的销售潜力的比例。销售预测是公司发展计划制定中的重要步骤。这个预测不仅直接影响营销和销售职能的工作规划，而且生产、采购和人力资源管理等其他部门在计划活动中也需要以销售预测为重要依据。因此，销售预测是成功规划的先决条件，这一点将在第 16 章中详细讨论。

制定和选择战略

一旦确定了营销目标并对市场潜力进行了评估，公司就应该考虑制定和选择战略。一般来说，战略包含公司用于实现目标的一系列方法。

销售规划过程中的这个步骤是比较复杂的，因为每个目标的实现都有好几种可选方案。虽然可以对各个策略进行评估，但最终只能采用一种策略，因而产生了一个准则：每个目标对应一个策略。例如，通过提高价格、提高公司层面的销售量（增加市场份额）或增加工业用户的销售量，使销售收入增加 10%。在这个阶段，如果时间充裕的话，可以建议公司尽可能多地制定可选择的替代型战略（见图 2-2）。然后，这些战略中的每一个都可以根据其对资源的具体要求以及前面提到的市场机遇情况进一步评估。最后，公司需要对竞争对手可能采取的针对性战略进行预判。

下面的例子由 PR Artistry 公司提供，涉及其客户之一 MCRL。它描述了公司在实施战略计划时如何运用所谓的 GOSPA 方法。

MCRL 的 GOSPA 法则

GOSPA 是一种企业的绩效管理方法，该方法的实施可以产生量化的结果。这种方法涉及使命、目标、战略、计划和行动。

这种方法包括一系列易于实施的步骤，能够改善沟通、控制、士气、测评和绩效。经过事先的短期培训之后，这种方法可以为管理层提供一个体系框架：创业计划、变革、重组、测评、和谐的沟通。这种方法不管对大型组织还是小型组织都适用。

有关 MCRL 在欧洲媒体关系方面的使命

G1：在英国、法国、意大利和德国的零售店，通过提高潜在客户在媒体方面的认知度，为 MCRL 建立强大的品牌形象和市场地位。

G2：在英国、法国、意大利和德国的零售店，根据满意度、数字媒体/商店改进计划，使 MCRL 作为企业服务总线（Enterprise Service Bus，ESB）成为客户的首要选择对象。

目标

O1：从 2008 年 1 月起，提供定期新闻发布服务，注重新闻的质量而非数量，各个城市每月向媒体清单中某个特定的媒体发布一次新闻。

O2：从 2008 年 1 月起，请詹姆斯·彭伯顿（James Pemberton）、迈克尔·雅什丘克（Michael Jaszczyk）和迈克·卡梅林（Mike Camerling）为特定的媒体撰写声明和观点性文章，内容聚焦于 MCRL 的定位，即为零售商提供新产品所需技术的企业。

O3：从 2008 年 1 月起，进行更多的客户个案研究，说明 MCRL 的方法应用程序如何为客户、店内员工、运营部门和信息技术（IT）部门带来益处。

O4：从 2008 年 12 月起，关注目标出版物中隐藏的机会，尽可能提供相关的权威资料。

O5：开发出一种与英国、法国、意大利、德国的媒体协调关系的方法。

战略

S1：协调零售商内部的三个参与性群体——营销、运营、IT，使得每个参与方在关键问题上达成共识（如让 IT 部门就如何体现企业服务总线提供建议和指导）。

S2：PR Artistry 公司的玛丽·菲利普斯（Mary Phillips）与 MCRL 的詹姆斯·彭伯顿合作，每季度提交一份合作报告，让企业和零售业出版商的合作能够先期布置。

S3：拟定两份清单，一份是关于每个国家的目标零售业出版商名单，一份是零售业覆盖区域内自由记者的名单。S1中可能提到针对三个参与性群体的三份子名单。

S4：提前了解出版商的特点和风格，以确定哪个出版商可以作为合作的目标对象。这个工作需要长期持续进行，一有机会就要提出意见和建议。

第一季度的具体实施计划

P1：列出每个国家的媒体名单。

P2：对于每个国家，首先确定六种新闻公告。

- 购物清单管理。
- HIT-PSA自7月份开始在Dohle零售集团投入使用。
- 合作伙伴Wincor Nixdorf关于零售管理系统（RMS）的新闻发布。
- PSA首次使用Flash MX。
- 零售框架与便携式购物系统（PSS）替代电子收款系统（POS）。
- MCRL和RMS的商店整合框架（SIF）经IBM认证。

P3：撰写并发布前三份新闻稿。

P4：商量并确定前两个意向声明的优先级顺序——可能的主题。

- MCRL为零售商提供必要的基础设施，包括店内数字媒体、报亭、PSA、掌上电脑和智能销售，零售商可以在库存系统的下一个周期受益。
- 数字讯号——MCRL用正确的方式获得有意义的投资回报率（ROI）指标和可持续管理的解决方案，"有比插播电视广告更有意义的事情"。
- 即时动画使购物更加便捷，趣味性增强。

P5：做好前两项计划中的文档工作。

行动

A1：12月9日在巴黎举行会议，参与方有MCRL、PR Artistry和MN。

A2：PR Artistry撰写第一份新闻稿，然后PR Artistry与MN向合作媒体介绍MCRL。

A3：就意向声明初稿的主题达成一致。

资料来源：http://www.gospaplanning.com.

关于战略的几个例子

首先，假定我们的目标是从现有顾客身上获取最大的利润。

战略1：确定目标市场

对于营销人员来说，目标市场的确定就是市场细分。市场细分或者说目标市场的确定可能会基于以下标准：

- 价值观（高消费和低消费，购买商品的价值）；
- 顾客偏好（电话/电子邮件的订购服务，购买的产品/服务种类）；
- 顾客生命周期阶段（供应商和顾客的关系，积极顾客/流失顾客/不活跃顾客/与前次购买相隔数月的顾客等）。

这里，我们必须要强调：

- 细分市场一定要有利可图；
- 各个细分市场不是互相排斥的；
- 细分市场不是固定不变的。

所以说，同一个消费者可能会在不同的时期划归到不同的细分市场中。如果一个细分市场需要企业花费很多的时间和精力去开发，那它一定要具备相当的购买潜力。

战略 2：定价

与经典的营销定价法一样，企业可能会采取的定价策略有：

- 短期内的策略性降价；
- 创造价格溢价；
- 提高产品质量的预期。

所以，企业可以采用一个经典的定价方法——提高品牌产品的质量预期，让产品的销售利润率随之提升。另外，如果折扣商品的价值能够得到顾客的认可，折扣战略就有意义。

当然，折扣战略在所有的营销场景中很常见。在快速移动消费品（FMCG）市场中，采取折扣战略往往是迫于竞争对手或者零售商的压力。策略性降价通常被视为防守战略。

战略 3：顾客保留

现代科技的应用已经可以帮助供应商对询价者或潜在顾客的进展情况进行追踪，所以企业更多的注意力开始从单纯的产品盈利转移到客户关系盈利。然而，客户关系盈利是由以下因素决定的：

- 招揽顾客的成本；
- 各个关键阶段客户关系或者潜在客户关系的损失。

客户关系的关键阶段包括：

- 咨询；
- 转化为有效顾客；
- 重复购买；
- 客户升级；
- 客户休眠的先兆；
- 客户购买的恢复。

失去客户的可能性一般会随着客户关系持续时间的增加而降低。在消费者市场（不是企业间市场），在确定客户关系的总价值时，客户关系累计时间的长短通常比客户消费的频率更加重要。这里，客户数据库不仅使得衡量客户关系更加简便，更重要的是方便企业对客户关系做出及时的调整。因此，企业可能会在某个时间点向客户提供某种优惠政策，防止客户失去活跃性。就算客户对优惠政策没有反应，或者真的不再活跃，企业还可以继续提供更多别的服务政策来重新夺回客户，重新开始客户关系。

此外，还有一种顾客保留和顾客发展的战略，提供了留住顾客的方法。另外，还可以发展出基于顾客关心的顾客保留战略、基于顾客促销的顾客发展战略等。（第 10 章对此有详细讨论。）

企业在考虑实现目标的整体性营销方法的时候，必须从上面提到的不同类型的战略中选择其一，之后必须把这种战略转变成一份具体的战略计划书，并就这份计划书与企业里的核心人物——高层经理进行深入沟通，达成统一意见。同样，不同企业的战略计划书也不一样，但一份完整的经典计划书通常来说包括以下几方面内容：

    1. 明确的营销目标。

    2. 可采用的实现目标的战略。

    3. 所选战略在营销中的以下几个方面的意义：

- 目标市场；
- 定位；
- 营销组合；
- 营销调研。

    在这个阶段，战略计划书应该简明扼要地概括企业的营销活动需要集中在哪些方面。就这些内容达成共识以后，我们就可以开始制定详细的行动计划。

    制定战略可以选择的方法非常多，其中最流行的有波士顿矩阵（Boston Matrix）、通用电气/麦肯锡矩阵（GE/McKinsey Matrix）。这些方法非常适合在战略管理、战略营销规划中运用，不仅限于本章涉及的内容。这里，采用产品生命周期理论和新产品扩散理论来分析问题是最为合适的，我们在第 1 章已经提到这些问题。SWOT 分析对于企业针对优劣势、机遇和威胁等方面制定战略非常有用。其中的一些必要步骤包括：

    1. 评估环境因素（PESTLE）对企业的影响。

    2. 对企业前景进行判断。

    3. 考虑企业所有关键领域的优势和劣势。

    4. 战略的选择和制定。

    例如，图 2-5 展示了英国一家专业的越野汽车小型生产商的情况。

优势（S）	劣势（W）
1. 耳熟能详的品牌名称 2. 自 1920 年就进入该行业 3. 追求时尚 4. 低价 5. 持续良好的媒体反应	1. 半自动化生产 2. 每周最大产量仅为 30 辆 3. 等待供货的订单很多 4. 销售范围只限于英国、美国、德国、荷兰、比利时和斯堪的纳维亚国家
机遇（O）	威胁（T）
1. 美国的市场规模是现有市场规模的两倍 2. 其他欧洲国家也愿意购买其产品	1. 有些购买者不愿意等待 2. 其他批量生产商现在正生产类似的型号

图 2-5　越野汽车生产商的 SWOT 矩阵

SWOT 分析法的战略意义

    作为一个案例，图 2-5 提到了越野汽车生产商两种可能采用的战略：依托现有的成熟品牌，通过自动化生产提高产量，将产品销售到其他欧洲国家（S1、S2、W1、W2、O2、T2）；提高基准价格（S4、W3、O1、T1、T2）。

    图 2-5 作为 SWOT 矩阵的应用范例，实质上是 SWOT 要素的展开。将它们组合在一起形成完整的市场策略称为 **TOWS 矩阵**（TOWS Matrix），它是由韦里克（Weihrich）于 1982 年首先提出的。[1]

制定营销方案的准备

    准备战略计划书的最后一个步骤是为实施营销战略制定具体的细则。制定该细则的第一步是确定营销组合。必须对产品、定价、促销和渠道做出详细的决策，应该注意确保市场营销组合中的各种元素能够完美整合（它们能够共同发挥作用，以最有效的方式实现公司目标）。

在这个阶段，以前指导决策的纲要规划现在变成了详细的操作细则，并且不可避免地成为规划文件中最长的一部分。有了这部分细则，公司的日常营销活动和营销战略就可以照此实施、评估。

资源的分配——预算

对营销组合的要素做出详细的决策之后，下一步是为每一个组合的要素制定**预算**（budget）。在大多数公司中，由于资源的稀缺性，不同职能领域的管理者之间不可避免地会展开资源竞争。对于负责营销组合中每个元素的经理而言，他们可能会有很多讨论。此外，由于企业的财力与其他资源的限制，最初的营销目标、战略、实施过程中实现销量的详细规划可能会显得不切实际。在这种情况下，必须对原初的规划进行修改。

应当指出的是，在此阶段，企业可以对成本和收入进行预测并做出损益表。

执行

到目前为止，企业应该完成了详细规划的制定，确定了企业要做什么、什么时候完成、由谁负责，估计了成本和收入，制定了及各项活动的时间安排。一旦获得通过，营销规划的详细信息就应传达给所有相关人员。这种沟通在营销规划阶段必不可少，有时候会被忽略。许多公司都制定了详细的营销规划，却没有有效地实施，原因就是企业没有就规划与相关人员进行沟通，或者根本就不同意提议的规划。

执行

最后，营销规划还应包含控制机制的实施大纲。这应包括企业要实现的主要目标的详细内容以及衡量目标实现程度的关键指标和参数，从而能够在规划实施时进行及时修正。营销规划的控制部分应该规定要测量什么、如何测量以及测量需要的数据，还需要包含偏离规划时要采取的行动。意外应急措施是所有规划过程的一个关键部分，因为规划需要一定的灵活性，以适应市场上可能发生的不可预见的变化。整个营销规划的过程如图 2-6 所示。

销售在营销规划中的地位

我们已经研究了如何准备营销规划。销售职能在这一过程中起着重要作用，我们现在来具体审视这个职能角色的性质，特别是其在制定营销规划中的贡献，以及其本身如何受营销规划的影响。

销售职能的贡献

在整个营销规划过程中，需要确定各种可选择的行动方案，并就这些方案选出

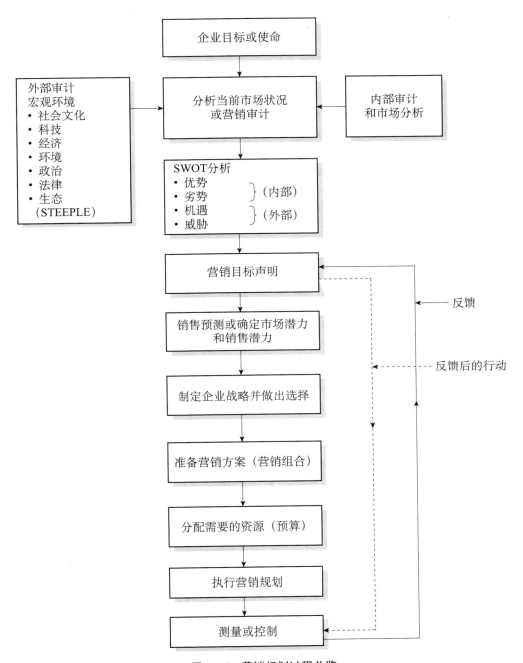

图 2-6　营销规划过程总览

最合适的。比如，对于应对意外事故的计划措施，需要找出可供选择的替代方案并从中做出选择，这就需要有及时、准确的信息。销售职能在规划过程中的关键作用就是提供这些信息。销售职能在营销规划过程的若干阶段能做出重要贡献，下面我们对这些阶段进行详细的审视，以对销售职能的作用有更深的理解。

（1）分析当前市场状况（营销审计）；

（2）确定销售潜力／销售预测；

（3）制定并选择战略；

（4）预算、执行、控制。

丰田汽车

丰田汽车公司（Toyota）通过不断发掘客户下一步想要购买的东西，实现了产品线的延伸和改换，获取了丰厚的利润。事实上，通过向现有顾客进行额外的低成本销售，丰田公司不仅获得了持久的竞争优势，而且在扩张性投资中也处于有利地位。

因此，通过 70 余年的努力，丰田公司已经成为全球最大的汽车制造商，在六大洲拥有超过 25 万员工。

资料来源：http://www.toyota.com.

分析当前市场状况或营销审计

销售职能与市场的联系非常紧密，这使得销售职能在帮助企业分析当前面临的市场环境状况时拥有特殊的地位和作用。销售职能尤其对顾客需求和购买行为趋势的分析十分有益。销售经理也可以在了解竞争对手和市场地位的过程中发挥重要作用。销售经理的这种信息型功能是不可忽视的，因为通过销售队伍，他们可以得到并提供最及时、最准确的顾客反馈信息。

确定销售潜力/销售预测

正如我们将在 16 章论述的，销售经理的重要职责之一是销售预测，销售预测是制定商业计划的出发点。由销售经理做出的短期、中期、长期预测为分配公司资源以实现预期销售打下了基础。

制定企业战略并做出选择

虽然关于采用哪种营销战略的决策取决于营销管理层，但企业必须征求销售经理的意见，获取他们的建议；同样，销售职能也是对任何战略提议进行评估的最佳选择。

销售经理应该大力提倡销售人员对企业销售战略是否妥当发表自己的看法，然而很多公司这方面做得并不好。销售队伍处在战术营销的第一线，他们能够更为实际地了解目标市场会如何对企业的销售活动做出反应。一线销售人员在与顾客的密切接触中能得到很多信息，而且能够给顾客提供建议并影响顾客的需求，这一点是不容忽视的事实。

预算、执行、控制

准确的销售预测是制定详细营销规划的一个重要前提，在做销售预算时也需要进行销售预测。

在销售预测的基础上，销售经理需要决定实现目标销售规模所需的开支。关于销售预算有一点非常重要，那就是销售预算是整个预算程序的基础。不仅销售部门的活动受其影响，生产、人力资源管理、财务、研发部门也受其影响。所以，我们将在第 16 章详细介绍销售预算。销售经理要准备一份实现销售预测值所要进行的销售活动的清单，以及这些销售活动的成本预测。不同企业的年度销售预算具体内容有所不同，但一般都包括工资、直销费用、管理成本、佣金和奖金等。

在本部门的销售预算通过之后，销售经理必须负责销售活动的实施和控制。对于未来的营销规划，一个很重要的因素就是过去预算完成的情况，特别是预算结果和实际结果的差距。所谓的"预算偏差"不管是正值还是负值，都应该加以分析，销售经理应该视其为整个规划过程的重要组成部分。预算偏差的原因、采取的任何形式的补救措施和结果都应该及时报告给管理层。

营销规划对销售活动的影响：战略与战术

任何营销规划都只有在能够指导实际行动时才算有效。有效的营销规划系统影响整个企业的营销战略和战术。经典的营销方法是由内向外的计划模式（见图 2-7），由舒尔茨、坦纳鲍姆、劳特朋提出。[2]

财务目标
⇓
成本
⇓
边际收益
⇓
营销资金
⇓
潜在顾客之间的分配
⇓
沟通选择
⇓
执行

图 2-7　由内向外的计划模式

但是，如今情况发生了改变，由外向内的计划模式越来越流行。图 2-8 所示为由外向内的计划模式。首先计算对现有顾客进行销售的平均成本，然后计算流失的顾客和数据库中的潜在顾客，最后计算新顾客的销售成本。这种平均销售成本的计算决定了每种情况下的销售目标。

当前顾客的销售目标
⇓
流失顾客的销售目标
⇓
以往的顾客数据库的销售目标
⇓
总销售目标
⇓
细分市场战略
⇓
测试　测试　测试
⇓
执行

图 2-8　由外向内的计划模式

完成这个过程以后，接下来要为每个细分市场制定相应的战略。比如，某种产品可能在不同的细分市场定价不同。同样，针对每一细分市场所用的沟通方法也不尽相同。

在理想情况下，对于各种细分市场的战略和沟通内容，都应该进行测试，然后将最成功的选择向各个细分市场中的其他顾客推广。

虽然由内向外的模式是财务状况驱动的，而且对于组织的目标、资源的协调和整合来说联系最为紧密，但是以顾客为导向的计划模式还是更为安全。也许，通过营销方案或营销组合决策，我们能更清楚地看到效果。其中，营销组合中的促销规划和相应的决策对销售战略有最直接的影响。在这里，我们简明扼要地谈谈促销方法的"组合"，列出在选择合适的促销组合时应该考虑的问题及其对销售战略的意义。我们将着重探讨广告和销售之间的关系，这一点非常重要，而人们对这种关系经常有很多误解。最后，我们来总结一下销售战术的特点。

促销组合

在本章的开头部分，我们提到营销方案的准备是营销规划的一个重要层面，而准备营销方案最重要的步骤则是确定营销组合的四个元素——产品、定价、渠道、促销。销售只是营销组合元素中促销的一部分，**促销组合**（promotional mix）（或者更确切的说法"沟通组合"）这个概念因此而来。这种组合主要由四个方面组成：

1. 广告；
2. 销售促进；
3. 公共宣传/公共关系；
4. 人员销售。

如今，还可以在以上基础上增加：

5. 直复营销；
6. 互动/互联网营销（现在这个领域还包括移动互联网营销、数字电视营销等）。

在大多数企业中，前述四个传统促销组合元素都可以提高企业的销量，但是企业必须决定宣传的重点聚焦于哪里，这是规划阶段需要考虑的。还有，促销组合的各个方面应该共同发挥作用，协同实现企业销售目标。管理层的一项重要任务就是协调好促销活动的各个方面。

促销组合重点的确定和选择会受到很多因素的影响。在一些企业中，销售人员被视为重心，几乎所有的促销预算都投在销售人员身上。在其他企业中，可能广告或促销被认为比人员销售更有效率和更富生产力。各种促销手段共同面临的一个显著问题可能是各种手段在多大程度上可以相互替代。同一行业背景下的不同公司在促销重点的选择上存在显著差异，这使得在特定的企业里制定具体的促销组合非常困难。接下来，我们对影响促销重点选择和决策的几个重要因素进行讨论。

1. 市场类型。正如我们在第 1 章解释的那样，各个市场类型的主要区别在于企业市场和消费者市场之间的区别以及 B2B 营销和 B2C 营销的区别。正如我们所看到的，在每个市场的营销中，营销组合元素的应用往往有所不同。比如，广告和促销活动在消费品营销中发挥更重要的作用，而人员销售在向企业买家销售时扮演主要角色。我们在第 1 章探讨了一些原因，但 B2B 和 B2C 营销之间的差异主要源于企业和消费者购买行为过程之间的差异（将在第 3 章进行阐述）。一个明显的对比是快销品的营销和高科技驱动、资本密集型工业品的营销。尽管如此，我们也不能妄下结论，认为广告在高科技工业品的销售中不起作用。的确，广告的作用往往被销售人员低估，他们认为广告的投入是对企业资源的浪费。广告与销售之间的关系将在本章的后面进行讨论。

　　新的促销组合越来越多地涉及电子商务元素，随着电子商务行业的发展和在众多公司中的普及，电子商务的作用日益突出。另外，免费电话服务使得沟通更容易，潜在客户可以免费和企业进行交流。下面的两个专栏为我们展示了现代技术在促销组合中的应用。

新网点的涌现提高了电子商务便利性

　　PSI 商务（PSICommerce）是 PSI 网络（PSINet）最新设计的电子商务服务项目。项目的主旨是为全球中小企业提供交易平台。PSI 商务宣称，这个项目会让网络交易变得更加便捷、经济。PSI 商务为中小企业提供的享受互联网交易的服务，其基本套餐费用达到了 125 英镑，而当时接入互联网的收费每月最低要 100 英镑。

　　一份英国政府竞争力白皮书提到，目前英国电子商务的交易额已经超过 50 亿美元。未来 3 年，这个数字可能会增长到 500 亿美元，而且无论在 B2B 还是 B2C 市场中，70%～80% 的收入都来自中小企业的营销活动。

　　PSI 网络（英国）的总经理兼欧洲部副总裁提到，中小企业对电子商务越来越感兴趣，但因为需要建立自己的线上商店并引入线上支付系统，其相关的技术成本可能对于中小企业来说过高，有些企业只能作罢。PSI 网络提供的服务可以让小企业随时随地在线上进行全球性贸易活动。一些小企业可能在全球范围内只有两三个客户，但互联网使它们能够克服交易中的地域限制。

电话营销的益处

　　很多企业并没有意识到，电话也可以成为有效的营销工具，能够给企业带来收入，增加客户量。研究表明，电话营销能使顾客的来电次数增加 300%。相关的行业专家已经总结出使用电话营销的一些益处，并且提出了权衡电话营销的利弊时需要考虑的问题：

- 企业是否想要提高顾客对企业及其产品和服务的认知？
- 企业是否想要提高客户服务的质量？
- 企业是否想要扩大自己的影响力？
- 企业是否已经拥有牢固的客户基础，并想要开辟新的客户资源？

　　例如，第一电信公司（Telecom One）是当前市场中最具创新性的公司之一，公司为营销人员提供以下客户服务热线的号码接口：

- 免费电话（0800/0808）。
- 本地电话或本地热线（0845/0844）——只要客户从国内打来电话，工作日期间客户白天每分钟支付 8 便士，晚上每分钟支付 4 便士，周末每分钟支付 2 便士。
- 全国热线（0870/0871）——独立的、不限地域的号码，它的通话费用与本地通话费用相同。客户支付与全国热线相同的通话费用，企业从中获利。

- 黄金热线——顾客容易记住的号码。这是顾客最常用的服务热线，为企业带来业务。
- 字母号码——拨一个单词来代替号码（例如，"BUSINESS"代替"0800"）。
- 网站：www.theidm.com（直复营销学会），www.telecom1.com 和 www.oftel.com。

---

2. 购买阶段。在第3章中，我们会提到无论对于工业品还是普通消费品，考虑潜在购买者在购买决策过程中所经历的阶段都是必要的。尽管关于这个过程的名称有很多说法，但本质上它包括从不熟悉公司和公司相应的产品到相信公司的产品或服务是满足需求的最好选择的全过程，见图2-9。

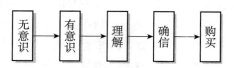

图2-9　购买过程的各个阶段

在开支一定的情况下，广告和公共宣传在潜在购买者从无意识到理解的早期阶段更能发挥效果。人员推销在确信和购买阶段比其他形式的促销活动更具效益。当然，这并不是说"无约电话"（cold calling）不是销售活动的重要领域。我们在接下来的章节中可以看到，如果客户已经了解公司的产品，这种"无约电话"会更加有效。"无约电话"或"无约访谈"（cold canvassing）与直接的公开销售是对应的、相联系的。销售人员通常依靠事先准备好的销售脚本导致"罐头销售"这个术语的产生，这一术语用从罐头中拿出物品来比喻从脚本中拿出销售沟通的台词。该脚本包含一系列的问句，当销售人员遇到销售障碍时，他们可以回想脚本中的内容，从而想到克服困难的方法。该脚本涵盖了从开场白到销售结算的一系列技术性问题。做销售开场白往往是比较困难的，而无约访谈的培训内容告诉我们，做这种开场白的目的是调查顾客的需求以获取信息，并得到后续进一步的沟通机会。这样做也是为了建立信任和亲密关系，因为如果过早要求顾客下单并被顾客拒绝，以后要说服顾客改变想法就更加困难。销售人员最好在确定顾客回答"好"的可能性很大时，再询问顾客是否下单的问题。

塔克销售培训学校（Tack School of Sales Training）[3]是战后美国无约访谈销售方法的最早传播者之一，它在以下方面提供了切实可行的建议：

- 叫对人名的重要性；
- 利用开放式问题获取潜在客户；
- 在开始销售之前获取沟通的许可；
- 不询问无关的信息；
- 对于一些知识，不要不懂装懂；
- 不要表现得过于热情，因为最终结果可能让你失望；
- 用书面形式确认约谈。

无约访谈经常被认为是消极的，而且经常会导致负面的宣传效果。许多电视节目都展示了这种销售方法给那些无防备心的顾客带来压力的案例场景。

3. 推式和拉式战略。在选择促销组合元素时，最重要的决定因素之一是公司在决策分销渠道时是采用集中的形式还是分散的形式。把推式战略与拉式战略相比较会帮我们更好地理解这个问题。

推式战略（push strategy）是将营销的重点聚焦在通过分销渠道来推广产品上。这种战略强调确保批发商和零售商储备公司的产品。如果公司可以激励渠道成员储备公司的产品，渠道成员会积极地确保公司的产品受到终端客户的关注。总体来说，推式战略更强调促销组合中的人员推销和促销活动。

拉式战略（pull strategy）更倾向于吸引终端客户的注意力和兴趣。这种战略的实质基于这样的观点：如果产品能够使消费者产生足够的兴趣，终端消费者会向零售商咨询产品信息，从而创造需求。零售商进而会向批发商要求购进相应的产品，然后批发商会再联系生产商。通过这种方式，产品通过商品销售的渠道被"拉动"。这种机制创造了消费者需求，如同自发的广告一样。（我们将在第 10 章对比进行详细讨论，尤其是批发商的作用逐渐淡化的问题。）

4. 产品在生命周期中所处的阶段。我们在第 1 章介绍了产品生命周期的概念。有证据表明，不同的促销手段在产品生命周期各个阶段发挥的作用各不相同。一般而言，广告和促销活动在产品的导入期和成长期是最有效的，但随着成熟期和衰退期的来到，人们对人员销售的重视程度也会提高。

促销活动的协调：广告和销售的关系

在讨论影响促销手段选择的因素时，我们可能会发现这些手段是互相排斥的。例如，企业或者选择大力推行广告宣传，或者专注于人员销售。然而，事实并非如此。各种促销手段（包括人员销售）是互相协调和补充的。我们之所以强调这一点，是因为事实告诉我们促销手段之间的互补关系经常被误解。其中，对广告与销售之间关系的误解往往是最多的。

遗憾的是，许多销售经理及销售人员都认为广告支出浪费了公司的资源。他们认为，很少有客户因为看到或听到广告宣传而购买产品，特别是"客户属于工业品购买者"的时候。正因为如此，争论还在继续。销售经理和销售人员认为，浪费在广告上的金钱可以更好地用在能够产生直接影响的地方——销售人员身上。越来越多的证据表明，广告资金在工业品市场中被浪费这一观点是错误的。广告在工业品市场中可以发挥的功能包括：

1. 企业整体形象的广告可以帮助企业树立良好的声誉及产品声誉。

2. 广告在提高潜在客户的认知方面特别有效。销售代表面对一个不了解该公司或产品的潜在客户，比面对一个通过广告对该公司产品和服务有一定了解的潜在客户，其销售难度更大。

3. 在新产品销售中，广告可以在解释新产品特征、建立对新产品的了解方面减少销售代表的工作量。

4. 内含优惠券的广告可以为销售人员打开更大的局面。

总体来看，迄今为止工业品市场广告的最大作用并不体现在直接提高销售收入上，而是体现在降低整体的销售成本上。有证据表明，如果广告频率足够高，销售成本的降低量就可能高达 30%。相反，不做广告的公司可能会发现自己逐渐处于劣势。竞争对手的广告会使公司总销售成本增加 40%。

在消费品方面，产品的**品牌化**（branding）和品牌形象是非常重要的，而广告（特别是传播型广告和信息型广告）通常被认为是最有效的促销手段。然而，人员推销和训练有素的销售人员可以让现有的分销商为公司产品分配更多的货架空间，并说服新经销商更多地进货，从而显著提高市场占有率。

在任何时候，销售和广告都应相互协调、目的一致，以实现公司目标。公司应该让销售人员了解公司的广告宣传活动，而且广告中的信息应该充分地在销售中得到应用，销售人员还应在销售展示时强调广告的主题。

从销售战略到销售战术

我们已经看到，许多因素都影响销售战略的确定。有人认为，这种影响力直接决定了公司整体销售活动和促销战略的重点。当然，销售战略也会受到营销规划中制定的营销目标和销售目标的影响。举例来说，增加市场份额的营销目标可能意味着销售经理必须确保接下来一年的销售额增长 10%。此外，规划文件中应包含实现该目标的规定路线或具体策略（例如，加大销售活动的投入，发掘新客户）。因此，销售目标和战略也直接源自与相关人员协商并达成协议的规划过程。

然而，并非所有的研究人员都赞成关系营销，承认它的优点。比如，肖（Shaw）认为[4]："营销人员应该停止痴迷于顾客，因为这会成为他们追求销售成功的绊脚石，背离了销售的基本内涵。"尽管如此，客户关系营销和客户关系管理领域一直在发展，并且与销售职能的关系越来越紧密。讨论关系销售的第 10 章和关于直复营销的第 11 章对此将进行深入讨论。就这些战略指导方针达成一致后，企业必须在营销规划中制定一系列更详细的活动。销售经理必须确定实现销售目标所需的具体活动内容，如战术。

战术主要是指销售职能实现营销目标和销售目标所需的日常活动，还包括应对市场短期内发生的意外事件需要采取的应急措施，如应对竞争对手特别策划的推广活动。目标、战略和战术之间的关系如图 2-10 所示。

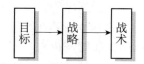

图 2-10　目标、战略和战术的关系

战术对销售活动的"微调"作用涉及很多决策领域，在其他章节我们会详细地讨论。比如，销售人员的部署安排——地域设计和规划（第 15 章）可以认为是一种销售战术。类似地，员工激励系统的设计（第 15 章）也构成了战术规划的一部分，帮助销售人员在销售战略的框架内更好地实现销售目标。

销售经理应该做的一个关键战术决策是在销售人员履行销售责任和义务的基础上，决定给予他们多大的自由发挥空间。例如，在严密控制的销售系统中，销售人员没有自由发挥空间或者空间非常小，很难摆脱定价、销售过程、技术、调度计划等决策框架的限制。在相对宽松的控制系统中，销售人员在谈判价格时获得了很大的权力，销售人员可以针对不同类型的客户调整他们的销售方式，并对他们访谈任务的时间和形式进行自由安排。[5]

战术的重要性不容低估，即使是最好的战略也可能因为少了适宜的战术而失败。为了说明战术在销售中的运用和重要性，我们从购买行为的一个视角切入，这个视角对许多公司至关重要，那就是品牌/供应商忠诚度。

品牌/供应商忠诚度

如果我们仔细审视产品和服务的购买情况，会发现个体有一个购买规律——反复购买同一品牌的产品。如果属于工业品的范畴，他们始终会从固定的供应商那里购买。这些都是习惯性采购，这些产品往往被称为低涉入度产品。对于这种个体购买者，我们假设所谓的品牌或供应商为 X，那么采购顺序如下：

购买场景	1	2	3	4	5	6
所选品牌/供应商	X	X	X	X	X	X

毫无疑问，品牌/供应商忠诚度的确是存在的。此外，培养客户的忠诚度往往是营销战术和销售活动的重要组成部分，因为它代表着公司的重要市场资产。

从长远角度来看，如此培养的客户忠诚度是对传统品牌打造行为的有益补充。事实上，正如马丁（Martin）坚持的那样[6]，以品牌为支撑的客户关系有助于公司将自身和竞争对手区别开来，客户品牌联系可以被看作关系营销的一个重要子集，"客户和品牌的联系可以视为关系营销的一个重要方面"。

另外，赖克霍德和谢夫特（Reichheld and Schefter）也支持这一理论。[7]他们认为"顾客主要通过品牌受到影响"，这些顾客"总是寻求稳定的长期合作关系"。柯蒂斯（Curtis）简要地总结认为："客户非常希望成为企业品牌活动的一部分"[8]这意味着更多的客户想要与品牌建立联系，这称为品牌归属。

在讨论销售战术在培养品牌忠诚度的过程中发挥的作用之前，我们有必要对品牌忠诚度的含义进行简单的解释，这个显而易见的概念其实很容易被误解。

让我们回到刚刚提到的购买规律问题。尽管我们已经说过这样一个规律与品牌忠诚的顾客是有联系的，但是对于顾客来说，这样的一系列购买行为并不能说明顾客对这个品牌很忠诚。这种购买行为有许多可能的解释。一种解释可能是，这位顾客将其大部分采购集中在一个特定的零售店，而这个特定的零售店恰巧只有 X 品牌的产品，所以顾客对这个商店忠诚，而不是对这个品牌忠诚。另一种可能的解释是，该顾客对特定品牌或者供应商不是很在意，并非有意识地忠诚于品牌或供应商，而只是简单地形成了购买某个品牌的习惯，不愿意改变而已。这就是一个低涉入度的例子。在第二种情况下，我们可以说，顾客对购买的品牌还算比较满意。如果情况发生了改变，或者顾客对产品不满意了，他们很可能会做出更换品牌的决定。事实上，上面两种情况都不是真正的品牌忠诚度体现。有时，消费者会根据价格高低，多次重复选择某个品牌的产品。一旦出现一个更便宜的，消费者会马上购买这个更便宜的品牌。

真正的品牌/供应商忠诚度是顾客有意识地决定只购买某个特定品牌，因为他们认为这个品牌或者供应商比其他品牌或者供应商好。这种优越感的原因可能有很多，如质量好、送货和售后好、可以使用信用卡，或者以上两条或更多原因的组合。消费者购买 Ecover 牌清洁用品是因为他们认为这个品牌更环保，而且事实证明的确如此。讨论品牌/供应商忠诚度的可能原因时，会涉及第 3 章将要讨论的动机、感知和态度领域，以及其他更复杂的行为领域。

品牌/供应商忠诚度是一个复杂的概念，找寻其形成原因时，需要注意可能出现的相互矛盾的证据。然而有研究表明，销售人员可以在建立客户的品牌/供应商忠诚度方面发挥关键作用。其中一个原因是，认知学习的相关理论告诉我们，人们倾向于重复愉快的经历，逃避不愉快的经历。这也是人之常情。在购买活动中，无论购买者是否愉快，其最有力和最持久的印象都是在与销售人员面对面交流的过程体验中形成的。销售人员与客户打交道时良好的态度和行为可以显著地促进客户的品牌/供应商忠诚度形成。

小 结

本章中，我们介绍了销售战略和销售战术的概念框架。我们可以看到，这是在营销规划的大框架下发展出来的。销售职能为制定营销规划做出了重要的贡献，并提供了关于客户、市场、竞争对手、销售预测和预算的关键数据。反过来，销售活动又直接受到营销规划阶段所制定的决策的影响。同时，关系销售也发挥着日益重要的作用，我们一定不能忽视。我们将在第 10 章深入讨论关系销售。

我们研究了营销规划或营销管理者的规划决策，特别是公司的促销组合或者沟通组合。产品市场的类型、购买过程所处的阶段、推式和拉式战略以及产品生命周期的所处阶段等因素，都会影响促销战略，进而影响销售战略。

最后，我们研究了销售的战术、广告与销售之间的关系以及品牌/供应商忠诚度等重要问题。结果表明，广告在提高销售绩效、降低销售成本、减轻销售任务负担方面起着关键作用。对品牌/供应商忠诚的客户对任何公司来说都是宝贵的资产，而销售队伍是建立和维护这种忠诚度的核心角色。

 案例练习

奥克兰工程公司

哈罗德·霍恩（Harold Horne）是奥克兰工程公司（Auckland Engineering plc）的销售经理。奥克兰工程公司是一家位于英国杜伦郡的工程企业。一天，霍恩收到一份备忘录，是他刚刚任命的营销总监邓肯（Duncan）写给他的。

备忘录

收件人：销售经理
发件人：营销总监邓肯
日期：2014 年 1 月 16 日

主题：年度营销规划的准备工作

您知道，在之前的几轮前期会议上，我们讨论公司未来的营销规划时，我说过我对规划方法很不满意，因为它看起来有些杂乱无章。因此，大家达成了协议，各个部门的相关负责人都会为下个月的会议提供自己的想法和具体安排。

在这个阶段，我不会为每个产品市场制定详细的规划，而是非常关心您如何看待您的部门能为规划过程做出什么贡献。对于公司及其产品/市场，我并不完全了解。尽管我们都知道我们去年的市场份额下降了35%，但是我们尤其想了解一下您的部门可以为市场份额下降原因的分析做出什么贡献。

为了帮助您进行分析，我总结了我们第一次总规划会议的主要内容，供参考。

1. 公司的定位。大家一致认为，公司需要根据客户的性质进行重新定位。我们公司的定位是：致力于发动机零部件的设计和制造，提供相关问题的解决方案。

2. SWOT分析。

我们的主要优势是：

● 卓越的客户意识和可靠的、优质的公司形象；

● 销售人员经过了严格的技术培训；

● 柔性制造首屈一指——我们对顾客的个体需求能够快速、有效地反应。

我们的主要劣势是：

● 产品价格比行业平均水平高出大约10%；

● 比大多数主要竞争对手的广告费用高；

● 销售人员不擅长发掘新的潜在客户。

我们的主要机会包括：

● 一些竞争对手由于产品质量和交付问题难以维持客户；

● 新TDIX组件的研发计划致力于降低废气排放水平，为我们带来了优势；

● 从近期和预测的汇率变动来看，我们开展营销工作是有利的；

● 有该行业背景的采购商似乎很容易转换成供应商。

我们的主要威胁包括：

● 最大客户因为我们的价格高于平均水平，想更换供应商；

● 除了TDIX研发计划以外，我们未能跟上行业快速的技术变革节奏；

● 一些主要的出口市场可能受到进口限制条款的控制。

3. 目标。

我们的财务目标：

● 资本回报率提高5%；

● 来年净利润提高到400万英镑。

我们的营销目标：

● 来年销售收入提高到3 500万英镑。

4. 营销战略。

我们的目标市场：

● 全球主要柴油发动机制造商。

我们的定位：

● 在专业小批量柴油发动机零部件供应领域提供最好的工程质量和售后服务。

对于我的分析，还有关于我设定的目标的适宜性等方面，欢迎提出意见。

我觉得在下次会议中，您作为销售经理应该考虑一下从哪些方面加强我们的促销工作。正如我所提到的，与竞争对手相比，我们似乎支出了过多的广告费用。也许，您可以告诉我您是怎么想的，因为我知道将我们的广告预算从去年的1%提高到2%就是您的主意。如您所知，在有限的预算下，我们必须决定什么是我们沟通组合的着力点。我相信您能够指出我们进行规划决策时需要考虑的主要因素。

问题讨论

1. 简要介绍一下销售经理霍恩可以为奥克兰工程公司营销规划过程做出的贡献。

2. 根据邓肯对上次会议的总结，你觉得哪些方面的问题/情况是与公司的销售人员直接相关的？

3. 你如何看待邓肯关于促销组合的看法，尤其是他对广告支出的看法？

4. 在该案例的背景下进行SWOT分析的逻辑是什么？

思考题

1. 解释营销战略与销售战略之间的差异。

2. 目标、战略和战术之间的关系是什么？

3. 讨论沟通组合由哪几部分组成。

4. SWOT 分析与 TOWS 矩阵之间的关系是什么？

5. 选择一个你熟悉的公司进行 SWOT 分析和 PEST 分析。

6. 在营销规划过程中，如何设定销售目标？以某个组织的三个销售目标为例说明。

7. 区分推式和拉式战略。以大型零售商和汽车制造商为背景，举出两个例子。

第 2 篇　销售环境

第3章详细分析了消费者和组织购买者的购买行为，并特别指出了两者的区别，因为各种采购情形需要的销售方法是不同的。接着更详细地探讨了消费者的购买行为。然后探讨了影响消费者购买行为的因素，包括购买种类和产品类型，并分析了营销对购买组织的重要性。此外，还提到了采购行为模式的新的发展情况，特别是集中采购、即时采购、精实生产，以及它们如何影响销售者/采购者之间的关系。逆向营销和关系营销的概念已经体现在这些新的发展情况中，它们会在对销售实践的影响部分加以讨论。

第4章从宏观的视角分析了销售环境，讨论了影响销售的环境和管理的因素，介绍了如何提高消费者或组织购买者的预期以及增强与主要谈判方的谈判力量。与 IT 相联系的技术因素由于新的发展成果成为新的管理技巧，获得了巨大的进步。本章其余部分讨论了销售渠道的选择、评估和特征，包括工业、商业和政府机构的不同类型的销售，以及它们与消费者销售的区别，涉及的概念有集中的市场、复杂的采购决策、长期关系和互惠交易。关于再销售，专门讨论了特许经营和服务销售。然后讨论了对消费者和交易对象的促销工作。最后讨论了销售展示活动和公共关系如何提高销售效果。

第5章讨论了国际销售，同时涉及了像国际收支平衡、英国在国际贸易中的份额和欧盟这样的经济学内容。接着从微观的角度分析了如何在公司层面开展国际销售。文化是国际商务中的一个重要元素，本章强调了审美、宗教、社会群体、文化演变等概念。如何组织国际销售也是一个重要的商业概念，本章区分了跨国营销、国际营销和出口。代理商、分销商、特许和合资企业是实施国际贸易的手段，这些将与国际定价问题放在一起讨论。

第6章讨论了销售的法律和道德问题。法律以合同的形式出现，包括条款和一系列约束条件。接下来是贸易术语和商业惯例。这一章还总结了道德问题，包括行贿、欺骗和互惠购买等情形。

第3章 消费者与组织购买者的行为

学习目标

学习本章后，你应该可以：

1. 了解消费者和组织购买者的不同动机。
2. 为消费者和组织购买者制定相应策略。
3. 了解关系管理的重要性。

消费者与组织购买者的区别

消费者与组织购买者之间存在很多重要的区别，这对产品和服务营销，尤其是对人员推销的职能有重要意义。

组织购买者数量较少

通常而言，产业（组织）市场的潜在购买者比消费者市场的少。在产业市场中，80％的产品会售往10％～15％的组织。也就是说，一个客户对于组织市场的营销者而言，比其对于消费者市场的企业而言重要得多。然而，在有些消费者市场中，这种情况会更复杂。有时，消费者市场交易的中间商（比如超市）的作用很大，以至于尽管这些企业产品的终端市场有几百万顾客，这些企业的直接客户也像那些重要的组织购买者一样。

组织购买者与销售者之间存在紧密、长期的合作关系

由于大客户的重要性，供应商需要投入并与之建立长期的合作关系。这一点反映在大客户销售的发展中。企业派出大型销售和营销团队以服务大客户，而大客户也从与供应商建立的紧密关系中看到了好处。例如，福特公司就将其供应商数量从30 000家缩减到3 000家，许多供应商还成为其独家供应商。这种企业与客户间的关系在许多消费者市场中则有所不同：顾客与制造商几乎无法碰面，而且对于许多超市的产品而言，品牌转换情况时有发生。

组织购买者更加理性

尽管组织购买者也像普通人一样会受到情感因素的影响（比如会对销售人员本

身产生好恶、对办公设备的色彩存在偏好等等），但是整体而言，组织购买过程会更为理性。组织购买决策通常是基于经济标准来制定的，因为组织购买者必须向其组织内的其他成员证明其购买决策的合理性。卡特彼勒公司（Caterpillar）的销售人员往往将他们的销售展示基于这样一个事实：尽管最初卡特彼勒拖拉机的售价比其竞争对手高，但是从拖拉机的使用寿命来看，使用卡特彼勒拖拉机的平均成本比其他竞争对手低得多。多年的实践证明这种理性的经济诉求是非常成功的。顾客越来越多地利用产品生命周期成本（life-cycle cost）和使用价值分析来评估产品。例如，铁路公司在订购新的火车头时，会计算其生命周期成本（包括购买价格、运营及维护成本等）。

组织购买可能存在特定的要求

在产业（组织）市场中，由买方决定产品规格、特性，卖方根据买方要求进行生产的情况很常见。这种方法之所以可行，是因为这类产品（如铁路机车）具有巨大的潜在收益。在消费者市场中，这种情况就较为少见，因为企业的产品通常用来满足某个细分市场的需要，而满足每个个体的需要对企业而言是不划算的。

组织购买中互惠购买的重要性

组织购买者在与卖方的讨价还价过程中占据着强有力的地位，因此其可能会在订购时要求卖方做出一些让步。在某些情况下，为了保证订单的顺利完成，组织购买者可能要求卖方购买一些买方的产品。比如，购买轮胎的汽车制造商可能会要求轮胎生产商购买其公司所生产的汽车。

组织销售/购买面临更大风险

组织间市场中时常会出现产品生产完成之前就达成合同的情况。此外，有的产品可能本身技术含量较高，一旦卖方开始生产，可能会面临一些不可预见的问题。比如，Scott-Lithgow 曾获得为英国石油公司（British Petroleum）建造石油钻探平台的订单合同，但是，建设过程中所遇到的各类问题证明了该订单的价格其实是不合理的。GEC 公司曾经获得为美国国防部（Ministry of Defence）研发监视系统的合同，但是种种技术问题导致该计划最终流产，造成了较大的负面社会影响。另一个案例来源于英国铁路公司（British Rail），该公司在委托 Brush Traction 公司制造 60 型机车时遇到了一些技术问题，所幸最终这些问题得到了有效解决。

组织购买更加复杂

许多组织的采购活动（尤其是那些涉及巨额资金并且对公司来讲是全新的采购活动）涉及组织中不同层级许多人的努力。总经理、产品工程师、生产经理、采购经理以及采购人员都可能会影响最终决定购买哪一种昂贵的机器。因此，营销任务就是尽可能多地影响这些人员，该过程可能会涉及多层次营销，即依靠相应的销售团队，而非依靠单个销售人员。[1]

谈判在组织购买过程中非常重要

在组织购买行为中，由于买卖双方职业化程度较高、组织购买的规模大且复杂，谈判往往具有重要意义。供应商提供的标价可能被视为谈判的基准点，但是最终的成交价格则依买卖双方的谈判技巧和各自的影响力而定。

消费者购买行为

消费者是指为个人消费而购买产品和服务的个体。我们有时很难明确界定某一产品究竟属于消费品还是组织购买产品。例如，汽车可以作为个人消费品售卖给消费者，也可以作为实施活动的工具（如为销售人员提供交通便利）售卖给组织购买者。通过回答以下五个问题，我们可以理解顾客到底属于哪种类型：

1. 在购买决策中谁最重要？
2. 他们如何购买？
3. 他们的选择标准是什么？
4. 他们在何地购买？
5. 他们何时购买？

本章我们将重点解决前三个问题，因为它们通常是最重要的几个问题。

谁在购买？

许多消费者购买都是个体行为。一个人购买火星棒棒糖时，可能是在看到报刊亭摆放的一串糖果后突然决定购买的。然而，购买决策也可能是由一个**购买中心**（buying centre）（如家庭）做出的。在这种情况下，几个个体可能会相互影响，最终影响购买决策。每个人在购买决策过程中都扮演一定的角色。布莱克韦尔、米尼亚德和恩格尔（Blackwell、Miniard and Engel）[2]总结了五大角色，每一种角色都可能由家庭中的丈夫、妻子、子女或其他成员来担任：

1. 发起者：最先考虑购买的人。通常会收集相应的信息以便决策的制定。
2. 影响者：试图说服群体内成员改变决策结果的人。通常会收集信息，并试图运用自己的选择标准来影响决策。
3. 决策者：有权力和（或）财政大权决定最终购买哪种产品的人。
4. 购买者：实际完成交易的人，即向供应商电话订购、到店支付、进行货品交接的人。
5. 使用者：实际使用产品的消费者/使用者。

一个人可能在购买中心中扮演多重角色。例如，在一次玩具购买中，一个小孩可能既是发起者，又是作为决策者的父母的影响者。同时，这个小孩可能会受到其兄弟姐妹的影响而选购其他品牌。玩具的购买者可能是父母。最后，家里的孩子们都可能是这个产品的使用者。尽管购买是由一个人完成的，但是营销人员有四次机会——两个小孩和他们的父母——来影响购买决策的结果。

理解谁在购买的思维逻辑属于营销沟通和市场细分的范畴。识别购买中心中的不同角色是进行有效目标沟通的前提。正如前面所讨论的，实际使用或购买产品的人或许并非购买中心中最具影响力的成员，或者他们可能并非决策者。即使他们的确扮演着最重要的角色，只要购买中心其他成员的知识和意见能够在决策过程中起到说服作用，那么与其他成员进行沟通就是很有必要的。另一个重要意义在于，购买中心内部角色和影响力的变化能够为创造性地细分现有稳定市场（如汽车市场）提供新的机会。

消费者购买决策过程——如何购买？

行为科学家将**消费者购买决策过程**（consumer decision-making process）视为一个解决问题或满足需要的过程。因此，人们购买电子计算器可能是为了解决某种问题（计算不准确或速度慢等），这也表明了其需要（快速准确地计算）。为了确定购买哪一种计算器，消费者可能会经过一系列的步骤[3]，如图 3-1 所示。

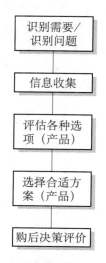

图 3-1　消费者购买决策过程

资料来源：Adapted from Blackwell，R. D.，Miniard，P. W. and Engel，J. F.（2003）*Consumer Behaviour*. Orlando，FL：Dryden. Reprinted with permission of South-Western，a division of Thomson Learning：www. thomsonrights. com.

识别需要

在计算器的例子中，需要（通过识别问题来发现）主要是功能性的。在这种情况下，销售人员应当在识别购买者的需要后，向其展示所售计算器的速度和准确度。成功的销售可能还需要更加细致地识别顾客需要。例如，识别顾客是需要带有特殊功能的计算器，还是只需要标准化的、具有基本计算功能、价格较为便宜的计算器。对其他某些产品需要的满意度可能仅仅是情感上的或心理上的。例如，人们购买 Sheaffer 钢笔主要是由于它能体现身份和地位，而不是因为它比其他钢笔拥有更多的额外功能。准确估计产品能够满足的需要类别可以帮助销售人员正确规划其产品展示，使产品展示成为满足顾客需要或解决顾客问题的工具。

需要如何产生？它们也许是生活中的自发过程。比如，一个家庭刚有了小孩可能意味着其需要一辆更大的汽车。需要也可能是由刺激产生的。录影机广告或销售人员谈话都可能创造出对室内娱乐的额外需要，同时，供应商又能提供满足该需要的服务。

销售人员还需要理解什么是需要抑制剂（need inhibitors）。这一因素能够抑制某个需要的激活，也就是说，它从一开始就阻碍了购买决策过程。例如，一个人想要在 eBay 上购买某个产品，但是可能会被对付款后无法收到货品的担忧所阻碍。正如下面的案例所提到的，eBay 发现了这个问题。

需要抑制剂与 eBay 购物

消费者可能有意愿到 eBay 购物，但是又会担忧一些诸如信任（他们能收到货品吗？）和财务信息安全等问题。这些担忧就是需要抑制剂，它们阻碍了消费者的购买（即便产品具有吸引力强的价格和属性。虽然 eBay 和亚马逊研发了专门的系统来解决财务安全问题，但是在由独立个体和组织组成的 eBay 上，仍然存在顾客对无法收到货品的担忧。

eBay 引入了一个 PayPal 系统来克服这些需要抑制剂问题。那些在 eBay 上具有良好历史信誉的卖方会点亮一个 PayPal 图标，这个图标可以为人们提供财务保障。公司还推出了反馈系统，买家可以发布自己的交易信息以及相关经验。当卖家下一次售卖某一产品时，新的潜在用户便可以通过这些信息了解一二。尽管这个系统并不是万无一失的（一些不道德的 eBay 成员曾向卖家拍卖反馈信息，以造成一种信誉高的假象），但是 eBay 的这些举措已经能够在较大程度上帮助消费者克服一些对网上购物的抵制心理。

资料来源：Based on George, J. F. (2004) The theory of planned behaviour and internet purchasing, *Internet Research*, 14 (3): 198–212; and Zwick, D. and Dholakia, N. (2004) Consumer subjectivity in the age of the internet, *Information and Organization*, 14 (3): 211–36.

信息收集

许多需要只有在一段时间的信息收集之后才能得到满足。因此，一个想要选购小型经济型汽车的潜在购买者可能会在决定哪种型号能够最好地满足自己的需要之前收集大量的信息。这种收集可能包括参加车展、观看电视汽车节目、阅读汽车杂志和相关报告以及与朋友交流等。显然，除了车展现场销售人员提供的信息之外，消费者还能寻求许多来自其他渠道的信息。在某些情况下，消费者可能直到最后才接收到销售人员提供的信息。消费者可能会把备选项缩减到几个，然后再与销售人员进行接触，目的仅仅是确定几种备选项各自的优缺点。

互联网的使用以及提供搜索服务的公司（如谷歌、雅虎等）的发展能够有效地帮助消费者进行信息搜集。现在，许多消费者在到实体店之前就能收集到许多关于产品和价格的信息。例如，在美国，超过 80% 的福特汽车购买者曾经在进入实体店之前在网上收集过关于备选项的信息，75% 的手机购买者在购买前会在网络上进行信息搜寻。[4]

评估各种选项并选择合适方案

评估过程可以视作一个系统，如图 3-2 所示。

1. 评估（选择）标准。这是指消费者用以比较或评估产品或品牌的维度。在汽车的例子中，相关的评估标准可能包括燃油量、购买价格和可靠性等。

2. 信念。这是指在消费者心目中，某产品具备的各种特征所达到的程度，如汽车空间的宽敞程度等。

3. 态度。这是指消费者对产品喜欢或不喜欢的程度。态度反过来又取决于消费者在判断产品时所采用的评估标准和消费者以这些标准衡量产品的信念。因此，

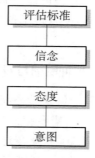

图 3－2　评估系统

信念的含义是知识，如 X 型汽车在以时速 56 英里匀速行驶的过程中，每加仑汽油能行驶 36 英里；而态度的含义则是喜欢或者不喜欢，如 X 型汽车耗油量不经济，消费者不喜欢。

4．意图。它衡量的是态度起作用的可能性。我们假设有利的态度能够增加购买意图，也就是消费者购买的可能性。

在这一系统中，销售人员能从潜在消费者身上找出其评判产品的评估标准，这是非常重要的。例如，音响系统销售人员会试着去判断潜在消费者对各个音响系统的评估主要是基于外观设计还是声音质量。此外，试着去改变消费者的估价标准也是非常有效的。例如，如果音响系统的销售人员认为其系列产品的竞争优势是声音质量，消费者的评估标准却主要依赖外观设计，那么销售人员就要尽量强调音质的重要性，弱化外观设计的重要性；或者，如果消费者主要考虑的是音质，而竞争对手的音响系统在这方面更受消费者青睐，那么营销的任务就是改变消费者的态度，让消费者更加偏好营销人员自己的音响系统。营销人员可以使用的手段包括高保真杂志的性能对比、各种店内展示等。

购后决策评价

有效市场营销的关键是使顾客满意。大部分企业依靠的是重复购买，因为重复购买表明消费者一定是对产品感到满意的（否则就不会重复购买）。费斯廷格（Festinger）[5]引入了"认知失调"的概念，这个概念一定程度上能够解释为什么许多消费者在购买昂贵产品后不久感到焦虑不安。一个经典的例子是汽车购买者在购买之后常常会阅读汽车广告以缓解焦虑不安的情绪，这是因为他们不能确定自己是否做出了正确的购买决策。

在购买者确认订购以后，销售人员通常会试图向消费者保证他们做出了正确的决定，但是购后评价的结果还取决于销售人员保证之外的因素。产品质量和售后服务的水平对塑造消费者好感是非常重要的，而且正是销售人员才能帮助消费者确定自己购买的产品能够最大限度地满足自己的需要。也就是说，销售人员的长期目标并不是迫使消费者购买那些他们并不需要的高价产品，尽管这样做能够增加短期利润（以及佣金），但从长远来看，这样做会使消费者转移到其他地方购买替代产品，本企业的销量会因此下降。

选择标准

选择标准（choice criteria）是顾客在评估产品和服务时涉及的各种特征（和利

益），它们为顾客决定购买哪种品牌提供了依据。购买中心的不同成员可能会使用不同的选择标准。例如，孩子在选择鞋的时候可能会采用自我形象作为标准，而父母则可能会采用价格作为标准。同样的标准也可能会有不同的用法。例如，孩子可能会想要最贵的电子游戏，而父母可能会选择一个相对便宜的。选择标准会随家庭生命周期不同阶段的收入的变化而变化。随着可支配收入的增加，价格可能不再是一个关键的选择标准，而可能会被身份地位、社会归属感等因素所取代。

选择标准可以是经济的、社会的或个人的。经济标准包括性能、可靠性以及价格。社会标准包括身份地位以及对社会归属感的需要。例如，耐克、锐步和阿迪达斯的运动鞋需要"街头信誉"，以获得大量年轻市场的认可。诸如传统和时尚等社会规范也能成为重要的选择标准，有的品牌因为太反传统（如荧光眼镜）或不够时尚（如 Mackeson 烈性黑啤）而不被市场接受。

个人标准是指产品或服务是如何在心理上与个体建立联系的。这里一个很重要的问题就是自我形象，即我们是如何看待自己的。例如，一个人可能认为自己是一个年轻、上进、成功的经理人，因此希望购买能够反映这种形象的产品。奥迪的广告宣传就试图吸引这样的人，奥迪发起了一个广告运动，声称驾驶奥迪的人能够比其他人更快地到达目的地。许多购买决策都是"试验性"的，因为它们激起了一些有趣、骄傲、愉悦或是厌倦、悲伤的情绪。在营销产品或服务时应当正视这些情绪。例如，在零售业，Next、Principles 等商店意识到了通过选择适当的店面色彩和设计来创造适当氛围的重要性。

销售人员和营销经理需要了解消费者评估产品或服务时运用的选择标准。这些认识能够帮助销售人员为每个顾客量身定制适合的产品，并帮助营销经理确定产品或服务的设计理念以及找到适合在广告中运用的正确信息。

影响消费者购买决策过程的因素

许多因素都能够影响消费者购买决策的过程和结果。这些因素分为三类：

1. 购买情境；
2. 个人影响；
3. 社会影响。

购买情境

霍华德与舍思（Howard and Sheth）提出了三种购买情境[6]：

（1）广泛寻找问题解决途径；

（2）局部寻找问题解决途径；

（3）自发反应。

当消费者面临新的问题或需要时，解决问题的成本也较高，不确定性也较高，消费者会广泛寻找解决问题的途径。这些途径包括大量的信息收集、对各个备选项进行仔细的比较分析。面对这类消费者时，销售人员应当通过提供信息、针对消费者的需要评估各个备选项对消费者的利弊情况，与消费者建立良好关系。在这种情况下，与消费者建立良好关系是非常有益的，当购买情境转变为局部寻找问题解决途径后，消费者很有可能会进行重复购买。因此，成功的汽车销售人员通常拥有一群忠诚的客户，客户总是从他们这里购买，即使他们变换了自己的经销产品，客户依然会从他们这里购买，这得益于在开始阶段建立起来的信任关系。

当消费者对产品有一定的了解之后，他们会转变为局部寻求问题解决途径，并且会倾向于对之前所购的品牌保持忠诚。然而，他们也会进行一定数量的信息收集，对不同的备选项进行评估，从而确保决策的正确性。销售人员可以向消费者提供有可比性的信息，或者提供能够降低风险的相应保障，如承诺对任何有瑕疵的产品提供免费更换服务等，这些手段可以为竞争性产品的销售人员说服消费者进行产品型号转换或品牌转换设置很高的壁垒。

已经建立起大型品牌特许经营网络的企业或许希望其顾客进入自发反应的状态。广告能够让消费者将品牌铭记在心，并有效强调消费者对已有品牌的良好态度。在这种情况下，向终端消费者进行人员推销就显得多余了。销售耐用消费品的企业可以推出以旧换新的优惠政策来进行更新换代。Black and Decker 公司就曾使用这种方式，对无法继续使用的旧割草机折现，从而使消费者以旧换新加价换购新型号的产品。

关于消费者究竟属于局部寻找问题解决途径状态、广泛寻找问题解决途径状态还是自发反应状态，一个重要影响因素是消费者在购买过程中的涉入度。高涉入度通常关系到那些与个人密切相关的重要购买活动。如果购买活动影响消费者的自我形象、感知风险较大、具有社会（身份地位）意义，或者能够带来很多乐趣，消费者往往会高度参与；否则，消费者在购买过程中的涉入度偏低。图 3-3 表明了涉入度和购买情境之间的关系。

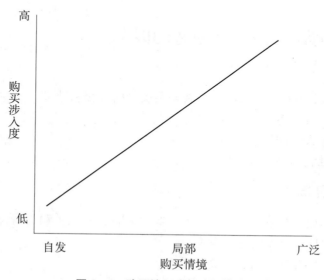

图 3-3　购买涉入度与购买情境

在高涉入度情形下（如购买汽车或房屋），消费者会寻求大量信息来做出决策。销售人员必须能够提供这些信息，并且能够应付更深层次的咨询。在低涉入度情形下，消费者往往不会主动收集信息。在这种情况下，企业通常采用重复广告的轰炸方式。

个人影响

第二组影响消费者购买决策过程的因素涉及个人心理。相关的概念包括个性、动机、观念和学习。

尽管个性能够解释消费者购买的差异性，但是要销售人员判断一位顾客究竟是外向还是内向、传统还是前卫等是十分困难的。事实上，即使是最具资历的心理学家也很难找到一个准确可靠的个性衡量标准。**品牌个性**（brand personality）是指品牌在消费者心目中的形象描述。品牌可能被描述为"年轻人的品牌"（Levis）、"骄傲者的品牌"（Castlemaine XXXX）或是"聪明人的品牌"（Guinness）。这是超越了品牌的物理（如色彩）或功能（如任务）属性的另一个维度。通过构建品牌个性，营销者可以吸引那些看重这种定位描述的人群。阿可夫和埃姆索特（Ackoff and Emsott）关于啤酒品牌个性的研究发现，大多数消费者都更偏好那些品牌个性与自我个性相匹配的啤酒品牌。[7]

卖方需要了解不同购买者的个性类别。布索塔、莱夫顿和舍伯格（Buzzotta, Lefton and Sherberg）提出了理解购买者心理的二维途径。[8]他们指出，每个人都是或热情或敌对、或主导或顺从的。尽管每种行为的程度不同，但他们认为把消费者置于这种 2×2 矩阵中的一格是有意义的。每种行为的定义如下：

1. 主导型。在面对面的情况下，控制欲会驱使主导型人去掌控他人。它表示一种主导人际交往、控制局面的需要和一种强烈的独立欲望。

2. 顺从型。顺从是一种让别人占据主导地位的姿态。它表示一种愿意被他人控制的意愿，以及一种愿意服从他人愿望和避免冲突的需要。

3. 热情型。热情是指对他人充满关怀。热情的人通常被认为是外向的、幽默的、乐观的、愿意信任他人的人。

4. 敌对型。敌对是指缺乏对他人的关怀。敌对型人指的是那些冷漠、不信任他人且不在意他人的人。敌对型人通常喜欢居高临下，用诸如"我告诉过你了"这样的言语指责他人。

图 3-4 展示了购买者行为的二维模型。

图 3-4　购买者行为的二维模型

布索塔、莱夫顿和舍伯格认为，尽管人与人之间的差异非常大，但是整体而言，每个人几乎都能在这四组中找到自己的位置。[9]为了有效区分每一种类别，销售人员必须注意每个类别的特征：

Q1：控制—敌对型。这类人嗓门大，健谈，对自己要求很高，行动力强。他们行事果断，说话斩钉截铁。他们往往很难相处，咄咄逼人。他们通常不信任销售人员。

Q2：顺从—敌对型。这类人冷漠离群，不善交流。他们通常独来独往，从事要求集中精力而不需进行社交活动的工作，例如研究工作、会计工作和计算机编程工作等。在回答问题时，他们的答案通常很简短，如"也许""好的""可能"等。Q2 型人喜欢避开销售人员的访问，如果实在无法避开，他们会扮演被动、分裂的角色。

Q3：顺从—热情型。这类人外向、友好、善解人意、健谈、心态积极，本质上不是领导者。他们倾向于从自己喜欢的人那里购买产品，并且会把销售人员的访问视为一种社交。他们通常会接受销售人员告诉他们的大部分内容，但是如果有疑问，他们会延迟购买——可能会向朋友征询建议。

Q4：控制—热情型。这类人适应力强且心胸开阔，不害怕表达自己的意见和想法。他们会试图求证销售陈述的真实性，并且会对模棱两可的回答失去耐心。只要有人能够向他们证明购买其产品的好处、保证他们的满意度，他们会毫不犹豫地购买。他们喜欢用非常商业化的方式讨价还价，在销售访问中他们往往会提出要求很高、挑战性很强的问题。

对销售的意义

上述行为对销售来说有什么意义呢？德科米尔和乔伯（Decormier and Jobber）指出，销售人员应当基于这些行为特征进行相应的调整。[10]

Q1：要想赢得控制—敌对型消费者的尊重，销售人员应当提高自己的控制力水平，包括坐得笔直、保持眼神交流、有礼貌地（被动地）倾听并直截了当地回答。一旦 Q1 型消费者意识到销售人员在心理上与其平起平坐，他们就会与之进行有意义的讨论。

Q2：销售人员初次见到顺从—敌对型消费者时，不应试图掌控他们，而应逐渐获得其信任。销售人员应当与消费者的行为举止模式相一致，并尽量以语速较慢、态度谦和的方式提出一些开放式问题。销售人员应当压低自己的身体，使眼睛和头部保持与消费者同等的高度。

Q3：顺从—热情型消费者喜欢并信任他人。销售人员应当热情友好，以满足消费者的社交需要。销售人员不应尝试主导消费者，而应与之分享社会经历。一旦建立了好感和信任，销售人员可以将谈话引向购买决策制定这一目标上去。

Q4：控制—热情型消费者注重受人尊重多过讨人喜欢。为了获得尊重，销售人员应当与消费者的行为举止模式相一致，并且保持热情（移情）的态度。只要有机会，销售人员就要用足够的证据来证实自己的销售陈述。

商家还需要探寻消费者的购买动机。真正的购买原因或动机或许是不可观测的，然而，通过仔细的研究，销售人员有时能够找到一些消费者购买的真正动机。动机明显是与需要紧密相关的，消费者感知到的需要越大，越有可能对产品感到满意。因此，销售人员可以通过刺激消费者需要某个产品的意识来提高消费者的动机，可以向消费者展示满足需要的方法，还可以试图理解消费者购买决策过程中可能起作用的各种动机。这些动机可以是功能上的，如方便食品能够节约时间，也可以是心理上的，如拥有捷豹或宝马汽车能够带来地位象征。

然而，并不是所有具有相同动机的人都会购买同样的产品。其中一个原因是人们如何决策取决于其对所处情况的感知。有的消费者或许会认为某个销售人员是诚实可靠的，但是有的消费者可能并不这样认为。对于消费者而言，可能有三个选择过程在发挥作用。

1. 选择性注意。只有特定的信息来源才能够被消费者注意到。

2. 选择性认知。这些信息来源中只有特定的想法、文字和信息会被感知到。

3. 选择性记忆。其中只有一部分会被消费者记住。

总的来说，人们的遗忘速度往往越来越快，他们会曲解或者避开那些与现有态度存在区别的信息。

学习在消费者购买决策过程中也非常重要。学习是指由经验导致的行为变化。消费者会通过学习知道哪些品牌是质量过硬的，哪些销售人员是值得信赖的。

生活方式

生活方式问题吸引了营销研究者和从业者的浓厚兴趣。生活方式是指人们在活动、兴趣和观念中表现出来的生活模式。生活方式分析（或消费心态学分析）按照消费者的信仰、活动、价值观和人口统计特征（如教育程度和收入）对消费者进行分类。例如，英国的一家市场营销研究机构调查了家庭主妇的生活方式，发现她们可以分为八个群体：

1. 年轻精致型。她们铺张浪费，敢于尝试，反传统；年轻，属于 A/B/C1 社会阶层，受过良好教育，生活富足，自有房产，全职工作；对新产品具有浓厚兴趣；易受文化影响。

2. 家庭中心型。她们很保守，不在意质量，在人口体系中处于中等位置，属于中产阶级，收入和教育程度中等；对新产品兴趣最小；以家庭为中心；娱乐活动很少。

3. 传统工作阶层。她们很传统，在意质量，不尝试新食物，喜欢下厨；中年，属于 D/E 社会群体，受教育程度较低，收入较低，住廉租房；随和友善；夫妻合体出席社交活动。

4. 中年世故型。她们敢于尝试，反传统；中年，属于 A/B/C1 社会阶层，受过良好教育，生活富足，自有房产，全职家庭主妇，对新产品具有浓厚兴趣；易受文化影响。

5.《加冕街》（Coronation Street）（英国一部播放量大、收视率高的电视剧）家庭主妇型。她们在意质量，保守，传统；属于 D/E 社会阶层，通常居住于兰开夏郡和约克郡电视台地区，受教育程度较低，收入较低，兼职工作；对新产品兴趣较低；不太随和。

6. 自信型。她们很自信，在意质量，不铺张浪费；年轻，受过良好教育，自有房产，收入中等。

7. 家庭型。她们常常寻找便宜货，不够自信，为家庭感到自豪，属于 C1/C2 社会阶层，通常居住于泰恩河三角区和苏格兰电视台地区；在较小的年纪就离开学校；兼职工作；参与娱乐活动的程度中等。

8. 小气型。她们自信，以家庭为荣，传统，不在乎质量；25～34 岁，属于 C2/D/E 社会阶层，兼职工作，受教育程度较低，收入中等；喜欢打赌，热衷存钱，夫妻共同出席活动，随和友善。

生活方式分析对市场营销来说很有意义，因为已有研究发现生活方式往往与购买行为紧密相关。企业可能会将其产品聚焦于某一特定生活方式的群体（如中年世故型），采用与这个群体价值观和信仰一致的广告。随着采取不同生活方式群体的阅读或观看习惯等信息变得越来越公开，企业对媒体的选择也可能会受到消费者群体生活方式的影响。

社会影响

　　消费者购买决策过程的主要社会影响包括社会阶层、参照群体、文化和家庭。多年来，社会阶层都被认为是决定消费者行为的一个重要因素。市场营销中的社会阶层是以家庭主要成员或主要经济收入者的职位为基础进行划分的。社会阶层的实际意义在于市场研究调查通常会将调查对象按照社会阶层来分类，大多数的广告媒体也是根据社会阶层分类来制作用户画像的，如表3-1所示。然而，用这个变量来解释购买行为差异的方法是备受争议的，同一社会阶层的人往往也会表现出不同的消费模式。在C2群体（技艺精湛的工人）中，研究发现有一部分人会将大部分收入花费在购买房屋、家具、地毯和室内娱乐设施等上，而另一些人则更喜欢将钱花在一些更短暂的享乐活动中，如喝酒、吸烟和玩游戏等。

表3-1　社会阶层分类

社会等级	成年人比例（%）
A	4.0
B	22.3
C1	29.2
C2	20.6
D	15.7
E	8.2

解释：

等级代号	社会阶层	角色
A	上中层	高级管理者、行政人员或专家
B	中层	中层管理者、行政人员或专家
C1	下中层	监管者、办事员或初级管理者，行政人员或专家
C2	熟练工人阶层	技艺精湛的工人
D	普通工人阶层	半熟练或低技能工人
E	社会最底层	依靠国家抚恤金生活的人或寡妇（无其他收入者），临时工或最低级的工人

资料来源：Adapted from *National Readership Survey*，January-December 2007，with permission.

　　这些研究发现引出一个新的分类系统——**居民区分类**（ACORN），它按照人们生活的区域类型进行分类。这种方法被证明是区分不同生活方式、购买模式和媒体接触类型的有力工具。[11]

　　参照群体（reference group）是指能够影响一个人的态度或行为的群体。对于外显性产品，如服装或汽车等，消费者选择的品牌或型号可能会受到参照群体（如朋友、家庭或同事等）的影响，他们可能会考虑参照群体是否能够接受这些产品。

参照群体对产品的接受度不应当与产品的流行程度混为一谈。销售人员如果试图用"这个产品非常流行"这样的话来推销汽车，可能会与消费者想要取悦某个"独特"的参照群体的意愿相违背。在这种情况下，也许一个不太流行却更具个性的产品型号会更加适合。

文化是指个体所在整个社会的传统、禁忌、价值观和基本态度等。这一点在国际营销中非常重要，因为不同的国家具有不同的文化，这会对商业模式和产品使用的方式产生影响。例如，在阿拉伯国家，销售人员可能会在竞争者销售人员也在场的情况下进行销售展示。在法国，人们时常会把巧克力夹在面包片中食用。

家庭有时被称作主要参照群体，可能会在消费者购买行为中发挥重要的作用。决定购买何种产品或品牌可能是一个群体决策，其中每个家庭成员都扮演着不同的角色。因此，在购买汽车的情境中，通常是丈夫决定型号，妻子选择颜色[12]；在购买麦片时，孩子的影响力通常很大；清理地毯纤维的产品可能与主要收入者的关系较小，而对承担家务活的成员来说更为重要。当购买决策是群体决策时，销售人员最好能够发现他们的产品对每个决策者或影响者分别有什么样的利益。

经济影响

当经济处于上行趋势时，消费者的支出水平可能会随收入水平的提高和对工作稳定性的自信程度的提高而提高，而对奢侈品、高级度假产品、餐厅用餐和高级耐用品的支出也会随之提高。然而，在经济萧条时，对工作前景的担忧和更低的实际收入会让很多消费者做出延迟购买的决定，他们对价格更敏感，会改变自己的购买行为。例如，消费者可能会减少外出就餐的次数，更加倾向于在超市里购买高质量的即食食品回家食用。[13]

组织购买者行为

费希尔（Fisher）认为**组织购买行为**（organisational buying behavior）具有三个元素[14]：

1. 结构，即关于"谁"的问题——谁参与购买决策制定过程及其各自扮演的角色。

2. 过程，即关于"如何"的问题——获取信息、分析、评估以及打算购买时制定决策过程的方法。

3. 内容，即关于"什么"的问题——购买决策过程中不同的阶段，以及决策单元中不同成员所采用的选择标准。

结构

理解组织购买的一个核心要点是购买者或者采购人员通常不是唯一影响决策的人，他们通常也不是实际有权做出最终决定的人。反之，购买的决策权实际上掌握在**决策单元**（decision-making unit，DMU）手中，或者购买中心手中。决策单元不一定是固定不变的实体，决策单元中的人可能会随着决策制定过程的演进而改变。因此，总经理或许会参与决定是否购买新的设备，但是不会参与决定从哪家供应商那里购买设备。博诺马（Bonoma）和韦伯斯特（Webster）区分了决策单元结构中的六个角色[15,16]：

1. 发起者，即开始购买过程的人。
2. 使用者，即实际使用产品的人。
3. 决策者，即有权选择供应商或产品型号的人。
4. 影响者，即在购买决策过程中提供信息和决策标准的人。
5. 购买者，即有权订立购买合同的人。
6. 监督者，即控制信息流的人，如秘书，他们能够许可或制止与决策单元成员的接触，供应商在接触决策单元其他成员之前必须取得购买者的同意。

影响决策单元性质的因素会在后面讲到。显然，对于不同类型的购买而言，实际的结构组成会发生变化。对于十分重要的决策来说，决策单元的结构较为复杂，包括采购组织中的许多人。销售人员的任务是找出关键成员并与之接触，让他们相信产品的价值。通常来说，仅仅与采购人员交流是远远不够的，因为这对于买方选择哪个供应商而言影响甚微。销售人员需要规避两个致命的错误：

1. 只在"舒适区域"工作。这是指销售人员将大量的时间消耗在自己喜欢、感到舒适，但在决定购买什么产品或选择哪个供应商的问题上不起作用的人身上。
2. 花费大量时间在"否决者"身上。这些人具有否决权（投否定票的权力），却不具有同意决策的实权。那些能够拍板同意购买决策的人（决策制定者）才是营销沟通的重点对象。

如果采购者要解决的问题技术性很强，供应商就要在组织的工程师身上多下功夫，从而有利于问题的解决并确保订单的顺利签订。这种方法运用得当的一个案例来自一家小型美国企业，它在解决某大型汽车企业所面临的研发废弃循环阀这一技术难题上的出色能力使它成功获得了一笔大订单。[17]在这个案例中，这家小企业所采取的策略是在汽车企业的工程师身上下功夫，并从一开始就不让采购部门参与决策制定过程，直到自己成为唯一能够供应所需配件的企业。

如果销售人员不能直接接触到决策单元的成员，广告可以成为一个有效的替代工具。同样，如果使用者的影响力较大，产品相对低价，使人能够消费得起，那么销售人员赠送一些免费样品就会在建立好感这方面颇有成效。

过程

图 3-5 描述了工业品的购买决策过程。[18]这个过程的实际情况取决于购买情境。在特定情境下，部分阶段可能会被省略。例如，在常规的重复购买情境下，采购人员不会经历 3、4 和 5 这些阶段（寻找供应商以及对各供应商的提案进行分析和评估）。如果购买者发现了某个需要（比如缺少文具）并从现有供应商处进行常规重复订购，以上阶段可能会被跳过。

整体而言，决策越复杂，所要采购的产品价格越高，越可能完整地经历每个阶段，整个决策过程也会花费更长的时间。

1. 识别问题（需要）。需要和问题可能是通过内部因素或外部因素来识别的。

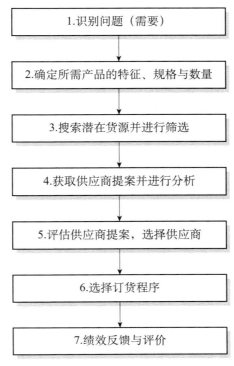

图 3-5　组织购买决策过程（购买阶段）

内部因素的一个例子是企业意识到自己产能不足时会做出购买厂房或设备的决定。因此，内部识别会引发积极行动（内部/主动）。有些经由内部确认的问题可能并不会付诸实践，这些情况称作内部/被动。生产经理可能意识到机器存在一些问题，但是出于对某些压力的考虑，他们可能决定维持现状。其他一些潜在问题可能不能从内部进行识别，只有在外部线索的提示下才能成为问题。生产经理在意识到还有其他更高效的方式之前可能会对生产过程感到十分满意。显然，这些不同的问题对于销售人员而言具有重大意义。内部/被动的情况表明销售人员在了解当前情况后有机会通过细致的成本效率分析和其他症状分析来明确企业所面临的问题，因此企业会意识到问题的急迫性，迫切地需要寻求解决方法（内部/主动）。内部/主动的情况要求销售人员展示其产品相对于竞争对手的差异化竞争优势。在这种情况下，刺激客户问题的识别是不必要的，但是如果缺少内部识别的话，销售人员可以提供一些必要的外部线索。叉车销售代表可能会通过展示其低维护成本产品如何为顾客省钱、如何通过更强的搬运能力更有效地利用库房空间等方面，来刺激客户问题的识别。

2. 确定所需产品的特征、规格与数量。在决策制定过程阶段，决策单元需要做出对所需产品的描述。例如，决策单元决定购买满足特定产品规格的五台车床。销售人员影响产品规格需要的能力能够帮助自己的企业在决策的最后阶段占据优势。通过说服采购方确定只有自己的企业产品才满足特征要求（锁定标准），销售人员或许已经完成了销售任务。

3. 搜索潜在货源并进行筛选。在组织购买行为中，搜索过程会有较大的波动。通常而言，所需产品价格越低、重要程度越低、采购方掌握的信息越多，相应的搜寻行为就越少。

4. 获取供应商提案并进行分析。企业可能会通过技术专长和基本信誉的信息，筛选出一定数量的供应商，在确认它们有能力供应所需产品后，企业会要求这些供应商提出供货方案并对各方案进行分析比较。

5. 评估供应商提案，选择供应商。每一个提案都会按照决策单元中每个成员认为重要的标准来进行评估。其中很重要的一点是不同成员在判断方案时可能会采用不同的评价标准。尽管这可能会带来一些问题，但是这一阶段能够选出一个或几个合格的供应商。

6. 选择订货程序。接下来需要讨论有关支付和配送的细节，这通常是由采购人员来完成的。在某些采购决策中，如果配送是选择供应商的一个重要考量因素，这一阶段会被合并到第 4 和第 5 阶段。

7. 绩效反馈与评价。这一过程可以非常正式，采购部门会拟定一个评估表交由使用部门填写；有时也可以不那么正式，采购部门通过日常的交流来进行反馈与评价。

上述这些过程的意义在于，销售人员能够通过影响需要识别和影响产品规格设计的要求，以及向决策单元成员清晰地展示自己产品相对于竞争者产品的优势，来影响最终的销售。销售人员能够通过早期参与从**渐进投入**（creeping commitment）中获利。渐进投入是指供应商参与决策过程，提供各种技术支持，使采购组织逐渐对该供应商产生好感。

内容

组织购买行为的内容是指决策单元成员评估供应商提案时所采用的选择标准。这些标准可能会由决策成员自身的绩效评价标准来确定。因此，一个用降低采购支出来进行绩效评估的采购经理可能会比一个用设计的生产流程的工作效率来进行绩效评估的生产工程师更加具有成本意识。

与消费者购买相同，组织购买行为也有功能（经济）和心理（情感）两个标准（见表 3-2）。关键的功能因素包括厂房及设备的投资回报、材料和零配件的成本节省、配货的可靠性、质量以及技术支持等。由于停工会带来很高的成本，因此许多采购部门关心的一个重要问题是组织供应系统的长期发展。心理因素也很重要，尤其是当许多供应商提供的产品较为类似的时候。在这种情况下，最终的决策可能取决于企业对供应商销售人员的好感度。下面我们介绍几个重要的标准。

表 3-2 选择标准

经济	情感
价格	名誉
配货	降低个人风险
产能—成本与收益	办公室政治
生命周期成本	安静的生活
可靠性	趣味性
耐用性	互惠

续表

经济	情感
可否升级	自信
技术支持	便利性
商业支持	
安全性	

质量

全面质量管理（total quality management，TQM）成为组织生命的核心区域，它反映了评价供应商的产品和服务时质量的重要性。许多采购组织都不愿意牺牲质量来换取更低的价格，特别是购买者会寻找产品或服务质量的一致性，所以终端产品（如汽车）会很可靠，检查成本会降低，生产程序也会进行得更加流畅。采购组织采用**即时**（just-in-time，JIT）交付系统，它要求供货能够保证质量。约翰·伊根（John Egan）爵士旗下的捷豹汽车将采购系统从价格导向转为以质量为中心，并要求采购部门在价格合理的情况下，为质量提升的零部件支付更高的价格。

价格与生命周期成本

对于具有类似规格和质量的原材料和零配件来说，价格成为一个重要的考虑因素。对于滚轴、轴承这种标准零件来说，如果几个不同的供应商都能满足配送和规格要求，价格可能会成为左右成交的关键。然而，我们不能忘记的是对于大部分的采购组织来说，价格只是成本的一个组成部分。越来越多的采购者在评价产品时会考虑生命周期成本，包括生产力的节省、维护成本、剩余价值以及最初购买价格等。营销者可以采用生命周期成本分析来打入客户内部。通过与采购者共同计算生命周期成本，新的价值评价可能会由此诞生。

供应的连续性

企业的一项主要成本是生产流程的中断。这种中断意味着成本高昂的机器停工，甚至意味着销售受损。因此，供应的持续性在很多采购情境下会成为首要考虑因素。在这个标准上表现欠佳的企业会被淘汰，即使它们在价格上十分具有竞争力，因为较低百分比的价格浮动不能与不可靠的交货所产生的成本同日而语。能够保证交货且能够实现自己承诺的供应商能够在市场上取得巨大的差异化优势。组织客户需要与那些能够在类似即时制这样的基础上保证可靠供应的"值得信赖的供应商"建立密切联系。

可感知的风险

可感知的风险可以两种形式出现：一是功能风险，比如对产品或供应商表现的不确定性；二是心理风险，比如来自同事的批评。后一种风险——害怕惹恼上司、失去职位、被部门中其他人嘲笑或者干脆失去工作等——会在购买决策中起到决定性的作用。购买者常常会通过收集各个供应商的信息、确定采购组织中其他重要成员的意见、只从熟悉的和（或）信誉良好的供应商处购买以及通过多种来源分散风险等方式，来降低可感知的风险。

办公室政治

采购组织内部的政治分裂也可能会影响购买决策的结果。部门之间的冲突可能会通过购买产品或服务时形成意见不同的"阵营"表现出来。因为 X 部门更喜欢供应商 A，Y 部门就自然地更青睐供应商 B。购买决策的结果对各部门和人员而言不仅仅具有采购意义，更具有政治意义。

个人偏好（喜欢/不喜欢）

购买者可能会更青睐某个销售人员，这也会影响供应商的选择，尤其是在竞争产品非常类似的情况下。即使选择供应商是基于竞标的基础来进行的，购买者也常常会认为他们喜欢的销售人员更加"有竞争力"。显然，个人观念在所有组织购买中非常重要，因为人们的行为取决于自己对所处情境的感知。一个购买者或许认为某个销售人员诚实可信、讨人喜欢，另一个购买者或许不这么认为。与消费者行为一样，采购者可能会受到三个选择过程的影响：

- 选择性注意：只有特定的信息来源会被注意和收集。
- 选择性认知：只有特定的信息会被感知到。
- 选择性记忆：只有部分信息会被记住。

理解决策内容的意义在于：第一，销售人员在与决策单元的不同成员进行沟通时可能需要变换销售展示的形式。与生产工程师进行讨论时需要聚焦于产品提供的卓越技术性能，而与采购人员进行沟通时，更多地强调成本因素可能会更有利。第二，采购组织所采用的选择标准随时间和环境的变化而变化。在解决目前所面临的技术难题时，价格因素或许相对没那么重要，企业会向能够提供必要技术支持的供应商订购产品。第三，当问题解决以后，如果其他供应商也具有相应的能力，价格将变得十分重要。

影响组织购买者行为的因素

卡多索（Cardozo）提出了影响决策单元构成、决策制定过程性质和产品评价标准的三个因素[19]：

- 采购类型；
- 产品类型；
- 采购对采购组织的重要程度。

这三个因素如图 3-6 所示。

采购类型

鲁滨逊、法里斯和温德（Robinson，Faris and Wind）认为组织购买者行为受到**采购类型**（buy class）性质的影响。[20]他们将其分为全新采购任务、调整后重复购买和直接重复购买。

全新采购任务出现在从前没有类似产品需要的情况下，因此企业对此几乎没有相关的经验，需要收集大量的信息。直接重复购买出现在组织在曾经建立过交易关系且资质可靠的供应商处采购产品的情况下。企业已经建立常规的采购程序来促进这种直接重复购买。调整后重复购买则介于以上二者之间。某种产品的常规要求已

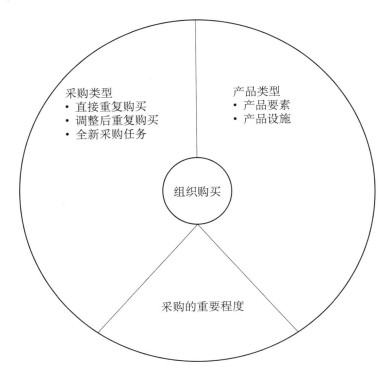

图 3－6　组织购买行为的影响因素

经成型，购买的各个备择企业也已确定，但企业仍然会对常规的供应程序做出一些必要的调整。

采购类型通过以下几种途径影响组织购买行为。首先，采购类型会改变决策单元的结构。对于直接重复购买而言，可能只有采购人员参与其中。对于全新采购任务而言，高级管理人员、工程师、生产经理以及采购人员都会参与其中。调整后重复购买往往也会涉及工程师、生产经理和采购人员等，但除非采购活动对企业至关重要，否则高级管理人员是不会参与其中的。其次，当采购类型从直接重复购买转变为调整后重复购买，再转变为全新采购任务时，整个购买决策过程的周期可能会越来越长。最后，就对决策单元成员的影响而言，比起直接重复购买，他们往往更能接受全新采购任务和调整后重复购买。在直接重复购买的情况下，采购经理已经解决了采购问题，并且有其他问题亟待解决，那么为什么还要把采购当作问题来提上日程？

采购类型分析的一大意义在于，若是销售人员能够在决策过程的开始阶段就进入企业新的购买任务，企业将获得巨大收益。通过向企业提供信息并帮助其处理可能出现的技术问题，销售人员很可能在企业心中建立好感，并使其渐进投入，这有利于销售人员在企业最终做出购买决策时成功获得订单。另一个意义在于，由于全新采购任务的决策过程周期很长、涉及人员众多，供应商需要在销售人力资源上进行长期的大量投入。有的企业雇佣宣传销售团队组建最好的销售队伍，以帮助企业赢得大型全新采购任务的订单。

直接重复购买情况下的销售人员作为供应商的代表，必须确保不会发生任何变故。他们需要经常与客户进行沟通，确保他们没有抱怨或投诉，还可以鼓励采购者运用自动记录系统。对于非供应商的销售人员而言，他们往往面临艰巨的任务，除非现有供应商的服务较差，或是其他因素致使采购者对其现有供应商不满意。这些销售人员的目标非常明确，即将采购者的采购类型从直接重复购买转变为调整后重复购买。只在价格上做文章是远远不够的，因为更换供应商对采购人员而言意味着巨大的风险，而新供应商的产品或许不可靠，能否按时按量交货也无法预测。为了降低这些风险，销售人员可以提出附有惩罚条款的交货保证，也可以在开始时接受小型（虽然不太划算）的订单以求站稳脚跟。供应商通过全面质量管理标准（如BS5750）的认证也可以降低采购者的感知风险，或者必要时供应商可以同意向采购者提供供方质量保障方案。许多直接重复购买都建立在合同的基础上，而采购者很可能愿意在续签合同之前听听其他非现有供应商的销售人员的意见。

将直接重复购买转变为调整后重复购买的其他方法还包括价值分析法和生命周期成本计算法等。**价值分析**（value analysis）（供应商或采购方可以采用的分析方法）是一种通过检查每个组成部分能否取得更低价格来实现成本降低的方法。每个组成部分都需要进行分析，以找出那些对提高产品可靠性或功能没有帮助的不必要成本。通过一种更为节省的方法进行重新设计、标准化或制造，供应商可以以更低的价格提供质量上具有竞争力的产品。一些非常简单的再设计，如将曲边改为直边，也许会带来巨大的成本节省。

生命周期成本计算法旨在将过去只关注购买价格的成本聚焦观念转变为关注拥有和使用产品所产生的全部成本的成本观念。生命周期成本包括以下三种：

- 购买价格；
- 启动成本；
- 购后成本。

启动成本包括安装成本、生产损失成本以及培训成本。购后成本包括运行成本（如燃油、人工费等）、维护成本、修理成本和库存成本。除去这些成本之后就是产品的剩余价值（如汽车以旧换新的价值）。生命周期成本诉求能够成为非常有效的刺激物。例如，如果非现有供应商能够说服买方相信其产品比现有供应商产品的购后成本低得多，即使其价格可能略高于现有供应商的产品，非现有供应商也可能会赢得订单，这是因为其能够为客户带来更高的经济价值。这可以成为非常有力的竞争优势，同时可以证明其溢价的合理性。

产品类型

产品可以按照四个类别进行划分：

1. 生产过程中使用的原材料，如钢材。
2. 包含在成品中的零部件，如交流发电机。 ｝产品要素
3. 厂房和设备。
4. 维护、修理和运行时使用的产品和服务，如扳手、 ｝产品设施
   焊接设备以及润滑油等。

这种分类方式是基于顾客视角的，即产品是如何使用的，它可以用来识别组织购买者行为的差异。首先，根据产品类型的不同，参与购买决策过程的人也相应地有所不同。比如，过去的研究发现，如果这些购买决策对企业的经营至关重要，高层管理人员往往会参与厂房和设备购买决策或偶尔参与新原材料购买决

策，如当企业考虑将铝制材料转变为塑料材料时，但这些高层管理人员很少参与零部件或维护、修理和运行设施的购买决策。同样，设计工程师通常会参与零部件和原材料的购买决策，但不会参与维护、修理和运行设施以及厂房和设备的购买决策。其次，当产品类型经历以下变化时，购买决策过程会变得越来越慢、越来越复杂：

维护、修理和运行设施→零部件→原材料→厂房和设备

对于维护、修理和运行设施而言，"一揽子合同"的方式被越来越多地采用，而不是采用那种定期签订购买订单的方式。供应商同意在一段时间内按照协议达成的价格向采购方持续供货。供应方持有存货，当采购方的存货下降至最低水平后，采购方的电脑就会自动打印订单进行续订。这对于供应商而言非常有利，因为这种方式能够在很长一段时间内有效抵御竞争者销售力量的入侵。

按照类别对供方提供的产品进行分类能够为销售人员提供重要的线索，以帮助他们找出谁会在购买决策中产生影响。因此，销售的任务就是要在特定情境下确认谁在影响购买决策，从而尝试接触这些相关人员。销售维护、修理和运行设施的销售人员如果尝试去说服设计工程师，或许是在浪费时间，而如果试图去接触那些运营部门的管理人员，则会颇具成效。

采购对买方组织的重要性

当购买涉及大量资金时，或者当做出错误决策需要承担很高的成本（比如产量损失）时，或者当备选产品可能导致的后果具有巨大的不确定性时，这样的采购对买方组织而言就相当重要。在这样的情况下，许多处于组织中不同层级的人都可能会参与到购买决策当中，因而决策过程可能会非常长，需要进行大量的信息搜集和分析工作。因此，企业需要进行大量的营销投入，但那些与采购组织进行合作以说服其购买产品的销售人员取得成功的机会最大。他们需要使采购者相信他们提供的产品能够为其带来最大的收益，这可能会涉及样品试用（如私人柴油机生产者向铁路公司提供样机试用、技术支持以及其他客户的使用证明等）。此外，如果采购者对交货期限和售后服务等问题存在较高的不确定性时，企业需要向其做出相应的保证。

采购实践的新发展

采购职能中已经出现了一些新趋势，这些趋势对于供应商的营销实践而言非常重要。即时采购的出现和不断加强的集中采购、逆向营销以及租赁等趋势都改变了采购的本质以及供应商的竞争方式。

即时采购

即时采购这一概念旨在通过组建按需供应原材料和零部件的供应系统来实现库存最小化。这样，存货成本将会大大降低甚至完全消失，企业的利润因而会提升。另外，由于存货本来是用以应对机器故障、人工失误等问题的预防机制，因此这种

方式对于管理层而言也是一种消除低效率的缓冲机制。

许多即时制方法与质量的提升紧密相关。企业会根据供应商提供高质量产品的能力来评估供应商，因此这种方法能够促使供应商更加重视产品质量。采购者只需要明确所需产品的基本特征，而供应商将在产品设计和制造方法上拥有更多的自主权。另外，这种方法使供应商能够保证质量，这就意味着采购者所需进行的质量检验可以减少，整体成本因而可以降低，这是因为在源头进行产品质量控制比在供应链下游进行控制更为有效。

即时采购的整体效应可能是巨大的。采购库存以及检验成本有效降低，产品设计得到提升，交货和配货更有效率，停工减少，最终的成品质量也得到提高。

然而，实施即时制需要与采购和生产运营等过程融合到一起。因为即时制系统需要供应商严格按照原材料或零配件的数量要求向买方的生产线供货，因此交货的时间安排必须非常合理可靠，供应商必须做好定期交货的准备——甚至需要每天交货。订货的预订期限必须足够短，次品的数量必须足够少。对供应商颇具吸引力的一点是采用这种方式的企业通常会签订长期采购合同。即时制概念的营销理念在于，若想在众多组织市场（比如汽车）中具有竞争力，供应商必须能够满足这种快速发展系统的要求。

采用即时制的一个案例是日产汽车在英国东北部桑德兰的生产线。即时制对其运营系统的帮助使日产汽车在这一地区的零配件供应商从 1986 年建厂初期的 3 个成功增加到 1992 年的 27 个。日产采用的是名为"同步供应"的即时制系统——零件在需要前的几分钟内就可以送达。例如，法国供应商 Sommer Allibert 向日产供应车内毡毯，在向日产的生产线配货时，这些毡毯是按照不同型号汽车的要求按次序从附近的工厂送出的。从订购毡毯到其被成功安装到日产汽车上只需要 42 分钟。如今，日产的 Micra 成功配置毡毯的时间只需 10 分钟。然而，如果劳动力稳定性无法得到保证，即时制的方法就存在风险。雷诺汽车就曾经遇到过这样的问题，导致成本大幅上升，其发动机及后备厢的生产工厂的罢工导致其全法国和比利时的汽车生产线在十天内全面停产。

集中采购

若企业内部多个部门具有同样的要求，使得企业具有通过批量购买获得议价优势的机会，**集中采购**（centralized purchasing）就是一个极具吸引力的选择。集中采购能够使采购专家将他们的精力聚焦于某一小组的产品上，因而能使他们获得关于成本因素和供应商运营的大量信息。从分散购买转换为集中采购对市场营销具有重要意义。分散购买聚焦于短期成本和短期利润，而集中采购则更加关注长期供应关系的建立。在分散购买中，外部影响（如工程师）在供应商选择上能够发挥较大的作用，这是因为非专业采购人员往往缺乏对技术人员的推荐提出质疑的专业知识和专业背景。因此，这类采购组织能够向供应商提供决策单元中的重要角色以及其权力地位的相关线索。

系统采购

系统采购是指购买者对完整系统而非单独的零部件的一种需要。正如第 1 章提到的那样，这意味着在向汽车企业销售门把手的情境下，供应商不仅要有能力售卖包括门把手、锁具以及开门装置等在内的车门系统，还要对有关车门的科技具有专业知识，能够为未来可能出现的问题给出解决方案。一些系统采购基于这样一种基础：预期从一个系统中获益能够长期地为客户提供服务，如化学设备的运营或电子通信系统的运营等。[21]

系统销售者需要承担一些过去由购买方承担的系统责任，这里涉及库存控制、生产控制系统、IT 及电子网络等。每一个系统都销售综合的产品及服务。硬件（或产品部件）是在系统中体现特定功能的有形产品。软件（或服务部件）是解决客户问题或在设计、建立、运营及维护系统（如电子通信）中发挥功能的知识和无形的人为努力。[22]

系统销售要求销售人员通过降低成本以及（或者）研发创新方案满足客户需求，通过改善表现等方式为客户创造价值。这在资本产品行业（如 IT 业、电信业和火车行业等）非常普遍。例如，火车制造商阿尔斯通公司（Alstom Transport）提供"火车系统方案"，飞行仿真器制造商 Thales Training & Simulation 公司为军事客户提供"飞行训练方案"。这些企业都试图将各种产品部件整合到系统中，并在其生命周期内提供服务以运营和维护这些系统。[23]在欧洲，这种销售方案的势头非常强劲，西门子、英国石油公司、爱立信以及 ABB 等企业都在采用这种方式。例如，爱立信向高级定制客户提供包括一系列设备、安装、项目管理、技术计划以及财政支持等在内的系统方案。[24]这种向系统销售转变的趋势意味着销售不再只是独立的职能，而是长期客户管理中关键的整合职能。[25]

逆向营销

市场营销的传统观点认为，供应商会主动探寻顾客需要并力图比竞争者更好地满足这些需要。这种模式的发起者是供应商。购买者承担被动的角色，他们被动地依赖供应商对其需要的敏感程度以及解决问题的技术能力。然而，这种信任关系与一种新型企业购买情境存在冲突，这种新情境起源于 20 世纪 80 年代且发展势头越发迅猛。购买者在获取应对竞争所需的产品和服务时采取了更加主动、积极的姿态。这种购买者试图说服供应商提供自己所需的产品和服务的过程叫作**逆向营销**（reverse marketing）。[26]图 3-7 展示了传统模式和这个新兴概念的区别。

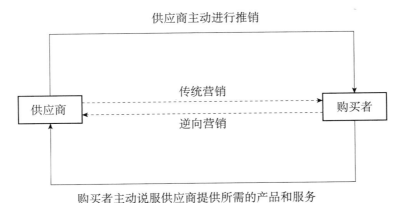

图 3-7　逆向营销

逆向营销的精髓在于，在寻求新的供应商或接触现有供应商的过程中，占据主动权的是购买者，他们说服供应商满足自己对供货的需要。逆向营销的意义在于，它会对不合作的现有供应商造成严重威胁，也会对反应灵敏的现有供应商及非供应商提供很多机会。逆向营销的发展为那些愿意聆听采购者建议并仔细考虑其价值的供应商提供了两点好处。第一，它为供应商与客户建立长期紧密的关系提供了机会。第二，它为新产品推出提供了机会，可以向更加广泛的客户基础发展。

租赁

租契（lease）是指在特定期限内资产（比如汽车）所有者转让资产的使用权以换取租金的契约。租赁协议对顾客的好处是能够避免在购买产品或服务时需要支付的现金，这是一种有效应对产品迅速淘汰的方法，具有纳税优势，避免了处理设备时的麻烦，有的租赁合同还能避免一部分维护成本。这些好处需要与租赁成本进行权衡，因为租赁成本往往比直接购买成本高。

租赁主要有两种类型：融资（或全款）租赁和经营租赁（有时称作租用协议）。**融资租赁**（financial lease）是指在合同期内全额分期偿还的长期协议。累积的租金往往会超过一次性购买产品的价格。租契的条目和款项会随惯例和竞争状况的改变而改变。供应商有时也会同意在租赁期内承担维护成本。例如，这种情况在复印机的租赁情境中非常普遍。承租人可能会在租赁期结束时选择是否购买该设备。**经营租赁**（operating lease）涉及的期限较短，是可以取消、不完全分期偿还的。因为是短期协议，所以经营租赁的租金通常比融资租赁的租金高。如果设备的需要只是间歇性的，这种租赁形式的吸引力就非常高，因为它能够避免设备闲置带来的成本。许多种设备（如挖掘机、推土机、废料桶以及储存设备等）都可以通过短期租赁的方式获得。

租赁对供应商而言也具有价值，因为它使供应商有资金提供差异化产品及服务，这样可以吸引那些无法负担全款价格或认为购买产品不够经济的客户。租赁在汽车、复印和数据处理等行业中非常重要，因此越来越多的企业开始雇佣租赁顾问来为顾客的租赁协议和收益提供建议。这种方式的一个关键决策是确定租赁价格，这需要根据以下几点来进行设定：

（1）租赁与一次性购买相比具有哪些优势（供应商或许希望减少直接购买，增加租赁）；

（2）租赁支付与全款购买相比的净现值；

（3）租赁与购买相比带给客户的纳税优势；

（4）竞争者提供的租赁价格；

（5）将支付分散给顾客的收益；

（6）其他顾客收益，如供应商承担的维护成本和保险成本。

关系管理

在逆向营销的讨论中，我们提供了采购者在面对供应商时采取主动姿态的例子，同时引出了组织市场营销中买卖双方关系的重要性。产业营销与采购组织（The Industrial Marketing and Purchasing Group）提出了**互动模式**（interaction approach）来解释关系管理的复杂性。[27]这种模式将买卖双方的关系视为两个积极参与者之间的关系。因此，逆向营销是这种互动视角的一个体现。买卖双方都可能调整自己的工序或产品技术来适应对方，其中一方活动的变化必须考虑另一方的感受，必须与之进行协商。在这种情况下，产业市场的一个关键目标是管理客户关系。这不仅需要考虑正式的组织协议（如分销商、销售人员和销售分支的采用等），还需要考虑非正式的网络，包括供应商与顾客之间的个人接触及关系等。玛莎百货（Marks & Spencer）的高管每两年与其主要供应商的董事会成员碰一次面，进行坦诚的讨论。玛莎百货的员工拜访供应商的行为被称作"忠诚拜访"。供应商的工厂会重新粉刷，工人们会配备全新的制服，机器也会得到全面清理。这反映了玛莎百货对其供应商的要求标准以及玛莎百货在与供应商的关系中拥有很强的影响力。

　　组织营销的现实情况是许多供应商和采购方之间已经建立了多年的业务往来关系。例如，玛莎百货与供应商的业务往来最早可以追溯到 100 年前。这种长期关系对于买卖双方而言都是十分有益的。对于买方而言，由于对供应方的人员较为了解，知晓出现问题时应该找哪位负责人，因此买方的风险能够有效降低。这样，沟通能够有效改善，双方可以共同解决问题，共同设计管理方法。卖方则因更加熟悉买方的要求而获利，还能通过获得买方的信任对其他竞争对手建立进入壁垒。新产品研发也能从这种密切的关系中获利。正是由于玛莎百货与英国制造商之间的密切关系，机洗羊毛纤维和易熨棉质衬衫才能得以研发。卖方还能从买方提供的信息中获利。买方常常会收集和传递有关市场发展的信息，这些信息与卖方的经营密切相关。[28]当这段关系中的某个成员拥有广泛深远的美誉度时，另一个关系伙伴也会因与知名品牌的长期合作而提高信誉度。这种美誉效应称为"批准印章"，能够使企业在其关系网络中建立更加持久的关系。[29]

　　商业关系中那些不太被关系伙伴依赖的成员需要更加谨慎。依赖性可以通过提升伙伴数目以及（或者）降低转换成本得到有效提升。[30]转换成本是指改变供应商或客户所带来的成本。例如，把一个计算机供应商换成另一个计算机供应商可能会带来极高的转换成本，因为其中涉及较多的资本投入。关系管理中的成员需要意识到建立转换成本能够提升客户的依赖度，并且降低选择或更换供应商的灵活程度。

　　组织市场中的密切关系是不可避免的，因为科技不断发展，产品生命周期不断缩短，愈演愈烈的外部竞争将市场营销部门和采购部门放在了关键战略位置。采购企业越来越将可信赖的供应商视作自己的**战略伙伴**（strategic partners），与之分享信息，在研发成本效益高、质量较高的新产品时各自发挥专长。这样的伙伴关系能够对那些想要与采购组织建立业务往来的竞争对手形成一个巨大的进入壁垒。例如，当一个外来供应商提供更低成本、更高质量甚至更先进的技术时，丰田、本田（Honda）和戴姆勒-克莱斯勒（Daimler Chrysler）这样的采购企业就会与它们现有的战略伙伴合作，让它们有机会在一定时间内达到或超过竞争对手的承诺标准，这段时间通常为 18～24 个月。[31]这种营销意味着成功的组织营销并不仅仅包括传统的 4P 组合（产品、渠道、促销和价格）。这种方式的基础在于能够巧妙地处理顾客关系。这使得有些企业指派客户关系经理来监督伙伴关系，扮演积极沟通和合作的角色，从而确保顾客满意。更多的企业开始重新规划它们的销售队伍，来反映有效管理重要客户关系的重要性。这一过程被称作"关键"客户管理或大客户管理。然而，需要注意的是，战略伙伴和大客户管理的模式并不一定适用于所有企业。比如，小型企业可能无力负担这些模式所需的成本。[32]

小　结

理解购买者行为对销售人员和销售经理而言具有重要意义。购买者购买产品的目的是解决问题、满足需要，这意味着有效的销售手段包括销售人员对这些需求的识别。只有这样，销售人员才能从企业提供的各种产品中选出最能满足购买者需要的产品并向其营销。

在一些组织购买情境中，如果决策单元比较复杂，销售人员必须努力识别和接触决策单元中的关键成员，说服他们相信本企业产品能为他们带来收益。他们还需要意识到决策单元的不同成员在评估产品时也许会采用不同的评价标准，进而相应地调整自己的销售展示。

第4章将会讨论反映市场中购买者行为模式的销售战略的制定方法。

失败的电脑销售

工业清洁服务公司（Industrial Cleaning Services）经理吉姆（Jim）认为，一台个人电脑可以帮助他解决现金流问题。他想要的是一台能够存储收据和开支信息且通过触碰一个按钮就可以让他在任何时候查看现金流情况的机器。一年前，他的公司陷入了很严重的现金流困境，因为他没有意识到出于各种原因公司的短期资金流出远远超出了收入。

他决定周六下午去逛逛市中心一家新开业的个人电脑销售网点，太太玛丽（Mary）与他一同前往。他们找到了一位坐在柜台后面的销售人员。

吉姆：下午好。因为业务的关系，我想购买一台个人电脑。你能帮助我吗？

销售人员：当然可以，先生。这里是全国最大的电脑销售网点。我现在需要去找一下我的同事，马上回来。您可以随意翻看我们的产品手册以及浏览我们展厅里展出的各种型号的电脑。（该销售人员向他们提供了

产品手册，将他们留在展厅中。）

玛丽：我不太懂电脑。为什么有的电脑比其他电脑要大？

吉姆：我也不知道。这么多的按键让我非常困扰。我在想为了使用这东西是不是得去报个打字培训班？（吉姆和玛丽在展厅里逛了一圈，互相提了很多问题，感到有些困扰。五分钟后那名销售人员回来了。）

销售人员：非常抱歉我离开了这么久，但至少能够让你们有机会看看我们的存货。您是说您需要一台办公用的电脑，我觉得有一款非常适合您。（销售人员将吉姆和玛丽带到那款型号前。）这款非常适合您。它不仅能够帮您处理文字，还能帮您进行会计工作、财务计划以及库存管理等。它具有全图表模式，您点击这个按键就可以在屏幕上看到这些趋势线。您还可以收发邮件和上网。

玛丽：它看上去似乎很贵，需要多少钱？

销售人员：比您想象的便宜多啦。这款

只要 1 000 美元，非常便宜。

　　玛丽：可是我在报纸广告上看到的电脑比这便宜多了。

　　销售人员：没错。但是报纸上那些电脑有 i5 处理器、6GB 内存以及 640GB 硬盘吗？它们有 ATI 最畅销的 Radeon 显卡和最新的媒体读卡器吗？

　　玛丽：我不清楚，但我觉得于我而言它们看上去不错。

　　吉姆：它似乎使用起来很复杂。

　　销售人员：它比其他型号使用起来更简单。这款电脑有全套的说明书，我 12 岁的儿子都用得得心应手。

　　吉姆：这个按键是做什么用的？

　　销售人员：这是移动光标的，它能够帮您删除或者修改文字。

　　吉姆：哦。

　　销售人员：我把最好的留在最后了。这个价格里面包含三款程序，能够进行电子表格分析、库存控制和文字处理。我相信您的业务一定会因此获益。

　　吉姆：我的业务范围很小。我只雇佣了五名员工，我并不确定我是否真的需要这样一台电脑。总之，感谢你。

问题讨论

　　1. 吉姆和玛丽在决定是否购买电脑以及购买何种型号时采用的是怎样的选择标准？

　　2. 销售人员理解购买背后的动机吗？如果没有，为什么？他还犯了什么其他错误？

　　3. 想象你是这位销售人员，你会如何处理这次销售访问？

思考题

　　1. 比较消费者和组织购买者购买产品和服务的方式。

　　2. 组织购买者行为研究对销售职能有哪些实践意义？

　　3. 逆向营销这个概念指什么？为什么这个概念直到 20 世纪 80 年代才出现？

　　4. 品牌个性是指品牌在消费者心目中的形象，结合实例解释这个概念。

　　5. 解释决策单元的含义。为什么在向公共部门组织销售产品时尤其难以识别决策单元？

　　6. 消费者购买行为中的决策制定过程包括哪几个阶段？

　　7. 组织购买者行为中的决策制定过程包括哪几个阶段？

第4章 销售环境

学习目标

学习本章后，你应该可以：

1. 理解销售和销售管理的力量。
2. 了解为什么要以不同方式建构销售渠道。
3. 评估推式和拉式促销战略。
4. 理解组织销售设定和服务销售设定的特殊问题和影响因素。
5. 评估展览作为促销手段的实用性。
6. 了解公共关系作为销售工具的本质和角色。
7. 理解销售和互联网的意义。

这一章我们会分析影响销售和销售管理的重要因素，研究特定的销售设定，如销售渠道、工业/商业/公共机构销售、零售和服务销售等。我们也会研究支持销售活动的相关活动，如销售促进、展览以及公共关系等。

影响销售的环境和管理因素

许多重要的环境（行为、技术）和管理因素影响着销售和销售管理的形成和实施。[1,2]这些因素如表 4-1 所示。

表 4-1　影响销售和销售管理的因素

行为因素
逐渐增加的顾客期望和对超过基本需要的考虑
更多专业化的组织购买者
顾客避免进行买卖双方的谈判
主要购买者购买力的增强
市场全球化
市场分化

续表

技术因素

销售队伍自动化
- 笔记本电脑和更加复杂的软件
- 电子数据交换
- 视频会议
- 广域网

虚拟销售办公室
作为收费平台的信用卡的广泛使用，这种设施的使用为数据库的创新提供了机会
- 电子销售渠道
- 互联网
- 家庭电视购物

管理因素

直复营销
- 直邮
- 电话营销

混合销售和营销
- 局域网

销售人员和销售经理的职业资格

行为因素

当顾客适应一个变化的环境时，销售也需要适应一系列的影响因素：

（1）顾客和组织购买者上升的期望；

（2）顾客避免进行买卖双方的谈判；

（3）主要购买者购买力的增强；

（4）市场全球化；

（5）市场分化。

顾客/组织购买者期望的上升以及更多订单的需要

如果消费者体验到了更高水平的产品质量和服务，未来他们的期望会达到更高的水平。这个过程可能会因为来自海外的体验而加剧，行业内的新进入者（或许是来自海外的企业）会设定新的标准。一家消费者满意度调查公司的首席执行官鲍尔（J. D. Power）解释说：

> 为什么使消费者满意会如此困难？因为你要不断地提高标准并延长终点线。你不可以停下来，当你的顾客得到了优待，他们就会要求更好的待遇。[3]

对于销售人员而言，他们必须接受消费者和组织购买者对产品质量、顾客服务以及顾客价值的期望不断上升的现实。他们必须通过宣传和实施不断改进的质量标准来应对这一挑战。这对于组织购买者也是一样的，尤其是考虑到第 7 章所谈到的发展趋势。

技术进步也创造了更高的顾客预期。互联网的存在意味着消费者能够很容易地在网上找到企业，因此他们可以在与销售人员进行接触、了解产品和人员之前对企业建立一定的熟悉度。电子邮件和互联网使得沟通变得更加容易，因此顾客对要求

和询问的答复时间的预期也相应提高。[4]客服热线需要全天候在线。另外，顾客越来越多地追求定制化服务和产品。这些系统往往非常复杂和个性化，需要大量的配套服务。这意味着销售人员需要处理跨职能关系，从而为客户提供解决方案，管理长期客户关系。[5]

由于媒体不断爆出企业丑闻，消费者越来越多地期望拥有企业运营的透明度以及企业的道德实践。因此，销售管理层有责任培训自己的销售队伍更好地提升销售道德，销售人员需要对自己的措辞更加谨慎，对自己销售时说的话负责任。

顾客避免进行买卖双方的谈判

研究表明汽车购买是零售业中最易引起焦虑和最不能令人满意的经历。[6]专业的汽车销售人员有时会通过高压销售手段来施展谈判技巧。因此，消费者把购买视为一个不得不容忍的痛苦过程，而非令人愉悦的积极经历。针对这种情况，一些汽车企业转向固定价格、无压力和账面价值完全透明的交易方式。通用汽车公司在美国销售土星（Saturn）系列汽车时便成功运用了这种方式，这也是英国大部分新兴汽车供应商如今所采取的经营理念。

主要购买者购买力的增强

在许多行业（尤其是零售业）中，主要消费者不断上升的主导力对销售和销售管理产生了深远的影响。他们强大的购买力意味着他们能够拥有要求和获得特别服务的话语权，包括特殊的顾客地位（大客户管理）、即时存货控制、品类管理和促销中的联合出资。未来，销售人员的成功将取决于他们对主要客户不断增长的需求的反应能力，以及与企业内销售和技术人员协调合作以满足他们需求的能力。[7]

市场全球化

当国内市场趋于饱和，企业为了实现销售和利润的增长会将业务范围扩展到海外。可口可乐、高露洁和雅芳等大型公司目前大部分的收入都来自海外市场。全球化挑战包括国外和国内市场销售人员的最佳平衡，对不同文化、生活方式和语言的适应，与世界级品牌的竞争，以及与许多国家消费者建立的全球化顾客关系。例如，3M 公司拥有许多不同的全球战略客户，包括从高科技行业（如摩托罗拉、惠普、IBM 和得州仪器等）到电子、器械、自动化、电力、航空、家具、消费品和卫生保健等方面的原始设备制造商。[8]对这些跨国企业而言，重大挑战之一是协调全球销售队伍。它们的销售对象可能包括北电网络、三星、西门子或宝洁公司等，这些客户也许会分布在 20 多个国家，要求特殊的销售、技术支持、价格和定制化产品。这种复杂性意味着战略客户经理必须既改善团队协作又增进合作技巧以确保顾客获得顶级服务。

当企业向新的海外市场扩张时，企业需要了解不同文化中顾客的期望，并且考虑到各种可能的文化因素（如一些文化中的关系网络）。道德差异也是重要的考虑因素之一，某个国家中符合道德要求的事情可能在另一个国家中是不道德的。[9]因此，跨国公司必须将这些纳入考虑范围，即使它们采取的是标准化运营方式而不是整合性运营方式。

市场分化

收入水平、生活方式、个性、经历和种族差异使市场被分割为许多不同的细分市场。这意味着市场可能变得很小，并且有越来越多的品牌来满足不同顾客的需要（包括功能上的和心理上的）。营销和销售经理需要熟练地识别消费者品位的变化，制定出满足变化程度不断增大以及多文化社会的战略。

技术因素

技术因素在销售和销售管理中具有重要地位。其中三个主要因素是：

- 销售队伍自动化；
- 虚拟销售办公室；
- 电子销售渠道。

人们现在变得越来越忙碌，试图实现工作和家庭之间的有效平衡。现在有许多线上购物方式。消费者已经接受了在家中线上购物的观念，这些线上购物包括网上拍卖和购买杂货等。

销售队伍自动化包括平板电脑、笔记本、移动电话、传真、电子邮件以及更高级的销售软件等，它们帮助销售人员完成旅行计划、客户计划、招聘、甄选和评估等任务。另外，电子数据交换（EDI）在生产商和经销商（零售商、批发商和分销商）之间提供了网络联系媒介，使得信息能够直接交换。比如，购买订单、发票、报价信息、交货日期、报告和促销信息都能够进行交换。技术创新让视频会议成为可能，人们不用离开办公室就可以进行销售会议、培训和消费者互动等活动。客户关系管理技术，尤其是数据库的建立，使得销售人员能够通过办公室电脑的一键点击使消费者获得企业和产品、视频材料以及纪念品等信息。另外，这也使得所有供应商人员能够进入同一个数据库，顾客能够接收到系统的信息和图片。局域网能够很好地进行互补，甚至能够与这些信息系统进行关联。

技术的提升也催生了虚拟办公室的产生，使得销售人员能够与总部、消费者以及同事保持联络。虚拟办公室可以在家中，也可以在汽车上。这意味着成本和时间的节省，并且能够提高销售人员的工作满意度，因为他们节省了花在交通上的时间，而这原本是销售工作的一个特点。

发展最为迅速的电子销售渠道是互联网（将在第 12 章进行讨论）。它带来的影响不仅仅在于削减了销售人员的规模，而且改变了销售队伍的工作重点。例如，戴尔公司鼓励销售人员将顾客引导到网上购买，其目的在于节省销售人员在传统的面对面营销方式上浪费的大量时间（戴尔的官方网站能够做到服务更好、交易更快捷、成本更低廉），可以将更多的时间投入创造新订单。[10] 互联网也提高了消费者对于销售人员对企业的了解程度和响应速度的期望。互联网对零售商为顾客增加价值的能力具有重大影响。格雷瓦尔、利维和马歇尔（Grewal，Levy and Marshall）指出，这一领域的现有研究很少。[11] 他们讨论了互联网相关因素对销售过程中销售人员职能的潜在限制或促进作用，也探讨了互联网的局限性。佩里和肖（Perry and Shao）指出[12]，互联网提供了能使销售人员与潜在或现有国内外消费者交流更加简单快捷的机会，他们也探讨了网站和电子邮件在何种程度上能够促进销售过程。通过对一些广告商的研究，他们发现对于不同的销售任务而言，电子邮件和网站的使用频率是不同的。高收入地区的广告商比低收入地区的广告商更频繁地使用网络交流，但是两个地区的广告商在电子邮件的使用上并没有显著的差异。来自桑托斯、阿布舍克和柏葩（Santosh，Abhishek and Bappaditya）以及伯恩瓦尔（Burnwal）的研究指出[13]，电子商务可以充当互联网前端和终端之间的一个中介。客户坐在电脑前作为互联网过程的前端访问互联网的各个环节（如购买、销售等），服务商则会处理这些信息并向客户反馈令其满意的结果。过去，客户和销售人员以一种效率很低的方式人工地实施这一交互过程，如今电子商务使得这一过程变得简单高效，节省了大量的时间。它改善了供应链管理问题，在制造过程、零售及服务运营等方面具有巨大的潜力。

电子商务在互联网中是一个动态的存在，它使得企业通过网络店铺的方式运营自己的商务。产品可以通过网络的方式进行广告宣传、销售和支付，这一过程无须手动实施。得益于互联网的壮大，广告和网页几乎可以零成本向全世界扩散，还可以通过随时调整和更新网站上的新产品信息来适应消费者的最新需要。电子商务最大的优点在于能够与信用卡交易的稳定性和有效性相结合，通过互联网提供安全的线上交易。这使得电子商务网站实现爆炸式增长，因为它们能够以远低于实体店面的成本服务比实体店更多的消费者。

2013 年，萨罗和温德林（Salo and Wendelin）指出[14]，IT 水平的提升使得商业市场中的沟通和交易变得更加高效，但只有少量研究在探索其对商务关系的影响。他们的研究探索了商务关系中的数字契约是如何产生的，并且发现数字契约通过锁定影响其他契约和商务关系的商业活动来紧密联结各个商业伙伴。数字契约驱动其他有助于商业关系的联合形式的产生。他们认为管理者应当参与到与主要供应商和消费者进行数字联合的行动中去，以提升日常商业活动的效率。

2014 年，布兰克和格罗舍利（Blank and Groselj）研究了英国的互联网使用情况[15]，按照过去研究中的归纳分类方法将互联网使用根据不同的理论维度进行划分。他们区分了十种不同的互联网活动类型，并且采用了回归分析的方法来检验其中的三个维度，确定了每一种活动的用户使用量、互联网的不同用途以及使用类型。每种类型的互联网活动都具有不同类型的用户。他们认为，互联网是一种极为特殊的媒体，因而不能将"互联网使用"简单地视为一种现象；相反，研究者必须明确自己研究的是哪种类型的互联网使用。

马歇尔（Marshall）等[16]发现很少有研究关注到与社交媒体的产生息息相关的技术。他们指出，销售环境中各方面的技术改变使得社交媒体成为一种主流的新型销售工具。销售经理和销售人员雇用焦点小组来探索当下技术使用情况的流行程度，发现了六个基本的主题：连通性、关系、销售工具、世代化、全球化以及销售/营销交接。他们的发现为买卖双方的关系革命提供了有力的支持，这种变革对销售组织的表现具有一些意想不到的影响，这一领域也需要更加深入的研究。

还有一个渠道值得一提，因为它降低了对实际销售人员的需要。这种渠道就是现在越来越流行的家庭电视购物，观众观看有线电视主持人展示的从珠宝到电子消费品等各种产品后通过电话下单订购产品。事实上，在这种场景中，屏幕中的产品展示员就是销售人员。提供电视购物的频道数量越来越多，其他频道在不播放节目的时间段（如在凌晨 1 点到 5 点的时间段内）也提供电视购物服务。

管理因素

管理者通过制定新的策略和战术来应对环境变化，从而提高销售效率，包括：

（1）使用直复营销技术；

（2）加强销售和营销职能间的合作；

（3）鼓励销售人员参加培训项目，取得职业资格。

直复营销正扮演着越来越重要的角色，我们将在第 11 章进行详细讨论。然而，还有一种正在发生的变化就是电脑的广泛使用，尤其是在美国的零售业中，电脑正在逐渐取代传统的销售人员。在欧洲，电脑的正式投入使用始于汽车展厅，大宇汽车（Daewoo）公司就利用电子销售亭来向消费者提供产品和价格信息。这种模式进入美国之后迈出了更大的一步，几个福特汽车的经销商安装了电脑并完全取代了销售人员。消费者可以通过电脑对几个类似型号的特征进行比较，计算行驶成本和月付额度，并使用电脑来订购产品，电脑将订单信息直接传递到工厂，这一过程不再需要销售人员的介入。

人们已经意识到销售和营销职能之间存在有效联系，但是在实践中将这两种职能融合为一个有效整体时常会受到沟通的限制。局域网的建立通过电脑端连接雇员、供应商和消费者，加强了三方之间的联系和信息交流。局域网具有多种功能，如电子邮件、统领团队项目等。这些功能的采用能够提高现场销售人员的效率，因为他们需要获取迅速变化的信息，如产品规格、竞争者信息以及最新价格等，这些功能也使得销售和营销职能之间能够进行信息共享。

销售管理职能已经意识到培训和职业资格的重要性。英国特许营销协会（Chartered Institute of Marketing，CIM）提供基本、职业和研究生级别的营销资格，目的在于提高销售人员的专业性、技术水平和执行力。

上述这些功能的意义是将传统销售组织的任务和运营重点从过去关注订单获取和制造转变为关注**战略客户管理**（strategic customer management）。其挑战在于如何将销售重新定位为企业竞争力的核心要素，销售组织如何将其紧密地并入营销战略和计划。[17]这一过程将消费者置于企业关注的中心位置，销售组织负责以战略的眼光设计和建立良好的客户关系，销售管理需要向客户关系的设计、建立、管理和维护的一体化方向努力。例如，思科公司（Cisco）在购买较为重要、复杂且决策不确定性（决策不确定性通常在初次销售或新应用时出现）很高时采用了人员推销的策略，将后续采购交由互联网处理。[18]

战略客户管理要求实施以下三种活动[19]：

● 情报：增强对客户的了解，为客户关系增加价值。在一项针对组织采购者的关于世界级销售组织观点的调查中，有一个重要发现：这些组织的销售人员都表现出对客户业务的深度了解，以使他们能够先于客户识别市场的需要和机会。这一观点指出，卖方可以通过识别客户所服务的市场中的新机会以获得竞争优势。这要求销售人员不单要了解自己的客户，也应对客户所服务的市场有所了解。比如，美国 Johnson Controls 公司成功获得了为福特公司 F 系列卡车供应座位和电子控制系统的机会，这一订单不单纯是通过与福特公司讨论座位和转换器问题获得的。该公司的竞争优势在于它比福特公司更了解卡车司机对座位和控制系统的偏好。

● 界面：重新将销售人员的努力集中到影响客户价值的重要界面的管理和开发上（比如，通过客户关系管理和大客户管理等方式）。战略客户管理要求传统的销售人员和销售管理程序与随着技术发展产生的经营新问题相结合。比如，美国西南金融合作组织（Western and Southern Financial Group）为其作为一线销售人员的

2 200 名销售代表新设了呼叫中心和网上销售业务。这种做法的挑战在于塑造一种全新的协作的销售代表形象，团结协作、共同努力，通过这些全新的渠道，依靠塑造销售人员信任来鼓励信息共享和建立全渠道无缝连接的客户关系。其目标在于提供一种高效的客户关系管理系统，在建立一个传递客户价值的有效系统的同时允许客户自主选择渠道。

● 一体化：一体化是指将企业所有影响客户价值的活动密切联系起来，形成单一的、整合的、可持续的顾客价值传递平台的过程。这一过程与过去的活动类似，但范围更广，要求跨职能、跨边界的无缝整合以传递卓越的顾客价值。过去那种缺乏相互协调合作的方式已经被证实是对客户关系有害的。比如，某个企业的销售主管认为某个主要客户采取的是不规则的订货方式，而企业的库存控制系统指示应当加大供应量，如果企业不进行销售和供应链的整合，就会导致相应的问题。该销售主管意识到如果能够说服客户采用持续补货的方式，企业的库存额度就能有所降低。在客户同意采用新系统两天后，这名销售主管接到了该客户的电话，客户抱怨他正要进行业务扩张时，这些产品却脱销了。销售主管立刻前往配送点去确认。问题的答案很简单：配送系统将大额的订单置于优先考虑的级别，而不幸的是，持续补货意味着客户的大部分小额订单被置于最低优先级，因而常常直到每天下班时仍未能完成。

在研究影响销售职能的重要因素以后，我们要考虑销售发生的特定环境和采取的相应活动，如支持销售活动的销售促进、展览等。

销售渠道

销售渠道包括两个独立却又联系紧密的活动：物流或称为**物流管理**（physical distribution management，PDM），以及**分销渠道**（channels of distribution）。历史上的销售很简单，就是生产者将产品销售给当地常常自产自销的消费者。现代的制造流程、更多的全球消费者、更便利的交通和通信以及更专业的商业专家意味着渠道决策变得非常复杂。销售成本相对于生产成本在不断攀升。然而，由于自动化和电脑化的出现，如今的生产成本作为总成本的一部分比过去下降了很多。现在我们分别探讨这两个因素。

物流或物流管理

物流和物流管理这两个术语可以互换，尽管部分学者认为物流与战略问题的关系更大，而物流管理则与战术问题的关系更大。物流意味着经济有效地计划、实施和控制原材料的实体流动，即从未加工的原材料到成品，从产地配送到终端消费者手中的整个流动过程。物流始于消费者并最终回溯到供应品的来源。**供应链整合**（supply chain integration，SCI）这个术语有时被用以描述物流的有效协调。

物流组合描述了这一过程中涉及的各项职能要素，我们逐个进行探讨：

1. 订单处理。这是要求与消费者密切联系的第一阶段，一个设计良好的系统应当具有简单的管理程序，迅速且高效。

2. 原材料处理。这通常是产品在重量、体积等关系到价值和腐蚀性问题的特征上的职能，它决定产品的储存和运输方式。在这一要素中，企业提供的服务水平（比如，产品入库前的配送时间，如一个月等）和成本之间的平衡是一个决定性因素。

3. 仓储。仓库和面向终端消费者的商店的选址对于某些行业而言十分重要（如农忙时节农业机械的备件必须能够即时获得）。仓库可以维持库存，并帮助协调生产中的高峰与低谷。这一过程同样要求服务水平与成本之间的平衡。

4. 存货控制。由于即时制或精实生产方法的广泛采用，存货控制成为一个重要的因素。如今根据小时而非天数或周数来思考存货控制问题已经成为一种惯例。根据会计经验准则，维持存货会增加 25% 的存货成本而不会增加存货价值，因此精实生产的优点是可想而知的。

5. 运输。这一要素涉及面向消费者的实体配送工作和从供应商处获取生产所需原料的组织工作。运行精实生产系统对于企业而言当然是一个重要的因素，这通常意味着更小的批量和更大的负荷量所带来的一些成本，会产生局部的工作量。

6. 包装。超市货架上陈列的产品的包装设计往往是一个营销上的沟通问题，然而外部容器和各种运输形式所需要的恰当包装理应纳入物流组合的分类。

有两种哲学理念与物流相关：一种是"系统观点"，认为管理应该将物流视为一个各部分相互关联的系统；另一种观点则将物流视为一个总成本，试图将各组件集合为整体的工作所耗费的成本最小化。

分销渠道

管理人员应当经常性地重新评估分销渠道，从而实现成本缩减。营销渠道由企业的政策所决定，这也决定了企业应当如何组织销售力量。

销售渠道（sales channels）是指产品从供应商到消费者的整个销售过程的路线。有时，这种渠道是直接的，尤其是当产品销售过程融入整个制造流程时。最终，产品会通过不同的渠道进行销售。例如，燃料推进系统被销售给汽车制造商，汽车又被销售给汽车经销商，汽车经销商再将汽车销售给最终消费者。当我们考虑某一产品从原材料到最终产品的各个阶段时，不同的生产制造阶段可能涉及不同的销售渠道。销售渠道也可能是间接的，制造商将产品销售给批发商或代理商，它们再将产品小批量地销售给消费者，这就是人们常说的"整批拆售"。

渠道管理对于销售管理者而言非常重要。这是一项重大责任，因为对于大部分制造商而言，其成败取决于它们的产品如何能够通过其营销渠道伙伴（如代理商、批发商、分销商和零售商等）实现高效率的销售。这也表明销售管理者需要接受有关处理渠道相关事务的培训。

供应商关系管理——成功的基石

好的供应链管理被视为商业的主要动力，同时也是最让英国管理者头疼的问题之一。采购通常是业务处理中最易被忽视的环节。一项由采购和供应特许协会（Chartered Institute of Purchasing and Supply）对首席执行官及财务总监的调查显示，48% 的首席执行官和财务总监无法回忆起他们在产品和服务上的支出，却对周转、销售、利润及工资成本上的开销了如指掌。这非常奇怪，尤其是在考虑到大部分公司在产品和服务上的支出远高于工资支出这一事实时。

了解产品如何在企业中流动是实施管理的基础。这就意味着管理者需要了解从供应商到企业再到消费者的整个联系过程，对信息的流动轨迹了如指掌，如订单、日程安排、运输票据、发票等。只有清楚地掌握公司供应链的流程，才能够制定适合整个企业的战略规划。

英国零售商玛莎百货最近通过一些战略上的改进以及管理系统和策略上的优化重现了往日的成功。然而，玛莎百货从未忽视高效供应系统和供应商管理的重要性。

以上这种情况体现在所有在售的产品中，但是在其销售的主要产品品类——内衣中尤为高效。玛莎百货与这些产品的供应商维持着密切的合作关系，以保证自己能够跟上最新潮流，包括对新的纺织和纤维工艺保持敏感等，这恰恰可能是在这一产品品类上取得成功的原因。

评估销售渠道

当选择或重新评估渠道时，企业需要考虑以下因素：

- 市场；
- 渠道成本；
- 产品；
- 利润潜力；
- 渠道结构；
- 产品生命周期；
- 非市场因素。

市场

对这一因素必须加以分析，从而确保尽可能多的潜在消费者有机会购买产品或服务。当然，这也要以不失去现有消费者为前提。相似产品在市场中的渠道兼容性非常重要。消费者往往趋于保守，对现有标准的任何改动都可能引起消费者的质疑。除非有必须这样做，否则最好不要对现有渠道进行太大的改变。例如，一家罐头食品生产商通常不会考虑经由邮递的方式来销售产品，除非公司推出了一种特殊类型的食品或者将其作为食品组合的一部分。否则，这家公司只能采用传统的分销方式，如食品组合、现金以及运输等。企业必须确保自己维持与某些渠道相关的现状和形象。李维斯一度将 Tesco 告上法庭是因为后者未经许可就售卖李维斯的牛仔裤。

渠道成本

通常而言，短渠道是成本最低的。直销的企业或许能够实现巨大的市场覆盖率，但是需要增加花在销售人员身上的成本，企业还需要支付更高的运输和仓储成本。这与企业将要产生的更大边际收益不平衡，但好处是销售中间商被排除在外，不需要考虑它们的边际收益。除财务标准以外，短渠道还有一个优势在于能够贴近终端用户，这意味着企业在预期和满足终端用户需要这一点上占据了更有优势的地位。

最近几年有一种趋势，即制造商缩短它们的渠道以更加有效地控制产品分销，尤其是在使用广告进行产品预售时。

产品

通常而言，低成本、低科技含量的产品更加适合长渠道。更复杂的产品通常需要更多的售后服务，因此更倾向于通过短渠道销售，这也就是绝大部分工业品直接从制造商处销售给使用者的原因。产品线的宽度非常重要，宽产品线使生产者更值得进行市场直销，因为销售人员具有一个更广泛的产品目录以激起消费者兴趣，并且具有更大的利润空间。

窄产品线更适合进行长渠道销售，因为顺着分销链条，这些产品可以与其他生产商的互补产品相结合，从而形成一个令消费者更感兴趣的更广的产品线。在这种情况下，分销中间商执行最后的销售职能，而非由生产商来实现这一职能。例如，一家生产卫浴产品的生产商通过建筑中间商来销售产品，建筑中间商将产品销售给需要相关材料的建筑商。

利润潜力

我们需要明晰一个问题：什么时候通过某个渠道销售更多产品所产生的渠道成本会高于从增加的销量中获得的收入和利润。比如，一家香水制造商不会使用超市或黄金时段的电视广告等渠道来销售产品，这样做的话虽然销量确实会提高，但是为了取得这样的销量提升而投入的成本将导致企业无法获得利润。这是一个会计问题，必须在渠道支出、利润以及总收入之间进行权衡。

一家使用短渠道的生产商可能会取得更高的总收入，但同时也需要投入同等高昂的渠道成本。使用长渠道的生产商可能会取得相对较低的总收入，但同时其渠道成本也相对较低。

渠道结构

在某种程度上，生产商对销售中间商的选择是由该渠道中的各个成员决定的。如果渠道成员非常强势（实际上可以说是它们的规模大），生产商就很难在现有渠道之外寻找其他中间商。

在一些情况下，进入一个渠道是很难的，除非产品能够凭借自己的独特性或价格优势与渠道内已有的产品区别开来。例如，一家新的清洁剂生产商试图通过大超市来销售产品会面临潜在的困难。这家生产商需要说服渠道成员相信这种清洁剂在某些方面比市场上现有的清洁剂更好，或者能够提供更具优势的价格和其他优势。这种清洁剂可能会由于对环境的影响而与其他清洁剂区分开来。另外，清洁剂通常使用的是拉式战略，依靠消费者广告来建立品牌忠诚，或者通过产品预售来接触终端用户。一家新的生产商会大规模投资于广告以建立消费者的知晓、兴趣和尝试，使消费者最终形成对其产品品牌的忠诚，或者通过提供交易激励、比竞争者更低的终端价格等推式战略，使零售商享有更大的利润空间。可以看出对于一家新的清洁剂生产商而言，在没有巨额现金作为资本的情况下进入市场多么需要勇气。

产品生命周期

产品沿着生命周期走了多远也是必须考虑的因素。一个刚刚进入生命周期的新概念或新产品也许需要开展密集分销以使其出现在市场中。当产品形象建立起来以后，售后服务的标准就变得十分重要了，它使得企业转向选择性分销，只有那些能够提供必要的售后服务标准的经销商才能够销售企业的产品。相反，正如第1章所讨论的扩散理论那样，产品销量一开始会很低。因此，生命周期的早期阶段仅仅需要一小部分精心挑选的分销商。

在电视机的例子中，分销转一个大圈子又绕了回来，从密集分销到选择性分销（理由刚刚已经谈到）再回到密集分销。这是因为电视机服务如今已经变得相对简单，电视机在结构上较为类似，修理时也仅仅需要更换一些标准零件。一个电视机修理厂商已经不再需要精通某种特定型号的修理专家。电视机制造商意识到由于各型号具有相似性，消费者很少会由于某个特定型号的技术优势或售后服务标准而被该品牌所吸引。如今，最关键的因素在于确保消费者能够看到品牌并将其与竞争者的品牌进行比较。因此，在销售点尽可能多地增加产品展示成为分销的目标。

非市场因素

非市场因素与拥有的财力总量有关。在创新产品的例子中，企业可能会由于资金不足而无法开发出产品的全部优势。企业由于无法负担现场销售人员的费用，也可能会采用一个中间商来为其进行分销。反之，企业也可以采用一些非传统渠道（如邮递等）来进行分销，这种方式对销售人员需要投入的费用要求较低，但是这种产品的物理特性可能不适合进行邮递。

非市场因素常常出现在国际销售中，因为许多企业将出口订单视为国内贸易的补充，并且随时准备将任何可能获取订单的个人作为代理机构，而不在乎他们的商业地位。我们将在第5章对国际销售进行详细的讨论，然而应当注意的是，许多公司是在规模很小且出口业务相对不那么重要时才达成出口代理协议的。当这些公司逐渐壮大，它们渐渐意识到出口的重要性，那些匆忙达成的出口代理协议就会变得困难且昂贵。这样的公司在许多情况下会维持原有协议，而这与其长期的最优利益是不相容的。

销售渠道的特征

营销渠道是营销组合中较为稳定的一个因素。渠道成本较高，改变起来较为复杂，不像价格那么容易操控。例如，从选择性分销转变为密集分销是一个政策决定，会对销售人员的数量甚至是采用的销售方法等产生直接影响。

企业面临的最重要的问题是选择最恰当的渠道。企业在保持对现有消费者和潜在消费者的关注的同时，必须能够保持进展和革新。从销售管理的角度来看，这包括了必须服务的销售点的类型。通常，生产商有以下四种分销类型可供选择：

1. 直接销售。生产商不使用中间商，将产品直接销售并送达最终消费者手中。

2. 选择性分销。生产商经由有限的几个经过挑选的中间商进行产品销售，这些中间商之所以被选中是由于其特殊的能力或设备有助于产品更好地销售。

3. 密集分销。需要销售点最大规模的产品展示，生产商通过尽可能多的分销点进行产品销售，服务和售后服务并不那么重要，香烟、早餐麦片和清洁剂等多采用这种模式。

4. 独家分销。生产商只通过严格限制的经销商进行产品销售。汽车行业是一个典型的例子，分销商必须在库存、售后服务等方面达到生产商认为适当的资质，才能进行产品分销，因为它们的信誉最终依赖于能够提供的服务支持。

销售渠道管理

渠道决策是战略上的决策，通常而言它有以下两点原因：

1. 渠道决策通常涉及企业的长期承诺，是对其他组织的长期承诺。渠道决策一旦建立就很难轻易改变，至少在短期内很难改变。市场渠道的动态特征意味着在某些阶段企业需要重新评估其渠道战略是否最优、是否需要做出调整。然而，这些调整不会像改变广告策略或价格那么简单。

2. 渠道决策能够立刻影响企业的市场营销和经营活动。例如，目标市场的选择会受到渠道设计和选择的影响，反过来也会影响渠道。类似地，营销组合设计决策（如定价、产品和促销等）也会反映企业的渠道选择。

渠道决策选择的关键因素在于企业本身，尤其是整个的企业营销目标和公司资源。例如，一家具有长期成长目标的企业以扩大市场份额为基础，会试图延展其分销渠道的广度和深度；希望成长为市场领导者的企业（如在杂货市场中）需要通过多种渠道的组合进行产品分销；一家财力资源有限的小企业不得不采用更多的非直接渠道，并且在整个渠道中的话语权较弱。和所有营销组合决策一样，分销决策和管理应当与企业的整体目标和营销战略相一致。

企业或许会发现其无法通过其他可能的渠道来接触自己更偏好的目标市场，或者这一目标市场只有经由某一特定的渠道系统进行服务才能获取最大的利润，不论是哪一种情况，目标市场的选择和渠道决策都必须一起考虑。诸如消费者数量、地理分布以及消费者需要、习惯和偏好等问题也必须加以考虑。

渠道选择和设计的四大战略要素如下：

1. 基本渠道结构的描述和选择。这包括对渠道长度、中间商类型和中间商职能等因素的考量。

2. 所需市场曝光度的描述。这一要素涉及对拟使用的中间商数量及其地理分布的考量。

3. 确保渠道合作最大化和渠道冲突最小化的系统和程序。这包括明晰区域管理权、特许经营条件等。

4. 营销和渠道支持战略。这一要素涉及渠道中强调和侧重的营销努力方向。

这些要素建立起来之后，渠道就会更加易于管理，未来产生冲突和误解的可能性也会降低。

产业/商业/公共机构的销售

这些类别被分到一起是由于它们的销售方法非常类似，每种方法体现出的行为模式都与组织行为非常一致（在第 3 章进行了讨论）。这类市场的许多特征使它们与消费者市场有所区别。

更少的消费者

组织和商业机构购买产品要么用于它们自己的组织内部，要么用于制造其他产品。这种类型的潜在购买者很少，每一个潜在购买者都进行高价值的采购。

集中的市场

产业市场通常是高度集中的，英国纺织业就是一个典型案例，主要集中于兰开夏郡和约克郡。某个产业的销售人员或许只在有限的地理区域与少数几个购买者打交道。

复杂的采购决策

采购决策通常涉及许多人，尤其是公共机构的采购决策，重大的采购项目中或许会有一个采购委员会。

许多产业采购决策涉及的不仅仅是采购者，在一些情况下，技术专家、生产人员和财务人员也会参与其中，这就是实际中常常见到的采购决策单元（在第 3 章进行了讨论）。这会导致谈判和决策过程的延长。销售人员需要与不同职位的人合作和沟通，为满足个人的需要来改变自己的销售方式。比如，销售人员需要说服专家相信产品具有的技术优势，生产人员则需要知道产品运输是否能够得到保障，而采购者则会寻求更加合理的金钱价值。

对于技术复杂的产品，销售工作有时是由一个销售团队完成的，每一名成员都针对采购团队中对应的人员进行工作，如卖方的销售工程师会与买方的工程师一同工作。

长期关系

一名人寿保险的销售人员或许只会做一笔买卖，再也不会第二次见到同一名顾客。在产业、商业和公共机构环境下，销售的本质是建立长期关系，使双方参与者互相依赖，一方为了获得有保障的长期供应，另一方则为了留住老客户。

现在有一种建立长期稳定的个人关系的趋势，而高压销售技巧是违反生产力规律的。销售人员识别个体客户的需要并为满足这些需要销售具有相应优点的产品时，一个经过深思熟虑的方案更可能获取成功。销售人员处理投诉和提供可靠售后服务的能力是非常重要的。也就是说，高效的销售人员必须懂得如何建立和维系与关键客户群体的关系，并利用这些关系进行成功的销售（见第 10 章）。在 B2B 的商业情境中，销售越来越多地与关键客户管理以及为客户提供可靠的解决方案有关（见第 9 章）。销售人员更多地扮演关系管理者的角色，而非传统的订单接收者。[20]

互惠交易

互惠是这样一种协定，A 公司购买 B 公司制造的某种特定商品，而 B 公司反过来也购买 A 公司生产的某种产品。这种协定安排要求更高层级的管理水平，通常出现在两个公司之间具有财务关系时，比如它们同属于一个集团（如集团内部交易等）或者两家公司的经理只是单纯地想要建立一种尽可能多购买彼此产品的安排。

这种协定会给销售人员和采购者带来相同的挫败感，因为这些安排妨碍了公平竞争。采购者不喜欢被告知它们必须去哪里采购产品，而销售人员也不喜欢因为互惠交易协定的存在永远排除掉一大部分潜在市场。然而，这种方式通常以一个长期折扣作为激励。

生产类型

这一点主要与产业销售有关。从企业的生产类型到销售人员的销售内容都决定了采用的销售手段。以下是一些不同的生产类型：

1. 工作（或单位或项目）生产。产品是根据顾客需要生产或建造的。在这种情况下很难预测需求。常见的例子有造船、量体裁衣以及医院建造等。

2. 批量生产。同时生产一大批产品或部件，但并非建立在持续的基础之上。与工作生产类型相同，批量生产通常也是根据顾客的要求进行的，但是有时批量生产是根据对订单的预估进行的。这样的产品包括书籍、家具和服装等。

3. 流动（或大规模或流水线）生产。这是根据对销量的预期持续生产相同或相似的产品。常见的例子包括摩托车、录影机和洗衣机等。

4. 流程（或持续）生产。这种生产单元让原材料进入制造过程并最终生产出成品。这样的例子包括化学制品、酿酒和塑料生产流程等。

销售人员在销售这些产品组合的时候，需要针对每种产品运用不同的销售方式。对于流动生产的产品而言，销售人员要预估型号的变化以确保企业能够获得报价，而随后的报价需要确保满足产品生命周期的订单。如果销售人员在这一阶段未能取得成功，那么直到下次型号变化前，销售人员很难获得向这家企业成功销售的机会，而到那时很难赶走已经与企业建立业务往来关系的供应商。

即时生产或精益生产通常出现在流动生产类型中。正如我们将在第 10 章探讨的那样，质量和配货的可靠性是尤为重要的，因为制造商需要在库存部件和原材料保持最低水平的基础上工作。与供应商建立长期关系是非常普遍的。零次品是供应商在实现产品质量上需要努力奋斗的目标。

对于工作生产而言，失去一次订单通常并不致命，因为只要公司拥有展示专业化水平的能力，它们仍然会在下一次订单受邀报价，也许下一次的报价就会成功。失去一次潜在的订单是非常严重的，但是对于工作生产而言，这或许只是意味着公司需要在获得下一次订单的受邀报价前等待较短的时间。然而，对于流动生产而言，到下次型号变化和公司因此获得再次提供报价的机会可能需要好几年的时间（在这段时间中，采购方也许已经忘了销售人员）。

再销售

再销售包括向零售商进行销售，这些零售商大部分是大型企业，如 Tesco、莫里森（Morrisons）、塞恩斯伯里（Sainsbury）以及 Asda 等，它们高效地执行着批发的职能，从批发商或现金交易商（如万客隆（Makro））处独立采购。一些零售商属于自愿连锁型零售商，如 SPAR。许多采购都是集中式的，在大多数情况下由采购方访问销售方（不像产业销售，卖方通常会拜访买方）。自第二次世界大战结束以后，对零售模式变化的相关研究证明了零售业是如何革命的。

在探讨零售模式的变化之前，我们首先将零售模式分为七种不同的类型：

1. 复合型。这样分类是因为它属于一个零售集团，拥有 10 家以上的分店，每家分店都销售类似的产品品类。这类市场是零售业中增长最迅速的领域之一，目前在英国复合型零售商店占据快消品零售贸易的主导地位，超市就属于这种类别。

2. 多样化连锁。除了商店的数量一般在 5 个左右以及售卖更加多样化的产品之外，它基本与复合型零售类似。

3. 合作协会。由卖东西的人拥有和控制，每个协会由从成员中推选出来的董事会管理。任何人都可以认购其股份。这种模式可以追溯到 1844 年，最初由罗奇代尔（Rochdale）发起。其原则如下：

- 开放会员制；
- 民主控制（一人一票）；
- 资本利息有限支付；
- 经营中所获盈余需要按照成员购买的比例进行分配——最初通过红利分配，后来通过交易印花支付，由于低价所带来的利益，这种方式已逐渐废止；
- 提供教育机会；
- 协会之间的合作，包括国内的和国际的。

4. 百货商店。这种商店拥有五个或更多的部门，至少有 25 名员工，销售的产品范围很广，包括大量的家庭用品和服装等（如 Debenhams 和 House of Fraser 等）。

5. 独立商店。它是贸易商自有的零售商店。这种商店包含许多变体，第一种独立商店属于零售采购组织。这是一种非正式的组织形式，零售商（通常处于某个特定的地理区域之内）组成一个群体来进行大批量的采购。当某个批发商或批发组织邀请零售商附属于它们并同意从它们那里采购大批量产品时，一种更高层级的管理协定就诞生了。这样的协定称为自愿组织（由单独的批发商赞助）或者自愿连锁（由批发商组织赞助）。参与的独立零售商除了有它们本来的名称以外，还有一个统一的标志（正是出于这个原因，它们也被称作标志商店，如 SPAR）。零售商自愿遵守统一的组织或连锁组织的规定，包括会计程序事务、店面设施和组织营销/促销计划等。许多特许经营的餐饮连锁属于这一类型（如 Nandos 和 Pizza Express 等）。

6. 邮寄订单。这类活动近年来得到了明显的扩张。最流行的管理模式是拥有大量产品的邮寄公司。公司的业务以制作精良的商品目录为媒介，由指定的委托代理机构持有，并将其销售给家庭成员和朋友。邮寄订单也可以由商品专家所持有，通常用于销售园艺用品、政府出售的剩余设备以及高级音响等产品。他们通过适当的专业媒介和直邮的方式来做广告。由于周日彩色增刊的增加，这种商业模式得到了极大的扩张。许多公司拥有的是更加一般化的产品范围，并且使用这种彩色增刊来做产品广告。一些百货商店也提供邮寄服务，有时还提供产品目录。

7. 直接销售。派对策划公司多年来一直到顾客家中直接销售产品。特百惠公司生产一系列高端厨具用品和其他用于食品和饮料贮存的产品。一位直销人员受到家庭主人的邀请，向一群消费者当场展示其产品，家庭主人能够在下订单后获得一定比例的佣金。雅芳公司是一家多年运用直销手段的公司，其兼职代理商以商品目录为媒介向特定地区的人销售产品。在本章结尾,我们将以这家公司为案例进行讨论。第二次世界大战以后,在旅游商店购买产品逐渐流行起来,但是当人们的流动性提高以后,旅游商店的热度又逐渐减退。然而,最近又有一种通过这种媒介来销售预订产品的趋势。

车轮上的时尚

英国的 Pollyanna 时尚商店向消费者展示设计者的标签。这家公司成立于 40 多年前,作为巴恩斯利(Barnsley)的第一家时尚商店,如今已拓展成为包括男士休闲服装、饰品与配件部门以及店内咖啡厅在内的商店。其运营方式是一间流动店铺,装载着各种时尚产品在全国各地巡回,拜访远至格拉斯哥和伦敦的顾客。绝大多数的顾客都是从其网站 www. pollyanna. com 和类似 UKTV Style 这样的时尚节目了解到该公司及产品的相关信息的。

复合型商店的成功意味着制造商必须重新整合其销售渠道,因为购买力集中在少数人的手中。在快消品领域,制造商越来越多地参与到控制产品分销和商品销售活动中,以支持它们的拉式营销战略。这意味着庞大的广告支出,店内销售活动需要确保店内促销可以支持全国性的广告投入。因此,大多数制造商所采取的拉式营销战略能够对其销售中间商形成一定的控制;否则,这些中间商可以不考虑以失去顾客为风险、由广告和品牌所创造的需求。这种控制意味着零售商的利润更低,因为制造商能够控制它们在商店中的特定产品。主要品牌背后的广告投入使得这些制造商能够影响它们的分销渠道。

虽然一开始制造商对复合型商店的发展有一些抵触,但它们最终发现与之直接打交道对自己是有益的。这是因为复合型商店往往需要大批量的采购,通常需要将产品配送到中心仓库,在发货日期之前下较大的订单,使得制造商能够更高效地组织生产。

这些发展对销售的影响在于快消品的销售人员不再采用传统的销售代表模式强推产品,因为广告已经执行了一部分预售职能。将产品销售给复合型商店更多的是一种更高层级的谈判,采购方与销售经理要进行价格和配送日期的谈判,销售人员只需要提供单个渠道的售后服务。有时,销售人员也要承担店内的销售活动,如设立货架展示、提供橱窗设计和店内广告等,虽然这些职能也会由单独的商品团队来承担,尤其是在需要特定形式的产品展示和促销活动时。因此,销售人员也会参与到现场的销售沟通中。

零售商日益增长的重要性反映在**交易营销**(trade marketing)团队的形式中来服务于它们的需要。将销售人员的大客户管理与品牌管理者缺乏对零售商实际需要的认识进行结合,使得许多欧洲消费品公司建立起交易营销组织。这个组织的一个关键作用就是在大客户管理和销售人员之间建立联系的桥梁。交易营销者关注零售商的需要种类包括:

- 产品种类;
- 产品规格;

- 产品包装；
- 产品价格；
- 促销形式。

交易要求的信息被反馈给发展新产品的品牌管理层，再到能够更好地与零售商进行沟通的销售人员。交易营销者的一个关键职能是为超市制定定制化的促销方案。

第二次世界大战以后，许多独立的批发商由于其传统店铺遭受损失而退出市场。这就是批发商建立自愿组织或连锁店来迎接复合型商店的挑战和向公众表现类似形象的原因。然而，由于购买力较低，批发商必须努力使其独立的零售成员自愿做出与复合型商店一样的行动，这一做法在较大程度上失败了。批发商对不合作成员做出的唯一惩罚就是将它们逐出组织，当复合型商店面临类似情况时，商品经理被迅速免职。

定制化促销

一家拥有多家酒店的连锁酒店对一家饮料供应商有大量需求，饮料供应商的下一次竞争促销会提供酒店假期旅行作为奖品（由供应商支付）。

---

20 世纪 60 年代后期以来，人们见证了大规模零售业的迅速发展，包括零售商店规模的扩大，一开始是超级市场，后来是超级商店，然后是超大规模的超级市场，最后是特大型商店。由于这些商店需要巨大的场地，也是为了顾客的便利，这种趋势逐渐走向城郊，因为那里能提供停车场。购物的模式也发生变化，购物者打算购买的大部分商品都能通过店主提供的个人服务得到满足，而自主服务和自主选择的模式也被广泛接受，因为这些模式通常伴随着更低的支出和更具竞争力的价格。由于生活水平和人均可支配收入的提高，大规模市场实现了增长，那些过去被认为是奢侈品的产品如今变成了实用品，大众对其产生了普遍的需求，如汽车、海外旅行、电视机、电话以及手机等。因为消费品往往供过于求，制造商在广告上的投入和其他形式的促销手段也大幅度增加，以建立品牌忠诚，通过拉式战略将快消品预售给消费者。与此同时，零售商通过引进会员卡计划来鼓励购物者成为商店的忠诚顾客。因此，零售业成为动态变化的行业，也影响了销售人员的工作模式。

特许经营

欧洲零售业最近出现的一个趋势是**特许经营**（franchising）协议系统。这是一种公司**垂直营销系统**（vertical marketing system，VMS），基于通过一个或多个阶段通向终端消费者的渠道。由许可方创立的特许经营形式在制造/分销过程中的特定阶段向被许可方提供某种链接形式。特许经营最初起源于英国的"公共房屋捆绑"系统。拥有房产的房主与酿酒商订立协议，承诺只购买该酿酒商提供的产品。然而，现代的特许经营是一种美国模式，在 20 世纪 50 年代被引入英国。自那时起，这种模式发展迅速，如今经由自发性组织英国特许协会（British Franchising Association）进行管理。特许经营有多种形式：

1. 从制造商到零售商。如汽车制造商（许可方）授权汽车经销商（被许可方）销售其产品。

2. 从制造商到批发商。这种形式在软饮料行业十分流行，制造商有时会提供浓缩剂（"秘方"）给批发商，批发商稀释之后，以瓶装的形式分销给当地的零售商店（如百事可乐、可口可乐等）。制造商是产品品牌形象的幕后驱动者，严格的一致性和对品质的控制是尤为重要的。

3. 从批发商到零售商。由于之前提到的复合型商店的兴起，这种模式近年来逐渐减少。最成功的案例当属自发性组织 SPAR，该组织并不进行实际的生产，但是其巨大的批发购买力意味着它能够将节省的成本传递给组织内所有带有 SPAR 标志的独立零售商。这些零售商必须遵守组织的规定，如价格促销、店面布局的标准以及营业时间等规定，因为组织通常会将这些规定作为其广告的一部分："SPAR——早八点到晚八点的商店"。

4. 由服务企业赞助的零售商特许经营。这一领域近年来取得了巨大的发展。许多行业中都有这一模式的成功案例：快餐业的汉堡王、麦当劳、Little Chef、肯德基、Spud-U-Like、必胜客等；汽车租赁行业的安飞士（Avis）、Budget、赫兹（Hertz）等；办公服务业的 Prontaprint；酒店与度假村领域的喜来登（Sheraton）和假日酒店（Holiday Inn）是由个人或组织基于特许经营来进行控制和管理的。

特许经营协议具有一套普遍适用的程序：

1. 许可方提供有关地点、财务、经营事项及市场营销等问题的专家建议。

2. 许可方在全国或全球销售其品牌形象，为被许可方提供具有广泛知名度的品牌。

3. 许多许可协议具有一个中心采购系统，被许可方可以以优惠的价格从该处采购产品，或者从中获取一个成功的经营"公式"（如肯德基）。

4. 特许经营协议对协议双方都具有约束力。该协议规定了以下标准：营业时间、卫生要求、处理顾客关系时的运营方式等。实际上，关于最后一点，Little Chef 等公司会使用"神秘顾客"的手段，这些顾客不会通知店家，实行匿名点餐。"神秘顾客"检查被许可方的经营方式以确保它们确实按照许可规定进行经营。他们调查的项目包括顾客是如何被问候的、他们的等待时间是否过长、是否有某些额外的东西被混在所提供的食品中、厕所设施是否整洁以及这些设施是否按时检查。

5. 许可方通常会提供最初的启动资金，并且会持续地对被许可方进行培训。

6. 许可协议通常要求被许可方向许可方支付版税或特许经营费用。然而，被许可方能够得到经营所有权。

这种营销系统在近年越来越流行。它为大规模企业（许可方）和小规模企业（被许可方）提供了利益。对于后者而言，其机会在于能够成为自我雇佣者，掌控自己的命运，这对于努力工作和企业成功是一个强大的激励因素。如果特许经营的企业品牌在全世界是具有知名度和认可度的，这就为企业的成功提供了一个重要的保障。

特许经营的典范

麦当劳是品牌特许经营的一个重要案例。麦当劳即许可者，它将销售麦当劳品牌产品的权利授予那些希望自己干事业的人，即被许可人。特许经营协议允许麦当劳坚持一贯的生产或操作方法以及产品质量。这是一个对双方都很适宜的协议安排。

在这种特许经营框架下，麦当劳拥有或租用经营地点和餐厅建筑。被许可方则需要购买设备并拥有为期20年的特许经营权。为了确保全世界范围内的统一标准，所有的特许经销商都必须采用标准化的麦当劳商标、菜单、餐厅布局以及管理系统。

资料来源：http://www.thetimes100.co.uk/case_study with permission.

服务销售

与有形产品一样，服务也必须满足消费者的需要。然而，服务的收益不如有形产品那样明显，因为它们无法被储存或展示，而且其满意度只能由活动来获得（如不同地点间的运输服务，而不是火车上的一个座位）。**服务**（services）有许多形式和例子，包括：

- 运输——空运、海运、铁路和公路运输；
- 能源——电力、燃气和煤炭；
- 酒店和住宿设施；
- 餐馆；
- 通信——电话、传真、电子邮件、短信；
- 电视和广播服务；
- 银行业；
- 保险业；
- 俱乐部——社交、健身、运动、特殊爱好；
- 修理和维护；
- 旅行社；
- 会计服务；
- 商业咨询——广告、市场调查、战略规划；
- 建筑业；
- 保洁；
- 图书馆；
- 公共（地方）机构设施服务和措施——对拒绝提议的处置以及公路维修等；
- 计算机服务；
- 股票经纪人服务。

还有更多类型的服务，它们既可以应用于消费者市场，也可运用于工业用品市场。对于每种服务而言，其销售的方式是不同的，这取决于消费者的需要，这一点和有形产品的情况是一样的。

在英国，服务业近年来取得了巨大的发展，发展幅度之大以至于如今成为主导经济的产业，不再由制造业主导经济。许多原因造成了这种情况。例如，越来越多的女性从事全职工作，过去那种性别间的责任划分已经取消，取而代之的是男女更加平等的社会。这就给服务业带来了一些压力，过去由家庭自主提供的服务要由服务业提供（如更多的在外就餐、更多的假期——通常每年两次，因为可支配收入增加了）。

更先进的技术也促进了更加综合的服务业的发展和提供（比如，银行提供网络银行、信用卡、瞬时单据等服务，以及在类似房屋贷款等情况中提供更快的贷款和长期服务）。建筑资金融资合作社目前提供了一系列更广泛的服务，并且逐渐延伸到传统上被视为银行业务的服务，其中一些主要的合作社已经成为银行。这是 1986 年通过的《金融服务法案》（Financial Services Act）中"自由化"的结果。

除了现有金融业务的服务扩张，更多的服务逐渐出现（比如，通过 Dyno-rod 进行的特许经营的专业清算）。公共服务业变得越来越具市场导向，并且被认为具有更多的公共责任（比如，现在的警察服务比过去更加具有公共关系意识）。地方政府通过税收来覆盖开支，而如今的公众可以更加仔细地问责他们的钱被用在何处。因此，这些机构和组织由于公共责任的约束更加理智地开支。它们需要与公众进行沟通，解释它们所提供的服务具有怎样的价值。这些服务的特点包括：

（1）无形性。

（2）难以区分消费和生产过程，因为许多服务生产出来的时候就被消费掉了。

（3）服务无法像产品那样"标准化"，更难以进行衡量（以价值的形式）。

（4）服务无法像产品那样被储存（如未售出的酒店房间）。

最终的标准——所有权——表明了服务与产品的不同。消费者无法确保自己对服务拥有所有权，但是他们为服务支付能够确保自己对服务享有使用权（比如，对某种享乐性的设备或器材拥有使用权，如体育馆中的健身运动那样）。

4P 模型在服务中也需要得到扩展，加入了新的 3 个 P，因此我们在服务营销中需要用到 7P 模型。这额外的 3P 包括人员（people）、过程（process）和实体环境（physical evidence）。

● 人员是开展服务的一项重要因素，尤其是那些与消费者直接接触的人。雇员必须得到良好的培训，在与消费者接触的过程中表现出良好的服务态度。

● 过程是指服务是如何被提供的，它涉及提供服务时如何与消费者打交道的问题。服务的一致性和质量问题必须经过严谨的计划和管理。

● 实体环境被涵盖在模型中是由于服务具有无形性特征。在营销中，需要突出所提供的服务具有的内涵。通过强调一些类似于质量层级、设备种类以及物理环境设施等的因素来向消费者传递服务的内涵。

了解这些背景之后，我们会发现销售服务的任务比销售产品更加艰巨，因为服务更加抽象。两者一个截然不同的特征是，那些提供服务的人通常是销售服务的人员。因此，服务的提供者必须在销售技巧上得到更好的培训，并且把销售谈判的形式作为这种互动的重要组成部分。树立形象也非常重要（例如，银行和保险公司必须维持稳定、可信赖的机构形象，并且具有友好、不令人畏惧的态度，银行投入了大量的财力来维持这种形象）。总而言之，与有形产品不同的是，在服务实际发生之前，人们是无法确切了解自己会接受怎样的服务的，所以在服务营销中信任是至关重要的。许多学者对其他几个 P 也进行过详细的讨论（见第 1 章）。

产品和服务的特征总结如表 4-2 所示。

表 4-2　服务和产品的特征

产品		服务
低	无形性	高
低	不可分割性	高
低	可变性（如不标准）	高
低	易腐蚀性（如不能储存）	高
高	所有权	否

扩展的营销组合

人员： 阿戈斯公司（Argos）十分重视对员工的培训，以确保他们能向顾客提供良好的服务。如果员工亲切友好，谨言慎行，并且热心服务，企业在零售中就能取得重要的竞争优势。

过程（购买过程）：阿戈斯公司引进了"发短信，带回家"的服务，消费者可以随时发送短信来询问某一产品是否在本地商店出售，如果他们愿意的话，公司可以为其保留该产品以便其日后购买。在英国，这样的短信每天有超过 6 000 万条的发送量，发展潜力巨大，因此阿戈斯公司尝试进入这个新兴领域。配合着阿戈斯的网站服务和电话服务，"发短信，带回家"这一服务旨在让消费者的购买更加便利。

阿戈斯还引进了"闪付"服务来提升店内购买体验，这是一种使消费者能够查询产品、订购和通过信用卡或借记卡进行自主支付从而避免现金支付的系统。

这项服务也使得消费者购买更加容易，避免了繁忙时段消费者在店内排队等候的时间。随着网络购物的发展，消费者可以不分昼夜地直接下单购买，阿戈斯便通过保持技术的革新来确保消费者的购物过程尽可能方便快捷。这些服务的发展也使阿戈斯赢得了许多赞誉。

实体环境： 在零售中，商店的外观和布局是吸引消费者的重要因素。阿戈斯在店面改善上投入了巨大的财力，以确保其对消费者的吸引力。

多年来的种种证据表明，阿戈斯非常清楚应当如何有效使用扩展的营销组合。

资料来源：Adapted from http：//www. thetimes100. co. uk/case_study with permission.

销售促进

销售促进（sales promotions）包括组织可以用来作为营销努力一部分的手段。下列这些销售促进活动能够使企业实现既定的目标：
- 鼓励重复购买；
- 建立长期顾客忠诚；
- 鼓励消费者访问特定销售地点；
- 建立零售库存等级；

- 拓展或增加产品或品牌的分销。

销售促进手段包括：

- 价格折让；
- 优惠券；
- 赠品；
- 竞赛；
- 抽奖；
- 现金奖励。

技巧包括：

- 消费者促销；
- 交易促销；
- 销售人员促销。

销售促进的重要性自 20 世纪 60 年代以来不断提升，日益成熟，销售促进所采用的手段也日渐复杂。早期，人们很少试图衡量销售促进的有效性。广告公司将促销单独划分为一种，以向顾客提供全套服务项目，并将之作为与新兴促销企业竞争的一种手段。20 世纪 80 年代中期，商务活动承受着很大的经济压力，广告机构更加注重降低企业的广告预算。它们开始关注销售促进的有效性，对广告采取了更为整合的方式。它们逐渐向以付费为基础的促销机构转移，这意味着企业与客户之间建立了更加长远的关系，而不是过去热衷于委托广告的结构。[21]

销售促进机构不断增强的竞争所带来的后果是，广告公司现在也开始将销售促进和广告一起纳入一揽子营销沟通服务。自 20 世纪 70 年代末期开始，销售促进和广告之间的界限越来越模糊。销售促进可以划分为以下三种主要的活动类型：

- 消费者促销；
- 交易促销；
- 员工激励。

消费者促销

这种方式也称为**拉式战略**（pull techniques），因为它们的设计目的是刺激最终需求，让消费者提供驱动力，使产品顺利通过销售渠道。最常用的消费者促销手段是价格折让或价格促销：

1. 产品被标记为"X 折"。这可以是制造商发起的，也可以是零售商发起的。英国的制造商在运用这种方法时必须注意最近的法律规定，除非过去的价格使用了相当长的一段时间，否则这种打折方式是不合法的。

2. 在正常价格情况下提供更多的产品数量，比如"买一送一"或"加量 10％ 不加价"。

3. 价格折让的优惠券可以在产品包装内，也可以在产品包装外，通常可以作为下次购买的优惠。

4. 新产品引入时提供价格折让。

运用这种促销方式的组织意识到在经济困难时期，比起偶然碰到的免费提供，消费者更易被这种省钱的机会所吸引。价格促销在快消品生产者中运用广泛，尤其是在百货商店中。

奖品提供

奖品提供是指在短时间内作为促销组合的一部分向消费者提供产品或服务的额外价值。

1. 自我结算奖励。在包装内或包装外向消费者提供一件商品。向消费者收取的价格覆盖了促销装内产品的成本。促销人员可以大批量购买这种产品，将部分的节省传递给消费者，消费者会感觉自己得到了某种程度的附加值。这种促销方式通常与票据收集、标签收集或者从大量相同或相似产品中剪下某种标签等行为相联系。奖品不一定与带有这一奖品的产品有联系。这种做法是为了刺激对该产品的购买，销售奖品则是次要的。

2. 包装上附赠礼物。这种情况下，奖品通常是与产品捆绑在一起的。这种奖品可以跟产品是有联系的，如捆绑在牙膏上的牙刷等；也可以与产品是无关的，如在杂志中附赠一张唱片。

3. 连续性奖品。这是指一系列奖品可以通过相应产品的购买得到，如图片卡、瓷器、玻璃器具等。奖品可以和产品放在一起，也可以通过邮递的方式让购买者获得奖品。

4. 优惠券计划。优惠券通常在产品包装内，可能需要一定时间的收集，能够与产品目录中的一系列商品进行交换。生产者或供应商可能会将优惠券作为促销其产品或服务的手段，或者这种计划囊括同一个品牌下不同生产商生产的产品。这些计划主要是为了取代过去类似方法中使用的交易印花。然而，可以用于交换现金或产品的交易印花和购买凭证可以作为某些特定零售环境下（如购买汽油等）返还的凭证。

5. 免费样品。这些产品小样通常附带于同一品牌的产品中，附在杂志上，由零售店单独派发或挨家挨户发送等。

作为奖品的产品不如金钱那样具有强吸引力，但是它与现金或价格折让相比具有更具针对性的吸引力。选取的奖品和提供的方式可以针对特定的顾客群体，而且这种提供手段必须至少瞄准一个适当的细分市场。如果其他方式所需费用超过了这种方式中奖品成本与管理和派送费用的总和，那么这种促销方式还是高效且节约成本的。

奖品和销售促进技巧的选择是至关重要的。问题在于能否发现一种与众不同的奖品，吸引广大的消费者，并提供满足需求的产品。

竞赛的好处在于，如果奖品的成本被分散到足够多的人身上，竞赛在成本上就显得非常高效。消费品市场中的竞赛通常是伴随店内促销进行的，在产品包装上或在产品附近放置竞赛申请表。每张申请表通常需要附上购买凭证，但是最近这种方式受到政府的限制，因为它可能会鼓动消费者仅仅为获取一张购买凭证而去购买一些自己不需要的东西。近来，自由抽签变得十分流行，因为购买不再是必需的，购物者只需要将自己的姓名填写在申请表格中，将其投放到零售店的申请信箱即可。

这种促销手段为个性和创造性的展示留足了空间。它需要进行大量的事前计划和管理，这就是为什么竞赛通常是全国范围的，包含度假和汽车这种高附加价值产品，这样的话，消费者能够产生巨大的反响，从而弥补促销所带来的成本。抽奖和促销券同样也可作为促销手段，尤其是在零售商店中，以吸引更多消费者进店消费。

联合促销并不是特别针对消费品的，越来越多的企业试图运用这种技巧来寻找新的促销手段。这种方式涉及两个或两个以上的企业，它们不仅希望通过产品种类联系起来，还希望共享相似的客户档案（例如，通过酒的促销活动两家制造商——哥顿金酒（Gordons）和史威士（Schweppes）联系起来）。以下是这种协议的一些类型：

（1）零售商与生产商之间。如某一品牌的产品提供可以在特定的零售店进行兑换的购物券。

（2）两个或两个以上的生产商之间。如一个生产商的产品伴随着另一个生产商的促销，反之亦然。在这种情况下，协议依靠的是顾客档案而非产品。

（3）服务企业与生产商之间。如一家旅游公司和一家谷物早餐公司，或者一家干洗店和一家制衣厂。

交易促销

这种促销的目的通常是**推动**（push）产品通过渠道销售给消费者。与消费者促销类似，这种促销也通过额外的奖品如折扣、提高销售利润、交易商竞争、展览、展示提供、自由假期（通常以会议或产品发布的名义）提供激励。零售商—分销商促销的目标是：

- 实现新品牌的广泛分销；
- 将多余的库存转移到零售商的货架；
- 满足产品需要的展示要求；
- 鼓励对某种产品的更多储存；
- 鼓励分销商层级的销售人员推荐品牌——尤其是非消费品类的产品；
- 鼓励对全部促销策略的支持。

与交易促销有关的问题有许多。过于频繁的采用交易促销意味着销售人员将精力都放在某些产品上，从而忽视了生产线上的其他产品。促销方的目标可能与零售商或分销商的目标相冲突，一些销售人员不被允许接受奖品或参与交易竞赛，因为他们的管理者希望维持自己对销售活动的控制。另一个较为严重的问题是，交易促销可能会被用于推动另一个品牌或低端产品。因此，长期依赖促销是不可行的，制造商需要将寻求产品质量的提升作为长期战略。《英国促销实践规定》（The British Code of Sales Promotion Practice）中声明：

> 任何针对雇员的促销都不应当引起他们对其雇主忠诚的冲突。为了防止被猜疑，应当首先得到雇主的许可或得到主管经理的许可。

虽然商业礼品并不是严格意义上的促销，但密切相关。商业礼品具有季节性特征，大约80%的礼品活动是在每年的最后两个月进行的。除了明显让接受者出于对某种道德的考量去购买的含义之外，如果公司的标志印在这些礼物上，它就能起到广告的作用。最早可以追溯到1981年，那时采购和供应特许协会就对商业礼品的使用产生了兴趣，尤其是当"礼赠"与订单紧密联系在一起时。它们认为这些礼物会影响购买者的目标，因此应当被限制为仅仅具有名义价值的产品，如日历、日记本、钢笔等。近来，商业礼品的赠送有所减少，因为雇主对雇员能够接受的礼品进行了明确的限制。采购和供应特许协会发布了一份相关公司的黑名单，认定这些公司所提供的礼品超出了名义价值。

员工激励

这是针对销售人员的促销，不过有时也可以运用到分销商和零售商身上。最常用的销售人员促销是销售额激励计划。该计划向那些在同等条件下超过平均销售水平的员工提供奖励。在特定销售目标下的竞赛中取得最好成绩的个人或团队也可以获得奖励。问题是那些处于平均水平或平均水平以下的人员可能会认为只有最佳表现者才能胜出，因此他们感受不到促使他们付出额外努力的足够激励。因此，竞赛通常被用于对团队或地区销售人员的激励。

建立销售人员激励计划时，必须考虑目标、时间、记分方法以及奖品或回报等。这种计划的典型目标包括：

- 新产品线的引进；
- 加速销量不佳的产品的流动；
- 取得更广泛的地区覆盖；
- 发展的新前景；
- 克服季节性销量下降；
- 获得展示机会；
- 新销售技巧的开发。

这种计划的时间可能取决于销售人员的规模、采取行动的迅捷性以及所需实现目标的性质。一项激励计划的平均开展时间为 2～6 个月。

记分或衡量绩效的标准可能基于价值或单位销售。为了克服地区差异带来的问题，对不同的地区、区域或销售人员应制定不同的定额。实现事先确定的定额比例或销售水平后，销售人员或团队可以获得积分点、印花或优惠券等奖励，完成的销售额越高，获得的奖励就越多。这些奖励可以换取产品、现金等。有时会向销售人员或其家庭提供一系列产品目录供其挑选。在零售店使用的优惠券或购物券也可以作为奖励或回报。

在激励计划中，额外的奖金积分可以作为对那些实现更多特定短期目标的人员的奖励，如某种特定产品的销量提升、新顾客数量的提升或实现培训或展示目标等。这样一种长期的激励计划可以保持活力，持续激励参与者。另一种激励方式是以销售冠军或"年度销售员"等形式进行奖励。

展　览

展览（exhibitions）与销售环境有关，其目标并不是在展台上进行销售，尽管在某些特定情境下，大部分的业务发生在展览会和交易会上（如玻璃器具和装饰材料等产品的销售是从进口商和制造商到交易商）。通常而言，展览的职能是建立商誉并为未来的销售做准备。展览一度被认为是公司营销预算中的奢侈品，而展览的展示人员则常常将展览任务看作他们正常职责中一个轻松的选项。展览被视作公共关系的工具。如今，企业逐渐了解到展览作为整个营销和销售努力中重要组成部分的价值。

展览这一术语不仅仅包含上面描述的内容。从一个简单的层面来说，事件管理关注企业促销活动，但它通常也是为顾客提供热情款待的说辞。企业款待是一个更为确切的定义，但是由于不希望让顾客将其仅仅理解为营销支出而使其显得微不足道，因此很少使用这一术语。它可以采用的形式包括为受邀来宾提供座位或包厢观看皇家赛马比赛、银石赛道的一级方程式比赛或是板球比赛。在一个更复杂的层面上，对会议的赞助能够反映赞助企业的兴趣，为与会者提供了一个更为严肃的论坛。

本书的作者之一曾经进行了一项有关交易展览会如何更好地作为沟通计划一部分的调查。调查结果（Lancaster and Baron）根据最新的信息展示。[22]一个优秀的展览会具有以下特征：

- 产品种类繁多；
- 竞争者众多；
- 事先可以获得展出产品的大量信息（强调展前邮寄的重要性）；
- 新产品数量众多；
- 距离购买者据点很近；
- 良好的展厅设施；
- 展台简单且整洁（个人因素不会对展台造成影响），不会有不合时宜的展览品使展台变得混乱。

一个优秀的展览者的特征如下：

- 展示一系列产品，尤其是那些无法由旅行代表展出的大件产品；
- 展台总是有人负责，展示人员不会总是将时间浪费在与同事闲聊上；
- 见多识广、平易近人的展示人员；
- 供应产品信息宣传品；
- 提供展台内休息区或办公区；
- 为参展人员提供茶点（工作人员只有在招待顾客时才能一起享用茶点）；
- 展台工作人员不可在公共场合使用手机；
- 展示人员需要与潜在的或已知的顾客进行沟通，为未来的会谈做出安排，筛选出浪费时间的人和"搭便车"的人；
- 积极服从销售指引，展览工作小组要进行事后总结。

使用交易展览会的场合越来越多，公司需要采用一个更为科学的管理方法，了解展览工作人员应当如何与公众进行沟通。设立展览目标和衡量展览结果是非常重要的，因为这是对展览会所有要素的确认和整合。管理人员应当计划、协调和控制展览的要素组合。图 4-1 解释了展览的沟通过程是如何运作的。

不同类型的产品存在不同的沟通问题，包括材料、服务以及或大或小、或简单或复杂的机器。通过介绍材料，销售特点或**独特销售主张**（unique sales proposition，USP）可以进行非常简单的沟通，或者通过一种程度较低的交流媒介，如文字描述等。大型复杂机器的销售主张只能在潜在顾客观察机器运作时进行交流。在介绍不同类型产品的销售主张时采用的不同沟通方法就是沟通层次。销售主张较为简单的产品可以通过低层次的沟通手段来实现，而销售主张较为复杂的产品则需要

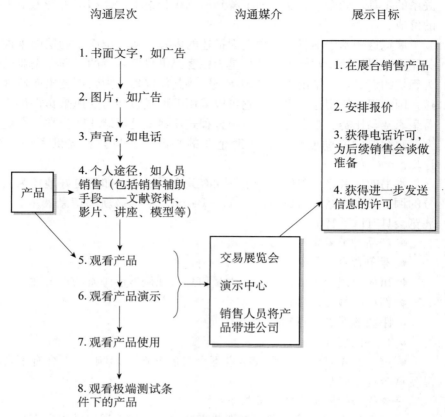

图 4-1 展览沟通过程模型

通过高层次的沟通手段来实现。

选定用于实现销售主张的沟通手段后，其他沟通手段应作为补充。比如，如果选择交易展览会作为最终的沟通媒介，那么其他所有的营销投入，如销售人员和媒体广告等，都必须与所计划的展览会协调一致。如果需要进行第 5 层或第 6 层的沟通（见图 4-1），有三种沟通媒介可供选择：交易展览会、演示中心或销售人员将产品带进公司。

在任何职能的管理过程中，目标的设定都是最重要的，没有目标，就没有计划、协调、管理和衡量结果的基础。目标可以包括以下几种：

1. 通过地区、产品或其他市场细分方法定义企业希望进行沟通的市场。

2. 定义潜在购买的价值。展览会针对的是潜在的小规模用户还是大规模用户？

3. 定义希望接触的目标人员的职位，如采购经理、管理总监等。对高层人员的接触通常不会受到小规模展览会的吸引，他们或许希望同高层管理者进行对话或者要求一项附带娱乐项目的个人邀请。

4. 定义企业产品的偏好。展览针对现有顾客吗？是否主要为了新产品的发布？危险之处在于展台工作人员可能将时间花费在转换顾客看法上，然而真正的目标应是吸引潜在的消费者。

5. 对期望的沟通层级的定义：

● 在展台销售产品（最终目标）；

- 获得报价许可；
- 获得电话许可，以进行后续的销售访问；
- 获得进一步发送信息的许可。

吸引参展人员访问某一特定展台的方法包括：

- 直接邮件；
- 电话；
- 展会前的人员销售；
- 在技术或交易平台上发布广告。

现场吸引参展人员的手段包括：

- 展台；
- 赠品；
- 广告材料；
- 在展览会上播放影片或举办研讨会；
- 通过展品吸引注意力。

展台需要包含以下要素：

1. 展示的产品要根据目标市场进行选择。产品越多，感兴趣的人越多，但是必须掌握好平衡，不能因为提供了太多的产品而使人感到混乱。

2. 文字资料不能只是一种自助服务的展示。当潜在顾客来到展台前索要文字资料时，这其实是一个销售人员与之建立关系并获取详细信息的理想机会。

3. 图片应当至少占据一个展板，突出产品的资料。这些辅助手段能够使展台更具吸引力。如果销售的产品太大或太多而无法展出实物，展出产品模型会是非常有用的手段。

4. 办公室或会客室会在昂贵的展示空间中占去很大一块。一种解决方法是在展台展示产品，然后邀请参观者到附近的座位区进行商谈。

5. 展台上的茶点是很好的吸引物，从调查结果来看确实如此。

6. 应当设置一个存放外套、公文包、资料和各种材料的地方，避免混乱和分散人们的注意力。

7. 昂贵的、吸引眼球的展台是一把双刃剑。它可以吸引参观者，但是也有研究发现参观者会认为这种炫耀性的展出将反映到产品的价格中。

展台应当尽早计划，列出所需产品的清单，检查展台设计存在的缺陷，列出展台服务的清单，并做出一张所有产品和展示的准备流程图，包括制造、运输、组装和拆卸。

展台工作人员必须有能力向参观者传递产品的销售主张，并拥有扎实的商业知识和技术知识。他们可能具有不同的背景，如销售、营销和技术等，并应当事先熟悉以下内容：

1. 展览的目标以及实现这些目标所使用的预设程序。

2. 展台特征，展台上还有哪些人员，展台在展馆中的具体位置，以及谁是展台管理者等。

3. 如何接触参展人员，如何与之交谈，如何处理无关的参展人员。

4. 事先掌握布置展台外观的技巧。

经过专业的事先规划和管理，展览会将会成为一个非常有力的销售工具，而不再是许多公司曾经认为的那种价格昂贵的奢侈品。

公共关系

公共关系的性质和职能

公共关系（public relations）比销售（甚至比市场营销）所涉及的范围还要广。它的应用更加广泛，涉及整个组织以及各种各样的内部和外部公众。然而，它作为一种接受和给予意义上的销售辅助工具变得越来越重要。销售需要公共关系辅助其每天的运营，而销售也常常被称为分散掉的公共关系行为。自本书第 1 版问世以来，人们普遍对公共关系的战略角色有深入的认识，不再将其仅仅视为出现问题时的一种弥补手段。它开始在企业中扮演一种更加积极的角色，并且人们越发强调这种角色。

公共关系实践者需要举办关系到组织接触到的每个公众的活动。这些公众的特定内涵会根据情况有所变化。公共关系中的公众包括：

- 社区；
- 雇员；
- 政府；
- 金融机构；
- 分销商；
- 消费者；
- 意见领袖。

定义

定义公共关系的确切内涵是非常困难的。它有许多不同的定义，每一个定义都强调一种略有不同的方法，每一个定义都试图采用简单、简洁和准确的描述。确定一种简单的可以被广泛接受的定义的难度反映了这一主题的复杂性和多样性。我们来看看以下两种不同的定义：

> 公共关系是组织为建立和维护组织与公众的相互理解所精心计划和保持的努力。（公共关系协会（Institute of Public Relations，IPR））

这种定义的核心特征是：首先，公共关系是精心准备的、计划的和需要保持与维护的，而不是随意的（例如，何时对突发的河流污染做出反应）；其次，相互理解是必需的，以便确保组织和公众之间的沟通是清晰的（例如，接收者理解的信息和发送者希望传达的内容是同样的意思）。

不论组织喜欢与否，公共关系都是存在的。就算在日常经营中，组织也必须向与之互动的对象传递特定的信息。对方会因此建立起对组织及其活动的态度。因此，公共关系非常重要，它精心策划要传递的信息，以便树立一个积极的组织形象或个性。

另一个更为精确和全面的定义来自美国公共关系协会（Public Relations Society of America）：

1. 预期、分析和理解公众的意见、态度和问题，这些方面可能对组织的经营和规划产生或好或坏的影响。

2. 在政策决策、行动过程和交流沟通等方面咨询各层级的管理者。

3. 在持续的基础上研究、引导和评估行动的计划与沟通，以获得公众的理解，这对于企业目标的成功是必需的。

4. 计划和实施组织影响和改变公共政策所需的努力。

5. 管理执行公共关系职能所需的资源。

沟通是公共关系的核心。公共关系的目的在于建立一个双向的沟通过程，通过寻求共同的立场或共同的利益来解决冲突。当然，这一点最好通过口碑传递，这也是销售作为一种沟通媒介对公共关系的成功具有潜在重要性的原因。

公共关系包括建立和维系组织与公众的相互理解。它包括建立信任与尊重，也包括建立社会责任。尽管关系管理似乎与关系销售联系得更为紧密，但它同样与公共关系息息相关。公共关系涉及在私人兴趣与公共兴趣中建立和维持一种和谐关系。实际上，公共关系是一项需要各种形式的既定沟通过程有效实施的管理学科。这些整合过程旨在建立积极的形象，或是将负面形象转变为积极形象。因此，公共关系是一个较为复杂的计划沟通过程，包括管理公司的名誉和形象等。事实上，公共关系不单单是明智的说服。值得注意的是，公共关系是一项持续的职能，相应地支持（甚至矫正）广告、营销以及销售活动。

公司特性

公司特性或公司个性与公共关系是密不可分的。所有的公共关系活动都必须在一个统一的广受理解的公司个性框架内实施。这种个性的发展必须能够反映出高层管理者的风格，因为他们掌控着企业的政策和各项活动。

如果管理得当、协调一致，企业的个性可以成为一种有形资产。然而，并不能假设所有的管理者在制定决策时都会考虑到公司个性所扮演的角色。因此，公共关系管理者要了解组织内存在的所有问题、政策、态度以及观点，并了解这些因素如何影响公众对公司个性的感知。

使用个性这个词会比形象这个词更加准确。形象是一种反映或是一种印象，它可能太过精致和完美。真实的公共关系比这更深一层。用一个普遍认为带有贬义的称呼"公关工作"意味着在某种程度上，这个概念的真相被隐藏在华丽和虚假的外表之下。经过恰当的开展，公共关系能够强调对真相和全部信息的需要。公共关系管理者就是公司个性经理，从长期来看只能基于真实的基础来维持一种长远的个性。

公共关系不是什么

对公共关系本质的误解为它的执行带来了混乱。我们必须厘清一些误区：

1. 公共关系不是免费广告。广告是对销售的补充。公共关系具有充分信息性、引导性，并能通过知识来创造理解。公共关系不是免费的。为了表现出管理专家的姿态，它需要花费大量的时间和金钱。社论和广播带来比广告更高的可信度。每一个组织都有意无意地拥有公共关系。公共关系涉及与许多组织和观众的沟通，不仅限于与潜在顾客进行交流。

2. 公共关系不是宣传。宣传是为了灌输和吸引追随者。它不需要具有道德上的内涵，因此相关主体在宣传中可能会为了自身利益对事实进行歪曲或伪造。然而，公共关系所追求的是在确保他人自愿接受某些态度和观点的情况下对他人进行说服。

3. 公共关系不是公共宣传。公共宣传是对某些信息进行广而告之的结果，该结果是不可控的，可好可坏。公共关系关心的是可能引导公众宣传的组织行为、产品或个人行为。它试图通过确保公共宣传得到好的结果而对行为加以控制。

公共关系的目标

公共关系的运用是为了向公司及其活动创造一个更好的环境。它包括以下目标：

- 吸引销售问询；
- 加强顾客忠诚；
- 吸引投资；
- 吸引兼并的伙伴或为并购铺平道路；
- 吸引更优秀的雇员；
- 解决或填补联合问题；
- 抓住机遇，降低竞争者的优势；
- 打开新市场；
- 开发新产品；
- 认同并奖励关键人员；
- 引进受欢迎的立法；
- 改变人们对企业的观念；
- 改变企业过去的形象。

为了实现这些目标，公共关系被视为整个市场沟通战略的一部分，也是销售职能的首要部分。在一项营销计划的任一部分都有公共关系活动，因为公共关系与人际关系相关，是一个双向交流的过程。营销的每个方面都包括公共关系的元素（比如，销售人员夸大、欺骗或者令消费者失望都是公共关系的责任）。

制造商要接近消费者。为了接触利益各异的不同群体，它们必须使用媒体关系、商号期刊、研讨会、工作访问、私人展示、展览、视频、专业设计的网站以及其他辅助手段。另外，它们必须考虑那些能够影响公众意见的人、销售渠道和所有发布观点和新闻的沟通媒介。各种公众都可能与企业发生联系，公共关系必须考虑到方方面面的公众。

公司公共关系

这一点与企业形象有关，基于一种长期细致的计划，以获得对企业目标和绩效最大限度的认可和理解，从而与实际的预期相符。

公司公共关系的主要媒介是声望广告（比如，ICI 公司的"探路者"就呈现给公众一种积极进取的大公司形象）。另一种媒介是标识形式（比如，国际羊毛协会秘书处（International Wool Secretariat）设计的"Woolmark"标志被展示在组织所赞助的帽子和制服上）。赞助对高尔夫、足球、板球及摩托车赛事等运动项目非常重要。它还包括对诸如音乐会和社区项目等活动的部分资金支持和结果宣传。

米纳翰（Meenaghan）将赞助定义为"以现金或其他形式投资于一项活动，回报是与这项活动有关的可发掘的商业潜力"。[23]

高效的公共关系

高效的公共关系依赖于以下几点：

- 设定能够进行评价的特定目标；
- 将公共关系职能完整地融入组织；
- 甄选适当的人员来执行公共关系职能。

现在我们来逐一分析每个要点的细节。

目标设定

这一点对于公共关系实践而言是必不可少的。鲍曼和埃利斯（Bowman and Ellis）[24]指出：

> 如果一项公共关系计划是有效的，那么它的目标一定是被确切定义的，通过何种手段来实现这些目标也得以确定……并且过程、成败等需要得到回顾和总结。

虽然有时很难确定如何去衡量一个目标，但是一个明显的目标可以被表述为销量的提升，尽管有时难以确定销量提升到底是公共关系活动还是其他市场营销活动的结果。

危机公关有自己的目标。如果要阻止信息传递到媒体那里，决定危机公关成败的标准就是看媒体是否得到了这些信息。如果目标是维持公司的声誉，就需要尝试用一种有效的可以衡量和评估的方式来定义声誉。危机管理通常是做出回应的一方。然而，它使得公共关系变得完整，无论企业在与其直接或间接公众打交道的过程中是否希望自己是积极主动的一方。

一种传统的衡量公共关系活动的方法是新闻发布版面中获得报道的专栏大小。然而，这种方法并未考虑到报道的质量。另外，社论的价值并不能用同等的广告成本来量化，因为社论具有更高的可信度。

整合

将公共关系职能整合到公司活动中是非常重要的。企业需要决定公共关系到底应当扮演"技师"的角色还是"政策制定者"的角色，"技师"意味着仅仅需要简单执行上级的命令，而"政策制定者"则需要融入企业的战略计划。现代的观点更倾向于后者，因为每一项决策都包含公共关系的影子。如果公共关系没有参与到政策制定中，那么高层管理者就是在模糊地执行公关职能。

公共关系所扮演的角色是很广泛的，它包括与大量人员进行沟通，这就需要与组织的其他职能进行合作。公共关系必须是一个合理的自治单元，从而使其能够平等地服务于各个部门。它需要定位员工的职能，以更好地服务于组织的各个层面，这也是公司展示给外界的公共形象。公共关系在底层管理中的重要性不能被盲目夸大（比如，从秘书接电话的语气到公司交货人员的态度）。

公共关系的责任范围必须由高层管理者首先确定，这可以通过目标设定和良好定义的工作分析来实现。公共关系作为一种员工职能，其存在的意义是服务和促进生产线职能。这种缺乏公关权威的职能安排是值得的，因为它使冲突降到最低水平，确保重点放在生产线和职员之间的合作与协商上。同样需要意识到的是每天的业务和执行者权威也被纳入生产线管理。这意味着公共关系需要与董事会进行直接的接触，以便公共关系计划得到批准，在执行中得到管理层的全力支持。

甄选

甄选适当的人员对于潜在的公共关系从业者而言非常重要。公共关系实践覆盖了许多不同的任务类型，因此灵活性是十分重要的。公共关系协会（Chartered Institute of Public Relations，CIPR）认为："公关这一行没有独立成套的理想从业资格证书，也没有踏入这一行的正规路径。"媒体培训是非常重要的。

公共关系现已进入"法定年龄"，公共关系协会设立了有关公共关系的考试，这意味着公共关系具有像研究生学历证书一样有效的资格认证。这也表明，公共关系已经从一个依赖于常识技巧的艺术形式演化为具有企业学术基础的科学。1988年，斯特林大学（Stirling University）首次设立了公共关系硕士学位，伯恩茅斯大学（Bournemouth University）于 1989 年首次设立了公共关系学士学位。现在这种情况大为不同，有 30 多所英国大学提供公共关系的联合荣誉项目，甚至有一些单独的荣誉项目，还有许多公共关系的硕士项目。

从业者总结了公关成功所必需的技巧和特质：

- 合理的判断力；
- 人品正直；
- 沟通技巧；
- 组织能力；
- 坚强的个性；
- 团队精神。

媒体关系传统上的重要性使得公共关系职业与新闻界产生了密切关联。然而，有的人发现很难适应这种关系，因为公共关系所需的写作风格、计划视野和工作流程都是截然不同的。正如之前谈到的必须具备的品质和技巧所表明的那样，公共关系的相关经验可以从任何背景中获得。个性以及移情性和适应力才是真正重要的，但这不并代表流利的写作能力和说话技巧不重要。

公共关系咨询的运用

在某些情况下，运用公共关系咨询在成本上更加高效，尤其是在公司过去毫无经验的领域（如伦敦市中心商业区或者国会等）。大公司通常发现内部的公关部门和外部专家之间会产生良性互动。咨询是公共关系行业融合的一个组成部分，在经验、独立性和专家技巧上拥有公司内部不具有的某些优势。外部的公共关系活动分为以下几种：

1. 自由撰稿人/咨询师。他们是技术型作家，能够写出具有公共关系特征的文章。

2. 广告公司的公共关系部门。它们是将产品公共宣传扩大为广告活动的小型新闻发布办公室，也是大型综合性公共关系部门。

3. 广告公司的公共关系辅助部门。这里允许广告公司发展更为全面的公共关系活动，事实上，其客户就能提供有用的潜在业务来源。该部门与广告公司的关系能够通过在艺术工作室或制作中共享服务来获取利益。

4. 独立的公关咨询者。他们通常是某项特定业务的专家，客户可以利用他们的优势来炒作广告或完成短期任务。这种咨询顾问在慈善、剧场、金融、农业、建筑业、船运、旅游、时尚等领域具有经验。

5. 公共关系顾问。他们提出公关建议，但不执行具体的公关工作。

小　结

本章虽然冗长但很有必要，它将销售环境设定放在了特定的情境中进行充分讨论。企业应当根据不同的销售环境采用不同的销售方法。

我们讨论了环境和管理因素，并且指出了它们的重要性。我们也探讨了销售渠道、产业/商业/公共机构销售、再销售和服务销售等不同的销售环境。

我们还从消费者市场、交易市场和销售人员激励等方面探讨了各种销售环境下的相关销售促进，同时讨论了展览的职能。

我们还详细地讨论了公共关系，因为这一领域近年来取得了较大的发展，而且公共关系与销售职能的关系非常密切，销售人员越来越多地执行公共关系的职能。

第 5 章我们将讨论有关国际销售的话题，这也是销售环境的一种延伸情况。然而，我们之所以单独讨论它，是因为尤其是在欧盟立法的各种变化对销售职能产生巨大影响的视角下国际销售的多样性和重要性正在不断增强。

案例练习

怡和塑胶管道制品有限公司

强尼（Johnny）是怡和塑胶管道制品有限公司（Yee Wo Plastic Piping Componets Ltd）的销售经理，该公司是制造各种产品的中国台湾企业的子公司。它的主要市场在民用化工行业。

怡和塑胶管道制品涉及塑料泵、阀门、管道、计量器等产品的制造和销售。这些产品通常应用于化工厂、染坊、泳池、淋浴中心等地。它们的市场在不断增长，因为这些产品成本更低、生产率更高，能够取代钢铁及可锻铸铁制品。

在东盟地区，有五家制造商生产类似的产品。最大的两家是怡和塑胶管道制品和信德集团（Shun Tak Fittings），二者在东盟市场各占 40% 左右的市场份额，剩余 20% 的份额被另外三家制造商瓜分。五家制造商对同类产品收取同等价格，但是小公司在工厂价格讨价还价中更容易做出降价的妥协。

分销几乎完全由具有存货的经销商完成，销售代表有两个方面的任务：

1. 说服库存经销商持有本企业全部经营范围的产品，保证为终端用户提供完整的服务。

2. 说服终端用户只从分销商处采购产品时指定只要本企业的产品。

只有怡和和信德提供完整的产品范围，这可能是它们成功的原因。然而，小型分销商中渐渐出现一种令人不安的趋势，它们以更低的边际成本从小型制造商那里进货，并且只储存快速流通的产品线。怡和的销售代表则被要求在短期内加大对不太流行的产品线的供应。

怡和的一些销售代表深受其害，其中两名销售代表因为该趋势对销售佣金的不利影响而选择辞职。选择更具才干的合适人才替换他们的工作非常困难，强尼提出了三种行动方案帮助解决这一问题：

● 只对得到许可的分销商供应产品；

● 说服销售代表将精力集中在产量更高的市场部门（如大型化工厂等）；

● 不用分销商，自己直接销售。

问题讨论

1. 强尼应该做些什么来鼓舞士气低落的销售队伍？

2. 强尼采用这三种解决方案各自会产生怎样的结果？

Gardnov 有限公司

理查德·布思（Richard Booth）非常焦虑。他就任 Gardnov 有限公司的销售经理已经快一个月了，然而事情并没有如他预期那般进展顺利。他怀着强烈的热情和乐观态度加入这家公司，满心欢喜地认为凭借自己的经验、逻辑能力和积极的解决方法能够帮助他在新的职位站稳脚跟，尽管在这之前他并没有经营同类产品的公司经验。他的销售背景是更加激进的产品领域，包括双层玻璃和家用安保产品等。

Gardnov 有限公司成立于十年前，主营业务是向零售交易商供应园艺产品。本质上作为一家批发商企业，Gardnov 存储的园艺产品范围很广，包括园艺工具、抽气泵和池塘用品、烤肉架和庭院家具等。它还经营一条 Gardnov 品牌的庭院装饰产品线，这条产品线是由外部制造商根据 Gardnov 的设计和规格要求完成的，这条产品线非常流行，受到许多知名政治人物的喜爱。Gardnov 还经营许多英国领先的品牌产品以及一些主要的海外供应商品牌。所有这些产品都被纳入该公司的年度产品目录，发送给全英的园艺中心和零售商店，不论它们是不是公司的现有客户。

尽管零售消费者可能会直接从产品目录中进行订购（确实有许多零售商是这样做的），该公司 90% 的销售额却是从公司中由 6 名销售人员组成的销售队伍那里获得的，这 6 名人员全部为男性，按照英国的地理区划进行完整覆盖。每个销售人员都采取纯薪金制，2014 年的平均薪酬是 34 600 英镑，具体的浮动范围为 24 000 英镑到 43 000 英镑不等。这个范围内销售人员的职位根据其年龄和在公司的工作年限而定。公司向销售人员提供中等配车，并且补偿汽车油耗和基本的娱乐津贴。

布思已经干了 20 多年的销售工作，曾经担任一家双层玻璃和家用安保产品领军制造商的区域销售经理。他在 Gardnov 任职以后（前任销售经理退休了），决定在就职后的前 4 周与销售队伍一同进行访问，观察销售队伍如何与顾客交谈，如何进行销售运作。他认为这样能够让自己对现在的情况有一个比较扎实的了解，以便在未来提出一个更加合理的战略销售计划。

在这 4 周时间内，他愈发焦虑和担忧。事实上，他的所见所闻表明公司的销售队伍毫无生机、缺乏动力。尽管在过去 10 年中销售额以年均 5% 的速度稳步增长，然而根据布思从二手市场调查获得的数据，整体市场在以 10% 的年增长率迅速扩张。

布思在这 4 周内还发现了更令人担心的

事。每名销售人员被安排负责一个地区。在每个地区，过去的销售经理根据销售潜力将客户分为 A、B、C 三个类别。A 类客户是需要每周拜访的重要顾客，B 类客户需要每两周拜访一次，C 类客户需要每月拜访一次。布思还发现每名销售人员被分配一个在自己所负责区域开拓新客户的任务，而这个任务没有任何激励。

布思发现，在过去的两年中，事实上所有的销售人员都只对 A 类客户进行常规拜访，对 B 类客户是每 6 周拜访一次，对 C 类客户几乎从不拜访。另外，在过去 4 个月内，销售人员只开拓了 1 名新客户，与此同时流失了 5 名老客户。

更糟糕的是，布思在每个地区挑选并拜访了一些客户后，得知即使是那些进行了常规拜访的客户也感觉自己与 Gardnov 销售人员的关系不太紧密。许多客户表示，最近这些销售人员更像是订单接收者，而不是订单制造者。另外，绝大多数的客户表示 Gardnov 的销售人员并不能很好地解答有关产品目录和产品的问题。他们认为销售人员对自己的客户缺乏兴趣，对他们销售的产品缺乏热情。他们的主要目的似乎是尽量减少花在顾客身上的时间，即使是在已经拜访过的情况下。

布思知道，这 6 名销售人员都是经验丰富且在公司平均工作 5 年以上的员工，最短的工作了 2 年，最长的工作了 12 年。这个行业销售代表的平均留任年限只有 3 年。布思不确定问题出在哪里，但他知道他必须立刻采取行动来提高销售队伍的表现。

他的问题在于，他不想在新上任之际就采取与销售队伍敌对的姿态，但是他必须提高他们的动机和最终的销售额。首先，他必须获得他们的合作和信任。然后，他希望对现状做出一定的补救。

问题讨论

1. 布思应当采取什么行动，以在取得销售队伍合作的同时进一步查明他在初步调查中发现的问题？请说明布思需要获取哪些信息。

2. 目前所采取的纯薪金制有哪些缺点？对于改进和实施新的对销售人员的补偿机制，你会给布思怎样的建议？

Quality Chilled Foods 有限公司

Quality Chilled Foods 有限公司生产一系列高档冷冻食品，市场覆盖英国的诺福克郡、萨福克郡、埃塞克斯郡、剑桥郡部分地区以及伦敦东北部地区等。这些地区有超过 1 000 万的人口。该公司的客户包括优质的熟食店和一些小型非连锁超市。

下面这则报道出现在当地的一家报纸上，这家报纸覆盖的范围与该公司产品覆盖地区基本一致。这是一份拥有相当多读者的晚报。

在英格兰东部地区，发现许多冷冻食品中有李斯特菌。这一信息来自埃塞克斯郡议会发布的报告，并且得到了诺福克郡和剑桥郡议会的确认。

报道指出，这种细菌对儿童、老人和孕妇尤其危险，在超市和商店销售的熟鸡肉、熟猪肉、馅饼等食物中被发现。本月末，埃塞克斯郡政府的环境健康小组委员会对这份报道进行更为详细的研究，这份报道基于对切姆斯福德、绍森德和科尔切斯特等地的广泛调查。与此同时，在和剑桥等地也进行了类似的调查，尽管结果没有得到完全的确认，但是它们的郡议会都表示其结果基本与埃塞克斯地区的一致。

结论为："正是因为冷冻食品在食品消费中占据了较高的比例，所以引起了广泛关注，这些产品大部分是即食的，不需要进一步烹制或加热。"

该地区的首席环境健康官员表示："这

份报告并非骇人听闻，它证实了政府去年的一项类似的发现。"

问题讨论

假设你是一位公共关系顾问，Quality Chilled Foods 有限公司向你寻求建议，对于零售消费者，该公司尤其应当做些什么？对于广大的公众，它又应当做些什么？该公司有确凿的证据表明它所有的产品都不携带李斯特菌，因为它的冷冻过程是独特的且具有内部安全检测机制，确保绝对不会出现这种情况。请以报告的形式给出你的建议，并谈谈销售人员应当扮演怎样的角色。

 思考题

1. 从销售渠道的角度阐述确定细分市场和确定目标市场的必要性。

2. 促销技巧如何应用于销售？

3. 举一些实例，说明公共关系如何对销售起到辅助作用。

4. 解释销售促进中推式和拉式战略的含义。这两种战略如何帮助销售人员提高销售效率？

5. USP 的含义是什么？销售人员如何有效地加以运用？

6. 以互联网为媒介产生的新促销手段如何改进销售流程？

7. 价值分析工具是降低生产成本的一种有效手段。举一些例子，说明组织中的销售人员如何有效地运用这一手段。

8. 物流的确切含义是什么？从企业设计分销渠道系统的角度，你认为需要注意哪些物流方面的问题？

国际销售

学习目标

学习本章后，你应该可以：

1. 了解与国际贸易相关的主要经济学术语。
2. 了解不同类型的海外销售人员代表安排。
3. 了解世界上的一些国际贸易集团的情况。
4. 了解文化在国际销售中的作用。
5. 了解如何组织国际销售。
6. 了解世界性资源和采购联盟的影响力。

引 言

　　本章讨论国际销售，并考察基于此出现的问题或者困难。公司如果想要进入海外市场，需要在国际销售领域学习、发展相应的技能。

　　一些销售经理觉得在海外进行销售是非常困难的事情，但是大部分人看到的情况是，国际销售虽然和其他类型的销售有所不同，但是并没有比国内销售市场的要求更高。国际销售的成功很大程度上取决于公司的态度、公司所采用的方法，还有销售人员的个人素质，从对国外市场的理解和文化认同的角度来看，并不是每个销售人员都适合国际销售这份工作。我们希望本章的内容能够对提高国际销售人员的个人素质有所帮助。本章聚焦于国际销售的方方面面，都是想要进行出口贸易或者正在进行出口贸易的企业应该熟悉和掌握的知识。

　　每年都有一些从未接触过国际销售的公司或者特许经营加盟商想要加入非常重要且利润很高的出口贸易队伍，其中一些还在海外建立了合资公司或者子公司。在英国有一个问题，尽管政府鼓励公司进行海外销售，但是很多公司的总裁仍然对这个领域感到畏惧，因为这个领域有些神秘。我们现在就通过研究国际销售中一些关键的、重要的经济问题来揭开这层神秘的面纱。

经济方面的问题

我们购买的很多产品都是进口的，我们也知道很多公司都在试图将自己的产品出口。每年政府都会通过鼓励、威胁、许诺等种种方式说服企业进入海外市场来增加出口贸易。出口对于经济生存来说是必需的。

英国并不是一个自给自足的国家。英国大部分的原材料和食物必须从世界市场进口和购买；反过来说，为了提供这些商品，英国必须出口。这些交易账目由国际贸易的收支平衡表来记录，该表能够显示一国或地区收入和支出的差额。出口获得的收入和进口开销的支出两者之间的差额记录表称为**国际收支平衡表**（balance of payments）。我们现在对它进行更加详细的讨论。

国际收支平衡表

商品从一个国家流通到另一个国家需要付款，两个国家的贸易使得两个国家之间产生债务。经过一段时期（通常为一年），就要计算一下这个时期支付了多少钱，以及进口海外的产品欠了多少钱。用同样的方法，另一个国家会计算有多少款项已经付清，还有多少出口到海外的商品的货款没结算。如果出口额超过了进口额，这个国家就呈现出有利的收支平衡状况，称为**贸易顺差**（trade surplus）。如果进口额超过了出口额，这个国家的收支平衡状况就呈现相反的特点，称为**贸易逆差**（trade deficit）。

国际贸易当然不仅仅是货物的支付。两国之间的债务也源于两国之间的服务贸易。因为人们不能真正地看到这种服务的交易，所以这种服务称为**无形进出口贸易**（invisible exports/imports）。比如说，英国供应商给其他国家提供保险服务，从其他国家处获得保险服务费。运费、旅游收入、银行服务费、国际贷款的利息支付都是这种无形进出口贸易的典型案例。

为了评价一个国家在国际贸易中的地位，需要获取这个国家的国际收支平衡表，所以国际收支平衡表很关键，我们通过它比较国家进出口的总差额（包括有形的和无形的）。从长期来看，一个国家的进口和出口应该是平衡的。一个国家如果发现存在贸易逆差，可能会做以下事情：

1. 减少进口商品的支出，减少像国防、国外援助这种款项的支出，甚至不鼓励本国居民去海外旅游，以减少总支出。

2. 在海外销售更多的产品和服务，增加海外收入。可以鼓励外国游客到本国旅游，或者鼓励引进能够为本国带来收入的外资项目。

尽管第一个选择在某种程度上是有效的，但通过这种方法减少的海外开支有一个限度。所以，我们应该更多地采用第二种方法——在海外销售产品和服务，以维护和提高生活水平，避免发生国际财政危机。对于这个问题，我们进行一些简单的总结，以利于进行更深层次的理解。

一个有贸易顺差的国家可能会接受来自债务国的外汇储备、增加黄金储备或者将欠款留在债务国，便于未来用这些钱购买产品和服务，或者借款给债务国以清算债务，同时收取贷款利息。同样，一个有贸易逆差的国家可以用外汇储备清偿债务，用黄金支付债务，或从其他国家借款来偿还债务，还可以用信用贷款的方式暂时不偿还债务，这样债权国可以用外汇在未来购买产品和服务。

实际上，国际收支平衡表是一个会计报表，账簿报表以复式簿记为基本原理，记录各个方面的信息。如果当前的账户上有逆差，也就是说国家进口的产品和服务大于出口的产品和服务，为了使账户平衡，这种逆差必须用资本账户上的顺差来弥补。资本账户是记录股票、债券、土地资源等资产的交易的。如果国家的资本账户是顺差状态，也就是净资本流入，那么这意味着国家在股票、债券、土地、银行存款和其他资产上的销售超过了对海外资产的购买支出。

如果政府想要从当前逆差的账户状态转变为收支平衡，就必须从国外借款，或者减少政府的黄金储备和外汇储备。这些借款和储备的减少会以正的数字记录在资本账户上，抵销当前逆差账户上的负的数字，然后账簿就达到了平衡状态。

你可能会觉得，国家只有在拥有无限黄金、无限外汇储备、无限向别国借款的能力时，才能持续弥补账户逆差。但从长期来看，持续的账户逆差是很难维持的，或者维持的代价非常高昂，还会损害国家的经济命脉。总出口是要给总进口买单的，所以国家的出口下降时，进口也一定会下降，除非出口的下降可以用其他特殊的方法弥补。现在我们已经了解到保持出口量对一个国家经济的重要性了。

英国在国际贸易中的份额

作为一个主要的制造国，英国的出口份额在第二次世界大战以后大幅下降。同时，一些主要的竞争对手如日本和德国，增加了出口份额。当我们检查英国的进口贸易记录时，会发现问题其实比想象中还要糟糕。从进口的角度来看，英国的贸易呈现出两个重要趋势：

- 国内产品中，每单位产品的进口比重有上升趋势；
- 进口产品中，制造品所占份额有上升趋势。

这两种趋势对英国制造业的影响非常深远。从 20 世纪 80 年代后期到现在，英国一直经历国际收支的不平衡。实际上，进口商品的成本已经超过了过去一个世纪以来出口产品的价值，这并不是英国所希望的。但这不是最重要的，因为英国从无形贸易出口中获得的收入为国家带来了好的影响。出于种种原因，来源于无形出口的收入不能和货物进口的支出和费用保持平衡，结果导致了这一时期的逆差。

无论是什么原因导致了逆差或者顺差，国际销售都已经且将永远是国家繁荣昌盛的基石之一。这不仅关乎国家的利益，也关乎每个行业、公司、雇主和雇员的利益。

其他经济因素

这里，我们有必要讨论一下过去 30 年里世界贸易环境的一些重要发展进程。很难对贸易环境发展的整体影响进行一般总结，因为不同的行业、公司对这些贸易发展的反应和受到的影响并不相同。一些公司认为它们从国际贸易环境的发展中获了利，一些公司则感到它们的竞争力和地位受到了影响。

欧盟

欧盟最初的名字叫共同市场（Common Market），现在很多地方仍然在使用这种称呼。1957 年 3 月 25 日，法国、联邦德国、意大利、荷兰、比利时、卢森堡签署《罗马条约》（Treaty of Rome）建立了共同市场。自那时开始，一些国家相继加入，如爱尔兰、丹麦、希腊、西班牙、葡萄牙、英国等。随着德国的统一，民主德国也加入了这一组织。之后，奥地利、瑞典、芬兰加入。其后，波兰、匈牙利、爱沙尼亚、拉脱维亚、斯洛文尼亚、立陶宛、马耳他、塞浦路斯、捷克共和国、斯洛伐克、罗马尼亚、保加利亚也相继加入。2013 年，克罗地亚成为最后一个加入欧盟的国家，截止到现在，欧盟共有 28 个成员国。[①] 土耳其是否能够加入还在申请审核中，是几个"等待加入"的候补成员国之一。共同市场后来称为欧洲经济共同体（European Economic Community，EEC），随后又改名为欧洲共同体（European Community，EC）。EC 这个名字仍然在使用，但是现在的意思是欧盟委员会（European Commission）。名称的变化基于一个事实：随着欧盟组织的扩张和成熟，它的角色逐渐演变为一种政治联盟，而不仅仅是一个贸易集团。后来，它的名字又变成了欧洲联盟（European Union，EU），足见其举足轻重的政治角色。

条约的签订最初是为了取消欧盟内对产品、服务、人员流动的所有限制，所以移除了不同的税收制度、国界的限制，还有一些其他方面的限制。早期，由于政治经济方面的原因，朝这个目标前进的革命进程非常缓慢。实际上，多年来英国在政治上一直被欧盟所排斥。英国其实不被看作欧盟国家，现在很多人还认为英国不愿意使用欧元，英国将欧盟视为一个经济贸易联盟，而不是一个政治联盟。

1982 年（欧盟的 25 岁生日），建立统一的欧洲共同体市场的推动力量实际上已经没有了。国与国之间的很多关税壁垒仍然存在。货物的自由流通受到了各种各样的税收系统、公共采购（只允许国内的供应商）、不同的技术和消费者保护条例等的阻碍。比如说，增值税的税率在各个欧盟国家有很大的差别。

1984 年是一个转折点，雅克·德洛尔（Jacques Delors）（法国财政部前部长）被任命为当时的欧洲共同体主席。他提出了一个在共同体内部建立公开市场的概念，即在西方世界建立一个最大的单一市场。虽然这个议题在本质上没有什么新的内容，但是由于 20 世纪 70 年代后期到 80 年代初正处于经济衰退的末期，这个时期成员国纷纷转向国内经济，保护本国的国内市场，抵御欧洲其他国家的竞争。一个致力于消除现存壁垒的贸易计划由当时欧盟委员会负责内部市场运营的主席科克菲尔德（Cockfield）在 1992 年 12 月 31 日签署。这个计划在 1985 年 6 月的米兰峰会上呈交给各国政府，1987 年 7 月，《单一欧洲法案》（Single European Act，SEA）开始实施。这个法案包括 300 项需要完成的措施，当然前提是该法案的市场理念能够按计划落实。为了加快决策进程，取消了否决权，只要多数有表决权的成员附议，决议即可直接通过。300 项措施由于某些措施的撤销和合并随后被减少到了 279 项。《单一欧洲法案》的主要内容是：

（1）建立单一欧洲市场。

（2）任何一个欧盟国家批准的商品均可在欧盟各成员国中自由流通。

（3）政府积极开放，公共团体在平等的基础上与所有欧盟协约国订立协约。

（4）在电信和信息技术产业提供更多的、遍及全欧洲的、有竞争力且有效的服务。

---

① 2020 年 1 月 31 日，英国正式结束其欧盟成员国身份。——译者

（5）取消成员国公路托运和船舶运输方面的烦琐程序，采用更加平等的形式，在空运上开展更多的竞争以降低价格。

（6）银行应该在欧盟各个地方免费提供金融和投资服务，保险公司应该有很大的自由空间在成员国内提供服务。

（7）废除资本流通限制。

（8）统一协调各个国家在专利和商标法上的差异。

（9）在一个成员国家获得的专业资格证书可以在全欧盟国家中得到认可。

当然，还有一些其他内容，但上面这些内容是最重要的。

有一本介绍贸易和工业部（Department of Trade and Industry）的宣传手册，它很好地总结了公司如何利用这种单一市场的环境，保护它们现有的市场和创造新市场。[1]这是一个非常尖锐的问题，因为其他欧盟成员国有更多的欧洲人的心态。它们倾向于把每个国家的市场都当作它们自己的国内市场，而英国的公司则仍然把对欧盟其他国家的销售看作出口。自英国加入欧盟，使欧盟的人口接近 5 亿之后，这一现象更加明显。英国在与其他欧盟伙伴的贸易中经常处于贸易逆差的状态。贸易和工业部的宣传手册要求公司对和它们的市场有关的一些问题进行自我审视：

1. 市场是如何改变我们的业务的？

2. 我们是否应该成为一家欧洲公司？是否应将欧洲而不是英国作为我们的首要市场？

3. 成为一家欧洲公司会不会改变我们的销售规模预期？

4. 在现有的市场上，我们在面对更多的竞争时会以何种方式受到影响？

5. 我们是否应该建立企业之间的联系，合并或收购企业来增强我们的市场表现，拓宽我们的产品和服务的种类，同时分散我们的金融风险？

6. 我们的管理层结构是否适合开发新的市场机会或保住现有地位？

7. 为了这个单一市场，我们需要提供什么样的语言培训和其他相关技巧的培训？

8. 在我们的公司，谁来负责决策对这个单一市场如何进行最好的利用？

宣传手册只是提出了最明显的问题，但这至少对 1992 年的问题进行了正式的思考。特别是，它要求销售领域的公司注意 5 个关键的问题，而且针对每一个问题都提供了一系列的建议和解决方案。

1. 如何接触顾客？

● 了解贸易结构，如批发商和零售商；

● 确认购买点；

● 了解购买程序、术语、惯例，如开发票时偏好使用的货币（现在，除了极个别的国家以外，统一使用欧元）；

● 考虑在多大程度上需要了解当地的语言；

● 了解不同的销售方式，包括代理、经纪人；

● 研究你的竞争者是如何使用广告、促销、折扣这些手段的。

2. 如何在市场上销售？

● 考虑在某区域内试销；

● 建立销售目标；

● 估算总的销售额和促销预算；

- 考虑如何建立销售组织。

3. 什么样的销售资料是必需的？

- 评价现有欧洲市场资料的可用性；
- 考虑为吸引新顾客是否有必要重新设计；
- 必要时安排翻译。

4. 如何做广告？

- 了解你现有广告的情况；
- 了解各国媒体在可用性和使用成本上的差异；
- 决定你的广告预算。

5. 如何提供售后服务？

- 考虑直接提供以及外包的比较优势和成本差异。

　　单一市场已经不是一个未来的规划，而是变成了现实。那些没有因此做好准备、制定好对策和计划的欧洲公司将会发现，它们正在面临激烈的竞争，而且会持续地面临激烈的竞争，但它们没有充分的准备。很多成功的公司都是许多年前就开始为单一市场这个趋势做准备的。英国工业联合会（Confederation of British Industry）于 1990 年对 200 家公司进行了调查，发现 3/4 的公司已经对 1992 年的情况做好了准备，进行了战略性的总结和部署。我们知道，1992 年仅仅代表一个里程碑（尽管是一个很重要的里程碑），象征着欧盟在大约 40 年的发展历程中，朝着真正意义上的自由贸易目标不断迈进。

　　从更一般的层次来看，当 1957 年的《罗马条约》在欧盟各国中开始实施的时候，成员国的政府基本是相互独立的，不能从欧盟接受直接的指导。它们的建议和提议要由欧洲部长会议（European Council of Ministers）和欧洲议会（European Parliament）代表成员国批准。这意味着很多对英国工业发展具有深远影响的协约和决定不在英国政府的控制范围之内，而很多领域的贸易协定也是站在整个欧盟的立场上的。《马斯特里赫特条约》（Maastricht Treaty）进一步推动了欧盟化的进程，这在英国的国内政治领域引起了很大的争议。对于条约中的条例，英国政治集团的内部也分成多个派别，持有截然不同的观点。派别争论的焦点是，尽管这个条约会使欧洲像美国那样，每一个成员国像一个附属的州（甚至还有美国化的欧洲这种说法），但考虑到观念、文化、语言甚至宗教信仰方面的差异，这真的能够成为现实吗？我们可以看到，一个统一的欧洲单一市场计划和美国的市场计划基本类似。这种政治和经济趋于联合的大趋势会给欧盟内部的各个成员国带来机遇，同时也会带来威胁，但这种变化不会来得那么快。这将是一个相当缓慢的过渡期，需要几十年的时间才可能实现像美国市场一样的融合形态。我们看到，欧盟已经朝这个目标迈出了第一步，一个共同的货币单位——欧元被引入，它已经被多数的成员国所接受。

　　欧洲的一家国际咨询公司 Carré Orban and Paul Ray International 的查尔斯·贝茨（Charles Betz）提出了一个有趣的提议，那就是每一个欧盟成员国都要发展一种特殊的技能，比如：

- 德国专门研究高科技工程；
- 荷兰专攻服务业（如仓储、石油化工产品的分销）；
- 比利时通过布鲁塞尔形成一个共同体联盟，发挥政府的职能；
- 法国变得更加技术化；

- 瑞士仍然在欧盟之外，作为金融中心和中立的财产管理人；
- 奥地利担任欧盟和其他东欧国家的桥梁；
- 土耳其（正在争取成员国身份）成为中东和北非制造产品的廉价生产基地；
- 意大利、西班牙、希腊成为"胜利者"，因为它们拥有大量现成的可利用的廉价劳动力；
- 葡萄牙拥有廉价劳动力，基本上还处于农耕发展阶段（该国拥有很高的农业投入），可以向更富裕的北方国家出售冬季作物，如蔬菜；
- 丹麦可以把它的斯堪的纳维亚式的独立性作为一种在欧盟内进行交易的筹码，在创新设计领域有所发展；
- 波兰将主要集中在建筑业、酒店服务业、建筑物业等领域的发展上；
- 爱尔兰希望解决和北爱尔兰之间的政治问题，廉价的劳动力让爱尔兰在制造业和组装业中保持竞争地位；
- 英国将发挥其金融方面的重要领导才能，辅助各个国家的各个行业；
- 瑞典和芬兰将继续发展它们在精密仪器、电信设备上的专业技能。

当然，这只是专家的预测，但欧盟成员国已经开始向自己国家的特色专业方向发展迈进，这已经成为不可阻挡的趋势。

在英国，已经出现越来越多的声音要求进行全民公决，号召脱离欧盟。英国独立党（United Kingdom Independence Party，UKIP）支持英国脱欧，在 2004 年的英国大选中获得了第三的席位，在 2009 年的英国大选中获得了第二的席位。英国独立党致力于号召全民公决，力保英国在欧盟中的独立地位，在 2014 年的英国大选中赢得了 27.5% 的票数。英国独立党的产生和发展引发了人们关于未来英国在欧盟中的地位的争论。2013 年 1 月 18 日的一项调查显示，40% 的英国人愿意接受欧盟的成员国身份，34% 的英国人倾向于退出欧盟。倾向于退出欧盟的基本上都是中老年群体，年轻一代更倾向于接受成员国身份。

其他成员国内部也有一些反对加入欧盟的党派组织，比如捷克的自由公民党（Free Citizens）、法国的民主共和党（Popular Republican Union）。

世界贸易组织

可能过去几年中最重要的发展成果是世界经济已经开始呈现向稳步的、广泛传播的保护主义发展的趋势。世界贸易组织（WTO）的原型是关税与贸易总协定。世界贸易的绝大部分处在关税与贸易总协定（General Agreement on Tariffs and Trade，GATT，简称关贸总协定）的管制之下。这是一个复杂的协定，它的最重要特征可以概括为以下四点：

1. 非歧视原则。一个成员国如果同意给予另一个国家任何形式的关税减让或者贸易上的优惠待遇，就应该以同等的方式给予其他成员国待遇，无论这个国家是不是关贸总协定的成员国。

2. 协商原则。成员国要在关贸总协定的指导之下共同讨论可能引发的贸易冲突。

3. 关税谈判原则。关贸总协定规定对关税的谈判要公开，这些谈判的最终目的是减少甚至取消关税。

4. 贸易自由化原则。关贸总协定的最终目标和由此衍生的原则是关贸总协定的持续自由化。这个原则的实施，进口的配额、特许经营的门槛、国家或地区传统上用于限制进口数量与种类的约束措施，都将逐渐被废除。通过关税对一国或地区内各个行业的完全保护应该只是暂时的。

关贸总协定在战后的影响是废除对各国或地区内市场的保护措施。结果，关贸总协定在一定程度上导致了早先提到的世界贸易的大幅度增长。这种贸易自由化由于一系列的活动而发展缓慢。有些限制贸易的措施被各个国家广泛采用，而且在关贸总协定的规定范围之外，比如，自发出口限制和反倾销法规。

关贸总协定提出，除农产品之外，双边贸易额如今在世界贸易的总额中所占的比例已经超过 5%，并且有不断上升的趋势。然而，关贸总协定规定的实施导致了工业品的平均关税在 1947 年到 1977 年的 30 年间下降了 40%，而且 1995 年以后还在继续下降，虽然下降的幅度有所减缓。

这些关税减让措施都是在关贸总协定的多个回合的谈判中完成的——第八轮谈判（也是最后一次成功的谈判）于 1986 年在乌拉圭开始，原定于 1990 年 12 月结束，实际上到 1995 年才结束，足见谈判的长度和难度。乌拉圭回合的谈判在关税减让措施和制定新规则方面的进展非常缓慢，包括服务交易方面的一个更广泛协定的谈判。美国和欧盟成员国之间关于统一农业政策的争议成为阻碍谈判达成一致的主要影响因素。美国坚持对欧盟农民接受的补贴进行改革，这对于关贸总协定非常重要，并且要求在 10 年内废除所有的农民补贴。起初，美国和欧盟似乎无法在农民补贴的问题上达成一致，乌拉圭谈判陷入僵局，特别是美国又回到了保护主义政策上。然而，经过激烈的谈判和外交斡旋，这个问题从多个方面得到了解决，谈判又迈出了发展的一步，尽管举步维艰。

1995 年 1 月 1 日，世界贸易组织正式开始运作。世界贸易组织与联合国（UN）和北大西洋公约组织（NATO）一样，是一种多边关系的集合，不算一个超国家机构。如果英国脱离欧盟，英国将继续在世界贸易组织中拥有投票选举权和一席之地（之前在 1973 年从共同市场中弃权）。英国将有完全的自由空间来与发展中国家建立贸易协定，向其他国家如美国、新加坡、澳大利亚出口。英国如果在世界贸易组织中站在自己的立场上据理力争，它在欧盟单一市场中的影响力将比想象中更强。但前提是英国的商业贸易提议与其他 27 个成员国达成一致，或至少与绝大多数成员国达成一致。当它们的提议无法与其他国家达成一致时，比如在城市发展规划、农业、渔业方面，欧盟之外的英国在世界贸易组织中独立自主做决策时就比加入欧盟时的影响力更弱。由于英国国际贸易的组织结构与其他欧盟成员国有所不同，我们不能预期英国做出的提议会与其他成员国高度一致，这种事情发生的可能性很小。我们注意到，在英国及其战后伙伴建立的世界银行、国际货币基金组织、北大西洋公约组织和其他多边关系组织当中，英国并没有放弃席位和选举表决权的意思。

东欧

"东欧剧变"的本质和意义是一个被长期讨论的话题，以前很多封闭的东欧国家现在已经打开国门，开放与邻国和世界各国的贸易往来。为了发展本国经济，这些过去实施中央计划经济的国家现在急需也愿意成为和它们有生意往来的公司的贸易伙伴。

无止境的出口需求

毫无疑问，世界经济正在经历各个方面的根本性变化，包括国际贸易的组成和发展方向、贸易形式和规模、资本流动的方向和特征等方面的变化。英国经历了从严重依赖石油进口到自给自足的转变。与此相关的是，英国的国际收支账户在 20 世纪 80 年代还有顺差，随后又跌回了逆差。尽管如此，出口的需求仍然像往常一样强烈。当这些变化给出口商带来挑战的时候，唯一希望的是它们的应对措施能够给所有人带来富足、繁荣。

虽然出口产品和服务是为了国家利益，但是每个公司都有更自私的目标，在海外销售的最根本动因就是存在可获利的机会。下面我们讨论其他需要考虑的因素。

公司层面的国际销售

虽然一国经济的繁荣依赖于海外的销售，但这并不意味着与单个公司没有关系。公司一定能从海外销售中获益，下面是一些具体原因：

1. 由一种特定产品的稀缺引起的贸易。当一个国家能够进口自己国家不能生产的产品的时候，这种贸易显然是有益的。比如，英国进口橡胶是因为英国不具备橡胶的生长环境。还有可能是一个产品或者生产线受到专利权的保护，只有购买专利权或签订合作协议的公司才可以生产。

2. 由竞争成本的国际性差异引起的贸易。国家间经济贸易的基础可以用经济学家大卫·李嘉图的**比较成本理论**（theory of comparative costs）来解释。该理论认为，如果每个国家都出口生产成本相对较低的产品，同时进口生产成本较高的产品，那么双方都会受益。虽然这个原则一般运用于国际贸易，但是人们可以将其应用于现实中所有的生产形式。与此类似的还有劳动分工受益理论，该理论表明，收益的产生不是由一个人最擅长的事决定的，而是由一个人比其他人做得更好的事决定的。一个生产力高的国家能从其生产的最好产品中获益，但仍然需要从其他国家进口生产方面有劣势的产品。

3. 由产品区别引起的贸易。在许多行业中，每个公司都有区别于其他公司的产品。这种区别可能是质量、设计或者无形的区别，如顾客对产品的印象。后者在汽车行业表现得更加明显，这就解释了为什么英国一方面进口汽车，一方面向其他国家出口汽车。

值得注意的是，一个国家并不是作为一个集合体在一个自由市场经济中决定如何进行出口和进口。这个决定是由各个单独的公司决定的，它们都希望从国际贸易中获利。上面讨论的三个原因已经解释了为什么单个公司希望从事海外销售，但是还存在由其他环境因素决定的特殊原因：

（1）减轻经济衰退带来的影响（特别是对于国内市场），抵御市场波动。

（2）竞争激烈程度的增加导致国内市场份额的减少。

（3）利用在其他市场快速增长的需求。

（4）处理剩余产品或者消化过剩产能的能力。

（5）生产的产品已经过时导致的国内市场份额的减少。在发达的经济环境中，有些产品在技术上已经过时，在不发达的经济环境中，它们也许仍然有需求。比如，捕蝇纸已经被灭蝇喷雾剂取代，但是捕蝇纸更便宜，所以在某些发展中国家仍然有需求。

（6）为了取得长期收益，达到规模经济。如果公司能够扩张，就会使平均成本下降，继而实现价格下降，这不仅体现在海外市场上，国内市场也是如此，国内市场也会继而发展扩张。

（7）公司在某种产品上拥有专业的技术或知识，这些产品在外国市场上不能生产。

（8）仅仅存在潜在需求，且有购买力的足够支持。这往往是所有原因中最强有力的激励因素。

目前，我们讨论了一些与海外销售有关的经济因素。这部分内容并没有讲完，因为本章一直在讨论国际贸易中的经济问题。赫林森（Hollensen）强调，在讨论销售时必须注意几个关键因素[2]：

1. 目标。一些销售经理将建立目标的行为描述为"在正确的时间、正确的地点，用最低的成本销售最合适的产品"。

2. 物流分销包含了一系列的行为活动（如运输、仓储、原材料加工、库存管理等），关系到订单能否完成，而不仅仅是得到订单的问题。

3. 在渠道的决策中需要考虑一些外部因素，包括：

- 顾客特征；
- 产品和服务的特点；
- 需求的波动趋势；
- 竞争因素；
- 法律条例；
- 本土商业模式。

4. 在渠道结构的决策中还需要考虑一些内部因素，包括：

（1）中间商的类型以及交接过程。后者包括：

- 筛选最优中间商；
- 签订合约；
- 激励措施；
- 控制；
- 终止合约。

（2）市场覆盖范围。

（3）渠道长度。

（4）资源控制。

（5）渠道集中度。

渠道力量这个术语用来形容渠道成员在多大程度上能够掌控不同级别分销渠道上各个渠道成员的营销表现。

我们在本章的开始部分提到国际销售和国内销售是不同的。经济因素固然重要，但只有非经济因素才能解释为什么两个拥有同水平人均收入的国家的消费类型和观念有所不同。国际销售是经济学现象，同时也是文化现象，我们接下来就讨论影响国际销售的文化因素。

国际销售中的文化因素

本质上，**文化**（culture）指的是人们的生活方式，不通过生理因素进行传递。随着时代的发展和变化，这种后天习得的行为模式由一代人传递给另一代人。遵守传统习俗的人受到奖励，而背离传统习俗的人则根据不同的文化特征受到不同的惩罚，社会就是通过这样的方式得以建立和发展的。当一个社会的需求演变和进化的时候，文化的标准也会发生变化，传统的行为模式不再受到欢迎，新的行为模式则受到追捧。

这种受到奖励和惩罚的文化法则对于海外销售来说也是非常重要的。一个人所在的文化环境会影响消费模式和对特定产品的态度，以及附加在产品上的意义。正因为如此，只有那些在某种文化背景下被感知为普通的、可接受的产品和销售方式才能在这种文化环境下存在。国际销售人员懂得文化在海外市场扮演的角色，才能据此制定合适的销售方法。为了能够向市场提供价值，销售人员必须了解国外市场的价值体系，这意味着要对文化因素的影响有所了解。

霍夫斯泰德（Hofstede）提出了一个国家文化的几个维度。[3]他提出各个国家的文化系统主要在四个维度上进行区分：权力距离、个人主义与集体主义、不确定性规避、男女角色化。还有一个维度——长短期导向，后来也被加入文化维度理论，近期，放纵与约束感作为第六个维度被加入这个理论。下面具体讨论这六个维度：

1. 权力距离。低权力距离的文化中，人们倾向于接受更加民主的、大众的上下级关系。人与人之间的关系更倾向于平等，不管在社会上扮演什么角色。例如，人们通常在交谈的时候采取直呼其名的方式。下属非常乐意对权力高的上级提出的决策进行批判，并且会要求更多的权力。在高权力距离的文化中，人与人之间的权力关系往往是独裁的，具有家长式作风的特点。下属会默认上级至高无上的权力，而且会接受这种正式的等级制度。由此，对于权力距离这个维度，霍夫斯泰德的定义并不直接反映社会地位的三六九等，而更多的是人们对社会上不同人之间的权力和地位的感知。

2. 个人主义与集体主义。在个人主义国家，强调的是个人的成就和个体拥有的权力。相比之下，在集体主义国家，个体的角色更多的是某个社会群体的一个成员，依附于某个群体或组织。

3. 不确定性规避。这个维度主要涉及社会群体对不确定性的忍耐程度，反映了社会成员在多大程度上愿意尝试通过降低不确定性来消除内心的焦虑。在高不确定性规避的社会中，人们倾向于将任何形式的意外和不寻常的事情发生的可能性降到最低，希望任何事情都稳扎稳打地变化，会详细地制定计划、法律和一系列规则。相比之下，在低不确定性规避的文化中，人们对多变的场景和变化的环境持接受态度，尽可能多地减少限制性、约束性规则。这种文化下的人们更趋于在变化的环境中生存。

4. 男女角色化。在男性化文化中，社会看重竞争性、魄力、唯物主义、志向和理想，而在女性化的文化中，社会看重的是人与人之间的关系、生活的水平和质量。在男性化社会中，性别之间的角色差异非常明显，而在女性化社会中，男性和女性通常拥有相同的价值观，强调相互关心、坦诚做人。

5. 长短期导向。在长期导向的文化中，人们更看重未来规划的重要性。人们对通过努力和实践获得的奖励尤其重视，社会中不乏持之以恒、喜欢节约、适应能力强的人。在短期导向的文化中，人们宣扬的是当今和过去的传统价值观，包括稳定、传承、互惠互助、履行社会义务等。

6. 放纵与约束感。在高度放纵的社会中，享乐行为非常普遍，人们可以随心所欲，满足自己的需求和愿望。相对地，在约束型社会中，有很多的规范，对愿望的满足则是相对克制和打压的状态。

文化包括抽象的和具体的元素。抽象的元素包括价值、态度、看法、宗教等。这些都是后天习得的行为模式，由一代人传给下一代人。具体的元素就是社会中技术层面、消费模式层面的内容和类型。

普拉哈拉德和多兹（Prahalad and Doz）的整合与反应模型（见图 5-1）是一个有价值的模型，提供了公司在国际环境中沟通交流时采用的手段。[4]

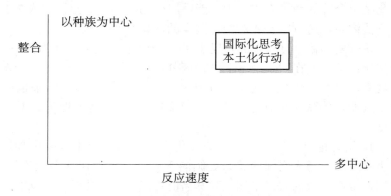

图 5-1　普拉哈拉德和多兹的整合与反应模型

资料来源：Prahalad, C. K. and Doz, Y. L. (1991) Managing DMNCs: a search for a new paradigm, *Strategic Management Journal*, 12: 145-64.

根据这个模型，公司可能会在海外市场中继续保持标准化的产品和服务（如可口可乐），或者根据不同国家的文化需求改变其产品元素（如李维斯）。然而根据这个模型，公司如果做到了"国际化思考，本土化行动"，就能够保持竞争力。这样一来，公司和员工不仅能够完全融入当地的文化，而且将对特殊市场的需要以及当地市场文化的需求做出恰当的反应——达到双赢的局面。

在海外市场场景沟通交流时，需要考虑下面的因素：

1. 语言。进入海外市场的公司准备投放广告时必须注意语言问题，不然下面这些状况就有可能发生：

● 在亚洲，百事的"Come Alive"意为"将早就过世的祖先的魂魄召唤回来"；

● 在中国，Citicrop 的"Citi Never Sleeps"意为"Citi 的作息时间非常混乱，或者患了失眠症"；

● 麦当劳在中国不能使广告的价格信息里面出现很多"4"，"4"在中国有

"死"的谐音；

● 福特汽车品牌的名称"Fiera"在西班牙语中意为"丑陋的老女人"；

2. 文化。文化中的一些热点要素必须得到足够的重视，包括：

● 幽默；

● 声望；

● 浪漫；

● 音乐；

● 色彩；

● 视觉表象；

● 肢体语言。

3. 教育水平。

4. 经济发展水平。

5. 媒体基础设施。

6. 政府管制。

7. 睡眠者效应或耗散效应。企业需要明白，不管是对于正面信息还是负面信息，可信度都会在一段时间后逐步消失。

还有一些沟通中可能存在的壁垒需要注意：

1. 选择性感知。

● 随意浏览、换频道、快进，像看电视一样；

● 信息发送者和信息接收者之间存在障碍物，二者之间感知方式的不一样导致信息无法有效传达。

2. 心理噪声。信息接收者会抵制重复推送的洗脑型信息。

3. 消息的即时性。比如，新闻稿、广告宣传与产品品类和价格的变化是否同步。

4. 公司地位、品牌形象、产品形象展示风格是否对口。

5. 不同级别、不同国家和文化的公司员工给顾客传递信息时能否保持一致。

对一个社会的经济活动组织形式和技术种类的全面了解对于海外销售来说是非常重要的，因为公司一定会发现，将一款先进的微电子机器销往一个以传统农业为经济基础的国家是非常困难的。在这种情况下，只有相匹配的技术种类才能带来更高的产品接受度。

销售人员应该培养文化技能。这种技能可以让销售人员将不同种类的文化联系起来，即使他们并不了解某种特定文化的细节信息。凯特奥拉和格雷厄姆（Cateora and Graham）认为拥有文化技能的人可以：

● 表达尊重，用口头和非口头的形式自由交流，显示出对特定人群和相应文化的积极看法和兴趣；

● 在面对不熟悉的文化形态时，会迷茫，产生挫折感；

● 通过理解其他人的需求，设身处地地表达对他人的感受；

● 避免以自己的价值观判断他人，防止以己度人；

● 严格地以自我为参照标准来评价他人的行为，因为这些标准的前提是销售人员所处的文化和价值体系；

● 当事情不像预期那样发展的时候，用幽默感来避免挫折感。[5]

并不是每个销售人员都能够在不同的文化中应对自如。成功的关键因素是"文化智商"（cultural intelligence），也就是个体在不同文化背景下运筹帷幄、管理事物的能力。文化智商较高的销售人员更能够取得跨文化销售的优异业绩，因为他们更能够适应顾客所在的文化背景和环境。[6]

我们现在探讨一些文化要素，在某些国家中，宗教之类的因素会阻碍对西方唯物主义、工业化等潮流思想的接受。

审美观念

审美观念是一个非物质的文化因素，会对海外市场的发展产生影响。这涉及文化对美好事物的界定以及对颜色、形式等方面的欣赏。出口企业必须了解它们产品的设计、包装、广告等方面的积极和消极层面。公司应该对当地人的偏好和品位有相当高的敏感度，在公司标识上迎合当地人的品位。

前面介绍文化的热点要素时，我们说到了颜色。颜色也是很重要的方面，最常引用的例子是在西方黑色代表哀悼，而在东方白色代表哀悼，这对外观的设计会产生影响。音乐也很重要，特别是在广告和促销活动中。很多非西方文化使用在西方不适用的音乐，但这对非西方文化成员来说具有标志性的意义。应该努力理解这些具有代表性、标志性的非本土音乐，然后将其应用在销售中，发挥其独特的积极优势。

宗教观念

物质文化和审美观念是文化的外在表现，显示了在特定的文化背景下消费者进行着怎样的行为活动。在海外进行销售的公司必须清楚消费者产生这种行为活动的原因。通过一种文化群体中的宗教，就可以理解文化成员的行为模式。我们以印度教和伊斯兰教为例加以说明。

印度人口中 85% 信仰印度教，其生活方式也和宗教所提倡的一样，虽然宗教本身只是一种哲学理念。要想了解印度文化，理解印度教的教义非常重要。印度教教义的重要内容包括：种姓制度、家庭成员的关系、对牛的尊敬。任何与印度教教义相冲突的产品或者销售活动几乎没有成功的机会，因为印度教教义已经在社会中根深蒂固。

伊斯兰教将《古兰经》作为根本经典，只要是《古兰经》当中没有提到的事信徒都会拒绝。伊斯兰教中的一个重要信条是，任何事情的发生都是神的旨意。这种信条有时会限制可能发生的事物变化。所以，试图进入这种文化背景市场的企业必须考虑清楚何时引进新的产品或服务以及如何进入市场。

一个公司必须知道国外市场的宗教区别，并做好准备改变销售方式和产品。

教育水平

通过分析市场上消费者的教育水平，公司可以了解不同国家消费者深层次的、更为复杂的特征。

在海外营销一种新产品时，公司需要教育消费者使用，告诉消费者其产品的用途和带来的好处。这样的信息沟通能否成功很大程度上受制于该文化背景下人们的教育水平。如果大部分消费者是文盲，那么公司的广告、包装甚至是标志都需要改变。原先用文字说明的产品信息也需要改成更为简单的图表形式，以适应特定文化下人们的教育水平和技能水平。

语言

文化的语言特征是很重要的。例如，如果你对一种文化中语言深层的含义不熟悉，你对文字的理解和翻译就会出现严重错误。如果品牌名称是标准化的英语形式，那么其在其他国家中就可能有不受欢迎的含义，或是在某些语言中难以发音。关于不受欢迎的含义有一个例子，就是劳斯莱斯公司（现在已经被劳斯莱斯否认）的"银色影子"（Silver Shadow）在德国销售时几乎被传成了"银雾"（Silver Mist），而这个"银雾"在德语中的意思是"最不幸的事情"。难以发音方面也有一个例子。一种洁诺牌（Signal）牙膏被叫成了盾牌（Shield）牙膏。"Shield"这个词的发音重音在"i"这个字母上，但在其他国家，它的发音重音在"e"上。这是很多公司的产品在不同国家、市场中的名称不一样的其中一个原因。再如，清洁器品牌"CIF"在其他国家被叫成"JIF"；除臭剂品牌"Lynx"在一些国家被称作"斧头"（Axe）。

了解国际销售中的语言问题

国际销售中的一个关键因素是对外语水平的要求。正如前联邦德国总理威利·勃兰特（Willy Brandt）所说："如果我向你推销，我会讲英语，但如果你向我推销，你必须讲德语！"

销售人员同样需要懂得外国语言和无声语言之间的细微差别。销售人员要知道在日语中"是"通常意味着"不是"，但在汉语中"不是"经常意味着"是"。下面的这个例子就表明了无声语言的重要性。

一个欧洲的销售人员拜访了一个沙特阿拉伯的商人，准备把一个机器卖给这个商人。商人给销售人员冲了一杯咖啡，但销售人员礼貌地拒绝了（因为他刚喝过咖啡）。销售人员坐下来，跷着二郎腿，露出了鞋底。他用左手递给商人产品资料，询问了商人妻子的情况，还强调了要迅速做出购买决定的需求。

不经意间，销售人员触怒了商人多次。销售人员拒绝了主人的好客，表现得缺乏尊重，使用了"不清洁的手"，显得过分随便，并且对主人表达出了不耐烦。虽然商人应该能意识到销售人员并不是有意的，但是销售人员的处境已经不妙了。

资料来源：Based on Cateora, P. R. and Graham, J. L. (2006) *International Marketing*, Maidenhead: McGraw-Hill; Egan, C. and McKiernan, P. (1994) *Inside Fortress Europe: Strategies for the Single Market*, Wokingham: Addison Wesley.

社会群体

社会群体由于文化的不同而表现出差异。最主要社会群体的基础是血缘关系，在很多欠发达国家，这样的群体通常以一个扩展的大家庭形式呈现。在这种社会文化里，公司必须意识到扩展的家庭意味着购买决定是由一个更大的决策单元以多种不同的方式做出的。在海外销售的公司往往很难确定购买决策的销售单元（如是家庭、大家族还是个人？）。

在很多亚洲和非洲国家，社会群体往往存在于各个部族或部落中，这对于市场细分来说是一条很有用的线索。在许多国家，社会阶层划分非常突出也非常根深蒂固，如印度的种姓制度。销售公司必须了解社会群体之间的文化差异，特别是当销售的目标对象是群体人口中一个特殊的小群体时。

政治因素

文化包括特定群体所有的行为活动，如法律、政治、经济等因素。民族问题和与政府打交道通常被视为海外销售的重要问题。大多数政府都在经济系统中扮演着管理者的角色，或者直接参与。比如在印度，经济中的某些部门完全被政府企业垄断。

政府立法和经济政策会直接影响公司的定价决策和资金决策，以及关于产品和促销的法律法规。还有一些对海外销售战略有影响的因素，包括民族主义、国际关系、政治稳定、资本主义、民主制度等。

广告法规的主要类型涉及：
- 副产品广告和药品广告；
- 比较式广告；
- 广告信息的内容；
- 目标对象为儿童的广告；
- 其他类型的广告法规，涉及语言问题、税收问题等。

公司可以依靠一些辅助策略来实施广告监管，包括：
- 法规实施过程跟进、设立待立法案；
- 拍摄早期广告活动记录；
- 游说活动；
- 在法庭上挑战相关法案；
- 调整营销组合策略。

一般文化态度和价值观

在一些文化背景下，销售或贸易是不被认可的。在国外销售的公司也许会在招聘合适销售人员时，或者通过分销渠道销售自己产品的过程中遇到困难。很多东方文化将精神价值放在物质价值之前。

不同的文化还有不同的"时间观念"。一个经常被引用的例子是，在拉美文化中，销售人员通常需要为一个商谈而等待很长的时间。在英国，这种事情会被视为异类，或者至少被认为做事态度不好。如果一件事情的回应或反馈出现了推迟或拖延，会被认为这件事情的优先级很低，不那么重要。然而，同样的情况在西班牙则有不同的含义，因为在西班牙文化中，亲密的家庭亲属拥有绝对的优先权。无论是多么重要的业务，如果家庭成员有事情，非家庭成员就要一直等下去。在西方文化中，我们在商务方面习惯了截止日期，而在一些中东文化中，截止日期有时会被认为是一种侮辱，这样的行为会使海外的销售人员失去订单。

空间的概念在不同的文化中也有不同的含义。在西方，总裁的办公室面积大小通常是一种社会地位的表现。但在阿拉伯文化中并不是这样，总裁的办公室面积一般和普通雇员的一样。另外，销售人员对面对面交谈的方式也需要非常小心。在西方世界中，人与人之间的业务谈判需要保持一定的距离，一般要在两米左右。在中东和拉美国家，人们讨论业务时的距离会非常近，有时会有身体上的接触，这会使很多西方销售人员感到很奇怪。

中国的文化和销售谈判

文化的差异意味着销售人员需要对海外客户的文化习俗表示尊重，并且还要相应地调整自己的言谈举止和思想观念。当与中国人进行销售谈判的时候，到访的销售人员可能会被邀请参加长时间的宴会。这种宴会一般从中午或者晚上开始。宴会上，敬酒是非常频繁的，如果销售人员表现出一点点醉意的话，中方的主人会认为作为客人的销售人员吃得不错。

在中国，谈判协商需要的时间通常比西方国家长。在一些西方国家，谈判迟到是一种可以接受的行为。如果是在中国，这样的行为会让销售人员"没面子"，这在中国文化中是很严肃的事情。在销售谈判时，来访的销售人员要避免让中国人处于一种比较尴尬的境地，这会让中国人觉得"没面子"（比如，让他们觉得他们什么也不懂，对谈话内容很陌生等）。中国人在"亮出底牌"前会尽可能收集更多的信息，避免表现得一问三不知而"没面子"。商业中的友好关系应该建立在和谐友好的态度基础上。商业关系是合同能否被接受的基础，就同法律文件是合同成立的基础一样。

很多销售人员在进行海外销售的时候很容易陷入自我参照标准的陷阱中。他们会无意识地认为自己国家可以接受或者是被特别看好的东西在其他国家也具有相同的价值。为了避免这样的事情发生，销售人员需要培养海外销售所需要的各种特殊技巧。

在中国的经商环境中，一个很重要的点是所谓的"关系网"。关系网就是销售人员与社会上的其他人基于相同的兴趣偏好或者共同的利益形成的社会纽带和各种各样的联系。这里，"关"的意思是门槛、障碍、壁垒，"系"的意思是纽带、联结。所以，"关系"就可以理解为"跨过一系列门槛、障碍，然后建立紧密的联系"*。

卖家和买家的联系通过合作、买卖活动逐步建立，包括多种类型。"关系"的重要性我们会在本章末尾的案例练习中举例探讨。

销售人员通常希望在订单完成后建立关系。对于中国人来说，签订一份合同仅仅是商业关系建立的开始。他们希望双方在未来的交易活动中能够保持合作，遇到困难时能够共同解决。

资料来源：Based on Bradley，F.（1998）*International Marketing Strategy*. London：Prentice Hall；Jeannet，J. P. and Hennessey，H. D.（1995）*Global Marketing Strategies*. Boston，MA：Houghton Mifflin；Ghauri，P. J. and Cateora，P. R.（2006）*Internation Marketing*，Maidenhead：McGraw-Hill；Wang，C. L.（2007）Guanxi vs relationship marketing：exploring underlying differences，*Industrial Marketing Management*，36：81－6；Barnes，B. R.，Yen，D. and Zhou，L.（2011）Investigating guanxi dimensions and relationship outcomes：insights from Sino-Anglo business relationships，*Industrial Marketing Management*，40（4）：510－21. * Leung，T. K. P.，Chan，R. Y.-K.，Lai，K.-H. and Ngai，E. W. T.（2011）An examination of the influence of guanxi and xinyong（utilization of personal trust）on negotiation outcome in China：an old friend approach，*Industrial Marketing Management*，40：1193－205.

在西方，一般是在午餐或者正餐之后在商人的家里讨论业务。在印度，在家里或者在任何社会场合公开讨论生意是对待客相关习俗规定的一种侵犯。

亚文化的影响同样不可忽视，因为有时候亚文化会成为国家的主导力量。下面是一些例子：

- 民族团体，如讲法语和英语的加拿大人；
- 宗教团体，如北爱尔兰的清教徒和天主教徒；
- 地理区域，例如，对于很多产品来说，英格兰北部和南部被视为独立的市场；
- 种族部落（虽然很多国家是不接受这种形式的，但在很多国家尤其是发达国家，仍然有很多小的族群部落，如罗马尼亚的吉卜赛人族群）；
- 社会阶层，如印度的种姓制度。

文化变革

对于遵从海外市场观念的公司，如果想要通过满足目标市场的需求来获得利润，必须和影响人们看法和价值观的文化环境变化保持同步，这种变化还会间接影响人们对产品和服务的需求。在当今社会，关于债务的价值和看法早已发生变化。债务已经不再代表耻辱，而是伴随着全球对信用卡的接受成了我们日常生活的一部分。社会的道德观也发生了变革，我们对各种类型的娱乐活动的态度更加包容、开放。市场中产品和服务的需求情况可以反映这些价值观的变化。公司需要知道其产品可能在某些海外市场是过时的，这并不是由于产品的技术落后，而是由文化的变革导致的。

公司跟不上文化的变革不仅仅体现在现有产品的层面，公司可能还会由于不了解文化变革的大趋势而丧失某些新的机会。文化变革对于那些与海外文化打交道、寻求更快工业化进程的公司来说，有更为特殊的重要性。在这种环境下经营发展的公司有必要时刻关注文化的变革趋势，并在必要的时候做出相应的改变。这种公司不仅要对目标市场所在国家的经济、法律和政治的具体情况相当熟悉，而且要了解当地文化中更微妙的、无形的价值观和语言内容。

国际销售组织

建立国际销售的组织结构的过程是非常复杂的，需要做出的决策包括对生产、销售做出有序的安排，对国际化经营的各个职责进行分配等。每个问题都会涉及很多解决方案，而哪些方案可以采用则要根据各个公司的实际情况决定。

一些公司在国际贸易中的参与度非常高，国际销售是公司营业额的主要来源，另一些公司则简单地接一些出口订单。**跨国营销**（multinational marketing）、**国际营销**（international marketing）、**出口**（exporting）这几个概念是有区别的，我们现在对其进行详细讨论。

1. 跨国营销指的是那些业务倾向、生产车间和办公地点遍及全球的公司。虽然它们的战略总部可能在母国，但是它们的业务所涉及的各国之间的经营是完全独立的。跨国公司在它们的目标国家生产和销售产品,这样的跨国公司如壳牌、福特、可口可乐、微软、麦当劳。跨国公司要想成功,就一定要了解自身的优势和劣势。微软公司的发展史展示了该公司的光明面和黑暗面。

2. 国际营销指的是那些为了进入海外市场制定战略决策的公司,它们要对公司组织进行合适的调整,采取不同的营销组合策略。

3. 出口指的是公司生产部门的其中一个前端,在这个层面上,出口主要涉及只把出口作为一种外事活动的公司,其出口产品的收入还不到公司全部营业收入的20%。

市场覆盖率指的是企业覆盖的一个国家的部分地理区域,也可以是一个国家零售点的数量(相对于所有零售点的比例)。对于参与国际销售的公司来说,有三种提高市场覆盖率的方法:

1. 密集型。
2. 选择型。
3. 独立型。

无论公司在海外销售中采用什么样的组织形式,有一个高级经理负责出口业务都是非常重要的,他能够提出建议,对员工产生影响。

微软的灵魂

史蒂夫·鲍尔默(Steve Ballmer)(2001年1月到2014年2月担任跨国公司微软的CEO)画了一张很有趣的微软的灵魂图。鲍尔默在给西雅图总部的员工展示这张图的时候说,微软公司有光明的一面,也有黑暗的一面。

光明面

● 公司是一家"高智力"公司。公司里不乏最聪明的人。
● 微软的"爱,爱,爱"技术。
● 竞争很激烈。
● 公司的内部员工很坦诚,有自我批评的自觉性。
● 公司由一个人统治。"一个伟大的人,一个伟大的想法。"

黑暗面

● 内部的竞争太激烈了。各部门都把其他部门当敌人。
● 公司有时过分关注过失。
● 对"杰出的领袖"过度依赖。
● "武断大于果断。"
● 缺乏团队合作。

资料来源:Adapted from an article by Dominic Rushe,*Sunday Times*,23 June 2002.

在国际销售的组织模式选择上,存在**间接**(indirect)和**直接**(direct)两种不同的观点。这里提到的都是海外销售组织采用的更普遍、更一般的形式。对于海外销售组织模式的选择,公司考虑的主要因素有:海外业务占总营业额的比例、产品的性质、每种组织形式的优势和劣势。选择组织模式没有固定的套路,关键是要随

机应变，因地制宜。我们首先讨论国际销售中的间接方式。

中间商的类型和选择

据统计，仅仅是海外公司的代理商和分销商，就负责着世界上海外贸易一半以上的业务。中间商这个术语指所有在卖家和买家之间提供各种相关交易服务的人和组织。

极少数的生产商能在没有某种类型的中间商参与的情况下完全覆盖一个市场。公司与哪种类型的中间商合作及采用什么样的政策对公司在市场中的生存发展至关重要。

中间商可以扮演一系列的职能角色，包括：

1. 产品存货的管理；
2. 创造需求；
3. 实物分销；
4. 售后服务；
5. 为客户进行信用延伸。

代理商

代理商（agent）是指代表另一方公司的公司或个人，它是海外中间商代表的主要形式之一。代理机构最常见的形式是代理商，它们是独立的经营者，在收取佣金的基础上代表一个出口商获得订单，而出口商相应地就是委托人。代理商还代表采购方，有些还专门承担某些特定的业务，比如运输产品、销售产品、广告、市场调查。

代理机构或者代理商的选择一般来说可从以下三个方面入手：

1. 本土广告代理商。这种类型的代理商在公司海外的特定文化背景下做产品广告，在需要调整广告的内容和呈现形式时起作用。这类代理商的缺点是，与公司在海外进行其他类型的合作活动时比较困难。

2. 公司自有代理机构。这种形式的主要缺点是，由于代理机构在外地，需要开发、投入很多当地资源。另外，自有代理机构可能和母国总部的联系不够密切。

3. 在多个国家具有分支的跨国代理机构。这种机构可以与公司在海外进行合作，顺利举办各种活动。

在指定合作代理商的时候一定要非常谨慎，进入海外市场的公司要调查代理商的信誉和财务状况。代理商可能会有其他利益或立场，公司应该确保这些利益和立场不与本公司发生冲突。代理或代理商通常是海外经营的重要方面，海外销售代理商的成功很大一部分源于其能力和承诺。鉴于代理商的选择必须慎重，诸如银行等机构也会提出建议，帮助公司选择代理商。评价代理机构的适用程度时，对以下问题要得到明确的答案。

1. 代理机构是什么时候建立的？
2. 代理机构还有哪些利益相关方，也就是说还为哪些其他公司做代理？
3. 代理机构能否保证市场覆盖率达标？
4. 代理机构在商业圈里的地位如何，特别是信誉、可信度方面？
5. 代理机构的人或团队能否胜任公司的业务执行？

6. 公司能和代理机构展开合作吗？

7. 代理商是否有执行业务必需的资源，包括财务、运输、办公条件、仓库、人力等方面？

8. 代理机构能否提供技术支持、售后服务（如果必要的话）？

以上问题并没有涉及所有的方面，根据市场、行业和产品种类，还有更多必须考虑的细节问题。一旦找到合适的代理商，就应该保持对其运营情况的监督管理。公司在与代理商正式签约之前，通常需要一个试用期。

对代理机构的培训对海外销售中的间接销售是非常重要的，特别是技术含量高的产品。如果对产品和相关的技术知识缺乏了解，代理机构可能很难与专业的采购者进行有效的谈判，因为采购者可能是某个领域的专家。对代理机构的培训可以在委托公司的生产车间中进行，这应该成为合同协议中必须履行的一个义务。培训需要具有一定的连续性和连贯性，并且在内容上不断更新和完善，特别是在公司开发了新产品，或者技术发生快速迭代升级的情况下。

委托方在本国召开的销售人员例会和聚会也可以用于培训，并可以作为一个解决特殊问题、讨论未来销售促进的论坛。这种会议同样具有社交功能，将代理商聚集在一起，相互交换意见，讨论各种问题，产生一种归属感。

一旦选定了合适的代理商，就要培养相互之间的商务关系。许多公司将选定一个优秀的海外代理商视作自己参与海外市场的一种手段。事实并非如此，因为委托方本身也必须主动参与。如果委托方与代理商的关系是成功的，那么它必须建立在合伙人关系和合作的基础上。委托方应该派人拜访国外市场的代理商，为代理商创造有价值的、重要的感知，给予代理商归属感、精神鼓励。这样的拜访也会使代理商了解委托方本国的情况及产品的进展。与此同时，委托方会从代理商处得知竞争状况、海外商业环境、新产品销售和促销活动的反馈等各种有价值的市场信息。所有这些都会使委托方更好地了解海外市场的动态，及时对销售战略做出相应的改进。

委托公司帮助代理商与重要的大客户进行谈判，提供特殊的折扣、信用贷款等权益，确保商业活动的顺利进行，辅助代理商的工作。委托公司对代理商的拜访频率取决于市场的重要性、代理商的能力、与委托公司本部的距离。对于那些重要的市场，应该提高拜访的频率，特别是那些需要技术性支持和提供售后服务的市场。

在某些情况下，代理商可能会缺乏安全感，因为很多委托公司都把代理商看作临时服务海外市场的工具。一旦海外市场成熟或者委托方已经熟悉海外市场，代理公司就可能被解雇，进行直接销售或者建立子公司。从这个角度来讲，代理商的过度成功有可能意味着自我毁灭。为了防止这种情况发生，代理商会招揽很多辅助代理商，但这样会使工作变得分散，还可能引发利益冲突。一旦证实了某些代理商存在这样的问题，就可以签订一个长期协议来专门解决这种问题，或者在原合同协议中加入一个逐步解除合作关系的条款。对于后者，代理商通常能做出更大、更有价值的贡献，也就是说，建立一个新的子公司或者管理这个公司。这样一来，对现任和前任代理商的公平对待就提高了委托公司的信誉度，表明委托方是公平的、友好的，这还可在未来的海外市场销售表现中得到证明。

梅里特和纽威尔（Merritt and Newell，2001）的一项研究[7]提出了委托公司为吸引优秀的代理商应该具备的标准，这些标准同时也是代理商评估优质委托方的标

准。这些标准表明了委托公司应该在哪些方面优于或领先其他委托公司。标准共有
十条，如表 5 - 1 所示。

表 5 - 1　销售代理商评估委托方的十大标准

1. 委托方对代理商的忠诚度
2. 产品质量
3. 委托方的信誉度
4. 地域排他性
5. 订单确认的时效性
6. 潜在的销售额增长
7. 委托方与代理商的配合默契度
8. 委托方对投诉的处理能力
9. 佣金或奖励的结构形式
10. 委托方的态度

资料来源：Merritt，N. J. and Newell，S. J.（2001）The extent and formality of sales agency evaluations of principals，*Industrial Marketing Management*，30：37 - 49.

分销商

分销商（distributor）的角色与代理商不同，分销商实际上是在进行产品的买卖交易，而代理商则是通过劳动工作获得佣金。类似于代理商，分销商通常是一家当地的公司或者个人，对当地市场的需求信息非常熟悉。它们熟悉当地的商业惯用模式和风俗习惯、市场结构、各种各样的社会文化因素。分销商与代理商的不同在于：

（1）能够独立处理存货，获得收入；

（2）通常能够大量批发购买，节省运输成本；

（3）扮演委托人的角色，在商业和法律上对市场上所有类型的交易负责；

（4）扮演企业家角色，在产品采购和销售的过程中承担风险，如市场需求下降或货币政策波动；

（5）在某些情况下也会提供售后服务。

与分销商合作的公司经常抱怨的一个问题是，由于分销商是独立的公司，独立地经营组织，所以向顾客销售产品的最终价格的决定权在它们手里。如果销售产品的价格是成功的决定因素，那么生产商就只会与那些与生产商共同制定销售价格、共同制定加价协议的分销商打交道。

与代理商类似，生产商和分销商的良好业务关系也非常重要，双方必须对这种关系做出承诺。虽然分销商是从生产商那边购买产品，然后加价转销出去，但它们扮演的并不仅仅是顾客的角色。生产商依赖分销商实现自己的销售目标，但也需要考虑到分销商是独立的公司，有自己的销售目标和相关利益。提供给分销商一些技术支持、销售支持也会给生产商带来利益。和代理商一样，分销商也可以胜任收集市场信息、报告市场趋势及市场发展情况的职能角色。

赫林森（Hollensen）提出了关于对国际销售的分销商进行评估、管理和发现问题的指导性建议[8]：

● 主动选择分销商，不要让它们选择你；

● 寻找那些可以开拓市场的分销商；

- 将当地的分销商发展为长期合作伙伴;
- 以资金、人才、市场战略的思想为即将进入市场的分销商提供支持;
- 确保分销商能为你提供市场的详细信息和明确的销售现金流数据;
- 尽早使各个分销商建立联系;
- 在营销策略上实施控制。

公司评价海外分销商的五个方面如图 5-2 所示。

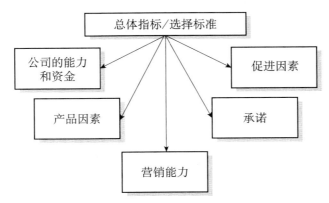

图 5-2 公司评价海外分销商的五个方面

公司需要权衡一下,是在海外市场的各个地域与大量的小分销商合作,还是与少量全国性的大分销商合作。与大量小分销商合作的优势在于覆盖面广,可以应对由地域文化和商业管理模式在各个区域的不同造成的影响。与少量的全国性大分销商合作的好处在于能够带来规模经济,因为这些分销商可以一次性承包大批量的产品销售。

也许在某些情况下,还需要和某些分销商达成独家协议,否则它们会为了自己的利益,向消费者销售竞争对手的产品(如果有更高边际利润的话)。

特许经营

特许经营(licensing)是另一种公司可以考虑在海外市场实行间接销售的模式选择。如果公司拥有一种属于自己的产品或生产线(最好有专利权的保护),而国外的某家公司想利用这种产品或生产线进行复制生产,就产生了特许经营。当公司想要打入海外市场并占有一席之地,或者公司的产品想要进军海外市场而难以出口的时候,这是一种很好的选择。在这种情况下,直接的销售方式和采用代理和分销商的方式就不切实际,或者说进口的关税或者其他类型的壁垒导致产品的出口存在无法逾越的障碍。

生产商在海外建立子公司的成本可能太高,或者当地的政局可能不稳定。特许经营避免了公司海外资产被盗用或者贬值的风险,在某些情况下,生产商在海外建立子公司很难将赚得的利润汇回国内。在产品需求量很大的市场区域,运费成本相比于产品的单位收益太过高昂,特许经营或许是唯一能够以一定的溢价来产销产品的销售方式。如果一个公司拥有一个非常好的产品提案,但是由于缺乏资金难以独立扩张和开发更多的市场机会,特许经营可以让公司获得一定的利润,更确切的说法是特许权使用费,从而无须寻找稀缺的融资资源。

特许经营的主要问题是,如果特许协议的签订对象处于政治敏感地区,那么出于种种原因，应付的特许权使用费可能无法支付。这对于特许经营来说是很危险的事情，所以特许经营商的选择要非常慎重。关于应对这种情况，有两条建议：第一，保证特许经营协议中含有特许经营商需要从生产商处获得某些必要的产品元件的条款，如果在付款上出现问题，那么可拒绝发送产品元件；第二，如果特许经营销售的是科技领先型产品，那么有可能这种产品还会随着技术的革新而不断更新换代，如果在付款上出现问题，生产商可停止提供最新的技术改进和更新内容。这两条建议其实指出了特许经营的缺点，然而绝大多数特许经营都会出现这两条建议中的情形。所以更好的回答是，在一个政局比较稳定的国家或区域选择特许经营商（即使这样也存在问题，也许出口是比特许经营更好的销售方式）。

假设达成了一个特许协议，那么就需要进行常规核查，因为被特许产品的质量和确定的质量标准应该成为特许协议的一部分。

出口公司

出口公司（export houses）是另一种生产商拥有属于自己的出口部门的形式。出口公司以总公司母国为基地，代理总公司执行海外销售活动，采用自己的代理、分销或其他中介机构等。对于在海外经营受限的小型公司来说，出口公司是一个不错的策略选择，但是直接参与所需的费用无法得到担保。出口公司对于大公司来说同样适用，当大公司对一些小型海外市场的参与度不高时，或者在一个海外市场发展到足够大之前，可采用出口公司的形式，这样可以确保公司的海外经营收入。

生产商可以将部分或者全部的海外经营业务委托给出口公司，也可以将实地销售的任务委托给出口公司。这样来看，出口公司的灵活性很强，能提供一系列的服务：

1. 出口代理——代表生产商处理金融和贷款协议问题；
2. 工厂代表——代表生产商，派出一位销售经理监督分销商或者销售公司的销售活动；
3. 在海外市场收集市场情报；
4. 处理出口程序和文件；
5. 帮助选择代理商、分销商、销售公司；
6. 确认订单——确认海外购买者已经支付订单的款项，付给了生产商，并得到了佣金，尽管这种情况下出口公司并不实际向生产商付款，而只是确认应付款项和债务。

以上是出口公司提供的服务，我们现在讨论一下生产商采用出口公司的原因：

1. 生产商缺少执行海外经营和销售所需的资源；
2. 当海外销售的规模较小时，生产商亲自经营并不能带来利润；
3. 出口公司在某个国家或者行业中拥有特殊的经验；
4. 生产商大部分只参与生产活动，缺少市场、销售方面的知识。

出口公司这种模式同样存在缺点，主要是缺少和市场直接接触的机会。生产商在跟进海外市场的发展和变化时也存在困难，难以及时针对变化做出调整。

以上讨论了几种海外销售中通过不同类型的中间商进行间接销售的方式，接下来我们讨论更加直接的销售方法。

海外销售的直接手段

子公司

子公司（subsidiary）可以是生产型公司，也可以是销售型公司，或者两者兼有。销售型子公司通常可以取代代理商和分销商，招聘自己的员工。在特定的情况下，公司可能会创立自己的销售组织，且无须大量投入。通常的做法是，公司最开始是一家代理商，管理自己的销售团队，团队人数不多。一旦开始有利润，公司就能自给自足，最终扩展到生产环节。

上面只是一个概述。销售型子公司可能需要大笔的投资，而且会超过很多公司承受的限度，特别是在必须提供售后服务且需要储备大量零部件的时候。生产型子公司则包括从组装车间到完整的生产单元的各个部分。

在产品的批量很大且运费很高的时候，一个简单的组装车间的作用就非常明显。通过在当地建立组装车间，最终的运输成本会减少，因为运输组装零部件的集装箱要比运输大批的成品更经济。另外，雇佣当地的劳动力会给公司创造声誉，这有利于公司进一步拓展市场。

在海外建立子公司的理由因不同的公司类型而有差异，但是下面几条很重要：

1. 生产能力。当海外市场扩张时，公司会发现市场中存在的问题，这些问题与本国市场不同。

2. 非关税限制。当这些限制存在的时候，建立子公司或许是唯一能够避开限制的方法。很多国外的政府会向企业提供许可和优惠政策，允许其他国家在自己国家建立生产基地，而且更愿意采购当地生产的产品。在某些情况下，对进口的限制方式包括一些很复杂的、不必要的安全规定和包装规定。

3. 成本。劳动力成本和设备成本在海外往往更便宜，建立海外生产基地会节省公司的运输成本。

4. 明确的进口产品限制。当这种限制存在的时候，建立生产型子公司或许是进入或者驻扎海外市场的唯一方法。

当子公司建立起来以后，子公司一定要能够在当地的法律和税收规定下获利，并且允许母公司从中抽走利润。在承担风险建立子公司之前，一个很明智的做法是从代理商和分销商处讨取一些经验。很多母公司从以前的代理商和分销商那里雇佣员工，将其作为自己公司的核心成员。

虽然建立子公司会让母公司承担用特许经营方式可以避免的风险，但是这种方式会给母公司带来最大的潜力。不仅限于上面提到的四条原因，母公司还可以给子公司提供商业经验和各种资源。其他优势包括公司直接雇佣的员工相比中间商雇佣的员工更容易被激励，母公司对子公司的控制力更强，毕竟这是一种直接的控制模式。不利之处在于海外市场经济和政局方面的不稳定因素难以避免，这些是在母公司的控制范围之外的。

合资企业

合资企业（joint venture）是两家或者两家以上的企业共同组成的，在联合的基础上销售产品的公司形式。这种企业出口产品的方式可以是间接的，也可以是直接的。

Planet Rock 是一家英国的古典摇滚音乐无线电台公司，它和另一家制作有声读物的公司 Audible 组成了合资企业。这两家企业表面上没有直接的业务联系，但细究可发现，Audible 很多有声读物的标题风格和 Planet Rock 的听众相匹配，Planet Rock 的听众一般是 35 岁左右的男性。还有一个三家企业进行合资的例子，这三家企业分别是 Burton（一家英国服装零售商）、LoveFilm（线上的 DVD 租赁公司）、第三方公司——Domino 比萨店。这个合资企业瞄准的是年轻消费群体，是25 岁左右的男性。当然还有很多例子，共同点是生产的产品不直接相关，但会成为同种类型顾客的共同偏好。通常，合资企业的架构是：

- 股份有限公司；
- 合伙人公司；
- 合同经营企业；
- 有限责任合伙企业（limited liability partnership，LLP）。

这种类型的企业形式会带来财务上的收益，因为企业共同承担开发成本，但协议成员可能会经常产生摩擦和不一致。

捷豹路虎和一家中国公司的合资

英国的高端汽车生产商捷豹路虎（Jaguar Land Rover）和中国的汽车生产商奇瑞建立了合资企业，在全球第二大经济体中投资了 11 亿英镑。该公司所做的投资包括在中国建立一个新的生产车间，地点在上海附近的常熟市，预计 2014 年投入运营。

两家企业还要共同建立一个新的研发部门和引擎生产线，生产线的模型完全契合中国的本土市场需求。

该公司表示："本合资企业将会继承捷豹路虎公司原有的生产技术、设备生产线技术和相关的生产经验，以及奇瑞公司关于中国汽车消费群体的特征和需求的系统知识。"

这个合资企业名为奇瑞捷豹路虎汽车有限公司，代表了捷豹路虎公司对中国公司的正式承诺，当然中国也成为继英国、美国之后的第三大主要市场。

资料来源：*The Telegraph*，18 November 2012（Angela Monaghan）。

直销

尽管中间商有其优势，但有些企业发现从母国直接向海外市场销售也有很多好处。直销要求公司能够负责和海外市场的顾客建立关系。

直销的方式使价格、贷款、售后服务方面更加可控，这是中间商做不到的。直销的不足之处在于需要更频繁的跑路，缺乏对市场的了解。公司会发现它们很难与市场的发展节奏保持同步，只能依赖于顾客提供市场信息，在这种情况下，顾客会觉得公司不够专业，对市场不够熟悉。对于那些复杂的技术性产品，公司需要提供服务和建议，而且会在市场上安排一名销售工程师作为助理，来消除顾客可能出现的关于公司不够专业的认知。以下五个方面告诉我们直销在哪些情况下是适合的：

1. 特殊的买方。这个时候，买方的订单非常大且是特制的，买卖双方很有可能需要在一起讨论交易的每一个细节，达成一个复杂的合同协议。

2. 持续产品供应。在这种情况下，生产方只需要定期进行访问，针对价格变化问题进行谈判。这样的合同可以自动执行，不需要生产商经常到海外市场露面。

3. 技术复杂的产品，目标市场非常明确。供应商和采购商可以直接讨论问题。

4. 地域上很接近。比如，英国可以直接为西欧的其他国家提供服务，因为交通方便。

5. 顾客少，但每个顾客的订单很大。在这种情况下，交通费用相比于订单的价值微不足道。

对于面向海外客户的直销，有了信任、承诺和理解，公司可以有机会与单个海外客户建立更紧密的关系。这种紧密的商业关系一定是有益的，特别是在生产商对海外市场不熟悉的情况下。在直销的时候，能讲当地的语言相比通过中间商做生意更加重要。销售人员如果想与海外顾客建立亲密的个人关系，就必须对当地的文化、宗教、商业惯例模式有所了解。海外客户签订单时会有很多思想障碍，这就要求销售人员有耐心，逐步打消客户的疑虑。因此，必须强调海外销售是渐进式的合同签订过程，销售人员必须认真计划，逐步培养关系，而非预期快速成功，不要把第一次的"不"当作客户最终的回答。

定　价

运费的考量

价格是营销组合中的一个元素。在国际市场中考虑定价因素时，原理是类似的，需要考虑的因素包括：生存率、长期和短期利润、市场份额、撇脂定价或者渗透定价、产品差异化，以及为防止新的市场进入者设置的壁垒。

在国际市场上，还需要考虑一些其他因素，其中最重要的一个潜在因素是将货物运到目的地途中的物流问题。这包括为让产品经受住长期的海运而设计的额外的包装，虽然集装箱可以整体租赁或者部分租赁，但还要考虑产品到底是否适合集装箱运输的问题。空运是运输货物的快捷渠道，特别是那些易腐的产品，或者与体积相比重量较轻、价值较高的产品。

当货物到达最终的目标市场时，产品的价格中一定含有运费，运输成本要算到总成本里面。正是出于这个原因，很多生产商倾向于接受利润低的出口订单，以便产品定价更有竞争力。出口订单的产品报价有时仅仅是出厂价，不包括到达最终市场的运费。对于不同的报价方式，有专门的合同法来进行规定，这部分内容会在第6章讨论。

进口的考量

产品在进入海外时要缴纳进口关税，这个因素在定价时也需要考虑到，它在产品进入市场以前是一个附加成本。进口的考量因素包括对特定产品进口配额的限制，在一定时期内，进口产品的数量是要受配额限制的。这时，进口国会为了挣得额外的收入，将配额卖给出价最高的投标者。有时还需要进口的特许证明，除了成本开支之外，还要与进口国政府开展长期的谈判。这个过程是非常繁复的，只有拥有大规模国际贸易业务的企业才有能力处理这样的细节。对于小公司来说，运输和代理商的选择才是主要的，这些都是产品成本的重要组成部分。

采购同盟

大公司具有内部资源优势，它们能够形成遍布全球的采购同盟，这种同盟可以在大公司之间、在一个跨国生产组织的内部或者在自己的子公司之间形成（后者的含义将在下一个部分进行讨论）。这样的同盟成员可以采取相互贸易的形式（见第 10 章）。另外，一些公司（如汽车行业的公司）可以互相采购零部件，如一个公司购买另一个公司的引擎，装在自己生产的汽车上。这种形式对国际销售的影响是自由竞争受到阻碍，这种同盟不能进入某些市场。销售公司应该对这种同盟形式有所了解，避免把时间浪费在开发没有结果的领域。还有一种说法是，这种采购同盟没有一直存在的必要，所以销售公司应该通过市场情报实时了解同盟什么时候可能解散，在这方面销售人员是可以胜任的。

转移定价

这也许是国际销售定价方面最有趣的话题了，但这个话题是存在争议的，因为如果发现公司正在滥用其竞争优势和地位，公司会受到征税机关对关税、货物税等方面的深入调查。这对大型的国际化公司具有特殊意义，因为它们的生产基地、组装基地通常位于不同的国家。

转移定价通常是在产品元件或成品在不同国家的生产和组装车间转移时起作用，并作为生产和营销过程的一部分。不同国家的进口关税和公司税的税率不同。所以，国际化公司想要从公司税较低的国家获取尽可能多的利润空间。实际上很多国家都有"免税期"，为在当地建立生产基地的外国公司提供一段特殊时期。

当产品元件从一个国家转移到另一个高关税国家时，公司在这些国家都有生产基地，通过设定较低的转移价格将进口税降到最低。产品元件也可以转移到公司税高的国家，以较高的转移价格将利润降到最低。另外，半成品或者成品可以以高价进入一个国家，由于货币汇率的限制或者币值不稳定等因素，在那里利润很难转移，从而压低了该国生产或者组装车间的利润。

考虑到转移定价的方法可能会被滥用，我们能够看出关税、货物税的征税机关对这样的价格设置有某种程度的疑虑。

日本——一个国际销售的案例

本章的学习目标不单纯是为国际销售和出口提供一个一般性的方向指导。目前，我们已经对出口为国民经济和单个公司带来的益处做了详细的讨论，还对各种国际销售的组织和文化问题做了探究。其实，一个想要出口的公司可以直接使用我们提供的具体信息，这就是我们接下来要讨论的关于日本出口的一个案例。这些是从《销售管理杂志》（*Journal of Sales Management*）的一篇论文中获得的，本书的第二作者曾是这个杂志的编辑。[9]

在日本，销售的成功离不开对顾客和当地商业模式的敏感度和耐心程度，这并不是每个西方销售人员都能认识到的。日本的商业活动仍然以儒家思想为指导，以文明、礼貌、寻求建设性的双方关系为核心，成功的商业活动跟随这种关系而建立。

在很多情况下，日本人和西方人的反应是不同的。很多时候，日本人努力克制自己的情感，因为日本的文化美德之一是遇到突发的坏消息时，不能把震惊、窘迫的负面情绪挂在脸上。如果是严重焦虑的情况，最多只允许面无表情，这也是日本的武士道精神所着重强调的。另外，不仅是负面情感需要克制，在公共场合中表露出的快乐情感也要有所控制。女人在笑的时候必须捂住嘴，男人只有在喝酒的时候才能表现出他们真正的快乐（吐槽和抱怨），日本文化中酒精可以使他们放松约束，尽情表达自己。因此在日本的公共场合，扑克牌脸是相当普遍的。这就是说，对日本人的反应要有敏感的察觉力，因为从表面上很难看出他们的反应。

另一个值得注意的方面是羞辱行为在日本是不可饶恕的。所以说，一定不能把你的日本对手置于一种接受责备或批评的立场上，比如你的日本对手的项目出了问题，或者推迟了等。这样的特点对于销售来说有两个元素具有重要的影响：处理异议和销售结算。日本人在表示反对时很少采用直截了当的方式，因为礼貌要求不能让对方丢面子。对于销售结算也一样，进行结算（也就是试图让日本人签单）会让日本人处于这样一种境地，如果拒绝，他们会关心销售人员会不会因此丢面子。巧妙的销售手法、推销技巧手段和日本人的性格是冲突的，这和日本人的谈判精神背道而驰。

在一些国家，对人们在商业活动中或公司中取得的成就进行直接的表扬和赞赏是很正常的，但在日本，不管什么形式的恭维和赞赏，都要用间接的方式。意思就是，不对一个人的品位、思想进行直接的赞扬，而是提出另一个特定的问题，然后从问题中挑出能反映一个人的思想和见解很精明独到的方面来强调，从而加以赞赏。

关于回复的问题，日本公司往往不会对请求建立商务关系的书面信函做出直接的回复，但这并不意味着缺乏兴趣。有许多原因可以解释这种回复的延迟。一般来说，是因为做出决定的过程比较缓慢。日本公司习惯于和供应商进行面对面的接触，这和它们在日本做生意时通常的做法相同。

个人的推荐通常要经由第三方，而不是通过像电话这样的媒介来约定一次会面。第三方的中间人会向双方解释两人的见面大概讨论什么样的话题、对方来自什么样的公司、在公司中的职位。因为两个人事先对对方有一定的了解，相比于未经介绍的人直接见面，两个经过介绍见面的日本商人更容易听取对方的意见。

在日本建立成功的商务关系的关键是建立成功的个人关系，世界上没有哪个地方的商务关系和个人关系像日本这样如此深地交织在一起。但是，这种友谊是公开的。随后，这种友谊要经历艰难的进展，共同承担风险，共同取得利益，而且取得利益的过程非常艰难。在日本两个人友谊的形成需要更长的时间，比西方的友谊更深入、更持久，所以这样的个人友谊也延伸到了商务关系当中。举个例子，在经济衰退时期，一家大公司会对它的供应商和外包商承诺继续下单订购，希望能够顺利渡过这个艰难的时期。这就意味着公司所面临的商业结构分为两个部分，一个是建立的个人友谊关系，另一个才是下一阶段的商务谈判。

对于西方人来说，日本人的商业模式显得太过正式，拘泥于形式。这种感觉在某种程度上是正确的，但是商业模式只是日本文化中关系形式的一种表现。在所有的社会中，第一次和某人见面的仪式都是很重要的。第一次见面可以建立并表示一方已经认可了与另一方最初的联系。同时，第一次见面也是触犯底线最有可能发生的时候，这样会造成持续的伤害。

非口头交往中最有力的形式之一是衣着打扮。日本商人通常的商务服饰是男士着黑西装和女士着朴素的服装。很多和外国商人有交往的日本商人会期待外国人的着装在一定程度上有变化。这不是说外国人需要模仿日本人的着装习惯，但他们至少应该避免在着装风格上走极端，否则会引起不安的情绪。比如说，宽大的衣服会让日本商人有一种很混乱的感觉，他们会认为外国商人并没有把他们当回事，或者认为外国商人没有认识到在着装上下功夫也是一种认真、正式的体现。

在每次的会议开始和结束的时候，日本商人会向谈判另一方的成员非常正式地鞠躬。这种鞠躬在第一次见面时是很常见的，随后的见面中会有所减少。我们知道，大多数人在与外国人打交道时会选择握手而不是鞠躬。一个好的策略是等待，看看日本商人是准备为握手而伸出他们的手，还是准备鞠躬。但问题是非日本人在日本是否应该模仿日本人的鞠躬行为，这点在日本是有很大争议的。一般来说，点头或者轻微的鞠躬在非日本群体中也是可以接受的。我们需要清楚，鞠躬的幅度要依行为人的地位和关系，职位低的人一定要先鞠躬，而且要深鞠躬，职位高的人则决定鞠躬的幅度和时间。当双方的地位平等时，他们鞠躬的幅度和时间必须是相同的，同时开始，同时结束。

日本和西方在商业环境方面一个最重要的区别是名片的使用方式。两个商人无论在什么情况下遇到都可能需要交换名片，主要目的是接受对方的名片之后能够知道对方的地位，决定如何正确鞠躬，使用什么样的语言交流方式。日本的社会等级制度非常分明，对社会地位也非常敏感，会根据对方不同的地位而使用不同的语言，以不同的方式鞠躬。同样，商业名片也可以让商人无须马上记住对方的名字和职位，为未来可能的商务人脉扩展提供一个记录。

名片有标准的尺寸和模式，便于日本人档案系统的记录。男士的卡片是直角的，女士的是圆角的。非日本商人的标准名片应该在一面印上日文的名字、公司名称、地址、个人职务，另一面用英语印上同样的信息（英语是日本商业环境中最常用的外语）。

交换名片是双方熟识过程中一个非常重要的部分。正是出于这个原因，名片需要一次性成功交换，并要留心。标准的礼貌做法是呈上名片，日本人站对面，把有字的一面朝上递给对方。

日本商业名片的一大特色是日本公司中等级和职务的名称并没有一套标准的英文译法。前面已经提到，日本是一个等级制度非常鲜明的国家，很看重地位，所以对商业中等级的了解非常重要。表 5-2 列出了一些最常用的头衔。

表 5-2 日本商业头衔

日本商业头衔	说明和/或通常的叫法
没有头衔	刚毕业的大学生，23～33 岁
Kakaricho	经理，34～43 岁
Kacho	部门主管，44～47 岁
Bucho	高级主管，48 岁以上
Torishimariyaku	董事
Fuku Shacho	副总裁
Shacho or Daihyo Torishimariyaku	总裁或执行总裁
Kaicho	主席

资料来源：Japanese External Trade Organisation（I976）Selling to Japan：know the business customs，*International Trade Forum*，12.

日本公司中的基本职称通常是非常清楚的，公司里的职务层次就像职称中指示的那样，和年龄密切相关。这种等级及权责和年龄、在公司的工龄密切相关的特点是日本公司文化独一无二的特征。

当由留在日本的代表负责谈判细节的时候，外国公司的总经理（或者是外国公司的高层管理人员）应该与日本公司地位相当的人建立初始的商务关系。这也被称为打招呼，目的是建立公司之间的联系。

日语中，"hai"的字面意思是"是"，同样也意味着"我知道了"或者"我明白了"，但不一定意味着同意。另外，日本人很少直接回答"不"，因为日本文化中更愿意听到类似不承诺的回答，如"让我再想想"。我们必须读懂日本人负面反应的标志，如迟疑、不愿意深入交谈等。

在日本，谈判的推迟是常见的，主要是因为决策过程要符合一系列规定的程序，这称作"ringi"系统。这意味着一个提议必须在不同的部门中循环，这些部门都会对决策过程有所影响，需要经过大量的讨论和相应的更正。"ringisho"（对决定的请求）要通过各个利益相关方之间的反复讨论才能达成一致，还要通过总裁的最终批准。

长时间的沉默在谈判中也是很普遍的。这是因为，日本人希望有一定的时间来考虑说过的话、有什么其他选择、下次何时开口讲话。沉默是日本人交流过程的一部分，他们对非口头的交流很看重。西方人通常会觉得这种沉默令人尴尬，会特意说些无关紧要的话，缓解这种尴尬的气氛。在日本应对沉默的最好方式是忍耐，控制住自己直到沉默结束。

日本商人对合同中要求提供所有可能的应急措施的细节性项目没有信心。他们的合同倾向于广泛的一致和相互的了解。日本商业合同通常是关于商业活动如何开展的一致性意见，而不是精确的条款术语。日本商人在就问题进行谈判的时候，默认对方会为彼此做出最大限度的适应和接受。这不能被理解为想要违反合同，而是日本商人的一种期许，期许双方对未能预见的情况做出相应的调整。日本人不期待详细的合同，而期待合同一旦签订，就应该是长期的。日本公司更喜欢长期的、可信赖的、独家的业务关系，通过已经建立的渠道关系发展各种新的业务。

由于讨论或交流谈话中语言的形式需要注意，所以翻译人员会根据双方的社会地位或等级，下意识改变从英语到日语的陈述，再回到英语。比如，如果一个西方的公司高管在和日本的一位高级经理讲话，翻译会觉得处在一个比较低的位置。高管表达的意思翻译成日文后会有很大的不同。

日本的娱乐活动在建立个人关系和商务关系上具有重要作用。与西方文化不同的是，商务午餐很少，晚上的娱乐活动也很少在家里进行。典型的做法是，日本商人晚上在餐馆吃饭，然后去酒吧或者酒馆。这样的安排是为了巩固业务关系，而不是为了讨论商务中的细节问题。

为了顺利地结束与日本人的谈判，掌握相应的个人技巧对于西方人来说并不是容易的事情。一个令人头疼的事情是，太多的销售培训使得西方人对日本的环境难以适应。很多销售技巧（如肢体语言）是和文化紧密相关的。销售中的说服技巧往往和日本的文化和人格特质、谈判对象的期望相反。布鲁德莱夫（Bruderev）给向日本人销售产品的外国销售人员提供了八条建议[10]：

1. 对你的公司进行详细描述。日本商人很看重你所在公司的宣传手册或者小册子，它们描述了你的公司、地址、产品、在日本的期望。理想情况下，这些小册子要用日语写，不能用日语的话，至少要点要用日语来总结。

2. 按日本人的方式管理会议。找到能够推荐你的中间人。不要迟到或者轻易改变见面时间。要为参加不同的约谈留出足够的路上时间，带上小礼物（比如，自己国家的一种便宜但新奇的小商品，但不能是自己公司生产的产品，因为这会被对方认为是一种微不足道的样品）。

3. 要明白决定通常是由中层管理者做出的。第一次拜访中你可能会见到总裁，但这只是一种仪式，关键人物往往是部门或者科室的领导。

4. 不要急于促成交易。即使面对的是最吸引人的商品或者最有效的销售建议，日本商人也不会在会议上做决定。他们需要更多的时间，对你的建议、你的公司和对你的总体感觉进行评估。他们会考虑建立长期的关系，所以需要时间考虑销售中方方面面的问题。就算他们不喜欢你的建议，出于礼貌，他们也不会当面说"不"。

5. 尽量说日语。雇佣一位日本当地的翻译用日语撰写销售和促销资料。如果你用英语来写，可能会有损你的形象。很多日本人掌握的英语是有限的，要是你必须讲英语的话，那就一定要慢慢说，使用简单的词汇。学会一些常用的日语表达，你为此付出的努力会得到回报的。

6. 在进行产品展示时一定要低调。让日本人觉得你的产品展示具有谦虚、低调、精心准备的特点，迎合日本人做生意的风格方式。

7. 建立强有力的关系。日本人在建立关系时，很重视正式的规矩（如介绍、交换名片、逐步开始进行业务交谈），会希望通过电话、礼节性的拜访、偶尔的午餐、其他社会活动等形式培养更亲密的关系。

8. 衣着打扮要朴素。日本人偏好朴素而不招摇的、低调的职业装。这样做也隐含着入乡随俗、走得更近的目的。

小 结

本章讨论了国际贸易的宏观因素、价格因素的影响及其对于国际销售职能的重要性，其中包括国际收支的差额、英国在国际贸易中的市场份额等。我们还探讨了英国加入欧盟以及关贸总协定的影响，介绍了世界贸易组织的相关知识。

接下来讨论了进行国际销售的企业能够获得的优势，特别是销售方法应该如何适应不同的文化，如审美观念、宗教观念、教育水平、语言、社会群体、政治因素等。

我们还讨论了国际销售组织的不同形式，包括代理商、分销商、特许经营、出口公司等间接方式，还有子公司、合资企业、直销等直接方式。在本章末尾，我们细致讨论了一个向日本进行销售的案例。下一章我们会讨论与销售相关的法律和社会问题。

案例练习

销售在中国

多年来，中国的经济每年都以平均 9% 的速度稳步增长，而且这个趋势还将延续下去。中国制造业的产出也是全世界有目共睹的，近年来则偏重于电子商务产业和重工业。中国在教育领域的投资也是十分巨大的，尤其是在技术工程师和科研人员的培养方面。虽然从某种程度上说这对于西方国家是一种威胁，但同时也是一种机遇。中国消费者将他们越来越多的工资收入用于耐用消费品，比如汽车，中国的汽车用户数量庞大，中国的手机市场需求也是全世界最大的，每年至少有 3.5 亿部的需求量。一些西方公司如微软、宝洁、可口可乐、英国石油、西门子早就看到了中国市场的潜力，很早就进入了中国市场，通常是以合伙人的方式与中国公司合作进入市场。

虽然中国经济的增长潜力是毋庸置疑的，但是仍然有几个弱点。首先，缺乏国际性品牌。全世界其他国家的商务人士如果要对中国的品牌做一个排名的话，首先是海尔（家电产品（如冰箱、洗衣机等）的制造商品牌），排名第一，然后是联想（电脑公司），由于早些年收购 IBM 的个人电脑业务而闻名。这两个公司的品牌从它们各自的市场角度来看都不是国际化品牌。其次，中国由于工业、经济发展速度过快，付出了生态环境方面的代价，存在空气污染、水污染问题。再次，中国目前的经济仍然以廉价劳动力为基础，由于基本工资水平的不断提高，特别是在大城市，这种人力成本的增加会影响企业的竞争力。

虽然西方的某些跨国公司早就成功进入了中国市场，比如惠而浦（美国家用电器公司）、卡夫食品，但是它们同时也有很大的亏损。所以，对于希望进入中国市场的企业来说，它们必须对中国市场的状况和实情略知一二。中国市场的内部分化是很明显的：13 亿中国人的方言超过 100 种，分布于各个地理区域，各个地域的气候也千差万别，比如说，南方的气候非常湿润，但北方很干燥；另外，收入水平在大都市、小城市、乡镇农村中的差异也十分明显。

很多西方公司通过合资企业的方式进入中国市场，但是仍然需要对中国市场的商业模式有所了解。

在中国的商业环境中，很关键的一个资源叫"关系"网络。"关系"是指两个人之间建立的连接，在这种连接中一个人可以从另一个人处获得益处和资源。所谓的"关系"就是销售人员与社会上其他人基于相同的兴趣偏好或者共同的利益，形成的社会纽带和各种各样的联系。这里，"关"的意思是门槛、障碍、壁垒，"系"的意思是纽带、联结。所以"关系"可以理解为"跨过一系列门槛和障碍，然后建立紧密的联系"。关系现象存在于每一个社会中，但是在中国，关系有着特殊的含义。对于建立关系来说，中间人的作用非常明显。比如说，如果 A 想要向一个没有和 A 建立关系的 C 提出一个请求，A 就会从 C 的关系网当中寻找一个成员 B。如果 B 向 C 介绍了 A 这个人，那么 A 和 C 之间就有可能建立关系。建立这样的关系可能需要特定的场合或者用送礼等方式来辅助，比如一个商人参加公共销售活动，一位教授向一所中国大学赠送书籍资料。"礼尚往来"在关系中是必需的。关系在中国包括感情、人情、信任三个方面，这三个方面对卖家和买家建立交易关系也是非常重要的。

中国文化中一个很重要的方面是防止"丢面子"。这种情况一般发生在一个中国人感到自己处在一个尴尬的局面中，如对产品展示的内容不了解，听不懂。中国人倾向于在发表言论之前收集大量的资料和信息，防止自己一问三不知或者文不对题。他们同样看重长期关系、忠诚度。比如，合同的签订对于中国人来说也是商务关系发展的开始阶段。

资料来源：Barnes, B. R., Yen, D. and Zhou, L. (2011) Investigating guanxi dimensions and relationship outcomes: insights from Sino-Anglo business relationships, *Industrial Marketing Management*, 40: 510 – 21; and Leung, T. K. P., Chan, R. Y. -K., Lai, K. -H. and Ngai, E. W. T. (2011) An examination of the influence of guanxi and xinyong (utilization of personal trust) on negotiation outcome in China: an old friend approach, *Industrial Marketing Management*, 40: 1193 – 205.

问题讨论

1. 在中国的销售中，关系意味着什么？
2. 中国文化中一个很重要的方面是防止"丢面子"，这对于销售意味着什么？
3. 说说自我参照标准的含义及其对中国市场销售的重要性。

Syplan 咨询公司

几周过去了，拉塞尔·安德森（Russel Anderson）仍然在担心位于英国白金汉郡的公司总部的虚拟专用网络与印度城市加尔各答的连接问题。他和他的同事大卫·奥马尼（David O'Mahony）于 2006 年成立了一家私营咨询公司，名叫 Syplan。Syplan 公司未来的发展都押在了 Clear Thought 软件上，这款软件是为帮助英国富时 100 指数公司分析商业绩效而设计的。Syplan 把这个软件的开发工作外包给了加尔各答的一个团队。这个团队的任务是在 2008 年 1 月之前完成系统的开发，但是截止日期已经过了，安德森觉得事情与预期的差距有些大。

"不管你怎么安排任务，你永远无法计算人员沟通所需要的有效时间，"安德森说，"如果让我在国内带领一个研发团队，一半的时间要用来制定规范和章程，剩下的时间可能用于一些随机的开会讨论，让人们畅所欲言，说说自己遇到的问题，然后随时调整策略。"

Syplan 最初是给几家英国公司（如北电网络公司、英国航空公司）提供管理咨询服务，但是 2007 年，这些公司打算调整策略方向。因为随着公司的扩张，外部咨询公司的力量对自己公司制定内部发展策略的帮助会逐渐减少。这些公司打算开发软件，用软件来帮助公司进行战略分析。

Clear Thought 软件可以帮助公司对一个工程项目在各个区域和各个点的运营情况和绩效进行分析。理论上，这款软件可以使组织中的每个角色，包括财务、销售、物流等，对业务发展有整体的了解，以及让每个角色对其他角色的作用有更好的了解。这个软件的最终期望是让系统中的每个人都能从全局角度对业务的发展有更好的创新想法。

这种转变是有风险的。之前，Syplan 的日常开支比较低，2007 年创造了 37.5 万英镑的销售收入，税前利润达到 24 万英镑。但是开发这个软件需要花费 50 万英镑，所以公司的收入基本上要被榨干了，安德森认为开发这种软件并不是一朝一夕就能完成的，需要集中时间。

"很多人对我们开发软件花费的时间有疑问，"安德森说，"但是我相信这是一个关键的伟大时期，对于现在技术不景气的环境，开发创新型软件的成本正是最低的时候。"

安德森自 2007 年 1 月起住在加尔各答，以便能够随时看到 Clear Thought 软件的开发进展。他在那里学到了很多东西，特别是沟通如何改善生产效率。有一个小小的例子可以说明这个问题。在离开英国之前，他写了一份关于该软件其中一个功能的说明书。当他到达印度的时候，他发现软件工程师们都在埋头写代码。做了一些小调查和咨询后，安德森意外发现他只要花 130 英镑购买一个小型软件模块，就可以执行他想要的功能。于是，他让工程师们将工作方向调整到那些目前还没有解决方案的功能模块上，这样就可以不再浪费时间。

"这就是你在不同的地方工作可能会遇到的问题，"安德森说，"所以我决定将某些单独的功能模块开发工作外包给其他公司。当我们公司扩展时，我们就可以有属于自己的团队。"

Clear Thought 软件于 2008 年 8 月投入使用，但这仅仅是一系列问题的开始。Syplan 现在面临的第二道坎是劝服英国富时 100 指数公司去使用这个系统，花费的成本可能在 10 万～100 万英镑，这取决于是对单一区域的公司进行战略部署，还是在国际范围内对单一公司不同国家的所有分公司进行战略部署。这并不是件容易的事情。安德森是管理咨询师，而不是软件工程师，而且他现在销售的产品正处在经济下滑且技术投资预算很低的商业环境中。

资料来源：Adapted from an article originally written by Sarah Gracie, *Sunday Times*, 23 June 2002. © Sarah Gracie/Times Newspapers Limited 2002.

问题讨论

Syplan 在三个领域面临挑战，针对这三个领域分别给出你的建议：

1. 管理印度加尔各答的软件开发团队。

2. 劝说那些蓝筹股公司使用 Clear Thought 软件并向其他公司证明产品的先进性。

3. 寻找商业合作伙伴，向公司的客户销售 Clear Thought 软件。

Quality Kraft 地毯公司

Quality Kraft 地毯公司创建于 2000 年，创始人是威廉·杰克逊（William Jackson）和约翰·特纳（John Turner），创建地点为英国基德明斯特市，这是一个百年来盛产地毯的历史小镇。地毯制造业和相关产业是这个小镇主要的经济产业，但是从 20 世纪 60 年代末期开始，该小镇的地毯行业和其他区域的纺织品行业一样，遇到了一些问题，经济开始下滑。

然而出人意料的是，这样的行业环境造就了 Quality Kraft 地毯公司的生存条件。杰克逊曾经是该市一个最大地毯制造商的产品经理，当时他所在公司的产品在全球享有一定的声望。特纳曾经是一名维修工程师，负责另一个公司 100 台纺织机器的维修维护工作。由于订单量大幅下降，杰克逊被公司解雇，特纳则由于公司被清算而失业。他们是好朋友，又同时遭遇了失业，所以他们决定创立一家公司，专营他们最熟悉的产品——传统的手工编织的高质量阿克斯敏斯特地毯（羊毛织花地毯）。

在这个地区，由于很多公司准备关门停业或者缩减产量，当地拍卖商将纺织机器低价出售，所以有了纺织机器的一些持续供应来源。于是，两个人把各自能筹集的资源全部筹集起来，再加上一些银行的帮助，他们租了一个租期为 15 年的小型工厂，买了足够多的机器设备，开始生产。

他们的小工厂致力于生产高质量的地毯产品，其中含80%的羊毛和20%的尼龙纤维。瞄准的目标市场包括高质量的地毯商店和一些需要地毯的其他业态，包括酒店、餐厅、办公室、大型购物中心。他们经过慎重考虑决定不开连锁店，主要是由于边际利润太低，订单量越大，单位产品的利润越低。此外，地毯连锁店主要售卖的是平价地毯，也就是普通的产自北美的簇绒地毯。当时的人都知道，采购者如果需要购买一块高质量的地毯，应该去一家传统的地毯商店，而不是专门服务于中低端市场的地毯连锁店。

当公司在2000年成立的时候，英国地毯生产商面临的主要问题是经济的衰退，而进口地毯正成为这个下滑环境中地毯市场的主流产品。所以，购买新地毯对于那些已经拥有地毯的客户来说，成为优先级很低的需求，因为经济的衰退让他们觉得换新地毯是没有必要的。

当时，进口地毯占整个市场份额的50%，而且有上升的趋势。最主要的进口货是簇绒地毯，主要来自北美，但越来越多地开始从欧洲其他国家进口，比如比利时、德国、荷兰等。尼龙地毯主要是油质的，是北美的招牌产品，而且油价的低廉使得这种地毯具有独特的低成本优势。然而从20世纪80年代开始，油价开始上涨，尼龙地毯作为从北美出口到英国的产品的竞争力有所下降。

尽管英国的地毯制造商面临着前所未有的困境，但它们仍然是世界市场中规模最大的群体，特别是在高质量羊毛地毯的市场中。英国长期以来都是地毯的纯出口国，产品质量享誉全球。

根据统计，Quality Kraft公司的年销售额如表5-3所示。

表5-3　Quality Kraft公司的年销售额　　　　　单位：千英镑

年份	2000	2001	2002	2003	2004	2005	2006	2007	2008	2009	2010	2011	2012	2013	2014
销售额	500	640	820	1 280	1 760	2 300	2 900	2 100	2 000	1 970	1 950	1 960	1 990	2 010	1 950

这些销售额主要来自两个截然不同的市场：

● 高质量地毯的零售商；

● 其他类型客户的直接订单。

这些市场各自的销售额百分比如表5-4所示。

表5-4　每年市场的销售额百分比（%）

年份	2000	2001	2002	2003	2004	2005	2006	2007	2008	2009	2010	2011	2012	2013	2014
零售商	78	76	70	66	63	60	60	58	56	52	52	50	50	48	47
合同订单	22	24	30	34	37	40	40	42	44	48	48	50	50	52	53

在2006年及之前的市场上，Quality Kraft几乎满负荷运转，但现在公司的产能开始有富余。虽然公司多年来并没有主动裁员的行为，但是员工的加班量明显减少，很多工作交给外包公司，如后期的地毯修剪裁切工作。另一个有意思的现象是，很多销售市场的地毯产品被顾客要求定制化，也就是地毯上必须印上顾客所在公司的标志。

如今，Quality Kraft地毯公司认为英国国内的地毯市场仍处于萧条期，国外的竞争势力还很强劲。该公司虽然没有把产品出口到国外的打算，但是如果要扩张的话，它觉得开拓国外市场好像是唯一可行的方法。因此，杰克逊和特纳开了一个很长的讨论会，讨论如何做这种事情，毕竟他们都没有海外销售的经验。他们列举出公司目前的优势和劣势，以决定哪一块国外市场对公司来说是最适合进入的：

1. 劣势。

● 公司规模较小，相比于大公司来说缺乏声望和知名度；

● 公司的管理层没有海外销售的经历，虽然能够得到一些知识，但是关于海外市场的财政、经济环境、语言等方面的知识仍然缺乏；

● 公司不生产现今更加流行的簇绒地毯；

● 在大宗市场中，公司没有价格优势，因为公司的设备陈旧，市场购买力不够；

● 虽然产品是优等品，但是价格太高；

● 公司没有雇佣专业的设计师，主要是通过接散单、自由职业的方式获取利润和收入。

2. 优势。

● 对高质量、经典的阿克斯敏斯特地毯的生产足够专业；

● 公司规模小，灵活度高，可以迅速适应样式设计潮流的改变并准确应对；

● 接单生产模式的熟练度很高，公司员工关于这种模式的经验也非常丰富，很多口碑来自那些对订单产品很满意的客户；

● 公司员工的忠诚度很高，工作安排也很灵活，每个人都可以做各种工作，相互之间没有冲突和争执；

● 公司基本上是盈利的，而且没有长期负债；

● 公司的零售顾客大多数是忠诚度很高的回头客。

在和银行、英国海外贸易局进行讨论并吸取一些建议之后，两人得出的结论是，美国市场是短期内公司面临的最具潜力的海外市场，中东地区和日本从中长期来看具有一定的潜力。另外，他们认为公司还是要聚焦于订单生产的模式。这些结论的依据和基础体现在以下几个方面：

1. 现在的美国是具有高质量阿克斯敏斯特地毯的成熟市场。

2. 虽然美国也生产一定量的经典机织威尔顿地毯，但是高质量阿克斯敏斯特地毯的生产商非常少。

3. 在订单生产市场中，质量比价格更重要，所以对于公司来说专注于订单生产是最适宜的策略。

4. 美国对英国高质量阿克斯敏斯特地毯的进口关税是 9.5% 的从价税，对威尔顿地毯则是 19.5% 的从价税，这对阿克斯敏斯特地毯的出口毫无疑问是绝对的利好。

5. 美国的一项市场调查报告显示，美国的本土设计师更偏好阿克斯敏斯特地毯的设计，因为任何样式的标志都可以印在成品上。美国订单生产的很多地毯是簇绒的、印刷的，只适合大规模批量生产。印刷的过程虽然成本低，但是相对于阿克斯敏斯特地毯将标志直接编织到地毯上的过程还是差一些。

6. 英镑相对于美元来说单位价值更高，虽然美元的价值近年来有所提升，但是这也是地毯产品在美国具有良好价值的原因。

7. 英国海外贸易局认为英国的高质量地毯在美国享有很高的声誉。美国人很欣赏定制地毯，这种信誉高的定制化服务、设计、送货也让美国人非常欣赏，甚至有些美国顾客将定制化的地毯作为社会地位的象征。

Quality Kraft 地毯公司决定马上准备进入美国市场，但是并不想在创立合资企业方面投入太多的资金，以免失败造成较大损失。另外，如果能够成功，该公司承诺将提供更多的资源。

问题讨论

1. 对于 Quality Kraft 地毯公司进入美国市场并逐步发展、强化市场地位的目标，设计短期的、中期的、长期的销售战略。

2. 对于美国这个海外市场来说，你觉得 Quality Kraft 应该派出什么样的销售代表，或者你觉得需不需要在当地成立一个子公司？说说你的理由。

3. 对于你所列出的销售战略来说，你觉得哪些方面在未来可能会有所改变，或者你觉得需要额外补充哪些方面？如果在美国市场取得了初步的成功，那么如何在中东地区、日本地区进一步发展？

4. 在美国，公司应该如何制定沟通策略和促销活动的方案？试着列出具体的销售信息（如广告），以及需要借助哪些媒体来宣传。

5. 在正式进入美国市场之前，在进出口方面，你觉得需要对哪些方面进行更细致的调研和考察？

思考题

1. 你是否同意"海外销售其实是国内市场销售向海外的一种延伸"这种观点？

2. 出口代理的角色和海外销售人员的角色的区别有哪些？

3. 讨论 WTO 在国际销售谈判的开放性方面有哪些贡献。

4. 当海外销售经理起草出口方案时，需要考虑哪些方面？

5. 世界的都市化、城市化以及交通贸易全球化的趋势对海外销售有什么影响？

6. 讨论当今国际商业环境下六个定价目标之间的联系。

7. 总结一下海外销售环境与本土销售环境的不同主要体现在哪些方面。对于适应海外市场来说，销售经理应该对哪些方面进行重点考量？

8. 对于实施跨国营销的公司来说，有哪些不同的市场进入策略？这些策略的优缺点各有哪些？

第6章 法律和道德问题

学习目标

学习本章后，你应该可以：

1. 理解销售背景下消费者保护的重要性。
2. 在销售合同中应用合适的条款。
3. 理解法律管制是如何影响销售活动的。
4. 了解自愿约束和法律约束给买卖双方带来的益处。
5. 理解销售中的道德问题。

通过法律开展**消费者保护**（consumer protection）是 20 世纪的现象。在此之前，主流的态度可以用"货物出售，概不负责"来形容，即让买家当心。自 20世纪 70 年代起，人们逐渐认识到相较于买方，卖方在签订销售合同时拥有不公平的优势，于是各种法案开始被起草。英国控制销售活动的主要法律包括：

- 《度量衡法案》（Weights and Measures Acts，1878，1963，1979）
- 《产品销售法案》（Sale of Goods Acts，1893，1979）
- 《转售价格法案》（Resale Prices Acts，1964，1976）
- 《限制性交易惯例法案》（Restrictive Trade Practices Acts，1956，1968，1979）
- 《不实陈述法案》（Misrepresentation Act，1967）
- 《贸易说明法案》（Trade Descriptions Acts，1968，1972）
- 《未请求的产品和服务法案》（Unsolicited Goods and Services Acts，1971，1975）
- 《供应商品（隐性条款）法案》（Supply of Goods（Implied Terms）Acts，1973，1982）
- 《公平贸易法案》（Fair Trading Act，1973）
- 《雇佣采购法案》（Hire Purchase Act，1973）
- 《消费者信贷法案》（Consumer Credit Act，1973）
- 《不公平合同术语法案》（Unfair Contract Terms Act，1977）
- 《消费者安全法案》（Consumer Safety Act，1978）
- 《消费者保护法案》（Consumer Protection Act，1987）

除了这些法案之外，消费者还受到一系列惯例法规的保护，涵盖广告、市场调研和直销等方面。此外，一些行业协会也起草了相关的惯例法规，如英国旅行社协会（Associations of British Travel Agents）、摩托车制造商和商人协会（Society of Motor Manufactures and Traders），以及广播、电子和电视零售商协会（Radio, Electrical and Television Retailers' Association），并得到了公平贸易办公室（Office of Fair Trading）的批准。

　　消费者的利益同时受到消费者协会（Consumers' Association）的保护，其为消费者发动宣传以及提供产品信息，通常基于比较的视角使消费者在产品和品牌间做出更明智的、理性的选择。此类信息被发布在它们的杂志《哪一个？》（Which）上。为代表全国消费者的利益以及发布各类消费者关心的议题（如消费信贷）的报告，全国消费者委员会（National Consumer Council）于 1975 年成立。

合　同

　　当卖家为取得货币化的支付而同意提交货物或者提供服务时，所有的活动都是以**合同**（contract）为中心的。

　　合同是在交易达成时签订的，其形式可以是口头的也可以是书面的。一旦要约被接受，具有法律效力的合同就形成了。例如，一个建筑商提出以 4 000 英镑的价格建造一个车库，并且此报价被户主接受，那么该建筑商就必须完成此项工作，而户主则有义务在工程完工时向建筑商支付约定的价款。虽然合同并非一定要以书面形式呈现（除了购房合同），但通过书面形式展现要约和承诺会使误解协议的可能性最小化，此外，还能在法律诉讼中提供有形的证据。术语和适用情形是签订合同的重要问题。在考察商业惯例及其法律约束之前，我们先考虑合同的这些方面。

　　在一份有法律约束力的契约中，一方应该报出实盘，且这一要约应被明确接受。要约需明确区别于邀请。邀请（谈判）并非要约，比如，在商店以明确价格展售的商品并非店主的销售要约，而是店主请顾客发出购买要约的邀请。因此，如果一件商品出现了偶然性的低价，过后消费者不能要求以同样的价格购买。

条款和条件

　　正如其名称所示，**条款和条件**（terms and conditions）表明了买方准备购买和卖方准备销售的情形。条款和条件界定了买卖双方各自需承担的责任范围，因此买卖双方均享有阐明其条款的自由。通常卖方会在报价单的背面阐述其条款，而买方则会将相关说明标在报价单的背面。注意事项会以红色字样标记在订单的正面："请您注意订单背面的标准条款和条件。"包含购买条件的典型条款包括：

　　1. 订单只有以公司的印刷格式制定并以公司的名义签名才有效。

2. 订单的更改必须经官方修正和签字。

3. 必须在规定时限内送货，对于延迟送货的情况，买方有权取消交易。

4. 残次品会被退货，其损失由卖方承担。

5. 运输途中的一切保险费用均由卖方承担。

6. 28 天之内付款的订单都可以享受 2.5% 的现金折扣，除非另有规定。如果所供应的产品令人不满意或者与之前约定的规格或样本不一致，即使已经付款，也会做出无损自身权利的任何赔偿。

7. 我们所提供的为执行本次订单而使用的工具在未经我们同意的情况下，不可以用于服务其他公司。

认真起草条款和条件在商业买卖中是非常重要的，因为当合同履行过程中出现问题，它们提供了反驳另一方所提要求的依据。图 6-1 展示了卖方的销售条件样本。

销售条件

除非买卖双方在发货前达成另外的协议，否则以下条件均适用。

1. 在卖方批量交货的地方，买方有义务：

（1）提供一个安全、适合的批量货物存储仓库，这个仓库必须符合 H. M. 政府或其他类似权威机构的所有相关规定。

（2）保证货物运输到达的仓库满足订单中货物总量的要求，如果是石油溶剂，必须保证仓储容量满足订单要求，而且连接管道必须能够安全、适当地连接到灌注点。在这个方面，买方必须遵照现行的石油溶剂储存和使用的相关规定。

（3）对于高度易燃产品和其他适用场所，必须严格遵守 H. M. 政府或其他类似权威机构所规定的在这类产品的仓库、填充物附近或连接这类产品的地面管道、通风管道附近禁止吸烟、明火、火炉或任何规格的加热设备。

买方违反这些条件所造成的任何损失、要求、费用或成本都需要由买方进行赔偿。

2. 每一笔批量交易的条件是：对于卖方使用的以计量为目的的测量工具所显示的交货数量，买方应该接受，但是如果买方想要验证这些测量工具的准确性，卖方可以向其展示这些测量工具。对于买方使用的油轮、量油杆或其他测量工具所造成的数量差异，卖方不承担任何责任。

3. 供货时，价格必须包含任何的政府税（除增值税之外）。现有税率的任何变化或任何增加的税款都由买方承担责任。

4. 所有供货产品都按照发货当天的价格收取费用，与下订单的日期或订单附寄的现金量没有关系。

5. 对于货物的丢失、缺少或损坏，只有发生如下情况时，卖方才有义务进行调查：

（1）对于货物损坏的情况，买方应该在收到损坏货物的时候立即通知铁路部门或其他承运部门和遭受损失的卖方，通知要以书面的形式，并注明发票号码。

（2）对于货物没有收到或数量不足的情况，买方应该以书面的形式通知卖方。这种通知也需要注明发票号码，并在发货后的 21 天内送达。

6. 接受货物也意味着接受卖方的条件。

图 6-1 销售条件样本

贸易术语

除在第 5 章讨论过的国际销售中的战术和战略之外，买卖双方还需要了解海外贸易中所使用的**贸易术语**（terms of trade）。如果不小心，贸易术语的差异很可能会造成严重的利润损失。贸易术语可以用于定义如下情况：

（1）谁负责控制进出口之间的货物转移；

（2）谁负责进出口之间货物移动过程中发生的成本。

有大量的术语用于界定物流和成本方面的问题。由于定义在各国存在很大的差异，国际商会（International Chamber of Commerce）在 1936 年做出了正式的统一定义。这些定义以《国际贸易术语解释通则》（INCOTERMS）的形式公开出版发行，之后不断更新。例如，1980 年《国际贸易术语解释通则》的新版本对两个新的术语进行了定义，这两个新的术语是由于集装箱运输的发展而产生的。

贸易术语在界定很多情况时都非常有用，包括从出口商只在自己的工厂提供商品而进口商或其代理商需要负责运输（工厂交货），到出口商同意负责将商品运输到进口商的工厂并承担运输成本和管理费用（目的地交货）。下面列出了几种比较常用的术语。

提单

提单是托运人（或其代理）签发的货物已收到并已装运上船的收据，其中包括有关货物运输和被托运人接收货物的术语。1855 年的《提单法案》（Bills of Lading Act）制定了如下原则。

1. 保留托运人中断运输的权利，因此，未被付款的出口方可以在运输期间对货物重申所有权。

2. 制定可转移性原则，使提单可以从持有者手中转移到第三方手中，第三方暂时对货物拥有所有权，拥有并承担提单中说明的任何权利和责任。

3. 明确了提单是货物已被运输的首要外部证据。

提单是被托运人已经收到货物的证据，它也可以作为托运人和支付运费的人或组织之间合同的一部分。例如，如果货物是在到达发货口岸时损坏的，那么托运人可以援引提单中的条款。提单通常包含如下细节信息：

- 托运人的名称；
- 货船的名称；
- 对货物的说明；
- 支付细节，如运费已被支付或货物到达时支付；
- 收货人的名称；
- 运输合同的条款；
- 货物装船的日期；
- 货物到达目的地的时候应该通知谁；
- 发货口岸和最终的目的地。

总之，提单是货物已被运输的收据，是允许持有人对货物声明所有权的可转移性单据，也是运输合同条款的证据。

工厂交货

出口方可能会以工厂交货为准对进口方报价。这样做可以使出口方对货物丢失或损坏的责任降到最低，并意味着出口方对货物运输的责任最小。一旦货物离开出口方的工厂，其所有权就转移给了买方，买方需要承担出口的所有成本以及货物离开工厂后的所有风险。如果产品可以和其他企业的产品联合形成一个出口货物，或者当买方有非常先进的运输设备时，如货物是茶叶或咖啡豆时，使用工厂交货的报价是非常划算的。然而，对于其他类型的买方，使用工厂交货的报价可能无法满足其需求，因为它们不能将这些产品的实际成本与本国购买的产品相比较，本国购买的产品价格通常包括运费。

发货口岸船上交货（FOB）

它将出口方的责任、义务和运输成本延伸到货物装载上船（越过船舷）为止。从这一点开始，进口方需要支付保险和运输费用。然而，如果进口方无法支付产品费用，出口方仍然有中断运输的权利。陆地运输有不同的类型，如"铁路交货"（FOR）和"运输车辆交货"（FOW），这意味着卖方有责任将货物运输并装载到铁路或公路运输工具上，以及支付费用。

发货口岸船边交货（FAS）

这个术语意味着出口方有责任支付将货物运输到并放置在船边的费用。应该制定条款来规定货物装船之前，谁来承担货物丢失或损坏的责任。进口方需要支付装船的费用以及到达目的地的保险和运输费用。

成本、保险费和运费（CIF）

如果关于成本、保险费和运费的协议达成，出口方有责任将货物运输到船上，并代表买方支付针对船上期间货物丢失或损坏的保险费。如果运输公司收到货物后发生丢失或损坏的情况，而装船时提单是干净的，那么买方可以向船主或承保人要求赔偿。因此，一旦货物装载上船，责任就从出口方转移到了进口方，尽管是出口方支付了到进口方港口的运费。

术语成本和运费（C&F）与成本、保险费和运费很相似，就像它的名称所显示的那样，出口方不负责支付运输期间的保险费，承担保险费成本的是进口方。

目的地交货

出口方承担的责任和成本最大。这种情况下，出口方需要负责将货物运输到进口方处，并支付所有的成本和承担所有的管理义务（比如，获得进口许可证书）。从市场的角度来看，使用目的地交货价格对于买方来说很有优势，因为它最小化了买方的风险和工作量，运输成本、单据获取、运输安排等都由卖方承担。另外，它使得买方可以将来自国外的货物价格与包含运输成本或运输成本最小化的当地价格相比较。然而，拥有高效率进口系统的买方可能会更加偏好工厂交货价格或发货口岸船上交货价格，自己组织运输，而不是支付高昂的目的地交货价格。

商业惯例和法律管制

虚假说明

不讲道德的销售人员也许会通过对自己所销售产品或服务的虚假说明来误导潜在的购买者。在英国，1968 年的《贸易说明法案》针对这种情况对消费者进行了保护。该法案包括对产品、价格和服务的说明，也包括口头和书面的说明。

商业活动中禁止对产品进行**虚假交易说明**（false trade description）或提供虚假说明的产品。这种虚假说明必然在某种程度上造假，法案还包括"误导"的相关陈述。当销售人员描述一辆车的油耗可以达到每加仑 50 英里，但实际上只能达到每加仑 30 英里的时候，销售人员违反了该法案，而且当销售人员描述一辆车为"很好用"，但这辆车被证明不能上路的时候，销售人员也会由于虚假说明而违反该法案。

1988 年的《贸易说明（生产场地）（标记）规定》（Trade Description（Place of Production）（Marking）Order）要求，如果产品以一种暗示其在别的地方生产的方式进行标记，那么它们必须清楚说明自己实际的产地。

1987 年的《消费者保护法案》涉及关于价格的误导。该法案声明在产品、服务、住宿或设施上标记误导的价格是违反规定的。该法案不仅包括提供产品或服务的个人或组织，而且包括代理商、出版商和广告商。价格误导可能出现在如下情形中：

- 暗示价格比实际价格低；
- 暗示价格中包含其他费用，但事实上并没有；
- 暗示价格将会上升、下降或保持不变；
- 暗示价格依赖于某种情况或特定的事实；
- 鼓励消费者依赖于某种情况下的价格真实性，但实际上不值这个价格。

该法案既包括产品，也包括服务。

2008 年的《来自不公平交易的消费者保护规定》（CPUT）覆盖了误导行为和故意的信息遗漏行为。误导行为包括宣传不存在的产品，或者只以广告中的价格提供很少的产品，而不能满足大量的需求。卖方也被禁止提供关于产品的虚假信息，或者把自己的产品充作另一种产品以赋予自己产品信用度。比如，声称"我们只安装实在、大品牌的零件"，但是在实际中非品牌的零件被安装在了所销售的车上，这是对该规定的严重违反。有时，误导情形的发生不是因为说了什么，而是因为没说什么，也就是故意遗漏一些信息。如果卖方故意遗漏一些购买决策所需的关键信息，该规定可以保护消费者不受卖方的这种伤害。[1]

在 CPUT 的规定下，如果卖方使用一些侵略性的销售技术，比如持续不断地销售，直到消费者接受才罢休，以及合同签订之前拒绝离开或者采用一些威胁性的行为，都会被认为是对该规定的违反。如果某行为使消费者选择产品的自由被损害，那么该行为就被认为是侵略性的。

CPUT 的规定禁止了一些对消费者来说不公平的商业活动，包括：

（1）引诱和偷换——为了销售另外一种产品（比如，以一个较高的价格）而去推销某种产品（比如，以一个较低的价格）；

（2）限量供应——欺骗性地声称某个产品只会在有限的时间里以一种特殊的价格（如特别低的价格）供应，目的是引发冲动型购买；

（3）侵略性的登门销售——到消费者家里做私人拜访，无视消费者的拒客要求。[2]

包装大小的不同造成的消费者对价值的困惑可以通过制定**单价**（unit pricing）来解决，也就是在包装上标明每升或每千克的价格。1994 年欧盟的一项指导性文件开始全面实施，该文件要求许多在超市销售的产品必须标明单价，除非该产品的包装使用的是欧盟批准的包装规格。

次品

1979 年制定的《产品销售法案》涉及关于避免买方买到**次品**（faulty goods）的重要保护措施。该法案规定产品必须与其描述相一致，并且必须具有可买卖的质量，也就是说，"符合描述中产品被购买之后可以达到的目的，符合合理的预期"。例如，一辆二手车在购买之后不能上路，它显然不具有可买卖的质量，除非是买来做废铁的。最后，产品必须能够实现买方所要求的且卖方同意的特殊目的。例如，如果买方在一个国家购买了一辆车，并明确表达了想要在非洲使用它，而卖方认为并说明这辆车可以在非洲使用，但是实际上由于非洲当地的高温条件，这辆车不能在非洲使用，那么卖方也被认定违反了《产品销售法案》。

产品必须与其描述相一致的规定不仅覆盖私人销售的情况，也覆盖商业销售的情况，不过可买卖性和特殊目的的适用性只能用于商业买卖的情况。另外，可买卖性和特殊目的的适用性不仅适用于购买时，而且适用于售后的一段合理时间内。对"合理时间"的解释是灵活的，依赖于产品本身的性质。

为了保护消费者，避免其受到购买次品的损害，一些企业给出了保证，如果消费者购买产品后，产品问题在一个规定时期内非常明显，那么它们愿意替换或修复这些残次品。遗憾的是，在 1973 年的《供应商品（隐性条款）法案》通过之前，这些所谓的保证中常常是去掉的权利要比给予的权利多。然而，在该法案通过之后，如果卖方没有在合同中说明产品是可买卖的并适用于产品应该实现的目的，那么卖方就是违法的。在 1979 年的《产品销售法案》的保护下，买方现在可以相信签订保证协议不会导致他们权利的丧失。

1987 年的《消费者保护法案》作为对欧盟指导文件的响应开始实施。如果消费者遭到了损害（比如，死亡、人身伤害或对私人使用的物品造成了损害），它可以对消费者进行保护。消费者必须能够证明商品是有问题的且所遭受的损害是由产品的问题造成的。通常，责任会落在生产商或成品的进口商、有问题的原件或原材料上。如果产品（包括使用说明）不能提供人们所期待的安全性，那么该产品就会被认为是有问题的。针对这种要求，生产商提出的一个主要辩护是"发展缺陷"，也就是生产商证明产品发行时的"技术知识"不能保证未来会发现某种缺陷。

欧盟各种各样的规定和 1978 年的《消费者安全法案》禁止销售危险品都对消

费者提供了更进一步的保护。例如，欧盟的标志只能用于喷雾剂瓶，并且这些产品必须在体积和强度上符合欧盟的规定。

惯性销售

惯性销售（inertia selling）包括发送未请求的商品或者提供未请求的服务，导致收到这些产品或服务的人感觉自己有义务去购买。例如，将一本书发给某个消费者，并告知这个消费者他是经过特殊程序选中的人。他会被要求向卖方付款，或者要在给定的期限内将书返还，超过期限的话，他就必须花钱买这本书。不支付或者没有把商品返还都会使他收到一封要求付款的信件，有时会以威胁性的语句说明。

20 世纪 60 年代，这种销售诡计使用的次数不断增多，消费者协会发起了一场运动，要求制定法规以遏制这些方法的使用。结果，1971 年通过了《未请求的产品和服务法案》，接着是 1975 年的《未请求的产品和服务法案（修正案）》。

这些法案没有禁止使用这种销售方法，但是创造了一些消费者保护权利，使得这种方法失效。未请求的商品可以被视作免费的礼物，限于收到商品后 6 个月内发送者没有重申对它的所有权的情况。另外，如果消费者通知发送者他们没有请求过提供商品，发送者必须在 30 天内收回该商品，否则该商品归消费者所有。这个 30 天原则被认为是一种在消费者的权利和发送者的权利之间公平的折中措施，因为发送者可能也是第三方错误订单的受害者。

邮寄要求付款的威胁信是违法的，就像对法律程序进行威胁，或将接收人的名字印在不履行者名单上一样。

未请求的服务同样受到法律的管制。例如，将未请求服务公司的名字放进商业通讯录中并要求付款这种商业活动已经得到了控制。

法律赋予消费者足够的权利以有效地阻止惯性销售的商业活动。这对于消费者来说是好事，因为现在使用这种诡计给企业造成的麻烦和成本已经远远大于能够得到的利益。

免责条款

一些销售人员用来减少自己责任的另一种方法是对**免责条款**（exclusion clause）的使用。例如，餐厅或舞厅会竖立一个告示牌，宣称外套丢失概不负责，干洗店也会贴出告示，宣称衣物损坏概不负责。1977 年的《不公平合同术语法案》对这种做法加以限制。卖方不可以推卸自己的责任或者将自己的责任从合同中剔除，这些责任即对合同或义务的违背或忽视造成死亡或伤害的情况下卖方所应承担的责任。

对于其他情况，即产生的损失不包括死亡或伤害，免责条款如果满足"合理性"的要求才会有效。这意味着将交易发生时的具体情况考虑进去是公平的。在做关于"合理性"的判断时，可以考虑的相关因素包括：

- 交易中的相关方在讨价还价上的力量；
- 顾客是否被引诱同意某个免责条款；
- 顾客是否知道或者应该知道免责条款的存在；
- 商品是否为满足顾客的特殊订单而生产；

● 当免责条款所应用的条件与其本身不一致时，满足这种条件是否具有可行性。

消费信贷

1974 年以前，根据法律，通过分期付款合同获得的**消费信贷**（consumer credit），相比于通过银行贷款获得的消费信贷，其被对待的方式是不同的。然而，从消费者的角度看，通过分期付款购买一个商品和通过银行贷款获得现金来购买一个商品是没有什么不同的，因为银行贷款也是通过分期付款支付的。《消费者信贷法案》有效地消除了这种区别。几乎所有的超过 15 000 英镑的消费者信贷协议被称为**规定协议**（regulated agreements），房屋互助协会抵押贷款是一个明显的例外。1985 年，开始实施法案中关于"贷款真实性"的规定。现在，这项法案已经代替了之前关于贷款的所有法规（例如，分期付款）。

该法案中一项重要的消费者保护措施是，贷款人应该在广告和销售文书中披露真实利息率。这个真实利息率现在可以作为年利率（APR）出现在广告中，并使得消费者可以把它与共同基础上收取的利息率相比较。在该法案之前，用词巧妙的广告和销售文书会给消费者一种印象，即收取的利息率远远低于真实情况。

对信贷交易的控制是通过公平交易总干事的许可系统实现的。该系统的设计使得只有有良好交易记录的人才能进行信贷交易。不仅是金融企业，那些发放信贷以销售产品的零售商也必须拿到许可证书。然而，周信贷或月信贷是被该法案豁免的。因此，很多信用卡协议不受该法案的约束，因为这种协议通常要求在月底之前完成全部付款。

参与信贷协议的人都有权利获得至少一份协议副本，以便对自己的权利和义务有全面的了解。法案提供了一个"冷却期"，当协议通过"口头陈述"（销售对话）实现的时候，协议没有被提前签署。设计这种"冷却期"是为了控制通过信用贷款的设置进行上门推销。想取消交易的消费者必须在收到签署协议的五天之内发出取消通知。

1989 年的《消费者信贷（广告）规定》（Consumer Credit（Advertisements）Regulations）规定了在信贷或分期付款广告中提供的最少和最多的信息范围。广告被分为简单型、中介型或全面型，广告中的信息量也做了相应的规定。

卖方串谋

在某些情况下，卖方可能会想要与另一个卖方串谋，以限制供给、价格协议（固定价格）或以某种互相有利的方式瓜分市场。1979 年的《限制性交易惯例法案》要求任何这样的交易协议都必须在公平交易总干事处进行登记，这个总干事职位是在 1973 年的《公平贸易法案》下设定的。如果公平交易总干事认为所登记的协议违背了公共利益，他们有权将其起诉到限制性交易惯例法庭（Restrictive Practices Court）。如果法庭同意，该协议将无效。欧盟委员会也有权审查串谋行为，并且曾经成功地打破了价格卡特尔，例如在塑料行业。

远程购买

除 1979 年的《产品销售法案》之外，《远程销售规定》（Distance Selling Regulation）也覆盖了线上购物，为订单购物、电话购物、电视购物的邮寄提供了保护。在这些购物方式下消费者不能看到或触摸到产品，会存在一些潜在的问题，所以该规定为消费者提供了一些额外的保护。

在《远程销售规定》中，卖方必须提供如下信息：

- 对产品或服务的描述；
- 价格；
- 获得配送和取消订单的权利；
- 关于卖方的信息，包括实际地址。

买方有权取消订单，但需在下单到收到货物的七天内。如果产品有缺陷，或者是令人不满意的替代品，卖方必须支付退货的邮费。远程购买消费者拥有和面对面购买消费者相同的关于次品的权利（参见 1979 年的《产品销售法案》，本章前面讨论过）。[3]

道德问题

对关系营销和人员销售的研究都强调了在建立和发展买卖双方互惠关系中获取顾客信任的重要性。[4]销售人员可以通过展示专业能力、可靠性和顾客至上原则在一定程度上创造和保持顾客信任。具有同等重要性的是诚实、公平和远离不道德行为。[5]销售人员会面临很多**道德问题**（ethical issues），包括行贿、欺诈、强买强卖和互惠购买。大多数企业会在一套提前定好的道德指导准则下经营。

英国天然气集团与道德

在进行投资决策的时候，符合道德标准的决策是不可或缺的。英国天然气集团（BG Group）的经营原则声明中陈述了企业经营的基本价值观和道德准则。英国天然气集团只会在与其经营原则相一致的国家开展业务。

投资决策涉及重要的统计和金融程序，但是此类决策中的非金融因素也非常重要。天然气是最清洁的化石燃料，但是任何形式的能源生产都会产生一定的环境成本，例如，坐落在野外的风电场、燃烧化石燃料时释放的温室气体。

英国天然气集团只有在符合自己的道德准则内经营的时候才会力主开发。这有时是很难的，因为天然气资源可能位于难以开发的区域，比如敏感的环境、冲突地区等，这些地区内可能存在领土权的争夺或不全面的保护。

资料来源：adapted from http：//www. thetimes100. co. uk/case_study with permission.

道德是支配个人或团体行动和决策的精神原则和价值观。[6]它涉及对正确与错误进行判断的价值观。商业道德是指导企业行为的精神原则和价值观。最近，对于很多企业来说，商业道德主要包括基于承诺的法律驱动的准则和培训，这些准则和培训详细列出了员工在存在利益冲突或不适当使用企业资产的领域中应该做什么和

不应该做什么。现在，越来越多的企业设计的基于价值观的道德准则与全球不同国家的经营准则相一致。其目的是促使员工对道德问题加深理解，帮助他们在面临新的情况和挑战时做出正确的决策。[7]

销售道德是指导实地销售和销售管理的精神原则和价值观。销售道德涉及的问题包括避免行贿、欺诈、强买强卖、互惠购买、在零售交易中对促销性引诱的使用、货位津贴、传销。道德销售会受到企业文化的影响。企业文化是员工之间共享的影响解决问题和决策行为的一套价值观。[8]促进道德行为的文化已经被证明会对销售人员的道德价值观产生积极的影响。[9]对道德氛围的塑造也会增强销售人员的忠诚度，提供更多的顾客价值（比如，更好的服务质量）。[10]其目的是在销售组织中塑造道德氛围，例如，拒绝在销售的产品或服务展示中包含任何欺骗性的描述和营造欺骗的氛围。[11]塑造道德氛围是非常重要的，因为当道德氛围比较差的时候，优秀的销售人员会有很强的意愿想要离开企业。[12]销售专业人员应该对销售实践中合法性和道德性的区别非常清楚。道德涉及个人精神准则和价值观，而法律反映的是被法庭强制执行的社会原则和标准。

不道德的商业活动有可能是完全合法的。例如，目前在超市中销售含转基因（GM）元素的产品是不违法的。然而，一些组织，如绿色和平组织（Greenpeace），认为在转基因产品对人体健康的影响还没有被完全证明的时候，销售转基因产品是不道德的。这样的声音使得一些连锁超市将转基因产品从自有品牌产品中撤了出来。

道德准则反映了文化价值观和社会规范，这些规范可以对既定情况下应该做的事情提供指导。例如，诚实被认为是好的，这个社会规范会影响销售行为。因为诚实是好的，所以欺诈性的、不真实的销售应该避免。不道德的行为常常很容易被发现，但是在一些情况下，决定什么是道德的行为存在很大的争议性，会导致一些道德困境。这通常是因为想要增加利益的欲望与做出符合道德正义的决策的意愿之间存在冲突。例如，很多企业使用海外承包商，因为这些海外承包商的人力成本更低，可以带来更低的生产成本。更低的支付工资、更差的工作条件和对童工的使用这些不道德的行为导致很多批评的声音。像耐克和锐步这样的企业会寻求一些方法来解决这样的冲突，比如监控运动商品的海外生产过程，检查工作环境，以及保证不雇佣童工。

相比于其他类型或部门的员工，销售人员面临着更多的道德困境。第一，销售人员处于完成交易的压力之下，面对这样的压力，人们可能会出现道德问题。第二，销售经理倾向于忽略违反道德的情况，只要销售人员是成功的、销售业绩是好的就可以。第三，销售人员作为买方组织和卖方组织的纽带将它们连接起来，因此随着销售人员面临双方组织的利益矛盾，道德冲突必然会出现。第四，销售人员常常会卷入鼓励不诚实或夸大行为的谈判。第五，销售人员常常是独立工作的，这种销售人员和管理人员的隔离会削弱企业所制定道德准则的指导作用。[13]

研究表明道德行为常常与这些因素相关：销售人员文化（包括道德标准的建立）、对基于工资而不是佣金的薪酬体系的使用、销售经理作为道德模范的表率作用、工作安全性、对销售人员值得优先雇佣的销售潜力的评估。[14]

接下来我们讨论销售和销售管理中一些关键的道德问题，从行贿开始。

行贿

这是一种通过送钱、送礼物或其他诱惑物品来保证交易完成的行为。这种行为被认为是不道德的，因为它违背了商业谈判中的公平原则。有一个问题是，在某些国家，行贿在商业竞争中成为必不可少的存在。企业如果想要在这些国家开展业务，就必须行贿，因此它们需要决定是否进入这些国家的市场。坚持道德的立场从短期来说可能会造成很多困难，但是从长期来说，遵从道德所带来的积极正面的宣传形象（或者负面宣传形象曝光的减少）会产生更大的利益。葛兰素史克公司（GlaxoSmithKline）因为贿赂医生和医院其他人员销售自己的医药产品而遭到指责，还因为发生在美国的误导销售药品行为被罚款数亿英镑。[15]罗尔斯-罗伊斯公司（Rolls-Royce）也因为通过行贿销售航空发动机而被指责。作为回应，它实施了一个培训项目用以支持反行贿行为。[16]

在英国，2010 年的《行贿法案》（Bribery Act）用法律法规来强行压制通过贿赂海外人员来促进商业交易的活动。该法案也引入了针对企业阻止行贿失败的惩罚措施。[17]

欺诈

很多销售人员面临的一个问题是要抵抗通过误导顾客以获得订单的诱惑。欺诈所采用的形式可能是夸张、说谎或故意隐瞒一些重要信息，而这些重要信息也许会大大降低产品的吸引力。培训中应该重点批评这种行为且不鼓励这种行为，销售管理人员可以通过自己的言行，塑造自己对销售人员的引导模范作用，从而促进销售人员的道德行为。但是，关于销售中不良行为的报道仍然时常见诸媒体。例如，在英国，一些金融服务销售人员通过夸大预期回报率误导消费者购买养老产品，这种行为一直受到指责。这个丑闻导致公司赔偿了几百万英镑给客户。之后，又有英国银行因为误导顾客购买保护险而赔偿 120 亿英镑。[18]

美国保德信保险公司（Prudential Insurance Company）不得不在销售人员使用欺诈性手段销售之后，向投保人支付 26 亿美元以赔偿其损失。[19]这种欺诈销售行为可能出现在金融顾问因收取某企业的提成而推荐企业产品的过程中。然而，英国的金融服务权威机构已经禁止这种行为。金融顾问必须直接向客户收费，而不能通过其他途径收取费用来误导客户，只有这样才能让支付更加透明化。其目的是促进金融产品（如养老金、人寿保险）销售过程中的信任，推翻投资咨询免费的假象。[20]

广告监察员揭露美容业的秘密和谎言

美容业的产品通常被宣传为"可以让你的肌肤焕发活力、宛若新生、紧致发亮、即刻柔滑，或者让你的头发顺滑"。

价值数万亿英镑的美容面霜、润肤乳、啫喱和软膏产业昨天遭到了极大的谴责，因为该产业中的两个领导品牌被发现不是向人们日常生活中的衰老过程，而是向医学科学提出了挑战。

警告中的一点是指出该产业依赖于广告中越来越极端的说法，广告标准权威机构支持人们对"抵抗脂肪"面霜和"补充氨基酸"洗发液的投诉。广告监察员裁定这两种产品的声明是误导性的和没有事实根据的。

资料来源：Adapted from an article by Sam Lister in *The Times*，11 May 2005，News Supplement，p. 3.

雀巢（Nestlé）是另外一个关于企业欺诈的例子。在 20 世纪 70 年代和 80 年代，雀巢在发展中国家销售婴儿配方奶粉（用奶瓶冲泡后喂给婴儿的干奶粉），并让自己的女性销售人员穿着打扮得像护士。这会给那些易受影响的目标客户一种印象，即这种产品被医学专业机构认可，代表着一种健康的、令人满意的母乳替代品，尽管医学专业机构一直都主张母乳喂养才是最好的。由于对雀巢产品的大规模联合抵制，雀巢加入了世界卫生组织（WHO）制定的一个协议，这个协议旨在控制母乳替代品的销售。

英国的家具和地毯零售商被指责欺骗消费者，这些零售商在短期内抬高价格，从而误导顾客认为他们在促销期间获得了折扣。这引起了公平贸易办公室的注意，它开始调查这种夸大的折扣声明。它鼓励购物者询问工作人员目前的折扣价格什么时候可以使用、可以使用多久，以及企业制定更高的价格时可以实现多少销售额。[21]

强买强卖

对人员销售行为的批评有时候涉及那些使用高压销售技巧（强买强卖）来完成订单的行为。一些汽车经销商被指责使用这种技巧压迫顾客匆忙做出购买决策，然而这种购买决策可能是涉及高昂信贷的复杂决策。强买强卖也曾经被用于销售陶瓷餐具。

陶瓷餐具的强买强卖

陶瓷餐具的强买强卖不是通常意义上的强买强卖，而是指一些受害者最后为价值仅为 20 英镑的陶瓷餐具支付了 2 000 多英镑。潜在的买家接到电话后被通知，他们因为"品位高"而被选中"去参加一个免费的竞赛"。通常，退休者会成为通知目标，他们被要求参加一个展示会，在这个展示会上他们会收到一些免费的礼物，并且有机会赢取 1 英镑购买包含 60 件陶瓷餐具套装的机会。

展示者会把销售的产品与一些虚假的价格相比较。例如，一个包含 60 件陶瓷餐具的套装被宣传为价值在 12 000～21 000 英镑，具体价值依据陶瓷餐具的样式决定。参展者也会被告知购买该陶瓷套装将会帮助一家工厂维持经营。另外，经典的强买强卖套路——"如果现在不马上购买，你将永远失去这个难得的机会"也很常见。每件陶瓷餐具的价格是 49 英镑，所以包含 60 件陶瓷餐具的套装就是 2 940 英镑。另外，买家没有取消订单的机会。

这种商业活动最后的结果是很多买家非常不开心。因为买家发现这个包含 60 件陶瓷餐具的套装在被专家估价后，价值仅在 20～150 英镑。这种不道德的商业活动给人员销售抹了黑，也对大多数符合道德规范、给顾客带来利益和优质服务的销售人员的名誉造成了损害。

资料来源：Adapted from an article by Tony Levene, "What a bargain-60 pieces of china for £1", *Guardian*, 4 September 2010, Money supplement, p. 3.

互惠购买

只要供应商同意从顾客处购买一些东西，顾客也同意从供应商处购买产品，此时互惠购买就会发生。如果其他作为竞争对手的供应商不同意这种安排，或者觉得没有必要从顾客处购买东西，这种行为对其他供应商就不公平，这时互惠购买会被认为是不道德的。互惠购买的支持者声称顾客在与供应商的协议中提出最有利条款是合理的，即使这意味着为达成协议必须向供应商销售一些东西。事实上，他们认为，把商品作为交付物付给供应商的对销贸易很多年来一直是国际贸易的一个重要特征，并且能给贫穷的国家或者无法用现金支付的企业带来益处。

促销引诱

生产商希望零售商可以针对自己的产品而不是竞争对手的产品多多促销。因此，它们有时会给零售商提供一些引诱性的利益，让零售商对其产品给与更多的重视。因此，当消费者想要看一看运动鞋的时候，销售人员更倾向于推荐那些给过自己额外红利的运动鞋品牌。这被认为是不道德的，因为消费者可能会买到不能很好满足自己需求的品牌。

尽管销售人员承认这种行为可能会被滥用，但大多数消费者都对自己的需求和自己想要的产品类型有一个清楚的认知。他们声称这种行为在供应商品牌众多而产品差异不大，消费者有很多可以满足自己需求的可选择产品种类情况下是非常有效的。批评者提出，如果这种行为让销售人员过多地介绍昂贵的产品而忽略了便宜的竞争对手品牌，消费者的利益仍然会被损害。

货位津贴

货位津贴是生产商支付给零售商的费用，用以换取零售商将自己的产品放在货架上的协议。渠道的重要性和零售商越来越大的权力意味着货位津贴已成为超市交易中的普遍规则。这可能会被认为是不道德的，因为它使竞争变得扭曲，支持了那些能够支付货位津贴的大型供应商，打压了那些小型供应商，而小型供应商的产品很可能更出色。

销售人员认为他们只是回应了市场中的现实（和一些零售商强大的力量），他们认为批评应该针对那些要求支付货位津贴的零售商，而不是那些没有任何力量对抗这些压力的销售专业人员。

传销

传销的主要目的是通过招募他人来赚更多的钱。人们被鼓励加入传销组织，这些组织会给出承诺，即只要你能引入新的其他参与者，你就能获得收入。英国的商业、创新和技术部门将这种行为定为违法行为，具体来说这种行为"声称可以提供商业机会，唯一目的是通过招募其他参与者来赚钱，而不是通过产品或服务的交易来赚钱"。其他国家也将这种行为定性为虚假销售。传销的主要问题在于如果每个人都想赚钱，就需要有无限的新加入者，因为供给总是有限的，饱和点很快就会达到，后来加入的人基本没机会赚到钱，也拿不回自己的钱。

小　结

　　本章讨论了一些保护消费者利益的法律和组织。遗憾的是，一小部分不讲道德的人的存在使得我们有必要通过法律来保护消费者。

　　本章的核心是对合同及其相关条款和条件的理解。另外，很多商业实践以及相关的法律也在本章得到了简短的描述。最后，我们讨论了销售中的道德问题。

　　在第 3 篇，我们讨论销售的技巧。

案例练习

Kwiksell 汽车有限公司

　　约翰·佩里（John Perry）从 Kwiksell 汽车有限公司的销售人员罗伊·克拉克（Roy Clarke）处购买了一辆二手车，共花费 1 500 英镑。他很后悔自己的决定。佩里之前从来没有买过车，但他认为自己足够聪明，可以分辨好车和坏车。在花了几个周末尝试从私人卖家处购买二手车之后，他决定去找一家经销商，如果他想要快速购买一辆车的话，这是他的最合理选择。

　　在佩里坐公交车上班的路上，Kwiksell 前院摆放的一辆使用了四年的 Astrada 1100 引起了他的注意。这辆车的广告价格是 1 800 英镑，看起来也很好。

　　在与克拉克打过招呼后的某个周六佩里和他女朋友去了一趟 Kwiksell 的实体店，克拉克问他对哪辆车感兴趣后带他看了 Astrada 1100。克拉克说这辆车的配置确实非常好，最近刚刚彻底检修过，引擎也调试过。佩里很关心耗油量，克拉克告诉他这辆车每加仑油量可行驶 40 英里，跑高速的时候则可以上升到每加仑 55 英里。佩里很满意，只是还有一点担心，即这辆车能否拉动

他父亲的拖车。克拉克说："没问题，Astrada 1100 虽然引擎比较小，但是引擎的化油器已经提速了，所以完全可以拉动拖车。"

　　克拉克问佩里是否想和女朋友一起试开一下。佩里同意了，发现这辆车在加速方面非常棒，尽管引擎声音有点大，甚至比他父亲的车还大。"这就是被提过速的引擎，"克拉克说，"听起来有点像赛车，不是吗?"

　　对于佩里来说，这辆车就是他长久以来寻找的最好结果，不过他知道，作为用现金支付的买家，他还可以拿到一个更低的价格。

　　"这辆车看起来能够满足我的要求，但是价格比我预计的高一点。"

　　"是的，但是配置这么好的车出现在二手车市场上不是很常见，先生。"克拉克说。

　　"我用现金支付的话，你能降价多少?"佩里问。

　　"通常情况下，我能给到的最多降价是 200 英镑，但是如果你今天能先支付定金，下周二提车时再支付剩余部分，我可以把价格降到 1 500 英镑。"

佩里很高兴，他同意了。他写了一张 500 英镑的支票，并同意下周二提车时将剩余部分的现金带过来。克拉克让他签了一份销售合同，并保证在下周二之前将车和所有需要的文件准备好。

佩里起先对自己的购买决定非常满意，但是在下周末跑高速的时候，他注意到引擎的噪声非常大。另外，车的耗油量也比他预期的要多。他决定买一份用车指南，仔细检查耗油量数据。指南上写着 Astrada 1100 在市内行驶的时候每加仑油量可以行驶 30 英里，如果以每小时 56 英里的速度行驶，每加仑油量可以行驶 40 英里。佩里非常生气！

引擎的噪声仍然很大，所以他把车开到了他父亲的汽车修理厂。修理师告诉佩里这辆车被严重磨损了。如果要修的话，要花 300 英镑。"引擎并没有被提过速，"他说，"而且有故障。"

"但是我下周末要用车，我要带上我父亲的拖车去度假。"佩里说。

"那么，我希望你能考虑用你父亲的车，"修理师说，"如果你坚持用 Astrada 1100，引擎肯定会在路上坏掉。"

佩里愤怒地冲到克拉克的办公室。

"很遗憾你会遇到这些问题，但是 Astrada 系列的车本来就很容易出故障，"克拉克解释说，"我希望可以帮到你，但是我当时确实带你试开过。"

"你骗了我！"佩里喊道。

"完全没有。你可以看看你签的合同，上面清楚地写着检查车辆是否存在问题是买方的责任。这意味着售后出现的任何问题都由你负责。你跟我说过你懂一点车，如果你不懂，你应该带一个专业修理师跟你一起。我已经为你降价 300 英镑了，这 300 英镑就是用来支付可能出现类似问题所需的费用。"

问题讨论

1. 克拉克违反了汽车销售的相关法律吗？

2. 这个案例涉及哪些相关法律？

雪佛龙德士古使用 Innovetra 欺诈警报器来降低损失

雪佛龙德士古（ChevronTexaco）是一家大型石油生产企业，在 180 多个国家和地区开展业务，在能源行业非常有竞争力。在英国所开展业务的一个重要部分是德士古（Texaco）加油站，英格兰和威尔士的德士古加油站都有一个前院便利店。在竞争激烈的市场中，加油站的业务利润率一直都比较低，需要着重提高效率和利润率。

发现欺诈交易——大海捞针

就像很多零售商一样，德士古承认损耗对于盈亏结算线有直接的负面影响，而且内部偷盗是库存损耗的主要原因。公司运营的加油站组建了一支 10 人监察小队，用来降低损失，这支 10 人小队的主要工作内容是调查内部偷盗情况。由于加油站站点网络庞大，很多都是 24 小时营业，要在几百万次交易中发现欺诈和不忠行为几乎是不可能

的，更多的时候公司采用随机抽查的方法来发现不正常的情况。

减少基于加油过程的欺诈

德士古想要降低损耗，认为实现这个目标最有效的方法是增强对基于加油过程的欺诈的监测和预防。

德士古的欧洲安全和审计经理迈克·诺伊斯（Mike Noyce）说："我们考虑了各种方案，发现 Innovetra 预防损失管理系统是最全面的对抗欺诈的工具。"

该系统是按照 Innovetra 的项目计划过程进行管理和实施的。诺伊斯评论说："这个系统上线并运行了八个星期，进展很顺利，也没有超出预算。"

实地监测

Innovetra 欺诈警报器（Fraud Alerter）会自动在每天晚上对所有加油站的交易进行

分析和挖掘。系统的发现会直接得到预防损失监察员的分析和评估，而不需要专业分析师的帮助。每个监察员每周花费一定的时间来检查系统发现了什么，然后直接在电脑上做一个详细的调查报告，或者在必要的时候对某个加油站进行突击检查。

早期成果

德士古在第一时间看到了这个新系统所带来的收益。诺伊斯解释说："我们很快就发现了大量内部欺诈和偷盗的实例，如果没有这个新系统，这些情况不会被发现。它帮助我们快速发现这些情况，这样我们就可以在问题变得非常严重之前将欺诈和偷盗的情况扼杀在萌芽阶段。"

预防损失监察员能够做出反应的速度意味着他们可以在问题事件发生的时候直接来到加油站，更有效地对事件进行调查。"在事件发生后，我们能够迅速地发现证据，这给我们提供了对抗这类损失的一个有力工具。"诺伊斯说。

预防损失监察员发现他们可以把问题事件的详细信息以一种非常快速且简单的方式呈现给地区管理团队，这样能得到来自上层的更多资源来对抗内部欺诈和偷盗。

这种对欺诈或偷盗人员的威慑作用非常显著。加油站工作人员立刻意识到监察员会随时来加油站对不正常的情况进行调查和询问，这在很多加油站都有显著的效果。

培训和服从

德士古发现欺诈警报器可以帮助确认和管理基于加油过程的培训要求和服从问题。诺伊斯评论说："该系统带来的另一个好处是帮助我们发现哪些区域需要更多的员工培训，因为欺诈警报器可以显示哪些区域没有遵守正确加油程序。"

更有效率的团队

预防损失监察小队变得更有效率了，他们可以更好地安排自己的工作。这个系统直接帮助他们提高对欺诈的监测和解决水平。预防损失监察员在家或办公室里就可以对可疑的事件进行调查并拿到详细的加油过程信息，这样他们在不需要实际到达加油站的情况下就可以完成很多调查工作。这个系统让调查员可以更加有选择性地决定哪些加油站需要实地访问、哪些不需要实地访问，从而大大减少了不必要的、没有效率的实地访问。

预防损失管理系统

诺伊斯说："预防损失管理系统使得德士古从现有的先进技术中受益良多。我的团队现在有了一个高效率工具来辅助我们的工作，帮助我们更有效地利用时间。"预防损失管理系统和欺诈警报器为德士古带来了很多积极成果。只要对系统实施之前和之后的损耗进行测量，德士古就可以精确地计算出损耗降低了多少。诺伊斯还说："欺诈警报器对损失的降低做出了很大的贡献。系统实施四个月后，我们就收回了成本。"

关于 Innovetra

Innovetra 公司成立于 1991 年，位于伦敦北部，主要开发零售行业的智能管理系统。它的产品包括可以让零售商分析信息的电子销售终端，以及帮助零售商更深入理解顾客、增加销量和降低损失的其他系统。

● Innovetra 绩效分析系统可以对企业的所有数据进行快速分析。

● Innovetra 一揽子分析系统是一个分析各种信息组合的强大工具，可以分析出顾客购买行为模型。

● Innovetra 零售新闻专线系统是可以将实时新闻传递给实地员工的基于浏览的系统。

● Innovetra 欺诈警报器使用先进的搜索和分析技术来确认零售员工可能的欺诈行为。它突出强调了企业需要进行调查的区域，并且可以大大降低员工欺诈造成的损失。

Innovetra 的客户包括 BP 零售、Peacocks、Total UK 和 Jacksons 便利店。

资料来源：www.thetimes100.co.uk/case_study with permission.

问题讨论

在零售企业中引入 Innovetra 系统会对如下方面产生怎样的影响：

（1）对在零售企业工作的员工会产生什么影响？对培训和招聘有什么启示？

（2）对零售经理会产生什么影响？

1. 什么是合同？合同在买卖关系中有什么作用？

2. 在欺骗性贸易描述和次品买卖中，消费者会得到怎样的保护？

3. 外部法律环境会对销售管理人员的角色产生怎样的影响？

4. 选择一个企业，解释法律因素在环境中的重要性。

5. 销售已经在经济和道德层面上被指责很多次了。请对这些指责进行讨论，并说出这些指责有多少是合理的。

第3篇 销售技巧

第 3 篇主要是关于销售的基础知识。第 7 章介绍了销售的职责，包括发掘潜在客户、客户记录、信息反馈、自我管理、投诉处理、提供服务和销售战略的实施。有关销售准备工作的问题，比如对自己公司的产品和竞争对手的产品的了解，如何规划销售展示，如何进行销售谈判的准备，将在本章一并讨论。另外，还探讨了销售谈判的技巧，包括评估谈判双方话语力量、确定谈判目标、让步分析、提议分析。

第 8 章介绍了人员销售的技巧，包含个人层面的销售过程，还有相关的战术，有开场白、需求和问题的确认、销售展示和展销、处理异议、谈判、销售结算、跟进。

第 9 章致力于探讨大客户管理和它在实际中的应用。大客户关系管理发展模型从战略的层面上对这个过程进行了总结，并由此引出了对大客户信息的分析处理问题和计划系统的运用问题。

第 10 章从历史的视角讨论了关系销售的概念，首先是在全面质量管理和客户关怀中发挥的作用。即时制或者精实生产已经成为关系营销发展的媒介，本书前面介绍的逆向营销的概念也在本章有更为深入的探讨。本章接下来会讨论供应链整合的概念，揭示了强势的购买者在这个关系中显得越发有力的事实。此外，本章还分析了关系销售中的战术问题和一线销售工作，后者在企业营销信息系统的信息收集过程中有越来越多的应用。最后，本章探讨了一线销售人员在销售服务中所起到的重要作用。

直复营销是现代沟通组合中的一个元素，第 11 章将从直复营销如何影响销售过程探讨这个概念。直复营销活动的管理将作为数据库营销的一种实际应用方式加以讨论，包括直邮、电话营销、产品目录营销、直接反馈广告等方式。

第 12 章总结了互联网是如何对销售活动进行辅助的，互联网在影响销售和销售管理中发挥的作用，信息技术在销售活动中的应用。然后，本章分析了企业的 IT 能力如何帮助其执行客户关系管理。最后是信息技术对零售领域的影响，涉及电子销售点终端系统、空间管理系统、分类管理、电子数据交换、局域网和外网。

第7章

销售的职责和准备工作

学习本章后，你应该可以：

1. 列举销售的职责。
2. 评估潜在客户的来源。
3. 理解销售周期的意义和重要性。
4. 采取系统的方式保存客户记录。
5. 理解自我管理在销售中的重要性。
6. 评估销售的准备工作。
7. 理解突发式访问。
8. 理解谈判的艺术。
9. 计划个人销售访谈。

销售的职责

对于销售人员来说，最基本的职责是完成销售工作。这项任务包括识别顾客的需求、销售展示、展销、销售谈判、处理异议、销售结算。这些工作和技能的具体细节在第8章有详细的描述。为了让销售顺利进行，很多销售人员会实施一系列的次要职能工作。这些工作虽然对于销售人员来说不在主要业务范围内，但也是非常重要的，包括：

- 发掘客户；
- 数据库和知识管理；
- 自我管理；
- 投诉处理；
- 提供服务；
- 关系管理。

销售人员还有责任执行销售和营销战略，这些内容将在本章后面详细探讨。图7-1展示了销售人员应该承担的主要责任。

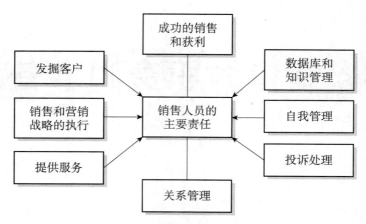

图7-1　销售人员的主要责任

发掘客户

发掘客户（prospecting）是指寻找和拜访那些从来没有向公司购买过产品的顾客。这种活动对于不同的销售分支有不同的重要性。对于工业销售来说，发掘客户明显比零售更重要。例如，办公设备的销售人员可能拜访了很多新的潜在客户，但是一个家具销售人员则不太可能寻找新的潜在客户。他们来到商店可能是因为他们接触了广告，或者是因为公司所在的地理位置非常好。这种识别潜在客户的过程也称为潜在客户开发流程。

在同一个公司工作了很多年的销售人员可能会面临一个问题，那就是他们往往只依靠那些已经确立关系的老客户的重复订单，而不去主动发掘新的业务机会。当然，对于销售人员来说，重复拜访老客户确实会更舒服、更省事，但是很多工业销售遵循一个规则：因为产品生命周期很长，所以持续的销售增长靠的是寻找新客户，销售给新客户。

潜在客户的来源

下面我们介绍一下通过哪些渠道和途径能让我们识别潜在客户、发掘潜在客户。

1. 现有的客户。这是一种非常高效的发掘潜在客户的途径，然而在很多销售中，这种途径用得并不是很多。只要满意度高的客户知道哪些人需要企业的产品和服务，大批的潜在客户其实就可以通过简单询问满意度高的客户获得。这个技巧已经在人寿保险、工业销售中成功实践，在其他领域也有所应用。

在获得了潜在客户的名单之后，如果合适的话，销售人员可以问一下客户能否让他成为介绍人。这种方式在工业市场中更容易成功，因为它减少了潜在客户的感知风险。

2. 行业名录。像《指南针》（*Compass*）、《邓白氏》（*Dunn and Bradstreet*）这种可信度高的行业名录在确认该行业潜在客户群的时候非常有用。比如，《指南针》里面的通讯录按照行业、地理位置编排，并且提供了一些潜在的、有用的信息，包括以下内容：

- 公司名称、地址、电话号码；
- 董事会成员的姓名；
- 公司规模，包括资金周转率和雇员人数；
- 制造或分销产品的种类。

对于销售贸易来说，《零售通讯录》（*Retail Directory*）提供了关于潜在客户、各种各样的潜在零售渠道的有关信息。因此，销售人员在向糖果店和报刊亭推销产品时，可以参考一份叫作基于 CTN（包含糖果商（C）、烟草商（T）、报刊经销人（N））标题的零售商名单，通过所包含的分支机构信息，获取商家的名称、地址、联系方式和商家的规模说明。

3. 问询。问询可能是在商业活动中自然而然产生的。满意度高的消费者可能通过口碑传播的方式，从比较热心的潜在客户身上制造一些问询的行为。很多企业通过一些方式来刺激问询的产生，包括广告（很多工业广告用赠券的方式来激励）、直邮、展览会等。这种潜在客户的来源很重要，销售人员应该迅速做出反应。问询者通常有迫切的需要和动力来寻找解决方案，一旦销售人员的反应不够灵敏或有所拖延，他们就会转向竞争对手。即使客户的问题不特别急着解决，反应的迟钝也会给销售人员和其所在公司的产品形象造成不好的影响。

接下来的首要任务是，识别出那些不可能在销售中解决问题的问询者。电话咨询具有个性化回答、成本较低、时间花费较少的优势，可以用来检验问询的认真程度，如果问询的内容有挖掘潜力，还可安排进一步的个体访谈。这种检查引导发现潜力的过程称为海选。在商业活动中，潜在客户的发掘就可以采用这种海选的方式。例如，在线的金融评级服务可以检验潜在客户的财务资源。销售人员还可以检查潜在客户的公司网站、博客等。

4. 新闻媒体和互联网。作为潜在客户的来源，新闻媒体的重要性可能没有受到足够的重视，但其重要性是不容忽视的。广告和文章是可以给潜在的商业资源、新的商机提供线索的。文章可以透露很多计划，其中一些计划可能意味着一个企业突然成为潜在的客户。招聘广告也可能会透露企业的扩张计划，同样也意味着企业成为潜在客户。互联网也是一个识别潜在客户的来源。例如，销售人员可能会使用电子版的产品目录（如 Thomson Register）去识别一些特定的职能或功能模块，从而识别对特定的产品或服务有特殊需要的一些企业。同样，在线数据库（如 ABI Inform）可以用来收集行业的详细数据、产品或行业发展的趋势数据等。[1]

5. 突发式访问/访谈。这两个术语的意思是一样的，都是指向新的潜在客户进行"冷不丁"的访谈，也就是事先没有联系或打过招呼。虽然这种方式在很多形式的销售中都有应用，比如登门销售或电话销售，但是这种方式可能起不到什么作用，会使销售比较困难。事实上，能够承受突发式访问的压力、尴尬和挑战的销售人员是极少的，虽然这些人也是有特殊价值的销售人员。确实，突发式访问的压力非常大，甚至有人称之为"上帝对销售人员的惩罚"。

那么，为何突发式访问会隐藏着没效果、压力大的问题？是否总是如此？

突发式访问的主要问题在于可能的反应，或者说消费者的潜在反应。

突发式访问意味着，要接触那些并不了解甚至压根没听过企业名称和产品名字、没和销售人员接触过、对产品或服务没有需要和兴趣、无法想象产品和服务的消费者。想象一下，要是面对这种消费者，销售人员的挑战有多大！

此外，消费者在没有事先通知的情况下，对这种突然的到访可能会非常抵触，尤其是消费者在享受属于他们自己的时间，在自己家里时，这种抵触可能会更加明显。遗憾的是，这是大多数突发式访问面临的情况。就算购买者是一个组织，其行程安排也会非常满，经常面对想要销售各种产品的公司铺天盖地的销售信息，也会对这种突发式访问有强烈的抵触。

　　事实上，对某些突发式访问来说，我们需要考虑一些伦理道德、管理监控方面的问题，尤其是通过互联网的途径去挖掘和接触潜在客户时更要考虑。因此，任何想要进行突发式访问的时候，一定要对访问步骤、需要注意的行业规则和指导方针非常熟悉，接触消费者时也要更加小心。

　　显然，消费者对突发式访问的抵触和愤怒情绪确实使得销售人员开展销售活动非常困难。另外，销售人员往往事先无法对消费者的需要、需求和所处场景有足够的了解，这意味着就算消费者对这种访问没有抵触，销售人员也可能无法提供真正符合消费者需求的产品或服务。

　　因此，我们可以知道，突发式访问的销售人员要经常处于被断然回绝、被指责的境地，这也是突发式访问经常没有效果或者销售人员压力很大的原因。之前提到，只有特定类型的少数人才能够应对这种突发式访问所带来的压力，也就是指那些能够应付具有超高拒绝率销售的自我激励的人。与常理不同的是，进取心和自我批评的特质在这种场景下是不适用的。这两种特质在突发式访问中会起到反作用，提高消费者拒绝和抵触的可能性。

　　那么问题来了，既然突发式访问如此低效率和压力大，为何那么多的公司和企业仍然在不断尝试？难道有什么原因使得它们很受欢迎？答案很简单：的确有这样的原因。

　　突发式访问使公司可以扩大消费者的基数，挖掘更多的潜力。公司如果局限于在其已有客户的基础上进行销售方面的努力，那么想要获得较高的成长性就很困难。另外，突发式访问对于公司来说也是进入未知市场的先锋行为。有人认为营销人员应该在销售产品之前等待消费者先和公司取得联系，认为消费者如有需要会主动说明。但我们都知道，并不是所有的情况都是这样的，消费者通常想要营销人员直接告诉他们解决购买问题的具体方案。最后，至少对于某些销售人员来说，突发式访问是值得他们挑战和坚持的，当他们通过这种方式取得了一定的报酬，这对他们也是一种激励。

　　总而言之，在开发新的销售收入来源的方式中，将突发式访问排除在外是不对的。突发式访问需要制定详细的计划，小心地执行。下面是一些能够提高突发式访问效率和成功率的方法：

　　1. 尝试将突发式访问变成消费者认为的非入侵性行为。例如，不要在知道消费者很忙、不方便的情况下进行突发式访问。

　　2. 与上一条的情况类似，尽量避免在一天当中过早或者过晚的时候对消费者进行突发式访问。

　　3. 不管在什么时候，都要尊重消费者的隐私，尊重消费者不想被打扰的权利。

　　4. 不要试图强制客户理睬你或者对你讲话。

　　5. 在进行突发式访问时最好能建立一个约定，或取得未来继续推送消息的权利，而不是马上让客户下单购买。消费者通常会先看商家、产品的有关信息，以及卖方所处的行业情况，然后采取进一步的打电话约谈行为。[2]

　　6. 尽可能地确定潜在客户，在此基础上谋划突发式访问的形式和计划。有一点很重要，当突发式访问的目的是甄别想要购买产品的潜在客户时，这种访问的效果会显著提高，因为一些消费者属性和特征可以事先确定。例如，我们可以只选择特定规模的公司，或者只选择特定收入水平和特定生活方式的消费者群体。

　　最后一种方法显然可以运用到所有的突发式访问情境，也适用于各种类型的潜在客户。当然，这种方法也适用于消费者的回访情境，接下来我们就来谈谈。

数据库和知识管理

　　数据库和消费者知识并不只对挖掘潜在客户有用。对于那些需要重复拜访的销售人员，我们推荐一种系统的保存客户记录的方法，他们需要记录如下信息：

1. 公司的名称和地址。
2. 联系人员的名字和职位。
3. 业务的特点。
4. 访问的日期和时间。
5. 潜力的评估。
6. 消费者的需要、问题、购买习惯。
7. 过去的销售情况（按日期统计）。
8. 遇到的问题/可能的机会。
9. 销售人员（包括购买者）可能的未来行为。

　　笔记本电脑的普及使销售人员能够记录、存储关键信息，以备未来使用。消费数据信息系统给销售人员带来了机会，他们可以对消费者进行彻底的研究，根据消费者特定的需求和需要，进行销售展示或产品展示流程的设计。[3]

　　我们还应该鼓励销售人员把有关公司产品的营销信息、市场信息反馈给公司总部。应对竞争的市场试水活动、新产品发布的新闻、客户贸易、澄清和应对竞争者带来的谣言、有关产品的销售业绩和交货售后服务等反馈信息都是对管理层非常有用的资源。

自我管理

　　这个层次的销售工作是非常重要的，因为销售人员通常是在限度非常低的个人监督的情况下单独完成工作。销售人员一般必须制定个人销售计划，包括制定每天要访问的地域区块的顺序、访问的最佳路线。以销售人员的大本营为中心向外辐射，将拜访的总范围划分成块的方法是非常有意义的。每个部分要设计得足够小，让销售人员能够在一天之内完成计划的工作量。

　　很多销售人员相信最有效的行动路线是优先拜访最远的顾客，然后向自己的大本营方向迂回拜访，然而事实证明采取环形路线的方法更加节省路程。这种对效率的考量是非常重要的，因为我们不能把大量的时间花在路程上，更多的时间应该花在与购买者进行面对面的交流上。一项由某个营销机构[4]组织的对英国销售行为的调查结果显示，一个销售人员的正常工作日当中，平均只有20%～30%的时间花在与顾客进行面谈上。尽管这是一项 20 多年前的研究，但迄今为止情况没什么改善。

其实，现在这个数字更接近 20% 而不是 30%，因为很多销售人员被要求做一些辅助性的工作，比如消费者调查、服务、广告销售等。一些企业把这些工作从销售人员的手中抽走，并制定了每日的工作清单，指明谁负责哪些工作，以及每个工作的优先级。

销售人员另一个职责是确定拜访频率。把顾客按照潜力的大小进行等级划分是非常有意义的。例如，对接长期持久消费者的销售人员可以把他们的零售渠道划分为 A、B、C 三个等级。这种处理方式与我们后面要介绍的"销售周期"概念有关，在这种情况下，A 级渠道可以每两周拜访一次，B 级渠道可以每月一次，C 级渠道大概是每三个月一次。这个原则适用于所有种类的销售，可以让销售人员自主决定，也可以将它作为销售管理职能的一部分。赋予销售人员这种权责的潜在危险在于，决定拜访频率的标准是"对购买者的友好程度"和"销售的容易程度"而不是销售潜力。另外，可以认为一个有责任心的销售人员非常清楚应该在每一个顾客身上花多长时间。

投诉处理

投诉处理（complaint handling）似乎可以看作一种比较费时间的行为，它偏离并影响了销售人员的正常工作。但对于销售团队来说，要求营销导向意味着团队组织的目标在于让顾客满意，从而得到利润回报。当消费者的不满以投诉的方式呈现出来时，这种情况就对企业的长期生存条件构成了威胁。

投诉行为在严重的程度、销售人员处理投诉时能掌握的权利上是不同的。无论投诉看起来多么微不足道，对于投诉者我们都应该以礼相待，事件要得到严肃处理。可以说，投诉处理是供应商应该提供的一种售后服务，所以它也是公司提供给顾客的利益组合中的一个元素，它本质上和一般的服务不同，因为我们的本意是让这种投诉存在的可能性降到最低。销售人员关注顾客的问题，并在对问题的反应中表现出同情，可以创造顾客的好感，从而培养长期的关系。

知道了这一点后，很多企业在处理投诉工作时如果发现成本不是很高，虽然怀疑这种损失是由顾客自己使用产品的方式不当造成的，但仍然会给予顾客消除疑虑的机会。例如，花园锄头的制造商允许顾客退换刚买的坏掉的锄头，尽管损坏是由使用者的方法不当造成的。

当销售人员没有权力及时处理投诉问题时，他们的职责是将相关的信息和详细情况记录下来，以文字的形式及时递交给总部，以便问题得到进一步的处理。

提供服务

销售人员的角色非常适合向顾客提供"咨询"服务，因为他们每年都会见很多的顾客，对常见问题的解决办法非常熟悉。因此，一名工业销售人员应该在改进生产率、减少成本方面为顾客提供建议。确实，工业销售中的服务元素已经融入销售的整个过程，比如，电脑销售人员可以提出进行关于顾客要求的分析，并做出一份能够完成销售任务的书面报告。知道常见问题解决办法的销售人员可以提供有用的建议，从而形成应对竞争的壁垒，加强买卖双方的关系。

销售人员另一个提供服务的领域是贸易销售。他们可以承担批发商和零售商之间的店内展销和其他促销任务。一些企业会雇佣专员全职处理这种工作，这些专员的角色就是经销商，他们给销售人员提供支持，使得这些销售人员有更多的时间聚焦在自己的工作上。

零售人员也会提供顾客服务。比如，在销售音像器材时，他们可以帮助顾客在给定预算的基础上做出最好的选择。瑞奇音像（Richer Sounds）是一家英国的音像制品连锁企业，这个连锁企业以能够提供优秀的顾客服务出名。

零售中的顾客服务

在英国一家名为瑞奇音像的音像制品连锁企业中，顾客服务从潜在顾客走进门店时就开始了。销售人员经过培训后，能以非常随意的问题确认顾客情况，如"您在这里还好吗？"或者"先生/女士，您在这逛得开心吗？"等。其目的不在于向他们推销东西，而在于让顾客觉得销售人员对他们是非常在意的，以及当顾客想要买东西或准备买的时候能够和他们进行接触。门口写着"欢迎光临"，他们这么做是为表明不用担心被销售人员打扰。

不能从表面上对顾客进行判断。即使是面对衣衫褴褛、出言不逊、粗鲁无赖的顾客，我们也应该提供一样的服务。所有的销售行为都应是透明的。不能给顾客压力，用劣质产品欺骗顾客和强买强卖。销售人员应该诚实，当他们对一些信息拿不准时，应该回答："对不起，这方面我不是很清楚，但我会试着帮您解决。"

有时候因为某些特殊的产品没有库存，没办法进行销售。这种情况下，销售人员仍然要提供服务，建议顾客到有这种产品的地方去买。Argos 和 Tandy 产品目录就是为这个目的而制作的。在走出门店之前，消费者会停下来想想他们是否还能再买一些东西，这是对商店服务感到满意或赞赏的表现。

瑞奇音像主张"少承诺，多发货"的原则，过多的承诺会损害长期客户关系，所以它们的销售人员绝对不会和顾客说空话，而只负责销售。

即使瑞奇音像在努力提供 100% 的顾客服务，还是会有消费者的投诉。瑞奇音像甚至还鼓励投诉。它觉得，每个不满意的顾客平均会向 20 个人诉说他的不满意。通过处理投诉，它有机会把事情解决，并且吸取经验教训。在交给顾客收据时，它会附上一个调查问卷，这个问卷涵盖了 8 个顾客对它的服务进行评价的问题类型，并且留出位置供顾客填写评价。还有一个售后服务调查问卷，它包括 4 个问题，是用于监控服务和鼓励投诉的。

当销售完成的时候，销售人员仍然不能转移自己对顾客的关注，服务应该持续到顾客走出商店。销售人员要感谢他们的光临，把自己的名字和联系方式告诉顾客以便在他们有问题时和自己保持联系，甚至还可以把顾客送到车里。如果顾客对产品还有疑虑，销售人员应告诉顾客几天以后会打电话给顾客，询问他们对产品是否满意、有哪些问题。

资料来源：Based on Richer，J.（1995）*The Richer Way*，WMAP Business Communications；www. richersounds. com.

销售人员也应该为顾客提供售后服务。销售工程师可能会被要求为新进的机器操作提供建议，或者在出现损坏情况时能够提供帮助。有时候销售人员自己就能解决问题，但其他情况下，他们还是要咨询技术方面的专家来协助解决问题。

顾客关系管理

销售人员还有一个重要的任务就是对顾客关系进行管理（第 3 章、第 9 章、第 10 章和第 12 章中有更多的讨论），包括检验顾客和销售人员的关系。销售人员在如今复杂的销售环境中，还需要处理这样一种关系：和企业中负责提供产品交货和服务的人员以及对销售工作起关键作用的相关人员的关系。尤其是对于大客户来说，销售通常是由一个团队（包括工程人员、生产人员、营销人员、财务人员和高级管理人员）来完成的。大客户经理一定要在企业相关人员之间、消费者决策单元组成人员之间协调好各种关系。

销售和营销战略的实施

销售人员还应该承担管理层工作当中的实施销售和营销战略的相关职责。对战略的错误理解可能会导致比较严重的后果。例如，市场中的高端产品定位、高价形象和产品溢价的可信度可能会被急于求成、大打折扣的销售人员严重损害。对于这个问题，管理层（销售和营销管理部门都应该参与决策的制定）需要决定折扣的力度和方式，并主要基于不同细分市场的不同价格敏感度。销售人员随后就会被告知，对于每个层次的消费者可以提供什么样的折扣幅度。这样一来，产品的定位策略可以保持不变，同时销售人员也被赋予了一定的权力，可以在需要时给消费者提供折扣。

成功的销售实施意味着赢得或者失去新客户的不同结果。面对激烈竞争环境时的一种有效获取客户的方法是**转移**（diversion）。转移的目标是分散竞争对手的注意力，使其将注意力集中在维持一个客户上（从而忽略另一个客户）。下面的专栏讲述了一个真实的案例——一家电脑公司的销售人员如何将一个强有力竞争对手的焦点转移到维护一个客户（银行）上，从而为自己赢得另一个客户（保险公司）。

在这个案例中，资金和成本都很高。A 公司的管理层认为，给银行的 100 万英镑电脑系统贷款是合理的，理由是：对主要市场的战略重要性进行深入调查；向保险公司推销可能获得的潜在利润。这是一个管理决策，而且非常依赖管理层的判断，不过这个例子说明了如何使用转移的方法来赢得主要客户。

转 移

一家电脑公司（A 公司）正在寻找第一个欧洲主要城市的市场目标。成功的销售突破是非常具有战略意义的，现在需要考虑两个潜在的客户：一家银行和一家保险公司。

竞争对手 B 电脑公司在银行的地位非常牢固。A 公司的销售人员利用自己的关系网做了一次深入的调查，发现 B 公司在银行的销售人员依靠优质服务和牢固的关系建立了非常稳固的地位。结论是，A 公司的地位岌岌可危。然而，银行的信息技术经理认为，如果 A 公司提供给他们一套免费电脑系统（价值 100 万英镑），银行将"不得不考虑 A 公司的条件"。

保险公司是第三家电脑公司（C 公司）和 B 公司的顾客。A 公司的销售经理对保险公司进行了深入的接触，发现他们对 C 公司不太满意。因为 C 公司在能力上有硬伤，这会使得保险公司必须购买更大型的电脑（可能价值高于 1 000 万英镑）。现在的问题是，B 公司深受保险公司的青睐。B 公司的销售人员对银行和保险公司的客户提供同样的服务。幸运的是，最近 B 公司的销售人员没有拜访保险公司。所以，任务就变成了：使 B 公司永久处于缺位状态。为了实现这个任务，转移策略在这里被使用。

A 公司向银行提供了"免费使用一年"的电脑，还提供了常规的后续电话访问服务，在努力（但保密）地向保险公司推销产品的同时拜访了银行。这一招对银行的刺激是非常明显的。A 公司完全取代 B 公司导致的变更成本是非常大的，所以银行开始询问许多相关的变更计划和安排（有传言说，B 公司销售人员通宵达旦，若想银行询问 A 公司的问题）。面对这些问题，A 公司的销售人员回答得非常谨慎（毕竟大部分的时间花在了把产品销售给保险公司上）。银行对 A 公司可信度的看法被 B 公司聪明而有决心的抵御逐渐侵蚀。

最终，B 公司的销售团队成功地维持住了银行客户。然而，它的成功被一条新闻搞得黯然失色：A 公司在保险公司那边赢得了更大额的订单（价值 1 000 万英镑）。

销售的准备

对问题做出快速反应的能力对于销售人员来说是非常有益的，因为这要求他们能够随时改变销售展示策略，以适应各种顾客的特殊需要和问题，并且能够对不寻常问题和比较棘手的反对意见做出迅速的反应。然而，对销售工作的精心**准备**（preparation）能带来非常大的收获。许多顾客的问题是相似的，类似的意见会被反复提出。销售人员可以花时间考虑一下如何对这些重复出现的情况做出最好的回应。

在这一部分，我们将注意力放在准备工作上，这不仅仅是为了应对销售工作，在这项工作中销售人员没有太多时间与购买者讨价还价，也是为了在销售过程中让卖方和买方能够通过谈判达成协议。在很多销售场景中，买卖双方都会讨价还价，商定发货时间、附加产品、付款和信用结算方式、折扣力度等。这些被称为**销售谈判**（sales negotiation）。在其他情况下，销售人员是没有条件讨价还价的，产品的供给建立在价格完全敲定的基础上。比如，自行车销售人员只能给经销商提供确定的价格清单及发货日程，无法违背或调整这些具体的价格和日期。这被称为**纯销售**（pure selling）。

纯销售和销售谈判前的准备

我们总结了一些提高销售谈判和纯销售成功率的关键因素。

产品知识和顾客利益

对产品特点的了解不足以取得销售成功。因为人们购买产品是为了从中得到利益，成功的销售人员一定要将产品的特点和顾客的利益联系起来，让产品的特点成为给予顾客利益的一种手段。这样做的方式就是从顾客的角度理解产品。表 7 - 1 展示了几个例子。

表 7 - 1　产品特点和顾客利益

产品特点	顾客利益
圆珠笔可以伸缩的笔尖	减少损坏的机会
甩干机的高速旋转	衣物被更彻底地甩干
叉车的高吊臂	提高仓库的空间利用率
顺畅的出纸（复印机）	更快地复印
自动洗衣机	有更多时间做别的事情，省下做家务的时间

通过以这种方式分析销售的产品，销售人员把对购买者有意义的内容告诉消费者，这种交流方式更有说服力。在工业品销售中，销售人员要成为咨询者或者提供问题解决方案的建议者。某些情况下，这可能需要他们对商业活动的本质有非常深入的了解，能够完全解决问题或者提供最佳解决方案。所以，销售人员不仅要清楚产品的好处，还要知道产品在各种情况或场景下是如何适用的。比如，在电脑销售中，成功的销售需要一种正确的判定标准，以判定哪种系统最契合当前顾客的需要和需求。这可能需要卖方进行调查，对顾客的具体需要进行详细的探究。有时，调查的成本由潜在顾客来承担，之后当顾客下单时，这部分花费从设备的成本中扣除。

销售利益的准备工作不应该带来不灵活的销售方式。不同的顾客有着不同的需要，这意味着他们在所购买的产品中寻求不同的利益。一个高收入的办公器材销售人员把他的成功归于他在每一次拜访顾客之前所做的准备工作。其中包括对产品的了解、对客户需求的把握以及二者的结合，这也是靠他的妻子每天晚上和周末对他进行测试实现的。[5]

对竞争对手产品及其利益的了解

了解竞争对手的产品有以下几个好处：

1. 能让销售人员抵消竞争对手的可能由潜在购买者提出的产品优势，来减少自己的产品劣势。比如，一个购买者可能会说：“竞争对手 X 的产品维护成本更低。”对此，销售人员可回应：“是的，但与我们的产品可为您节省的燃料成本相比，它节省的成本就比较小了。”

2. 在工业品的销售中，销售工程师可能会与组织购买方一起工作，来解决技术问题。这可能需要拟定一份产品说明书，如此销售工程师在其中的影响就会很大。显然，说明书反映了他们而不是竞争对手的产品的能力和实力，这对他们十分有利。所以说，了解竞争对手产品的特点和好处在这种情况下是非常有利的。

竞争信息可以从类似《哪一个?》的杂志、产品目录、价格清单、与购买者的交流、直接的观察（比如超市中的价格）等多种途径获取。将这些信息存档以便快速查阅是非常有意义的。Vauxhall 公司就发给每个销售人员一份公司与竞争对手汽车产品种类相比的优势和劣势简单总结。另外，互联网可以提供一系列关于竞争对手的信息，销售人员可以通过访问竞争对手的官网来获得。

规划销售展示

除了体现用途多样化、灵活、“快速有效地考虑问题”等理想的特征，**产品展示计划**（presentation planning）还有很多突出的优势：

1. 销售人员一般不会忘记销售范围内每个产品相关的重要顾客利益。

2. 在最恰当的时候，在演示活动中加入视频说明演示，以增加销售人员与顾客进行沟通的收益。

3. 为销售人员（尤其是新手、没经验的销售人员）建立自信，让他们有足够的准备，从而能够专业、高效地完成工作。

4. 对于能够预期的反对意见和问题，事先准备好有说服力的反驳论据。很多在外人看来非常敏捷高效的销售人员其实事先培养好了这些技能，他们想象自己就是消费者，想象他们如果是消费者的话，可能会提出什么样的反对意见。例如，很多对价格的反对意见都可以用更高的产品质量、更强的耐用性、高生产率、更低的产品迭代周期成本（比如，低维修费用、低燃料或低人力成本等）这些特点来反驳。

设定销售目标

在设定销售目标时，很容易将销售人员需要做的任务作为依据。设定拜访目标的关键技能是将销售人员希望顾客做的事情而不是销售人员自己要做的事情列成清单。一个卖黏合剂的销售人员会认为其拜访顾客的目标是让顾客觉得新产品使用起来很方便，胶水的黏性很强。这种展示的方式虽然对于销售来说是必不可少且有价值的，但并不是销售的最终目标。最终目标可能是让消费者在一个月内试用这个产品，或者先下一个订单使自己成为首次使用者。

设定销售目标的类型时，应该以我们之前讨论过的公司营销计划中定下的营销目标为基础。对于所有的目标，销售目标应当符合我们在第 2 章提到的 SMART 原则。对于销售拜访来说，以下是一些可能的目标：

● 让顾客对他们的要求有一个清楚的定义；

● 让顾客到生产地参观；

● 让顾客试用产品，比如乘坐飞机试飞；

● 让顾客用可衡量的业绩标准将产品与竞争者的产品进行比较，比如，对推进设备来说，这种标准是每小时机器设备推进的长度。

设定目标最重要的影响因素是所谓的**销售周期**（sales cycle）。

销售周期

销售周期指的是从对顾客进行首次拜访或者与顾客接触开始到最终顾客下实际的订单购买产品之间的具体时间。我们要从消费者在这段时间内经历了什么样的流程和事件这一角度来考虑，而不是从这段时间内销售人员需要做哪些事情这一角度来考虑，前者显然决定了后者。

消费者购买期间销售过程的复杂程度以及与此相关的事情、需要花费的时间等是完全不确定的。例如，对于零售行业来说，这个期间内的销售流程会非常少，用时也非常短，这和冲动购买的情形是相同的，购买基本上是瞬间决定的事情。通常，消费者如果在销售人员第一次上门时没打算购买，那么很有可能会在别的地方购买。在这种情况下，应该设定一个结算下单的目标。对于生产资料如飞机、燃气涡轮机、油井设备等来说，销售周期会非常长，可能持续数年，购买流程也会非常复杂。显然，在这种情况下设置销售结算下单的目标就不合适了。

因此，销售目标以至于销售战略的制定实施，一定要建立在对不同产品市场对应的销售周期的深刻理解之上，还要建立在对个体消费者的深入了解之上。

对销售周期的了解可以帮助销售人员在购买过程中将消费者往最终下单的方向引导。因此，销售人员的重要任务就是简化消费者的购买决策程序，让他们尽可能快、尽可能容易地做出购买决定。

销售人员需要明白消费者如何针对他们的购买需求寻找解决方案——他们会寻找什么样的信息以及他们选择产品的标准是什么。还需要明白的是，在决策的每一个过程中，哪些关键因素影响着决策推进和发展，例如，哪些因素或相关因素使消费者减慢了购买决策的制定，以至于延长了销售周期。

不管在什么时候或什么场景下，我们都应该尽可能地缩短销售周期。有些人认为，一般来说销售周期的长度平均比理想状况多 30％。缩短销售周期实际上有很多种方法，但是共同点是一定要建立在刺激消费者做出购买决策的基础上。一种强有力的方法是，降低消费者对产品的感知风险。

做出购买决策的过程往往是比较缓慢的，因为消费者害怕做出错误的购买决策，尤其是在购买昂贵的产品或者具有长期承诺的产品或服务的时候。在这种情况下，销售人员的重要任务就是降低消费者的感知风险，这有很多种方法。例如，让消费者在购买前对产品进行测试就可以降低感知风险。另一种方法是采取一种担保或者退换货政策，让消费者对产品产生不满时可以退换产品。最后，我们必须明白在很多购买场景下，良好的公司形象、品牌形象、品牌声誉都是降低消费者感知风险的强有力因素。

对销售周期的理解和运用对于制定有效的销售计划是非常有帮助的，但这对于掌握消费者购买行为的庞大知识体系来说仍然只是一小部分。这部分的内容在第 3 章有详细的论述，现在我们还是回到正题，继续讨论有关销售展示的问题。

理解购买者行为

我们在第 3 章已经提到，很多组织购买者的决策过程是非常复杂的，包括很多人不同的评估标准，以及选择供应商、购买昂贵的物品时，采购方在决策的制定上只扮演很小的角色。

这给了我们一些启示，对于工业品销售人员来说，必须有精心的准备，根据产品属性的不同，可以销售给新的组织，也可以销售给现有的顾客。在这两种情况下，非常值得花时间去确定谁是关键影响人物、关键决策人物。不同的群体中可能会出现不同的重要人物，如秘书（办公文具）、生产工程师（车床）、设计工程师（元件）、经理（电脑）。销售人员应该对客户的需要多留心，这样可以有区别地对待每个组织。

销售人员可以收集的其他有效信息包括：主要影响人物和决策人物的姓名和职务，最佳到访时间，购买组织先前所购买的竞争产品的种类以及由此对成功销售和成功机会所带来的威胁。这里，威胁包括这些关键人物对销售人员的偏见和成见，而积极因素则包括共同兴趣，这些兴趣可以帮助销售人员建立与购买者的关系，或者为销售人员所在的公司销售别的产品提供有价值的借鉴。

互联网在组织购买活动中可以提供大量的信息。购买者的网站及其产品目录、博客等都是非常重要的信息来源。客户关系管理（CRM）系统使得销售人员可以从公司网站上接触到消费者的信息。例如，Orange 是一家通信网络公司，它允许实地销售人员用电脑进入 CRM 系统的数据库。[6]社交媒体网站如脸书（Facebook）

和领英（LinkedIn）也可以用来研究新老顾客的背景资料信息（比如他们的工作经历）。

销售谈判前的准备工作

除了前面谈到的因素以外，销售人员在进行销售准备工作时，还要考虑以下对他们有利的因素：

对权力平衡的评估

在销售谈判中，买卖双方都期望有一个对自己有利的结果。每一方的成功程度将取决于其谈判技巧和双方权力的平衡。这种平衡由以下四个因素决定：

1. 每一方的选择余地。如果买方对于在哪里购买的问题只有一个选择，卖方就处于有利地位。另外，如果卖方不依赖买方，卖方的产品能够吸引很多潜在顾客，那么卖方仍然处于上风。相反，如果买方有许多潜在的供给来源而卖方没有什么潜在顾客，买方就非常有利。许多购买者会专门接触一些潜在的供应商，加强他们在议价中的地位。

2. 每一方所掌握信息的数量和质量。如果买方知道卖方的成本结构，买方就处于上风，能够谈判到一个更低的价格，或者至少不会支付高价。如果卖方知道买方准备付多少钱，那么它们的权力地位就改变了。

3. 需求识别和满意度。销售人员对消费者需求了解得越多，且越能满足这些需求，议价的地位就越强。在工业品市场中，供应商与购买机构会合作，共同解决技术难题，因为它们知道这样做会给它们带来非常有力的谈判地位。买方越觉得只有一个公司能满足它的需要，它在谈判中的地位就越低。实际上，卖方通过专门满足一些特定的需要，减少了买方的选择数量。

4. 各方的压力。如果一个技术问题对于购买组织来说非常重要、十分引人注目且很难解决，那么任何能够解决这个技术问题的供应商的议价能力都非常强大。另外，如果是由销售回报太低导致销售人员承受压力的话，那么买方就能从谈判中获取有利的条件作为购买产品的回报。

这些权力平衡的决定因素给了我们一些启示：在谈判之前（其实是在谈判中），销售人员可以评估一下他们谈判时所处的地位有多强，这是非常有利的。因此，他们需要信息。卖方如果知道想要获取订单的公司数量、各公司的地位、购买机构做出决定时的参照标准、决策单元中关键人物所承受的压力，以及他们用于评估一个价格能否被接受的计算公式，就有可能做出权力平衡的正确评估。

在这个过程中，价格定得太低、不必要的价格折扣或者不必要的优惠让步是应当尽量减少和避免的。这时候，明智的议价者会着眼于未来，评估权力平衡时可能发生的变化。也许目前供应商处于优势地位，但是当买方有更多可选择的供应商的时候，过度依赖这种优势或者"对商家太有利的成交"都有可能导致相反的结果。

谈判目标的确定

对于谈判人员来说，在准备过程中设定谈判目标时要非常谨慎。这样能够减少在谈判中饱受煎熬、摇摆不定以及最后不得不放弃和让步的可能性。这类似于消费者在拍卖的过程中因为受到了竞标的吸引，最终花了比自己的保留价格高的价格来成交竞品的场景。另外，当谈判由团队执行时，谈判目标的讨论有助于共同协作和团结。我们需要考虑以下两种目标[7]：

1. "必须拥有"的目标。这种目标决定了议价者的最低要求，比如，卖方愿意成交的最低价格。这决定了谈判的突破点。

2. "可能会有"的目标。这是谈判者的合理期望得到的最大利益值，比如，卖方觉得它们能得到的最高价格。这决定了卖方和买方谈判时的起点位置。

当我们考虑"必须拥有"的目标时，考虑谈判协定的最佳替代条件（Best Alternative to a Negotiated Agreement，BATNA）是非常重要的。[8]其中包括了当协定不能达成一致的时候，其中一方的替代选择。它确立了一个标准，其中任何的选择都能进行评估，并且当这种选择被更加强有力的买方施压的时候，这个标准保证不会接受不合理的交易条款。通过最佳替代条件的制定，可以设定更高的"必须拥有"类型的目标。例如，一个人想卖掉一栋房子，可以设定 9 万英镑的"必须拥有"目标，但考虑到出租房子的最佳替代条件，以及房子的出租价值相当于 10 万英镑，这意味着"必须拥有"的目标可以上升 1 万英镑。在谈判期间，也可以进行不同最佳替代条件之间的比较和评估，评估内容是最终在谈判达成协议时，这种协议是否比替代选择要好。[9]

最后，最佳替代条件概念的提出鼓励我们在没有具有说服力的备选方案时创造一个。例如，在进行薪资谈判前，服务的卖方（也就是雇员）能够寻找并获得其他单位的一个工作薪资报价，来提高卖方的最佳替代条件，从而加强其谈判地位。

图 7-2 描述了一个谈判的场景，由于买方愿意支付的最高价（买方的"必须拥有"目标）和卖方愿意接受的最低价（卖方的"必须拥有"目标）有重叠部分，因此这种交易是有可能达成的。最终的成交价格取决于买卖双方的权力博弈及其各自的谈判技巧。

图 7-2　谈判的场景实例

资料来源：Adapted from Winkler，J.（1996）*Bargaining for Results*. Oxford：Heinemann.

让步分析

既然谈判意味着要达成交易协议，那么可能至少有一方在谈判中是需要做出让步的。准备工作可以分析可能给予另一方的各种让步，从而帮助谈判者。让步分析的关键在于衡量卖方为获得买方的同意而准备做出的让步的价值大小。这样做有可能识别出那些卖方损失很少且买方评价很高的让步。比如，如果卖方有余力，更快的发货可能不会花费什么成本，但如果买方对此的评价非常高，卖方就可以要求买方迅速付款，作为对这种高度评价的回报。让步分析中可能包含以下问题：

- 价格；
- 发货时间；
- 产品——规格、可选择的附赠品；
- 价格——成本价、出厂价、组装价格、服务价格；
- 付款——发送、接收、流程、信用条件；
- 以旧换新的条款，比如汽车。

让步分析的目标是确保对买方有价值的东西不会在谈判中被轻易地赠送出去。一个有经验的谈判者会尝试以让步换取让步，使双方最终都能达成满意的协定。

提议分析

在销售准备的过程中，有一个更有意义的行为，那就是评估买方在谈判过程中可能提出的提议和要求，以及卖方对此做何反应。这与纯销售中的对目标的预期类似，有助于在激烈的谈判中迅速做出反应。

提议分析与让步分析之间有联系，因为当购买者给出一个提议时（比如有利的信用条件），购买者确实希望卖方做出让步。有技巧的销售人员会要求买方同样做出让步，比如比较宽松的发货时间。通过对买方各种提议的预判，卖方可以针对这些提议提前做出应对策略。在某些场景下，最可能的回应可能是"不做出让步"。

小　结

本章讨论了销售人员在实现销售、发掘潜在客户、保存客户记录、提供信息反馈、自我管理、处理投诉和提供服务方面的工作职责。

自我管理的一个重要部分是销售前的准备工作，本章进行了详细的讨论。销售准备和纯销售应该有明确的区分，在销售谈判中会有一定程度的讨价还价，而在纯销售中销售人员没有议价的自由。下面是销售准备工作的重要组成部分：

（1）产品知识和顾客利益；
（2）了解竞争对手的产品及其利益；
（3）规划销售展示；
（4）设定销售目标；
（5）理解购买者的行为；
（6）对权力平衡的评估；
（7）让步分析；
（8）提议分析。

我们在第 8 章会讨论人员销售的技巧，并考虑如何在实际的销售中将这些准备工作加以贯彻落实。

奥布莱恩公司

奥布莱恩公司（The O'Brien Company）是一家生产并销售各种类型行李箱的公司，产品包括手提包、手提箱、公文包等。公司按照业务类型划分为两个部门——产业部门和消费者部门。消费者部门主要通过零售门店销售产品，产业部门主要针对公司市场，主要销售对象为各类公司中需要手提包（尤其是公文包）的管理层人员。

假设你现在是奥布莱恩公司产业销售部门的销售人员，你需要访问一个具有购买潜力的潜在顾客，并将公司的公文包卖给他。这位顾客的名字叫布莱恩·福布斯（Brian Forbes），他是一家中等规模工程公司的老板兼总经理，这个工程公司在英国的曼彻斯特、利兹和布里斯托没有分公司，共招聘了20名销售人员销售铜管产品。另外，据估计这个公司的营销经理、人事经理、产品经理、会计主管等管理层人员大概有40名。

奥布莱恩公司主要生产两种类型的公文包。一种是比较平民化的公文包，以优质塑料为原料，仿内衬设计。这种类型的公文包只有黑色一种颜色，带锁扣的售价25英镑，不带锁扣的售价22英镑。另一种是豪华版公文包，以优质羽毛为原料，全内衬设计，售价95英镑，有黑色、棕色、深蓝色、酒红色四种款式。除此之外，这种公文包还有

密码锁和深度延伸功能，能从87.5毫米延伸到137.5毫米。这种公文包上可以印镀金的签名文字，有防钢笔漏水的内嵌小空间，三个大小不同的口袋可以放不同规格的文件。塑料版公文包只包含上述豪华版公文包的最后一条设计，深度只有75毫米。不同订单数量可以给予的数量折扣如表7-2所示：

表7-2 数量折扣情况

数量	降价（%）
10～19	2
20～39	3
40～79	4
80及以上	6

除了上述信息之外，关于福布斯和他的公司的其他信息很少。然而一个偶然的机会，你得知你的一个在一家机械制造厂做销售人员的老熟人于年初曾拜访福布斯。

问题讨论

1. 你觉得你的销售目标是什么？需要哪些额外的重要信息？

2. 谈谈你将如何对你的公文包产品做销售展示。

3. 列举一些可能出现的顾客投诉内容，以及如何对这些投诉作出回应。

新一代 Standa 液压制动系统：最终的销售展示

Standa 是有着15年历史的汽车液压制动系统品牌，主要受众是各种类型的卡车和货车生产商。以前，这个品牌的信誉非常稳定可靠，但最近貌似出了一些问题，品牌的一些主要客户开始找寻其他品牌或者替代品。其中一个原因是这个系统在发展、升级方面跟不上时代的节奏，但情况很快会有改变！

新一代 Standa 升级版系统已经完成开发，该系统用 PTFE（polytetrafluoroethylene）来延长使用寿命。PTFE 是一种非常光滑的润滑材料，能够在很大程度上减少摩擦造成的损耗（在家居生活中，PTFE 常常作为不粘锅的材料）。涂层在汽车制动系统中能够应用成功是革命性的事件。PTFE 涂层使得液压制动系统提升一个等级，使用寿命提高50%（Hydromatics Testers 公司独家实测数据）。

这种新的 PTFE 涂层之所以备受青睐，是因为迄今为止还没有发现将 PTFE 粘牢在马达金属活塞上的办法。液压系统中的液体总是能够接触到涂层中的缺陷部分，设计出来的涂层也总是存在一定缺陷，而这种缝隙缺陷最终会导致 PTFE 和金属活塞分离。标准化液压研发团队研发出了一种新的生产过程，用液态氮作为 PTFE 的溶剂，从而能够做出无瑕疵涂层。人们发现，这种涂层除了能够应用到马达金属活塞中，还能应用到汽缸中。所以，改造后的这种 Standa 系统几乎可以实现零摩擦损耗，保证最少 15 年的使用寿命——比卡车本身的使用寿命还要长，而且很明显能够超过同类竞争产品使用寿命的 50%。这种新一代 Standa 系统的 PTFE 涂层技术因此申请了专利，称为"超级 PTFE 技术"。因此，其他液压制动系统生产商不能轻易地复制这种生产技术来生产 Standa 产品。

接下来，需要为这个产品设计广告，广告的设计基础是这种产品的技术使得制动系统本身的使用寿命比卡车的使用寿命还要长。

任务

假如你现在是这种产品的销售代表，你需要从你所有同事那里收集整理出对潜在客户进行销售的所有可用说辞。你需要让潜在客户从使用原先的液压制动系统转为使用新一代 Standa 系统。你需要对你的购买群体做一个幻灯片销售展示。购买群体可能包括生产主管、产品经理、技术人员、财务主管、总经理等。你需要展示一些能让这些人印象深刻和记住的内容。所有的信息来源都是你收集整理的那些推销说辞。在你的销售展示中，你需要传达的信息包括：

● Standa 液压制动系统由于 PTFE 涂层的加入和应用，使整个系统实现了革命性的升级，作用于汽车马达的金属活塞和汽缸。

● 新系统的名字叫新一代 Standa。

● 这种产品升级改进的直接结果是使用寿命显著延长。

● 公司是具有绝对领先优势的液压系统生产商。你可以考虑使用一个公司宣传口号，比如"新一代标准液压系统，重塑液压系统的新标准"。

资料来源：Written by Andrew Pressey, Lecturer in Marketing, University of East Anglia; Neville Hunt, Lecturer in Marketing, University of Luton.

思考题

1. 销售人员需要决定潜在客户的访问数量时，需要考虑哪些因素？

2. 销售前的准备究竟为销售成功做出了哪些贡献？

3. 举出几个关于人员销售最可能发挥效用和重要性的市场情境的案例。

4. 销售人员的首要任务是销售所在公司的产品和服务。你认为销售人员除此之外还有哪些工作要承担？相应地，对销售人员本身的职能角色有无影响？

5. 当为销售做准备时，为了提高销售成功率，哪些信息和计划是必需的？

第8章 人员销售技巧

学习目标

学习本章后，你应该可以：

1. 区分人员销售过程的各个阶段。
2. 学会将不同的问题应用于不同的销售情况。
3. 了解销售展示和展销的具体过程。
4. 知道如何处理买方提出的异议。
5. 理解并应用销售谈判的技巧。
6. 完成销售结算。

引 言

关于人员销售这个概念，本书的一个基本观点是人员销售是营销概念的一种延伸。这就意味着选择最契合顾客需要的产品、识别顾客需求、帮助顾客做决定对公司及销售人员的长期生存和发展非常有利。人员销售的哲学原理与韦茨（Weitz）[1]的权变理论框架有高度的相关性，这个原理告诉我们，销售访问为销售行为、顾客与销售人员的互动行为之间的匹配提供了一种机会。这可以称为"适应性销售"，因为销售人员会根据实际情况调整他们的销售方式，这是被广泛接受的一种管理销售互动的日益成熟的方法。[2]销售人员有机会提供他们独特的、为个体消费者定制的销售展示，然后根据消费者的反应迅速调整所传递的信息内容。[3]适应性销售的重要性在贾拉米洛等人（Jaramillo et al. 2007）的研究中得到了验证。研究中提到，适应性销售提高了销售人员的绩效（用销售配额的方法测量）。[4]当然，这并不是说要否定个人游说的重要性。在现实生活中，一个产品不可能在各个方面都比竞争产品好，并且销售人员强调产品的功能和亮点也是销售职能的一部分。这里主张的人员销售模式是销售人员扮演了需求确认者和问题解决者的角色。销售人员表现得油嘴滑舌、花言巧语，像骗子一样，是不现实的，因为现在大多数商家依靠消费者的重复购买，大部分的销售也针对专业的消费者。

1982年，萨克斯（Saxe）和韦茨将顾客导向的销售定义为"销售人员帮助他们的顾客做出满足其需求的购买决策，从而将营销概念付诸实践"。[5]他们认为顾客导向销售的特性有以下几个：

1. 有意向帮助顾客制定满意的购买决策。
2. 帮助顾客进行需求评估。
3. 提供满足顾客需要的产品。
4. 准确地进行产品描述。
5. 避免采用欺骗性和操纵性的策略。
6. 避免采用高压迫性的销售方式。

采用顾客导向销售的一个很重要的方面是具有读懂消费者内心情绪的能力。这包括识别、理解消费者通过面部表情表达出的情绪信息，并做出相应的反应。[6]善于捕捉消费者情绪特征的销售人员可以在销售场景中利用这些信息。比如，如果某个销售人员识别出消费者理解关于产品特征的复杂描述时很费劲，他能马上停止产品展示，并尝试让消费者放轻松，如向消费者道歉，表明他刚才讲得太啰唆，然后鼓励他们问问题。[7]所以，具有情绪识别能力的销售人员可以根据潜在消费者的情绪反应，随时调整他们的产品展示方式、产品交付方式等。[8]

为了促进顾客导向销售，企业需要培养一种企业文化，将理解顾客和创造顾客价值作为其核心理念，并建立一套评估程序，评估顾客支持的效果、顾客对销售人员的满意度、顾客对销售人员行为的道德评价等方面。此外，企业必须将职业道德纳入销售培训的流程，雇用那些支持和自主加强道德性制度规范的销售经理。[9]销售经理要承担榜样的角色，研究表明，当销售人员感知到他们的销售经理具有很强的顾客导向和适应性特征时，他们的顾客导向程度和适应性程度往往会提高。[10]

一些研究表明[11]，成功的人员销售一般与以下特征高度相关：

● 询问问题；
● 提供产品信息，进行比较，提供支持性证据；
● 承认顾客的观点；
● 同意顾客的感知；
● 支持顾客；
● 缓和紧张气氛；
● 对顾客有尽可能广泛、细致的了解；
● 不懈努力；
● 对个人能力有自信。

销售人员在访问顾客时，应该牢记这些研究中总结的条目。研究中提到适当的销售培训是可以改变销售业绩的，它不仅有助于提高销售技能，还能通过提高受训者的自信程度，让他们有更加令人满意的表现。[12]

当销售人员培养**人员销售技巧**（personal selling skills）的时候，他们应该关注购买者比较看重销售人员的哪些特质。表 8-1 显示了研究总结出的一些关键特质。

表 8-1　购买者看重的销售人员特质

对所在公司的产品和市场了如指掌
有良好的沟通技巧
有解决问题的能力

续表

有理解和满足购买者需要的能力
坚持不懈
协助确保订单及时、可靠地兑现

资料来源：Based on Garver，M. S. and Mentzer，J. T.（2000）Salesperson logistics expertise：a proposed contingency framework，*Journal of Business Logistics*，21（2）：113－32；and Williams，A. J. and Seminerio，J.（1985）What buyers like from salesmen，*Industrial Marketing Management*，14（2）：75－8.

　　本章讲到的方法和理论都需经得起实践的检验。很多公司通过角色扮演的方式来培养销售人员在特定情况下的销售技能，为他们提供施展机会，这种情况下接受培训的销售人员可以观察、纠正自己的行为。

　　为了培养销售人员的技巧，我们有必要分清人员销售过程中的六个阶段，如图8－1所示。在实际中，并不是所有的销售都遵循这六个阶段的顺序。在销售展示或者销售谈判的过程中，可能会有反对意见提出，而且如果顾客的兴趣很大，销售人员可能在进行销售展示的过程中，随时让顾客下单结算。此外，谈判在任意一个阶段都有可能发生，也可能不发生。蒙克里夫和马歇尔（Moncrief and Marshell）在2005年的报告中写道[13]：

　　　　销售过程的演变假定销售人员会以某种形式执行过程中的多个步骤，但这些步骤（阶段）不会在每一次销售访问中都出现。它们会慢慢地出现，由销售公司中的很多人员完成，并且不一定遵循固定的顺序。

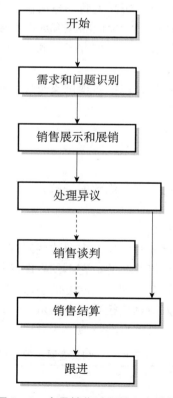

图 8－1　人员销售过程的六个阶段

很多 B2B 市场都采用系统性销售。一次成功的销售通常伴随很多访问过程，购买组织中也包括很多人，所以图 8-1 中的阶段可能在现实场景中过于简单。不过，这个框架代表了大多数情况下销售人员的关键工作，是对销售人员工作的主要部分的一个实用总结。

开　始

第一印象往往可以掩盖随后的感知，所以思考如何能够从开始阶段就获得良好的反馈是非常重要的。

消费者希望销售人员在个人仪表和行为上像商人。蓬乱的头发、邋遢的穿着打扮会让销售人员难以取得消费者的信任。消费者可能很忙，有很多事情要做，如果销售人员不尊重这个事实的话，就有可能激怒消费者。

在开始阶段，销售人员应该面带微笑，与消费者握手，并且在消费者不熟悉环境的情况下，先向消费者介绍自己和自己所在的公司。之后，销售人员应实施一些常规的礼貌行为，如等待消费者落座或者询问消费者他们能否落座。细节很重要，如应左手拿公文包，用右手握手，如果消费者想要伸手表示问候，销售人员将包从右手换到左手会很尴尬。

开始的寒暄非常重要，因为这基本决定了后面销售访问的整体节奏。一般来说，开头的内容要和业务有关，因为这涉及访问的目的，应让消费者知道销售人员不会浪费时间。如果消费者非常有名，并且表现出想说点更具社会性话题的意愿，销售人员要做出一定的调整。这样可以拉近与消费者的距离，不过销售人员应时刻谨记自己的任务是什么，不要过多地谈论和业务无关的问题。开始的寒暄应该是这样的：

贸易销售人员：您的橱窗陈设看起来很吸引人。是不是吸引了很多顾客？

工业销售人员：借由我们的库存控制程序，我们已经帮助很多有贵公司类似问题的公司解决了节约问题。请问您现在是用什么方法控制库存的？

零售销售人员：可以看出您对我们的音像制品感兴趣。请问您打算使用什么系统？

销售人员最容易犯的错误就是以"请问有什么需要帮助的？"这样的问候语开始对话。这时，对方很容易回答："不，谢谢。我想随便看一下。"

互联网的应用可以帮助销售人员建立良好的第一印象。比如，对在线交易数据库的研究可以使销售人员对顾客的公司和所处的行业有更加细致的了解。

需求和问题识别

大多数的销售人员都需要销售一系列的产品。一个汽车的销售人员需要销售从经济型小轿车到高端豪车的一系列车型；电脑销售人员则会销售不同的系统，每一种系统适合有相应特定需求和消费能力的顾客；自行车零售商有来自许多生产厂家的不同款式提供给顾客；药品销售人员有一系列的药品提供给医生，以用于各种疾病的治疗。在这些情境中，卖方的首要目标是发现顾客的问题和需求。在汽车销售人员卖车之前，他们需要对顾客有所了解：顾客需要什么型号的车？是想要省油的还是外观漂亮的？是否想要后备厢或后车门？想要什么价位？只有得到了这些信息，销售人员才能给顾客提供他们所需要的产品。在提出合适的电脑系统配置的建议方案前，电脑销售人员可以对顾客需求进行调查。自行车销售人员在给顾客提供车型的建议之前，应该清楚顾客为谁买车、喜欢什么类型的车（如登山车还是赛车）或什么颜色的车。药品销售人员可以和医生讨论关于为病人提供医疗服务的问题，可能发现某些药物没有效果或者有副作用。这就为销售人员提供了一个针对这类问题通过销售自己的产品来解决顾客问题的机会。

这种**需求分析**（need analysis）的方法告诉我们，在销售的前期阶段，销售人员应该采取耐心听取问题的姿态。为了鼓励消费者探讨自己的问题和需要，销售人员倾向于使用开放式问题而不是封闭式问题。开放式问题的答案往往不止一个词或一句话，比如：

- "为什么您认为 XX 电脑系统不适合您的业务？"
- "您购买 XYZ 复印机的主要原因是什么？"
- "ABC 药品为什么不符合您的预期？"

封闭式问题的答案往往是一个词或者一句话。它可以用来获得纯粹的事实信息，但是这样的问题如果太多，会妨碍维持与顾客的关系，并且导致尴尬的对话。

- "您能告诉我您现在用的是什么设备吗？"
- "贵公司是否制造 1 000CC 排量的引擎？"
- "贵公司的首席机械工程师如何称呼？"

在现实的销售访问中会有各种各样的问题。[14] 表 8 - 2 给出了 13 类问题及其目标和实例。

表 8 - 2   人员销售中的问题类型

问题的类型	目标	实例
约束性问题	用于核实或挖掘潜在客户	您希望程序正常运行吗？
引导性问题	指导或引导潜在客户的思考	您穿上这件大衣感觉怎样？
替代性问题	用来要求客户在两个或两个以上的方案中做出选择	您喜欢红色还是蓝色的样式？
问题或陈述	陈述后面会跟上问题，要求潜在客户做出反应	这部机器的转速可达到 5 000 RPM 并能每分钟处理三个单元，您觉得这种生产率如何？
诱导性问题	用来使潜在客户成为有效客户	如果我们能提供蓝色的产品，能否符合您的需求？
信息收集问题	用来收集事实信息	您现在雇佣了多少员工？
意见收集问题	用于收集建议或观点	您对高价能源有什么看法？
确认性问题	用来确认针对某个话题是否持同意观点	我的推荐有意义吗？

续表

问题的类型	目标	实例
阐明性问题	减少模棱两可、不负责任的话，力求详细	您刚才说……具体是指什么？
包含性问题	用低风险的方法提出一个潜在客户考虑的问题	您对敞篷金属车顶不感兴趣，是吗？
避免性问题	通过避免可能出现的尴尬，获取敏感信息	研究表明多数司机超速驾驶，您是否也这样？
过渡性问题	用于从目前的销售阶段过渡到下一个销售阶段	除了这些，您还想知道什么？（不）我现在想了解一下……
换位性问题	通过用问题来回答问题，使潜在客户能够持续对话	我何时能送货？您想何时收货？

资料来源：DeCormier, R. and Jobber, D. (1993) The counsellor selling method: concepts, constructs and effectiveness, *Journal of Personal Sales and Management*, 13 (4) 39 - 60.

销售人员应该避免在没有确定顾客需求的时候，就开始做**销售展示**（sales presentation）。在没有开始对顾客进行访问、没有了解其需求的情况下用老套的方式开始销售展示（如强调本周提供什么优惠）显得过于粗糙。

向顾客询问问题对于理解顾客所处的购买情景是十分有用的。下面这段话解释了这种做法的重要性：

> 我们曾面临一个新顾客与我们一位没有经验的销售人员之间的问题。这个顾客是一个新的大型连锁超市的酒类采购商代表。当超市开始销售酒类产品的时候，问题就来了。这个顾客看起来自我防卫意识很强，通过询问发现，他对酒类买卖不是很熟悉。我们邀请他和我们一起吃午饭。我们发现，他喜欢某支橄榄球队，于是就跟他聊这个。从那以后，问题就不存在了。他放松下来，对于新的工作岗位不再感觉那么紧张。这件事情让我们的销售额从每年 20 000 美元增长到每年 150 000 美元。[15]

在这个过程的最后，销售人员可能会发现，总结要点非常有用，它有利于确认买方的理解是否正确。比如：

> 好的，琼斯先生和琼斯太太。我有一个关于你们应该如何买房的建议。你们想要一个距离琼斯先生公司 15 分钟车程的四居室。房子是独立的还是半独立的不是问题，你们并不是想靠这个来养家糊口。你们考虑的价格范围是 300 000～350 000 英镑。这些是不是你们关于买房需求的所有信息？我想知道还有没有遗漏的？

销售展示和展销

购买者的需求和问题一旦确认清楚，接下来就是进行销售展示。首先，要解决演示什么的问题。前面的章节介绍了销售人员如何能在一系列的产品中选择最符合顾客需求的产品。其次，在充分讨论顾客需求的内容之后，销售人员应该要知道强调哪一种产品功能或利益。一个产品会有一系列的功能，可以为顾客带来利益，但是不同的顾客有不同的需求。简单来说，在确认了消费者的需求和问题之后，销售展示为销售人员提供了说服消费者、使消费者相信销售人员可以提供解决办法的好机会。

销售展示的重点在于要认识到消费者关注的是产品的利益，并且只对产品中符合自己所追求的利益感兴趣。培训项目和销售人员的个人准备工作中应该注意，要找出产品能给予顾客的利益。

产品利益应该从两个层面来分析：通过购买特定种类的产品获得的利益，以及通过从特定的供应商处购买产品获得的利益。比如，全自动洗衣机的销售人员需要考虑与双缸洗衣机相比，全自动洗衣机的利益在哪里，同时应该考虑与竞争者的产品相比本企业生产的全自动洗衣机的利益在哪些方面领先。这种思路使得销售人员在不同的销售环境中可以灵活应变。

由于很多工业品的科技含量非常高，而且在工业品销售中只展示产品的特点而不展示顾客利益的做法是非常冒险的，所以现在越来越多的企业开始雇佣销售工程师而不是销售人员。珀金斯柴油机公司（Perkins Diesels）委托专业机构对公司的销售和营销业务的优势和缺点进行调查研究，然后发现这一点的问题很大[16]，而且还不是只有这一点。高保真音响设备销售人员长篇大论地介绍产品的技术性能有多么强大，搞得顾客云里雾里，甚至让顾客感到愤怒，这是一个非常大的失误。在销售展示中，将产品利益和产品特点联系起来的一个简单方法就是用以下短语来连接：

- "这意味着……"
- "这会使……"
- "这样您就可以……"

比如，一个房地产代理商会说："这栋房子距离您的工作地点只有 4 英里远（产品特点），这意味着您可以在 15 分钟内到单位，非常方便（顾客利益）。"办公器材销售人员可以说："XYZ 复印机能顺畅地出纸（产品特点），这会使您提高复印的速度（顾客利益）。"最后，汽车销售人员可以说："这个车型配备了超速挡，这样您就可以在高速公路上节省油耗（顾客利益）。"

只要是可行的，任何时候销售人员都应该提供有形的证据来支持他们所展示产品的顾客利益。这包括对产品进行展示说明，为消费者计算经济价值。用财务比较的方式对自己的产品与竞争对手的产品进行比较，然后计算节约的成本、额外获得的利益，是一种证明产品能给顾客带来利益的强有力的方法，使得顾客能够产生信任。[17]

"销售展示"这个术语不是指让销售人员误以为他们要一个人说完所有该说的。提问的重要性不仅仅局限于确认问题和需求的阶段。作为销售展示的一部分，提问有两个作用。首先，能够检验销售人员是否理解消费者的利益属于哪一种。当解释完一种利益类型时，可以询问消费者，"不知道这是不是您想要的？"这一点是非常实际的。其次，通过提问可以确认消费者是不是理解销售人员所说的话。科技专业术语的运用是一个妨碍理解的因素，通常消费者不是非常理解这些术语。当销售展示要持续很久并且非常复杂的时候，我们强烈建议销售人员时不时地停下来问消费者有没有问题。这样就给了消费者针对他们不懂的地方提出问题的机会。在这个提问的过程中，销售人员可以根据具体环境，不断调整销售展示的速度和内容。消费者有不同的背景、技术经验和智力水平。提问使销售人员能够更有效地与顾客进行交流，因为它能提供必要的信息，根据不同的顾客，对销售展示的各个方面进行调整。

现代科技的进步促进了销售展示水平的发展。例如，笔记本电脑的普及使得在线资源可以随时被利用，展示过程中可以结合视频材料，随时获得销售后台办公室的反应或指导。[18]通过对公司官方网站的访问，消费者可以随时查看公司的产品信息，甚至是音频、视频信息。

许多销售情况对于消费者来说会涉及风险问题。不管销售人员讨论什么样的利益，消费者可能都不想改变现有的供应商和产品，因为任何改变都可能会产生不可预见的问题——交货时间不确定、新产品不可靠。销售人员本身的保证不具有很强的说服力，毕竟他们的工作要求他们那样说，难道不是吗？风险问题是很多销售失败的潜在原因。销售人员准确识别了顾客需求并且把产品利益与需求结合起来，消费者没有什么异议，但出于各种原因就是不买。其中一种原因可能是他们行事非常谨慎，坚持现有的供应商和产品，以防出现问题。那么，销售人员如何降低风险呢？有四种办法：

（1）介绍人销售；

（2）展销；

（3）担保；

（4）尝试催单。

介绍人销售

介绍人销售（reference selling）涉及满意度较高的顾客，用来让顾客相信销售人员所销售产品的效力。在准备的过程中，首先应该按照产品类型，制作一份满意顾客的名单。满意顾客的信件回复也应该保存起来，用于销售展示，这样能够树立信心。这种方法在销售中的效果很好，可以让顾客从仅仅对产品感兴趣发展到相信产品能够解决他们的问题。

展销

有一句谚语：告诉我的我会忘记，让我看到的我可能会记住，吸引我的我会理解。

展销（demonstrations）可以降低风险，因为展销证明了顾客可获得的利益。一个制作销售培训专题片的大公司可能会组织一场大型的区域性精品展销，向培训经理展示自己产品的质量。工业品制造商也会采用展销，显示它们的产品在实际应用中的能力。汽车销售人员允许顾客试驾。

除了那些非常简单的产品，我们建议把所有的产品展销都分为两个阶段。第一个阶段包括对产品特点和利益进行简短描述，解释如何使用产品。第二个阶段是进行实际的展销。展销由销售人员执行。将展销分为两个阶段的原因是，展销的受众很难在观看展销的时候理解产品的原理以及如何使用。这是因为受众同时会受到竞争者产品的刺激。销售人员可以借助灯光、音响、自己的声音来吸引消费者的注意。

一旦展销中的产品开始进行使用展示，销售人员就可以鼓励消费者在指导下使用这些产品。如果选择了符合消费者需求的正确设备进行展销，并且使用状况良好，那么展销就可以使消费者的购买意愿增强。

下面，我们就人员销售过程中的重要部分提出一些实用建议。没有展销，销售人员就会失去一个重要的销售工具。

展销前

1. 使展销过程尽量精简，但不要过于简短，以致无法获取订单或者无法取得与消费者进一步谈判的机会，从而无法实现销售目标。这是一个基本的平衡问题，销售人员必须判断个体的实际情况，有根据地调整展销。对于一些潜在的消费者，展销可能需要更长的时间和更多的技巧。

2. 让展销的过程尽量简单，要知道有些潜在的消费者并不关注技术问题。一定不能过于强调专业术语，因为一般来说一些潜在顾客会假装他们已经理解，不承认他们是外行，因为这会让他们非常没面子。他们就算把展销的过程全部看完，最终还是会找理由推迟购买。他们很有可能不买展销的产品（或者不从你这里购买产品）。这一点非常重要，因为事实表明，很多潜在的销售机会往往由于展销过于专业化而流失。

3. 与同事演练如何处理可能发生的异议（比如让一个人扮演"难缠的"消费者），想好如何在展销中应对、消除消费者提出的异议。这时，把互动录制成视频是非常有用的，因为你可以看到自己的错误，通过不断的演练将展销和销售展示做得更好。

4. 知道产品的卖点并且随时准备在展销过程中把这些卖点展现出来。这些卖点必须以顾客利益的形式进行展现，所以销售人员要预先判断消费者的行为，以通过委婉的方式让消费者获得最大化的利益。

5. 如果事先经过足够的演练，展销就会出现失误。但是，机器确实会出现故障，而且供电有时会中断。要做好应对突发事件的准备（比如准备好适当的"台词"，并在视频中放置一个成功展销的案例备用）。这样做主要是为了避免突发事件造成影响，尽可能准备好应急方案。

展销的执行

1. 用"将要做什么、证明什么"这样的简洁开场白作为开始。

2. 向潜在消费者展示如何参与到展销的过程中。

3. 使展销尽量有趣且令人满意。

4. 向潜在消费者展示产品的特点是如何满足需求、解决他们的问题的。

5. 努力使这些需求转变为消费的欲望。

6. 直到消费者对展销完全满意才离开。这种满意有助于确保消费者最终购买产品，并且会降低购买之后产生投诉的可能性以及投诉问题的严重程度。

7. 通过再次强调在展销中提出的产品利益来进行展销总结。注意，我们所说的产品利益是购买利益而不是销售利益，因为购买利益与个人的购买行为是相关的。

8. 展销的目标应该是：（1）使销售人员立即获得销售的机会（比如让一名车展观众进行试驾）；（2）为未来的进一步谈判铺垫（比如让一名货车车队的采购员在展销中进行试驾）。

9. 根据以上目标，在立即询问是否下单或者以会议、电话、信件的形式安排进一步沟通的情况下，可以对做出购买决策团队的其他人员进行额外的展销。

信息技术的发展使得工业品可以在购买者的办公室内利用多媒体进行展销。购买者不必到供应商的所在处或者所谓的"放映室"观看展销，销售人员可以利用自己的视频播放设备随时随地进行展销。[19]

展销的优点

1. 在销售的过程中，展销是非常有用的一种手段。它使得日常的销售活动更加现实可行，比单纯的口头描述或者视觉演示能更多地刺激人们的感官。

2. 当潜在的顾客参与到展销中时，销售人员更容易提出问题，确定顾客的行为。这就意味着在接下来的销售过程中，销售人员能够避免强调错误的购买动机。

3. 展销能使销售人员将潜在购买者的利益最大化。换句话说，销售人员可以将产品利益与购买者的行为进行联系，采取更有创意的方式进行展销，而不是依赖事先准备好的销售套路。

4. 如果能够说服顾客参与到展销的过程中，能更容易解决他们的异议。其实，很多异议到最后都没有提出来，因为在展销的过程中已经把它们都消除了。如果最初的异议很少，甚至得到了圆满的解决，销售就更容易成功。

5. 展销对于顾客来说是有优势的，因为他们能够很容易地以更现实的方式提出问题，更清楚、更快地确定产品的利益。

6. 展销可以更快地克服购买限制，顾客在展销中比在面对面的买卖场景中能更快地声明他们的兴趣。这使得展销成为非常有效的销售工具。

7. 一旦顾客参与展销，就不太可能出现"后悔"的情况（就是说顾客发现买的东西不值得）。经历了展销，顾客其实默认了最后的结果，顾客是主动购买产品的，并不是被强迫的。

担保

对产品的可靠性、售后服务以及具备赔偿条款的发货进行担保能够建立起消费者对销售人员的信心，并减少问题出现时消费者的成本。担保的建立是公司的政策，不是销售人员自己的决定，但销售人员不能忽视担保在销售展示中的重要性。

尝试催单

即使在重复购买的情况下或者在短期内，公司或者销售人员花时间尝试催单并不划算，对销售人员来说降低风险的最终策略仍是鼓励消费者下单。习惯于在同一家供应商处购买产品的消费者往往会认为改变意味着不确定的风险。新的供应商突破障碍的唯一方法就是获得一份小额订单，这种做法可以为供应商提供持续展示自己具备生产高质量产品能力的机会，建立足够的客户信心，从而获得更大额度的长期业务。

阿克顿移动集团——移动办公帮助销售团队建立建筑商自动化销售流程

焦点

阿克顿移动集团（Acton Mobile Industries）多年来一直以数据表格和纸笔记录的方式管理销售过程。在新的管理方式下，集团制定了利用网站 XSalerator.com™ 使销售过程自动化的商业决策，期望能够通过缩短销售周期、优化业务执行层面和利用准确的实时预测数据，最终提高管理能力，以提高销售收入和效果。

顾客总览

阿克顿移动集团从 1970 年以来，致力于为移动办公和装配式建筑业提供服务，总部设在马里兰州的巴尔的摩，拥有分布在 12 个地区的 15 家办事处。凭借以最快的速度提供临时场地的能力，让工程管理和工作监督既舒适又便利，集团已经成为提供移动办公和装配式建筑来满足顾客特殊需求的行业领头羊。阿克顿移动集团为建筑工地、学校、工业厂商提供各种规模、各种使用期限的场地。

情况概述

阿克顿移动集团做出了一个商业决策，即通过基于互联网的自动化系统使销售过程自动化，以便更好地管理和监控从客户开发到完成订单的销售过程。查普曼集团（Chapman Group）则致力于通过评估、客户定制、执行的三阶段过程，使其独特的销售自动化解决方案（XSalerator.com™）落地实施。

努力

查普曼集团与一个客户团队共同协作，进一步开发项目的战略目标和愿景，该客户团队由阿克顿移动集团总部办公室的高级成员与区域销售成员组成。这样，就有机会为阿克顿销售过程提供有价值的建议，通过新的销售自动化方案的执行，确定需要改进的关键区域。评估阶段开始时，查普曼集团主要与大股东会谈，讨论是否采纳销售自动化的理念和设想。

下一个阶段是对 XSalerator.com™ 的定制，为销售团队提供满足定额的更加稳定的系统，并提供可靠的最优销售执行方案的支持。系统的用户界面被设计为反映阿克顿集团预想的市场主要业绩指标，包括一系列的图表和分析。XSalerator.com™ 中的每一个视频在此过程中都要经过检查，形成一个用户界面友好、结果导向的系统。

成果

自策略开始实施以来，阿克顿移动集团在预测、发展前景、自主经营和订单执行几个方面都实现了彻底的改进。员工获得了集中的培训，能够对系统非常熟悉，而且每个人都有了未来发展的目标。对所有的员工来说，策略实施的成果朝着销售过程更加有效、战略意识更加新颖、销售方向更加多元的方向前进。

资料来源：adapted from www.ChapmanHQ.com, with permission.

处理异议

异议（objections）是指购买者提出的任何关心的事情或问题。[20]虽然有些异议比较混乱，令人迷惑，或者和财务报表的信息及销售人员介绍的信息不一致，但是销售人员不应该以消极的态度看待异议。很多异议恰恰反映了消费者的兴趣所在。消费者提出问题是想获取更多的信息，因为他们对销售人员所说的非常感兴趣，但问题是消费者没有被完全说服。异议强调了对消费者来说更加重要的问题。比如，在培训销售人员的时候，福特公司提出，顾客的异议是指出顾客想法的标志。

有一个例子可以对上面的观点进行说明。假如一家工业强力胶制造商的销售人员面对的异议是："我为什么要买你们的新型胶枪？我对从现有的直接从胶管中往外挤的这种方式已经很满意。"显然，这种类型的异议表达了一种需要额外信息的需求。销售人员的任务是以一种不反对消费者且有说服力的方式提供信息。事实上，人的特性决定了即使有更强有力的证据支持，某种论点也不一定能够压倒一切，因为人们不希望自己的想法被证明是错误的。改变供应商的行为很可能遭到抵制，因为它包含否定消费者过去决定的意思。对销售人员来说，忽视消费者异议所包含的这种情感层面的问题，可能会引发灾难性后果。我们应该避免的情况是由销售人员的态度问题导致消费者更加坚持自己的立场。

互联网可以帮助销售人员对消费者异议进行解释和澄清。销售人员可以引导购买者访问公司的官方网站，网站中一些常见问题的解决方案和说明书都能被找到。潜在的消费者也可能会在各种独立的网站中找到自己喜欢的评论或内容。这种买卖双方之间改良的"交流方式"可以使销售成功的概率大大提高。[21]

因此，处理异议的有效方式包括两个方面：事先准备好有说服力的答案；开发一系列应对异议的技巧，并使消费者接受这些答案的同时不失颜面。第一个方面在前一章有所涉及。现在我们重温一些技巧，来说明第二个方面的目标是如何实现的（见图8-2）。

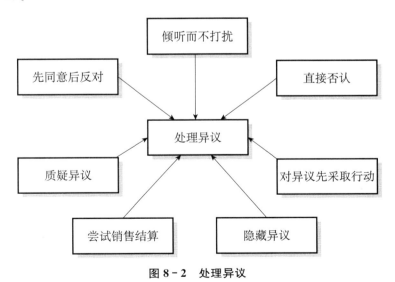

图8-2　处理异议

倾听而不打扰

对于有经验的销售人员来说，如果中间打断购买者的异议，会给购买者留下这样的印象：

- 销售人员认为异议是错误的；
- 销售人员认为异议微不足道；
- 销售人员不想把异议听完，认为太浪费时间。

打断的做法使消费者的权利得不到尊重，并且会导致异议背后的真实情况和信息被误解。正确的做法是细心、专注、怀有敬意地倾听。消费者会非常感激，因为销售人员在很认真地探讨这个问题，并且销售人员会受益于对问题更清楚、全面的理解。

先同意后反对

这种方式使销售人员维持对购买者足够的尊敬。销售人员首先会同意消费者所说的是明智的、合理的，之后再提出不同的意见。这样做减少了异议，并创造出一种和谐的氛围，购买者不太会产生抵触的情绪。例如：

购买者：问题是你的拖拉机比其他企业的价格高。

销售人员：是的，表面上看我们的拖拉机价格确实相对于其他拖拉机要高一些，但我想说的是，如果从生命周期来考虑，我们的拖拉机更加经济、实惠。

这个例子说明了为何这种方法被称为"先同意后反对"。这种方法以"是的"作为对购买者异议陈述回应的开头，以"但是"作为陈述反对意见的开头。不过，并不是一定要使用这些词语。在一些情况下，消费者对这些词语已经非常习惯了，导致这种技巧失去了效果。幸运的是，我们还有其他一些比较实在的方式：

- "我非常理解您对我们的产品比其他竞争对手的价格要高的考虑。然而，我想告诉您……"
- "顾客 XYZ 一年前也提出了同样的意见。我可以向您保证，那位顾客对他的购买决定非常满意，因为从整个使用期中节省下来的费用远远超出最初购买费用的差额。"
- "您的考虑非常有道理——最初的费用确实比较高，所以我们才想告诉您……"

介绍人销售的方法可以和先同意后反对的方法结合使用，以形成应对异议问题的强有力手段。比如，向公众免费发放报纸的销售人员经常会遇到下面的异议：

购买者（如汽车经销商）：你的报纸对大众是免费的，很多人拿到报纸之后没怎么看就直接扔了。

销售人员：我可以理解您对免费报纸无人阅读的关注。然而，还是有一些人真的阅读了，想要找找市场上有什么样的二手车。Grimethorpe 汽车公司的吉尔斯（Giles）先生在我们这里已经做了两年的广告，而且他对结果非常满意。

直接否认

使用这种方法时需要非常谨慎，因为它包含引起购买者敌意的风险，这往往是销售人员不愿意看到的。当消费者想要非常明确地了解事实信息时，这种方法可以使用。比如：

购买者：我觉得这个室内装饰品难以清洗。

销售人员：不，先生，不是这样的。这个材料是由新开发的合成纤维制作的，有抗污的功能，用肥皂、水、干净的布就可以轻松除掉污渍。

质疑异议

有时候，异议会显得过于笼统，导致很难直接反驳。比如，顾客可以说不喜欢产品的外观，或者产品质量不够好。这时候销售人员要从根本上对异议持质疑态度，弄清楚面临的问题到底是什么。有时候这会让一个很大的异议变成一个可以轻松解决的异议。

购买者：很抱歉，我不喜欢那辆车的外形。

销售人员：您能不能确切地告诉我您不喜欢外形的什么地方？

购买者：我不喜欢座椅的样式。

销售人员：其实这种车可以配备许多不同的座椅样式。我们可以看看产品目录，找找有没有您喜欢的样式。

质疑异议还有一个好处，那就是在试图解释异议的本质时，消费者自己就能意识到这些异议其实不那么重要。

对异议先采取行动

通过这种方法，销售人员不仅可以对异议做出预判，提前准备应对之法，实际上，还可以把这种预见到的异议作为其销售演示的一部分，展现出来。

这样做有两个好处。第一，销售人员可以自行把握在什么时候提出异议。这样，可以计划好在最恰当的时间把异议提出来，以便有效解决。第二，因为它由销售人员提出，所以消费者一般不会再对已经提出来的问题进行辩解。

这样做也会有风险，那就是销售人员可能强调了买方并没有想到的问题。这种方法多用于销售人员反复面临同一个异议的时候。也许消费者会不断提出销售人员所在的是行业中最小的公司。这时销售人员可以用下面的方法先发制人："我们公司比同行业的其他公司小，这意味着我们可以更快地对顾客的需求做出反应，并且更加努力地让我们的顾客满意。"

尝试销售结算

尝试销售结算（trial close）是指当消费者拒绝表态的时候，销售人员在不破坏销售机会的前提下尝试让消费者下单结算的行为。

销售人员把异议转变为尝试销售结算的能力取决于完美的时机把握和大量的经验判断。通常在销售过程进展顺利且销售人员判断出只剩下一个异议的时候，才会考虑使用这种方法。这种时候，销售人员会说："如果我能保证这种车的耗油不高于 Vauxhall Vectra，您会买吗？"

无论处理什么异议，销售人员都要记住激烈的争吵是不会赢得销售的——消费者只会在朋友那里买东西，而不会在敌人那里买东西。

隐藏异议

并不是每个顾客都有异议。有些顾客很可能什么都不说，因为提出异议会拖长或者妨碍销售互动的进行。这些顾客认为，与销售人员保持良好的关系，并且在访谈结束时说"我会考虑一下"，是不进行购买情况下不失体面的最好方法。销售人员对隐藏异议的顾客的最好回应方式是试着提出问题，挖掘问题的本质。如果销售人员看出来顾客不愿意提出其真实的异议，他们应该以这样的方式提出问题：

- "到目前为止您还有什么不确定的问题？"
- "您还有什么想法？"
- "到底怎样才能让您确信？"

挖掘隐藏异议对成功的销售至关重要，因为想要使购买者信服，我们需要知道什么东西能让他们信服。然而，对于不善言谈的顾客来说，做到这一点往往比较困难。销售人员的最后一招可能是"再琢磨一下"不愿意购买的顾客到底是怎么想的，并提出关于他们可能认为是不愿购买的原因的异议，然后提出这样的问题："我想您并没有完全相信我们的产品性能有更大的优越性，对吗？"

销售谈判

在一些销售场景中，销售人员或销售团队对销售的形式、条件要持一定的谨慎态度。**谈判**（negotiation）可能正因这样才成为销售过程的一部分。卖方会就价格、信用条件、发货时间、以旧换新的翻新价值和商业交易的其他各个方面进行谈判磋商。最终达成的交易将取决于双方力量博弈的平衡点以及各方参与者的谈判技巧。

谈判的准备工作的重要性已经在前面的章节有所涉及。销售人员应该全面评估消费者的需求、供应商面临的竞争环境、对购买者业务的了解程度和面临的整体压力。在谈判的过程中还会涉及其他一些帮助销售人员的指导方针。

更加现实的高起点

从一开始就抢占制高点有很多理由。第一，消费者可能会认同。第二，它为谈判提供了充足的空间。作为购买的回报，消费者希望卖方可以做出让步。在汽车市场中，这种情况更加普遍。很少有汽车销售人员面向现金支付的消费者以广告中的宣传价格出售产品。当考虑把起点定到多高的时候，上限就是消费者的实际期望值，否则他们可能一开始就不愿与卖方进行谈判。

尝试用让步换取让步

在某些时候，销售人员有必要为确保销售的实现而做出让步。消费者可能会说，如果卖方愿意降价 100 英镑，他们就愿意购买。如果卖方还有谈判空间，那么这是可以接受的。但在其他情况下，特别是在卖方相比于其竞争对手更能满足消费者需求的情况下，卖方有一定实力，可以从买方那里换取让步。一种完成这项工作的简单方法是使用"如果……那么……"这种技巧。[22]

- "如果您打算在我们这里提货，那么我们可以把购买价格调低 10 英镑。"
- "如果您在 28 天内付款，那么我们可以提供 2.5％的折扣。"

这是谈判人员可以使用的有效方法，它推动了协议达成的进程，保证了给予消费者的让步和消费者作为回报所做出的让步相匹配。

在谈判准备阶段，根据让步的成本和收益来评估做出让步的可能性是非常明智的，对于买卖双方都是如此。在上面的例子中，卖方的发货成本可能比买方的提货成本高很多。所以，这种让步的实际结果是销售人员通过较小的成本开支为消费者提供更多的利益。

谈判技能的执行

格雷厄姆发布了一组关于谈判效力的研究成果。[23] 通过对有经验、熟练的谈判高手和一般的谈判人员进行比较，研究人员总结了一组与成功的谈判相关的行为技能。这些技能是：

● 大量提问。提问可以寻求更多的信息（知识就是力量），并辨别购买者的感觉。谈判人员会实施控制（进行提问的人会引导谈话主题），在购买者做出回应之前给他们思考的时间。提问也是直接反驳的一种替代形式。

● 使用标记行为。这里涉及采取某种行为的一种行为信号。标记行为的例子如"我能问一个问题吗？""我想进一步说明两点""我可以总结一下吗？"等。

● 避免直接的反驳。提前向对方宣告你准备反驳他的观点的话，可能会让你的观点听起来有失公正。比如，"我完全不同意这个观点""你方才说的我不能接受"之类的话都会让对方采取防范的态度。

● 通过检测理解程度并进行总结，保持头脑清晰。检测理解程度是一种分辨理解的内容是否正确的方式。总结是一种以简洁的形式重申之前讨论内容的行为。我们举一个例子来说明这两种行为的组合，"看看我理解的是否正确，您刚才说如果我们下周能够交货，价格与竞争者一致，并提供免费的一日培训，那么今天您就会下单，对吗？"

● 表达感受。与传统的想法相反，有技巧的谈判人员并不是面无表情的。他们表达自己的感受，使他们看起来更加人性化，并创造一个信任的氛围。而且，表达感受也是表达棘手事实的一种替代方式。

● 避免"反建议"。"反建议"是指一方提出建议后，在不表现出对他们提出建议加以考虑的情况下，紧接着提出其他形式建议的行为。"反建议"通常是很直接的。如果卖方不准备对买方的提议给予适当的考虑，那么买方为什么要听卖方的？

● 避免挑衅。挑衅是指以自夸和自我感觉良好的态度激怒他人的行为。像"听着，年轻人，我想你会认为这是一个非常有吸引力且很慷慨的价格"这种的表述更有可能激怒他人，而不会具有说服力。回应很可能是："我完全有能力判断你的出价是否合理，不要觉得你很了不起。"

● 不要淡化你的理由。根据常识判断，提出尽可能充分的有利于提议的理由应该是最受认可的做法。问题在于如果观点或理由越来越多的话，效果会越来越弱，这会让消费者越来越容易找出破绽，让谈判的焦点转向这些方面。正确的做法是，只给出少量的、强有力的理由，而不是把优点和缺点都暴露出来。这就避免了有破绽的论据影响强有力论据的情况发生。

除了这些，巴斯柯克（Buskirk）于 1995 年进一步提出建议[24]：

● 避免个体化的讨论。谈判在任何时候都不应该针对个人。谈判者在任何时候都不能说出"你太荒谬可笑了""你的价格太低了"这样的话。称某人的言论"非常荒谬"是一种侮辱。讲话时应该去掉人称代词，改为"那个价格太低了"。

购买者的谈判技巧

购买者在销售中也有一些谈判的技巧。卖方一定要留心这些技巧，因为有时候这些技巧有破坏性效果。肯尼迪、本森和麦克米伦（Kennedy，Benson and Mac-millan）提出了一些用于削弱销售谈判者地位的技巧。[25]

首先，购买者说："除非你立即同意降价 20％，否则我们将到别的地方寻找供应商。"从某种意义上说，这是对卖方使用"如果……那么……"技巧的一个例子，只不过这种情况下后果会更严重。对于这种情况该如何回应取决于准备过程中力量权衡的结果。如果购买者的确有一些备选的产品选择集，所有这些产品都提供与卖方产品同类的产品利益，那么买方是占优势地位的，卖方就不得不做出让步。如果卖方的产品相比竞争者有明显的优势，销售人员就能够应对这些挑战。

其次，购买者可以使用"只要便宜，就有前途"这样的说话技巧："我们不能装作不知道我们提出的价格确实偏低，但对于你们来说真正的好处在于未来的销售。"这句话本身可能没有问题——事实上卖方的目标是在购买者的业务方面打下坚实的基础。在其他时候，这是一种买方从卖方那里获得最大限度价格让步的一种开场方式。如果卖方的地位处于优势，买方就应该提出具体的细节和实实在在的承诺。

最后，有一种被称为"诺亚方舟"的技巧——因为它来得很慢！购买者会用手指轻轻地敲文件，说："你要给一个更好的价格。我这里有竞争对手的价格，他们的价格更低。"销售人员对此的反应取决于自信的程度。销售人员可以说买方在虚张声势，并且可以要求看看竞争对手的价格参考清单；或者称竞争对手故意把价格压低，让买方认为他们的价格是合理的，从而赢得主动权；再或者，如果对过去的成功很自信的话，销售人员可以说"我建议你们接受其中的一个价格"。

销售结算

之前讨论的技巧或方法对于持续的成功销售还远远不够。完成这些组合还有最后一个步骤，那就是**销售结算**（closing the sale）。

一些销售人员认为，有效的销售展示应该能促使消费者主动购买产品，而不需要卖方催单结算。这种情况有时候是会发生的，不过更多的时候还是需要销售人员采取主动的态度。这是因为无论销售人员在多大程度上对消费者的需求进行了确认，并且将产品利益和需求结合起来，还克服了异议，消费者心里还是会有疑虑，可能推迟购买的行为。考虑清楚再买难道不是更好吗？货比三家，看看竞争对手XYZ的产品是不是更加明智呢？然而，有一个简单的道理，那就是如果真的要推迟购买时间的话，消费者确实有可能从竞争对手那里购买产品。当卖方能够影响消费者时，他就能建立竞争上的优势，所以销售人员的重要任务之一就是尝试销售结算。

那么，为何一些销售人员不愿意尝试销售结算？答案是大多数人害怕遭到拒绝。尝试销售结算其实就是问消费者到底买不买。有时候答案是否定的，销售人员会遭到拒绝。虽然不尝试销售结算不会引来更多的销售额，但是遭到拒绝会损失颜面。很重要的一点是，我们不能害怕对销售结算的尝试，要接受"一定会有消费者拒绝"这一事实，并且要相信尝试销售结算一定比不尝试导致更多的消费者购买。

　　时机是一个重要的因素。一个公认的准则是，在消费者很感兴趣或者有购买产品的明确意向时开始销售结算。因此，销售人员应该仔细盯准这些**购买信号**（buying signals），及时做出回应。在销售展示中，购买意向不可能持续增长，会在销售展示的过程中起伏不定（见图 8-3）。真实的情况在图中表现为一系列的凹凸。我们可以举一个例子来说明这个问题。当销售人员提到一个十分符合消费者需求的重要利益时，购买意向有可能快速上升。然而，消费者随后可能会提出问题，这种购买意向程度就会降低，或者消费者会思考产品的宣传是否完全合理，这使得购买意向减弱。销售人员解决了异议或者证实了宣传的可信度后，购买意向又开始增强。

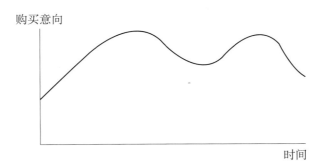

图 8-3　销售展示过程中的购买意向

　　销售人员理论上应该在高峰期进行销售结算，事实上很难判断什么时候应该开始销售结算。消费者可能会假装对此不感兴趣，并且整个销售过程中可能会出现好几个高峰期。那么，应该选择哪一个高峰期完成销售呢？其中一个答案就是借助经验判断。有经验的销售人员能通过直觉，知道消费者的购买意向对于一个有价值的销售来说是否足够有利。另外，如果需求和问题能够得到精准的识别，那么当销售人员将所有的产品利益与顾客需求匹配之后，就是该进行销售结算的时候。理论上，这个时间点就是购买意向的高峰期。

　　并不是所有的消费者都符合这个理论中的趋势，销售人员应该准备好在销售展示还没有完成的时候随时进行销售结算，方法就是尝试销售结算。这种行为要求，如果时机不成熟，销售展示能最小限度被中断，然后继续进行。可能在销售展示的开始阶段，顾客会说："是的，我要找的正是这个。"这时，销售人员回答："好的，您希望什么时候发货？"甚至在消费者说还没有做好决定时，销售人员可以继续销售展示，或根据当时的情况问一个最适合的问题。

　　当销售人员已经讨论完所有的产品利益并回答了顾客所有的问题时，销售访问中就会出现一个空当，很显然这个空当就是决策时间——消费者很有热情，但又在犹豫。这里就有一些销售人员可以使用的技巧（见图 8-4）。

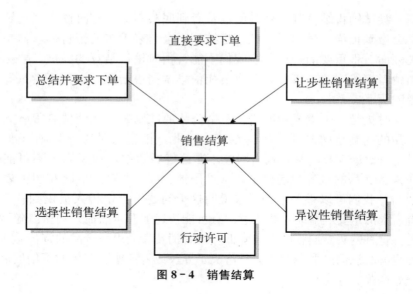

图 8-4 销售结算

直接要求下单

直接要求下单的最简单技巧包括：

● "我要给您留一个吗?"
● "您想买它吗?"
● "您想要吗?"

使用这种技巧的关键是在要求下单后保持沉默。销售人员已经提出了一个封闭式问题，隐含肯定或否定两种答案。要想有效地打破沉默，就要让消费者自己跳出圈。消费者会忘记一开始提出的问题，回应销售人员的问题。

总结并要求下单

这种技巧使销售人员能够提醒消费者销售过程中的一些重点，通过暗示做决定的时间已经到了进行提醒，让消费者意识到购买是销售过程的自然延伸。

"史密斯先生，我觉得我们已经达成了共识——ZDXL4 型号的汽车符合您对低噪声、高效率以及驾驶舒适程度的要求。我可以给您下这个型号的订单吗?"

让步性销售结算

这意味着保留一个让步，用作最后达成销售订单的条件："如果您愿意现在下单，我愿意额外提供 2.5% 的价格折扣。"

选择性销售结算

这种技巧的实现方法是先假设消费者愿意购买，然后决定应该买红色的还是蓝色的，发货时间到底是周二还是周五，现金付款还是支票付款等。对于这种情况，我们建议销售人员制定两套替代性方案，用其中哪一套方案都可以进行销售结算：

● "您喜欢红色还是蓝色?"

● "您希望周二还是周五发货?"

这种技巧已经被销售人员用得太多,因此应该谨慎使用,尤其是面对专业购买者的时候,他们可能有丰富的产品使用经验,很清楚销售人员的套路。

异议性销售结算

这种技巧在本章的开头部分提到过。它要求用异议作为购买的刺激。如果销售人员觉得异议是阻碍销售结算的最重要因素,那么他们可以说:"如果我能够让您相信这个型号在这种类别的产品中最经济,您愿意购买吗?"这样就可以从消费者处获得承诺。消费者的积极回应以及卖方使用的客观数据都有助于销售结算完成。

行动许可

某些情况下,尝试销售结算是不合适的。许多工业产品的销售周期很长,销售人员在早期的访谈过程中就尝试催单结算很容易带来麻烦。比如,在推销药品时,销售人员不能尝试催单,而应该尝试"行动许可"。也就是说,销售人员和医生可以达成协议,即在下次会面时做一些别的事情。这种技巧有助于医生和销售人员建立良好的关系。

坚持是销售人员需具备的重要品质。做出花一大笔钱的决定是不容易的,而且大多数情况下,没有哪一个产品在各个方面都比竞争产品强。这说明所有的产品销售都有成功的可能。最终能够成功的往往是那些坚持不懈、不断强调产品利益能够完美契合消费者需求的销售人员。小孩子都知道,如果第一次被拒绝,需要有第二次、第三次要求才能成功,关键是在骚扰和坚持之间划清界限,掌握好度。

销售协议一旦达成,销售人员要遵循两个原则。首先,一定不能有情感的表露。不管销售多么重要,销售人员多么开心,销售人员都要保持冷静、专业。之后会有很多庆祝的机会。其次,尽可能有礼貌地离开。销售人员停留的时间越长,消费者改变主意、取消订单的可能性就越大。

跟　进

销售过程中的最后一步是确保顾客对购买的产品满意,这是非常重要的。在发货、安装、产品使用培训等各个方面都不能出现问题。销售人员可以将跟进的电话访问推迟,毕竟这不能带来新的订单。但是对于大多数公司来说,有回头客也是成功的一种体现,而跟进的电话访问能起到关键作用。它代表销售人员真的很关心顾客,而不是只对销售感兴趣。

跟进的电话还可以让消费者放心,让消费者相信购买决策是正确的。就像我们在生活中见过的,很多消费者为认知的不确定而苦恼,也就是说他们纠结于是否做出了正确的选择。

技术的发展同时改善了跟进的方式。过去的跟进一般通过电话、顾客感谢信询问产品是不是符合预期,或者直接上门拜访以及观察是否有问题。现如今电子邮件已经普及，特别是在组织间的营销中更加普遍。利用电子邮件的沟通方式既方便又有效，而且一旦出现问题可以快速获得反馈信息。[26]文本短信方式也经常使用。

网站也可以为购买者提供售后服务的说明信息以及资源支持，销售人员可以通过网站以在线通信的方式与消费者进行实时的自由交谈。如戴尔公司和施乐公司都为客户提供了可以打开的网站安全链接，他们通过登录网站可以实时跟踪订单的状态、在线下订单、在线支付等。[27]

本章已经多次强调了根据不同的顾客需求和情况改变销售方式的重要性。下面的例子向我们展示了英国和德国顾客的不同之处，对这个问题进行了再次说明。

在德国销售

销售人员应该注意根据不同的顾客类型、不同的做生意方式来调整销售方式，适应环境。英国 Pison 电脑公司的两名德国员工描述了英国和德国公司做生意的主要不同点：

"德国公司强调官僚主义，而且特别讲究程序。在英国公司，人们做事更加随意，他们可以灵活地做出回应，满足客户的需求。在德国，特别是在德国的大公司里，人们必须经历漫长的程序。"

"我认为德国人非常严谨。他们的态度是'我想在早上 10 点 15 分而不是 10 点 16 分得到这个东西'。如果你在英国下了一个订单，然后问什么时候能到货，销售人员只会告诉你'下个月到'。"

职位等级在德国非常重要。比如，当老板不在的时候，下属连一个很小的决定都不能做。这个时候，销售人员会浪费很多宝贵时间，经常试图向没有得到授权决定是否购买产品的人进行推销。

德国人强调个体接触，希望生意伙伴之间能够面对面交谈。然而，一对一的交谈是很少的，高级主管往往至少带一个同事。有时候他们会显得非常自信，甚至有点傲慢。正确的回应是得体、有礼貌。德国人不喜欢用幽默的方式掩盖不确定性，特别是在第一次见面时。

德国商人喜欢别人用头衔和姓氏来称呼自己，如斯密特先生或施特劳斯女士。他们穿着很正式。在商务谈判中，午餐是非常重要的一部分，虽然客人一般被安排在公司餐厅就餐，而不是在外就餐。

一般来说，供应商的销售队伍会和拥有很大权力的采购部门进行谈判，试图避开采购部门可能会带来麻烦。在交易会上，面对面交谈和广告活动经常用于工程师和技术人员之间的交流。

资料来源：Based on BBC2 Television（1993）Germany means business：the Frankfurt contenders, 5 January; Forden, J.（1988）Doing business with the Germans, *Director*, July：102-4; Welford, R. and Prescott, K.（1992）*European Business*. London：Pitman Publishing, p. 208; and Wolfe, A.（1991）The Eurobuyer：how European businesses buy, *Marketing Intelligence and Planning*, 9（5）：9-15.

小　结

本章主要讨论了人员销售的相关技巧。我们通过以下几个方面对人员销售的相关必要技巧进行了讨论：

1. 开始；
2. 需求和问题识别；
3. 销售展示和展销；
4. 处理异议；
5. 销售谈判；
6. 销售结算；
7. 跟进。

本章的重点在于确认潜在消费者的需求和问题，以及把产品作为满足需求、解决问题的一个手段进行销售展示。我们明确了成功销售中的必要技能，接下来我们考察大客户管理在销售过程中所起的作用。

Mordex 复印机制造公司

假设你与 Plastic Food 公司的销售经理乔治·科比（Gorge Kirby）约了一次会面，就你公司（Mordex 复印机制造公司）的产品 Mordex 复印机的租赁问题进行协商。你对这次会面充满期待，因为你知道 Plastic Food 公司与你公司最直接的竞争对手 Clearprint 公司的合同即将到期。这是你第一次约见科比。

走进科比的办公室时，你发现他似乎压力很大，忧心忡忡。你做完自我介绍后说："我想和您谈谈我们怎么提高您的文档复印效率。我看到您现在使用的是 Clearprint 公司的 ZXR 复印机。您在办公室一般复印什么样的文档？"

讨论仍在继续，你试图对 Plastic Food 公司对复印机设备的需求和科比本人对你竞争对手产品的态度进行捕捉和评估。其中一个需求涉及复印机的自动校对功能，因为有些需要复印的文档的尺寸太大。另一个需求是复印机必须有最好的质量，因为复印出来

的文档的字体、清晰度必须符合标准。Clearprint 公司的复印机具有校对功能，质量尚可，但总体来说 Plastic Food 公司并不是特别满意。此外，虽然 Clearprint 公司的复印机总体上是稳定的，但出现故障时，Clearprint 公司的维修服务有些拖延。

在会面即将结束的时候，你对你的陈述进行了总结：文档的人工校对会耽误员工的工作时间；对现有复印机的质量不是特别满意；维修服务不够及时迅速。科比对这些总结表示认同。

问题讨论

在会面期间，科比提出了下面一些异议。你如何对这些异议进行处理和回应？

1. "对不起，10 分钟后我有一个紧急会议。咱们能不能进行得快一些？"

2. "我们现在使用的 Clearprint 公司的复印机没有特别明显的问题。"

3. "你们公司的声望到底好不好？似乎

不是特别好。"

4. "你们公司复印机的租金是不是比 Clearprint 公司的贵很多？"

5. "我们如何能够相信你们的服务比 Clearprint 公司好？"

6. "我们公司的员工用 Clearprint 公司

的复印机已经习惯了。我得花时间教他们如何使用新机器。"

7. "让我考虑一下。Clearprint 公司的人下周也会来。对于你的这些观点，我可能会和他们谈谈。"

超市与名牌：合作与竞争

托马斯·马格斯（Thomas Maggs）是 Morrisco 超市（英国最大的连锁超市之一）的首席买手，购买稻谷和谷类相关产品。Morrisco 超市占有英国百货市场 14% 的份额，这一市场包括当地的和外地的各种类型的分店。与很多零售商一样，马格斯有固定的供应商来源。供应商来源固定是无法避免的事情，因为各个零售商之间的竞争非常激烈，能够做到低价和薄利多销是取得成功的关键因素。早餐燕麦片市场竞争很激烈，市场很分散，分化也很严重，整个市场被少数几家粮食生产商主宰，这些商家投入的促销和广告预算也非常高。马格斯决定通过大量的低价促销活动来占领市场，因为其知道这样可以让公司的股价尽快上涨。那些谷物生产商于是尽可能去阻止马格斯的行为，因为它们希望尽可能增加产品的附加值，从而提升价格而不是降价多销，它们认为降价多销有损品牌形象。

桑娅·法夸尔（Sonya Farquahar）是 Morning Foods 公司的大客户经理，这家公司是早餐燕麦片的大型生产商，在其产品品类中有若干个招牌产品，比如 Powergrains，它是占有 8% 市场份额的富含蛋白质的松脆燕麦片，以及 Slymbites，它以可口、低脂、低热量为特征，以阿巴斯甜为原料，瞄准年轻女性市场，占有 5% 的市场份额。虽然这两种产品有显著的差异，但是这两个品牌都以高价为定位，所以公司以这种附加价值为主题开展促销活动。公司为每个品牌都做了电视广告。在现有的成功基础上，这两个品牌开始考虑品牌延伸，制作谷物棒产品，同

Jordan 等现有谷物棒产品的品牌进行竞争。Morning Foods 公司的品牌团队打算将谷物棒放在原有的产品中作为赠品，以此形成促销手段。这样一来，借助原产品品牌的知名度和以市场为杠杆，可以带动谷物棒的市场需求。对于大部分连锁超市来说，这种方法是可行的，但是 Morrisco 超市的经理似乎很难被说服。她不喜欢模仿别人的做法，不喜欢在其原有产品中加入新的没有试验过的产品元素（谷物棒）。马格斯则希望 Morrisco 超市可以实行低价促销、薄利多销的战略。

任务

将班里的学生分为三个组，分别是：Morrisco 超市组、Morning Foods 公司组和观察组。每个组代表的角色都有一系列的谈判目标，并根据重要性分为两个等级。每组有 20 分钟的时间商量谈判的策略，判断对方可能提出的问题和异议，从而准备相应的解决对策。每组内部需要推举或者任命一位谈判代表。每组都要以共赢为谈判目的。每组都对其他组的谈判目标非常清楚。

谈判目标：Morning Foods 公司

必须做的：

● 两个品牌的"增值"促销活动的实现——Powergrains 品牌的促销在 5 月或 6 月进行，Slymbites 品牌的促销在 9 月或 10 月进行；

● 在两个品牌的原有产品中加入谷物棒产品，从而改变原有产品的售卖结构。

尽量做的：

● 将谷物棒产品尽量与 Jordan 品牌产品摆放在一起，引起竞争。

谈判目标：Morrisco 超市

必须做的：

● 制定每个品牌产品的最有效价格促销策略；

● 对储备谷物棒的行为表示反对。

尽量做的：

● 对 Morrisco 超市的促销活动进行特别的包装；

● 寻求电视媒体对促销活动的支持。

资料来源：Written by Andrew Pressey, Lecturer in Marketing, University of East Anglia. Neville Hunt, Lecturer in Marketing, University of Luton.

受控制的销售流程

英国拉夫堡大学（Loughborough University）做了一项关于销售的学术研究，调查了汽车经销商在销售及销售相关的活动上花费的时间和时间比例，探讨了销售流程控制的角色和作用。

控制销售流程的理论基础

汽车经销商的销售流程控制包括制作顾客信息表格来收集顾客的个人信息，这些信息涉及顾客的现用车情况（如果现用车作为抵货交易对象，信息包括对现用车的价值评价）、顾客感兴趣的车型、价格以及如何知道这家经销商等方面。

基于对提高销售流程控制效率的考虑，销售经理（或控制者）需要为自己的销售人员或团队制作一个顾客信息表格，销售人员使用这种信息表格对每一个进入汽车展厅的顾客进行记录。与顾客走销售流程时，销售人员需要用这种表格记录每个顾客的各种细节信息，尽管有些顾客只是简单地看看。表格记录完成后，由销售人员保存，或者直接交给销售经理或控制者。对于每一个顾客的情况，都需要开会讨论总结，并制定相应的对策，直到顾客最终下单支付或者放弃购买。这样一来，销售经理可以保证销售人员与顾客进行有效的沟通交流。

如果这种表格系统使用得当，确实可以增加销售量。而且，在汽车经销商行业中，这种系统是非常重要的，因为很多顾客是第一次买车，很长一段时间都处在信息收集的过程中，通常是几个月之后才决定购买。因此，引起顾客的兴趣、收集他们的细节信息、进行礼貌性的回访或电话回访、有针对性地进行促销活动等可以促使顾客最终把经销商列入买车商户候选名单。

控制销售流程的实践

研究发现，虽然很多汽车经销商报告称它们已经进行了销售流程的控制，但实际上它们并没有真正做到。很多顾客信息表格是销售人员自己根据已有客户的情况填写的，没有使信息表格发挥应有的记录可能的新顾客信息的作用。销售人员和我们一样，在评价人的个性、态度、社会关系时有主观的成分。所以，总有销售人员带着这种主观的成分去判断一个客户是否为潜在购买者，判断一个客户是想买车还是纯粹打发时间。这样一来，很多到汽车展厅的顾客都没办法进行专业的互动，可能会被忽视，无法得到想要的信息，或者得到了一些信息但没有后续跟进。试想作为想要买东西的顾客，谁没有这种被忽视的经历？

销售控制系统确实能够赢回本来可能失去的客户订单。拉夫堡大学的另一个研究表明，在所调查的汽车经销商当中，有一个汽车经销商虽然在某种程度上使用了销售控制系统，但一半的客户没有得到有效跟进。在这些没有被跟进的客户中，50% 的客户购买了其他品牌的车，60% 的客户买了相同品牌的车，但是从另一个经销商处购买的。

研究表明，客户没有被持续跟进时，流失的可能性非常大。当客户信息没有被有效记录时，长期来看业务收入会减少。

控制销售流程的障碍

对销售流程进行控制的最大障碍其实是销售人员。他们会说："我没有时间进行客户跟进，我的案头工作很多，我还要跟现有的重要客户打交道。"对于这种观点，研究结果予以否定。销售人员在每个工作周的每件具体事务上平均花费的时间比例如下：

- 为顾客提供关于新车的信息咨询，13%；
- 为顾客提供关于二手车的信息咨询，8%；
- 销售管理相关工作，19.5%；
- 发掘新客户、客户跟进工作，10.5%；
- 销售流程之外的其他活动（如休息、聊天、读报、从其他经销商处获得信息），49%。在一些经销商中，这部分的比例居然高达70%。

以上结果表明，销售人员有很多时间可以用来控制销售流程和跟进客户，以提高自身的销售绩效。

资料来源：Written by Jim Saker, Professor of Retail Management, Loughborough University Business School; Gary Reed, Lecturer, Loughborough University Business School; Vicky Story, Lecturer, Loughborough University Business School.

问题讨论

1. 这个案例是关于汽车经销商的。在其他行业，这个案例是否也适用？

2. 为什么销售人员浪费了很多时间？如何减少这种时间的浪费？

3. 有没有一些管理工具或者管理技术可以用来保证销售流程控制被有效执行？信息技术、互联网技术是否有帮助？

4. 一个有效的销售流程控制对于顾客、销售人员、销售经理、整个公司有什么好处？

 思考题

1. 讨论以下观点：如果产品和销售展示非常到位，就不需要尝试销售结算。

2. 你认为销售人员可以采取哪些方法来识别购买者的需求？

3. 至少列出四项你认为好的销售展示或展销具有的特点。

4. 分别以下面的场景为基础举出一个销售结算的例子：总结并要求下单；选择性销售结算；让步性销售结算；异议性销售结算。

5. 谈判是销售流程中一个重要方面，但有一种观点认为谈判独立于其他销售沟通技巧。试举出一个例子，说明什么时候、针对哪种顾客需要销售谈判，以及哪些时候针对哪种顾客只需要一般的沟通。

第9章 大客户管理

学习目标

学习本章后，你应该可以：
1. 理解大客户的概念以及大客户管理的优缺点。
2. 了解在特定场景下，大客户管理是否适用。
3. 理解大客户的选择标准。
4. 领会大客户管理的任务和技巧。
5. 理解全球客户管理的特殊意义。
6. 熟悉与大客户建立关系的方法。
7. 识别大客户信息和计划系统的关键因素。
8. 识别大客户管理的关键成功因素。

　　人员销售的职能正在发生重要的转变。出于对集中购买趋势和维持销售团队运营的高成本的考虑，现在的企业开始逐步缩减销售部门的规模。另外，考虑到成本因素，现在的企业开始转向电话销售模式。然而，由于购买力呈现集中分布的趋势，针对大客户的销售以及专业化管理的重要性开始显现出来。现在的企业70％的销售额可能来源于少数一些客户。所以，这些客户应该得到特殊的照顾，损失任何一个客户都有可能对供应商的销售额和利润造成较大影响。除了购买力集中的趋势以外，维尔贝克和威克斯（Weilbaker and Weeks，1997）还注意到一些商业现象，他们的研究促进了大客户管理的发展。[1]这些现象是：只有少数采购商占据了供应商的大部分销售额，顾客对服务改善的需求给供应商带来的压力与日俱增，同一家公司的顾客地理分布非常广泛。这些现象促使一些供应商开始将大客户管理作为公司管理战略中的一个协同战略。

　　他们还注意到，购买者要求降低成本给公司带来的压力越来越大，而且要求改善沟通状况带来的压力更大，尤其是发展伙伴关系更是对公司提出了较高的要求。原先，公司一般会安排销售人员只对其业务管辖的地理范围内的客户负责，而当购买者要求更高质量的服务和更低的购买成本时，某些企业就开始任命一个单独的销售人员专门负责管理和开发一些客户。某些采购商看到了改善的服务质量和对大客户负责的态度，于是开始努力解除那些本应由它们的员工承担的责任，转为亲自负责。[2]此外，供应商似乎也能从中受益，洪堡、沃克曼和詹森（Homburg，Workman and Jensen）

2002 年的一项研究表明，对大客户管理的积极推进会导致供应商绩效的改善。[3]

本章将讨论什么是大客户管理、大客户管理的优缺点、影响大客户管理方向的因素、选择大客户的标准以及如何对大客户施展销售技巧。因为大客户管理的目标是发展长期关系，所以我们要首先了解如何建立客户关系，然后学习如何进行大客户计划和评估，最后讨论大客户管理的关键成功因素。

什么是大客户管理

大客户管理（key account management）是指供应商瞄准并满足潜力大的客户需求，在营销、管理、服务等各个方面采取特别的手段来满足他们综合性需求的战略。因此，这种管理包括公司重要客户的选择、亲密关系的建立和维持等一系列工作。[4]某个客户必须具有很大的销售潜力，才能被定位为大客户。大客户的第二个特点是采购行为的多样性，比如，那些分布在不同地域的客户通常有庞大的决策单元，每个单元包含很多不同的选择标准。公司中不同的职能部门和工作单位包含不同的决策单元。大客户的第三个特点是，它们最有可能是那些需要维持长期联盟关系和合作关系的客户。这种关系确立之后，购买方就可以获得很多收益，包括稳定的供应渠道、风险降低、高效解决问题、更好的沟通和高水平服务等。广泛分布在各个地理位置的客户也称作全国性客户。

大客户管理有三个特征。第一，大客户管理是指对一些重要客户提供的特殊待遇，并且其他顾客无法享有该种待遇，这种待遇包括价格、产品、服务、分销、信息共享等方面。[5]在形式上，这种待遇表现为特殊价格、产品定制化、提供特殊服务、服务定制化、协调的分销操作流程、信息共享和商业项目的联合开发、新产品等。[6]第二，对于大客户管理者来说，他们以服务一些大客户为职责。他们可能被安排在供应商总部、大客户所在地区的销售机构或者大客户的公司。[7]第三，大客户管理要求多个职能部门共同努力。除了销售以外，工程、营销、财务、信息技术、研发、物流等部门要通力协作。[8]这样的跨职能部门的联合销售团队的形式一般来说对提高企业组织的竞争力有很强的作用。一些知名公司就在采用这种形式，如拜耳、宝洁、施乐、ABB 和卡夫食品等。[9]

大客户管理要求卖方提供超出常规销售团队所能提供的特殊关注。大客户管理的一部分职责包括计划、发展与大客户公司内部各种人员的关系，动员公司内部的人员并利用人际关系帮助大客户，协调并激励公司销售团队快速响应大客户公司不同部门、人员和各个地区分公司的种种需求。[10]

根据海斯和理德（Hise and Reid）的观点[11]，一个成功的大客户管理需要具备六个重要条件：

- 把大客户管理纳入公司整体的销售工作；
- 高级管理层对大客户公司角色的理解、支持；
- 外部销售和服务小团队之间清晰、实用的信息沟通方式；
- 建立明确的目标和任务；
- 销售管理团队和各地销售团队之间的关系融洽；

● 对大客户身份清晰的定义和识别。

除了以上这些条件，理查兹和琼斯（Richards and Jones，2009）进一步提出了同大客户关系的效力取决于以下几个方面[12]：

● 战略协调性。这是指卖方公司和买方公司战略的匹配程度。一般来说，两个公司的联盟通常出现在买卖双方在战略目标（成长目标、市场份额目标等）上达成一致的情况下。例如，对于成长目标较一致的两个战略伙伴，它们在销售利润上的要求会相对宽松（容易采取薄利多销策略），以共同获取更大的市场份额。

● 组织协调性。这是指大客户对服务的要求与卖方公司的能力和职能的匹配程度。当组织协调性较高时，卖方更容易满足买方的需求。例如，在物流中，如果卖方的分销渠道能够覆盖买方的所有地域，并且这些地域分布并不集中，买方的需求相对于那些卖方必须靠一部分外包代销才能覆盖更多区域的情况更易被满足。

● 人际协调性。这是指卖方公司和买方公司人际关系的协调程度。人际关系的协调意味着公司之间建立深层次的联系有共同的基础。

表 9-1 给出了一些传统销售交易和大客户管理之间的主要区别。

表 9-1　传统销售交易和大客户管理之间的主要区别

	传统销售交易	大客户管理
总体目标	销售	首选供应商身份
销售技巧	提问、处理异议、销售结算	建立信任、提供优质服务
关系性质	短期、暂时	长期、更加密切的互动
销售人员目标	封闭式销售	关系管理
销售团队特质	每个客户 1~2 名销售人员	多职能多人销售团队

大客户管理的优缺点：对于供应商

大客户管理对于供应商来说有以下优点：

1. 与客户更加紧密的合作。销售人员知道决策者是谁、他们能做什么样的决策，以及在决策的过程中对销售决策有影响的相关人员。销售机构中的技术专员可以拜访买方的技术工程师，而销售人员可以拜访管理者、采购员和拥有购买决策权的财务人员。

2. 更好的销售跟进和服务。对大客户投入额外资源意味着有更多的时间跟进并提供服务。

3. 更深入的决策单元接触。有更多的时间与大客户建立联系。销售人员可以根据用户、决策者、购买决策影响者等方面拉动销售决策，而不是像传统的销售模式一样，面对艰难的销售任务推动销售进度。

4. 更高的销售额。大多数采用大客户管理模式的企业表示销售额有所提高。

5. 为销售人员提供了职业发展和晋升的机会。在销售团队的系统中，大客户管理一般处在顶层，这使希望晋升的销售人员看到了机会，而不是像传统销售模式那样受局限。

6. 更低的成本。通过更优化的生产和发货计划、更准确的需求预测，降低成本。

7. 合作。通过新产品和联合促销的共同研发来促进合作（如在快消品、零售部门）。

8. 系统整合。信息和通信技术（information communication technology，ICT）的相关整合会使供应商的接单、发货工作受益。

然而，伯内特（Burnett）指出[13]，大客户管理也有不足之处和潜在的风险，例如：

1. 当公司资源倾向少数的大客户时，供应商可能会面临过于依赖这些少数客户的风险。

2. 如果客户过分仰仗其大客户地位，公司的利润会有减少的风险。

3. 客户一旦了解到他们处于优势地位，就会不断提高对服务和关注度的要求。

4. 对大客户的过度关注会导致对一些小客户的忽略，其中包括那些有长期发展潜力的小客户。

5. 对大客户服务的团队管理要求可能会和团队中某些有自身职业发展需要的精英的行为方式相矛盾，因为赢得的大客户订单需要与他人共享。因此，在招募大客户销售团队时需要注意。

除此之外，我们应意识到并不是所有的大客户都想获得所谓的"大客户身份"。一些客户更喜欢销售交易模式，通过它们的采购专员权衡质量和价格，实现采购，并且依据它们的市场地位达成最优交易。很多供应商认为某些超市就在采用这种方式采购。[14]

大客户管理的优缺点：对于客户

客户从大客户管理中可得到以下收益[15]：

1. 改善的服务。大客户管理所提供的特别的关注会提高对客户的服务水平（和响应效率）。

2. 改善的沟通和协作。客户和供应商（大客户经理）之间有单线联系的渠道。在一些更复杂的场景中，客户了解供应商销售团队（包括财务人员、生产团队、工程人员、市场部人员等）的构成，因而更清楚出了问题应该直接找谁沟通。

3. 高信用。大客户在低价协商、信用条款方面的地位相对较高，避免了向供应商付出额外成本。

4. 避免了转换成本。客户和供应商的长期合作关系使客户避免了因更换供应商而支付转换成本。

5. 定制化产品。大客户关系可以让供应商提供完全定制化的产品或服务，满足客户的独特个性化需求。

6. 整合的系统。对于信息和通信技术（ICT）的相关整合，客户也能从中受益。

7. 与供应商在研发上的合作。这可以促进新产品开发、联合促销活动的进展，进而降低成本、提高效率。

当然，客户在大客户管理中也会面临一定的风险：

1. 对某个（某些）供应商过度依赖使客户可能要承担供应商遇到生产和发货困难所带来的风险。

2. 与某供应商的长期交易会导致该供应商的自满情绪，降低服务水平。

3. 与某供应商的长期交易也会导致客户的自满情绪，使客户错失与其他潜力更大、创新力度更大的公司的合作机会。

决定是否采用大客户管理

一个很重要的问题是，公司是否应该采用大客户管理。显然，大客户管理只是销售团队的一种组织形式（第 15 章讨论销售组织和薪酬时会提及其他组织形式），所以在选择时需要考虑与大客户管理相关的投入及额外的资源和成本是否合理。公司越符合以下情况，越需要考虑采用大客户管理[16]：

1. 少数顾客的销售贡献在供应商的销售额中占有很高的比例。

2. 客户非常看重差异化，导致供应商必须提供差异化的产品和服务。

3. 客户采购行为的多样性以及由此带来的决策单元和选择标准的多样性使得按照地域划分的销售组织结构行不通。

4. 需要在供应商和客户之间以及多个职能部门之间建立联系。

5. 选择少数的大客户以及生产和交货计划上的共同协商可以降低成本。

6. 供应商销售团队中存在不同销售人员向同一个客户销售不同产品或者提供不同问题解决方案的情况。

7. 与客户的深入交流和与客户建立的亲密关系引出了客户对个性化产品和服务的需求。

8. 客户可以将业务操作集中化。

9. 由于转向大客户管理，客户管理能力需要进一步提升。

10. 竞争强度较大。温格勒、埃雷和萨博（Wengler，Ehret and Saab，2006）的研究发现，竞争强度是影响公司是否采用大客户管理的关键因素。[17]

大客户的选择标准

一般情况下，将一些特殊的客户定义为"大客户"的标准建立在大宗售卖的基础上。如果一个组织从一个供应商处一次性购买了相当数量的产品，这个组织就会因为贡献了高额的利润而享有特殊待遇。供应商会自发提供额外的资源，因为这个客户的损失会显著地影响供应商的销售额和利润。

随着与大客户沟通经验的积累，在具体客户对于供应商的战略或长期重要性的基础上，用来甄选大客户的标准有所扩充[18]，主要表现在以下方面：

● 凭在现有市场中取得销售业绩和扩大市场份额的能力而具有成长前景的客户。

- 凭在小的或中等规模的扩张市场中占据主导地位而具有成长前景的客户。
- 愿意通过与供应商合作开发新产品而成为创新伙伴的客户，以及允许供应商在其生产过程中测试新产品的客户。
- 属于新产品早期使用者的帮助新产品在市场中扩散的客户。
- 能够提升供应商的形象和声誉、可以作为介绍人销售对象的具有较高声望的客户。
- 对企业至关重要的、企业已经决定挑战的原有竞争者所服务的客户。
- 对供应商的利润有较高贡献的客户。

大客户管理的任务和技巧

有研究表明，大客户管理首先要获得公司高层的全力支持，其次是找到合适的人选来管理和协调大客户。[19]并不是所有的销售人员都适合进行大客户管理，并且在大客户经理到任之前，需要对其进行态度方面的完整测试。其中，一些销售人员在高效的关系管理方面缺乏分析能力和计划能力。[20]要想挑选出最好的销售人员，就需要对大客户管理的任务和技巧有全面的了解。仅仅从公司的销售团队中选出精英处理大客户是不合适的，因为其工作性质可能完全不一样[21]，大客户经理要求有很强的管理能力（如领导力、协调力、大客户战略的执行力和沟通力等）。这是因为强势的大客户对供应商的期望非常高，标准也相应非常严苛。例如，它们希望大客户销售人员在解决问题的时候，担当助手的角色，或者成为能够提供相应专业范畴和产品应用知识的专家。[22]

沃特鲁巴和卡斯尔伯里（Wotruba and Castleberry）对大客户销售人员进行了调查研究，总结了完成大客户管理工作所需的各种技能。[23]表 9 - 2 列出了 10 种最为重要的技能。这些技能可以在招聘、甄选、评估大客户经理方面作为参考依据。公关无疑是十分重要的，这个话题我们稍后进行探讨。接下来，我们总结一些对大客户进行销售的特殊技能。

表 9 - 2　大客户销售的任务和技能

任务	技能
1. 发展长期关系	公关
2. 与大客户直接接触	协调
3. 维护大客户记录和背景资料	谈判
4. 判断销售机会和销售潜力	人际关系
5. 监控对大客户产生影响的竞争因素	关注特别目标
6. 向高层汇报结果	诊断客户问题
7. 监控大客户合同	演示技巧
8. 对大客户进行高水准的演示	产生知名度和名誉
9. 协调并向大客户提供服务	沟通
10. 协调服务大客户的公司各部门之间的沟通	团队精神

正如表 9 - 2 中所示，大客户管理者的一个重要职责是建立和保持与供应商和

顾客的融洽互惠关系。传统意义上的买方—卖方关系是通过供应商的销售人员和顾客的采购管理者之间的专有协议进行管理的，如图 9-1 所示。[24]这被称为"领结形关系"。大客户管理者需要更加复杂的方法，对应的关系表现为菱形，如图 9-2 所示。大客户管理者协调并鼓励多职能之间的相互影响，涉及双方组织中的营销、制造、研发、财务等相关职能。

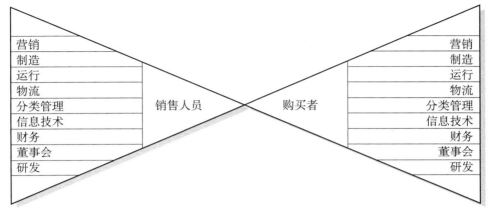

图 9-1 传统的（领结形）买卖双方关系：销售人员与购买者之间的沟通

资料来源：Adapted from Shipley，D. and Palmer，R.（1997）Selling to and managing key accounts，in Jobber，D.（1997）*The CIM Handbook of Selling and Sales Strategy*. Oxford：Butterworth-Heinemann，p. 95. Copyright © 1997，reprinted with permission from Elsevier.

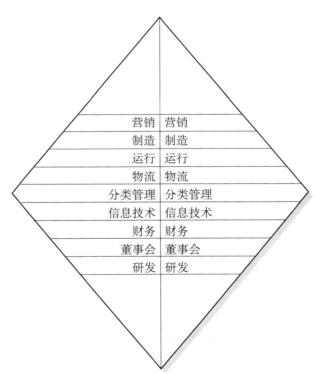

图 9-2 基于大客户的（菱形）关系：大客户管理者协调各个职能间的直接沟通

资料来源：Adapted from Shipley，D. and Palmer，R.（1997）Selling to and managing key accounts，in Jobber，D.（1997）*The CIM Handbook of Selling and Sales Strategy*. Oxford：Butterworth-Heinemann，p. 95. Copyright © 1997，reprinted with permission from Elsevier.

　　由于这种现象的出现，大客户管理者必须具备相应的技巧和能力，以鼓励他们自己公司的专业人员与客户公司中的相应人员协作。大多数大客户管理者的问题在于，他们的其他部门同事可能没有意识到这种需要，或者认为他们没有时间与客户公司的相应人员见面。他们认为这些工作是营销部门和销售部门的工作，拒绝和客户公司的人员打交道。所以，大客户管理者需要具备相当强大的说服能力、内部威望、高层管理者给予的权威等，使营销和销售部门之外的同事信服，并且让这些同事接受客户接触也是他们工作内容的一部分这样一个事实。专业人员本身需要经过培训，以有效地与客户组织中的专业管理者进行沟通。这种用高水准服务提升客户的优先级，然后使多职能团队为客户组织中的各种决策者和意见领袖提供相应的更为复杂的解决方案的整个过程称为策略性销售。供应商需要建立一些为客户提供资源的准则，如成长性目标、客户总量、利润总额等。作为策略性销售的一部分，客户和供应商建立起了合作伙伴关系，共同实现发展，包括新产品开发、信息共享、共享培训课程等。

大客户管理关系发展模型

　　大客户的发展和管理可以理解为供应商和客户之间的一个过程。大客户管理的**关系发展模型**（relational development model）展现了一种基于客户关系性质（交易式或合作式）、客户参与程度（简单的或复杂的）的买方—卖方关系的发展过程。这种过程体现了米尔曼和威尔逊（Millman and Wilson）[25]所提出的六个步骤中的五个：前期大客户管理、早期大客户管理、中期大客户管理、伙伴型大客户管理、协同型大客户管理（见图 9 - 3）。另一个步骤（分离型大客户管理）则代表了关系发展过程中的关系终止或破裂。

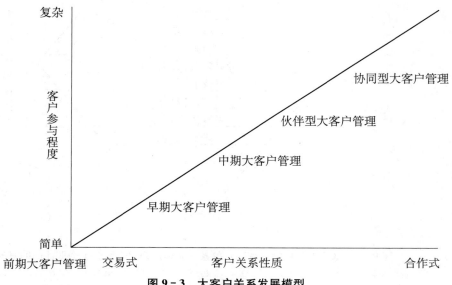

图 9 - 3　大客户关系发展模型

前期大客户管理

前期大客户管理指的是对大客户管理的准备或者筹划。主要任务是识别出有发展成大客户潜力的客户，避免在没有潜力的客户身上浪费过多的投入。这个阶段的销售策略包括在提供产品和服务的同时收集客户的相关信息，以评估客户的发展潜力。当某些客户非常有潜力但难以争取到的时候，就需要足够的耐心和毅力。这种客户的获得往往是因为其原先的供应商犯了一些错误，如拒绝了一些利润率低的订单或者没有及时进行设备维修。

早期大客户管理

早期大客户管理需要从客户的动机、企业文化和关心的问题方面入手，发掘可以加强合作的机会。供应商需要让客户明确成为大客户的收益，了解客户的决策单元和决策过程以及在客户价值增值过程中遇到的问题，向客户提供能够符合其需要的产品和服务。销售活动的一个目标就是在不懈努力和坦诚交流的基础上建立双方的信任。

大多数交流是通过一名销售人员（大客户经理）和购买机构中的一位对接人来实现的。这样的关系其实不牢固，尤其是在这个销售人员只是客户所在公司众多备选供应商中的一个的时候。客户会关注供应商的表现，对其能力进行评估，第一时间获知可能出现的问题。因此，大客户经理需要创造一种更具吸引力的条件，建立信任，加强人际关系。

中期大客户管理

到了这个阶段，信任关系已经确立，供应商已经成为少数产品供应来源中的一个。双方相互接触的频率和范围不断提高和扩大。这里可能包括一些组织为加深合作关系而进行的社交活动。

在客户评价供应商的过程中，出于重要性或资源分配等原因，往往会出现高层管理者介入等情形。由于客户不具有排他性，所以需要保持对竞争对手活动的实时监控。

伙伴型大客户管理

在这个阶段，购买机构认为供应商是重要的战略资源，双方的信任已达到可以共享敏感信息的程度。此时，双方的活动转向共同解决问题、合作研发产品、对对方公司的职员进行培训。例如，菲亚特汽车公司（Fiat）和技术导向型汽车零配件公司博世（Bosch）合作研发制动系统，开展联合员工培训项目，甚至共同参与研讨会。[26]

购买机构在这个阶段几乎完全从一个供应商处采购相关产品，并以一个至少三年期的合作合同加以保证。合作的状态是受监控的，两个公司之间的沟通更加广泛。购买方期望供应持续可靠，服务优秀，产品质量顶尖。大客户经理的主要任务是继续加强双方的高度信任，以避免其他竞争对手的介入。

协同型大客户管理

协同型大客户管理是关系发展模型的最终阶段。供应商和客户不再是两个独立的组织，而成为共同体。高级管理层会定期召开联合董事会，进行联合商务规划、研发和市场研究。由于成本信息变得透明，并且不必要的成本已经被消除，所以双方相互促进。例如，一家物流公司与一个零售商大客户随时有六个跨公司联合团队共同开展相关工作。[27]

分离型大客户管理

此时，交易和互动都已经停止，需要了解停止的原因以避免再次发生。分离的大多数情况涉及关键人员的变动和关系问题，而不是价格冲突。最容易发生分离的时期是早期大客户管理阶段，因为单点接触在早期大客户管理阶段占主要地位。比如，大客户经理离职，取而代之的是一些客户认为工作能力欠佳或者性格不合的人，这会导致关系破裂。

分离的第二个可能原因是相互之间的信任被破坏。例如，没有按时交货，没有按时进行产品改进、设备维修，这些都会削弱或者终止大客户关系。处理这种问题的关键是减少意外的影响。供应商出现问题时应当让购买方第一时间知道问题，用一种人性化的方式和购买方针对问题进行交流。

公司也会因相互忽略而使关系破裂。长期的合作关系会滋生自满情绪，客户会觉得它们应该享受到高等待遇。当然，也存在文化差异因素，如客户看重价格，但是供应商看重产品的生命周期成本。官僚式管理风格和创业型管理风格的管理理念差异也会带来问题。

产品和服务的质量也会带来问题。任何自身的不良表现或者竞争对手更好的表现都有可能让关系产生裂痕。成熟的供应商应该建立"壁垒"，不断提高产品和服务的质量，针对客户的问题给出快速、专业的反应。

并不是所有的关系分离都是由客户造成的，大客户会由于其在市场中份额的下降或者出现财务问题而失去吸引力，这也是双方关系终止的原因。

全球客户管理

全球客户管理（global account management，GAM）是与全球范围内具有战略意义的客户进行协调，发展长期关系的过程。[28]这种业务之所以产生，当然是因为供应商需要对一些有战略意义的客户进行专门的管理。随着业务全球化的发展，许多跨国公司的全球客户管理成为重要的任务之一。

全球的大客户一般是跨国的大客户，一般要求产品和服务的供应具有有序性、持续性。[29]跨国大客户的采购通常以合作、集中的形式进行，并且致力于寻找能够在全球范围内持续高效供货的供应商。[30]相应地，供应商正在发展和实施全球化管理，并培养跨国公司的客户经理，使他们按照全球化标准管理大客户关系。表面上看，全球客户管理是大客户管理的一种延伸，但是仍然有一些根本的差异使得全球客户管理在本质上更为复杂[31]：

- 跨文化问题（如人、系统、流程的问题）；
- 分散于全球各地的跨文化团队的管理；
- 对营销和销售部门中本土业务和全球化业务之间的差异造成的冲突的处理应对；
- 管理全球物流；
- 全球通信管理；
- 全球客户经理的地理坐标。

这种复杂性对全球客户经理提出了很高的要求。研究表明，胜任该项职位的人需要具备一系列的技能和角色扮演能力。[32]这些技能在表9-3中进行了展示。之所以需要具备这些技能，是因为全球客户经理需要在两个组织中扮演跨越边界的协调性角色。首先，他们跨越了国际和国内客户管理的内部边界，这通常是总部或子公司关系的一个方面。其次，他们跨越了供应商和全球范围内各地客户的外部边界。敏感的商业问题和政策问题处理也是全球客户管理的一部分，所以威尔逊和米尔曼（Wilson and Millman）认为全球客户经理扮演着政治企业家的角色。[33]

表9-3 全球客户经理需要具备的技能和扮演的角色

角色	技能
<ul><li>全球客户战略家</li><li>客户集中和分散需求的协调人</li><li>全球客户团队经理/领导</li><li>信息中介</li><li>关系建立者</li><li>协调人</li><li>"顾客的声音"（顾客利益提倡者）</li><li>企业的"文化宣传者"</li><li>行业和市场专家</li><li>产品和服务方面的专家</li></ul>	<ul><li>交流技巧</li><li>全球小组领导能力和管理能力</li><li>商业和财务敏感度</li><li>关系管理能力</li><li>战略眼光和计划能力</li><li>解决问题的能力</li><li>文化适应能力</li><li>销售能力（内部、外部）</li></ul>

资料来源：Based on Millman，T.（1999）From national account management to global account management in business-to-business markets，*Fachzeitschrift für Marketing THEXIS*，16（4）：2-9；Millman，T. and Wilson，K.（1999）Developing global account management competencies，*Proceedings of the 15th Annual IMP Conference*，University College Dublin，September.

从组织层面来看，一名高级全球客户经理（有时也叫全球客户主管、全球关系主管或者全球客户团队经理）通常管理一个客户经理团队。虽然没有一种对全球客户管理进行组织的通用形式，但是在组织结构的设计、组织系统的设计上有一些原则可作为重要的参考依据。[34]

高层主管的参与可以为项目的进展提供政治上的保障。高级全球经理需要专注于外部的全球关系，避免受到当地状况的阻碍，而国内或者当地客户的相关事宜由本地的客户经理处理。

全球客户经理要有管理全球团队和分配资源的能力，需要在公司中处于足够高的权力地位来施展这种能力。理想情况下，全球客户经理的工作场所应该邻近客户总部，并且得到当地客户经理的支持。本地其他员工和公司的专家应提供进一步的支持。[35]

与大客户建立关系

对于与客户**建立关系**（relationship building）的相关问题，我们将在第10章讨论。下面具体讨论供应商建立大客户关系的五种途径。

个人信任

其目的在于建立信任，使客户放心。

方法：

- 保证和承诺一定要兑现；
- 对异议、询问和抱怨一定要及时回应；
- 与大客户保持高频率联系（但不要过分打扰客户）；
- 安排对厂房/工地的参观访问；
- 与客户一起参加社交活动；
- 对可能出现的问题进行预警。

技术支持

其目的在于为客户提供知识，以提高客户的生产率。

方法：

- 合作研发；
- 售前和售后服务；
- 提供培训；
- 双重推销（供应商帮助大客户进行销售）。

资源支持

其目的在于降低大客户的财务负担。

方法：

- 提供信用透支；
- 提供低息贷款；
- 联合促销以降低成本；
- 进行对销贸易（可以用货物或服务支付而不必以现金结算）。

服务水平

其目的在于提高服务质量和服务水平。

方法：

- 可靠的货物交付；
- 快速/即时交货；

- 安装计算机记录系统；
- 快速准确的报价；
- 减少错误（一次成功）。

降低风险

其目的在于降低客户心中对供应商提供的产品和服务的不确定性。

方法：

- 免费展销；
- 免费/低成本试用期；
- 产品保证；
- 交货保证；
- 预防性的合约维护；
- 主动的售后跟进；
- 介绍人销售。

供应商应该运用上述方法权衡每种方法的成本和收益，与大客户建立强有力的关系。供应商需要将采用每种方法给大客户创造的价值与提供这些服务的成本（包括执行时间和管理时间）进行对比，再做出选择。

管理客户关系需要每天与客户会面。表 9-4 给出了一些大客户管理应该做的和不应该做的事情。

表 9-4　处理与大客户的关系

应该做的事情

应该与客户一起制定一套可行方案

应该理解大客户的决策过程

- 重要选择标准
- 决策单元的角色
- 决策的过程

应该同意交流一切可以交流的内容

应该快速解决问题

应该确保一切协议都有纸质记录

应该进行内部交流以解决问题

应该像对待专家一样对待客户，鼓励他们提供信息

应该从客户的角度考虑问题

应该提问题：知识就是力量

不应该做的事情

不应该因为小事破坏双方的关系

不应该期望能得到每一样东西，有时候退一步海阔天空

不应该泄露其他客户的秘密

不应该认为谈判是一个零和博弈，尝试创造一种双赢局面

当外部环境需要时，不应该害怕说"不"

不应该欺骗，如果不知道就直接说不知道

大客户信息和计划系统

大客户的重要性要求供应商收集和存储每个客户的信息，以及管理每个客户所需的目标、战略和控制系统。这可以通过**大客户信息和计划系统**（key account information and planning system）实现。这个计划系统具有一致性、监控的灵活性、资源分配和竞争优势等优点。

一致性

大客户计划提供了大客户管理决策和行动的重点，可以更好地统一和协调大客户经理。

监控的灵活性

大客户计划要求大客户经理实时洞悉各种环境变化给客户带来的影响，并且采取相应的应对行动，迎接新的挑战。

资源分配

大客户计划包含资源分配的基础问题。以下问题需要得到解决：客户需要更多的、相同的还是更少的资源？应该怎样分配这些资源？怎样在客户之间分配资源？

竞争优势

大客户计划推动了改善客户服务方式、建立竞争壁垒的相关探索研究。计划系统的基础在于建立在收集、存储、分析关键客户数据信息系统基础上的客户"审计"。表9-5列出了组成这种系统需要的各种数据。硬性数据记录了客户提供的产品、所服务的市场、销售额、收入和利润等各种事实和数字。这些数据提供了客户的基础背景信息。

特殊硬性数据主要涉及供应商和客户之间的交易业务，如供应商的销售额、产品利润、供应商和竞争对手的价格体系、竞争对手的产品、市场份额和收入、销售折扣和合同到期日等。绝对值水平、趋势变化和目标变化都会被记录。

软性数据主要是对硬性数据的补充，提供对客户定性行为的评估（有时会更主观）。软性数据的一个关键点是要求保留客户的行为数据，如客户的姓名、地理位置、在决策单元中扮演的角色、选择标准/预期/态度以及采购过程。需要评估发展中的客户关系，然后发现其中的问题、机会和潜在威胁。对于供应商和竞争对手的优势和劣势，都要从绝对和相对两个方面进行分析。最后，还要监控外部变化（如市场萎缩、技术进步、潜在的竞争对手），因为外部环境的变化可能影响与客户的未来交易。

表 9 - 5　大客户的信息系统

	数据的种类	
	硬性数据	软性数据
一般数据	● 地址、电话、传真、邮箱 ● 客户产品和市场份额（规模和增长率） ● 销售额和收入 ● 利润 ● 运营资本 ● 运营比率（如资本回报率、利润率）	● 决策单元的成员 ● 选择标准 ● 预期和态度 ● 采购过程 ● 客户关系评估 ● 问题和威胁 ● 机遇
特殊数据	● 供应商对客户的产品销售额 ● 供应商的价格体系和盈利能力 ● 折扣和宽限期细节 ● 竞争者的产品、价格体系和销售额 ● 合同到期日	● 供应商的优势和劣势 ● 竞争对手的优势和劣势 ● 可能影响客户现在和未来的环境变化

　　客户审计的结果可以总结为包含优势、劣势、机会、威胁的 SWOT 分析（见图 9-4）。对于供应商内部的优势和劣势，可以和与客户相关的机会和威胁进行关联分析。SWOT 分析为决策制定提供了一个实用的思维框架，能促进大客户管理的效率。比如，针对优势和威胁，可以制定一些扩大内部优势、减少威胁造成的损失的一系列行为计划。

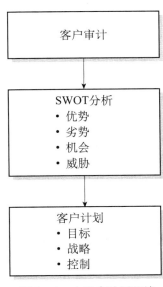

图 9 - 4　大客户计划系统

　　大客户计划包含目标、战略和控制程序。

目标

　　大客户计划需要制定在计划期内的明确目标。在计划期内，需要以销售额和产品利润等形式对每个客户制定目标。价格目标会列出计划期间目标客户的价格变化。当有一个以上的供应商向客户提供产品的时候，可能会制定出业务份额目标。比如，SWOT 分析可能会发现一个竞争对手提供的服务出现问题，从而认定这是一个机遇。这会促使供应商制定的市场份额目标由 40%提高到 55%。

　　销售周期较长是许多大客户销售的特征。因此，当大客户计划的时间相对较短时，采用明确的获得客户认可的目标可能相对于实现销售额提升的目标更加现实可行。这些目标应当以客户反应而不是供应商行动为标准来制定。比如，说服客户到访供应商的公司、答应参加一次产品展销或者对供应商的新产品进行进一步的试用才是更加实际的目标。

战略

　　战略是实现目标的方法。例如，为了说服客户访问供应商的公司，需要了解应该针对客户决策单元中的哪些人、大客户管理团队中的哪些人负责这件事情，需要采取什么样的行动对客户进行游说，以及活动的截止时间。显然，计划不可能包含所有的细节，但是如果没有一个框架的话，所有的行动都无法协调，甚至任务都会被忽略，所以仍然需要一个总体的计划框架。

控制

　　大客户计划控制系统检查目标完成进度，并采取相应的改进措施。通过电脑软件对销售额和利润率进行的分析能将实际情况与计划进行对比。同时，可能还需要召开总结会，从定性、定量两个方面对业务的实际与预期进行对比分析。召开总结会要定期，并且范围要足够大，通过商议确定。会议的日程要及时确定，以便收集、分析、提交与讨论与议题相关的信息。

　　一个重要的问题是如何确定大客户带来的利润率。公司要对花在大客户身上的成本和公司获得的收入进行比较。公司成本可以分解为以下几个方面：

　　1. 销售人员费用。这包括所有为客户服务的人员的总体成本，比如，大客户经理、大客户高级主管人员和所有相关的一线销售团队的活动。例如，对于一个连锁零售客户，大客户经理会与一线销售队伍达成一致，并提供一定的支持（如每周到店两次）。这些访问费用会计入销售人员费用。

　　2. 支持人员费用。在技术性强的销售环境（如电信或者信息技术环境）中，需要系统工程师等进行投标前期分析和计划的人员，以及一些专业维护人员。

　　3. 其他销售和营销费用。这可能涉及客户特定的促销活动、特殊的包装和支付条件（如折扣）等。特殊的分销渠道安排，如通过单个商店而不是中央仓库分销，也会计入客户成本。

　　以上是公司分解其客户成本的例子，但是企业还应该根据自身的要求、外部环境的具体情况自行选择最适合的分类标准。通过对成本的分类，可以比较实际成本和预算，发现那些需要特别关注的地方。

大客户管理的关键成功因素

　　阿布拉特和凯利（Abratt and Kelly，1992）的一项研究[36]调查了供应商和大客户对大客户管理成功因素的认知情况。他们确定了六个重要问题，这个发现能够对建立强大的可持续大客户关系有所帮助（见表 9-6）。

表 9-6　大客户管理的关键成功因素

1. 大客户经理的称职程度
2. 对大客户经营情况的全面深入的了解
3. 对合作关系的承诺
4. 传递价值
5. 信任
6. 正确理解和执行大客户管理理念

资料来源：Reprinted from Abratt，R. and Kelly，P. M. （2002）Customer-supplier partnerships：perceptions of a successful key account management program，*Industrial Marketing Management*，31：467 − 76. Copyright © 2002 with permission from Elsevier.

与大客户经理是否称职相关的重要成功因素包括管理者的人品、人际关系能力、个性特点、综合素质以及与大客户的文化产生共鸣的能力。对大客户经营情况的全面深入的了解被确定为第二个关键因素，因为对客户深入了解的目的是预测他们的需求。第三个因素是对合作关系的承诺。这包括给予足够的时间和资源来建立关系以及适当地对大客户经理进行培训。供应商也应该建立一个有效的系统，评估大客户计划的核心竞争力，并且利用这个系统为客户传递最大化的价值。为了达到这个目的，供应商需要一个有效的办法来了解大客户的需求。多职能项目团队的建立有助于双方对每一方应该贡献的价值的认知。

还有一个关键因素是信任，供应商将信任看成伙伴间机密信息的共享，而大客户则将信任看成协议双方对协议的遵守。正确理解和执行大客户管理理念被认为是最后一个关键因素。这不仅要求大客户管理者，而且要求其他领域的人员都要对该计划有全面深入的了解。运营、物流、采购和营销这类职能人员都需要了解大客户管理计划的缘由和意义。除此之外，需要对大客户进行关于大客户管理计划的培训，尤其是大客户一定要了解供应商通过制定大客户管理计划期望达成什么样的目标。

小　结

在本章中，我们分析了管理大客户以及向大客户销售的重要任务，在低成本和特定的销售环境下，销售技巧往往是不同的。同时，我们还讨论了一些大客户销售所需的一些特殊的技能和方法。

管理大客户的关键问题在于管理与客户长期合作中形成的关系。我们在本章中讨论了与个人信任、技术支持、资源支持、服务水平、降低风险相关的一些方法。此外，本章还讨论了关于大客户系统的适用性、建立大客户信息和计划系统的一些方法。

 案例练习

Cloverleaf 公司

Cloverleaf 公司来自英国，是一家生产 装瓶机械的供应商，供需要装瓶、运输瓶罐的生产线使用。两年前，Cloverleaf 公司开始瞄准海外的目标市场并成立了海外销售部，范围覆盖德国、法国、比荷卢经济联盟国家等。公司预计在这些地区设立 1 000 多个拥有装瓶机械设备的组织，所以这些地区的销售是有可行性保障的。令人失望的是，这些组织中只有 3 个组织售卖装瓶机械。但只要产品质量过关且相对于竞争对手有一定的优势，产品市场的预期和潜力就比这个数字大很多。

Cloverleaf 公司的技术创新意味着在装瓶准确率相同的基准上，相对于邻近的竞争对手而言，Cloverleaf 公司的机械装瓶速度要高出 10%。竞争对手产品的一个关键问题是产品的可靠性欠佳。生产线的故障对装瓶的影响非常大。Cloverleaf 公司总部的工程师和测试团队在产品研发中已经证明并展示了该公司产品在市场上的可靠性是较高的。

Cloverleaf 公司的营销策略是将公司产品定位于高质量、高价的高端产品。其确信，针对竞争对手 100 万英镑的标准产品线定价的情况来说，公司产品的表现是值得使其定价相对于竞争对手有 10% 的溢价。公司要求销售人员和客户接触时特别强调其产品可靠和快速装瓶的特点。公司的销售团队在德国、法国、比荷卢经济联盟国家各由一个销售经理和三个销售人员组成。当销售需要专业技术支持的时候，销售人员就和销售总部联系，请求安排技术专家给予支持。

一般来说，装瓶机械的购买组织中包括四类人员，分别是产品经理、产品工程师、采购经理和要价比例最高（一般超过 50 万英镑）的技术总监。产品经理一般关心的是生产线的有序性和成本方面。产品工程师一般关心新设备产品规格的制定，在大公司中，产品工程师还关心产品的最高规格。采购经理的权力一般比较大，主要关心购买过程中的财务问题。关心技术问题的技术总监也关心最高规格产品的技术水平和产品的科技知名度。

约翰·古德曼（John Goodman）是法国地区的销售总监。在巴黎的销售总部办公室里，他接到了勒布朗克博士（Dr Lebanc）的电话。勒布朗克博士是一名技术总监，来自法国马赛的生产软饮料的 Commercial SA 公司（以下简称 "CSA 公司"）。这家公司的技术创新水平和声望比较好。古德曼与勒布朗克博士约定 3 月 7 日会面，古德曼十分期待对 CSA 公司的首次访问。下面的摘录节选自古德曼的销售日记。

3 月 7 日

我与勒布朗克博士进行了电话联系。勒布朗克博士曾经告诉我 CSA 公司出于扩张的需要，打算购买一条新的瓶装生产线，询问我们能够提供的具体服务。我向他描述了我们的系统，向他展示了我们的销售说明书。他告诉我，我们的三个竞争对手已经和他讨论了它们的生产设备系统。当我要离开时，他建议我去找他们公司的产品工程师阿尔图瓦（M. Artois）确认产品技术规格指标的相关问题。

3 月 8 日

今天拜访了产品工程师阿尔图瓦，他向我展示了他所起草的产品规格具体说明。当我看到这个说明的时候，我非常欣慰，因为我们的产品规格明显超过了他的预期。令人担心的是，我们的产品规格和我们的一个竞争对手 Hofstead Gm 公司的产品规格非常接近，甚至几乎一样。我向阿尔图瓦展示了我们的一些技术手册说明书，但他好像不是很感兴趣。

3 月 11 日

今天拜访了勒布朗克博士，看起来他好像很愿意见我。他让我给出三个购买我们公司产品的理由。我告诉他，我们的系统在技术上比竞争对手更加先进，可靠性更高，装瓶速度更快。他问我是否能够确定我们公司在技术上是最领先的。我告诉他，这是毋庸置疑的。他建议我联系采购经理伯纳德（M. Bernaro），我于是跟伯纳德约定两天后见面。

3 月 13 日

今天与 CSA 公司的采购经理伯纳德进行了会面。我跟他讨论了我们公司产品的技术问题。他询问我们公司的产品价格，我说下次再告诉他。

3 月 15 日

今天拜访了勒布朗克博士，他说一个月之内会做出是否购买的决定。我重申了我们的产品优势，他也问了我价格，我说会尽快给他一个价格以供参考。

3 月 20 日

今天与伯纳德见面，我告诉他我们的价格是 110 万英镑。他说，一个重要竞争对手报出的价格不到 100 万英镑。我告诉他产品的可靠性和装瓶速度是我们产品溢价的依据，他还是不以为然。

3 月 21 日

今天和迈克·布尔（Mike Bull）开会，他是我的销售经理，我们一起讨论销售策略。我告诉他，我遇到了问题。他说，所有的采购经理都倾向于降低成本。然后，他建议我降价 5 万英镑，以迎合伯纳德的需求。

3 月 25 日

告诉伯纳德我们的最新报价。他说，他还是无法理解我们为什么在定价上和竞争对手不一致。我又重申了我们产品的技术领先特点，强调我们产品的可靠性高，以及比竞争对手产品的装瓶速度快 10%，并且已经通过了研发部的测试和检验。

3 月 30 日

与勒布朗克博士见面。他说他们会在 4 月 13 日开会并做出购买决定，但是伯纳德还是认为我们 105 万英镑的报价太高。

4 月 4 日

与迈克·布尔召开紧急会议，讨论当下的情况。我告诉他，勒布朗克博士担心伯纳德认为报价太高。布尔说 100 万英镑是我们能够接受的最低价格。

4 月 5 日

告诉伯纳德我们的最终报价。他告诉我他们一旦做出购买决策，就会马上告诉我。他强调购买决策不是他一个人说了算，其他人也会参与决策。

4 月 16 日

我们收到一封伯纳德的信件，他告诉我们，他们向我们的竞争对手 Hofstead Gm 公司下了订单。他对我们之前所做的一切工作表示感谢。

问题讨论

分析 Cloverleaf 公司交易失败的原因，讨论从大客户管理中学到的内容。

思考题

1. 讨论高端产品销售和低端产品销售的区别。

2. 对于大客户经理来说关键的技能是什么？

3. 什么是全球客户经理？他们需要哪些技能？这些技能和大客户经理所需技能的区别是什么？

4. 从销售与销售管理发展的角度，讨论大客户管理过程中需要注意什么问题。

5. 客户关系管理和大客户管理是销售过程中的两个独立的过程。讨论这二者的关联点。

第10章 关系销售

学习目标

学习本章后，你应该可以：

1. 回顾早期的质量实践者的思想。
2. 认识到质量是整个企业的一部分，而不仅仅是生产部门要考虑的事情。
3. 理解自由贸易是如何促使企业在客户和供应商关系方面接受质量要求的。
4. 理解即时制给销售带来的影响。
5. 理解逆向营销的概念，以及它所带来的一线销售人员角色的转变。
6. 理解源于逆向营销，作为战术营销和销售关键的关系销售的理念。
7. 理解关系销售如何从长远的角度给销售和销售管理带来变化。

从全面质量管理到客户关怀

买方的继续推进是否意味着关系的结束？

关系营销在现代销售管理中扮演着重要的角色。很多公司认识到依靠关系进行销售比传统的销售模式更有利。不过，许多市场是非常脆弱的，或者市场中的产品有很长的生命周期，这给关系营销增加了难度。这个观点是由彼得·德鲁克（Peter Drucker）在1954年首次提出的：[1]

> 商业唯一合理的定义是：创造顾客。顾客决定商业的特征，因此，所有的商业都有两个基本职能：
> - 市场营销（顾客导向）；
> - 创新。

顾客在营销中的重要性一直都是不言而喻的。古梅松（Gummesson）在他的经典著作[2]中提出，"以顾客为中心"不仅"使公司管理层将服务顾客作为首要任务"，并且"使其明确'认识和了解顾客'对实现顾客导向是非常关键的"。

另一个工程管理领域的管理学家爱德华兹·戴明（W. Edwards Deming），因为指导福特汽车公司从仅仅在生产过程中重视质量管理转向重视全面质量管理（包括销售层面的全面质量管理）而闻名。亨利·福特（Henry Ford）属于明显的产品导向型风格，其名言是"你可以喜欢任何颜色，但我们只提供黑色的车"，而戴明在对日本生产方式研究成果的基础上，提出了关于质量的一整套成熟的理论。他的理论包含 14 个要点，被公认为现代质量学的权威理论。他的理论改变了生产性企业的运作，这从 20 世纪 70 年代末 80 年代初兴起的"质量环"理论和以改进质量为目标的自我激励工作协会中可以看出来。

这种战术现在已经被更成熟、更具战略可操作性的**全面质量管理**（total quality management，TQM）理论所取代。对于全面质量管理理论，不仅在制造业领域，各种组织和市场中也有学者有成功的实践和研究，如奥马多努（Omachonu）等。[3]为了与全面质量管理相对应，1985 年，通用汽车宣布成立土星公司，称其为"作为国内供应商的通用汽车公司长期竞争力、生存和成功的关键"。这个新公司的使命不仅仅是销售"在美国研发生产的小型车"，而且是成为高质量、低成本和用户满意的世界领导者。事实上，土星公司确实是通用汽车公司的一个雄心勃勃的项目。这个定位受到了进口汽车的威胁，特别是在小型车市场上。另外，土星公司成立的时候，社会普遍认为美国公司不能制造出世界一流汽车，受此影响，通用汽车公司曾几次放弃研发小型车。但四年后，土星公司真正成为美国市场上最强大的品牌。这个品牌还曾与福特汽车公司 20 世纪 60 年代的 Mustang、70 年代的 Pinto、80 年代的 Taurus 相媲美。

毫无疑问，全面质量管理的概念已经广泛应用于品牌的建立和市场营销活动当中，正如坎普（Kemp）[4]和霍伊尔（Hoyle）[5]表述的那样，全面质量管理的本质其实很好理解，并且在各种组织中被广泛采用。然而，特格尔（Taeger）[6]指出，早期的质量观点所能提供的实践指导仍然局限于生产而不是企业的销售领域，因为戴明提出的想法其实源自对生产流程的哲学思考。特格尔进一步指出，衡量销售管理的难点在于，即使度过了最初的阶段，仍然难以得知销售工作积极性的提高是否归因于全面质量管理的引入。正如阿克提出的[7]，即使在土星公司的案例中，也不能用定量的方式衡量每个因素对销售业绩的贡献比重。

除了质量管理理念中的一些负面观点之外，从 20 世纪 80 年代起，许多大公司认识到从以生产、成本为导向转变为通过与客户接触来提供服务才是成功的关键。这种转变的核心涉及客户关系的形成。由于战略角度由地域化思维转为全球化思维，销售模式也相应地从"交易型"向"关系型"转变。

这种商业环境变化的观点得到了学术界两位学者格罗鲁斯（Grönroos）[8]和古梅松[9]创立的斯堪的纳维亚学派的支持。这个学派的学者认为，营销组合理论在现代商业环境中已经不够用了。格罗鲁斯认为，传统的营销组合理论方法已经不适应现代的营销理念（满足顾客需求）。他的观点以 4P 理论为基础，形成了一种以生产为导向的营销理念，并依赖大规模营销。古梅松则认为营销组合理论以供应商为导向，而不以客户为导向。因此，古梅松没有考虑到客户投诉、开具发票、设计生产等问题的处理。另外，他还认为 4P 理论仅限于企业职能，而不是整体管理流程的一部分。

社会普遍认为这种导向的变化基于以下事实：尽管顾客导向是主流，但是关系营销是贯穿整个组织机构的。营销的概念更多的是采用了一种战略维度，使生产部门、财务部门、人力部门等朝竞争战略所要求的发展方向整合，营销的具体方向因而涉及成本领先、产品差异化等方面。佩恩和弗洛（Payne and Frow）[10] 以及格罗鲁斯[11] 综合前人的观点，区分了传统型或者交易型营销的特点、在此基础上建立的商业模式以及采用关系营销环境中的相关因素。表 10-1 和表 10-2 列出了这些差异。

表 10-1　交易型营销与关系营销的比较

（克里斯托弗等 Christopher et al.，1991[12]）

交易型营销	关系营销
● 仅仅聚焦于销售	● 聚焦于客户保留
● 以产品特征为导向	● 以产品功能为导向
● 更短的销售周期	● 较长的销售周期
● 很少关注客户服务	● 丰富的客户服务
● 有限的客户忠诚	● 高客户忠诚度
● 适度的客户联系	● 频繁的客户联系
● 质量是生产的首要关注点	● 质量是所有环节的关注点

表 10-2　格罗鲁斯提出的营销战略综合体

战略综合体	交易	关系
销售时长	聚焦短期销售	聚焦长期销售
主要营销职能	营销组合	交互式营销（营销组合活动提供支持）
价格弹性	客户对产品价格更为敏感	客户对产品价格不敏感
主要质量维度	产品质量（技术质量层面）占主导	职能部门之间的交流合作（职能协作质量层面）占主导
客户满意的测量	监控市场份额（间接方法）	监控客户数据库（直接方法）
客户信息系统	专门的消费者满意度调查	实时的顾客反馈系统
营销、组织、个人之间的依赖性	相互之间的合作和交流很少，甚至没有	相互之间的合作和交流非常频繁
内部营销的角色	内部营销对业绩的影响很小，甚至没有	内部营销对业绩的影响很大
产品综合体	包装消费品➤◄耐用消费品➤◄工业产品➤◄服务	

由于世界政治格局与环境的发展鼓励贸易朝自由化的方向发展，建立在短期、以销售为导向基础上的市场领导者难以保持其领导地位。哈伍德（Harwood）[13] 提出，企业如果想要在众多竞争者中寻找新的突破口以建立竞争优势，就必须致力于建立并维持与客户的长期稳定的关系。

随着竞争的加剧，企业不仅越来越关注风格、包装、商标、质量和价格（传统营销组合的主要关注点）等方面的"实际产品"上，也开始从更全面的角度，关注"扩展的产品"。相应地，企业需要向客户提供一系列的支持，如销售支持、质量保证、售后服务和消费尝试等新的营销模式。

斯托克、埃文斯和舒尔曼（Stalk，Evans and Schulman）[14] 以本田摩托车为例，说明了本田在摩托车市场上的成功源于本田公司管理经销商的独特能力，这和传统的摩托车生产厂商与经销商的关系是有区别的。本田向经销商提供操作手册、销售手册以及推销方案、场馆摆设方案、服务管理方案等内容。公司在这种新的管理系统下对经销商和员工进行培训，并提供电脑信息管理系统。

以顾客为中心的质量维度重要性越来越高，因为它需要从以运营为中心转变为以顾客为目标的活动。鉴于经济全球化步伐正在加速，顾客要求他们与供应商的关系更紧密，强调供应商供货的稳定性、可靠性、便捷性，并提供售后服务。

全球环境的变化正不断地威胁已经存在的价值链，所以瓦尔特斯和兰开斯特（Walters and Lancaster）[15]提出了不同的观点：传统的价值链是以企业的核心竞争力为出发点的，而现代的价值链则以顾客为出发点。卢克（Luck）[16]在此观点上进一步认为，顾客必须被同时定位在价值链的首端和末端。图 10-1 显示了卢克的观点。

图 10-1　卢克的最优价值链命题

这就产生了**客户关怀**（customer care）的概念。客户关怀是一种行为理念，力图保证产品和服务至少符合客户的需要，很多情况下还要超出客户的期望。库克（Cook）[17]认为现在的客户比以往的客户选择面更广，对服务和关怀水平的期望也更高。不能完全指望客户忠诚，因为总会有更好的产品和服务。正如佩珀斯和罗杰斯（Peppers and Rogers）[18]说的那样，"消费者其实不需要那么多选择。他们很清楚自己想要什么、什么时候要、哪里能得到、怎么得到等"。

现代的很多研究表明，建立在承诺、信任基础上的终身价值使得维持现有顾客比发展新顾客更能节省成本，减少市场花费。一些实证研究表明，获得新顾客的成本相比于挽留老顾客要低。坎德姆普利和达迪（Kandanmpully and Duddy）的研究指出这种成本相差 10 倍左右。[19]营销人员应该通过与新顾客建立积极关系的方法来招揽新顾客，确保与顾客保持一定频率的沟通，这其实就是客户关怀的核心。

信息技术对维持顾客关系起到了非常关键的作用。当公司想要获得客户对技术进步的需求信息时，一些沟通工具为建立长期、紧密的客户关系提供更多的机会。

这种观点得到了日本汽车制造商日产公司所用方法的证明。当公司看到市场份额下降时，日产就改变其组织结构和公司理念，把顾客满意作为首要任务。随着研发时间的减少，客户反应加快了，加上对顾客需求的了解更加透彻，这些改变了企业的命运，使其在市场中的地位更加牢固。另外，微软公司提供了一个与顾客建立紧密联系的典型案例。微软认识到普通人在电脑编程上的训练非常少，就要把计算机语言改编为易于理解的图标和图形界面。现在，微软公司是世界上最大的软件公司。微软公司也是一个把顾客同时作为价值链首端和末端的案例。

质量领先的生产制造通常出现在市场驱动型全面质量管理企业中。这导致市场领先型质量的产生，它保证顾客感知到的质量同时渗透到产品成分和服务成分中，如图 10-2 所示。

市场驱动型全面质量管理和制造型企业向全面质量管理的发展是企业应当关注

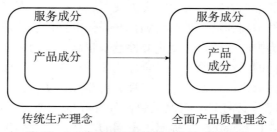

图 10-2　全面质量管理的内部和外部视角

的。因为不同的产品都可以满足顾客需求，所以企业可以通过增加全面的服务内容来赢得竞争优势。但这并不意味着只要是简单的售后服务就可以，而是需要完整的客户关怀流程。[20]这个理念在以下 GTSI 公司的例子中得到说明，该企业提出了一项完整的销售指导计划，替代先前的交易型销售指导系统。

美国弗吉尼亚州的 GTSI 公司

情况概览

GTSI 公司是一家主要为美国联邦政府部门提供技术解决方案的供应商。该企业发现大部分的销售工作被当作交易型购买行为。除了技术层面，能够传递给消费者的价值极其有限。GTSI 还认识到其销售代表和客户专员并没有与重要的机构大客户进行充分有效的沟通。这些导致 GTSI 本质上只能定位于一个具有低感知价值和低销售利润的日用品生产商。另外，周转期逐渐拉长，竞争也日渐激烈。GTSI 的结论是小范围的销售管理投入过少，即便有，也只是在管理和销售代表的层面上。

努力

查普曼集团致力于提供销售和管理技巧及方法方面的培训，以处理这些经营上的问题。首先，公司召开了一个策略性销售培训研讨会，致力于向 GTSI 销售人员传授与政府机构沟通和展示价值的方法。销售管理（培训）流程和研讨会被纳入整个销售组织。后续的个性化培训研讨会也会根据需求情况随时召开，内容包括：

- 指导性的附加值销售培训计划；
- 销售管理和销售培训课程；
- 客户管理流程、计划和沟通系统。

成效

- 一年内销售额从 4 亿美元增长到 5.5 亿美元；
- 代理商销售合同的签订率提高 20%；
- 销售利润约增长 2%；
- 企业和改革参与者将所有的努力记录保存下来，以备再利用或回顾。

GTSI 公司沿用这种成功的做法，并将其应用到与其他政府部门沟通的工作中。比如，2008 年，该公司为美国法院行政办公室（Administrative Office of the US Court）提供了局域网解决方案，所以政府与该公司签订了"一揽子采购协议"。

资料来源：http：//www.chapmanHQ.com/our_studies with permission；http：//investor.gtsi.com.

从即时制到关系营销

克里斯托弗、佩恩和巴兰坦（Christopher，Payne and Ballantyne）[21]在总结全面质量管理的全面质量、市场营销和客户服务相关理论的基础上，提出了**关系营销**（relationship marketing）的理念。尽管与关系营销组成成分相关的理论并未形成公论，但大家普遍接受的观点是关系营销意味着企业必须进行规划，不断地适应市场变化。这也是质量链的出发点。由此，引出了**企业流程再造**（business process re-engineering）的概念。这个概念最初由丰田公司提出，丰田将其先进的即时制管理理念建立在客户需求的基础上。所有的工作都围绕着用最短的时间提供满足客户各种各样需求的产品而展开，并且严格按照规定时间和规定进度管理生产基地的原材料投入。这样既减少了工厂的存货，也规范了供应链系统中相关企业之间的产品物流。

关于即时制理念，我们已经在第 3 章从购买者行为的视角进行了讨论。即时制生产有一种更为现代的叫法为**精实生产**（lean manufacturing）。从购买行为的视角来看，在一个稳定同步的精实生产系统中，客户的需求满足和企业利润的保持或增长可以通过减少存货、提高库存清仓效率等方式来实现，虽然这些方式在过程中并不直接导致价值增长。库存在非生产性资源上耗费组织的财力。在这种系统中，生产商和供应商关系的维持和发展就显得非常重要，这意味着供应商的数量要减少至一个保持长期关系的单一供应商。在这种情况下，销售人员的工作不是卖东西，而是在购买者、生产商和他们自己公司的相关部门之间协调战略关系。这就引导我们去理解关系营销的理念，稍后我们做进一步说明。

与传统的营销组合不同，关系营销要求组织的营销活动策划必须考虑与客户长期不断的沟通情况，而不仅仅基于一个交易。这就意味着更多的非营销人员会牵涉其中，于是引出了古梅松的临时营销人员的概念。这些非市场营销人员不断地在运营层面与消费者接触。全面质量管理相当于生产导向和营销导向的整合，把二者的共同目标确定为创造高顾客感知质量和顾客满意度。我们之前讨论过[21]，质量和顾客导向的各个方面是高度相关的。

传统的企业营销部门结构对新的顾客细分市场或利基市场的反应非常慢。研发高质量产品应该成为提高企业竞争力的优先级战略举措。在产品研发的早期阶段，就应该引入营销的理念，并专门成立由不同部门、不同职能的职员构成的项目小组，由组长或者项目经理带队来监督新产品的研发。这些人称为**产品先锋**（product champions）或者**项目先锋**（project champions）。在汽车行业中，这些举措通常在新车型研发阶段就已经实施，从最初的头脑风暴一直持续到新产品的推出。传统的产品生命周期理论认为，产品始于新产品引入阶段，然而产品应该始于更早的产品研发思想萌发阶段。只有这样，产品研发才能有持续的兴趣和动力，而不是简单地把项目移交到下一个开发阶段，直到推向市场。

在实践层面，企业可以引入摩尔（Moore）[22]提出的名为**最佳实践基准**（best

practice benchmarking，BPB）的理念，该理念致力于获得一种"世界一流绩效"的成果。这需要企业成立跨部门项目组，比如营销人员、生产部门、质量和采购部门。项目组的任务是收集各自领域中表现更好的产品的相关信息，并且确定自己企业中需要改进的领域。这个小组同时需要积极研究产品研发和设计的相关知识。企业采用最佳实践基准可以使小组成员提高工作标准，共享不同的知识，甚至超越自我标准。

全面质量管理

全面质量管理（TQM）是日产公司（Nissan）运营的关键特征。它将客户导向设为最高优先级。在这种理念的指导下，组织和成员的任何活动都把创造高质量作为核心。为了达到目标，日产公司要求：

- 了解顾客需要；
- 全面考虑与提供质量有关的流程，而不仅仅是最终产品；
- 将传递质量的任务以优先次序排列，并使其标准化；
- 教导所有员工以这样的理念工作。

TQM 的落地工作包括：

- 识别客户和他们的需求；
- 设定目标并在所有的活动中落实；
- 决策应该建立在调研的基础上，而不能凭直觉；
- 识别并消除问题出现的根源；
- 教导、培训员工。

TQM 是一个长期持续的过程——一种思维方式，并且需要"改善型文化"维持，在这样的文化氛围中，每个成员都在寻求更高效的方法。这种企业文化的建立需要每个员工意识到他们的贡献得到了认可，并帮助他们开发自身的潜力。

计划、执行、检查、行动这个循环成为每个员工核心思想的重要组成部分，它代表了日产公司的运营方式。

资料来源：adapted from http：//www. thetimes100. co. uk/case_study with permission.

逆向营销

在本节中，我们再次提出**逆向营销**（reverse marketing）的概念。它对于销售来说算比较新的概念。在第 3 章，我们已经提到过逆向营销（见图 3 - 7）。虽然采购商开始在交易中争取更加主动的权力，但往往是卖方想主动拜访采购商。这种现象通常称为交易市场营销，其重点在于交易过程本身，而且交易时间很短。生产过程注重质量，并且重视产品的外在特征和价格。

这里再次强调之前的观点，逆向营销通常发生在采购商有购买需求且需要寻找供应商（卖家）的时候。这种场景在零售业和精实生产中尤其普遍，并且实践证明了其是经济高效的。在流水线生产模式中，产品不断被生产出来，并且相对标准化，这种情况下逆向营销更易发生，采购商会寻找能够维持合作关系的供应商。选择供应商的标准是产品的质量和供应的稳定性。在精实生产的环境下，如果选择了错误的产品部件或者运输过程出错，代价会非常大。

许多企业会花一到两年的时间去选择质量、运货等方面均符合要求的能维持长期关系的供应商。建立长期关系的买卖双方都希望从合作关系中受益。学术界对这种合作互惠的关系进行了一些研究：

> 逆向营销的核心是关系，维持企业在它所处的环境中与其遇到的各种角色之间的关系……对这种关系最初的理解是创造客户忠诚度，与客户建立持久的、互惠的、长期的忠诚度（Ravald and Grönroos, 1996）[23]并且不断强化它。这种观点强调客户关系中互惠的商业关系、个人和组织的利润目标、关系的长期性和持久性（Takala and Uusitalo, 1996）。[24]

海因斯（Hines）提出了一个强有力的观点[25]，强调企业不能只考虑单一的商业交易，而应该有供应链的整合理念，从供应链的各个方面寻求新的利润点，尤其是与客户直接相关的利润点，着眼于单个企业的状况会造成资源的浪费。整个供应链有统一的目标，避免了不同公司因目标不同而产生冲突，可以为终端用户提供更高标准的服务。这种更富远见的观点称为**供应链整合**（supply chain integration, SCI）。大家普遍认为供应商与顾客间的紧密关系会成为获取竞争力的要素。然而，不要以为供应链上的企业间的合作很简单。我们需要意识到真实的供应链中合作上的种种困难、参与者的竞争力水平不同、供应链内部存在的力量等因素。每个企业都有不同的供应链组合关系形式，所以为每个供应链选择合适的合作伙伴是关键。

这种逆向营销的趋势在过去几十年中的发展非常迅速。组织型购买会更加专业化，而这种专业化正是即时制生产采购所需要的。供应商一旦确定了供应产品的资格，该如何与采购商合作呢？这就需要回到关系营销的概念上。格罗鲁斯认为[26]，传统的营销理念无法满足市场的新需求。他指出了传统 4P 营销理念的局限性，认为需要将其他 P（如人员、计划）纳入新的营销理念。他认为企业的行为应该建立在顾客需要的基础之上，但是指出这仍然体现生产导向的思维，因为这种理念产生于企业内部而不是市场。他对市场营销的重新界定可以作为对逆向营销和关系营销的总结：

> 市场营销是要在盈利的基础上，建立、维持和提升长期的客户关系，并借此实现各方的目标。这种关系的实现需要双方的相互承诺。

建立贸易集团，拒绝简单的伙伴关系

业内人士警告说，建筑项目中加强团队合作的计划忽略了整合更广泛供应链的相关内容。除了改进企业的各个供应链，组建整合供应团队也是非常重要的。

布赖恩·威尔逊（Brian Wilson）对这个观点进行了积极的回应，号召公共部门加强领导合作项目。他说："我们需要这些团队和供应链由一个工程转向另一个工程，只有这

样才能更加专业化，鼓励创新，并持续创造价值。"

建筑联合会（Construction Confederation）的总经理史蒂文·拉特克利夫（Steven Ratcliffe）说："每个工程都需要在一定程度上依赖当地的供应商，不同的地方情况不同。"

从关系营销到关系销售

我们可以看到，对供应链的重视程度直接影响供应商—采购商关系中的附加价值。从采购商的角度来看，这是从供应商处获得价值、在生产环节上增加价值、向顾客提供价值的一整套体系。在交易关系中，供应商和采购商的主要关注点在价格上，所以谈判协商就成了销售的重点。然而，这种观点现在已经逐渐被基于**账目公开**（open accounting）的观点所代替。这种协议形式只有在采购商和供应商在即时制生产的基础上建立长期合作关系的情况下才适用。这种情况下不会存在价格磋商，因为一方可以看到另一方产品的价格组成，在此基础上建立共赢的价格利润体系。采购商可以通过供应商的账目公开了解到供应商原材料和零部件的价格，这种账目包含构成产品成本的原材料数量、劳动力成本和费用。顾名思义，账目公开提供了完全公开的信息。同样，供应商可以对生产商的账目进行类似的分析。这样，在供应商和采购商之间就会形成一个大家都同意的利润率。其实，营销组合中的价格元素在这种情况下成了多余，根据格鲁斯对新营销的定义，它可以去掉。

这表明，账目公开是对关系营销的重要补充。如果要深入了解的话，我们需对顾客的**价值链**（value chain）有清楚的认识，从原材料的提炼到产品的生产，再到产品的物流和最终到顾客的手中。这种类型的营销需要系统性、战略性的部署以及现代营销观点（如逆向营销的概念）来支撑。所以，**关系销售**（relationship selling）是在关系营销中建立、维持交易关系的战略层面、实施层面的具体战略性思考。满足并服务客户当前和未来的需求是建立企业竞争优势的直接途径。企业不能仅关注现有的顾客，还需要发掘更多的潜在顾客。数据库技术已经在企业发掘潜在顾客、开发新顾客上得到运用。[27,28]

巴尼特（Barnet）等在 1995 年的一项研究[29]中，通过观察法展示了西方和日本在技术资源共享上的区别。研究发现，在欧洲，大约 6 800 小时的工程作业中，平均 54％的生产新产品模型时间是花在分包商或承包商身上的。在美国，4 200 小时的工程作业中仅有 14％的生产时间花在分包商身上。在日本，生产新产品模型的时间相对较短，3 900 小时的工程作业中有 72％的时间花在分包商身上。可见，分包商在产品生产设计环节中的能力可以减轻日本企业的工作负担，减少营销的时间和成本，这就产生了**并行工程**（simultaneous engineering）的概念。在这种关系中，合作者相互分享技术资源是非常正常的事情。从 1995 年开始，并行工程的概念迅速传播到欧美地区的企业中，日本和欧美地区的企业在这方面仍然存在区别。

营销的角色正在演变。销售通常被认为是营销的执行层面的职能，所以销售的角色也在演变。约翰斯通和马歇尔（Johnston and Marshall）提出[30]，销售和销售管理现在已经上升到关系导向的层面。除了已经提到的变化以外，市场营销环境也在以其他方式改变。卫星和有线电视在世界市场的渗透意味着由于观众品位的不断变化和细分，统一的"大块"广告促销变得越来越困难，大量的过剩信息使潜在客户分散到各种各样的媒介之中。相应地，各种细分市场的媒介有自己特定的对象，而通过一种媒介接触到大量的受众越来越困难。媒介正在碎片化。因此，为了与顾客进行沟通交流，使其变为自己的顾客，媒体之外的其他方式也要予以重视。

竞争的不断加剧、企业选择的不断增多以及 20 年来消费者市场的饱和都意味着消费者的需求越来越复杂，而且越来越高。即使供应商提供的产品令人满意，顾客也会为寻求更低价格的产品、更多的产品样式或者出于其他理由更换供应商。所以，品牌忠诚度在当今时代越来越难以维护。

信息技术在关系销售构建中的作用越来越明显。虽然面对面的交流对于建立和形成关系的行为很重要，特别是对于大客户来说，但电子邮件和移动媒体的普及确实在削弱面对面交流的方式，这在年轻一代的销售人员身上表现得更明显。这种趋势得到了广大组织购买者的认同，他们希望通过信息化的方式来逐步取代高沟通成本的面对面交流方式，从而形成一种虚拟化的关系。Skype 软件就提供了一种不需坐在同一间会议室就可随时随地开会的途径。每个人都可以显示在屏幕上，肢体动作也可以被观察到。[31]

随着线上媒体效力的逐渐下降，对广告商来说，媒体作为宣传渠道的吸引力在相应地降低。因此，供应商寻求多种途径来维持顾客的忠诚度，以维持生存发展。数据库管理可以最大限度地帮助企业寻找潜在客户以及更加深入了解现有客户。正如博辰等（Botschen et al.）[32] 强调的那样，我们需要根据客户的利益来进行客户细分。龙和希夫曼（Long and Schiffman）认为[33]，我们必须考虑到不同细分市场中的顾客群体对利益的感知和看法不同，所以对顾客忠诚项目、产品和服务的忠诚度也会有所不同。

未来的趋势是更多的企业会针对特定的消费者群体，进行精准的线下营销活动，以节省成本，更有效地带动企业的销售。这样就产生了更多的促进销售方法。现在的促销越来越多地采用"推式"而不是"拉式"手段，当然推式战略确实是销售部门非常关注的点。很多供应商特别是零售商采用一些战术手段（如计分卡），还有一些有远见的企业会采用更富战略意义的手段，如通过设计关系营销执行项目来获得顾客忠诚度。这说明，客户保留项目的增加可以看成提高客户留存率的重要方式。以前，很多大企业可能认为促销才是制胜的王道，现在它们会采用一些小企业的理念——贴近消费者、了解消费者的需求、关注售后活动。

兰开斯特和雷诺兹（Lancaster and Reynolds）[34] 在描述现代销售人员广义角色的时候，指出了销售部门的几个责任，包括服务、调查、信息收集、沟通、分工合作等。这些角色扩展的观点已经融入现代关系销售战术的理念。

现代销售人员的技能

传统的伶牙俐齿型销售人员已经被具有高级技能的现代销售人员取代。

● 最重要的技能是能够仔细聆听潜在购买者话语中包含的线索和信息，并且对这些购买者给予及时准确的反馈，向他们进行产品展示。

● 产品展示的技能固然非常重要，但是有一个始终都要面临的问题，那就是如何整合大量的信息，如关于销售人员所在企业的信息。必须慎重对待这种情况，一个好办法是请人把产品展示做成视频；如果产品展示中出现失误，可能会非常尴尬。

● 坚持不懈在当今的社会中非常重要，因为采购商希望寻求可以维持长期合作关系的供应商，而不是仅仅寻找最经济、便捷的交易对象。所以，销售人员正确的做法是询问购买者想达到或者满足的目标，而不是仅仅同他们商量价格、预算方面的事情。

● 寻求新的商机比员工内部推销、上门推销等手段更加重要。而且，在公开的会议场合等公共场合能够进行表述和说明的销售人员会使其呈现高层次的销售水平，获得更多的关注。

● 建立并维持密切的人际关系非常重要。销售人员应该在进行产品展示之前明确客户的痛点和问题，以便在展示的时候有的放矢。

● 处理客户的质疑是销售过程中的必要环节。显然，明白客户质疑的根本原因是非常重要的，销售人员不能仅仅用流程化、公式化的官方说辞来解决问题。在处理这种问题时，应该让客户感到销售人员对客户质疑的问题非常重视，会非常慎重地解决。

● 有计划地组织销售要求销售人员合理安排时间，将更多的时间用于处理高价值客户问题。

关系销售的技巧

顾客保留率是关系销售的主要关注点之一。顾客保留只有在整个企业的销售组织完全以顾客需求为导向且保持长期信任关系的时候才能顺利实现。这种情况下，个体销售人员需要在特定岗位上花费更长的时间，因为采购商在其位置上停留的时间通常是一线销售人员的两倍。在这种趋势下产生了**内部营销**（internal marketing）的概念。和对待外部顾客一样，内部营销也有一套完整的理念，需要和公司内部职员建立并保持长期稳定的关系。在关系销售的背景下，个体销售人员在特定场景下花费的时间成本会越来越高。为什么会这样？通过分析可知，采购商更多地具有一种相对稳定的生活方式，在一个地方定居，而传统的个体销售人员倾向于经常出差，处于漂泊不定的生活状态。在逆向营销的情境下，采购商会更加主动，相比于一线销售人员来说，他们的生活方式更加稳定。虽然有采购效率上的压力，但这与花时间接触目标、在一定时间内拿下销售订单的任务相比，压力更小。

在逆向营销的情况下，一线销售人员承受一种特别的工作压力。这种压力主要来自与顾客保持长久关系的需要，而不是销售目标或者销售订单。此时，传统的销售任务构架体系可能要被取代，取而代之的是一种由于临时销售人员的加入而产生的更高底薪加提成的方式。这意味着生产、质量和财务方面的相关人员与顾客的联系更加紧密，所以他们与公司的销售业绩也有更紧密的联系。

莱克霍德和谢夫特（Reichheld and Schefter）提出的"良性循环"理论[35]指

出，良性循环方法要求企业将工作重点放在发掘最大限度激励员工的机制上。因此，为使员工更好地完成工作而进行的培训项目就成为最高优先级的任务。英克霍德的良性循环模型解释了职员绩效和顾客满意度的关系。[36]

一线销售人员在关系销售的场景中，需要具备不同的特质。这些可能会与图10-3 中所提到的传统销售人员的特质不同。虽然决策能力、自我激励能力、灵活性和坚韧不拔的精神等在建立长期合作关系的时候仍然很重要，但更重要的是平易近人、观察细致、与人长期相处的能力。以前"讨价还价"的传统销售人员的岗位角色现在逐步转变为与销售人员所在公司的成员和采购方所在公司的成员合作共赢、协调沟通。

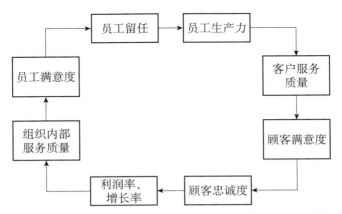

依靠员工希望提供好的服务的倾向，组织顺水推舟提高生产力。

图 10-3 良性循环的建立

资料来源：Reichheld et al.（2000）.

此外，采购商或者顾客对销售人员的态度也要考虑进去。比如，由于顾客对某个销售人员有好感，那么在他推荐某种产品的时候，顾客的态度会更加积极。然而必须注意的是，销售关系的建立并不是一蹴而就的。很多时候，双方建立了友好的关系并不意味着这种关系就是长期稳定的，生意不会因为建立了关系就源源不断地到来。

与单个消费者沟通的时间增加了，而且很多时候会有一个来自供应商的人员，他通常是管质量监督的，长期待在采购方所在的公司中。在很多高科技企业，有些公司向一些零售公司提供计算机软件、硬件，这种人员长期驻留的情况很常见。

在更加实际的层面上，下面两种任务活动的重要性越来越高，而它们传统上都被认为是销售工作的辅助任务。这两种任务活动分别是信息收集和服务，下面我们详细讨论。

信息收集

信息收集包括收集市场信息、各种情报，已经成为销售任务中的重要组成部分。信息收集以后，需要汇总到企业的营销信息系统中，如图10-4 所示。

企业的**营销信息系统**（marketing information system，MkIS）有三个信息输入端口：市场研究、市场情报和企业内部客户信息系统。这些都是需要输入企业

MkIS 的数据。市场研究是由营销部门通过调查收集数据并进行初级和中级分析的过程。企业内部的客户信息系统要对顾客一段时间内的购买行为进行分析，比如客户族群、地理分布、订单数量以及其他与之相关的信息。市场情报则主要跟竞争对手有关，包括竞争对手提供的产品和服务，它们如何为客户提供服务，以及对企业自身的客户如何提供服务。

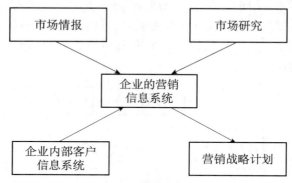

图 10-4　营销信息系统

很多市场情报来自公司的员工，比如管理者、工程师、研究人员，甚至直接来自那些特别擅长收集各种信息的一线销售人员。销售人员在收集可靠信息方面的责任越来越重要，而且由于销售人员通过 MkIS 跟踪信息的输入和输出已经成为日常工作的一部分，所以技术层面的知识和技能对于销售人员来说越来越重要。MkIS 会输出一些信息，这些是营销战略规划的重要依据。商业模式如今变得更加长期化、策略化，所以 MkIS 输出的信息对于制定战略来说不可或缺。销售人员本身因为 MkIS 的存在会变得更加有战略意义，因为他们的日常报告会输入 MkIS 中，从而对企业的长期发展战略规划起到引导作用。正式的信息报告过程也是实时营销信息系统的重要组成部分。我们已经提到，公司应该鼓励销售人员将关于企业产品营销的状况信息反馈给总公司。在精实生产的环境中，信息收集甚至成为销售人员的首要任务。

现在大多数人认识到，最有效的市场研究策略是个人访谈，由于访谈者和顾客直接交流，所以这种方式能够提供最为精确的信息。但是，这种个人访谈可能需要在不同时间、地点进行，所以相对来说是一种成本较高的方式。然而，与单独的组织营销人员不同的是，当销售人员被鼓励或者需要通过这种访谈去收集市场调查数据的时候，这种成本相对没那么高。当销售人员与顾客建立了友好的关系，得到的信息质量会相应提高，这样销售人员的反馈会更加客观公正。

个人访谈有一些优点，如可以询问细节问题，可以跟进和追问，可以利用辅助工具和样品进行辅助访谈。访谈对象可以有针对性地选择特定的目标受众，而且可以在访谈之后进行进一步的电话联系，核实或者进一步澄清在访谈中所涉及的一些问题。

集中型的市场特别适合这种个人访谈方式，因为只存在很少的竞争者，所以他们的行为可以直接简单地通过询问购买者一些相关问题来进行调查取证。购买者通常愿意透露关于竞争者的信息，以及竞争者如何针对销售人员的公司实施相应的应对措施，只要销售人员所在的公司能够提供一些更加有利的协议。在这个阶段我们应该注意到，这种方式其实就是我们之前提到的大客户管理模式，用来管理 B2B 交易中的关系。

在分散型的市场也就是存在很多竞争者的市场中，根据帕累托定律，整个市场 80% 的利润集中在 20% 的企业中，所以应该对这 20% 的企业进行全面的调查，它们也可能是销售人员应该进行定期访问的客户。比如，计算机行业中存在大量的同质制造商，但是绝大部分的市场份额被惠普/康柏、IBM、苹果这些公司所占据。因此，新的和潜在市场的进入者要时刻保持警惕，因为它们很可能因为开发了某项新的技术而打破现有的行业格局，或者通过使用具有侵略性的营销手段和宣传措施而主导市场——没有人比这个领域的一线销售人员能更早地察觉这种事情的先兆。

根据价值、地位、偏好和关系持续的周期阶段等进行的客户族群划分其实是数据库管理任务的一部分。与此同时，营销人员可以在组织购买者中进行市场调查，收集并分析信息，然后将这些上传到公司的营销信息系统中，为营销战略制定提供依据。收集的信息种类包括行业的市场结构、竞争者的数量以及竞争者的市场决策信息等。这些重要信息可以用来预测竞争者的意图，制定投资决策，并且可以对市场份额的走势、竞争强度的增长率等指标做更加科学的评估。

市场研究报告的准备工作是销售人员任务的一部分，对于决策制定者来说，对市场情报进行条理清晰、层次分明的介绍是非常重要的。

在竞争性的商业环境中，对市场动态的了解往往是商业计划的第一步。基于市场动态的了解和评估对产品进行精准的定位与对顾客行为、动机、需要和态度有详细的了解同等重要。

对于销售人员来说，这种定性的调查意味着公司可以洞察顾客对公司产品以及竞争者产品的总体看法，以及那些没有在传统的访谈过程中表现出来的行为倾向。这种调查结果对企业来说是有益的（更准确的市场情报），对于顾客来说也是有益的（有针对性地提供更贴心的服务）。

如果调查足够充分，调查的过程应当是动态的，因为和顾客的沟通是持续进行的。这种持续的沟通还会带来一些额外的好处：

1. 通过使用 MkIS 中的数据，可以降低销售成本。新的信息反馈为改进未来的客户定位提供了帮助，通过检验哪些销售活动有效或无效，可以提高未来广告促销活动的效率。

2. 通过使用客户历史档案系统，可以提高单个客户的销售额：

- 更好地确定顾客并进行分类；
- 更好地进行市场细分和客户定位；
- 更好地向客户进行产品展示。

"最优顾客"的确定可以决定未来的销售努力方向；"潜在顾客"的确定可以分析出未来的服务应该提供的内容，优惠如何提供，以及应为每一类顾客提供什么样的服务和销售代表。

3. 更高级的商业规划可以通过以下方式实现：

- 分析"顾客活动"的历史档案，用历史信息预测未来趋势；
- 不重复过去的错误，通过持续改进（控制）提高销售效率。

服务

服务是销售人员能够彰显价值、大显身手的舞台。服务包括"一线"的服务，所以产品的利用和产品知识同样重要。我们这里提到的服务是广义上的，指为顾客提供更加个性化、广泛的服务。现在的销售人员花在顾客沟通上的时间逐渐增多，这为销售人员提供了提高服务技能的机会。

然而，这样的销售人员应该来自有技术背景的行业，比如化学、工程技术等。服务也要包括提高质量层次、售后服务安排、改进客户关注计划、提供顾问服务等。更具体地说，促成发货事宜、安排单独订单甚至偶尔的延期付款等都包括在服务范围内。在即时制生产的环境下，销售人员所在的公司是供应链的一个延伸，这种延伸不仅朝向用户终端，还朝向另外一个方向的零部件供应端，这样客户往往需要供应商的信息作为其供应链整合的一部分。

这是否意味着销售人员未来不再需要其他销售技能？答案当然是否定的。前面提到的传统销售人员的特质同样需要。直复营销对传统电话销售方式的逐步取代使得预判能力和陈述能力更重要。谈判的技巧也很重要。另外，沟通的技巧也是一线销售人员的重要技能，但是在传统的营销领域中，沟通技巧被简单地认为是"告诉他们想知道的"。在逆向营销的体系下，交流技巧仍然是至关重要的，但是顾客和销售人员之间的关系更加"平等"，不是"我们和他们"的关系。

供应商越来越倾向于提供一项关键性服务，名为"解决方案销售"（咨询公司）。这种服务是指供应商与顾客一起合作，共同解决问题，从而提高商业价值。解决方案销售的出现使得更多的销售、发货过程相关的人员之间建立联系。在这个领域，销售人员若想取得成功，需要了解的知识不仅限于营销（如竞争优势、使用价值、品牌、细分市场）等，还需要产品运营（如产品和技术问题、生产计划、质量管控、产品研发、物流等）、财务（如利润盈亏相关计算）等方面的知识，这导致他们需要更多层面的内部交流沟通。[37] 这种情况通常发生在大客户管理的环境中（见第 9 章）。

▌ 小　结

本章介绍了当今市场环境中的发展趋势，分析了其对销售行业未来产生的影响。

我们追溯了最早的质量理念到更成熟的全面质量管理理念，一直到关系销售的发展。在当今更加透明的市场环境中，顾客寻求的是最优质量。我们讨论了这种趋势对销售的意义。

即时制生产作为一种生产技术正在不断发展，导致长期销售关系成为一种常态。传统的营销模式也开始逐步被逆向营销所取代，采购方或者买方在商业活动（包括长期战略关系）中更加积极主动。

关系营销包含大量的销售策略，这种策略的目标其实是将关系营销战略传达给企业和顾客。正如普拉巴卡（Prabhaker）预期的那样[38]，客户关系管理（CRM）正在逐步转变为"客户主导的关系管理"。

Microcom 公司

关系营销在当今的销售管理领域起到了重要作用。很多公司在经营过程中意识到采用建立关系的方法为公司带来利益胜于传统的交易模式。尽管如此，很多市场中存在很多不稳定因素或者有很长的产品生命周期，导致关系销售的实施面临很多挑战。

Microcom 公司是一家来自英国的提供高品质广播音频设施的企业，其产品被英国的重要国家机构采用，如英国广播公司（BBC）及其海外分公司。公司的产品根据客户的需求进行标准化，有 10～15 年的使用寿命。公司的高级管理层有一个困惑，就是公司现在大部分时间采用传统交易模式。公司很想采用关系销售的模式，却不知道该如何实施。公司的营销总监向公司解释了关系销售的好处，强调关系存在于人和人之间。Microcom 公司在这方面的一个重要问题是，原先向其公司购买设备的那些公司的采购人员经常变换岗位或离职，或者从采购岗位升到管理层，还有退休甚至离世的情况。

Microcom 公司非常想采用关系销售的方法，然而有另外一个问题，那就是二次购买相对于第一次购买的间隔时间非常长。一位高管这样陈述他的想法："关系营销好像

可行性不高，因为你现在通过买卖建立的关系在 15～20 年以后的市场中可能不存在。"

通常，公司设计并且安装设备（小件工程大约需 2 个月，大件安装需要 3 年）时，会和需求方客户建立联系，并在安装工程完成后保持一段时间的联系，确保系统的正常运行。在系统必须更换之前，一般有 15～20 年的使用期限。一般来说，在大件安装工程期间，往往会有一些小订单，但是 Microcom 公司不会因此改变计划或受到影响，因为通常来说每年公司至少会接到 2 000 万英镑的订单，这意味着公司接的绝大部分是大单。而如今，Microcom 公司的顾客保留率很低，只有大约 30%，尽管享受过服务的顾客都表示对产品设备和各方面的服务都很满意。

资料来源：Written by Andrew Pressey, Lecturer in Marketing, University of East Anglia and Neville Hunt, Lecturer in Marking, University of Luton.

问题讨论

1. 从关系销售方法的角度，给该企业的高管层提出一些建议。

2. 想想还有什么办法可以解决当前的问题。

Focus Wickes 之 "熔接" 荣获 2004 年《零售周刊》供应链管理奖

公司的并购可以带来长期的商业收益，但是从短期来看，并购会导致企业文化难以融合、信息系统难以兼容等问题。对于 Focus Wickes 公司来说，5 年内的 3 次大并购使供应链关系的流水线管理具有高优先级，为此公司建立了 Eqos 系统。

提供工具

Focus Wickes 公司将其供应链关系形

容为 "熔接"（Fusion）。这种自创的供应链飞速发展，1998—2000 年间取得了一系列惊人成果，发展成英国的第二大房屋装修产业链。很快，公司在全国范围内有了 270 个销售点，包括 161 个 Wickes 门店以及 10 多个 "特惠牌"（No Frills）门店。

在公司扩张的过程中，不可避免地要 "熔接" 一些外来的 IT 系统，这是公司面临

的主要问题。同样，公司也迫切需要建立一个能够包容多个被并购方的兼顾"以客户为中心"的企业文化和发展战略。贾斯汀·法林顿-史密斯（Justin Farrington-Smith）是公司的交易业务总监，他说，"我们已经看到公司在过去发展过程中文化的变革"，"我们现在更应该强调理解客户需求，与供应商保持紧密合作的重要性"。

Focus Wickes 也是并购合作战略的早期狂热者。

Focus Wickes 大约 98% 的产品分类贴的是自己的标签，所以公司总是致力于与供应商保持紧密合作，研发新的产品线并分享销售预算等信息。随着公司开始向分类化、结构化的管理模式转变，公司需要建立一个能够分配项目进度、确定关键节点、商品上架管理的系统，同时要能够帮助供应商进行产品生产条目的范围划定、生产计划制订等。

Focus Wickes 决定将其商业模式进行重组，分成三个商业组织模块：商务部、花园部、展销部。它们就像房屋销售的样板房一样是需要直接展现给顾客的模块。这样做的目的是将公司内部的团队组织重新整编，以便更好地与供应商合作。Focus Wickes 公司的项目经理表示："我们需要一个能够与供应商进行更为简单直接合作的商业组织模块，方便让供应商和我们的 IT 系统接洽，让我们的信息展示更加灵活。"

为何创建 Eqos

2002 年 8 月，公司创建了一个项目组，需要整合十几家供应商及 Focus Wickes 公司的一些代表人员，目标是研究建立供应商关系平台的相关需求。然后，这个消息发给了 12 家供应商，其中 6 家供应商被邀标。2002 年 12 月，Focus Wickes 公司决定引入 Eqos 公司的信息系统。公司的管理层觉得这个系统非常好地契合了他们当前和未来的需求，具有较强的灵活性、运行效率，最重要的是能和很多 IT 系统进行兼容，所以能够很好地帮助 Focus Wickes 公司的代表成员以及他们的供应商协同工作。

搭建适应性平台

不同于直接将一些系统化方案落地，Focus Wickes 希望有一个扩展的、适应性强的平台，能够兼容一系列的供应商管理（SRM）解决方案，从绩效考核到新产品开发，再到供应商库存管理等。

公司与 Eqos 签订了一个三年协议来开发三个分支模块。随着平台系统的不断升级，平台的各方用户对平台操作的熟悉程度不断提升，在决定各个职能之间如何协调配合方面，平台的灵活性逐渐显现。这个平台被称作"熔接"（Fusion），首先在产品绩效管理（PPM）上进行尝试。系统从 2003 年 3 月中旬开始运行，PPM 的相关功能单元在平台上用了约 17 周完成搭建。截止到同年 8 月，Focus Wickes 的 150 家供应商中有 145 家使用了这个平台系统。平台的项目经理说："'熔接'平台是近年来我们公司最高效和最迅速的战略部署。我们以平台为依托，成立了一系列的工作小组，并对供应商进行了整合、培训。由于 Eqos 系统以网页形式呈现，所以使用起来非常方便，很多人甚至不需要说明书就可以使用。"

Focus Wickes 的各个门店和销售部每天都从 Eqos 系统上下载信息、获得数据，这个系统也不断地巩固、完善，融入了"熔接"平台。

供应商方面认为，整合各个工作小组的数据对供应商管理来说是很有益处的。供应商可以随时掌握产品的门店销售信息和存货信息，对实际销售数据进行核对，改善物流，甚至做出销售预测。那些销售业绩超过预期的小组信息会自动地以邮件的形式发给其他小组和供应商。这种预警系统也是"熔接"平台的用途之一。

于是，"熔接"很快就开始着手建立供应商和产品项目经理之间的沟通对话机制，助力信息预测、流水线交付等工作。随着对 Eqos 系统熟悉程度的增长，这些需要直接将货物（主要包括重型、大型货物，比如袋装水泥、房屋框架材料等）运送到门店的供应商，也逐渐想要更加深度参与这些门店经理的供应链管理工作中的订单量管理等方面的职能工作。

得到的好处

"熔接"帮助企业在接下来的一整年当中提高了约 0.5% 的销售业绩，缺货的状况也相对减少了 20%。物流成本明显降低，当然库存成本也大幅减少。总体来看，整个公司的成本每年大约削减了 1 000 万英镑。

此外，供应商也变得更加积极主动，并且会使用"熔接"平台上的信息来改进其生产计划，这些是无法通过之前的旧系统完成的。Focus Wickes 觉得未来这个平台和系统可以延伸到供应商存货管理的业务中，在计划、决策、补货等方面进一步与供应商加强合作。

通过这个新平台，供应商还可以根据供应链信息和需求信息做出有针对性的修正案。

Focus Wickes 开始转向品类管理，将自己的商业模块进行重组，如装修部、家庭服务部、花园和宠物部、DIY 部等，一共包括 26 个小型商业部门，由营销人员、业务员、决策者、购买者组成。

最终，220 个 Focus Wickes 的供应商中的 200 个成了"熔接"的用户。公司觉得

"熔接"的使用已经从根本上变革了其与供应商合作的模式。

由于"熔接"的成功，公司与其供应商开始谋划下一个业务模块的应用。可能的方向包括产品共同开发、开放型订单模式等，目的都是使相互之间的信息更加透明，整个供应链有条不紊地运行，填补那些触及不到的"黑洞"领域。Focus Wickes 当然希望供应商能够更多地参与平台的建设和发展，所以公司整体的组织战略结构都需要重新审视。比如，过去公司主要销售制造商品牌的产品，现在需要更多地转向销售自有品牌的产品，这就意味着需要和供应商进行更加紧密的合作。

不幸的是，Focus Wickes 在 2011 年夏天宣布破产。但无论怎样，这个案例还是非常值得学习的。

资料来源：based on www.thetimes100.co.uk/case_study.

问题讨论

如果 Focus Wickes 公司宣布明年将有 50% 的销售产品成为自有品牌，从以下三个角度来看会有什么样的想法和结论：

- 终端消费者；
- 销售人员；
- 供应商。

思考题

1. 从销售角色转变的角度，分析组织购买/销售中关系销售的变革会带来哪些影响。

2. 全面质量管理是一种管理理念，渗透到组织的各个层面，并不仅仅是生产方面的问题。从全面质量管理如何影响销售职能的角度，对这个观点进行论述。

3. 详细解释客户关怀项目的组成，并从你熟悉的制造业领域或服务领域中举一个

成功案例。

4. 对于大型制造企业来说，供应链整合对于销售人员来说意味着什么？

5. 讨论莱克霍德的"良性循环"对销售和销售管理的意义。

6. 关系营销的方法与传统的交易型营销的方法有何异同？

7. 比较内部营销与外部关系营销的不同。它们之间有何联系？

第11章 直复营销

学习目标

学习本章后，你应该可以：

1. 理解直复营销的含义。
2. 理解直复营销组合的成分。
3. 理解直复营销活动增多的原因。
4. 深入理解数据库营销的本质。
5. 了解如何管理直复营销活动。
6. 了解直复营销中媒体的使用。

直复营销带来的最大改变是对销售的重塑。本章探讨了正在发生的主要变化，能够使用的主要工具以及如何高效管理直复营销活动。本章在介绍数据库营销前，先解释了直复营销的定义。随后，分析了直复营销管理，包括活动目标设定、活动执行和评估等。

什么是直复营销

直复营销（direct marketing）试图不通过任何媒介获得或留住客户，其目的是通过以下几种方式得到直接的回应：

- 通过电话或者邮局购买；
- 对销售资料或者产品目录的需求；
- 约定去参观某地或者参与某个事件（如一次展览）；
- 参加某种活动（如加入政党）；
- 答应销售人员的拜访。

直复营销通过一种能够衡量的直接沟通的方式锁定目标客户群，对客户发布产品、信息、促销活动。直复营销包括各种各样的方法，如：

- 直邮广告；
- 电话销售（国内和国际）；

- 直接反馈广告（优惠券/电话采购）；
- 电子媒介（互联网、交互式有线电视）；
- 产品目录营销；
- 广告植入（杂志的宣传页）；
- 挨家挨户发传单；
- 发短信。

史密斯和泰勒（Smith and Taylor）增加了五种影响直复营销活动的因素[1]：

1. 市场细分。市场逐渐细化的趋势限制了大众营销技巧的应用。随着市场的不断细分，直复营销技巧锁定消费者的能力更加重要。

2. 计算机技术。随着计算机技术的不断普及、软件复杂程度的加深，个性化信件和信息的产生降低了直复营销的难度。信息技术的进步彻底改变了直复营销。

3. 客户信息的增加。客户信息数量和种类的增加（如 25 000 个劳斯莱斯车主、20 000 个女高管、100 000 种房子改良方法）为直复营销活动提供了原始数据。

4. 复杂的分析技术。通过地理、人口的分析，家庭类别可以进一步细分（如"住在现代私人住宅中的年轻家庭"或者"住在私人公寓中的单身者"），可以按产品使用、媒介以及生活方式进行交叉分析。

5. 协同营销系统。人员推销的高成本促使越来越多的企业使用直复营销技巧（如直接反馈广告、电话营销等）以获得更高的效率。例如，优惠券或者邮件直复营销的方式可以引发呼出电话营销方式，呼入电话营销可以为其他直复营销活动引起的需求提供服务。这些都可以为公司带来更多的潜在客户。

如同所有的营销传播，直复营销活动必须整合自身及广告、宣传、销售员销售等传播工具。不协调的传播会导致模糊的品牌形象、低影响力，并引起消费者的困惑。直复营销改变市场的能力会在以下案例中得以体现。

潜在客户开发

零售部门和营销部门偶尔会相互指责对方的客户转换率太低。CSO 的研究表明 42% 的零售人员认为在与客户沟通时没有掌握所有需要的信息。HubSpot 的研究表明只有 24% 的 B2B 公司在零售和营销部门之间有正式的工作移交。随着主导权由企业向消费者转移，零售和营销团队要花更长的时间培养客户，并将潜在客户转为现有客户。公司可以让零售和营销团队协同工作，并提出一个综合性的客户开发策略。

资料来源：Richardson, M. (2014) How to solve the productivity puzzle by empowering sales with CRM, *Sales Initiative*, 17 (April)：28 - 31.

直复营销如何改变市场

下面列举直复营销如何改变市场的三个案例。

戴尔公司由迈克尔·戴尔（Micheal Dell）于 1984 年在美国创立。他对当时的电脑销售方式提出了质疑，试图建立一个直复营销运营系统，消费者可以直接打电话订购电脑。根据客户要求定制的电脑可以直接送到客户手里，不需要分销商。产品的流水线使得计算机可以在 4 个小时之内生产出来。戴尔公司在 1996 年进入互联网市场，在 1999 年每天能通过网络实现超过 1 400 亿美元的收入。

First Direct 公司于 1989 年进入电话银行业。它的成功源于顾客对传统银行的不满，如营业时间短、要排队、收费等。通过集中银行业务、电话直接访问，First Direct 能够以较低成本为客户提供高水平服务。这项新服务提供 24 小时访问并且是免费的。这一做法已被证实是一次巨大的成功，客户数远远超过预期，同时让各类银行的客户满意度得到了提高。

Direct Line 公司在汽车保险业中看到商机。传统的保险公司通过安排在各个城镇和城市的保险经纪人与客户联系。Direct Line 在电视和报刊上登广告，以极低的报价说服潜在客户购买保险。整笔交易通过电话完成，并邮寄表格让客户签名。通过减少经纪人，公司可以减少部分成本，让利于消费者。汽车保险上的成功使得公司扩展到了家庭保险、财产保险等相关领域。

首席营销官该怎么做

首席营销官的角色从创意思考逐步转为分析和做出企业决策。因此，他们会面临更多的挑战，正如 IBM 新出的报告中提到的：首席营销官需要思考如何缩小与期望的差距。研究涉及 56 个国家、19 个行业，揭示了首席营销官需要集中的行业领域。此报告主要聚焦在手机、社交媒体、数据挖掘、数字行业以及频繁出现在会议室的首席营销官上（Jim Blythe，2014）。

数据库营销

很多直复营销活动需要准确的消费者信息，而通过直邮或者电话推销的方式可以确定目标客户。这些信息存储于一个营销数据库里，其中的电子档案包含一系列的名字、地址以及交易行为。数据库还囊括购买类型、购买频率、购买价值、对优惠活动的反馈等信息。公司的管理者做决策时需要决定是选择一个基本数据库还是复杂数据库。基本数据库往往包含消费者是谁、买了什么以及在哪购买。复杂数据库可能涵盖了付款方式的种种细节以及购买发生的时间。理想状况下，后者会与公司的经营活动产生联系。数据库可以是通用的，也可以是定制的。当然，这取决于公司的资源、目标以及能力。这使得未来的活动可以以那些最有可能做出反馈的人为目标。例如，销售园艺工具公司的邮件可以直接以那些买过园艺产品的人为发送对象。再比如，汽车商如果拥有一个涵盖消费者名字、地址以及买车日期的数据库，就可以直接发邮件，推送服务报价或新车型。

营销数据库还可以用来稳固与消费者的关系。例如，Highland Distillers 公司为了销售 Macallan 威士忌品牌，将促销预算从广告转移到直复营销中。公司建立了一个包含 10 万个频繁饮酒者（每年至少消费 5 瓶酒的消费者）的数据库，发邮件告诉他们品牌趣事、威士忌大事记以及优惠活动。[2]

　　英国超市 Tesco 成功地通过 Tesco 会员卡建立了庞大的数据库。数据库用于细分市场，如打折驱动的价格敏感者、美食家、大宗商品受众和品牌忠实粉，测试他们对促销的反应以及不同价格的影响。例如，为了更准确和低成本地锁定客户，连锁酒店德威集团（De Vere Group Plc）于 2003 年重新调整公司的客户数据库，将其划分为一系列客户类别，如女孩、忠实的支持者。这一策略是为了使不同品牌在现有客户群中实现跨群销售。

零售商如何使用营销数据库

　　会员卡计划是零售营销数据库的核心，通过返现或者积分换取产品等方式回馈购物者。作为回报，如 Tesco 和博姿（Boots）等零售商通过让不同的消费人群定制产品和传播收集了大量的数据。

　　忠诚卡计划通过购买频率、单次购买的花费以及产品类别的花费追踪消费者。零售商可以总结出各个消费者一起购买的产品的类型。例如，博姿利用其优惠卡计划（有 1 400 万活跃用户）做出这些类别的分析。一个有用的发现是，购买胶卷与相框和购买新生儿产品之间存在联系。因为产品是根据类型线组织的，零售商从来都不会对婴儿产品买家提供相框的优惠，然而这确实是新生儿父母可能会买的产品类型。

　　整合营销传播有可能使用营销数据库，因为系统记录了消费者会接触哪些营销传播工具（如直邮、促销），并且通过销售数据和会员卡电子点测量每个活动的成本效益。

　　零售商按照消费者的潜力、忠诚度以及价格、促销敏感度进行市场细分。不同的营销策略针对不同的细分群体。例如，为了使那些具有高消费潜力、促销敏感及低忠诚度的购买者买更高价的产品，零售商会每两个月邮寄一次主要购物商品的优惠券，直到消费者进入另一个细分群体。同样地，高忠诚度消费者会得到特殊的待遇，如收到消费者杂志。

　　Tesco 会员卡（在英国有 1 500 万活跃用户，在海外有 700 万）集中了大量的数据，可以用来细分市场，如打折驱动的价格敏感者、美食家、大宗商品受众或者品牌忠实粉，测试他们对促销的反应以及不同价格对他们的影响。不同的区域媒体选择策略可以通过店内反应进行检验。促销可以更加有针对性，例如，把狗主人作为狗粮销售的目标，直邮时排除"健康生活"类型，以及开展定制电子邮件活动。超市里的产品搭配也可以通过消费者的购买习惯进行调整。

　　电子支付系统可以提高消费者的忠诚度，提供建议，数据分析可以提供个性化及对消费者的深入了解。PayPal 就是一个最好的移动应用例子，其包含全球定位信息，可以促进消费者的当地服务，消费者支付时可以使用 PayPal。理解支付行为以及如何将其用作增加服务价值的基础是一笔有益的销售资产。

　　资料来源：Based on Mitchell，A.（2002）Consumer power is on the cards in Tesco plan，*Marketing Week*，2 May，pp. 30 - 1；James，M.（2003）The quest for fidelity，*Marketing Business*，January，pp. 20 - 2；and Dave Howell in Raconteur supplement in *The Sunday Times* 1 June 2014，p. 9.

　　消费者档案包括消费者的住址、邮编，以及通过服务机构做出的人口地理位置分析，如按居民类型划分的住宅区分类（a classification of residential neighborhoods，ACORN）。直邮可以以有类似人口地理区域的人或者属于同一目标类别的人为目标。每一个消费者在数据库里会配有一个资源名称（URN）。URN 是一个独一无二的参考数字，只有这样才能和有相似名字的消费者区分开。

数据库营销（database marketing）被定义为一种交互式的通过使用可寻址的营销媒体和渠道（如邮件、电话、手机和应用程序）来进行营销的手段：

（1）为目标客户提供信息；

（2）刺激需求；

（3）将消费者、潜在客户以及一切沟通和交易数据记录和存储在一个电子数据库中，以便与客户保持密切联系。[3]

存储在数据库中的典型信息包括：

1. 实际客户和潜在客户的信息。基本数据包括姓名、地址以及能够联系到消费者的电话号码。这些数据可以通过消费心理和行为数据进行补充。在 B2B 市场，重要决策者以及他们的选择标准也会涵盖在内。

2. 交易信息。购买频率、消费者最后一次购买发生的时间以及每个产品类型购买的金额等信息也会存储在数据库中。通过与消费者类型进行交叉分析，能够更加了解消费者最有可能购买哪一类产品，因此信息更有针对性。

3. 促销信息。数据涵盖了以前的促销活动，消费者反应模式，以及沟通、销售、建档方面的结果，这些都可以存储在营销数据库里面。

4. 产品信息。关于哪些产品被推销出去、怎么推销、什么时间、什么地点以及回应等信息都会保存下来。

5. 人口地理信息。消费者以及潜在客户所处的地理区域属于的社交类型、生活方式以及商业类型等信息都会存储进去。利用消费者地址上的邮编、雇佣服务机构进行人口地理分析（如 ACORN），消费者档案被建立起来。

数据库营销的重要性体现在它的应用上：

1. 直邮。数据库可以通过发送邮件存储消费者的信息。

2. 电话销售。数据库可以存储消费者和潜在客户的电话号码。同时，消费者通过手机联系供货者时，可以获得一些相关信息，如下一次的联系大致在什么时间。

3. 忠诚营销。从数据库中可以获取忠诚度高的消费者，进而可以特殊对待作为忠诚的回报。

4. 活动计划。数据库可以作为给个人和公司持续发送活动和信息的一个基础。

5. 目标营销。个人或企业的个别群体可以作为数据库分析后确定的目标。例如，超市存储的消费者行为数据可以确定哪些促销活动最有可能被接受，就像针对只买酒的消费者推销酒。

6. 经销商管理系统。数据库可以作为为经销商提供信息以及检测绩效的一个基础。

7. 营销评价。通过记录对营销组合（如价格促销、特价产品、直邮信息）的反馈，针对不同的消费者以及细分市场，不同的方法所起的作用可以得到评估。

隐私和电子通信条例

人们的想法会发生变化，同样营销战略也会改变。毋庸置疑，个人偏好的及最新的、准确的信息会带来很多好处。当个体选择退订时，可以及时发信息确认他们取消订阅并告知如何再订阅，或者以一种委婉的方式发信息，提醒其重新选择订阅。这一做法被认为是可以接受的。然而，公司在做这些时需要警惕，信息中一定不能包含营销资料，也不能要求个人为了其退出行为付出代价。

案例 1

银行发送年度报表给客户，里面详细记录了客户过去一年存款账户上的所有交易。每个报表的底部都会显示一条信息，提醒客户如果他们想要了解自己的市场偏好，可以告知银行，银行会更新信息。

案例 2

健身中心会定期给成员发送电子杂志。部分成员拒绝健身中心使用自己的个人数据，所以健身中心在系统里会对这些人进行标注。健身中心想要确认成员之前拒绝使用个人信息的要求是否奏效，以及过去几个月的电子杂志内容发生改变后是否仍适合作为电子邮件发送给成员。健身中心不能确定人们是否会改变想法。它们能够确定的是，近期接收的反对信息确实是成员的内心想法。但是，它们不能刻意地联系这些成员，告诉他们正在失去什么和改变着什么。

资料来源：www. ico. org. uk September 2013.

管理直复营销活动

直复营销组合由四部分组成，包括目标市场确定、互动、控制、连续性（TICC）。正如图 11-1 所示，互动是整个 TICC 准则的核心。

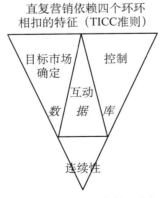

图 11-1　直复营销组合

营销规划是营销活动管理的起点。直复营销必须与所有的营销和促销组合元素充分结合，才能有一个统一的营销策略。尤其是直复营销人员必须了解产品的目标市场（要完成的地点），产品的差异化优势（如何完成），以及产品在市场中是如何定位的。这些问题会从根本上影响活动的目标人群、使用的说服性信息和目标消费者的购买行为。图 11-1 介绍了管理直复营销活动的不同阶段，图 11-2 介绍直复

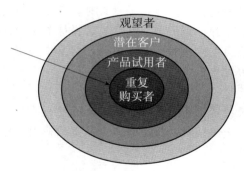

图 11 - 2　靶心模型

营销协会提供的靶心模型。靶心模型描述了每个方面的目标者。显然，直复营销最主要的目的是将潜在客户发展为重复购买者。[4]

定义和理解目标受众

目标受众指的是直复营销活动面向的人群。对于消费者市场来说，目标受众可以通过市场细分变量如年龄、性别、社会阶层和生活方式进行描述。尤其重要的是以地理人口为基础细分的消费者。依据各种各样的变量如家庭规模、汽车数量、职业、家族规模、人种等，人口普查数据可以对家庭进行分类。通过运用统计技术，小的地理人口区域（英国的数据获取区）被认为具有相同的特征。最出名的系统ACORN 把家庭分为不同的组，如名门望族、大家庭、蒸蒸日上的家庭、定居家庭、有抱负的家庭、奋斗的家庭。每个组中的家庭都可以通过相应的邮政编码区分，直邮可以以指定的组为目标。

各个领域均有区域细分模型。简单地说，正如利特尔和马兰迪（Little and Marandi）所总结的[5]，消费者可以根据身份、价值和兴趣等其他方式进行细分。

对 B2B 市场来说，目标受众指的是营销人员希望面对的组织机构，以及每个组织中的关键人物类型（见图 11 - 3）。根据组织规模、行业类型、购买集中度、位置、组织创新能力等变量进行的细分有助于公司确定希望面对的组织机构。在组织中对个体的选择则往往根据对决策单元的分析（见第 3 章）。目标的选择大多数根据职称。

目标受众一旦被定义，就需要一个清单，这可以从内部数据或者外部代理机构处获得。例如，在企业市场，为了促进直邮活动的进行，像指南针、邓白氏集团这样的公司会根据客户需求提供写有名字和地址的便笺。直复营销人员需要意识到邮寄或者是电话会出现过期或者错误的可能。

直复营销人员需了解目标受众的购买行为。著名的广告大师戴维·奥格威（David Ogilvy）曾说过"永远不要卖给陌生人"。这句话要阐述的是理解目标受众的需求以及购买行为非常重要。尤其是了解目标个体的需求和选择标准有助于信息的传递。例如，如果价格是选择目标受众的标准，直复营销活动推广中要着重强调价格的重要性。第 10 章谈到关系销售时也会提到，不同的消费者会看中不同的利益，有不同的价值主张类型。

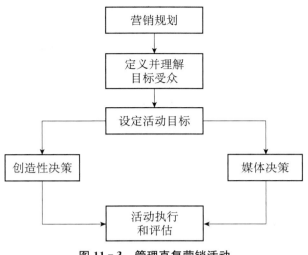

图 11-3 管理直复营销活动

设定活动目标

活动目标可以通过不同方式来设定：

1. 财务目标，如销售额和价值、利润、投资回报率。

2. 沟通目标，如意识、产品试验、消费者内心对品牌的定位、提醒和强调、危机管理。

3. 营销目标，如客户获取、客户维系、引导/询问潜在客户、订单数、回复率。

尽管有这些可能的目标，但事实上直复营销往往比广告更多且更直接地涉及促销活动。与之相关的目标是客户的获取和维系。获得新的客户往往比留住已有客户的成本高。[6,7]同样地，维护客户的忠诚度有其他好处，那就是忠诚的客户会重复购买，向朋友宣传品牌，很少关注竞争品牌，以及购买延伸产品。[8]因此，直复营销人员不需要花太大的力气去维护已有的客户（对他们进行促销），而是需要通过使用直邮、电话等工具获得新的客户。这些是维护客户基础的战略意义。

在计算用于创造新客户使用的资源时，需要使用生命周期价值这一概念。这个概念测量了消费者在从成为客户到脱离与公司的联系整个过程中，为公司带来的总收益。生命周期价值高时，消费者获取方面需要的投资很多，特别是吸引来的消费者倾向于保持忠诚时。这就是为什么银行会投入大量的资金吸引学生，他们虽然在短期内不会产生很大的价值，但是在整个生命周期内极具吸引力。消费者生命周期价值的概念意味着个体作为一个公司客户的时间越久，公司获利的空间越大。

同样，公司对如何留住客户给予了相当多的关注。这一目标催生了诸多的消费者忠诚度计划，如常旅客计划（航空）和会员卡。

创造性决策

考虑到直复营销通常是以立即销售为目标，信息的接收者（尤其是通过直邮和电话销售）在回应的过程中需要感知到明显的好处。Direct Line 保险公司扩大自身业务主要是通过提供真正的顾客利益点——可观的成本节约，或者说通过直接反馈广告和高效的电话营销方案。为了获得成功，公司需要生成一个创新纲要，主要包括以下内容：

1. 沟通目标。说明活动想要实现的目标，如销售额和价值、订单数量、客户维系/获取和销路拓展。

2. 目标市场分析。确定目标消费者后，给以描述，同时对他们的需求和购买行为进行分析。这是很有必要的，就像创意团队相信奥格威的名言"永远不要卖给陌生人"，这些是很关键的。

3. 品牌利益（和损失）。由品牌特点创造出来的顾客利益需要进行定义。可以通过一些词，如"结果是"或者"这意味着"，将特征与利益进行关联。任何差异化的优势都需要通过竞争品牌优劣势分析得出。

4. 新产品的开发。将要推出的新产品应事先在受众中通过测试以建立吸引力，这可以通过小规模的个人试验或者小组讨论进行。新产品促销可以标价出售，也可以采用赠送礼物的形式（如给那些投保的人一个免费的电话/音频信息）。

5. 信息沟通。在直邮中，促销可以通过一封信告知。必须清楚地告诉接收者如何回复。免费专线和免费邮寄信封会增加 50％～125％ 的回复率。[9] 在电话销售中，销售人员经常会用脚本进行信息交流。当与强大的软件和信息技术相结合时，脚本可以为目标受众提供更为高效的沟通方式。

6. 执行方案。执行方案需要聚焦在活动怎样进行、多久进行一次以及推荐的最适合媒体上，这些都需要决策。对电话营销活动来说，实践层面的一些细节（如需要多少电话接线员以及在什么时间拨打等）都要做出决策。

媒体决策

直复营销人员有一系列可以接触目标受众的媒介。下面对直邮、电话营销、直接反馈广告和产品目录营销进行分析。第五种媒介网络将会在第 12 章进行介绍。

直邮

直邮（direct mail）将东西直接寄到家里或者公司，并以促销某个产品或者维持现有的关系为目的。直邮被认为是直复营销中最重要的一种工具。影响直邮活动效果的一个重要因素是邮寄名单的质量。邮寄名单应该在租赁或者购买的基础上获得。由于名单很快会过时，租赁通常更合适。**客户名单**（consumer lists）可能来源于订阅的杂志、产品目录、组织成员等。另外，**客户生活方式清单**（consumer life-style lists）来源于问卷调查。选举名册与地理人口分析方法结合使用会有一定的益处。例如，如果公司将目标设定为住在现代私人住宅中的年轻家庭，选举名册可以提供住在这些区域的人的姓名和地址。

公对公清单（business to business lists）可以从工商名录生产商处获得，如指南针或来自订阅的贸易杂志清单（如《化学月刊》（*Chemicals Monthly*）或《采购经理公报》（*Purchasing Managers' Gazette*）），或源于展览清单。最有效率的邮寄清单是公司自己的客户，这被称为**企业内部清单**（house list）。这是因为公司享受与客户之间已有的关系。同时，能够用到的还有那些不活跃的往期购买者的姓名、询问者的姓名，以及那些被公司现在客户谈及并推荐的人的姓名。企业内部清单比其他来源的清单更富成效，这并不罕见。消费者行为如产品购买、最近一次的购买、购买的频率以及消费总额等都可以存储在内部数据库中。直邮的管理包含以下五个问题。

（1）谁：目标市场是谁？试图影响哪些人？

（2）什么：要求得到什么样的回应？打折还是询价？

（3）为什么：他们为什么会购买或者询问？是因为产品更先进还是更便宜？

（4）在哪里：在哪里可以和他们取得联系？能不能获得他们的家庭或者工作地址？

（5）什么时间：联系他们的最佳时机是什么时候？通常对于消费者是周末，对于商务人士是周二、周三或者周四。（周一一般是会议时间，周五他们有可能忙着清理办公桌。）

其他管理事项包括写地址及装信封，**邮局**（mailing houses）会提供这些服务。由于邮件非常多，需要提前通知邮局，以保证安排好邮寄工作。

直邮可以将目标锁定为指定的个人。例如，通过园艺设备的订购者清单，园艺设备厂商可以将目标定位在一个特殊群体，这些人可能比一般人对促销更感兴趣。详细的群体个性特点是必要的，而且可以直接测量。因为直邮的目的很直接，通常是打折或者询问，成功的概率很容易测量。一些组织机构如《读者文摘》，在大规模进行邮寄前会花费大量的金钱来试验其他创造性方法。诸如促销类型、大标题、视觉效果和备份可以以系统的方式得到改变，通过代码可以将优惠券反馈和与之相关的创新型方法联系起来。因此，公司可以清晰并很容易地测量某个特定活动的成功率。

直邮的效果在很大程度上依赖邮寄清单的质量。不好的清单会增加成本，而且由于接收者对邮件内容不感兴趣，邮件会被放入"垃圾邮件"中。在千人成本方面，直邮最初的成本比广告高很多，而且回复率很低（平均回复率为2%）。增加的成本来自数据库的建立。从这些角度来说，直邮应被视为一种长期的媒介工具，通过仔细定位消费群体就可以产生回头生意。一个重要的概念是消费者的生命周期价值，它指的是一个消费者在整个周期中所创造的收益。

总之，直邮对具体细分的群体有很高的成本收益，但有反对者提出回复率可能很低，可能被列入垃圾邮件，一些公司即使在收到要求停止发邮件的警告邮件时，仍坚持发送。[10]

电话营销

电话营销（telemarketing）指的是由专业的训练人员通过电话沟通和信息技术进行营销和促销活动的一种营销信息沟通系统。

在北美，潜在客户一直以来被电话询问是否购买价位相对较高的汽车、冰箱、家装用品。话务员按照准备好的脚本，根据不同的客户情况采用不同的销售方法，这些情境在促销之前已经形成。这个工具有时候会为促销人员的电话访问铺平道路。这种方法的成功率可能会很低，但是费用低廉，并且可以消除很多无约访谈。但是，电话营销对于通过电话请求购买的销售人员来说是一个非常艰巨的任务。

当潜在客户通过电话联系公司时，就产生了呼入电话营销，而呼出电话营销是指公司打给潜在客户。信息技术的发展影响了这两种形式。例如，"快速地址"程序，能够让电话营销人员快速处理打进的电话，并且能够在最短的匹配时间里识别出拨打者的地址和账号明细，同时能够保证准确性。销售人员可以询问拨打者的姓名和邮政编码（家庭的或者是公司的）。由此，正确的地址会出现在计算机屏幕上。如果拨打者有意通过电话购买（如使用信用卡），那么索要邮寄的地址就没有必要。更加复杂的通信技术甚至在电话接通前就能够识别出拨打者。拨打者的电话号码被传输到消费者数据库中，回应的所需文字在接电话前就会出现在接听者的屏幕上。这一服务已经渗透到消费者服务领域。

计算机化同样能够提高呼出电话营销的工作效率。庞大的数据库可以在数据仓库中存储信息，电话营销人员能够很容易获得这些数据，电话清单能够自动被分配给营销人员。脚本可以在屏幕上创建并存储，这样一来，营销人员就可以随时方便地在屏幕上看到。订单会自动进行处理，并且接下来的动作（如一个月内回拨电话或者推销刊物）都能够记录下来并进行存储。此外，自动拨号器能够提高工作效率。

一个重要的技术进步是预测拨号，它能够使得大量的外部呼叫从呼叫中心打过来。当消费者接听时，这些呼叫会传递给代理，这样就可以免去接听机器、占线信号、传真机以及无人接听的电话。据说，给代理提供连续不断的电话能够显著提高电话服务中心的效率。然而，电话工作人员没有时间对通话做好心理准备（铃声会提醒他们，相关的细节会出现在屏幕上）。这也就意味着电话中心的工作人员必须保持高度集中的工作状态。[11]

电话营销的自动化同样允许通过简单的按键检索关键信息，如客户历史记录、产品信息、清单等。如果潜在客户或者客户正忙，系统会再另行安排时间打过去，操作者只需简单地按一个键就可以在未来某天通过屏幕回想起来。这能确保不忽略任何一个客户。

电话营销通常从电话服务中心开始，受过专业训练的操作者每天接听并拨打上千个电话。这一过程在下面的案例中进行讨论。

电话营销：电话服务中心的发展

电话营销的发展带来了电话服务中心的迅速扩张。这些宽敞的办公室里有上百人在拨打和接听电话。他们的任务得到自动化的协助，如自动拨号、电脑脚本、自动订单/票处理和记录。

员工受到的训练是通过电话高效地沟通。例如，First Direct 的呼叫处理者在与客户进行联系前会接受数周的培训。一些金融服务公司如 Virgin Line 只和那些第一次打电话并且同意进行深入谈话的客户联系，建立信任的同时将客户圈定在可控范围内。

电话服务中心还可以用来检测服务水平。例如，Kwit Fit 公司针对轮胎、刹车、排气通风装置等产品线，雇用了一个庞大的电话营销团队，在 72 小时之内联系客户，确认客户对服务的满意度。电话呼叫中心的工作人员在一个晚上电话联系了 5 500 个要购买汽车保险的人，这些是从 500 万曾享受过公司修理中心服务的人中提取出来的，成功率能达到1/4。

技术应用能提高电话呼叫中心的效率。例如，网站上一个回叫按钮可以让客户要求公司的电话服务中心在任意时间选择回叫。这期间，来自电话服务中心的回复没有必要通过电话。智能电子邮件系统在产生自动回复之前，通过搜索关键词和短语，翻译收到的电子邮件，自动生成回复邮件。

资料来源：Miles，L. (2001) Call centres exploit technology growth, *Marketing*, 18 October, pp. 35 – 6.

美国贝尔电话公司已经研究出电话营销实施过程中一些有用的指导原则：

1. 定义自己和所在的公司。

2. 建立联系：这一过程会随着对潜在客户交易进行研究很自然地产生。

3. 做出有意思的承诺（如节省费用/特价）。

4. 传递促销信息：强调收益而非产品特征（例如，人们喜欢你的产品是因为它能帮助解决……）。

5. 克服拒绝：掌握处理拒绝的技巧。

6. 成交：在合适的时机不害怕主动要求下单（例如，"您现在想要下单吗?"）或者实现其他目的（例如，"能给您寄个样品吗?"）。

7. 达成协议：安排一次促销电话或者预约下次电话。

8. 表达谢意。

移动营销

移动营销（mobile marketing）（直接发送短信至手机）是非常成功的。英国每个月都会发送 10 亿多条收费信息。营销人员很快意识到通过这一中介进行沟通的机会，尤其是与年轻的受众进行沟通。营销人员现在会通过手机将有关快餐、电影、银行、酒饮、杂志、图书等产品的促销信息发给潜在客户。一个新的首字母缩略词 SMS（short messaging service）的出现描述了这一媒介，适用于所有使用全球手机通信系统（GMS）的手机，其以第二代移动通信（2G）为主导。对营销人员来说，这一方法的好处如下。[12]

● 节约成本。与每个直邮邮费 50～75 便士相比，一条短信的成本在 15～25 便士，前者包括了印刷和邮寄成本。

● 个性化。与直邮类似，每个信息都是发送给个人的，这与传统的广告形成对比。

● 锁定目标。短信用户中年龄在 15～25 岁之间的占 86％，而在英国 25～34 岁的人占总人口的 87％，也就是说移动营销作为年轻人的定位工具有极大潜力。[13]

● 互动。接收者可以回复短信，这为双向对话创造了机会。

● 客户关系建立。与客户形成持续的对话有助于关系建立。

● 时间灵活。与直邮不同，移动营销可以在一天中的任意时间段进行，为接触接收者提供了较大的灵活度。

● 及时且可测量。移动营销活动的结果很及时并且可以测量（例如，接受订单的人数）。

● 数据库建立。移动营销的创新使用允许营销人员收集客户信息，并且可以将其存储在数据库里。

然而，移动营销也存在某些局限性[14]，如下：

● 信息内容短。一条信息的文字限制在 160 个字符以内。未来技术的发展可能会突破这一限制。

● 视觉单调。2G 系统不支持图片发送。尽管很多媒介消息服务以及 3G 技术都支持图片消息，但是额外的成本可能会阻止其广泛使用。

● 失去新鲜感。现在移动营销还很新奇，回复率也很高，但是有人提出质疑，一旦新鲜劲过去且客户收到越来越多的广告/促销信息，这种方法的作用会减弱。

● 定位不明确。正如定位不明确的直邮，"垃圾"信息会引起客户的厌烦，导致回复率降低。

● 选择加入。目前法律上的限制要求客户必须允许公司通过手机联系他们。他们必须选择接受公共促销、营销信息以及公司的特价信息。为了减少这种限制并且在隐私和数据分布方面不违规，公司包括移动运营商越来越多地倾向于免除条款并在合同中逐条引入（例如，如果你不想接收我们的特价信息细节，请点选此项）。

目前，移动营销不仅是可以接受的，实际上还非常受欢迎。移动营销协会的研究显示，68％的客户很有可能会把这一服务推荐给其朋友，43％的客户会积极回复信息，或许会浏览网站或者观看广告。[15]德·佩尔斯马克（De Pelsmacker）等人也提出客户越来越能够接受将促销信息发送到其手机里。[16]

直接反馈广告

直接反馈广告（direct response marketing）出现在电视、报刊等媒体中。不同于标准广告，直接反馈广告的目的是引起直接反应，如要求提供更多信息、询问或者是下单。这种广告通常会提供一个免费电话，这样感兴趣的人会联系公司。广播媒体是用来接触大量客户的，而直复营销技术能够使客户及公司快速回复。

直接反馈电视（DRTV）有时也叫电视购物，慢慢流行起来并且有多种形式。最基本的标准广告带有电话号码。其他形式如 25 分钟的产品展示（也叫信息商业广告），以及由 QVC 等公司播放的家庭购物节目。

在欧洲，大量的产品（如休闲产品、家庭用品、图书、美容护肤品）是通过遍布欧洲的频道如 Quantum International-Super Channel 和 NBC 广播公司等推广。能够促成电视营销应用和成功的因素有四个[17]：

1. 产品需要进行示范或者一种服务需要进行解释。
2. 产品有很大的吸引力（尽管单一的频道为专业产品提供了媒介）。
3. 有效的电视营销必须有好的收视率并且维持受众的兴趣。
4. 成功的电视营销往往需要高效的电话销售操作去处理回复。

在英国，这种趋势也体现在卫星频道上。一方面，专用的电视购物频道遵循一个结构化的广播形式，如从早上 5 点到次日凌晨；另一方面，其他频道在常规节目时间外也播放商业信息和电视购物信息。

产品目录营销

产品目录营销（catalogue marketing）通过邮件或者在销售点（如果产品目录营销者是店主的话）对代理商和客户产品目录进行促销和销售，传统上，产品目录营销是以邮购订单的形式，客户通过代理商获得产品目录并下单。对客户来说，最大的好处在于可以通过信贷工具实现每周支付。最近，越来越多的公司如 Next、TroisSuisse 将产品目录营销逐渐转向高端消费市场，定位于那些忙碌且富有的客户，他们更看中在家挑选产品的便利性。

英国一个成功事例发生在 Argos 公司身上，其商业活动完全依赖产品目录营销。大量的产品，如相机、珠宝、玩具、手机、手表、家庭用品以及园艺工具，都是通过产品目录卖出的。客户在家挑选，然后去城中心的 Argos 商店购买。Argos 的成功在于这种便利的购物形式，再加上低价位、高效的服务以及库存系统对成本的控制，能够防止脱销。宜家也是通过这种方式运作的。

产品目录营销能提供一种便利性购物方式、大量的产品、低价位和有时附加的信贷措施。当操作集中化后，在市中心位置设立店铺的花费可以省下。但是，产品目录的印刷费很贵，而且要求频繁更新。网络是一种向客户展示产品的十分便宜的方式。但在网络中，产品在购买前不允许试用（如高保真音响系统）或者试穿（如衣服）。同时，在产品目录中展示的产品的颜色可能和快递过来的产品有偏差。这对家居等产品来说是很重要的问题。

产品目录对商家同样重要，可以作为连续的促销辅助，可以使客户在方便时下单。越来越多的公司正转向基于互联网的产品目录，生产成本更低且更容易更新。商家的产品目录往往包含大量的信息，包括产品规格和价位。直邮和电话营销活动可以提醒客户通过产品目录购买。对于许多需要提供部件和办公用品的公司或组织来说，产品目录是一个很重要的营销工具。

活动执行和评估

在做出创造性决策和媒体决策后，具体的活动就要开始计划了，可以内部做，也可以通过专业的直复营销代理机构来做。需要清晰地对目标进行定义和评估，包括：

- 销售量和价值；
- 回复率（接触客户后回复的比例）；
- 询问的人数；
- 一单/一次询问/一次促销的成本；
- 新客户的数量；
- 由询问到购买的转化率；
- 更新频率；
- 重复购买率。

大部分目标衡量了直复营销活动的直接（短期）影响。考虑到客户的生命价值，直复营销人员不应忽略活动的长期影响。活动在短期内或许不会产生成本收益，但当考虑到续购和重复购买的影响时，其长期价值或许是非常可观的。

绿色条款

很多广告商热衷于环保证书的加持，尤其是考虑到社会责任，要求宣传时考虑公司的行为对社会及环境的影响。很多组织与广告标准管理局（ASA）产生冲突，因为它们所宣称的环境友好实际上并不到位。广告标准管理局为广告商颁布了环保法规，并且最新版本中包含新的环境声明法规。

欧盟对垃圾邮件的意见

欧盟已经通过立法，给予公民和不明来历邮件（垃圾邮件）做斗争的权利以维护其合法权益，在民事诉讼中对垃圾邮件制造者采取法律制裁。这意味着消费者保护组织可以对垃圾邮件制造者采取行动。

资料来源：Advertising Standards Agency Code of Advertising Practice April 2014.

小　结

本章探讨了作为一种销售产品和服务的方式的直复营销。直复营销活动帮助 Direct Line、First Direct、戴尔等公司在不通过传统的销售人员或经销商的情况下直接对接消费者。直邮和电话营销的使用正在减少对一线销售人员的需要，尤其是对规模较小的公司来说。

为了充分利用各种工具规划整合活动，直复营销活动需要进行仔细策划。主要的媒介包括直邮、电话营销、直接反馈广告、产品目录营销和网络营销（在第 12 章讨论）。对受众的定义和理解、活动目标的设定、创造性及媒体决策的制定、活动的执行和评估都应该作为营销规划的一部分。

案例练习

可特食品

可特食品（Kettle Foods）发现其薯片品牌不需要广告支持。但是，目前超市正在促销其品牌，这或许会成为一个问题。

20 世纪 80 年代末，英国可特薯片首次将"设计师薯片"引进高档酒吧和熟食店，现在到处都是。可特薯片从不在电视、纸媒或者是网站上打广告，然而其年营业额在英国几乎能达到 5 000 万英镑。

在英国，快餐食品市值每年约为 30 亿英镑，其中薯片占到 1/3。这维持了大约 10 年的时间，其中手工薯片市场（主要被可特薯片占据）以每年 30% 的速度增长。可特薯片从来不做广告宣传，那么它成功的秘诀是什么？

卡梅伦·希利（Cameron Healy）1978 年在美国俄勒冈州成立可特时没有营运资金。他认为，拥有足够的可随意支配收入的消费者愿意花 2 英镑去买高质量的袋装薯片。他的想法被证明是正确的，由此创造了可特薯片公司。1982 年，可特薯片是美国唯一的手工薯片。1987 年，希利来到英国研究"天然食品"，1988 年和蒂姆·迈尔（Tim Meyer）建立薯片生产基地，并于 1998 年搬入更大的厂房。自那以后，可特薯片每年能实现 30% 以上的增长，甚至出口至欧洲。

可特的联营公司总经理乔希·莱什（Josh Layish）认为公司成长是因为定位不在大众市场。他说："财务法则固然重要，但是并不能为公司开阔视野并指明方向。我们不是一个销量驱动的公司。"正因为可特不是一家上市公司，所以公司在做出这些决策时有管理上的独立性。优质的产品鼓励忠诚的消费者。"我们的消费者愿意为优质的产品买单，"莱什解释道，"他们是美食家，而且能带来大生意。尤其是他们还没有孩子，或者年纪大的孩子留在家里，希望能相互聊天。"

不打广告的方针是凭直觉判断的，基于一种"酒香不怕巷子深"的理念。"我们同消费者做了很多沟通，"莱什说，"任何一家像我们这样有信心的公司都要去做这种沟通，不同点在于对是否需要 30 秒广告的判断。"

公司的沟通策略有以下几点：

● 直邮已经延伸至拥有 40 000 个客户的数据库，这些来源于在食品展、县/郡展、英国历史文化遗产演出、BBC 食品展、全国婚礼展等上注册的客户。

● 网站的特点是为访问的人提供一个食谱、季度小册子，以及免费的 0800 电话设备。

● 公关策略由"通信＋"这个食品和饮品上的专家来管理。

可特希望大部分的销售来自超市，但是超市没有必要成为消费者发现这个品牌的第一个场所。最初，可特薯片在熟食市场上销售，现在也在高档消费市场提供，并作为唯一的手工薯片出售。

当被问到同超市自有品牌的竞争时，莱什做出回应："对此我们很困惑，但是我们相信会在质量和创新上保持领先地位。我们的味道是首屈一指的。"与可特之前采取的营销方法相比，来自自有品牌的竞争带来了更大的打击。公司 30％ 的增长似乎很令人满意，但是可特还能做些什么？

St Luke 通信咨询公司负责人菲尔·蒂尔（Phil Teer）认为，尽管可特薯片已经被认为是具有包装设计的创新产品，但是人们生活在一个动态的时代，趋势会很快被取代。对于可特来说，它已经成功地使消费者和品牌建立起稳固的联系，但是两年甚至三年内这种关系能否保持牢靠值得怀疑。蒂尔建议建立一个线上群体，就像朋友聚会网站，或者创办一个电视节目。蒂尔认为可特围绕薯片的品牌或者定位市场可以制定一系列的计划，并采用熟食文化的形式。

蒂尔说："我和可特的联系是在家里……可特在聚会场所或者在受关注的场所举办的活动能够促使可特走出家门，并且以现代的方式加强与顾客的联系。你能够看到可特成为人们生活中的一部分，某种程度上可以反映出人们是怎样生活的。人们都很聪明。他们透过品牌看到可特背后不仅仅是某个大公司，还有一个真正的小团体，他们相信自己所做的。这就是营销的力量。"

莱什并没有被这个观点说服，他说："一个更有针对性的信息是有可能的，但是我们认为信息还不够丰富。我们传递了很多信息，但是以提高销量为目的的促销活动撤回得越多，我们增长的速度就越快。我们已经看到真正的有机食品市场的潜力。如果拥有热衷于有机产品或者道德规范很强的人，就会形成资源网。"

问题讨论

1. 蒂尔的观点还是莱什的观点更有说服力？说出原因。

2. 列举可特食品消除自有品牌威胁的方式，尤其是在直复营销中。

3. 可特如何保持甚至提高每年 30％ 的增长率？

RU 正在接受我?

手机短信（直接发送简单的文字信息到移动电话）成为 21 世纪的一个现象，这是一种全新的沟通方式，适合一个全新的黄金时代。2001 年，手机短信实现了真正的起飞。移动电话在年轻人中广泛使用，尽管在某些领域简短的手机短信永远不适用，但是短信发送量已达一定规模。仅 2001 年 12 月，个人付费短信在四大网络内发送就达 13 亿条。

营销人员发现新的沟通媒介永远不会滞后，其已经在年轻人市场如此流行。现在，营销人员通过手机发送短信给潜在客户，这是一种直接接触潜在客户的方式。一个全新的缩略词 SMS（短信服务）开始出现在新的媒介上，并且被用在电影、快餐、巧克力棒甚至图书的推广上。

当然，如果我们在这讨论的是单方面的广告，公众会在几周内把短信忘得一干二净。可以想象，未经允许的短信和垃圾邮件一样会使人愤怒。垃圾邮件的教训对营销人员来说一样适用，因此短信服务系统和其他直复营销方法一样，需与信息接收者进行互动。短信服务专业人士极力保证垃圾邮件不出现。为了清除任何能够毁掉消费者信任的欺诈行为，他们准备对系统进行管理。能够起到帮助作用的因素是短信对发送者是收费的，随意发短信是一项高成本操作。

2001 年，欧盟规定在欧洲的短信服务营销必须是明确许可式的，也就是说营销人员需要获得人们的允许才能发送信息。第一个接触点往往是绑赠的即时设备，其首先发送一条许可性短信，手机的主人回应后，允许短信服务营销人员通过短信推送信息，因此"邮寄名单"以一种传统方式建立。另一种发展名单的方式是在杂志上打广告，如 Smash Hits 公司通过加入流行文字俱乐部访问其读者。加入俱乐部后，成员会收到关于品牌、演奏会以及他们感兴趣品牌的新品信息。

从信息接收者的角度看，短信的优势是很明显的。短信本身不需要任何花费（除非接收者想要回复），并且短信可以在方便的时间阅读。与上千个字的普通邮寄广告相比，160 个字符以内的信息令人耳目一新。行业引领者 Flytxt 公司对于这一媒介的可接受性十分有信心，正打算将文字俱乐部介绍给付费群体，对每个接收信息的人收取费用。很显然，这些俱乐部的成员知道他们正在经历什么，但是对于传统的营销人员来说，有人乐意为接收营销信息付费这一想法是很荒诞的。

然而，研究显示短信服务不仅得到认可，而且很流行。移动营销协会开展了调查，发现 68% 的调查对象表示很有可能把这一服务推荐给朋友，43% 会积极回应信息，通过浏览网站或者广告。

现在，由于屏幕大小和图像质量的限制，这一系统仅仅存在于战术层面上。技术的进步体现在 3G 手机上，这意味着 2003—2004 年基于品牌建设的战略活动变得可行。同时，对于快速应对直复营销活动，短信服务的实践者对这一系统很满意。

资料来源：Written by Jim Blythe, Reader in Marketing, University of Glamorgan.

问题讨论

1. 为什么有人乐意为营销信息付费？

2. 未来什么类型的战略性信息可以得到传递？

3. 哪些因素会降低消费者对短信服务的可接受性？

4. 怎样解释对短信服务的积极反馈？

5. 哪些类型的公司通过短信服务获得的收益最大？

思考题

1. 比较直邮和电话营销的优缺点。

2. 什么是数据库营销？阐述记录在数据库中的信息类型。

3. 直复营销活动管理的步骤有哪些？为什么消费者的生命周期价值这一概念对活动的设计如此重要？

4. 讨论短信服务如何对直邮这一传统的直复营销工具进行补充。

5. 比较直接的人员销售和直复营销的效果。用具体的实践场景来说明你的观点。

6. 举恰当的例子，说明在营销传播组合中直接反馈广告的作用。

第12章 互联网与信息技术在销售与销售管理中的应用

学习目标

学习本章后，你应该可以：
1. 了解一系列信息技术的发展是如何改变销售和销售管理职能的。
2. 领会信息技术的发展会在接下来的十年中继续塑造销售职能。
3. 领会大型组织是如何运用各种电子化手段来管理采购的。
4. 了解中小企业如何运用互联网技术推广和销售自己的产品。
5. 知道信息技术是如何实现客户关系管理的。
6. 了解在许多组织中销售自动化软件是如何支持销售职能的。

信息技术的发展，特别是互联网或网络技术的发展，深刻影响着产品的销售方式以及销售管理活动的内涵。本章首先检验了信息技术和无线技术的广泛应用所带来的销售本质的变化，然后讨论了电子商务和电子销售与采购的本质，最后讨论销售自动化软件在销售中的应用，并详细检验了信息技术和信息技术应用在支持和管理销售职能中的使用情况。

销售队伍变化的本质

订单接受者

信息技术（IT）、互联网、电子商务、无线和移动技术对销售人员的生产力和管理产生了重大的影响。下面的大公司客户经理保罗·米勒（Paul Miller）的自述充分体现了这些技术的发展对销售工作的影响。这些变化改变了消费者与企业互动和购买的方式，以及购买前和购买后的行为。

一个销售从业者的视角

在过去的 15 年里，我们工作和生活的方方面面都在被信息技术迅速地改变，从自动提款机到个人电脑、家用电器以及我们每个人进行交易时所产生的信息量。

在我过去十年的销售生涯中，很多事情发生了变化。下面我会举几个例子，说明沟通手段是如何变化的，以及经营方式是如何有效改进的。

首先，不久以前，大部分通信还是靠有线电话和信件实现的。但是，很快出现了传真和寻呼机，然后是移动电话和电子邮件，这使得商业沟通几乎成为即时性的。

其次，对于传统销售人员来说，大量的确认函和报价需要通过邮局传递，而且通常要花几个星期的时间才能完成简单的交易。起初是传真，现在的电子邮件和网上采购取代了传统的交易方式。另外，秘书在交易中已经没什么作用，因为绝大多数销售人员可以通过标准的模板和报价软件起草信件。

在纯粹的购买活动中，顾客可以通过网上采购系统制定某项标准，自己报价。顾客可以进入各种领域，系统会自动生成报价，这种报价与企业之间合法绑定。

在工业销售方面，科技的发展带来了许多变化。历史上，知识就是力量，并且销售人员或销售工程师几乎知道有关顾客的全部信息。但是，顾客档案经常被随机记录，合同或协议也经常是口头的或被口头修改的。这些是冲突发生的潜在原因，特别是在人员发生变动时。在一个典型的工业销售职位上，平均每三年就会发生人员变更。

随着信息技术、笔记本电脑、平板电脑和智能手机的应用，不仅是销售人员和他们的经理，公司里任何想知道之前与客户达成协议（比如客户服务、技术支持、资金和物流）的人都可以获得这些信息。

这样做的一个主要优势是企业与顾客达成的任何协议都会进入顾客档案，企业中的每个人都能全面地了解到之前与顾客的谈话、顾客的评论和企业生成的报价。这些自动化软件和系统变得越来越普遍，特别是在那些正在尝试更有效地管理自己的顾客信息和更少地依赖个人记忆或书面记录的大型企业中。

客户关系管理（CRM）在许多与销售相关的领域得到特殊的应用和推广，包括银行、工业销售、产品目录，甚至是出租车公司，它们保存了大量之前的交易、询问、购买档案和其他沟通记录。在最复杂的系统中，每位顾客的爱好、家庭纪念日、是否喜欢宠物等细节都可以被记录下来，用以协助企业在销售过程中与每位顾客建立更加深入的关系。

应该树立的理念是，顾客与企业之间的联系可以实现无缝连接。任何关于发票、技术和报价的问题都可以被企业内的任何一个员工回答和解决。然而，所有这些信息都需要被完善地收集、录入和管理，而这种工作通常会落到销售人员身上，也就是说销售人员不仅要努力获得订单，还要负责与客户沟通信息的收集、录入和管理。

客户关系管理系统在管理顾客和为高度集中的营销、促销活动确认细分顾客市场上有巨大的优势。此外，客户关系管理系统现在可以确认和创建每个客户的收益、损失报告，提高销售人员和企业与每位客户交易的效率。

实际上，对客户的评分不仅依赖传统基础上产生的收入，还依赖实际产生的净利润。这就需要考虑到维持业务所需的服务层级，包括销售人员咨询、技术服务、折扣和所有小的额外付出。这些不仅是为了获得第一笔交易所需的支出，而且在以后的交易中会被持续消耗。

这种机制的优势在于，不会把大量资源消耗在特殊客户或很难争取到的客户身上，而是将其用在那些对公司至关重要的客户身上，他们被称为"公司的血液"。这种机制还给销售人员为单个顾客设计一套专属服务提供了可能，这种服务和这些客户与公司现在和潜在的价值成正比。这要求母公司给予销售人员高度的信任，因为他们需要知道客户的利润率和产品线。销售人员把自己负责的领域当成自己的事业来运营，不仅仅把自己的业务看作某个特定时间内的销量，这些潜在优势已经通过销售领域的附加值特别证明。

信息技术系统的使用提高了销售资源的使用效率，但是随之而来的是附加的责任和管理上的工作负担。

总之，技术的各个方面都极大地影响了当今的工作环境。一方面，它代替了一些人力；另一方面，它虽然不一定会减轻总体的工作负担，但它确实减少了花在日常任务上的时间，而且增加了花在产生利润活动上的时间，提高了效率。

一天的工作时间只有几个小时，每个公司及其工作人员都有责任找到并利用一些方法、设备和技术来提高现有环境下的工作效率。

资料来源：A perspective given by Mr Paul Miller，National Account Manager，BP Castrol Ltd. Part of BP Amoco plc.

保罗·米勒的陈述颇具代表性，回顾了过去十多年内销售和销售管理领域发生的变化。过去几年还有一些巨大的变化，比如移动营销。在此期间，信息技术的使用不断增多，影响着销售人员生活的方方面面。对于一些上了年纪的销售人员，向信息技术和信息密集时代的转变成为一段艰难的旅程。对于那些年轻的销售人员来说，这些技术可能会随着未来几十年的持续累积变得稀松平常，因为他们本来就非常熟悉和精通这些技术。随着信息技术的不断成熟和进化，销售人员的角色需要不断调整和适应这些技术的变化，而这些转变很可能是非常值得的，因为信息技术的使用会大大减少他们从事销售任务所花的时间（提高效率），并且协助实现适应性销售（提高有效性），也就是为销售人员提供具体的顾客信息，增强依据顾客需求制定更加适合顾客销售内容的能力。[1]然而，这种 24 小时全天候提供服务的文化也有一些弊端，正如一位销售人员所描述的[2]：

反思性实践对提高有效性有非常重要的作用，人们可以通过停止糟糕的行为来进行反思，但是从来没有人这样做，人们没有时间去反思。人们没有真正地坐在那里，去理解正在发生什么以及如何去改进。人们只是不停地做出反应。我认为这些最终会造成效率的降低。

无线和移动革命

过去 10 年中出现的一个最重要的趋势是向无线技术的转变。这使得销售人员可以从他们的办公桌前解放出来，花更多的时间与顾客沟通。我们通常认为销售人员的"交易工具"是汽车、移动电话（如无处不在的黑莓手机和苹果手机）和笔记本电脑。西尼奥里尼（Signorini）[3]通过对这些无线数据应用软件的四种类型进行定义，为我们构建了这些移动设备的框架：

- 现场销售。包括产品库存和定价系统、顾客账户信息访问入口和实时订单。
- 移动办公。包括电子邮件、个人信息管理（PIM）、企业内部网的访问入口和人力资源系统。

● 车队管理。包括快递公司的发货系统、出租车和货车的调度系统、管理卡车车队的定位跟踪系统和路线规划系统。

● 现场服务。包括服务和维修行业中对工序的日常安排、在现场对顾客记录和信息的访问、金融服务应用（比如保险索赔的处理和评估）、旅程中对全国性数据库的访问入口。

英国生物科技信息研究中心（National Center for Biotechnology Information）的一项研究显示，在过去十年间人类注意力集中的平均时长迅速缩短。2001 年，人们的注意力可以集中 12 秒，现在营销人员只有 8 秒的时间去抓住观众的注意力。对比起来看，甚至金鱼的平均注意力集中时间都有 9 秒。

1. Vine 公司开创了短视频的商业成功案例，由于只能拍摄最多 6 秒的视频，因此品牌信息的传递必须在 6 秒内完成。三星的 Vine 视频就是利用这个特殊效应传播了自己的品牌信息。在三星的短视频中，不同的三星移动设备拍摄了一个篮球运动员的投篮。这个视频获得了 4 300 多个赞和 1 826 次转发。

2. 推特在 2014 年 3 月发布声明，允许用户在一条推特中分享四张照片，并且可以在一张照片中标注 10 个其他用户。这种聚焦于视觉信息传递的举动已经被证明是非常明智的，正如 3M 的研究表明的，人们处理视觉信息的速度比处理文字信息快 60 000 倍。现在已经有不少推特用户开始利用这项新举措更快地传递信息，比如猫粮品牌 Meow Mix 使用推特拼贴画讲述了一个故事。通用电气（GE）则在推特上用四张重金属艺术照片传播自己的品牌信息。

3. 广告牌通常用于吸引顾客的注意力。英国航空公司（British Airways）尝试了一些不同的方法，使用互动式广告牌吸引顾客的注意力。在互动式广告牌中，通过与航运系统的数据交换，一旦有航班起飞，广告牌中就会出现男孩起身指向飞机的画面。广告牌上精确显示了当前的航班和机场信息。

4. Spritz Technology 公司认为文字应该直击观众，以使观众能够更快速地阅读。思睿高（Segel＋Gale）的地区总裁菲利普·戴维斯（Philip Davies）解释道："人们使用 Spritz 这项技术的时候，阅读时不需要使用眼部肌肉，因为他们会直接聚焦于几个文字的最中心部位，而这些部位已经用红色标出来了。所以不是你来扫描文字，而是文字来找你。"三星已经将这项科技整合到自己的产品中，它把 Spritz 这项技术应用于自己的 Galaxy S5 智能手表中。因为智能手表的屏幕大小有限，所以三星在短信和电子邮件中使用了 Spritz 这项技术帮助顾客快速获得重点信息。

5. Snapchat 为企业提供了抓住年轻观众的机会。11 月，Snapchat 上每天有超过 4 亿张照片发布，超过了脸书和 Instagram 的照片分享数量。MHP Communications 公司的数字沟通主管伊蒙·凯里（Eamonn Carey）认为，在现有平台的限制范围内如何更有创造性地实现品牌信息的传播是目前最大的挑战。"简单地分享 10 秒的普通影像是没有效果的，你需要做的是带一点恶作剧性质的、能抓住顾客注意力的、有趣的事情。"快餐连锁店塔可钟（Taco Bell）使用 Snapchat 这个平台重新介绍了自己的 Beefy Crunch Burrito 产品。该品牌在推特上声明自己注册了 Snapchat，让粉丝们关注自己的 Snapchat 账号，这样其第二天就可以收到一份秘密的声明。

6. 动画是一种很有趣的方式，用来吸引人们对线上内容的注意力。像 Videoscribe 等工具使得用户可以迅速地制作动画。这些工具会提供一些有用的引导、信息或者如何发布新产品的说明。Strategy 网络营销公司的创意总监凯丝·道森（Kath Dawson）说："动画内容的美在于它视觉上的吸引力可以迅速抓住眼球，持续的动态和简单的描写使得复杂的观点和信息变得更加有吸引力且令人难忘。"

7. TrueView 的广告是大部分人认可的。广告商可以在 YouTube 上进行片头广告活动，也就是在视频播放之前投放自己的广告，这种广告只有 5 秒钟的强制观看时间，5 秒钟之后观众可以选择跳过，或者继续让广告播放，从而让广告只为那些有意观看的观众播放。现在，5 秒钟已经成为广告商的底线。iCrossing 播放总监奥利弗·休斯（Oliver Hughes）说："你必须尽早让观众产生观看和参与的意愿，因为如果你不能在前 5 秒钟抓住观众的注意力，那么他们很可能会选择跳过你的广告，你就会失去顾客。"

8. 通用顶级域名（gTLDs）使得网站地址在获取顾客注意力上变得更加重要。Net-Names 的商业运营总监斯图尔特·富勒（Stuart Fuller）认为，新域名后缀的自主设计权利给予营销者一个新的机会去创造更加有特色和定制化的网址。他说："标志性的伦敦品牌，如 Selfridges 和 Carnaby Street，都发表声明表示只要可以，它们都有兴趣使用'London LTD'的域名后缀，并以此为基础开展定制化的电子营销活动。"

资料来源：Extracted from：Roderick, L.（2014）8 ways to grab people's attention in 8 seconds：how can marketers hold their customers' attention? *The Marketer*，29 April.

现在，我们对前两大应用进行更加详细的讨论。

现场销售

现场销售是无线技术应用最大的一个领域，在大型组织中超过 1/4 的移动无线设备是用于现场销售。[4] 无线销售技术通常有如下两种使用方法：

● 销售人员有一台笔记本电脑可以与总部保持同步。

● 销售人员使用智能手机或平板电脑传送销售信息给总部，接收从总部发送过来的销售报告。

销售管理者在决定如何给现场销售人员配备无线设备的时候经常会面临一种令人混乱的选择。尽管手持移动无线设备比笔记本电脑更便宜，但是随着移动无线设备的不断升级换代，总体成本很可能不断增加。如果销售人员保留自己的笔记本电脑，而不是把它们替换成更现代化的多功能设备，如 iPad（和其他平板电脑）、iPhone 或黑莓，也就是既有笔记本电脑又有手持移动无线设备，那么成本肯定会增加。更高的成本也可能与各种设备背后技术和标准的相对不成熟有关。另外，不能忽视的是尽管随着设备供给的增加，价格会下降，但是最新版本的设备在刚刚上市或者属于新产品的时候，价格仍然是昂贵的。

移动办公

移动办公在 20 世纪 90 年代销售人员日常配备移动电话和笔记本电脑的时候就已经存在。较早的时候，很少有稳定的移动办公软件和销售应用设备，而且销售人员在如何使用这些软件和设备上没有得到很好的培训。1998 年，第一款黑莓无线手持设备的发布使随时随地接收和发送邮件成为可能。今天，各种轻便的笔记本电脑、平板电脑和智能手机的组合使销售人员可以轻松保持"在线上"的状态，除非需要召开日常销售管理会议，否则不用去办公室。

Crackberry 还是 Brickberry?

应用广泛的黑莓移动通信设备是由 Research in Motion 公司（RIM）创造的。RIM 是一家位于加拿大安大略省滑铁卢市的企业，在 1984 年由两个工程系的学生创建。它是北美第一家无线数据技术开发商，创造了许多无线设备产品，包括无线销售终端设备、无线调制解调器和第一台双向通信寻呼机。

1998 年，RIM 发布了一款无线手持设备 RIM950，这种设备内置标准的传统键盘，可以发送和接收电子邮件、管理通讯录和日程安排。基于此，RIM 与多家无线运营商和软硬件企业建立了牢固的合作关系。

次年，一款作为手机使用的可发送和接收电子邮件的黑莓发布了。这款设备的内置系统可以实现与微软 Exchange 电子邮件系统的同步。这套系统提供了无线手持设备和企业 Exchange 邮箱的联结，包括通讯录和日程安排，可以把现有的商务邮件直接放在销售人员的手机中，邮箱中的新邮件也可以直接推送到手机上，销售人员可以实现信息的及时更新。

RIM 持续成长壮大，不断推进和完善黑莓品牌。黑莓有不少昵称，比如 Crackberry，这是重度依赖使用者对黑莓的称赞性称呼；还有 Brickberry，这是对早期最大尺寸的智能黑莓不好看的外形的调侃性称呼。

资料来源：Based on 'A brief history of the Blackberry', Mojave Media Group, October 2008 (www. brighthub. com/office/collaboration/articles/8041. aspx accessed in October 2008).

上述内容是 2008 年 10 月写的，过去 6 年间市场上已经发生很多变化，黑莓现在处于竞争非常激烈的市场上，要为自己的生存而战斗。下面摘选的文字描述了发生的变化。

根据 Kantar Worldpanel 的研究报告，黑莓在 2013 年第三季度是艰难的。黑莓声称自己的第三季度市场份额为 0.8%，相比 2012 年同季度 1.6% 的市场份额有所下滑，相比安卓和 iOS 在美国市场 52.6% 和 40.8% 的市场份额差距更大。在中国和西班牙，黑莓的情况和在美国差不多，现在黑莓在这两个国家的市场占有率已经为零。这些发现令人震惊，就在不久之前黑莓还是移动设备市场上最火的企业之一。现在，这家企业已经完全被后进企业压倒。尽管一些行业观察家认为黑莓仍然有恢复自己市场的技术，但是不得不承认这家企业面临的是爬坡式的战斗。不论从激烈的市场竞争角度还是从消费者感知的角度来看，黑莓已经是过去式了，它需要解决的问题太多了，然而不幸的是市场留给这家企业解决问题的时间非常有限。

资料来源：http://www.eweek.com/mobile/slideshows/blackberrys-struggle-for-survival-10-huge-problems-it-must-solve. html/#sthash. UmlwhpDW. dpuf accessed in May 2014.

电子商务与电子采购

随着销售人员的角色变化，销售与采购的执行也发生了很大的变化，特别是在大型组织与供应商之间。最近几年，在组织间营销中，电子商务的本质也经历了一场变革。

电子商务和组织间交易

电子商务（e-commerce）是一种通过电子网络（如互联网）开展的销售或交易活动。今天，电子商务通常是指组织间（B2B）的交易，而不是与消费者间（B2C）的交易。虽然电子商务的第一次增长发生在 B2C 领域，但是现在 B2B 的应用领域已经是它的 5～10 倍。[5]

电子商务有许多不同类型的功能。多年来，电子数据交换（EDI）使得客户可以通过电子方式下订单，供应商可以通过电子方式传递发票。互联网使用的增长也伴随着通过这一媒介不断扩大的电子商务活动。但是，使用互联网开展商务活动并不意味着一定能成功。每一个成功的故事背后都有无数付出惨痛代价的电子商务失败教训。技术不是万能的，不可能解决所有的问题。[6]糟糕的网站设计、不愿通过新媒介进行交易、在采用通用标准的时候出现的问题、后端系统整合中的困难以及对安全问题的担心都成为阻碍消费者和企业采用电子商务方式的障碍。另外，许多组织无法及时跟上技术前进的步伐以及由技术改进带来的目标客户需求的变化都是亟待解决的问题。

智能手机购物

在英国，70%的人拥有一部智能手机，这正在改变人们工作、交流和购物的方式。智能手机购物的兴起对于传统的实体零售商来说究竟是灾难还是机遇？空荡荡的市中心购物商场正在讲述自己的故事。正如新闻头条所警示的那样，实体店购物者的人数不断减少，而线上销售额正在上升。在 2013 年圣诞购物季中，零售商的线下顾客减少了 2.9%，而线上销售额增长到 101 亿英镑，创了新的纪录。

一旦和技术相关联，事情总是变化得非常快，看起来智能手机购物将成为实体零售商新的威胁。美国的一项研究发现，超过 1/4 的购物者使用智能手机进行支付。

随着网络安全性和线上消费者保护法律的收紧，人们对在家使用电脑进行支付和购物更有信心。网络购物的便利性以及由没有店铺和店员成本带来的网络购物低价格使得线上购物更有吸引力。越来越多的零售商的销售额通过网站而不是线下店铺获得。它们也意识到了线上销售的重要性，互联网不仅可以促进线上销售的增加，也可以促进线下销售的增加。现在的消费者会使用他们的智能手机研究想要购买的商品和想去的商店，然后再做购买决定，聪明的商家会利用这个机会驱动顾客到自己的商店，具体的方法包括：

1. 给予线上销售和线下销售一样的重视程度。给手机用户提供特殊的线上折扣券，让他们可以在到店购物时出示并使用。预计在 2014 年，会有 1/4 的手机用户使用智能手机折扣券购物，使用的广泛程度会不断上升。

2. 超过一半的智能手机用户会在购物时使用手机帮助自己发现和比较附近的商店和商品。因此，商家很有必要保证自己的商店出现在线上地图和列表中，这样需要购买商品的消费者才能很容易地找到它们。这可以通过设置一个"谷歌＋"页面实现，这个页面可以保证搜索引擎知道它们的位置。

3. 下一步是要让网站更加适应手机屏幕，对手机用户更友好，并包含一些可以帮助顾客在店内购物时使用的功能。一份线上的店铺地图可以帮助顾客在店内轻松找到其想要的商品，并告诉顾客一些在店内使用二维码所触发的额外线上内容。最近的一项调查发现，包含这项功能的 App 比普通 App 的使用率高出 5 倍，80％的智能手机用户希望能更多地使用手机来辅助自己在线下商店购物。

4. 如果商家正在使用线上广告，那么它们很有必要对广告中的内容进行针对手机用户的定制化设计以增加点击量和产品销量。考虑到在线下商店和个人电脑中使用的大幅广告不一定适合在手机上使用，根据手机屏幕较小的特点，广告内容需要包含更少的文字和更多能抓住顾客注意力的营销内容。

采用上述措施去适应新的技术而不是与它对抗能保证商家在智能手机革命中走上正确的道路。

资料来源：Extracted from http：//www.insight.bt.com/en/case-studies，accessed 2 May 2014.

电子商务通过如下四个阶段完成（见图 12 - 1）：

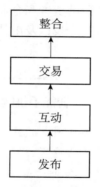

图 12 - 1　电子商务的四个阶段

阶段 1：发布

这是指向顾客电子化地提供信息，是一种单向的沟通，包含年度报告、新闻发布、产品和服务信息、招聘信息和广告。它通过企业的宣传手册或者信息发布平台实现。它有时被称为"介绍性手册"，而不仅仅建立线上购物平台，它甚至跟销售没有什么关系。在这个阶段，商家和潜在顾客之间没有互动。

阶段 2：互动

这个阶段涉及与用户的网上互动。比如，戴尔的网站会提供在线技术服务的支持，包括允许顾客与网上技术支持专家通过电子邮件联系。相应地，消费者与企业代表通过网上聊天室进行沟通。这使一对一的对话、即时沟通和及时的支持都成为可能。同样，这个阶段仍然与销售没有关系，但是确实在"发布"阶段的基础上增加了一个功能。这毫无疑问将增强企业与顾客之间的信任。

阶段 3：交易

作为电子商务的第三个阶段，这个阶段实现商品与服务在互联网上的买卖。为了达到这一阶段，初始投资会非常昂贵。虽然电子商务的运营成本比传统商务方式低，但是通常需要在商务运营的其他领域使成本降低，才能实现总体成本的下降。

在过去的十年中，电子商务作为一种销售渠道变得越来越重要，因为不论是对于企业还是消费者来说，线上交易都变得更加容易，线上交易的安全性也改善了很多。

阶段 4：整合

电子商务的最高阶段是通过整合电脑系统和交易流程，创造一种强大的、正式的联系。这需要建立组织间的外部网，这种电子网络会把企业与它们的贸易合作伙伴连接起来。外部网是外部利益相关方使用的平台，内部网则是内部利益相关方使用的平台。外部网允许企业的合作伙伴相互交换信息，比如在一个安全的环境中发送订单、发货、开发票等。比如，美孚公司（Mobil）的外部网允许这家石油公司接受来自全球 300 家分销商的订单。然而，并不是所有的客户都可以登录这家公司的外部网。

阶段 3 的实例：亚马逊和 eBay

阶段 1 和阶段 2 的运营成本并不是很高。真正希望在互联网上销售产品的企业不会只想宣传自己的产品，它们必须进入阶段 3，虽然这一阶段的成本比较高。然而，对于中小企业来说，有一些方法可以减少成本投入。互联网巨头亚马逊和 eBay 都为中小企业提供了很好的在互联网上经营销售的途径。每个月仅需 19.99 英镑，eBay 就可以为企业建立一个"基础商店"。[7] 亚马逊的网络商店稍微贵一些，它允许卖家通过 5 个非常简单的步骤实现网上销售[8]：

1. 建立账户：遵循简单快捷的说明以建立网络商店账户。几分钟内，你就会拥有一套定制化的解决方案，建立自己的网站并开始营业。

2. 设计网店：花费一点点时间去定制你的网店，可以采用我们提供的简易模板中的一种，也可以使用我们的一键完成功能，在几分钟内建立并发布你的网店。

3. 上传产品目录：使用我们基于网络的工具、可下载的桌面应用程序或者文本文件，上传你的产品和目录到你的网店。通过很多选项，你可以简单快速地把你的整个产品目录导入你的网店。

4. 修改域名以指向网店：根据我们的引导，按部就班地将你现有的域名指向你的新网店。如果你没有域名，也没有问题。你的网站将会有一个亚马逊提供的网址，它可以让公众登录，或者你可以在任意一个注册点购买一个域名。

5. 开始在网店销售：一旦你的域名指向你的网店，你就可以开始销售。从这里开始，你可以使用我们的营销工具，增加你网站的流量。

这种按部就班的过程表明，通过互联网进行销售活动已经成为主流。

阶段 4 的一个实例：雷神公司

亚马逊和 eBay 提供了一种比较便宜、令人振奋的线上销售方案，然而多数大型组织会开发和管理自己的网络系统，把这些系统整合进自己内部的销售、运营和会计系统。

下面这个例子是电子商务最高阶段（整合阶段）的实例。

雷神公司：整合电子商务的实践

雷神公司（Raytheon）是世界上最大的国防合约商之一，也是在电子商务应用领域更具前瞻性的企业之一。花了好几年的时间，雷神公司利用电子数据交换（EDI）与自己的供应商连接，但是随着企业进入互联网时代，它发现自己必须采用更加复杂的系统来电子化处理与合作伙伴的交易。到 2008 年，雷神公司已经建立了几种不同的方式来管理自己与贸易合作伙伴的关系。实际上，雷神公司的网站（www.raytheon.com）上声明，"我们鼓励供应商和其他贸易合作伙伴与我们建立电子商务关系"，因为电子商务软件允许数据不需手动输入就可以在雷神公司与贸易合作伙伴之间进行传递，手动输入会减慢交易的速度。雷神公司关于电子商务的亮点不仅仅是技术本身，还包括让雷神公司和其他类似大型组织销售的人员发现自己操作的电子采购系统和平台非常相似。销售人员不仅需要对这些电子采购系统非常熟悉，而且需要随着卖家和买家关系本质的变化适应新的角色，整个采购和销售过程因而都会不断演化和发展。

现在的销售人员必须使用的一种相关的技术应用是客户关系管理（CRM）系统，这种系统已经成为今天大多数企业（包括大企业和小企业）普遍使用的系统。我们在第 10 章深入讨论了关系销售，在第 11 章深入讨论了直复营销。

客户关系管理

客户关系管理（CRM）是指企业用于管理客户关系的方法、技术和电子商务能力。特别地，客户关系管理软件包辅助企业与客户之间的互动，使得企业可以协调自己与客户的所有沟通，从而确保客户所接收到的是一种统一的信息和形象。客户关系管理软件的卖家提供了一系列基于信息技术的服务，包括呼叫中心、数据分析服务和网站管理。客户关系管理背后的一个基本原则是企业的全体人员应该在与每个客户的沟通中有一种统一的、一致的客户视角。因为现在客户经常使用多种渠道进行购买，他们可能从一个销售人员那里购买一个产品，然后从企业的网站购买另一个产品。事实上，网站所提供的产品信息也能用于从分销商那里购买产品。企业与客户的互动可能通过如下一些渠道的组合甚至是全部渠道的组合进行：直接的销售人员、呼叫中心、网站、电子邮件和传真服务以及分销商。因此，关键在于无论客户如何与一个企业联系，前线的员工都能立即获得关于这个客户的所有信息，比如他们个人信息的细节以及过去的购买行为。这通常意味着需要把不同企业部门所掌握的数据库整合进一个中心数据库，该中心数据库可以被企业所有相关人员通过电脑接触到。

虽然客户关系管理的概念还是一个相对较新的概念，但是它背后的理念和原则并不新。在商务活动中，某些形式的客户关系管理已经被实践了很长时间。现今的客户关系管理不一样的地方在于企业有越来越多的机会使用各种技术手段，以及实现与众多客户的一对一关系管理。SNT（www.snt.com）和 Salesforce（www.salesforce.com）这两家公司都可以为企业建立客户关系管理系统和平台，它们会提供专业的咨询服务。事实上，意识到自己内部不具备足够的专业水平，越来越多的企业开始寻求专业的咨询机构帮助自己建立客户关系管理策略、战略，以及构建客户关系管理流程。

在实践中，客户关系管理项目不一定都能成功实现自己的目标。因此，有必要注意如下几个因素，研究显示这些因素与成功实施客户关系管理相关[9]：

- 树立客户导向理念，围绕客户建立客户关系管理系统。
- 建立跨部门的统一客户视角，设计一套整合系统，使得所有面向客户的员工都可以从一个共同的数据库中调取信息。
- 具备解决企业文化变动问题的能力，因为随着客户关系管理系统的开发与实施，企业文化必然会变化。
- 让用户参与到客户关系管理系统设计的过程中。
- 设计系统的时候要保证它可以随未来需求的变化进行调整。
- 在董事会层面上获得对客户关系管理项目的支持，并对每个相关部门承诺可以从统一客户视角中得到利益以及统一策略的必要性，比如对利润高的客户优先提供资源。
- 创造"快速盈利"，从而在项目进程上表现出正面的回馈。
- 保证营销部门和 IT 部门员工的面对面沟通，而不是通过书面或电子邮件沟通。
- 在全面实施新系统之前进行试运行。

互联网对销售和销售管理的现实影响

到目前为止，大多数对互联网和信息技术对销售和销售管理的影响的评价是故事性的，对未来潜力的预测非常夸张。比如，在零售行业，"虽然有一种观点认为互联网会成为新的重要零售方式，甚至取代传统占主导地位的定点商铺，但是几乎没有学术研究表示支持或反对这种互联网将会彻底渗透到零售领域的论断"。[10] 尽管如此，互联网确实在 B2B 和 B2C 交易中占据了越来越多的份额。[11]

电子商务在获取更大份额的销售量方面显示了巨大的潜力，不断增长的需求要求企业针对每个不同的客户提供不同的服务和不同的专业水平，这需要企业建立针对每个客户的信息档案。[12] 事实上，互联网不仅仅是一个有用的工具，改变了社会和商业互动背后的根本动力，更为重要的是，它的普及程度和盈利能力都得到了提高。[13]

然而，互联网在销售和销售管理上的应用仍然是一个相对较新的领域。即使它对企业建立品牌、销售产品或服务以及发展客户关系都产生了革命性的影响，但是它仍然是一个正在成长的新生事物。另外，正如一些作者所指出的，很少有企业能有一个集中的、聚焦的战略，更不要说对电子商务这一现象真正清晰的认识了。[14]

同时应该指出的是，过去网站建设的目标是在互联网上提供自己的产品信息，现在越来越多的企业认识到重点应该是通过网站使企业与客户建立一种更加持久的联系。正如马丁（Martin）所提出的：

> 营销的重点应该从为建立直接的交易所做的营销组合操纵转移到聚焦于建立长期的交换关系。[15]

相应地，通过发展一套聚焦于那些能使企业从交易成本营销转到关系营销步骤的市场营销战略，格罗鲁斯不仅补充了马丁的观点，还进一步为斯科特（Scott）的观点提供了支持：

> 关系营销把短期交易导向的个人销售中的双向交换关系推进到了一个顾客

终身价值发掘的过程，在这个过程中，为了更好地满足顾客的需求，交易完成不再意味着企业与顾客关系的终结。[16]

虽然 20 世纪 90 年代的互联网热潮毫无疑问地推动了技术驱动策略的发展，甚至到了超出控制的地步，但是与世界范围内的互联网相关的最开始的热情已经开始有所冷却。这是因为企业开始意识到，是时候冷静下来了，不应再兴奋和狂热，而是应更多地思考一下长期的战略规划和关系管理。[17]即使很多企业并没有找到合适的方法应用相关技术和与自己的客户建立更加亲密的关系[18]，但前进的步伐是很明确的。

并不是所有的学者都赞同这种过程的好处，肖（Shaw）就反对这种观点，他认为：

> 市场营销人员必须停止他们对顾客导向的执着，因为这种执着是对销售基本原则和追溯销售成功源头的干扰。[19]

尽管如此，互联网仍然在很多方面具有影响销售和销售管理的潜力。下面我们介绍其中的几种。

建立以顾客为中心的销售领域

作为营销和销售的媒介，互联网的越来越广泛的使用增强了消费者的力量，因为它能帮助消费者获得更多的信息去充分地比较价格，并且给予消费者更加多样的购买选择。以顾客为中心不仅能使企业管理层认识到企业的首要责任是为顾客提供服务，而且能让他们认识到掌握顾客信息是把握市场动向的关键。[20]这样的结果是，许多企业成功地整合了战略、战术和网络技术，从而与线上顾客加强了联系。[21]

创造以顾客为中心销售策略的一个重要工具是外部网。正如本章之前所定义的，外部网是只能被部分特定人员和组织使用的安全网站。买方和卖方可以通过它进行交易，而不需高成本的销售人员的参与。客户能够登录网站进行日常购买，销售人员可以通过网站实时关注客户并建立与客户的联系，为客户制定个性化的解决方案，同时发现新业务机会。这些 B2B 网站提高了企业的销售能力，并为销售人员建立客户的忠诚度提供了可能。[22]

另一个以互联网为基础的销售领域是公开的市场目录网站。这些网站为顾客提供产品信息和价格信息，允许顾客直接从网站购买产品，而不是通过直接邮寄目录了解产品，然后购买产品。最著名的例子是线上书店——亚马逊（www. amazon. com，www. amazon. co. uk 等）。

应用于电子商务的技术包括从帮助销售人员开展工作的特定工具（比如笔记本电脑）到帮助顾客在没有销售人员的情况下进行购买行为和企业在没有销售人员的情况下进行销售行为的工具（比如亚马逊和 eBay）。

快速反应（QR）码是另一种可以获得潜在客户的媒介。顾客一旦扫描了广告中的二维码，就可以显示各种各样的产品信息。读取二维码需要客户使用智能手机，下载一个免费的 App，通过这个 App 消费者才能使用相机功能扫描这个二维码，激活更多的产品信息。

聚焦目标顾客

因为互联网能够使任何一个在线顾客在任意时间、任意地点使用网络，所以企业可以尽可能多地吸引潜在顾客。但是，一些学者对这种没有目标的行为提出警告和反对，他们认为企业有必要坚持销售和营销管理上的一些原则，比如设定目标顾客群。范·尼凯克、伯松和戴维斯（Van Niekerk，Berthon and Davies）认为："向每位顾客推销每件产品的想法是不可取的，而聚焦特定目标顾客才是最为重要的。"[23]

在使用互联网时，重要的是使企业网站成为为实现特定目标并提供聚焦点而设计的网站，而不仅仅是一个在一般程度上推销公司的工具。这些目标与为现有顾客购买产品时提供服务、向现有顾客销售公司的其他产品、吸引新的顾客或者在现有顾客中构建更高的忠诚度相关。促进顾客反馈的方式可以是为顾客提供特定的产品或服务，或者让顾客对网站进行评价。这样可以保证顾客的观点被充分采纳和坚持。

另外，保证网站易于登录、使用及链接精准也是非常重要的。如果在初始阶段，为了吸引注意力而设置了图标或条幅，那么这些东西不应在网站里被过度使用，因为它们可能会分散顾客的注意力。

有几种类型的线上广告选项对企业来说是可行的，包括[24]：

（1）在网站上出租广告位给其他企业的产品，且广告信息采用标准的形式。

（2）不同的形式有不同的价格，包括：

● 横幅式广告（图片/广告）。这种形式的广告会有更高的点击率。

● 按钮式广告（非常小的长方形或正方形）。

● 矩形广告。这种形式的广告在业内应用得最多，但是点击率很低。

● 巨幅广告（通常在网页的右侧）。这种形式的广告也会吸引很多点击量。

● 弹出式广告（在一个单独的窗口中打开的横幅式广告）。

● 插播式广告（在载入新的页面时临时出现的广告）。这种形式的广告可能会覆盖部分浏览器页面或者占据整个屏幕。

● 漂浮广告（在打开新的页面时跳出的新窗口）。这种形式的广告可能是静态的或者是动态的/漂浮的。

购物网站的后台可以捕捉到客户对网站提供的产品或服务产生反应的数据，比如下订单的频率、订单的大小、购买决策的类型、支付的方式等。这些数据可以帮助企业制成清晰的顾客画像，这样可以为这些顾客建立档案、细分到某个顾客群并轻易被定位。有些网站会提供一些更加特殊的板块。比如，希尔顿酒店（Hilton Hotel）的网站设计了专门的使顾客放松的网页，与其他介绍酒店设施和服务的商用页面区别开来。

保证沟通的质量

普遍的观点认为，互联网及相关技术为更加便捷的信息交换以及更加一致的信息沟通提供了可能。然而，一些学者如莱克霍德和谢夫特认为，"更多的自由带来的反而是过多的诱惑"。[25]

考虑到现在可以很容易地获得大量的信息，把呈现给顾客的信息保持在一个可控的比例内显得非常重要。过量的信息对企业来说是不利的，对顾客来说也是没有价值的。

理解消费者的行为模式

朗和希夫曼（Long and Schiffman）所做的消费者行为研究清楚地显示，"理解消费者的行为模式是有价值的"。[26]然而，我们并不完全了解消费者事实上是如何与互联网互动的。有两个关键因素可以帮助我们预测消费者的网络购物行为。第一个因素是了解消费者是否与所选择的卖家建立了长期联系，或者在每笔交易时都会寻找和选择不同的网上卖家。前一种行为模式无疑会为商家创造机会，因为消费者会选择一个固定的卖家，所以卖家可以为消费者提供固定的产品，以及不断加强消费者的忠诚度。后一种行为模式则排除了消费者与商家建立稳定关系的可能性。另一个关键因素是把消费者与卖家联系起来的产品和服务的范围。因此，消费者要么选择一个能够提供最高质量个人产品和服务的卖家，要么选择一个能够提供多种产品和综合服务的卖家。[27]

改变品牌管理的方式

互联网正在改变传统的品牌管理方式。在互联网上，当图像与典故在传统的营销方式中被应用于传递品牌信息时，产品特征和信息的提供就成为建立品牌的基础，因为消费者会搜索替代性产品以获得最低价格的交易。此外，由于消费者使用互联网的经验越来越丰富，他们可以很方便地寻找到其他信息来源，不再依赖品牌所提供的信息[28]，因此，在消费者的选择过程中，品牌可能不再占据主导地位，但仍然是重要的。不断增长的社交媒体和网络社区正在影响着消费者的态度。举例来说，很多消费者在预订酒店房间之前会在 TripAdvisor 网站上了解各个酒店的信息，也会在各个酒店的官方网站上了解更多信息。TripAdvisor 作为第三方网站对消费者的影响力越来越大，因为之前使用过被评价产品或服务的消费者会在TripAdvisor上发表反馈和评论。

定价

互联网使消费者寻找最低价格的过程变得非常简单。因此，有一种预测是品牌将不得不变得更加有价格竞争力，只有这样才能在互联网世界中生存。但是，莱克霍德和谢夫特认为，"与一般的感知相反，绝大多数的线上消费者不是为了寻求绝对最低的价格……价格不会统治网络，信任才会"。[29]辛哈（Sinha）的观点正好相反，他认为，"成本透明化可能会降低消费者的忠诚度，并通过鼓励合理的价格和产品特征对比造成价格不公平性感知"。[30]辛哈可能是正确的。现在欧洲最大的航空公司是瑞安航空（Ryanair），它的经营哲学是围绕低价格建立的，并且有意忽略很多之前讨论的关于客户关系管理的原则。瑞安航空要求顾客在网上购买机票，自己打印登机牌，飞往偏僻的机场。（瑞安航空的乘客如果要飞往比利时的布鲁塞尔，会发现自己飞到了沙勒罗瓦，它是一个距离布鲁塞尔 46 千米的城市。）一些企业对客户中心导向并不认可是因为销售中心导向曾经非常成功，它提供的低价格正是消费者想要的。

创造与消费者互动的机会

互联网所提供的与消费者互动的机会，不仅包括帮助企业提供满足消费者现在的口味和偏好的产品信息，也包括通过市场数据研究帮助企业预测未来的市场走向，以及提供满足消费者潜在需求的产品信息。[31]这表明创造新产品有了一个重要来源。关键不仅在于设计能与消费者互动的品牌，而且在于要给予消费者参与互动的能力和意愿。[32]许多企业并没有积极地参与到消费者研究与开发中去，尽管这对企业的商业发展非常重要。

建立客户关系

信息技术的进步对于企业建立和管理客户关系来说是一种新的机会和挑战。事实上，与客户积极互动和沟通越来越受欢迎，因为建立关系不仅能提升品牌价值，更为重要的是能够帮助企业获取关于消费者需求和想法的最新信息。举例来说，不断增长的互动数据库已经成为企业为目标客户制作定制化信息以吸引新客户和保留老客户的重要平台。数据库已经变得越来越能够对收集到的客户洞察数据进行整合，从而使得客户提案能够更加充分地被设计和目标化。员工所接受的训练、对消费者需求的敏感性、所获得的知识和信息都非常关键。对于互联网，不断增长的对电子邮件的应用（替代了直邮的方式）和外部网都成为企业与外部进行交流的手段，而促进内部交流的内部网的复杂性也在不断上升，这些都揭示了信息技术如何辅助买家与卖家之间关系的建立和发展。

在传统的商务环境下面对面沟通是非常困难的，互联网则意味着企业可以使用不同于面对面沟通的方式开展合作。互联网使沟通变得更加快速、简单且可以大量进行。在 B2B 市场上，企业可以基于互联网沟通建立合作网，销售人员则在促进合作成员的参与中发挥了关键作用。例如，如果一个企业有意愿使用另一个组织的网站，该网站的销售人员就会尝试通过阐述使用该网站的好处以及网站本身的功能等方面来说服该企业确定使用这个网站。

研究显示，电子邮件和移动手机技术的广泛使用已经导致通过面对面沟通来建立和维持合作关系的行为越来越少。[33]特别是对于年轻的销售人员来说这种现象更为明显，因为年轻的销售人员会更加适应通过虚拟的方式建立合作关系，而且一些组织型买家也更愿意尝试通过减少与卖家的面对面沟通来提高工作效率。Skype、Facetime、Google Hangouts、Vox Ox、ooVoo 或者任何一种形式更新的 VoIP（通过互联网协议的语音沟通）程序都可以替代传统的面对面会议，并且可以提供观察身体语言的机会。

业绩衡量

信息技术的发展扩大了收集、分析和发掘顾客信息的范围。互联网提供给企业前所未有的深入了解顾客并提供满足他们偏好产品的机会。然而，只有平均不到 30％的企业网站充分挖掘并实现了对顾客的销售潜力，只有不到 20％的企业做到了积极追踪顾客保留率，更不用说系统地了解顾客流失背后的行为模式了。[34]对这方面分析的缺失意味着企业无法真正了解过去销售业绩的优点和缺点，丧失了提高未来销售业绩的机会。为了为这种观点提供支持，肯尼和马歇尔（Kenny and Marshal）[35]提出企业太过注重于建立网络销售的能力和增加网站浏览量、点击率和网上销售额，从而导致了对交叉销售和向上销售机会的忽略，也造成了每位顾客的购买价值远远没有达到他们应该达到的程度。这些评价对于大多数企业来说确实是真实的情况，越来越多的企业已经开始参与到减少这种非最优化营销的变革中来。同时，其中仍然有许多可以改进的空间，不仅在对网站效率和信息提供的衡量上，还在企业战略的基本建构和整合上。为了将销售潜力最大化，越来越多的企业开始与专业的咨询机构合作，因为它们认识到企业内部的专业水平已经不足以跟上信息技术发展与进入市场的步伐。

使用技术为销售活动提供支持

销售自动化

虽然销售代表的管理活动在传统上在有限技术支持的情况下进行，但是最近，技术已经被用于生产力的提高。这种以笔记本电脑为代表的技术通常被认为属于**销售自动化**（SFA）这一大标题下的内容。

技术可以帮助销售人员在完成与潜在顾客的销售周期时提升自己的整体专业水平。笔记本电脑软件应用这种类型的技术，可以在如下几个方面给销售人员提供益处：

● 把销售人员从日常的行政管理任务中解放出来，使他们有更多的时间与顾客沟通、联系。

● 更好地为顾客提供服务，因为销售人员拥有即时的渠道，可以获得诸如库存水平或者定价这样的信息。

● 捕捉能使管理者对销售业绩进行衡量和监控的信息。

● 帮助创造和管理销售机会，以使更多潜在销售机会真正转化为销售额。

● 实时跟进最新信息。

这里需要郑重警告的是，技术并不能完全解决销售人员的工作效率问题。挑选具备合适技能的销售人员，对他们进行培训并用设计合理的奖励去激励他们提高工作效率是与销售自动化同等重要的方式。根据卢克的观点[36]，有两个因素与信息技术同样重要：人员和流程。

三代销售自动化软件

在过去十年中，销售自动化软件的发展经历了几个不同的阶段。

第一代：管理个人信息和联系

第一代包括为销售人员配备笔记本电脑和其他类型的计算和数据存储设备。最开始，这些设备装有典型的办公应用程序，如电子制表软件和文字处理软件。不久之后，销售人员开始清楚地感知到个人数据处理辅助工具（如平板电脑）的价值。随着时间的推移，这些应用程序逐渐被整合进个人电脑中其他用于提高工作效率的应用程序。像 ACT!、Goldmine 和 Maximizer 这些产品都被设计来帮助销售人员管理与顾客的联系及时间，可提高销售人员的销售效率。这些前所未有的强大的时间和联系管理工具得到迅速的发展和使用。

第二代：网络化工作的销售人员

当管理人员意识到这种技术对于他们的现场销售代表非常有用的时候，他们开始考虑如何将这种技术应用到企业中。第二代销售自动化其实是第一代的网络版，它将与顾客联系的数据库和提高销售人员工作效率的工具联结到企业整体网络中。这通常是通过数据拷贝实现的，一般是在晚上将笔记本电脑与电话线连接来进行数据拷贝。即使销售代表仍然对时间和联系管理工作非常有热情，这些工具也并没有为他们提供多少超过第一代的额外优势条件，尽管一些工具确实比之前更小、更轻便了。

第三代：技术辅助式销售

最新一代的销售自动化工具被称为技术辅助式销售。这些技术辅助的销售系统包含更加多样的功能，可以帮助销售人员获取和完成更多的业务，它包括如下几种功能的各种组合。

- 引导管理。使销售人员从营销和其他部门获得引导信息。

- 机会管理。这种管理将所有与销售机会相关的信息组织起来，为销售人员提供一种关于销售周期的更加完整的视角，协调各种日程安排和各种资源利用，可以对销售过程的终结进行管理。

- 账户管理。使销售人员可以追踪那些成功把握住的销售机会。这个功能也可以通过企业、子公司、分支机构和部门等的各种地址和联系信息追踪与顾客的联系。事实上，账户管理可以包含企业和客户之间的所有互动信息。对与客户关系的监控和管理是账户管理的关键。

- 提案管理。销售人员提出即时的、定制化的、准确的产品配置和提案的能力对于复杂的产品和服务销售来说非常关键。

- 损益报告。客观评估收益、损失和投资回报的能力允许销售人员和企业了解并改进自己的销售额和顾客支持流程。

销售自动化市场上有成百上千种不同的软件解决方案，表 12-1 列出了一些知名度较高的软件包名称。

表 12-1　知名度较高的销售自动化（SFA）软件包

针对大型企业的 SFA 解决方案	针对中小企业的 SFA 解决方案
Salesforce. com	Cosential
Microsoft dynamics CRM	Infusion Soft
Franklin Covey software	Contractors cloud
FleldOne	Deltek
Five9	Elements CRM
Salesboom Cloud	Velocify
Blackbaud	Campaigner
Infor epephany	My eToolbox
Base	Job Nimbus
SalesOutlook CRM	Logis Box CRM
Net Suite CRM+	SME1 CRM

资料来源：Software Advice, Inc. http://www.softwareadvice.com/crm/sales-force-automation-comparison.

超越 cookies

线上广告行业已经被 cookies 控制。cookies 是一种追踪用户浏览网页行为的微档案，可以帮助品牌提供给目标客户定制化的广告内容。现在，cookies 越来越陈旧。隐私保护意味着人们对 cookies 的关注越来越多。评论家认为，cookies 给诸如广告商这样的第三方提供了不正当存储消费者信息的机会。欧盟的电子隐私指令可以称为"cookie 法"；在 2012 年被引入，尝试通过要求网站提醒用户 cookies 在设备上的存在来解决这个问题。一项研究发现，57% 的互联网用户很关心他们的网络隐私。人们对 cookies 的关注也使他们开始采取一些措施来保护自己的隐私，比如对自己的浏览器进行设置以屏蔽第三方 cookies，或者定期删除 cookies。

由于 cookies 不能存储大量的消费者信息，广告商不再对这一技术那么推崇。随着网络流量转移到移动设备，cookies 问题变得更加复杂——iOS 设备默认屏蔽第三方 cookies，所以市场营销人员不能追踪消费者从智能手机到平板电脑再到笔记本电脑的浏览行为。这意味着用户档案是碎片化的，无法被有效地目标化。这带来了关于 cookies 之死的推测，以及 cookies 后时代网络会是什么样的猜想。微软和谷歌都在开发可以解决 cookies 弊端的替代性技术。

资料来源：extracted from *The Marketer*，13 May 2014.

网络会议

网络会议使得人们可以远程分享同样的事件，也可以称为互动式会议或线上研讨会。它允许人们进行实时点对点沟通，以及一对多沟通。它可以提供的数据流包括基于文本的信息、声音和视频聊天，这些数据流可以在不同的地理位置上被同时分享。网络会议的应用领域包括会议、培训和演讲等。

一些网络会议要求会议人员和演示人员下载并安装附加的软件，有些则不需要这个步骤，可直接提供相应的硬件设备。这些系统要求取决于应用软件的提供商。大多数网络会议应用软件会提供与电子邮件互动和对客户进行日程安排的工具，这样人们才能提前做好开会分享的计划。与会者可以是一个人，也可以是一个团队。系统能否允许一个团队作为个体参与会议，取决于这个团队的大小。

网络会议意味着通过网络传送的一场演示、讲座或研讨会。单向的广播被称为网络广播。在某些情况下，演示人员在通过屏幕展示自己的信息内容的时候，可以通过一条标准的电话线进行讲解，而观众可以通过自己的电话或连接到电脑的麦克风进行回应。对讲电话是最方便的。一些网络会议技术使用 VoIP（基于互联网的语音传输）音频技术，允许基于网络的沟通。有些供应商的网络会议应用软件会提供隐藏的或匿名的会议人员功能，也就是同一个会议中有些会议人员不知道某些参与会议人员的存在。

网络会议通过电子会议系统（EMS）实现了诸如头脑风暴和结构化讨论的线上形式。

网络会议的特征包括：幻灯片演示，这可以实现图像的传送，而且演示人员在讲解幻灯片上的内容时可以用遥控鼠标进行控制；VoIP，通过电脑耳机和麦克风实现实时的语音沟通；会议记录，客户方或服务器方网络会议应用软件都会对会议上演示的内容进行记录，方便以后浏览和发放；文本聊天，现场问答环节可以通过文字信息进行，仅限于参与会议的人员（文本聊天的内容可以是公开的（对所有会议人员进行回应），也可以是私密的（仅在两个会议人员之间传递）；投票和调查，允许演示人员直接对观众发起投票和调查，了解他们对某个存在多种答案的问题的反应；屏幕分享/桌面分享/应用软件分享，使参加会议人员可以看到演示人员投在屏幕上的任何内容；网络会议通常是作为一种服务进行销售的，由供应商的网络服务器提供服务，可以按分钟计费，也可以按月收费。

信息技术在零售行业的应用

电子商务引起的一些重大变化已经在零售领域体现。这对供应商和零售商之间进行交易的方式有重要的影响。

供应商和零售商之间正在改变的关系

食品行业的供应商和零售商之间的关系长期以来一直建立在个人联系的基础上。供应商的销售人员和零售商（从商店经理到"上级"）的代表之间的个人联系构成了食品行业中贸易关系的基础。最近几年，供应商和零售商的销售队伍规模都在缩小，它们之间的沟通越来越多地实现电子化操作。特别是在英国这样的国家，这种现象更加明显，因为这些国家基于互联网技术的各种形式的外部网和专业网越来越多地成为供应商和零售商之间联系的平台。

资料来源：Johansson，U.（2000）Consequences of information technology on supplier-retailer relationships in the grocery industry：a comparative study of Sweden and the UK，available at www. lri. lu. se/lifs/projects/it. htm.

约翰森（Johansson）描述了供应商如何获取自己在零售商那里的销售信息、库存信息和促销信息。他以西夫韦（Safeway）为例子，西夫韦 2000 年是英国第四大食品零售商。英国西夫韦（现在被 Morrisons 公司接管）通过供应商信息系统（SIS）与自己的 500 个供应商联系。Tesco 是英国零售行业的市场领导者，它使用的是自有供应商信息系统。Asda 使用的则是被认为更先进的、由沃尔玛拥有和运营的系统。众所周知，沃尔玛的成功在于对最新、最先进的信息技术的应用。

供应商需要对客户所使用的技术非常熟悉，并且要保证自己的战略和系统与客户的步伐保持一致。供应商需要对自己的行为在客户的技术使用上带来的影响非常敏感，而且应该利用好通过信息和技术资源的分享来辅助客户的机会。

零售行业变化的脚步在持续加快。引起这些变化的主要因素是各种规模的零售商对信息技术的投资和应用，这些变化对降低基础设施成本也有帮助。企业对于 IT 的使用越来越熟练。

我们已经了解了电子数据交换（EDI）应用工具在零售行业所起的作用。接下来，我们将介绍零售行业中供应商和零售商所采用的其他工具。

供应链管理

零售商为增加与库存相联系的数据有效性以提高供应链管理的效率构成了进行

供应链管理投资的绝大部分驱动力。供应链管理是产品从供应商的生产线到零售商的柜台的概念。供应链管理是提高利润率的驱动力，因为它确保供应商和零售商可以在适当的时间用适当数量的产品满足顾客的需求。准确和及时的数据是实现这一目标的条件。

越来越多的零售商意识到与供应商之间的良好合作关系所能带来的收益，因此都在致力于将自己的数据分享给供应商，一般是通过基于网络的技术，如安全性高的内部网和外部网。这使得供应商可以在同一时间看到与零售商相同的数据，从而将自己的生产和供货与市场需求直接匹配，实现真正的需求管理。这样，零售商和供应商都从中获得了利益，包括零售商的销售额增加、供应商的库存成本降低、从供应商到零售商供应链上的物流成本降低。

零售商在供应链管理的投资上已经取得领先地位，因此在与供应商的交易中掌握了可以平衡的力量，因为它们比供应商拥有更多最新的、实时的数据。这些对于零售商来说显然是与供应商谈判时更加有利的商业优势。由于零售商的议价能力大大增强，行业动态被改变。[37]

电子销售点终端系统和销售点电子转账系统

当产品的条形码在收银台被扫描的时候，数据被捕捉下来。技术的进步为数据分析提供了很多便利。除原始的扫描数据（如销售率、库存量、库存周转、价格和边际收益），零售商还拥有有关消费者人口、社会经济和生活方式特征的信息。它们还可以对一系列变量的影响进行评估，比如价格、促销、广告、店内位置、货架位置和曝光数量。这些信息决定了它们对产品组合的选择、货架空间的分配和促销手段的使用。一些零售商也会使用顾客忠诚卡来捕捉数据，并通过分析这些数据实现一对一的营销尝试，比如新产品信息和为留住顾客提供的产品折扣。顾客忠诚卡（如连锁超市 Tesco 的会员卡）可以在顾客使用卡片的时候收集顾客个人信息档案中的一些细节信息。更重要的是，在顾客每次光顾超市的时候，或每次上网购买产品的时候，或顾客刷卡的时候，或在销售终端输入卡号的时候，顾客所购买商品的所有信息的细节都会被记录下来。因此，每位顾客的行为模式可以被零售商掌握。之后，这些数据可以被零售商实时监控，零售商还可以向顾客发放诸如优惠券和代金券之类的有价馈赠。

电子销售点终端系统（EPOS）改变了买方和卖方之间的关系。在通过扫描获取数据之前，买方和卖方之间的交易关系依赖制造商从零售审计那里获取的信息，但是这些信息至少是几个星期前的。利用扫描可以获取更加及时、更加准确、有更多细节的信息，可极大地帮助零售商提高议价能力。不令人意外的是，信息在谈判中起到了重要的作用。制造商可以从它们的客户零售商那里购买电子销售终端系统所收集的数据，但是它们也可以用自己所拥有的信息和能力交换这个数据。市场知识仍然是制造商的优势，这种对全国市场的了解和把握对于零售商来说是非常有用的。另外，拥有了零售商所提供的电子销售终端系统数据，制造商可以提供对双方都有好处的定位更加准确的市场计划。在真实的交易营销精神中，合作是大家更喜欢的。

电子销售点终端系统为所有的产品附上条形码，以便扫描使用。这直接影响了制造商/供应商，它们需要在所有产品的包装上添加条形码，并且所有新的产品或促销装上的条形码要在交付运输前录入客户系统。

空间管理系统

最大化销售额与销售空间的利润率是非常重要的。零售商投资供应链管理的一个重要原因是减少店内库存所占的空间，从而增加用于销售的空间。为了保证店内存储和货架上摆放产品的数量保持在一个合适的水平，零售商使用空间管理系统软件来构建虚拟计划，通过充分利用店内销售空间实现销售额的最大化。为了更好地理解这些软件包对自己的产品有什么影响，供应商不仅需要购买这些软件包，而且需要成立专门的空间管理部门。制造商对这些软件包的积极使用能够带来很多机会，特别是在零售商的空间资源比较短缺的情况下。重要的是，制造商可以把自己放在产品分类专家的位置上。在饮料行业中，可口可乐公司的怡泉饮料就是产品分类专家。营销对怡泉饮料的一个关键作用就是对零售商饮料品类的整体空间管理和分配提供建议。其中一种饮料行业的空间管理软件是尼尔森公司的 Spaceman。然而，最近零售商开始关心一些供应商可能使用这项技术来支持自己的产品，代价是增加竞争者在一些关键销售点上的成本。

直接产品利润

在零售的很多领域，最大化产品的利润率是非常重要的，而在零售行业中价格通常在营销组合中占很大的比重。

直接产品利润（DPP）系统的结果对零售商的产品库存、存货位置、定价甚至交易形式的决策都能产生影响。这很重要，因此，制造商开始了解直接产品利润系统以及零售商使用该系统的方式和使用程度。

直接产品利润系统甚至取代了毛利润，因为它能够更加精确地衡量产品对公司全部收入和利润的贡献。它考虑到不同的产品所使用的资源不同，比如运输成本、仓库和存货空间、员工处理时间、货架空间的分享甚至总公司成本。对于零售商如何使用直接产品利润，制造商要做到心中有数，并且具备足够的专业技术水平来质疑零售商分析的结果。举例来说，如果一个产品能够产生足够的店内顾客流，或者删除这个产品会导致顾客流的损失，那么这个产品即使是低直接产品利润的，也对零售商非常重要。

制造商和零售商可以利用这一系统检验自己销售链终端的成本，并且可以利用该系统估计对方的成本和利润以用于谈判。在某些情况下，制造商领先零售商开始使用直接产品利润分析，这样做对于双方来说都能从潜在收入中获利。美国的宝洁公司宣布将基于直接产品利润分析来调整自己的产品包装、交易形式和其他相关变量。制造商对直接产品利润系统的积极使用如果能够与零售商的实际成本数据相结合，将发挥最好的效用；如果没有零售商的实际成本数据，制造商只能使用统一的零售行业数据。事实上，为了最大化双方的收益，零售商和制造商在分享数据方面合作是一种更被大家接受的战略。

分类管理

对于分类管理，技术使之成为可能。扫描技术所传递的具体信息允许制造商根据零售商所需要的产品分类或存储类型进行定制化的策略管理（如定制化产品分类、空间分类、定价、促销等）。另外，先进的计算机建模程序允许这些市场营销计划在付诸实施之前进行事前检测。

零售商会对那些在产品分类管理方面更加专业的制造商给予最好的回应，并且跟它们分享自己在产品销售额、消费者行为和竞争者活动方面的数据。制造商可以把这些数据添加进自己的知识库中，并且通过分析这些数据确定那些最重要的顾客和产品类型的趋势，然后根据这些分析结果对零售商提供策略性建议，这些建议主要是关于归类、商品化以及能够增加总体利润的产品和促销手段。当然，前提是制造商采用了相关的技术和设备，不过它们的收益是巨大的。

使用技术改善销售管理

销售漏斗管理

某个成功销售主管的日常活动可能是这样的[38]：

7 点：起床，用黑莓手机查看客户邮件或进展中的项目邮件，浏览一天的任务和行程表。

7 点 15 分：运动（在公司赞助的健身俱乐部，或者某个运动场所）。

8 点 20 分：到达工作岗位，在公司餐厅买早餐和咖啡（健康早点包括一些谷物棒和有机水果）。

8 点 35 分：阅读来自马克（Marc，CEO）、吉姆（Jim，总裁）和上司的邮件，以确保自己对公司、企业销售人员和团队的最新信息有及时的了解和掌握。

8 点 45 分：浏览当天的控制面板/销售进展，安排即将开始或即将结束的项目的电话沟通。

9 点：团队会议，讨论潜在的和最新的竞争信息，并总结已完成的交易。

9 点 30 分：确保客户成功。结束一项价值 22 000 美元的交易。将三个销售线索转化为实际的销售机会。其中两个线索来自其他客户，一个来自对市场中新交易机会的探索和发现。打 6 个客户电话和 8 个潜在客户电话。使用销售管理软件应用程序浏览新的交易机会，并更新客户和项目记录。与客户经理对话以了解顾客活动和目标。

12 点：预定 3 月去往夏威夷总裁俱乐部的行程。

12 点 10 分：参加关于 Apex 平台新功能的午餐会。

13 点：向销售部门的副总裁和两个中型企业（有 500～1 000 名员工）的财务总监展示两个基于网络的销售力量介绍。结束另一桩价值 38 000 美元的交易。

17 点：与经理会面。对于这个月超额达成销售目标，他表示祝贺。一起讨论目前的销售进展和对下个月的销售额预测，以及顾客的升级情况、关于定价的提案和职业发展规划。

17 点 30 分：与整个销售队伍的同事一起结束这个月的快乐时光。

尽管是虚拟的，但这个忙碌的销售主管一天的日常活动诠释了销售漏斗管理的概念。销售漏斗是一个相对简单的概念，可以理解为一个漏斗。无数的销售线索注入漏斗的顶端，经过筛选，一部分从顶端被淘汰，一部分向下进入漏斗并转化为实际的销售机会。其中一部分会进一步得到推进，直到抵达漏斗的底端，成为实际的销售合同或者购买订单。对于那些很有可能成为实际销售机会的销售线索，需要对它们进行资格认证，也就是需要回答如下问题：客户是否有足够的预算？我们跟客户的预算管理人员讨论过吗？我们是否知道客户的购买标准是什么？对于客户何时做出购买决定，我们有目标日期吗？我们是否认识什么人可以影响客户购买决定中的预算管理者？

　　好的销售漏斗管理应该具备一个清晰正式的捕捉和分析销售线索的流程，能够把这些销售线索分配到具体的销售人员、管理对销售线索进行资格认证的过程，以及能够谨慎管理这些销售机会的流程，以保证产生最大的销售额。在过去的 10 年中，这个过程越来越自动化，几家企业（如 Salesforce.com）现在拥有了一些技术产品，不仅可以支持销售主管管理销售流程中的各种活动，而且可以为销售总监提供更全面的管理信息，以帮助他们更好地做出销售预测、更有效地分配资源、了解哪些销售主管比其他人更有效率。

　　这些销售漏斗管理系统通常会嵌入客户关系管理（CRM）系统，这样可以从现有客户或者潜在客户的联系方式或账户中挖掘出新的销售线索和销售机会。对于大多数成熟的企业来说，销售收入的大部分来源于现有客户。

测量销售人员的有效性

　　销售自动化系统可以帮助监控销售人员的日常活动和生产力，但是这个系统可以测量销售人员的有效性吗？

　　根据皮埃尔·切内特（Pierre Chenet）博士（客户保留率的创建者和销售有效性方面的专家）的观点，如果销售主管想要监控并实现销售人员有效性的最大化，需要有三种不同类别的测量。

　　1. 基于会计的测量，比如团队和个人所达成的销售额和利润率。

　　2. 销售活动测量，比如每段时间打出的销售电话数量、提出的建议数量、销售漏斗覆盖面、销售预测数据。

　　3. 客户关系质量测量，这个指标可以确定现有客户有多大可能继续从同一个商家处购买商品，这是基于对客户关系强度的测量。

　　这三种测量系统中的第一种（也就是基于会计的测量）几乎在所有组织良好的企业中都存在。第二种测量（也就是销售活动测量）则是有时候存在，通常以一种特别的方式存在，并且存在于销售自动化系统或领先的管理系统被严格执行的企业（如 Salesforce.com）中。第三种测量（也就是客户关系质量测量）则很少有企业能做到，只有清晰地理解与主要客户之间关系的强度，才能真正有效地实现销售预测（见第 10 章对关系销售的深入讨论）。切内特在下面的访谈中提到这个故事。

　　切内特的观点是销售和销售管理中真正客户关系管理的一个范例，也就是尝试获得对企业与客户之间关系的真正理解或洞察。有了这些洞察，销售主管和客户经理才能真正聚焦他们如何做才能达成与这些客户的下一笔交易。

通过"信任"销售

大多数消费者调查遗漏了一点，即这些调查没有解释顾客的感觉和信任。甚至这些调查在进行设计的时候，完全忽视了捕捉顾客正在变化的需求。下面让我来澄清一下这个误会。我不想搬弄语义，但是分清楚顾客忠诚和顾客保留的差异是很重要的。顾客保留是一个有形的概念，是可以测量的。如果它可以测量，那么它就是可以管理的。然而，顾客保留是一个复杂的过程。

我们的研究显示，顾客保留中最重要的因素是**客户关系质量**（customer relationship quality，CRQ）。这是一个包含多个因素的评估，其中最重要的三个是：

- 顾客满意；
- 信任；
- 关系承诺。

有趣的是大多数企业认为顾客满意是一个持续不断的概念，但是实际上顾客满意是一个基于交易或事务的测量指标。顾客今天可以很满意，明天很可能变得非常不满意。我遇到过的大多数销售主管知道，为了能够真正理解一个大客户是否将会继续与自己交易，他们需要明确这个客户是否信任自己的公司，以及这个客户是否愿意与自己的公司建立长期关系。但是，大多数企业仅仅有一个"顾客坐下"这样的测量系统，而没有从变化的、长期的角度去理解顾客满意这个概念。这是我无法理解的事情！

我们帮助跨国企业测量持续不断基础上的客户关系质量，同时，我们会从实践的角度出发，理解销售主管需要更多可操作性的测量方法监控销售人员或客户经理的绩效表现。为了实现深入洞察，我们提供了"客户经理包"，其中有一整套对客户的评估报告。这些报告可以帮助销售主管辨别绩效低下（和绩效突出）的销售管理者，以及帮助这些销售管理者识别出应该针对哪些客户采取行动以改善与这些客户的关系质量，增加与这些客户未来进行交易的可能。

与我们类似的线上评估工具可以提供基于几天的数据所做出的评估结果，但是无法提供基于几周或几个月的数据所做出的评估结果。更重要的是，因为整个评估过程 10 分钟之内就能完成，所以我们可以得到差不多 50% 的反馈率。也就是说，现在的技术可以支持对所有客户进行常规性检查，而不仅仅是一小部分客户样本。销售主管喜欢这样，因为这样他们就可以获得常规性的、迅速的反馈，可以在必要时采取补救措施。

资料来源：Interview with Dr Pierre Chenet, founder of the customer retention and sales effectiveness company Deep-Insight (www.deep-insight.com), November 2008.

最优化分配销售区域

使用技术为销售活动提供支持的另一个方面是为销售人员分配销售区域。这既可以是一个效率低下的手动操作过程，也可以通过统计技术实现花费在与客户沟通的时间与花费在路上的时间比例最优化。佐特纳斯和洛里默（Zoltners and Lorimer）[39]认为，很多销售人员每年因销售区域的不平衡分配损失了大量的收入。他们引用了一项来自 4 个不同行业的 18 家企业的 4 800 个销售区域的研究，发现超过一半的销售区域因太大或太小而不平衡。他们指出确实有一些现实的问题妨碍企业最优化其销售区域分配：

- 销售人员拒绝变化。
- 销售人员的奖励和补偿计划可能与最优化分配相违背。
- 改变或调整分配是一项难以处理的任务。
- 最优化分配所需要的数据通常难以获得。

对现有销售区域进行改变或调整涉及许多内部问题。而且，这种调整或最优化分配的过程会让顾客产生困惑。佐特纳斯和洛里默认为，销售区域的分配是销售人员生产力领域最常被忽视的一个方面，他们提出一种方法来克服最优化分配销售区域的时候可能遇到的困难，包括从销售人员那里获得购入信息，依据准确的数据制定区域分配决策。

下面的案例介绍了一个销售区域管理软件的操作。

信息技术在销售区域管理中的应用

过去，销售经理通常使用地图、粗水笔、别针，根据多年的经验划分销售区域，通常是效率不高的。这种方式最好的情况是浪费了很多不必要的时间，最坏的情况是不合理的区域分配导致销售收入损失，因为一些区域没有得到应有的服务。现在有一些软件（如 CACI 领域规划的 Insite Fieldforce 软件）可以提供电脑化的销售领域规划。这些软件可以通过计算实现销售人员工作量和花费在路程上的时间的最优化平衡，产生最有效率的销售区域分配，从而使销售人员在路程上花费较少的时间，而在与顾客的面对面交流上花最多的时间。

销售区域通常会分配在销售人员的位置附近，比如销售人员的住址附近或者销售人员当地办公室附近，这样可以减少销售人员花在路上的时间。另外，销售区域的数量通常是在岗的销售人员的数量。如果有更多的销售人员被雇用，就可以增加额外的"浮动地点"，销售区域分配软件会为每个销售人员计算出最优的销售区域定位。而且，所有的销售区域都可以基于浮动地点的附近，为销售人员确定最佳的销售区域地点。于是，所有的销售区域会有相同的工作量。

考虑到偏远地区，比如苏格兰、中威尔士、东安格利亚、德文和康沃尔等，销售人员花在路程上的时间必然更多，因此会针对销售基地周围的电话分布制定限额，以实现各个销售区域之间销售人员工作量的平衡。比如，在某个销售区域，距离销售人员家庭住址超过一小时车程的电话呼叫可能非常分散，然而在另一个销售区域，这些电话呼叫可能集中在附近的三个镇子，这样销售人员可以在一天内完成，从而减少了花在路上的总时间。在这种方式下，可以实现同时基于路程时间和工作量来进行设计的有效区域分配。

CallSmart 是一个附加的软件包，它可以为电话呼叫安排最佳顺序，以最大化地降低销售人员花在路上的时间。这个软件包考虑了很多因素，比如呼叫地址、呼叫周期、访问限制、现场地点和驾驶时间。它能够处理单个和多重频率的呼叫，为第二天的访问甚至下一年的呼叫周期做计划。现在有两个版本的软件，一个允许公司总部计划呼叫，另一个用于现场销售人员的电脑。

最有效的电话呼叫顺序是通过计算不同区域之间的驾驶时间矩阵来设计的。基于计算出来的最优电话呼叫顺序，这种软件可以为销售人员安排最有效率的访问时间。而且，呼叫顺序会在地图上标识出来，这样用户就可以放心，被选中的计划是合理的、符合逻辑的且有效率的。

资料来源：Based on Shaw，M. and Williams，C.（1999）Putting territories on the map，*Journal of Targeting*，*Measurement and Analysis*，8（2）：135 - 52；www. caci. co. uk/ppf-insitefieldforce. htm；www. caci. co. uk/pff-callscheduling. htm.

其他销售支持应用

招聘和甄选

招聘和甄选决策可以使用信息技术进行辅助。现在已经有相应的软件包被开发出来，用以评估销售人员的合适程度。这种软件包基于销售人员的几个关键属性来评估候选人，比如智力、动机、可能的联系和销售能力。有一些软件包会提供一整套的技能领域评估，管理者可以根据自己销售工作的特质进行选择，包括前景展望、领导才能、问题处理、展示技巧、完成销售、电话技巧和时间管理。

这种软件包可以用于现有销售队伍诊断销售成绩不好的情况，并分析是否需要进行训练或者增加激励。例如，销售经理可以使用该软件包判断现有销售队伍的技能弱点，并据此对弱项领域（比如进行产品展示的技巧）投入更多的时间和精力。在激励方面，销售经理可以判断自己的销售队伍员工是否认为地位比金钱更重要，从而进行相应的激励手段调整。

培训

对于培训的实施，信息技术也可以起到辅助的作用。基于计算机的培训软件（CBT）可以用来传递知识，也可以帮助销售人员提高信息管理方面的能力。特别是新产品信息可以通过这种方式传递。这种软件可以展示新产品信息，让销售人员记住关键点，或者监控销售人员对新产品的了解程度。有一些企业，比如金融服务（例如保险）行业的企业，要求它们的销售人员必须达到最低分数才可以出去销售。基于计算机的培训软件的一个关键优势在于可以根据企业和用户的需求随时随地使用。人们对多媒体培训软件包的兴趣正在不断增长，这种软件包大多是在网络上运行的，也有一些是基于传统的只读光盘（CD-ROM）或 DVD 的媒介运行的。

销售预测

应用计算机进行销售预测已经存在很多年。比如，统计软件包 SPSS 可以通过复杂的技术，例如回归分析，进行未来销售额的预测。它会考虑各种变量，比如广告支出、可支配收入和相对价格水平，预测未来的销售额。如果没有计算机的辅助，这种计算会耗费大量的时间，非常枯燥，并且容易出错。

社交媒体和销售

社交媒体网站，比如脸书、领英、推特，为销售过程提供了新的机会。

● 吸引新的买家。脸书和领英可以用来研究之前没有被呼叫过的人，也就是没有购买过自己产品的消费者。因为社交网站会提供很多潜在客户的个人信息，销售人员在访问这些潜在客户的时候，可以很容易地与他们建立联系。

> 当我们与客户对话的时候，我们会把社交媒体作为销售过程的一部分。比如，我们去访问一个女性营销总监……我们之前从来没有见过她，所以我们会在领英上查看她的资料，包括她的照片、之前的工作，结果发现她在 Tesco 买过东西，去过 Carphone Warehouse，并且她因为有一个从事零售、营销和购买行业的背景，所以看问题非常敏锐。这些信息会改变我们的销售方式。[40]

- 建立信任。潜在客户会通过领英接触企业现有的客户，从而了解这些现有客户的购买体验。如果这些现有客户的反馈是正面的，那么可以建立潜在客户对企业的信任，以及增强企业的信誉度。
- 私人关系。通过社交媒体，比如脸书，买家和卖家之间可以建立一种私人的关系，这样他们可以发现彼此的背景和兴趣点。
- 事件通知。销售人员可以在脸书上设置一个提醒，即客户的生日。IBM 的销售人员用推特向客户推送一些企业的事件和有趣的消息。

销售人员也可以使用电子社区和线上讨论组发现自己产品和竞争对手产品的优劣势。电子社区为消费者提供了评论、称赞和批评产品的平台。销售人员参与电子社区，可以阅读和评价顾客的留言，对不实的谣言进行澄清，对竞争性的言论进行辩解和反击。为了保持一致性和良好的状态，销售人员可以建立自己的博客，采用线上日志的形式。博客对表达观点、引导顾客、发起顾客关于产品性能和如何最好地使用产品的讨论非常有帮助。例如，施乐在美国有 14 个博客账号，用以连接销售人员、潜在客户、现有客户和产品专家。这种连接为销售人员提供了与顾客分享企业产品、服务、事件、社区活动的机会，从而帮助销售人员建立和巩固与顾客的关系。[41]

小　结

本章主要探讨信息技术的进步对销售和销售管理的影响。信息技术正在帮助像沃尔玛和雷神这样的企业更有效率地销售产品。互联网使得消费者可以比以前更加容易地搜索到产品信息和价格信息，以及在不需销售人员或分销商的情况下直接购买产品。

信息技术的发展，比如电子邮件、传真和移动电话的应用，大大增强了销售人员、顾客和企业总部之间的联系。同时，这些新技术发展的速度越来越快，给销售人员带来了一定的压力，顾客期望销售人员能给出更快速的反应。

客户关系管理软件使得企业比以往任何时候都能更好地了解自己与顾客之间关系的质量。客户关系管理软件也会为企业员工提供直接接触顾客相关数据的条件，这样所有员工都可以一种统一的方式给予顾客反馈。这通常需要将许多不同部门的数据整合进一个可被所有相关员工使用的中央数据库。

销售管理也从信息技术的发展中获益匪浅。销售自动化软件提高了销售人员的生产力，信息技术也应用于支持销售区域管理、行程规划、招聘和甄选、培训、销售预测、销售队伍规模和评价系统。

在过去十年中，信息技术和互联网的发展为销售和销售管理带来了许多重要的变化。可以确定的是，在下一个十年仍然会看到与销售执行同样重要和有挑战性的变化。

案例练习

ASOS：销售线上时尚

ASOS 网站是英国最成功的只在网络上经营的时尚零售商。这家企业经历了现象级的增长，向年轻人展示了如何模仿名人杂志上明星、模特（如凯特·摩丝（Kate Moss）和西耶娜·米勒（Sienna Miller））的着装打扮，他们只需要花费很少的钱。

ASOS 成立于 2000 年。1996 年，尼克·罗伯特森（Nick Robertson）创办了一家企业，叫 Entertainment Marketing，这家企业会把产品植入电影和电视节目。2000 年，他运营了一个网站，叫 AsSeenOnScreen，用来展示和销售曾经在电影和电视节目中出现的产品品牌，从汤姆·克鲁斯（Tom Cruise）在《碟中谍》中戴过的 Oakley 太阳镜到杰米·奥利弗（Jamie Oliver）在电视节目中使用过的研杵和研钵。这个时尚产品网站获得了巨大的成功，罗伯特森决定专注于这个网站的经营，ASOS 由此诞生。

这个网站提供了超过 50 000 个品牌或自有品牌的产品线，包括女装、男装、鞋子、配饰、珠宝、美妆，比其他线上网站（如 Topshop 和 New Look）产品线的范围更广。它的主要目标市场年龄在 18～34 岁，所有线上零售商都会关注年龄在 25 岁以下的女性顾客。她们需要可以选择的新产品，而 ASOS 正好提供这些。该网站的库存周转周期（产品被替换的速度）是 9 个星期，保证所有访问该网站的顾客获得新的产品。

这家企业有自己的设计师团队，并且更多地使用欧洲的供应商，而不是东亚地区的供应商。ASOS 60%～70% 的产品是在欧洲生产的。这可以保证从看到某个明星穿着一条新款连衣裙到 ASOS 的设计师准备好生产一款类似的连衣裙，再到 ASOS 的顾客可以买到这款连衣裙，只需要 4 个星期。

ASOS 网站

ASOS 网站本身就是它成功的一个主要因素。网站的访问者可以直接点击自己最喜欢的名人或流行明星，看他们曾经穿过的衣服。可能某个消费者很喜欢摩丝的着装风格。对于这个消费者来说，成本最低的方式不是去 ASOS 的线下竞争者 Topshop，而是在 ASOS 伦敦超模风格下面选择标价为 6 英镑的 Lurex 背心。在这个网站上，任何时候都有超过 400 种风格各异的女装，还有无数的上衣、裤子、鞋、包、内衣、泳衣、珠宝，以及男士套装，所有这些商品都有模特展示。在 ASOS 位于伦敦北部的总部里，4 个工作室的 30 个模特在尝试把这些衣服带到消费者的生活里，把在 T 台上展示这些衣服的兴奋感传递给消费者。

ASOS 的服装品牌已经从名人明星的相似物扩展到自己的奢侈品牌，以及声誉很好的品牌，比如 Gap、迪奥、Ted Baker、巴黎世家和圣罗兰。这个网站每个月有 1 300 万访问用户，其中有 600 万左右的注册用户和 400 万左右的活跃用户（也就是在过去 6 个月内曾经在该网站购买商品的用户），这些用户平均每人下单的价值是 60 英镑。女士的时尚产品是销售额的主要来源，男士服装构成 20% 的销售额来源，护肤品和化妆品构成 3% 的销售额来源。

通常情况下，相比于传统的线下零售商，

线上销售的一个主要问题是退货率较高。但是 ASOS 不一样，线下零售商的平均退货率是 40%，而 ASOS 的退货率只有 22%。ASOS 市场营销策略的一个主要方面是为全球范围内的消费者提供免费运送服务，为英国本地的消费者提供免费退货服务。

客户服务

运送速度特别快是 ASOS 的一个标志，如果预见到产品不能及时送达，ASOS 的客服会尽一切努力和消费者联系。比如，当预报有大雪，客服会发邮件给顾客，提醒他们快递有可能延迟。如果确实有大雪，客服会发一封道歉邮件，并且提供退款和下单打 9 折的承诺。客服团队每天 24 小时在线。他们被要求必须在 1 个小时之内对顾客的诉求给予回复，顾客会根据回复的速度和质量对他们评分。

促销

ASOS 的成功已经为企业在报纸上的公关活动提供了很多机会，包括记录利润和销售额的季度报告、成功的原因等。相比于传统媒体，这家企业更偏好电子媒体，虽然有时会使用传统媒体。搜索引擎的优化和女性杂志网站上的点击付费广告，比如 Look 和《红秀》（Grazia），都增加了 ASOS 网站的访问流量。社交网络也在提高 ASOS 知名度上起了一些作用。ASOS 是英国在脸书上拥有第二大粉丝群的时尚产品零售商（排在 H&M 之后）。2011 年，ASOS 发布了一个脸书应用，允许顾客在不离开该社交平台的情况下实现购买。

ASOS 最大的营销支出在一个印刷版的杂志上，这个杂志可以接触 50 万活跃顾客。它会展示一些著名的品牌和自有品牌，并且该杂志上的照片会和一些评论性的内容一起呈现，足以和报刊亭优秀杂志抗衡。另外，一些像《魅力》（Glamour）和《大都会》（Cosmopolitan）这样著名的高端女性杂志上 ASOS 会有 24 页的副刊，ASOS 还赞助了一档选秀节目《全美超级模特新秀大赛》（America's Next Top Model）。ASOS 在自己的目标市场上达到了 60% 的知名度。

新创业务

ASOS 销售额和利润增长的一个主要来源是海外拓展的新网站，包括美国、中国、德国、法国、西班牙、丹麦、俄罗斯、意大利和澳大利亚。

ASOS 也从核心品牌中延伸出了很多新的业务网站。

ASOS Marketplace：允许消费者在 ASOS 网站上销售自己的衣服和饰品，他们可以把自己的衣服换成现金或者开一个小店销售自己设计的作品。ASOS 从他们的销售额中收取费用。

Little ASOS：主要顾客是婴儿和 2～6 岁的儿童。除了含有迪赛尔（Diesel）和汤米希尔费格（Tommy Hilfiger）这些高端时装品牌之外，Little ASOS 也有很多小的精品店和一些独立品牌，比如 Cath Kidston 和 No Added Sugar。

ASOS Outlet：ASOS 的折扣商店，提供末端和过季产品，折扣最高可达 75%。

ASOS Life：允许顾客创建自己的档案，通过论坛、博客和群组进行交流。这个网站有一个帮助板块论坛，使顾客可以相互回答问题。它还有一个创意板块，顾客可以提交对网站改进的建议。

ASOS Fashion Finder：展示了时尚潮流，允许顾客研究服饰的构造和创新。如果用户需要的产品在 ASOS 买不到，ASOS 会将用户导向自己竞争对手零售商的网站。

资料来源：Based on：Finch, J.（2008）Nick Robertson: wannabe celebs provide the silver on screen, *Guardian*, 18 April, p.31; Kollewe, J.（2008）ASOS defies shopping gloom by reaching height of online fashion, *Guardian*, 18 November, p.32; Barda, T.（2009）Winning looks, *Marketer*, April, pp.24-7; Armstrong, L.（2009）ASOS.com: as seen on the screens of the fash-

314 销售与销售管理（第 10 版）

ion savvy, *Times*, 21 January, p. 26; ASOS. com http：//en. wikipedia. org/w/index；Costa, M. （2011） Fashion leader maps out an international future, *Marketing Week*, 16 June, pp. 17 - 20；Treanor, J. （2012） ASOS managers share £66m bonus pot, *Guardian*, 25 May, p. 33；Butler, S. and Farrell, S. （2014） Soaring ASOS is latest online success story, *Guardian*, 15 January, p. 20.

问题讨论

1. 请就通过线上而不是传统的线下零售商店进行时尚产品营销的优势和劣势展开讨论。

2. ASOS 在多大程度上通过一个整合的分销渠道系统进行销售？

3. 对 ASOS 做一个优势、劣势、机遇和挑战的 SWOT 分析。

4. 基于你做的 SWOT 分析，你会对 ASOS 提出什么建议？

1. 请选择五种对销售和销售管理产生影响的技术改变。它们对销售和销售管理实践发挥了什么样的作用？

2. 什么是电子商务？电子商务有四个阶段，请分别对每个阶段进行讨论。

3. 请讨论互联网影响销售和销售管理实践的四种方式。

4. 什么是客户关系管理？请描述销售自动化企业（比如 Salesforce. com）如何帮助销售人员更有效地管理与客户的关系。

5. 请使用一个具体的例子解释内部网和外部网的区别，并解释这两个系统是如何在营销环境中使用的。

6. 对于一个开展电子营销的企业，它应该怎么做才能降低一个新顾客根植在心中的对互联网交易的感知风险？

第 4 篇　销售管理

第 4 篇主要讨论和销售人员管理相关的问题。第 13 章对招聘和甄选的相关因素进行分析。首先确认了招聘来源，然后讨论了职位描述作为员工规范蓝图的作用。之后，分析了候选人名单的准备和面试活动的开展，以及在考虑销售人员的选择时应该如何采用合适的提问技巧找到最合适的销售人员。

第 14 章应用赫茨伯格、弗罗姆、亚当斯、利克特的理论和丘吉尔、福特、沃克的销售激励模型，分析了销售人员的激励和培训。然后，探讨了销售管理的领导艺术，以及销售培训和提高销售技巧方法的新进展。

激励销售人员的一个重要因素是薪酬。第 15 章重点讨论这个方面以及销售活动是如何组织的。销售人员的安排是根据地域情况、产品类型和基于顾客的结构等进行的，其中基于顾客的结构又可以进行更多的细分。在确定销售人员数量的时候，销售区域是一个决定性因素。然后，讨论了薪酬方案，主要是围绕三种方案展开：固定工资制、佣金制和底薪加提成制。

第 13 章

招聘和甄选

学习本章后，你应该可以：

1. 理解销售人员的甄选是最终销售成功的关键。
2. 在招聘销售人员的时候，可以应用面试和甄选的程序。
3. 理解与甄选相关的测试方法的优缺点。

甄选的重要性

在招聘和甄选新销售代表的过程中，销售经理可能会发现他们所扮演的是一个不太熟悉的角色，因为通常情况下他们所扮演的是卖方的角色，而现在他们要扮演买方的角色。销售经理要有效地完成这种转换，因为未来销售的成功依赖高素质员工的加入。许多事实都证明了进行有效的**销售人员甄选**（salesforce selection）的重要性：

1. 销售人员的效率有很大的差异性。在特许营销协会（Chartered Institute of Marketing）接受委托所做的对销售人员实践的研究中[1]，销售经理要回答如下问题："如果你把你最成功的销售人员放在拥有平均水平的销售人员所在的销售区域，并且不做其他任何改变，你认为两年后这个区域的销售额会增长多少？"

大多数销售经理会预测销售增长率为 16%～20%，1/5 的销售经理说他们预测销售增长率会达到 30%甚至更多。有一点需要强调的是，这种比较是在最好的销售人员与拥有平均水平的销售人员之间进行的，而不是在最好的销售人员与最差的销售人员之间进行的。很明显，销售经理所招聘的销售人员的质量对销售业绩的影响非常大。

2. 销售人员的成本是非常高的。如果某企业决定雇用额外的销售人员，那么成本将会比基本工资（和佣金）高很多。如果需要出差的话，大多数企业会提供一辆车，还会支付差旅费。为了完成销售而不仅仅是收到一份订单，还需要使用一些特殊的技巧，这就意味着对销售人员进行培训是必要的。没有哪个企业愿意为雇用一个差劲的销售人员而花费如此多的成本。

3. 销售成功的其他决定因素，比如培训和激励，严重依赖招聘人员的质量。尽管销售人员的效率可以通过培训得到提高，但是会受到销售人员先天能力的限制。就像其他需要技巧的活动（比如板球、足球以及其他运动）一样，销售成功与销售人员的个人特质有很大的关系。同样，虽然激励机制会促进销售人员获得更高的销售额，但是它能发挥的作用非常有限。销售的成功更多地依赖销售人员完成一项有难度的销售任务，或者拜访下一位潜在客户，而不是选择回家。

加尔布雷斯、基利和沃特金斯（Galbraith, Kiely and Watkins)[2]的一项研究检验了销售工作本身最吸引销售人员的特征，以及销售人员最看重销售工作的哪些方面。研究结果显示在表 13-1 中。

表 13-1 最感兴趣和最看重的特征（%）

最感兴趣的	占比	最看重的	占比
工作方法	60	独立性	40
独立性	13	薪水	18
薪水	12	提供服务	14
企业地位	5	自由	11
良好的培训	4	与人打交道	8
晋升机会	2	工作满意度	6
专业地位	2	地位	3
独立区域	2	晋升前景	1

资料来源：Gallbraith, A., Kiely, J and Watkins, T. (1991) Sales force management-issues for the 1990s, *Proceedings of the Marketing Education Group Conference*, Cardiff Business School, July, pp. 425–45.

从表 13-1 中我们可以发现，对于销售人员来说，最吸引他们的是销售工作方法和独立性，而不是薪水。这颠覆了很多企业认为的钱是销售人员从事销售工作的主要原因的观点。独立性是销售人员从事销售工作非常看重的一个方面。如果把这些研究发现应用于实践，销售管理人员可以了解吸引人们从事销售工作的原因，并据此制定真正有效的招聘策略。企业不应该盲目地假设薪水是最重要的。

很显然，销售经理面临的是一个非常困难且非常重要的任务。然而，大多数销售经理认为甄选过程的结果远不能让人满意。特许营销协会的一项调查[3]显示，将近一半的销售经理说他们所招聘的销售人员中只有不到 70% 的人员是令人满意的。

如果在海外市场开展招聘和甄选，那么任务更加艰巨。下面的案例讨论了其中的一些关键问题。

招聘和甄选国际销售人员

那些希望招聘一支国际销售队伍的企业有很多选择。招聘的人员可以来自本国、东道国或第三国。销售昂贵产品的技术性企业更倾向于选择本国的销售人员，因为他们拥有更高水平的产品知识以及提供后续服务的能力和意愿。在海外工作也为企业提供了培训经理和提拔基层主管的机会。而且，使用本国人员使得国际性企业可以对全球性营销和销售活动有更高程度的控制。但是，这样做有一些缺点。本国人员通常比当地人员所要求更高的工资，而且本国人员通常不会在新的国家定居，也就不能更好地去了解海外销售成功所需要的当地文化背景和文化差异。

第二种选择是雇用东道国的销售人员。这样做的优点是当地销售人员会带来关于当地文化和市场的知识，具备当地语言技能，更熟悉当地交易的传统。这意味着企业只需要一个较短的调整期就能在新的海外市场表现活跃。而且，亚洲出现了一批新人，他们在欧洲和美国拿到了硕士或 MBA 学位，这些人再去欧洲或美国招聘销售人员和销售经理会更加得心应手。然而，除了考虑雇用东道国销售人员的优点之外，同时需考虑这样做的一些缺点。这些东道国销售人员通常需要进行更多的产品知识培训，以及企业历史和经营理念的知识培训。其次，在一些像泰国、马来西亚和印度这样的国家，销售人员通常不是很受尊重。这就限制了那些受过良好教育的人从事销售工作的数量，在当地招聘销售人员也更加困难。最后，当地销售人员对外国企业的忠诚度可能远远低于本国销售人员。

第三种选择是雇用第三国销售人员。如果所雇用的第三国销售人员来自某区域的相似国家，他会具备文化敏感度和语言技能，从而使企业可以获得比目标国当地销售技能更好且更便宜的销售人员。特别是对于那些区域性集中的企业，雇用第三国销售人员是在本国和东道国之间做出的一个有效的妥协。然而，雇用第三国销售人员也有一些缺点，比如第三国销售人员心理上难以确定自己在哪里和为谁工作。另外，他们有时候会因为销售活动被阻碍、较低的工资和难以适应新的环境而痛苦和有挫败感。

资料来源：Based on Boyacigiller, N. (1990) The role of expatriates in the management of interdependence, complexity and risk in multinational corporations, *Journal of International Business Studies*, 21 (3): 357 – 81; Honeycutt, Jr, E. D. and Ford, J. B. (1995) Guidelines for managing an international sales force, Industrial Marketing Management, 24: 135 – 44; Zeira, Y. and Harari, E. (1977) Managing third country nationals in multinational corporations, Business Horizons, October: 83 – 8; Ghauri, P. and Cateora, P. (2010) International Marketing. Maidenhead: McGraw-Hill.

下面是一些招聘和甄选过程的步骤（见图 13 – 1）：

1. 准备职位描述和员工要求。
2. 确定招聘来源和宣传方法。
3. 设计有效的申请表和准备候选人名单。
4. 面试。
5. 辅助的甄选方法——心理测试、角色扮演。

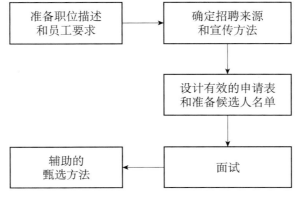

图 13 – 1　招聘和甄选过程的步骤

只有深入理解招聘和甄选的每个步骤以及应该遵循的正确程序，才会最大可能地挑选到合适的申请人。

准备职位描述和员工要求

　　准备一份精确的**职位描述**（job description）对于销售经理来说应该没有任何困难。他们对需要什么样的销售人员有切身的体会，因为他们曾经就是销售人员，并且在培训和评价销售人员的过程中与销售人员一同做过产品销售。一般来说，职位描述应该包含如下因素：

　　1. 职位的名称。

　　2. 职责与责任——新招聘的销售人员将要承担的任务，比如销售、售后服务、信息反馈以及与他们相关的产品、市场和客户类型。

　　3. 他们应该向谁报告。

　　4. 技术性要求，比如他们对自己所销售产品的技术方面应该了解的程度。

　　5. 将要覆盖的销售地点和地理区域。

　　6. 自主的程度——销售人员可以控制自己工作计划的程度。

　　职位描述一旦生成，将作为**员工要求**（personnel specification）的蓝图，为企业界定正在寻找的应聘者的类型。例如，这份工作的技术性要求以及销售人员将要面对的客户的性质都会是影响新招聘销售人员的教育水平甚至是年龄要求的因素。

　　对于销售经理来说，制定员工要求要比生成职位描述更加困难。制定员工要求时提出的一些问题通常会带来非常主观的回答。比如，招聘的销售人员是否必须拥有销售经验？这种销售经验需要和企业所经营或提供服务的市场一致吗？他所处的年龄段应该是什么？销售人员是不是必须具备某种技术资格？如果这些问题的答案都是"是"，那么符合这些标准的应聘人员会减少。

　　危险的地方在于，那些在销售方面很有潜力的应聘者会被排除在外。大学毕业生经常抱怨他们很有信心能做好的工作拒绝他们，仅仅因为招聘广告中写着必须具备两年销售方面的工作经验。这给我们的启示是在制定员工要求的时候，应该考虑什么样的人会被排除在外，是否有类似需两年工作经验这样的条件被放进招聘广告。因为有两年工作经验，所以需要更少的培训，这样真的有必要或者真的能带来很多便利吗？

　　员工要求的另一个方面是确定所寻找的新销售人员应该具备什么样的品质。这是一个比技术资格、年龄或工作经验都要模糊得多的概念。品质本身可能依赖工作的性质、销售经理的个人偏见（其中一种规则是很多销售经理喜欢和他们相似的人），或者基于曾经做过的关于成功销售人员所具备的属性的研究。在英国大企业的销售经理中所做的关于甄选销售人员的调查中，得出了一些被认为很重要的品质。图 13-2 列举了前 20 项重要品质和每项品质被提及的比例。[4]一个关于管理培训生和高级销售经理的招聘广告的调查总结了一些品质，如表 13-2 所示。[5]

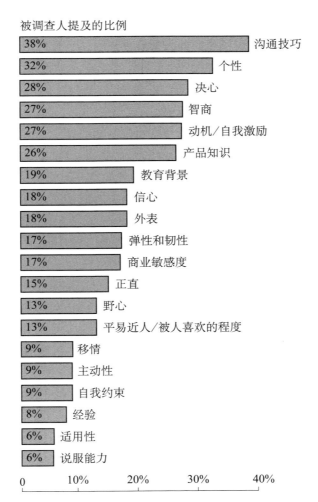

被调查人提及的比例

比例	品质
38%	沟通技巧
32%	个性
28%	决心
27%	智商
27%	动机/自我激励
26%	产品知识
19%	教育背景
18%	信心
18%	外表
17%	弹性和韧性
17%	商业敏感度
15%	正直
13%	野心
13%	平易近人/被人喜欢的程度
9%	移情
9%	主动性
9%	自我约束
8%	经验
6%	适用性
6%	说服能力

图 13-2 销售人员的重要品质

资料来源：Jobber，D. and Millar，S. （1984）The use of psychological tests in the selection of salesmen：a UK survey，*Journal of Sales Management*，1：1.

表 13-2 管理培训生和高级销售经理需要具备的品质（%）

品质	管理培训生	品质	销售经理
进取心	27	动力	37
动力	26	进取心	25
成就导向	21	热情	24
热情	18	沟通能力	21
沟通能力	16	成就导向	11
表达能力	13	坚持不懈	10
责任感	11	责任感	9
思维敏捷	10	思维敏捷	6
坚持不懈	10	表达能力	7
有决心	10	抗压能力	7

资料来源：Reprinted from Mathews，B. and Redman，T. （2001）Recruiting the wrong salespeople：are the job ads to blame?，*Industrial Marketing Management*，30：541-50. Copyright © 2001，with permission from Elsevier.

迈耶和格林伯格（Mayer and Greenberg）[6]制作了一份更加有操作性的列表。一项对超过 1 000 家美国企业的大型研究显示，只有两个品质对销售至关重要——移情和自我驱动。**移情**（empathy）的定义是能够像顾客一样感受、能够理解顾客问题和需求的能力。这与同情是不同的。销售人员要能够感觉到并理解顾客的感受，即使他并不同意这种感受。另一个销售成功的基本决定因素是**自我驱动**（ego drive），它的定义是从个人的角度去做成一单交易的需要，而不仅仅为了钱。

迈耶和格林伯格认为，如果一个应聘者拥有这两种品质，那么他销售任何东西都会成功。他们的研究使他们相信销售成功的基础是销售人员的能力，而不是所销售的产品：

> 很多销售经理认为，他们所在行业（甚至是他们自己的企业）的销售类型在某种程度上是完全特殊和独特的。这在某种程度上确实是正确的。毫无疑问，数据处理仪器的销售人员需要的培训和背景知识跟汽车销售人员不同。员工要求上的差异是很明显的，应聘者是否满足某个职位的特殊资格可以很容易从他的简历上看到或者测量到。然而，不容易看到的是我们之前讨论的那些基本的销售动力，它们才是决定一个人能否销售成功的因素，不管他销售的是什么。（Mayer and Greenberg 1964，p. 264）

当然，他们所提供的证据，也就是根据销售人员所具备的移情和自我驱动的程度把销售人员分成四类（强烈推荐、推荐、不推荐、几乎没有成功的可能），跟汽车、共有基金和保险三个行业销售成功有很强的相关性。他们对移情和自我驱动的测量来源于对心理测试的应用——多问项个人问卷。总之，一份员工要求可能包含如下所有或部分因素：

1. 外形要求。比如谈吐、外表。
2. 学识。比如受教育程度、证书、经验、成功。
3. 才能和品质。比如沟通能力、自我激励。
4. 性格。比如成熟度、责任感。
5. 兴趣。比如兴趣的社会性程度、积极程度、不积极程度。
6. 个人情况。比如已婚还是单身等。

被用来定义员工要求的因素也会作为面试中甄选的标准。

需要注意的是大客户经理的招聘会包含一些传统销售人员的招聘中没有的附加品质。大客户经理会与一些被选择的大客户发展长期的关系，而且这样做通常会有一支专业的队伍支持，这支队伍中会有来自生产、金融、物流、市场和其他职能部门的人员。[7]因此，他们需要具备协调和给大客户传递服务的能力，并且要能够协调服务大客户涉及的各个职能部门。对于大客户经理的职位描述和员工要求，可以参考第 9 章讨论的大客户经理的任务和技能，特别是需要参考表9-2。

确定招聘来源和宣传方法

来源

有如下六种主要的招聘来源：

- 内部——企业自己的员工；
- 招聘中介；
- 教育机构；
- 其他行业；
- 失业人员。

企业自己的员工

这种来源的优势是候选者比较了解企业及其产品。同样，企业对候选者的了解也远远多于外部人员。由于企业掌握了候选者个人特质第一手资料，风险大大降低。然而，这并不能保证企业自己的员工都具备销售能力。

招聘中介

招聘中介会收取一定的手续费，为企业提供有潜力的应聘者名单。为了让这个名单上的应聘者能够真的获得企业的认可，有声望的招聘中介会根据是否适合销售岗位对应聘者进行筛选。只提供有实力的候选者才符合招聘中介的长期利益。然而，真正有实力的顶级销售人员有多大可能需要通过一个销售中介来找到合适的工作仍然是一个问题。

教育机构

可以直接从那些已经在相关行业工作过的（这些工作实践是获取学位的要求的组成部分）受过高等教育的人员中进行招聘。在英国，大部分商科学位要求学生进行为期一年的行业实践训练。这些学生中可能有一些从事过销售工作，或者有一些进行过市场营销相关的工作。从大学中进行招聘的好处是候选者都是高智商的人，并且可能已经具备一些技术性资格认证。然而，需要注意的是这些应聘者未来可能不会长期从事销售工作。他们可能会把销售代表的工作当作未来走上营销管理层的前期准备。

竞争对手

这种来源的优势在于销售人员对市场和客户都比较了解。而且，企业对这些销售人员的能力比较了解，可以降低招聘风险。

其他行业和失业人员

这两种来源都有可能提供具有销售经验的应聘者。很显然，企业需要认真地进行筛选，以评估应聘者的销售能力。

宣传

尽管一些销售岗位可以通过私人关系得到填充，但是大多数销售岗位的招聘还是需要通过广告进行，而广告正是最主要的宣传工具。为了提高广告的宣传效果，有一些准则需要注意。

企业投放广告的时候，可以在全国性报纸和区域性报纸之间进行选择。这种分类考虑的主要因素是广告的影响力。一种提高广告影响力的方法是扩大广告的版面。诀窍是选择一种报纸，检查这种报纸广告版面的正常大小，然后让你的广告版面比最大的广告版面稍大一点。这可保证你的广告有一个好的位置，较大的版面能让广告产生足够的影响力。另外，较大的版面可以降低广告内容表述不清的风险。

这是一个很重要的因素，因为一项关于印刷媒体上招聘广告的研究发现，通常这类广告表述不清，对于职位和企业在意的内容，只提供一个粗略的介绍。[8] 当然，这种方法的前提假设是有足够的资金，不过相比于招聘到一个低质量的销售人员，对于大多数企业来说，这点额外的成本微不足道。

另外一个提高广告影响力的方法是改善广告的内容。标题是最重要的，如果标题不吸引人，广告的内容很可能没有人读。一个关于周五的地方晚报的调查显示，销售代表招聘广告的设计非常缺乏想象力。因此，通过将广告内容设计得与众不同以吸引读者的注意力是大有可为的。在现有的广告版面条件下，看看自己将要投放广告的报纸，然后问自己一个问题："如果我正在考虑换工作，什么样的标题会吸引我的注意力？"

最后，如果自己的想象力比较匮乏，但是资金比较充足，那么可以考虑雇用一位招聘广告设计专家，由他来设计广告内容，并提出关于投放媒体的建议。不论招聘广告是由企业自己设计还是由专家设计，很重要的一点是必须保证需要招聘人员的职位的主要吸引力（而不仅仅是职位特征）在广告内容中得到体现。这对于吸引到合适的应聘者是必需的，也是投放广告的主要目标。

设计有效的申请表和准备候选人名单

申请表是一种快速且低成本的筛选出合适申请者的方法，可产生一份面试的**候选人名单**（shortlist）。申请表上的问题可以使销售经理审核申请者是否满足员工要求。它通常包括关于年龄、教育背景、工作经历和兴趣爱好的问题。除了这些实际的信息之外，申请表也有一些缺陷，比如不能正确拼写、语法不好或者对后续的说明不注意。

申请表可以揭示申请者的很多信息。一些申请者可能是经常跳槽的人，一些申请者教育水平可能不够。不管标准是什么，申请表通常是得到候选人名单最初的筛选工具。因此，对于那些参与招聘和甄选的销售经理来说，认真设计申请表是非常重要的。申请表一般应该包含如下四种信息。

1. 个人信息。
- 姓名；
- 地址和电话号码；
- 性别。

2. 教育背景。
- 学校：小学/中学；
- 深造或高等教育经历：大学，学过的课程；
- 资格证书；
- 参加过的特殊培训，比如实习、销售培训；
- 参加过的专业团体，比如特许营销协会。

3. 工作经历。
- 工作过的企业；

- 工作时间；
- 职位、职责和承担的责任；
- 服兵役情况。

4. 兴趣爱好。

- 运动；
- 爱好；
- 参加社团/俱乐部的情况。

申请表需要达到如下目标：

（1）为生成候选人名单提供基础；

（2）为面试的开场提供基本信息；

（3）为面试之后的决策提供辅助。

基于申请表排除一部分申请表之后，根据面试过程是包含两个阶段还是一个阶段会得到一份初始的或最终的候选人名单。对初审通过的候选人或者只对最终成功的候选人做出补充的参考评估。

面　试

对英国大型企业销售人员甄选过程的调查显示[9]，有如下几项与面试相关的实际情况：

1. 多数（80％）企业会采用两阶段面试。

2. 只有1/5的情况下，销售经理会单独进行最初的面试。绝大多数情况下，人力资源经理或者人力资源经理和销售经理一起进行最初的面试。最后一轮面试中也有类似的情况。

3. 在40％的情况下，人力资源经理和销售经理会一起做最终的决策。在37％的情况下，销售经理单独做最终的决策。其他情况下，营销经理和其他高级管理部门会参与进来。

这些情况强调了销售经理在甄选过程中的重要性，并且显示了甄选通常包括两次面试——初选面试和甄选面试。如果目前所描述的程序都发生了，销售经理会制定一份员工要求，包含之前列出的部分或全部因素，这里重复一下。

1. 外形要求。比如谈吐、外表、举止、健康水平。

2. 学识。比如受教育水平、资格证书、销售经验、成功经历。

3. 才能和品质。比如沟通、移情、自我激励能力。

4. 性格。比如成熟度、责任感。

5. 兴趣。比如社交兴趣、与将要销售的产品相关的兴趣、积极的或不积极的兴趣。

职位描述被作为评估候选人名单中每位候选人的方法。事实上，其他个人考虑也会在最终的决策中起作用。如果销售经理认为某个候选人很难相处或共事，或者很有可能在团队中成为一个麻烦制造者，这个候选人基本不可能被录用。因此，最终的决策不可避免地会基于正规的标准和其他个人因素做出，对于这些个人因素，销售经理可能无法或不愿意在员工要求中清楚地表达出来。

在完成作为甄选基础的重要准备工作之后，面试的目标和准则是什么？整体目标是使面试官对候选者在甄选标准上的优点和缺点有一个清晰且有效的印象。为了达到这一点，所有应聘者被鼓励自由开放地谈自己的情况。当然，面试官也要进行一定的控制，以免候选者在一两个问题上谈论得过长，而没有时间去讨论其他一些同样很重要的问题（有可能是候选者实力较弱的问题）。

面试环境

面试环境会直接影响面试的结果。很多实例可以证明这一点。

1. 面试的房间应该设置在一个销售经理不太可能被同事或电话打扰的地方。如果找不到这种地方，就应该设立一个禁止访客和电话的标识或装置。

2. 面试的房间如果特别大，在只有两三个人的时候就缺少亲近感，可能无法实现自由和自然的讨论。

3. 如果在候选者和面试官之间放一张大桌子，特别是桌面上凌乱地摆放着各种文件夹和工作日历，会让候选者和面试官在心理上产生一种距离感，让面试气氛变得太过正式，使候选者和面试官之间无法建立亲密、和谐的交流关系。一种更加轻松的、非正式的、远离经理办公桌的面试环境能使应聘者更容易放松地与面试官进行交流。使用一种可以让面试官和应聘者围坐在一起（而不是面对面就座）的低矮桌子是一种达到这种效果的常用方法。

进行面试

除了通过对面试环境的正确选择来创造合适的面试氛围之外，面试官还可以在与应聘者建立亲密和谐的交流关系上做得更多。

面试的开始对于后续的交流有非常重要的作用。这个阶段的主要目标是让候选者感到放松。大多数应聘者在第一次进入面试环境后和面试开始提问前会感到焦虑。他们可能对将要暴露自己的弱项感到尴尬或者担忧。他们可能感到自己没准备充分或者缺乏自信。总而言之，他们可能担心被拒。这些焦虑通常伴随着一些实际的情况，比如候选者之前没有见过面试官，因此不确定面试官有多么咄咄逼人、他们会施加多大的压力以及他们会问什么类型的问题。一些销售经理认为销售人员在实际的销售现场很可能会遇到类似的状况，因此应聘者应该具备处理这种状况的能力，不需面试官使用帮助他们降低焦虑感的方法。针对这种观点，一种有效的回应是面试的目的在于根据员工要求所制定的标准了解候选者，这有时被称为"剖面图"。为了做到这一点，面试官必须鼓励候选者更多地谈论自己。如果需要测试压力下的销售能力，可以使用角色扮演作为甄选程序的一部分。如下是一些可以降低焦虑感、建立亲密和谐的交流关系的准则。

1. 由其中一个面试官（最好是销售经理）将候选者领到面试的房间，而不是由秘书或者助理把候选者送进去。这可以缩小面试官和候选者之间的地位差距，从而帮助他们建立亲密和谐的交流关系。

2. 通过一些简单易答的问题开始面试，即使这些问题与职位没有关系，这可以让候选者与面试官顺利交谈，获得一些信心。

3. 继续交谈，如果可以的话，应该让面试过程早期的一些问题呈开放式，而不是封闭式。开放式问题可以为应聘者在话题的长度上留有余地，比如"你可以谈一谈你在药品销售上的经验吗？"封闭式问题只是让应聘者提供一个简短的回答，比如"可以告诉我你在 Beechams 工作了多长时间吗？"当然，一些封闭式问题是不可避免的，但是如果一下子出现一连串这样的问题，会让候选者难以放松和获得信心。而且，面试中出现太多封闭式问题的结果是应聘者会给人留下一种不善交流的印象，但实际上问题出在面试官身上。

4. 面试官应该表现得比较放松，采用一种友好、轻松的态度。

5. 面试官应该有礼貌，并对应聘者所谈的内容感兴趣。

在成功建立亲密和谐的交流关系并帮助应聘者降低焦虑感之后，面试官最好能鼓励候选者谈谈他们自己，他们的经历、态度、行为和期望。为了做到这一点，面试官不仅需要做一个好的倾听者，而且需要有技巧地引导谈话。销售过程中的需求分析阶段所需要的技巧可以用在面试中，会取得很好的效果。特别是面试官可以尝试如下技巧：

1. "回放"技巧；

2. 嘉奖的使用；

3. 沉默的使用；

4. 试探的使用；

5. 总结；

6. 中性问题的使用。

"回放"技巧

面试官可以通过重复候选者话语中的最后几个字来引出候选者对自己所说内容的解释。举例来说，候选者可能会说"我为 XYZ 公司工作了两年，但是我不是很喜欢它"。面试官可以问："你不是很喜欢它？"候选者会说："是的，销售经理经常监视我，看我是不是在打私人电话。"

嘉奖的使用

面试官对候选者所谈观点、经历和知识表现出明显的兴趣本身就是一种嘉奖。这可以辅以"鼓励的声音"，比如"啊，哦"或"嗯，是的，我明白"。这种慢慢渗入候选者内心的信心会让他们愿意做出更进一步的评论。

嘉奖的进一步做法是"眼神接触"。微微地眯眼、轻轻地点头传递出的信息是"是的，我明白"。这种嘉奖方式只能根据经验使用，但毫无疑问的是这种嘉奖方式的使用对鼓励候选者自由地交谈很有帮助。

沉默的使用

沉默对于面试官来说是一种非常有力的手段。然而，必须谨慎使用，否则亲密和谐的关系会丧失，候选者也会对开放的讨论制造障碍。

对沉默最普遍的使用是在候选者对一个重要的问题给出一个中立的、信息量较少的回答之后。这时，一个急于表达的候选者会感到不舒服，从而打破这种象征面试进行不顺的沉默。在这种情况下，他们通常会尝试填补这个空隙，而为了填补这个空隙，他们唯一能做的是表露自己的态度或行为模式，这些态度或行为模式可能是他们在其他情况下更愿意隐藏的。此外，停顿使候选者能够整理自己的想法，从而做出一个更加深思熟虑的回复。没有停顿地持续问问题会让候选者无法做到这一点。不管怎样，通过有选择地使用沉默可以收集额外的信息。

试探的使用

对需求分析比较熟悉的销售人员也会比较熟悉试探的使用。在面试中，通常候选者做出评论后会被要求做进一步的解释。举例来说，应聘者可能会说："在销售培训课程上花时间是一种浪费。"面试官可能会问："你为什么这样认为？"或者"有意思，你为什么这么说？"或者"你可以稍微解释一下你为什么这样想吗？"这种措辞比直接的"为什么"要好一点，而且是之前提到的"回放"技巧的替代性用法。

在面试的过程中，对措辞和技巧的选择使面试官可以尝试多种试探的方法。尽管这样做并不总能保证成功，但是如果要试探一些令人尴尬的话题，比如应聘者婚姻的破裂（如果这与工作表现有关系的话）或考试的失败，应该在面试进行得比较顺利的时候提出，而不应该在一开始就着重盘问。

总结

在面试中，面试官不可避免地会尝试将应聘者在不同时间表达的观点综合起来，从而形成对面试者的整体印象。一个有用的建议是，如果想要检查这些印象是否真实有效，可对它们进行总结并向面试者进行求证。

在询问和试探阶段之后，面试官可能会说："所以，根据我的理解，你在销售方面的第一阶段并不成功，因为你工作的公司所生产的产品质量较差，与竞争对手相比在技术指标方面处于劣势，没有为你积累什么经验。但是你的第二份工作（在一家更大的知名企业工作）更令人满意，因为你接受了合适的销售培训，并且在销售被认可的高质量产品线方面比较有优势。你认为这个总结合适吗？"被面试者认可之后，面试官就可以转向下一个感兴趣的领域，或者继续在同一个领域进一步消除之前的误解。

中性问题的使用

好的面试的一个基本准则是使用中性的而不是引导性的问题。相比于"我相信你从你的销售培训课程中学到了很多，不是吗？"这样的问题，"可以告诉我你在之前的公司所接受的销售培训情况吗？"这样的问题可能会得到一个不一样的、有更少偏见的回答。而且，"在与我们公司这类客户打交道方面你觉得怎么样？"比"我相信你在与我们公司这类客户打交道方面不会有什么问题，对不对？"更加中性。

其他考虑

还有一些方面是面试官应该记在心中的。

第一，不能谈太多东西。面试中的大多数时间应该用在评价候选者方面。

第二，面试的一部分内容应该涉及一个销售任务，为了确保被选中的候选人可以接受。评价候选者和销售任务之间的平衡更多地基于面试官的判断，没有什么硬性的规定，但是很显然，这种竞争性的状况和候选者的优势是影响最终决策的两个因素。

第三，面试官必须谨慎地控制面试进程。每一个候选者都有一定的面试时间，并且面试官有责任确保候选者的每一个重要方面被讨论或展示，而不仅仅是那些候选者想讨论的方面。一些之前谈过的技术有必要从相反的方向使用，以防止候选者漫无目的地谈论。例如，面试官可以表现得不感兴趣，或者问一些封闭式问题来防止出现冗长的发言。或者，面试官可以简单地在某个适当的时间点打断，如"好的，我们已经对这一点很清楚了"。

第四，当获得了足够的信息，面试官就应结束面试。通常，当面试官说，"好的，我们已经了解了你的情况。你还有什么问题想问我们吗？"，候选者知道面试要结束了。面试结束前，面试官会向候选者说明什么时候做出录用决策，以及如何通知他们，然后感谢候选者参与这次面试。双方起立、握手，候选者被示意可以离开面试房间。

研究表明，有组织的面试，比如有提前计划好的顺序，比那些没有组织的面试在甄选方面做得更好。[10]这强调了提前对面试内容和结构进行详细计划的重要性。面试主要测量社交技巧，包括外向性、随和性以及工作经验与学识。[11]

辅助的甄选方法

心理测试

面试的成功是甄选的重要决定因素，一些企业还会采用一些辅助的技巧为销售潜力提供有效的测量。很多大型企业使用**心理测试**（psychological tests）。然而，使用这种方法的时候一定要非常小心，需要一个专业的心理学家对心理测试进行管理和对测试结果进行解读。此外，关于这种测试也有很多批评。

1. 容易作假。应聘者对于什么样的人会在销售方面成功有一个概念，因此会在测试中做出"假"的回答，以便获得一份"合适的"测试结果。例如，对于问题"什么样的人对这个社会更有价值——行动者还是思考者？"不论他们的实际想法是什么，他们都会回答"行动者"。

2. 很多测试测量兴趣而非销售能力。销售经理比较了解成功的销售人员有哪些兴趣，会使用心理测试发现应聘者是否具有相似的兴趣类型。这里的假设是人们的兴趣类型可以预测他们是否能够在销售方面取得成功。这就像通过测量年轻足球运动员的兴趣来发现一个新的乔治·贝斯特（George Best）一样不可能。

3. 测试可测量个人的性格特征，而这些性格特征可能与销售成功没有关系。一些因素，比如一个人的社交性、决策力、友好度、忠诚度，会被用于预测销售是否成功。其中一些因素可能对销售人员是有用的，但是它们不能区分好的和差的销售人员。

本章前面的内容中，提到了使用多问项个人问卷来预测个人的移情和自我驱动程度。迈耶和格林伯格认为如果这些个人特征可以测量，就可以合理而准确地预测销售成功与否。[12]理想的情况是找到的新销售人员在这两个方面都有较高的分数。较高程度的移情（像顾客所感受的那样去感受的能力）和自我驱动（从个人的角度促成交易的内在动力）通常与好的销售业绩相关。如果移情的程度较高而自我驱动较弱，销售人员可能会被顾客喜欢但无法完成销售，因为不具备有目的地完成销售的能力。如果一个人移情程度较低而自我驱动较强，那么他可能不考虑顾客的个人需要，而用自己的方式强迫顾客完成交易。最后，如果一个人的移情程度和自我驱动程度都较低，那么他肯定是一个彻底的失败者。迈耶和格林伯格认为，很多销售人员属于最后一类。

这个测试本身——多问项个人问卷——基于强迫式选择技术。填写问卷的被调查者要从四个选项中选择一个最符合他们真实情况和最不符合他们真实情况的表述句。这些表述句中有两个可能是符合的，有两个可能是不符合的。迈耶和格林伯格认为这种测试很难作假，因为两个符合的表述句会被设计为具有同等的符合程度，而两个不符合的表述句会被设计为具有同等的不符合程度。被调查者很有可能做出真实的回答。因为很难设计出同等符合或不符合的表述句，我们谨慎做出的结论是强迫式选择技术可以最大限度地降低作假的可能性，但是无法完全排除它。这个测试也可以反驳人们所提出的一些批评，即心理测试所测量的个性特征可能与销售表现并不相关。迈耶和格林伯格认为移情和自我驱动是销售能力的"核心动力"，并提供了证据证明这些特征上的得分与汽车、保险和共有基金领域的销售表现有很强的相关性。

如果多问项个人问卷或者任何一个其他心理测试被用作销售人员甄选的基础，那么应该有一个合理的程序提前对这种测试的有效性进行检验。有研究表明，其他个性测试与销售表现相关，并且不同类型的人在不同的销售情景中表现得很好。例如，兰德尔（Randall）的研究表明，轮胎领域中最成功的销售人员的类型可以被总结为"灰色的人"。[13] 这种人的性格特征是谦虚、害羞、心地善良，但是这种人的智商低于平均水平，与传统印象中的外向、快乐、语速很快的销售人员完全不同。对为什么这种人会在轮胎销售中非常成功的解释存在于销售情景中。为了销售一个没有做过大规模广告且市场份额较小的轮胎品牌，销售人员不得不经常在轮胎仓库附近徘徊，希望能够在仓库经理遇到紧急订单的时候帮助他们解决供给问题，从而完成轮胎销售。因为这家轮胎品牌所属的企业可以比大多数的竞争者提供更快速的服务，所以销售人员可以做到这一点。因此，这个销售人员必须是那种可以长时间在仓库附近等待，甚至可以融入背景的人，而不是那种使用说服性销售技巧的人。

这种极端的例子展示了销售情景可以多么不同。这种情况与销售音响设备所要求的技术和个性形成了鲜明的对比。越来越明显的是成功的甄选过程应该聚焦在将合适的人员与合适的销售岗位相匹配上。事实上格林伯格从早期的研究开始，就已经改变了自己的观点，承认了成功的销售依赖一些其他个性动力[14]，"这种个性动力依据特定的销售情景而起作用"。因而，在不同的销售情景下可能需要不同的心理测试。

有效性的检验需要首先确定一种或多种能够最好地区分某个企业里平均水平以上和平均水平以下的现有销售人员的测试。下一步需要测试由测试结果所预测的销售水平与新进销售人员的业绩表现的相关程度。最近的研究已经对移情和自我驱动理论在销售成功方面的普适性提出了质疑，不过多问项个人问卷仍是心理测试的一种方法，可用于检测有效性，尽管它必须在心理学家的监督下执行。研究表明，测量诚实、责任心和乐观程度的测试在预测销售成功与否方面也有很好的表现。[15]

最后，必须强调的是心理测试的合理使用是伴随面试进行的，可作为甄选的基础，而不是要替代它。

角色扮演

甄选销售人员的另一种辅助方法是**角色扮演**（role playing），用以衡量候选者的销售潜力。这涉及将他们安排到合适的销售情景中，并对他们的销售表现进行衡量。

这种方法的问题在于它只是衡量了特定时刻的销售能力。这种方法更多地依赖之前的销售经验，而不是其他东西。然而，对销售人员的正确衡量应该更注重其未来的销售潜力。此外，角色扮演不能衡量候选者与顾客建立和维持长期关系的能力，因此它更适用于那些销售人员和顾客之间的关系比较短或者一次性交易的销售岗位。然而，角色扮演在"没有希望的案例"中是非常有价值的，一些个人特征，比如在高压下不能正常交流或者控制不住自己的脾气，会把他们从成功的销售人员中排除出去。

小　结

对销售人员的甄选尽管对企业长期的发展有明显的作用，却没有得到销售经理的足够重视。结果是，"人员档案"经常弄错，并且甄选过程只是为了更方便而不是为了招聘到最好的销售人员。企业认为不论采用什么样的甄选程序，合适的候选者都会出现。因此，面试的执行和掌控都非常糟糕，最终那些能说会道的人被录用，企业得到的只是另一个普通的销售人员。

本章列出了很多招聘和甄选的方法，如果可以应用，应该会最小化出现这种问题的可能性。特别是销售经理应该对职位要求的员工类型进行明确的规定。他们也应该充分了解面试的技巧和评估候选者的必要性，并与员工要求制定阶段的标准保持一致。最后，销售经理应该考虑使用心理测试（在心理学家的指导下）和角色扮演，为评估程序做进一步补充。

下一章考察销售管理的另外两个关键领域：激励和培训。

塑料产品有限责任公司

塑料产品有限责任公司（Plastic Products Ltd）是一家生产和销售餐饮业使用的塑料杯、茶匙和刀叉的企业。这家企业建立于 1974 年，是对餐饮业中所发生变化的反映之一。市场中快餐业的增长被认为给一次性餐具的发展带来了机会，这种一次性餐具可以节省人力资源，为快速的客流提供便捷的餐具。另外，塑料产品受益于超市的增长以及通过四大超市集团销售的"零售包装"。

销售和市场的扩张使得吉姆·斯宾塞（Jim Spencer）（销售经理）向比尔·普里迪（Bill Preedy）（总经理）建议将现有的两个区域销售代表增加为四个。

斯宾塞认为新招聘的销售代表应该有销售快消品的经验。

普里迪认为新招聘的销售代表应该对塑料产品比较熟悉，因为他们公司就是销售塑料产品的。他支持在塑料产品行业内招聘销售人员，因为这样的人会对塑料产品的供给、生产属性比较熟悉，也更容易和本公司内的其他人员交流。

问题讨论

1. 在招聘销售人员的时候，应该考虑哪些因素？

2. 你同意斯宾塞或普里迪的观点吗？还是都不同意？

1. 请说出职位描述与员工要求的区别。选择一个行业，写一份合适的销售人员职位描述和员工要求。

2. 请对心理测试在销售人员甄选过程中的作用进行讨论。

3. 一份经典的销售人员职位描述应该包含哪些关键元素？

4. 假设招聘如下领域的销售人员，写出你认为最合适的应聘者来源：

(1) 信息技术（IT）系统销售；

(2) 高级零售职位；

(3) 企业对企业（B2B）的销售促进；

(4) 跨国销售。

5. 假设要对某一职位的销售人员进行评价，请对个人简历的有用性和其他相关问题进行讨论。

第14章 激励和培训

学习目标

学习本章后，你应该可以：
1. 了解在销售情景下的一些激励理论。
2. 在实践中应用激励理论。
3. 设置销售目标和定额。
4. 明白要成为一名成功的领导者需要做什么。
5. 组织合适的销售培训项目并评估其有用性。

激 励

创建和维持一支斗志高昂的销售队伍是一项非常有挑战性的任务。销售人员的信心和所受到激励会在每天的销售活动中被不可避免的来自顾客的拒绝逐渐消磨掉。在某些领域，特别是人寿保险和双层玻璃的销售领域，被拒绝的概率远远高于成功的概率，因此激励成为一个重要的问题。销售人员和管理者通常在地理位置上非常分散、相距较远，因此销售人员可能会感到孤立无助，甚至被忽视，除非管理者能够根据销售人员的这种需要对激励策略投入更多的关注。

这一点对于销售经理来说非常重要，他们应该更加看重激励，把它看作一种更加复杂的工作，而不能认为销售人员的这种需要只是一种"推一下，走一步"的懒惰心理。有效的激励机制需要对销售人员作为个体的个性和价值观有深入的理解。在某种程度上，销售经理并没有直接激励销售人员，他们所做的事情是提供一个环境，这个环境会让销售人员激励自己。

对于激励的理解应该基于对需要、驱动和目标之间关系的理解。基本的过程是为了满足实现目标的需要产生行动的驱动力（其中，需要是对某种资源的缺乏或剥夺感，目标是可以减轻这种剥夺感从而降低驱动力的任何东西，而驱动力是有方向地减轻剥夺感）。[1] 比如，因为缺少朋友而产生一种需要，这种需要促进了为获得朋友而制造联盟的驱动力。在工作环境下，获得更多金钱的需要会导致一种更努力工作以获得更高报酬的驱动力。

提高对销售人员的激励是销售成功非常重要的因素，因为有研究表明，高水平的激励会导致[2]：

- 更高的创造力；
- 更聪明地工作和更具适应性的销售措施；
- 更努力地工作；
- 更多地使用双赢的谈判策略；
- 更高的自尊感；
- 更放松的态度和更少的消极情绪；
- 更强的关系。

在本章中，我们会对可应用的理论和实践进行评估，以确定激励销售人员的方法。

激励理论

心理学家和其他领域的学者已经对激励进行了很多年的研究，有很多激励理论可用于销售人员。

马斯洛的需求层次理论

马斯洛的需求层次理论（Maslow's hierarchy of needs）是经典的激励理论，该理论认为五种基本的需求可以按照优先层级进行排序（见表 14-1）。

表 14-1　马斯洛的需求层次理论

类别	类型	特征
物理性	1. 生理	生存的基础，比如饥饿、口渴。
	2. 安全	避免生活中一些不可预见的事情发生，比如意外事故、生病。
社会性	3. 归属感和爱	对于我们觉得很亲近的人（特别是家人），努力被对方接受，成为对对方很重要的人。
	4. 自尊和地位	努力获得比别人更高的地位，渴望获得声望和荣誉。
自我性	5. 自我实现	在达成自己最大能力范围内的成就方面很有欲望，也就是"发挥自己最大的潜力"。

马斯洛认为，某种程度上这些需求形成了一个有优先顺序的层级，当没有需求被满足的时候，人们关注的是生理需求。当生理需求被满足的时候，安全需求成为最突出的需求，并且成为影响人们行为的决定因素。当这两种需求都被满足的时候，归属感成为最重要的需求，依此类推。

尽管马斯洛关于只有当较低层次的需求被完全满足之后高一级的需求才会变得重要的观点备受批评，该理论仍然对销售人员的激励有一定的启示作用。首先，该理论强调了一个很明显的观点，即已经被满足的需求不会成为行为的动力。因此，如果销售人员已经获得超出一定水平的报酬，他们不会被额外的薪酬所激励。其次，该理论表明，对某个销售人员可以构成动力的东西对另一个销售人员不一定有用。这来源于不同的销售人员可能有不同的需求组合。

有效的激励措施来自在销售经理的观察下对每一个销售人员需求的精准评价。对于销售人员来说，最重要的需求可能是安全感和信心的建立，这可能会成为销售人员的动力。另外，销售人员可能非常需要自尊感，销售经理可以通过在销售会议上强调其出色的销售业绩来激励销售人员。

赫茨伯格的双因素理论

赫茨伯格的双因素理论（Herzberg's dual factor theory）区分了那些不能构成销售人员激励的、令人不满意的因素（保健因素）和可以构成销售人员激励的、令人满意的因素。保健因素包括实际的工作条件、安全、薪酬和人际关系。赫茨伯格认为，管理者对这些因素的关注会将销售人员的激励提升到"理论零点"，但是不会带来正面的、积极的激励。如果这些都已经达成，那么管理者应该将注意力放在那些真正对销售人员产生激励的因素上。这些激励因素包括能够让销售人员达成具体成就的工作本身的性质、对成就的认可、销售人员所承担的责任和工作本身的兴趣价值。

将薪酬作为保健因素而不是激励因素其实一直受到销售经理的批评，销售经理的实践经验告诉他们，提高薪酬对销售人员是一种有力的激励。赫茨伯格在一定程度上也认可了这种观点，但是他认为薪酬之所以会成为一种有效的激励，是因为销售人员会自动将加薪视为对自己工作成就的认可。

销售人员其实很幸运，因为他们的业绩可以直接通过销售额来观察（除了宣传式销售，这种销售是不会产生订单的，它的目的是宣传产品，比如药品、啤酒和针对特殊人员的销售）。然而，每位销售人员所承担责任的程度会有很大的不同。给予销售人员更大的责任（也是对销售人员的激励）可以通过很多方式进行，包括赋予销售人员发放信用借款（最高到某一额度）的权力、给予折扣的自由裁量权和对访问频率责任的控制。保罗、罗伯特森和赫茨伯格（Paul，Robertson and Herzberg）所做的一个针对英国销售人员的实验表明，通过上述方式给予销售人员更大的责任会带来更大的销售成功。[3]

赫茨伯格的理论已经被很多实践者所接受，尽管学术界对它的研究方法和过于简化有很多批评。[4]毫无疑问，该理论对工作激励的理解做出了很大的贡献，特别是把马斯洛的理论扩展到了工作的情景中，并强调了工作满意因素的重要性，而这个因素之前一直被严重忽视。

弗罗姆的期望理论

弗罗姆的期望理论（Vroom's expectancy theory）的基本假设是人们付出努力的动机依赖人们对成功的期望。弗罗姆的理论基于三个基本概念——期望值（expectancy）、工具性（instrumentality）和效价（valence）。[5]

1. 期望值。这是指人们所感知到的努力和成绩之间的关系，比如人们相信"更多的努力可以带来更好的成绩"的程度。

2. 工具性。这反映了人们对成绩和报酬之间关系的感知，比如人们相信"更好的业绩可以带来更高的报酬"的程度。

3. 效价。这代表了人们赋予某种报酬的价值。有些人会对职位的晋升赋予很高的价值，而有些人则会赋予其很低的价值。

因此，根据该理论，如果销售人员相信努力工作可以带来更高的销售额（高期望值）、更高的销售额会带来更高的薪酬（高工具性）和更高的薪酬对他非常重要（高效价），这个销售人员会有很高的动机。图14-1描绘了销售情景中这种关系的本质。

努力　　　期望值　　　业绩　　　工具性　　　报酬　　　效价　　　报酬的价值

| 例如，提高打电话或登门拜访顾客的频率、增加工作时间。 | 例如，销售额的增长、活跃客户数量的增加、销售电话或拜访频率的上升。 | 例如，薪酬增加、成就感、获得尊重、职位晋升。 |

图 14 - 1　弗罗姆的期望理论

很显然，不同的销售人员对同样的报酬有不同的效价（价值观）。有些人可能会认为提高薪酬非常重要，然而其他人可能会认为这个不重要。有些人可能会认为成就感和被认可的感觉非常重要，然而其他人可能不这样认为。同样，不同的销售人员对努力和业绩的关系、业绩和报酬的关系有不同的观点。销售管理的一个任务是确定并与销售人员交流业绩评估的标准，这对于帮助企业实现销售目标以及把报酬与这些标准关联起来是非常重要的。另外，该理论支持了这样一种观点，就是为了让业绩目标（比如销售定额）成为有效的激励措施，这些销售目标应该被每位销售人员认为是可以通过努力实现的（高期望值），否则期望模型中的第一个联结会断掉。最后，该模型为分析每个销售人员的动机问题提供了诊断性的框架，并解释了为什么某些管理活动可以有效地提高销售人员的动力。例如，销售技能方面的培训可以通过提高期望水平来提高销售人员的动力。

亚当斯的不平等理论

当销售人员获得的报酬低于销售人员付出的努力或做出的成绩的时候，他们会感到不平等（不公平）。那些认为自己对企业的贡献大于其他人的销售人员期望获得更高的报酬。这是**亚当斯的不平等理论**（Adam's inequity theory）的精髓。[6]对于销售人员来说，不平等的感受可以在如下领域出现：

- 金钱报酬；
- 工作量；
- 职位晋升；
- 被认可的程度；
- 监管行为；
- 目标；
- 任务。

销售人员在以上任何一个领域中感受到不平等的后果都是工作的动力下降。泰吉（Tyagi）在一项研究中检验了感受到的不平等（报酬和偏私）对人寿保险销售人员工作动力的影响。[7]结果表明，被调查的所有领域（金钱、职位晋升、认同感、监管行为和任务）中的不平等感都会对动力产生负面的影响。金钱报酬的不平等对动力的影响最大。这对销售经理的启示是，他们必须监管销售人员，以探测他们任何的不公平感。这可以在销售会议期间采用非正式的方法进行，也可以通过使用调查问卷正式地进行。一些销售机构会定期对它们的销售代表进行调查，以测量他们对不公平的感知和企业激励方案的有效性。

动机常常等同于激励，但是亚当斯的理论强调了消除那些非激励因素（比如不公正、不公平待遇）的影响同样非常重要。

利克特的销售管理理论

与赫茨伯格、马斯洛和弗罗姆发展关于动机的通用理论不同，利克特的**销售管理理论**（sales management theory）所基于的是针对销售人员动机的研究。[8]他的研究将业绩监管的不同特征和风格区分开来。他所检验的其中一个假设是销售经理自身的行为会形成一套标准，这种标准会对销售人员的行为产生影响。他发现了这样一种联系，即销售业绩好的团队通常会有一个销售目标很高的销售经理。

他的研究也调查了销售经理在召开销售会议时所采用的方法。图 14 - 2 对两种不同的风格进行了比较。使用小组方式引导销售会议的销售经理会鼓励团队成员一起讨论实践中出现的销售问题，并互相学习。使用独裁者方式引导销售会议的销售经理不鼓励销售人员之间的互动，并且会把会议当作教育团队中销售人员的机会，而不是促进讨论的机会。销售业绩好的团队通常采用小组方式的销售会议。

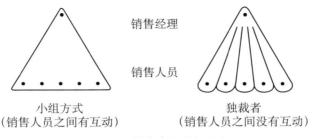

图 14 - 2　销售会议进行方式

有几种原因可以解释这种现象。第一，某个销售人员所遇到的问题很有可能已经被另一个销售人员遇到，并已经找到解决方案。例如，一个销售人员所遇到的拒绝已经被另一个销售人员成功解决了。这种小组方式的销售会议鼓励销售人员之间相互交流并解决问题。第二，这种更加开放的会议风格使得销售经理可以更深入地了解销售人员的需求和问题。第三，这种小组方式的会议会提高销售人员的忠诚度，因为它促进了销售人员之间的相互协作精神。

利克特的研究表明，为了建立一支充满斗志的销售队伍，销售经理应该设定一个较高的业绩目标，并鼓励销售人员在小组方式的销售会议上对业绩和问题进行积极分析和讨论。

丘吉尔等人的销售激励模型

丘吉尔等人（Churchill et al.）[9]建立了一个销售激励模型，将赫茨伯格和弗罗姆的理念综合进去（见图 14 - 3）。这个模型显示，销售人员的动机越强，付出的努力越多，销售业绩趋高。这种更高的销售业绩会带来更高的报酬，也会带来更高的工作满意度。更高的工作满意度又会带来更强的销售动机，这样就形成了一个循环。

图 14 - 3　销售激励循环

该模型对销售经理的启示如下：

1. 他们应该使销售人员相信通过努力工作或者经过培训更加"聪明"地工作（比如更加有效地对销售电话做计划，提高销售技巧）可以销售更多的产品。

2. 他们应该使销售人员相信更好的销售业绩带来的报酬值得他们付出额外的努力。也就是说，销售经理应该对有价值的销售人员的活动给予奖励，并将这种价值"卖"给销售人员。例如，销售经理可以通过描述在度假的地方销售人员会度过怎样一个美好的时光来建立将度假作为奖励的价值。

他们还发现了报酬的价值对于不同类型的销售人员来说是不同的。有一个大家庭的年纪较大的销售人员会更看重金钱报酬。受教育程度较好的还没有组建家庭或者有一个小家庭的年轻销售人员会更看重更高层次的报酬（比如认同感、被喜欢和被尊重、成就感）。

实践中的激励

由特许营销协会[10]组织的对销售人员实践情况的研究要求销售经理对八个因素（除薪酬、红利和佣金以外）进行排序，这八个因素可能对提高销售人员的业绩有效。研究结果如图 14-4 所示。

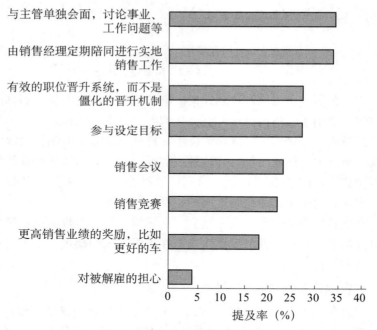

图 14-4　销售人员的激励因素

图 14-4 表明了激励中销售经理和销售人员之间关系的重要性。其中，销售经理和销售人员的单独会面是所调查的八个因素中最有效的因素。销售竞赛在重要性排序中仅居第 6 名，尽管对调查结果的具体分析显示这种形式的激励在消费品企业中排名第一。

希普利和凯利（Shipley and Kiely）[11]、库洛和乔伯（Coulaux and Jobber）[12]调查了工业品和消费品销售人员的激励因素。在这两份调查中，出色工作所带来的自我满足感是最大的动力。达成销售目标和对努力的认可也被工业品和消费品销售人员列为很重要的激励因素。然而，一个重要的差别是"满足客户需求"因素，这个因素被工业品销售人员排在第二位，但是消费品销售人员只将其排在第六位。工业品和消费品的客户差异也许可以解释这种差别，其中工业品的技术性更强，顾客的需求更复杂（见表 14-2）。

表 14-2　工业品和消费品市场上激励销售人员的因素

	工业品市场			消费品市场		
	特别强	比较强	排名*	特别强	比较强	排名*
出色工作所带来的自我满足感	75	24	1	75	21	1
满足客户需求	51	39	2	36	46	6
实现销售预算	35	46	3	58	35	2
对努力的认可	36	43	3	50	37	4
增加职位晋升的可能性	89	29	5	58	31	3
改善生活方式	34	35	6	42	33	6
承担家庭责任	40	22	6	44	25	8
赚更多的钱	38	22	8	46	33	5
达到销售经理的期望	24	32	9	29	35	9

* 这个排名基于对特别强和比较强的反应的总和，其中对特别强的反应赋予两倍的权重。

资料来源：Industrial：Shipley，D. and Kiely，J.（1988）Motivation and dissatisfaction of industrial salespeople-how relevant is Herzberg's theory？，*European Journal of Marketing*，22：1. Consumer：Coulaux，C. and Jobber，D.（1989）*Motivation of Consumer Salespeople*，University of Bradford School of Management Working Paper.

接下来，我们将对这些因素以及金钱奖励激发销售人员潜力的方面进行评估。

金钱奖励

大多数企业不论是销售消费品还是工业品，都会对销售人员支付佣金或红利。最常用的支付方式是底薪加提成制，这种体制既给销售人员提供了一定的安全保障，又可以用高额报酬激励销售人员完成更高的销售业绩。然而，有些企业只支付佣金，销售人员的收入完全取决于销售业绩。

佣金制有许多变量，每一个变量都依赖如下因素[13]：

1. 佣金的基础，比如销售收入或利润。

2. 佣金率，比如总销售额的某个百分比，这个百分比可以是固定的，也可以根据产品的不同而不同。

3. 佣金的起点，比如首笔销售额，或某个预先设定的销售额。

因此，佣金制可能包含一个给定的百分比，比如每个销售人员总销售收入的 1.5%，或者超出销售定额所有销售收入的 5%。一些企业可能会构建更加复杂的佣金制，对不同的产品设定不同的佣金率。对利润率更高的产品或产品线支付更高的佣金率，这些产品或产品线可能很难销售或者库存较多。因此，佣金制不仅可以用于激励销售人员在工作中付出更多的努力，而且可以引导销售人员在企业特别想销售的产品上花更多的精力。

佣金可以通过为额外的努力提供直接的报酬（弗罗姆）来激励销售人员，也可以通过认可销售人员的成就（赫茨伯格）来激励销售人员。在洛佩兹、霍普金斯和雷蒙德（Lopez，Hopkins and Raymond）的研究中，美国销售人员之间最受欢迎的报酬是更高的佣金率，打败了其他报酬方式，比如薪酬、职位晋升和认同感。销售人员也被要求描述他们的理想报酬结构。超过一半的销售人员指出，他们偏好的报酬结构是提成所占的比重高于底薪。[14]很显然，销售人员更看重的是通过提高销售业绩来增加报酬的机会。

随着企业向涉及团队销售和跨职能部门合作的销售解决方案前进，薪酬体制从激励个体销售人员向激励团队和职能部门转变，这些团队和职能部门可不直接参与销售策略（比如产品开发人员）。[15]

设定销售目标或定额

如果想让**销售目标**（sales target）或**销售定额**（sales quota）在激励销售人员上发挥作用，它必须是公平的、可以实现的，这对销售人员来说也是一个不太容易完成的挑战。因为销售人员需要认可销售定额的公平性，所以让销售人员参与制定销售定额是比较合理的。然而，最终销售定额的制定是销售经理的责任，他们不可避免地会受到企业总体目标的限制。如果企业计划将销售额提高10％，那么销售人员的定额必须与此一致。销售经理可以根据对每个销售人员的了解和每个销售区域商业活动的变化围绕平均值对销售定额进行适当的调整，例如，如果某个关键客户离开了某销售区域，那么该销售区域的销售定额可以适当减少。实现销售目标通常会给销售人员带来一定额外收入。

销售定额的一个优势在于它可以被灵活地用来激励销售人员实现特定的目标。例如，销售定额可以基于总体销售额、对新客户的销售额或者某个特殊类型产品的销售额。然而，销售定额也有一些劣势：没有定额的区域可能会被忽视，实现销售定额的压力特别大的时候可能会鼓励欺骗，导致不道德的销售行为（比如欺诈）。[16]

销售经理和销售人员的会面

销售经理认为这种会面对于激励销售人员来说非常重要。销售经理可以在销售现场、总部办公室或者销售会议上与销售人员会面。这种会面对提高销售人员的动力有很大的作用。

第一，这种会面可以让销售经理更加了解每个销售人员的个性、需求和问题。销售经理对每个销售人员有动力和没动力的原因会有更好的理解，从而可以根据销售人员的需求、问题和个性做出更好的反应。乔伯和李（Jobber and Lee）的研究表明，销售经理和销售人员对激励和非激励感知的程度会有差异。[17]他们通过询问一部分人寿保险销售人员和销售经理对哪些因素可以激励销售人员、哪些因素不能激励销售人员进行了调查。图14-5展示了对调查结果的总结。

销售经理认为，竞赛/奖品和基于销售目标的激励措施对销售人员的激励作用比销售人员自己认为的更大。另外，销售人员比销售经理更看重边际收益。销售经理和销售人员对非激励因素的感知也不同。销售经理认为，监管关系和个人问题对销售人员的负面作用比销售人员自己认为的更大，然而销售人员认为缺乏进步、缺乏安全感和长时间工作对自身的负面作用比销售经理认为的更大。这种误解会导致销售经理制定的激励方案和薪酬计划不被销售人员认可。补救方案是与销售人员定期会面，以更好地了解他们的价值观，这样才能保证管理层制定的措施能够有效地

	激励因素	非激励因素
销售经理更看重的因素	竞赛/奖品，基于销售目标的激励措施	监管关系，个人问题
销售人员更看重的因素	边际收益	缺乏进步，缺乏安全感，长时间工作

图 14 - 5 销售经理和销售人员之间差异的总结

激励销售人员。

第二，在销售现场的会面可能是评估和培训项目的一部分，它也可以提供激励销售人员的机会。销售技术会得到改善，信心也会被激发，可以通过重塑销售人员对"更多的努力就能带来更好的业绩"的信念来激励销售人员。

第三，根据利克特的观点，如果销售经理鼓励一种"开放风格"的会议，那么小组会议也可以激励销售人员。销售人员可以自由地讨论自己所遇到的销售问题和机会，这样整个销售队伍都可以从彼此的经验中获益。这会带来更高的团队忠诚度，并且提高团队的销售业绩。最后，销售经理和销售人员的会面提供了对销售人员工作表现给予反馈的机会，销售经理可以指出销售人员的缺点和弱项，并对销售人员的优点和出色的工作给予肯定和认可。

库洛和乔伯（Coulaux and Jobber）的研究发现，将近一半的销售人员希望可以和销售经理有更多的会面。[18]表 14 - 3 展示了销售人员最喜欢讨论的话题。3/4 的销售人员提出他们想要更多的与销售经理一起分析工作问题并解决问题的机会。销售目标是他们第二个想要谈论的话题。

表 14 - 3 销售人员想要与销售经理讨论的话题

话题	%
一起分析工作问题并尝试找到解决方案	75
销售目标	70
工作问题	68
职位晋升	45
事业	45
一起谈论工作表现	30
报酬	22
个人问题	22

赫茨伯格的研究强调了**认同**（recognition）作为正面的激励因素的重要性，马斯洛的研究提出，很多人都有被接受的需要。因此，通过给予或剥夺认同和对销售人员的接受，销售经理所说的话可以对销售人员发挥正面的激励作用，也可以发挥负面的非激励作用。认同和被接受（例如拍拍背或者褒奖）被称为正面的肯定，可

以作为激励因素。消除这种认同和被接受（例如批评或者忽视）被称为负面的否定，根据环境的不同可以作为激励因素，也可以作为非激励因素。如果销售人员很期待获得认同和接受，但是他因为工作不努力而业绩不佳，这种否定反而可以成为他的激励因素。然而，很多销售经理几乎是在不知情的情况下打击了销售人员的动力。外部因素，比如家庭问题，可能会导致销售经理说出一些负面的话或做出一些负面的行为，影响那些本不应该承受这些的销售人员。这种情况下，会产生一些负面的作用。表 14－4 举了一些例子。

表 14－4　正面因素和负面因素

因素	身体接触	心理
正面	握手、轻拍背	褒奖、微笑、欣赏的目光
负面	推、捅	批评、嘲笑、忽视、不屑、不赞同

使用负面因素的另一个例子是金融服务企业的销售经理想要降低销售人员的开支。销售人员之前开的车是宝马（BMW）。销售经理出人意料地宣布从下个月开始，开支最大的销售人员只能开公司的斯柯达（Skoda）。

职位晋升

销售经理认为**以业绩为基础的晋升体制**（merit-based promotion system）能够作为销售人员的激励因素。如果是晋升到管理岗位，有可能会提拔企业最优秀的销售人员，那么企业会失去这个最优秀的销售人员，这是很危险的。其实，销售经理所需掌握的技能比销售人员所需掌握的技能更加广泛。销售经理必须能够分析和控制其他人的业绩表现，并且能够激励和培训他们。成功的销售人员则不需要掌握这些技能。

如果晋升体制是和销售业绩挂钩的，那么可以考虑建立双线路晋升体制。一条线路遵循传统的晋升到管理岗位的职业路径。另一条用来奖励那些有出色的、成功的销售业绩的销售人员。下面是一个以业绩为基础的晋升体制的例子：

销售人员→高级销售人员→全国客户销售主管

销售竞赛

销售竞赛（sales contests）是一种激励消费品销售人员的常用方式。销售竞赛的目的有很多种。它可以用来鼓励销售人员提高销售业绩，也可以用来增加滞销产品的销量，还可以用来奖励销售人员开发新的客户。销售竞赛的力度可以依据它激发销售人员竞争精神的能力以及销售人员想要成功和被认可的程度来制定。就像其他金钱激励一样，销售竞赛必须是公平的，并且每个销售人员必须相信他们有能力获得胜利。

然而，销售竞赛可能出现一些问题。它也许会鼓励欺骗行为。某企业在一系列的全国性促销活动中举办了一场销售竞赛来增加销量，有的销售人员在竞赛开始前"积攒"了一些订单，用来增加竞赛当日的订单量。因为竞赛的最终结果是有的销售人员被选中，而有的销售人员不被选中，这样的竞赛可能会破坏销售人员之间的互相帮助与合作，而这种互相帮助与合作对于提高销售业绩是非常重要的。

　　销售经理在设计激励方案的时候需要对海外销售人员文化理念和期望的差异比较敏感。下面的案例展示了这种差异会对销售人员的动力产生的影响。

激励海外销售人员

　　选择合适的销售人员激励和薪酬方案的关键在于理解销售人员的价值和期望，不能认为在国内有用的方法在国外市场上也会有用。例如，在欧洲，金钱奖励常常是最有效的激励因素，然而在中东和日本，薪酬奖励很少使用，常用的是一些非金钱因素，比如增加责任和工作安全感，它们更有效。对当地风俗的理解也是很重要的。比如在日本，薪酬通常随着年龄的增加而增加。政治因素也会决定底薪/提成分配方案和给员工的额外福利。

　　当海外销售队伍中既有本部的外派人员又有当地的销售人员，很有可能会出现不公平感。因为本部外派人员通常会增加工资，他们的收入会比当地销售人员的收入高。如果这一点被当地销售人员知道，他们的工作动力会受打击。

　　有一些海外销售人员会抱怨总部的销售经理不理解他们。他们常常会感到孤独或被抛弃。销售经理可以通过设定对当地销售人员来说更符合实际的销售目标，以及给予他们更多的支持和更多的交流，重新建立他们的工作动力。

资料来源：Based on Cundiff, E. and Hilger, M. T.（1988）*Marketing in the International Environment*. Englewood Cliffs NJ：Prentice-Hall；Hill, J. S., Still, R. R. and Boya, U. O.（1991）Managing the multinational sales force，*International Marketing Review*，8（1）：19 – 31；Gauri, P. and Cateora, P.（2010）*International Marketing* Maidenhead：McGraw-Hill.

领导力

　　要想让激励方案发挥有效的作用，它必须被引导到正确的方向上，这时候领导力就非常重要。激励方案为销售人员提供了前进的动力，而领导力则提供了正确的方向，只有正确的方向才能保证企业和销售人员一起实现目标。[19] 领导力引领人们的行为朝实现目标的方向前进。在销售管理中，领导力通常聚焦在销售经理和销售人员之间的关系上。然而，对于那些管理客户团队的关键客户经理、全国客户经理或者全球客户经理来说，领导力也非常重要。

　　领导者可以通过一些方法来激励自己的销售队伍达到更好的销售业绩，比如增加实现目标的个人奖励，降低获得奖励的难度，如遵循建议、培训、移除障碍和解决问题，以及提高销售人员的个人满意程度。[20]

　　关键问题是：要成为一个成功的领导者需要做什么？一项对销售经理的非正式调查显示，销售经理所认为的成功领导者有如下特征[21]：

　　1. 领导者有一种强烈的、确定的目标感知。他们知道要做什么。

　　2. 领导者是有效的沟通者。他们可以清楚地阐述并表达出自己对未来的看法和规划。他们会让销售团队把自己的成功和企业的成功联系起来。他们可以跟销售人员沟通他们要做到什么以及该怎么做。

3. 领导者会坚持不懈、努力工作。他们准备好了为实现目标而投入所有的时间和努力。

4. 领导者能清醒地认识自己。他们会承认自己的优势、劣势、技术和能力。

5. 领导者是很好的学习者。他们善于接受信息、发展新的技能和提升现有的技能。

6. 领导者热爱自己的工作。他们将工作视为一种冒险，并且会被工作持续地激励。

7. 领导者可以激励别人。他们能够把人们团结起来，形成坚固的联盟。

8. 领导者可以构建基于信任、尊重和关心的人际关系。

9. 领导者是冒险者。他们愿意去开发新的领域、做新的试验。

10. 领导者会热心于帮助别人实现目标。他们消除障碍来帮助销售人员实现目标和在工作上获取成功。

11. 领导者有能力激励销售人员实现自我成长和不断的进步。他们手下的每个销售人员都觉得通过努力掌控了自己的命运，并感到了自己对组织和团队的重要性。

有大量研究对领导力进行了探索。[22]对这个领域的研究进行回顾和总结超出了本书的范围，不过我们会介绍戈尔曼（Goleman）所做的一项重要研究，因为这项研究将工作环境下的领导风格和业绩联系起来。[23]该研究是基于管理咨询公司 Hay McBer 对来自全球将近 4 000 名销售经理的调查得出的。

表 14-5 显示了六种领导风格。成功的领导者通常不会依赖其中一种领导风格，而是会根据不同的情况使用全部或多种领导风格。戈尔曼用高尔夫做了一个类比：在高尔夫球场上，人们对球杆的选择是根据击球距离的需要，成功的领导者也是这样做的。[24]

表 14-5　六种领导风格及其关键特征

风格	特征	表达方式	潜在能力	使用场合
威压式	要求服从	"照我说的做"	推动目标实现，自我控制	危机时针对问题人员
权威式	人员流动	"跟我来"	自信，改变刺激因素	需要新的视角和方向
合作式	创造和谐的工作氛围	"你们先来"	移情，交流	治疗创伤，激励处于压力下的员工
民主式	尽量达成共识	"你的想法是什么？"	合作，团队建设	推动意见达成一致，听取员工的意见和建议
带头式	设定高标准	"像我一样去做，现在就做"	主动带头，推动目标的实现	在一个斗志高昂的团队中推动目标的快速实现
训练式	发展员工的能力	"试试这样做"	移情，自我认知	提升业绩，发展员工的优势

资料来源：Adapted from Goleman, D. (2000) Leadership that gets results, *Harvard Business Review*, March-April: 78-90.

虽然威压式和带头式有一定的作用，但有研究表明这两种领导风格会破坏"工作氛围"，比如降低灵活性（员工感受到的可以不受限制进行创新的自由程度），以及削弱人们实现一个共同目标的决心。另外四种领导风格对"工作氛围"和销售业绩有正面的影响。戈尔曼总结出最好的领导者通常会掌握四种以上的风格,特别是那些正面的风格(权威式、合作式、民主式、训练式),并且能够根据情况的不同改变风格。成功的领导者能够自发地、灵活地、顺畅地将自己的行为和当下的情况匹配起来。重要的是,戈尔曼认为自然地使用多种领导风格的能力是可以后天培养的。因此,那些只掌握了一种或两种必要的领导风格的销售经理可以通过训练拓展自己的领导风格,从而成为更加成功的领导者。

与上述发现一致,胡克金斯基和布坎南(Huczynski and Buchanan)[25]对领导力研究进行总结后得出,领导力风格应该依赖具体的情况,没有哪一种领导风格是普遍适用的。然而,他们也认为通常情况下(并不总是)细心的、参与式的、民主式的领导风格要比独断的、威压式的领导风格更有效。原因有两个:

1. 这反映了增加个人自由和反对独断专制的社会和政治趋势。

2. 这反映了将有知识和有经验的人联合起来的需要,以及通过参与决策来获得更高忠诚度的需要。

独断的、威压式的管理会限制创造力,造成对已有经验或知识的忽视,并且会扼杀员工的动力和忠诚度。然而,如果时间很短而领导者是最有经验、知识最丰富的人,或者当潜在的参与者会导致永远无法在某个决策上达成一致的时候,独断和威压式的管理方式就是必要的。[26]

培　训

国际学习组织(Learning International Organization)[27]的一项研究表明,如果企业想在竞争激烈的市场中生存下来,它必然会遇到如下七个销售挑战:

1. 区分相似的产品和服务。销售成功所需要的不仅仅是出色的产品或服务。大量的同类产品让消费者感到困惑,这时候需要优秀的销售人员来说明产品的不同之处,即他们的产品比竞争者的产品更好的地方是什么。

2. 将一组产品整合起来,形成一套完整的解决方案。随着顾客需求越来越复杂,单一的产品或服务销售已经被淘汰。只有一整套的产品或服务才能满足顾客的需求。销售人员必须具备这种可以将各种产品或服务进行整合以满足顾客需求的能力。

3. 与越来越精明的购买人群打交道。现在的顾客愿意在购物上花费更多的时间和精力来获得自己需要的东西,他们也更加了解产品的特征、功能、选择和价格。因此,今天的专业销售人员必须更加努力地工作以实现交易、销售目标。

4. 掌握咨询型销售的艺术。现在的销售人员需要更加了解顾客的具体要求和问题。他们的作用是帮助顾客发现需求,并向顾客展示自己的产品和服务是如何满足这些需求的。

5. 掌握团队销售方法。将来,为了满足顾客的需求,销售人员必须采用团队销售的方法。销售人员将不得不依赖技术人员、营销人员和其他产品领域专家的知识。

6. 了解顾客的情况。未来的销售将要求销售人员对顾客的情况有更深入的了解,并且销售人员需要对他们所负责细分市场的要求非常了解。建立与顾客的关系是至关重要的，顾客的利益要永远放在首位。为了给顾客提供最好的服务，销售人员需要掌握精确的市场信息。

7. 通过服务增加价值。当产品成为商品的时候，销售人员的感知价值就消失了。他们成为订单的承担者。企业需要建立与顾客的长期关系，可以通过提供类似业务咨询或持续的产品支持服务来增加价值。

自欧洲统一市场出现，这些挑战变得越来越重要。进入欧洲市场第一次变得如此简单，但也加剧了竞争，只有那些准备好迎接挑战的企业才能生存下来。

只提供最好的产品或服务是不够的，它们必须销售出去。如果企业想要生存下来，它们必须对培训前线销售人员给予足够的重视，而不仅仅是口头说说。高层管理人员必须在培训上彻底地承诺，并给予培训足够的投资。他们也必须接受培训所带来的收益可能不会立即呈现这一事实，它需要时间去证明。

销售培训的潜在收益是巨大的，包括更高的销售能力、更强的销售动机（见弗罗姆模型）[28]，并且销售人员对自己能够取得更好销售业绩的信心会变得更强，这种信心已经被证明与销售业绩的提高有密切的关系。[29]很多企业（比如 IBM）通过销售培训建立了自己的竞争优势，吸引并留住了大量的销售人才，提高了企业的整体业绩。[30]

表 14 - 6 展示了培训的一系列收益。

表 14 - 6　培训的收益

收益	描述
提高销售技能	需求分析、结果展示、谈判、处理拒绝、完成交易和关系管理方面的培训能够提高销售人员的销售技能，并带来更高的顾客满意度。
增强销售动力	弗罗姆认为动力依赖销售人员相信更多的努力就能带来更高的销售业绩的信念。通过培训提高销售技能会增强这种信念。
加强信心	培训可以加强销售人员的信心，这种信心已经被证明与销售业绩密切相关。
降低成本	自我管理和行程计划方面的培训能够降低成本。更高的销售技能意味着销售人员只需较少地打销售电话或登门拜访就可以实现交易。更好地使用技术也能降低成本（比如在合适的情况下使用电子邮件来沟通，而不用登门拜访）。
减少抱怨	更好地满足顾客需求和更高的服务水平可以大大减少顾客抱怨。
降低员工流失率	培训向员工展示了企业愿意在他们身上投资，从而提高了员工的斗志和忠诚度。
减少管理支持	得到良好培训的销售人员只需较少的管理支持，因为他们可以管理好自己的活动。
提高工作满意度	通过培训获得的更好销售技能会给员工带来更强的信心和更成功的销售业绩，这些都将提高员工的工作满意度。
增加销售额和利润	培训的上述优势会带来销售额的增加、成本的降低，从而实现企业利润的增加。

资料来源：Based on Pettijohn, C. E., Pettijohn, L. S. and Taylor, A. J. (2007) Does salesperson perception of the importance of sales skills improve sales performance, customer orientation, job satisfaction and organizational commitment, and reduce turnover, *Journal of Personal Selling and Sales Management*, 27 (1): 75 - 88; Vroom, V. H. (1964) *Work and Motivation*. New York: Wiley; and Krishnan, B. C., Netemeyer, R. G. and Boles, J. S. (2002) Self-efficacy, competitiveness and effort as antecedents of salesperson performance, *Journal of Personal Selling and Sales Management*, 22 (4): 285 - 95.

整体上说，销售培训没有得到足够的重视。人们认为，销售人员可以在实际的工作中学到必要的技能。这种观点忽略了培训项目能带来的好处，这些好处包括构建学习的参考框架，提供在实践中使用技能并获得反馈的机会，这种在实践中获得的反馈是非常重要的，它可以让销售人员看清自己工作中的优势和劣势。为了使培训能够获得好的效果，销售人员必须承认自己的工作表现存在一些问题，否则他们不可能去尝试解决这些问题。

解决新手培训问题的另一种方法是安排他们和经验老到的销售人员一起进行实地销售，这样经验老到的销售人员可以观察他们是怎样销售的。只是这样对于成功的销售培训来说是不够的。不过，这样做的好处是新手不仅可以得到成功销售的技巧，比如某种完成交易的技巧，而且可以观察到顾客拒绝的情形。如果这种方法可以和正式的销售培训项目结合起来，价值就会大大提升。正式的销售培训通常是由经验丰富的销售培训人员组织的，他们都具备专业的能力，可以开展讲座，引导角色扮演，用一种新手更能接受的方式提供建设性的反馈意见。

在跨国大环境下，开展销售培训是一种特殊的挑战。语言和文化背景的差异意味着对海外销售人员的队伍进行培训的时候需要更加小心。下面的案例提出了一些重点。事实上，随着越来越多的国家开始出现多种多样的文化，即使是那些没有跨国业务的企业，也需要进行文化多样性培训。[31]

培训海外销售人员

在培训当地销售人员的时候，应该考虑文化的不同。例如，在培训中国和日本的销售人员的时候，应该避免让他们感到"没面子"的情况。日本销售人员应接受正式的、有仪式感的职业培训，以保证建设性的批评不会让新手感到"没面子"。有些销售方法可能不适合某些文化环境。比如，问题解决式的销售技巧可能不适合中国或日本的销售人员。最后，在翻译销售手册的时候要特别小心。

对于当地的销售人员来说，培训会包括产品知识、对公司及其历史和经营理念的认识。对于公司总部外派的销售人员来说，语言培训和熟悉国外的商务礼仪是必要的。另外，也需针对可能遇到的特殊国外销售问题进行培训。通常，最初的职业培训由本部外派的经验丰富的销售人员进行。针对外派国的语言、生活方式和文化的培训应该针对销售人员的配偶、孩子，这样可以帮助他们减少刚搬到外派国时的不适应。

企业正在重新思考它们的培训模式，比如加入基于互联网的培训和电话会议培训。但是不论采用什么方式，全球性企业必须提供灵活的、适用于不同文化背景的培训项目。

资料来源：Based on Hill, J. S., Still, R. R. and Boya, U. O. (1991) Managing the multinational sales force, *International Marketing Review*, 8 (1): 19-31; Honeycutt, Jr, E. D. and Ford, J. B. (1995) Guidelines for managing an international sales force, *Industrial Marketing Management*, 24: 135-44; Ghauri, P. and Cateora, P. (2010) *International Marketing*, Maidenhead: McGraw-Hill; Attia, A. M., Honeycutt, Jr, E. D. and Jantan, M. A. (2008) Global sales training: In search of antecedent, mediating, and consequence variables, *Industrial Marketing Management*, 37: 181-90.

技能发展

技能发展有四个经典阶段，如表 14-7 所示。

表 14 - 7　技能发展

阶段	描述
1. 无意识的不能	受训人员不知道任何技能。
2. 有意识的不能	受训人员阅读一些关于技能的材料，但是不能在实践中运用这些技能。
3. 有意识的能够	受训人员知道应该做什么，并且熟练掌握了各个技能，但是无法在实践中将这些技能整合在一起。
4. 无意识的能够	受训人员能不假思索地完成任务；技能可以自如地使用。

第一个阶段定义了受训人员在决定进入销售行业之前的状况。他们不能运用任何技能，甚至完全没有想过它们。通过阅读或者被告知销售所涉及的技能，受训人员进入第二个阶段，即有意识的不能。他们知道需要做什么，但是无法成功地使用技能。

在第三个阶段（有意识的能够），受训人员不仅知道要做什么，而且可以熟练地在实践中应用这些技能。他们就像学习驾驶的人，可以独立进行挂挡、松离合器、看后视镜、轻踩油门、松手刹这一系列单独的操作，但是不能整合这些操作并成功驾驶汽车。受训人员也许能够成功完成一次口头展示，处理一次被拒或者完成一次交易，但是当他们需要处理被拒并在被拒之后继续做口头展示，寻找完成交易的机会的时候，他们彻底茫然了。

一个成功的培训项目应该能够帮助受训人员渡过这个难关，成功进入第四个阶段（无意识的能够）。在这个阶段，他们可以熟练使用所有的技能，并能够提前想到下一步会出现什么状况，从而对销售情景有一个全盘的掌握。这个阶段的汽车驾驶员应该能够不假思索地综合运用启动、驾驶和停车的所有技能。比如，换挡和刹车已经出于本能而不需要任何有意识的思考。同样地，这个阶段的销售人员应该能够自然地开启对话、确定顾客需要、口头展示产品特征和处理被拒，并且应该能够根据情况改变销售方式，选择合适的时机和销售技巧来完成交易。

当销售人员达到"无意识的能够"阶段，他们就能够胜任销售任务，但是就像驾驶员、足球运动员或者板球运动员一样，他们总是有进一步提升销售技能的空间。

培训项目的构成元素

培训项目（training programme）应该是知识和技能发展的综合。它有如下七个构成元素：

1. 企业——目标、政策和组织；
2. 企业的产品；
3. 竞争对手及其产品；
4. 市场变化和趋势；
5. 销售程序和技巧；
6. 工作安排和报告准备；
7. 关系管理。

图 14-6 展示了这七个构成元素。

第一个元素包含的三个要素主要传达了销售人员必须掌握的知识。首先是对企

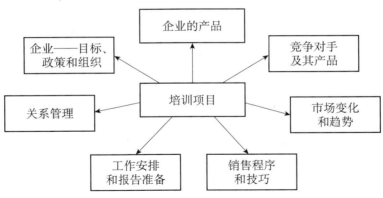

图 14-6 培训项目的构成元素

业历史的简要介绍，包括它是如何成立的、经历了怎样的成长以及未来将如何发展。政策介绍则主要涉及销售方面的功能，比如销售人员会如何被评估以及薪酬体制的本质。企业的组织结构也会被介绍，销售和营销职能（包括广告和市场研究）的关系也会被介绍，这样销售人员能了解自己能从总部得到什么样的支持。企业的道德政策以及它会如何影响销售职能也应该被介绍。

第二个元素是产品知识，它描述产品是如何制作的、产品的质量和可靠性如何、产品的特征是什么以及能够满足消费者的哪些利益需求。销售人员会被鼓励做一个产品分析，这样他们能更加深入地了解产品的主要特征、新产品能够提供给顾客的利益。此外，需分析竞争对手及其产品和自己企业的产品有哪些不同。

销售人员也应该接受培训，以辨别市场的变化和趋势。这就需要一套销售信息系统，帮助销售人员报告市场中的重要变化（比如开放新的零售折扣商场的计划），以及市场趋势（比如新出现的细分市场的增长情况）。通过收集竞争对手和市场的信息，销售人员不仅有益于销售部门，而且可以增加销售部门对整个企业的价值。

一些培训项目，特别是在工业品销售领域，到此结束了，这忽略了培训项目的一个重要构成元素——销售程序和技巧。这个构成元素涉及对第 8 章所分析因素的检验，并且包含通过角色扮演开发受训人员销售技能的实战演练。例如，施乐公司的专业销售技能培训项目聚焦五个销售步骤：打销售电话；有效地倾听；处理被拒；完成交易；后续追踪。[32]

培训项目的下一个构成元素是工作安排和报告准备，这个元素是为了帮助销售人员养成良好的习惯，重视一些销售人员因日复一日的压力而忽略的领域。工作安排的培训包括时间和销售区域管理技能。这些活动对销售人员的业绩和收入有重要影响。计算机和互联网技术的兴起正在改变销售人员工作和沟通的方式。对这些技术（包括客户关系管理技术）的使用和对社交媒体的使用应该成为培训的一部分。[33]

最后，建立关系的重要性意味着培训项目应该着重介绍人际交往技能。例如，IBM 咨询销售培训项目强调了作为咨询顾问与顾客共事有助于建立亲密的关系和合作解决问题。培训项目的这个构成元素主要涉及人际交往和沟通能力。[34]

另一个重要的技能是管理与顾客冲突的能力。差不多 90％ 的销售人员报告过与顾客发生的冲突。[35] 这种情况会因为情感冲突发生，一些互动问题会造成两个人之间的摩擦。第二种类型的冲突因为完成任务的过程中双方意见不一致被称为任务型冲突。顾客对销售人员所展示的概念不认同，觉得在浪费时间和精力，导致顾客和销售人员之间糟糕的沟通质量。[36]然而，如果处理得好，这种冲突反而可以通过有效地解决问题促进顾客和销售人员之间的关系，通过双方观点的充分表达和分析达成和解。[37]情感冲突可能需要通过更换销售人员来解决。但是，如果无法更换销售人员或不愿意更换，那么面临冲突人际关系的销售人员应该尝试尽可能地适应顾客的需求，向顾客传递自己想要退让和妥协的意愿。这种策略是为了降低摩擦的程度，建立双方的友好关系。成功解决任务型冲突的关键是寻求双赢方案，这样双方都可以从中获益。

方法

讲座

这种方法在传递信息和提供参考框架以辅助学习过程方面非常有效。讲座应该使用视觉辅助，比如专业制作的幻灯片。应该鼓励受训人员积极参与，避免沟通只单向进行。讨论可以激发受训人员的兴趣，并且可以及时发现和解决一些误解。

影片

这种方法对于传递信息和展示技能如何操作的讲座来说是一种有效的补充。影片可以通过展示讲座中介绍的原则和技能如何应用于实际的销售情景为讲座拓展出一个额外的角度。对于学习技能的阶段，讲座和影片把受训人员提升到"有意识的不能"阶段。它们会向受训人员展示需要做什么，但是受训人员无法将这些理论成功地应用于实践。

角色扮演

这种学习方法将受训人员带到"有意识的能够"阶段，他们可以使用这些技能。角色扮演让受训人员在买卖情景中通过自己的成功和失败来学习。其他小组的成员、销售培训者和视听手段都可以为受训人员提供反馈。

视听手段可以让受训人员看到自己的表现，这是一种很有启发性的手段，并且可以让受训人员看到其他小组成员提出的观点。如果没有这种手段，一些受训人员可能会拒绝接受自己的失误。比如，让买家失去兴趣仅仅是因为受训人员讨论得太热烈而没有注意到这一点。回放可以让受训人员从第三方的视角去观察实际的情况，这样他们会更容易承认和接受自己的一些问题。

对于角色扮演，也有一些批评的声音。有人认为受训人员并没有认真对待，并且角色扮演的本质是完全不现实的。它的主要价值是在一个没有威胁的环境而不是真实环境中教给那些没有经验的新手一些基本的销售技能。销售过程可以分为一系列的活动，比如开始对话、确认需求、展示产品、处理被拒，每一个活动都需要一套特殊的技能。角色扮演可以用来发展一系列实践中所需的技能组合，最终慢慢实现一个完整的销售对话。本章的最后会介绍如何设计一个角色扮演来开发需求确认中所需的技能。

角色扮演的成功程度主要依赖销售培训者的能力。如果受训人员有一定的销售经验，那么让他们根据自己的实际经验来设计销售情景是一种很好的方案。让受训人员交换角色，每个受训人员都会遇到自己之前完全没有接触过的销售情景，同时这个销售情景是真实的。[38]

案例研究

案例研究对于开发分析技能特别有效。受训人员被要求分析情景、确认问题和机会，并提供建议。它们可以用于设定拜访目标时给定买卖双方交往和沟通的历史，销售人员需为下一次拜访制定一套合理的目标。

实地培训

对销售人员的初始培训可以通过实地培训进行强化，这一点是非常重要的。受训人员在实际销售情景中获取的经验，再加上销售经理给予的评估和反馈，意味着销售人员可以坚定地迈向技能学习过程的最后一个阶段——"无意识的能够"。销售人员可以自动地做对事情，就像驾驶员可以不假思索地运用驾驶所需的所有技能一样。

尽管"无意识的能够"是学习过程的最后一个阶段，但这并不意味着已经没有进步的空间。实地培训用来改善有经验的和没有经验的销售人员的表现。为了实现这一点，销售经理需要做到如下几点：

- 分析每一个销售人员的表现；
- 找出优势和劣势；
- 与销售人员在劣势的存在方面达成一致；
- 教给销售人员克服劣势的方法；
- 监督并检查销售人员是否在不断进步。

当销售人员失去一个订单的时候，销售经理会有很强的冲动去介入这段销售对话。他们是否要克制这个冲动取决于订单的重要程度，但是这样做无疑会降低实地培训的有效性。理想的状况是，销售经理将这种情况作为观察和评估销售人员如何处理这种状况的一个机会。介入这段销售对话虽然可以挽救这个订单，但是也会导致销售人员的不满，他会觉得在顾客面前丢脸了。这会危及未来的销售，并且会破坏销售经理和销售人员之间的关系。

一般来说，销售人员会尊重那些自己认为公平和有建设性的批评意见。为了获得这种公平感，销售经理应该在销售评估中首先列举一些销售人员表现很好的点。然后，销售经理应该询问销售人员觉得在这段销售对话中有哪些可以改进的地方。如果销售人员认识到自己存在一些不足，那么销售经理说服他们进行改进就不会有问题。

当然，也会有一些缺点无法通过这种方式暴露出来，这时销售经理就需要把问题解释给销售人员。由于销售经理之前已经褒奖过销售人员表现好的地方，所以销售人员不会对销售经理的批评感到难以接受。达成一致之后，销售经理需要提出一些帮助销售人员克服问题的方法。销售经理可以自己扮演买家，通过角色扮演让销售人员在下一次销售拜访之前演练一次解决问题的办法，或者只告诉销售人员在下次销售拜访的时候应该怎么做。

电子学习

现代销售人员所承受的更严苛的时间限制令他们无法取消几天的工作来参加一

个传统的培训课程。技术的进步为信息的传递提供了一种替代方案，也就是通过互联网进行培训。使用技术来打包信息是传统培训方案的低成本的、有效的替代方案。这种方法意味着培训可以远程实现，并且可以适应销售人员的工作模式。

培训课程的评估

被广泛采用的评估销售培训有效性的框架是柯克·帕特里克（Kirk Patrick）提出的四阶段培训模型。[39]培训评估被分为四类：

1. 参与者对培训课程的反应。这种反应所测量的是受训人员对销售培训课程各方面的感受。因此，这与传统的顾客满意度测量比较类似。它假设销售人员不喜欢一个培训课程的时候，不会投入努力去学习和使用培训材料。相反，如果销售人员非常喜欢这个培训课程，他们会学得更多，并且会更有动力去使用培训材料。[40]通常，这种反应的测量主要聚焦于培训项目的价值增值方面，比如对引导的满意度、对课程内容的满意度和整体满意度。[41]利奇和刘（Leach and Liu）的研究认为，这种反应测量与知识保留之间有积极的关系，也就是说受训人员对销售培训课程的满意度越高，他们从培训中学到并保留的销售知识就越多（见图 14 - 7）。[42]

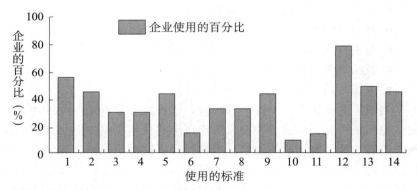

1. 净销售量的变化
2. 净销售额的变化
3. 每次销售访问的销售量变化
4. 每次销售访问的销售额变化
5. 获取新客户的数量
6. 老客户流失的数量
7. 订单率/销售拜访率
8. 订单获取/目标
9. 销售区域覆盖率
10. 销售代表在顾客身上所花费的时间
11. 销售代表留在公司的时间
12. 实地销售拜访中所显现出的能力
13. 培训课程结束时候的问卷调查
14. 未来某个时间的问卷调查

图 14 - 7　评估培训课程使用的标准

资料来源：Stamford-Bewlay，C. and Jobber，D.（1989）*A Study of the Training of Salespeople in the UK*，University of Bradford School of Management Working Paper.

2. 知识的获取和保留及态度的改变。如果培训的目标是传递信息（比如产品和竞争对手信息），那么可以通过纸笔考试来评估知识的获取和保留程度。如果培训目标是传授销售技能，那么可以采用被评价的角色扮演辅以纸笔考试的方式进行测量。利奇和刘[43]的研究显示，获取知识水平更高的受训人员更有可能将学到的知识应用于市场实践。

3. 工作行为的改变。行为改变的评估所测量的是销售人员因参与过销售培训而调整自己在工作中行为的程度。这通常被称为"知识的转化"，对销售培训课程的成功非常关键。知识转化的评估通常涉及销售经理对销售人员在工作中的直接观察。利奇和刘[44]的研究认为，对知识转化到工作中的程度的评估是销售培训项目评估最重要的方面，因为它直接和组织成果挂钩。比如，销售人员将自己从销售培训课程中学到的知识应用到实践中的越多，组织能够取得的成果就越好，如销售有效性更高、与顾客的关系更紧密、组织忠诚度更高。

4. 组织成果。这种评估方法测量的是销售培训课程对实现企业所设定目标的贡献程度。以下六种组织销售培训目标[45]常常被用到：

- 增加销售量；
- 改善与顾客的关系；
- 提高销售人员的忠诚度，进而降低员工流动率；
- 降低销售成本；
- 增强对销售人员的控制；
- 改善时间管理。

尽管这些销售目标非常重要，但是对它们的测量通常很难归功于销售培训课程的作用。因此，了解知识转化（更容易被测量）是非常有用的，知识转化对于组织成果来说是一个很好的预测指标。

培训销售经理

一个成功的销售经理需要掌握一系列的强大技能和扮演各种角色[46]，包括如下几点：

- 与顾客建立亲密的关系，并深入了解顾客的情况；
- 与销售人员一起实现销售额、利润率和顾客满意度目标；
- 整合电话销售人员和一线销售人员的工作；
- 了解对销售职能有影响的最新科技信息；
- 学习营销技巧，以确定潜在的商业机会，并提供战略建议；
- 与企业其他职能部门合作实现企业整体目标，提高顾客满意度；
- 持续地寻找超越顾客预期的方法，在买卖关系中创造附加价值；
- 为销售队伍创造一个灵活的、利于学习的、适应性强的环境；
- 发展教育、分析、激励、组织、沟通和计划的能力。

正如第 4 章开头所讨论的环境变化，对销售经理的工作要求越来越高。这意味着对销售经理的培训更加重要。鲍沃斯、德卡洛和古普特（Powers，DeCarlo and Gupte，2010）在美国所做的对销售经理的调查显示，91% 的销售经理说自己接受过销售管理培训，其中 52% 的销售经理说自己在过去 10 年中接受过超过 10 小时的培训。[47]

表 14 - 8 展示了培训销售经理使用的培训方法。

有 2/3（67%）的销售经理使用过小组讨论，角色扮演紧随其后（61%）。只有超过一半的培训使用了案例研究（55%）和基于互联网的培训（53%）。有一半的企业使用研讨会来培训销售经理。基于互联网培训引起越来越多的兴趣，这种方法很有可能被越来越多的企业使用。

表 14 - 8　培训销售经理使用的方法

方法	％
小组讨论	67
角色扮演	61
案例研究	55
基于互联网的培训	53
研讨会	50
充满斗志的演讲者	33
录像带/影片	24
视频会议	24
学院或大学课程	11
音频带	9
函授课程	5

资料来源：Powers，T. L.，DeCarlo，T. E. and Gupte，G.（2010）An update on the status of sales management training，*Journal of Personal Selling and Sales Management*，30：319 - 26.

表 14 - 9 展示了销售经理培训项目覆盖的话题。

表 14 - 9　销售经理培训项目覆盖的话题

话题	％
销售过程	66
领导力	41
训练销售人员	37
人力资源	12
业绩管理（比如评估）	11
团队建设	5

资料来源：Powers，T. L.，DeCarlo，T. E. and Gupte，G.（2010）An update on the status of sales management training，*Journal of Personal Selling and Sales Management*，30：319 - 26.

　　将近 2/3（66％）的销售经理说他们所接受培训项目覆盖的话题有销售过程，其中的具体话题包括客户管理、谈判、策略性和增值性销售、目标设定、发展销售战略和销售计划以及招聘新的销售人员。领导力是第二个被频繁提及的话题（41％），其中的具体话题包括经理责任、如何领导以及激励销售人员的能力。第三个被频繁提及的话题是训练销售人员，37％的销售经理提到了这个话题。

　　杜宾斯基、梅塔和安德森（Dubinsky，Mehta and Anderson）[48]检验了销售经理对培训项目的满意度与培训内容之间的关系。当培训课程可以解决一系列问题（比如召开销售会议、预算、企业知识、顾客关系和社会责任等）的时候，初级销售经理会有较高的培训满意度。这种大范围的培训内容为这些初级销售经理现阶段的工作和晋升之后的工作打下了一个坚实的基础。对于高级销售经理来说，如果培训课程能够包含一些综合性的管理问题，比如物流管理、企业政策学习、活动计划和控制、竞争对手知识等，他们的培训满意度会比较高。这些信息与这些高级销售经理直接相关，因为他们需要设计并执行销售与营销策略。如果培训项目包括控制活动这一话题，高级销售经理会非常感兴趣，并且会有更高的培训满意度。如果培训项目包括一系列控制任务，比如针对不同销售区域、顾客类型、销售人员、细分市场、产品类型的利润分析以及销售成本分析和市场份额分析，培训满意度会更高。假如销售经理需要更具利润导向，上述安排会非常令人满意。[49]

小　结

本章讨论了应用于销售领域的激励理论和实践，包括如下理论：

1. 马斯洛的需求层次理论；
2. 赫茨伯格的双因素理论；
3. 弗罗姆的期望理论；
4. 亚当斯的不平等理论；
5. 利克特的销售管理理论。

实践中的激励主要包括如下几种因素：

- 金钱奖励；
- 设定销售目标或定额；
- 销售经理和销售人员的会面；
- 销售竞赛。

成功的领导者可以根据情景的不同改变自己的领导风格。销售培训涉及开发一个能够提升销售技能的项目。培训项目的构成元素和使用方法应该在列出销售经理需要掌握的技能之前被检验。

第 15 章探讨了销售管理的另外两个方面：组织和薪酬。

案例练习

钢笔销售

这个练习可以用于开发有效销售所需的技能，包括需求识别、销售展示和展销、回答问题和处理被拒、销售结算。下面给出了销售人员资料。应该至少给销售人员 15 分钟的时间去学习所销售钢笔的范围（见图 14-8）。角色扮演可以用录像设备记录下来，并在课堂上进行回放，为讨论提供一个聚焦点。

销售人员资料

你是一个小商店文具部门的销售人员。

一个顾客已经在你的钢笔区域看了几分钟，他向你走过来，说："我在找一款好用的钢笔。"

从这个点开始，你来展开这段对话。图 14-8 是你所展示的 6 支钢笔及其特征。

资料来源：The authors are grateful to Mr Robert Edwards, sales training manager, UKMP Department, ICI Pharmaceuticals, who devised this exercise, for permission to reprint it.

钢笔	上墨方式	价格	备用笔尖	备用墨囊成本	笔尖尺寸/类型	构成材料（有笔夹）	形状	颜色	其他特征	
A	毛细管上墨	15英镑	2.5英镑	—	中尖/金尖	全金属	圆形	银色笔身/金色笔帽	上墨的时候需要旋开笔杆，笔杆易握，两年保修期，提供备用平尖，英国制造	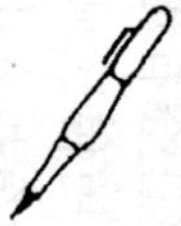
B	可替换墨囊，3个备用	12英镑	1.5英镑	每4个1英镑	中尖/金尖	金属/塑料笔帽	圆形	黑色/银色	封闭笔尖，螺旋笔帽，一年保修期，法国制造	
C	可替换墨囊，2个备用	10英镑	1.5英镑	每4个1英镑	中尖/钢尖	金属/塑料	圆形	多种颜色/银色笔帽	粗大易握，螺旋笔帽，一年保修期，意大利制造	
D	可替换墨囊	10英镑	1.3英镑	每6个1英镑	细尖/钢尖	带银色笔帽的塑料	圆形	多种颜色/银色笔帽	超级细，封闭笔尖，螺旋笔帽，两年保修期，法国制造	
E	可替换墨囊，1个备用	9英镑	2英镑	每6个1英镑	细尖/钢尖	塑料	三角形	黑色/红色/蓝色	推进式笔帽，一年保修期，德国制造	
F	可替换墨囊，1个备用	7英镑	4英镑	每4个0.6英镑	粗尖/钢尖	镀金属塑料	圆形	银色	可挑选左利手/右利手笔头，推进式笔帽，6个月保修期，英国制造	

图14-8　钢笔特征

思考题

1. 激励是不可能的，销售人员只会慢慢失去动力。请对这个观点展开讨论。

2. 你最近被任命为一家汽车磨合材料公司的销售经理。销售额正在下降，你认为造成这种下降的主要原因是你的销售队伍缺乏动力。目前，销售人员的工资采用固定工资制，工资的高低主要根据销售人员在公司工作时间的长度来制定。对于如何解决销售下降的问题，请写下你的想法。

3. 请讨论如何将激励、培训和评估联系起来以获得更好的销售业绩。

4. 为了判断销售人员的工作表现多好或多差，销售经理需要一套评价体系。为什么这是重要的？这套评价体系可以回答哪些问题？

5. 你认为哪些具体的因素或活动可以用于激励一线销售人员？

组织和薪酬

学习本章后，你应该可以：

1. 了解不同销售人员组织结构的优缺点。
2. 计算不同情境下需要的销售人员人数。
3. 了解建立销售区域时应该考虑的因素。
4. 能够权衡各个销售薪酬方案之间的利弊。

从全面质量管理到客户关怀

也许**组织销售队伍**（organizing a salesforce）的经典模式是根据地域分布来进行的，但随着顾客需求的变化、技术的进步，很多公司开始重新审视销售队伍的模式。图15-1列出了每种类型销售组织结构的优缺点。

地域型组织结构

这种组织结构的一个优点是简单。每个销售人员独自负责一个区域的销售工作。他们跟客户在距离上比较近，很容易和顾客建立起个人之间的亲密关系，从而能提高销售业绩。同时，相比于其他组织结构，比如产品分类型，这种方式的差旅费用相对较低。

这种销售组织结构的一个缺点是，销售人员需要卖公司的各类产品。这些产品各有不同，而且需要面对不同的市场。这种情况下，不能要求销售人员熟练掌握专业知识，也不能要求其在不同的市场情境下应对自如。只有给销售人员分配一个专门的角色任务，他们才有可能发展这类技能。根据莫斯（Moss）的观点[1]，这种组织结构可能会引发另外一种问题。销售人员由于所处的位置比较分散，又要面对各种类型的顾客，相比于根据不同专业来组织销售人员的结构，他们很难总结消费者的购买行为模式，很难把握顾客行为变化的趋势。

产品分类型组织结构

另一种方法是根据产品类型来建立销售组织。这种组织结构适用的情况是，公

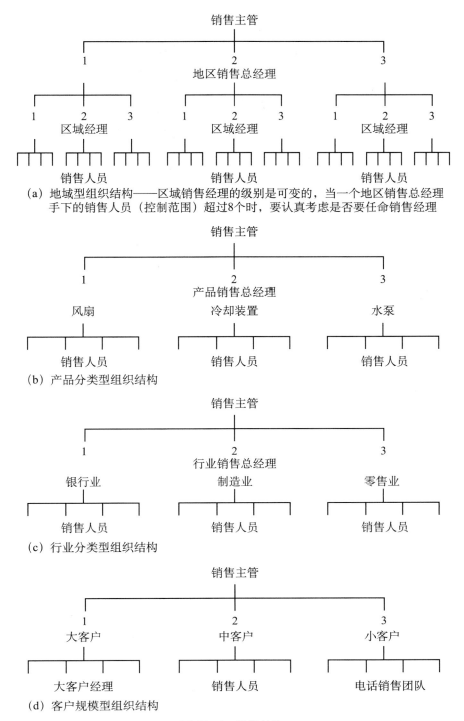

（a）地域型组织结构——区域销售经理的级别是可变的，当一个地区销售总经理手下的销售人员（控制范围）超过8个时，要认真考虑是否要任命销售经理

（b）产品分类型组织结构

（c）行业分类型组织结构

（d）客户规模型组织结构

图 15－1　组织结构

司销售的产品纷繁庞杂，并且不同市场群体中购买产品的主要决策人各不相同。当然，如果公司的产品销售对象基本是同一种类型的顾客市场，就可能会有顾客厌倦、路线重复的问题（高额运输成本）。这种组织结构如果使用不当，会出现同一

家公司的不同销售人员在同一时刻造访同一个客户的尴尬局面。当一个公司从地域型结构转向产品分类型结构的时候，一些目标客户的重复是在所难免的，但如果情况不严重，仍处于可控范围之内。同时，这样的转变会增加成本，销售人员人数不变的情况下，每个人负责的区域范围会扩大。

还有一种更加普遍的产品线分类型组织结构，它是根据现有产品和新产品的不同类别建立销售组织的方法（有时称作功能专业化分类）。

在工业销售中，企业往往会将自己的销售人员融入产品研发，直接运营销售团队。这种销售团队会接受非常严格的培训，处理更为复杂的新产品技术问题。这些人将花费大量的时间来解决有关顾客的商业、技术以及安装等方面的问题。

这种研发/运营型销售团队出现的一个很重要的原因是，公司的很多新产品销售失败，其中一个关键原因是销售人员没有充分地将产品的新功能进行展示说明。这种失败的根源在于销售人员经常有一种心理障碍，认为假如新产品的功能不符合预期，不像销售人员介绍的那么好，买卖双方的关系会随之出现问题。所以，销售人员不敢将一个没有经过证明的产品功能介绍给顾客，从而导致对产品功能的介绍不充分。企业如果雇用研发型销售团队，这个问题会得到解决，但往往只有大公司有能力雇用这种类型的团队。这种方法能让销售人员在售卖新产品时更加专业，并且销售人员能够权衡售卖新产品和已有产品的时间和方式。一些制药公司经常采用这样的销售团队。

表 15-1 对地域型和产品分类型销售组织结构的优缺点进行了概括。

表 15-1　地域型、产品分类型销售组织结构的优缺点

结构类型	优点	缺点
地域型	● 简单 ● 成本相对低廉	● 大范围的产品类型销售较困难 ● 对购买行为和趋势的把握不够 ● 对市场形势的预估欠佳
基于产品线的产品分类型	● 对产品和产品功能的应用非常熟悉	● 交通成本增加 ● 同一公司的多名销售人员访问同一购买者时，有可能引发其厌烦情绪 ● 对于同样的销售团队规模，每个销售人员负责的地域更大，成本相应增加 ● 相对较高的成本
基于新产品/已有产品的产品分类型	● 销售技能更专业 ● 对新产品更加重视 ● 对新产品和已有产品销售的权衡（目的明确）	

顾客分类型组织结构

对于同一供应商的产品部门来说，在为同一个顾客提供服务时，由于购买者行为非常复杂，所以不仅需要销售职能部门的投入，还需要其他职能部门（比如工程、财务、物流、营销）等的投入，加上购买行为的集中和一些顾客的价值增值，很多供应商在重新思考如何组建销售队伍。企业开始越来越多地以顾客为中心组织活动，并将资源投入从产品和区域销售转向顾客导向的业务模块。[2]

市场集中型组织结构

另一种组织模式基于市场结构。通常在工业销售领域，市场由行业种类来定义。因此，虽然销售的产品大致相同，仍然应该根据不同的行业，比如银行业、制造业、零售业等，进行销售人员的分配，这是因为不同的行业面临的需求不同，问题不同，应用范围不同。依据市场进行销售组织构建可以让销售人员对他们所在的行业有更为深入的了解，同时也能洞察产品需求的变化趋势及行业发展态势。这种对顾客的深入了解带来的副作用是，产生了比地域型组织结构更高的交通和差旅成本。

马格拉思（Magrath）对工业销售行业的销售专员运用专业知识售卖产品的能力进行了调查。[3]因为他们对该行业相当了解，他们甚至被顾客认为是"异姓兄弟"。

客户规模型组织结构

一些公司根据客户规模来组织销售人员。很多工业品销售和工业品市场上针对大客户专门建立的**大客户销售团队**（key or major account salesforce）的重要性非常明显。这种团队包括专门负责购买习惯与小公司不同、需求比小公司复杂的组织购买者。这种类型的销售人员需要使用一些专业谈判技巧，因为和负责小客户的销售人员相比，他们往往需要争取到更大规模的订单，所以他们在如何提供折扣和优惠产品方面需要再三斟酌。所以，相对于处理小订单的销售人员来说，他们需要更为广泛的销售技巧。有些公司采用了三级体制，即让高级销售人员与大客户进行谈判，一般销售人员负责中等类型的客户销售，电话销售团队则负责小客户。这种大客户销售组织结构的优点包括：

1. 与顾客的关系更加紧密。销售人员能够了解每个人做出什么决定，谁会在决策中作为意见领袖影响其他人的决策。销售团队中的技术专员可以访问公司的技术相关人员（如工程师），还可以询问行政管理人员、购买者、财务管理人员关于购买的看法。

2. 较高的沟通和协作能力。顾客了解到有一个能够全心服务的销售团队，所以当顾客碰到问题时，知道该联系谁。

3. 销售跟踪和服务改进。向大客户提供更多的资源意味着会有更多的时间跟进产品服务，以及提供售后服务。

4. 对决策单元的渗透。与大客户进行联系的时间更长。销售人员可以将购买决策从使用者、决策者、影响者"拉到"购买者身上，而不采用从购买者处"推到"组织上这种传统意义上的难度更大的销售做法。

5. 更高的销量。很多采用**大客户销售**（key account selling）的公司表示销售量因此提高了一个档次。

6. 为职业销售人员提供岗位晋升的机会。采用大（或者全国）客户销售的方式相比于传统的销售管理模式更能够为销售人员提供升职加薪的机会。

全国客户这个术语通常指那些大规模的重要客户，他们可能有集中的采购部门，这些部门负责跨销售区域的地域分支机构的采购工作，或者对分散的采购团队进行协同管理。对这些公司进行销售通常包括以下几个方面：

1. 获得购买方总部对公司产品的认可。

2. 进行长期供货合同的谈判工作。

3. 与买方在各个层面建立良好的交易关系。

4. 建立一流的客户服务体系。

顾客或者顾客的小群体会被一名专门的销售人员（通常是全国客户经理）特别关照和负责。这种方式比地域型结构的合作性更强，因为地域型结构中的每个地域都是由不同的销售经理负责的，而全国性客户是统一负责。

除了销售人员以外，销售活动的深入还需要供应方其他各类人员技能的应用和配合。于是，许多负责全国客户的公司开始采用**团队销售**（team selling）的做法。

团队销售包括产品专家、工程师、销售经理的共同努力。如果购买方的决策单元中包括主管，购买方决策单元的主管也要参与销售。团队销售为适应大客户的业务模式、技术特点以及心理要求提供了一种途径。

越来越多的公司开始从内向外，根据大客户对不同的销售人员设立权责。比如在电子行业，内部的工作人员都是由负责大客户的外部人员构成的，因此这些公司的销售人员能够准确地预测这些客户能够贡献多少销售额。另外，对买方购买决策单位的决策的深入了解也是建立在销售人员与决策人建立的良好关系的基础上的。这样，营销人员能够对客户需求更加了解，从而改进产品，提高沟通效率。

新客户/现有客户型组织结构

这个销售组织结构，要求建立两队销售人员。第一队销售人员服务现有的客户，第二队则集中负责新客户的寻找和发掘。这种结构认为：

1. 找到新的客户相比于访问现有客户，需要专门的技巧、耐心，能够接受无数的拒绝，愿意花时间去建立新的关系，是一项专业的任务。

2. 这个任务交给一般的销售人员可能会被他们无视，因为销售人员可能认为将时间花在现有顾客上才是更好的做法。

3. 有些销售人员情愿访问他们熟悉的有长期联系的客户，而不愿意物色新客户，因为他们不愿意承受遭到拒绝的感觉。

一些证券交易公司成功利用销售人员先锋队来物色新客户，一旦得到一个新客户，就会安排一个专门的销售人员来负责。这种销售组织的案例在电视台、航空公司、印刷公司等均有应用。

相比于在传统模式下工作的销售人员，负责新客户的销售人员需要花更多时间来了解潜在客户的需求，并向管理层提供购买行为、购买态度方面的具体信息。[4] 新客户的销售人员的安排在客户众多且有一定客户流动率的大公司里是常见和灵活的。这种组织形式能够帮助管理层制定更好的战略规划，并且消除服务老客户和发掘新客户工作之间的冲突。

表 15 - 2 总结了各种基于顾客的销售组织结构的优缺点。

表 15 - 2　基于顾客的销售组织结构的优缺点

结构类型	优点	缺点
基于顾客 （i）市场集中型	● 更加了解顾客 ● 对市场/行业的趋势和变化有更准确的把握	● 相对高昂的成本

续表

结构类型	优点	缺点

(ii) 客户规模型	● 根据顾客的价值做更合理的资源分配
	● 对于大客户投入更多资源意味着：
	  ● 更紧密的关系
	  ● 沟通和协作效率的提升
	  ● 更好的服务
	  ● 更深的决策单元渗透
	  ● 更高的销售额
	● 为销售人员提供升职机会
	● 降低服务小客户的成本
	● 销售技能更专业化
		● 服务大客户会耗费更多成本

(iii) 新客户/现有客户型	● 对新客户确保足够的精力投入 ● 销售技能更专业化 ● 对挖掘新客户和服务已有客户的权衡（目的明确）	● 相对高昂的成本 ● 当新客户变为已有客户时服务水平的不连续

混合型组织结构

在这一部分，我们讨论几种主要销售组织结构的优缺点。实际上，各种模式常常是混合使用的。比如，为了减少差旅费用，一个使用产品二分法结构的公司可能会将全国的销售市场分为两个区块，两名销售人员各自负责一个。

类似于很多销售决策的制定，选择销售人员的组织模式并不是非此即彼的，这就是为什么有些销售人员既负责一个区域市场，又对某个行业非常精通。很多公司同时采用所有的销售组织模式：对大客户安排销售专员；对中小型客户安排区域型销售代表，可能还会再安排几个产品应用的技术专家来协助这些区域销售人员。

对于销售经理来说，如何对这些选择进行权衡是一项挑战。他们需要考虑财力、顾客范围以及组织灵活性等各项因素。公司必须对客户需要进行一些数字上的权衡，因为这些客户需要决定了如何进行专业化以及面临哪些竞争因素。客户越来越多地要求一站式服务型解决方案和带有附加价值的服务内容，而不是一次性交易。

随着公司的国际化，公司还需要考虑如何组建全球范围内的销售组织模式。下面的案例将对这个问题进行讨论。

国际化销售组织的结构

建立国际化组织结构通常也采用跟建立国内或本土组织结构一样的方法。许多跨国公司采用简单的地域型组织结构，每个国家成为一个大区域。然而，那些产品线宽、销售体量大、面对发达销售市场的跨国公司更适合采用更专业化的组织结构，比如依据产品和顾客建立组织结构。在发展中国家的小市场中采用这样的结构模式似乎在经济上不可行，这种时候更应该采用地域型组织结构。

语言问题也是影响国际化销售组织结构的因素。比如，比利时根据语言的不同分为南部的法语地区和北部的佛兰德语地区，而奥地利和德国因为都讲德语，所以可以划归为同一个市场。类似地，瑞士根据法语、德语、意大利语的不同被分成不同的市场区域，而有些公司将美洲中部作为一个销售区域。

建立国际化销售人员的组织形式时，需要考虑以下因素：

- 地域大小；
- 销售潜力；
- 顾客期望；
- 产品线宽度；
- 现有的销售惯例；
- 本土语言。

在欠发达地区的市场中一般采用地域型销售结构，这些地方通常产品单一、销售量小。基于产品或顾客的组织结构则适用于产品线很宽、销售量大的成熟市场。

资料来源：Based on Hill, J. S. and Still, R. R. (1990) Organising the overseas sales force: how multinationals do it, *Journal of Personal Selling and Sales Management*, 10 (2)：57 - 66；Honeycutt, Jr, E. D. and Ford, J. B. (1995) Guidelines for managing an international sales force, *Industrial Marketing Management*, 24：135 - 44. Samli, A. C. and Hill, J. S. (2001) *Marketing Globally*：*Planning and Practice*, New York：MacMillan.

销售人员数量的确定

工作负载法

工作负载法要求公司熟悉每名销售人员每年要求访问各种类型客户的次数，可以算出所需的销售人员数量。塔利（Talley）认为通过以下步骤可以计算出结果[5]：

1. 根据顾客购买的产品进行价值的判断，并根据潜力将顾客进行分类。

2. 估计访问每类顾客的频率（每年对每个客户的访问次数）。

3. 将每类的顾客数乘以相应的访问频率，然后将各类顾客的结果进行加总，得到总的工作负载量。

4. 估算出每名销售人员每周访问的平均次数。

5. 计算每年工作多少周。

6. 将步骤 4、5 中的数字相乘，得出一名销售人员每年平均的访问次数。

7. 将全年的访问次数除以一名销售人员每年的平均访问次数，就能得出所需要的销售人员数量。

下面是一个公式，总结了以上的计算方法：

销售人员人数 ＝（顾客人数×拜访频率）÷（平均每周拜访次数×每年工作周数）

步骤 1 至步骤 3 的内容总结在表 15 - 3 中。

表 15 - 3　工作负载法

顾客群体	公司数量	年访问次数	总和
A（每年超过 100 万英镑）	200	×12	2 400

续表

顾客群体	公司数量	年访问次数	总和
B（每年 50 万～100 万英镑）	1 000	×9	9 000
C（每年 15 万～49.9 万英镑）	3 000	×6	18 000
D（每年少于 15 万英镑）	6 000	×3	18 000
年工作负载量加总			47 400

表 15-3 总结了步骤 1、2、3。

步骤 4 得出：每名销售人员每周访问的平均次数＝30

步骤 5 得出：

    总周数＝52

减去假期、病假、会议、培训等：

    工作周数＝43

步骤 6 得出：一名销售人员每年访问次数＝43×30＝1 290

步骤 7 得出：销售人员规模＝47 000/1 290＝37（人）

当发掘新顾客成为销售人员工作中的重要部分时，潜在顾客就可以依据潜力划入已有的顾客群体，或者建立一个单独的类别，根据估计的访问频率估算出发掘顾客的工作负载量。最后加上根据实际的顾客数量估算出的工作负载量，得到最终加总结果。

这种方法是否可行很大程度上取决于管理层是否能够有把握地估算出访问每类顾客的次数。当访问某一特定种类顾客次数变化幅度较大时，管理层不太愿意做出一个估计值。但是根据威尔逊（Wilson）的观点[6]，就算一个公司每天的顾客访问次数在 1～10 之间变动，80％的日子里，访问次数为 7～8 次。

这种方法对那些想要扩展新区域的公司来说非常有参考价值。比如，如果一家公司准备将自己的业务范围从英国扩展到苏格兰地区，就可以用这种方法，根据过去的经验和自己的判断估计苏格兰地区的顾客访问次数。市场调查可以用来发掘潜在客户。这时候工作负载法就可以估计出该公司需要多少销售人员。

建立销售区域

区域设计是一项非常重要的组织工作，因为这是销售人员能否表现出色、得到激励薪酬的决定性因素，而激励薪酬和区域销售人员的绩效直接相关。失败的区域设计将使一系列销售活动没有应有的效果，资源得不到有效利用。当销售人员认为自己负责区域的安排方面有失公平，他们的情绪、行为以至于销售表现会受到影响。确实，研究表明销售经理对自己销售区域安排的满意度越高，销售人员及其所在部门的销售业绩就越好。[7]这样看来，销售经理应该对如何建立销售区域的有关问题予以重视。信息技术可以作为这项工作的辅助工具加以应用，这一点我们在第 12 章中已经提到。

分配销售人员各自负责的区域有两种基本方法。第一，管理层可能想要平衡各个区域的工作负载量，工作负载量的定义如下：

$$W = n_i t_i + nt_k$$

式中，W 代表工作负载量；n_i 代表对第 i 组（种类）顾客的访问次数；t_i 代表对第 i 组顾客的访问消耗的平均时长；n 代表访问的总次数；t_k 代表每次访问路上花的平均时间。

这个公式非常有用，因为它突出了估计工作负载量时需要考虑的各方面关键因素。访问次数需要用时间来进行加权平均。销售人员访问大客户比访问中小客户的时间权重更大，因为在其他条件一定的情况下，销售人员希望同那些购买潜力更大的顾客进行沟通交流。同样，发掘潜在顾客的时间权重也非常高，因为销售人员需要花更多的时间与潜在顾客建立关系，推销自己，推销所在的公司，从而销售产品。此外，拜访顾客路上花的时间也需要考虑。每个区域的顾客分布的密度不同，所以路上的时间也需要计算在工作负载量之中。

数据方面，一部分是由管理层的判断决定的，比如和每类顾客平均相处的时间是多少，还有一部分是通过观察来估计的，比如在销售人员已经进驻某个区域的情况下，观察记录平均路上的花费时间。这些数据可以通过对销售人员的实地调查和工作负载量的估算得到。虽然对于新建立的销售队伍，需要通过估计得出数据，再带入公司进行计算，但这个公式提供了一种衡量一个销售区域总的工作负载量的概念框架。

第二个建立销售区域需要考虑的因素是销售潜力。让销售人员到不同销售潜力的区域工作，可以平衡销售人员的工作负载量。我们知道，很多公司会选派它们最好的销售人员到那些销售潜力高的区域去工作。将有些销售人员从潜力低的区域调换到销售潜力高的区域去工作确实也是一种晋升的方式。如果公司的政策倾向于面向不同区域的销售人员一碗水端平，就应该根据每个区域的销售潜力，设置不同的销售定额，在此基础上进行佣金提成的制定，这才是一种公平的做法。然而，通过工作负载量的计算初步安排好销售人员负责的区域后，由于各个区域销售潜力的不同，需要做出一些调整。一种方法是，调整相邻市场区域的边界线，使得潜力小的市场能够从相邻的潜力大的市场中得到一些客户资源，潜力大的市场因此获得一些中小级别的客户。这样，工作量的调整并不大，但工作负载量的差距造成的影响在一定程度上被消除了。如果这种方式实施起来有困难，那么可以调整工作负载量，使得各个区域的工作负载量不同，但销售潜力相对平衡。

销售区域的设定需要将精准的分析和经验常识进行结合。比如，仅仅为了平衡各个地区的销售潜力而设置销售区域不是一个明智的做法，因为这样可能会导致区域之间有交叉，从而忽略了需要与当地的道路交通系统相适应的问题（尤其是高速公路系统）。

区域调整

公司设置的销售区域不能一成不变。以下说明了调整销售区域的必要性：
- 消费者偏好的变化；
- 竞争者的活动；
- 选择分销渠道的有用性减小；
- 分销点或门店的停业；
- 销售区域内成本的增加；

- 销售人员的自满情绪。

在决定进行区域调整之前，必须对一些销售问题进行调查。与销售区域结构相关的一个常见问题是销售量下降。然而，如果把这点作为需要进行区域调整的理由，需要特别谨慎，因为销售量的下降原因可能是区域内的销售方式、促销方式等不像预期那样有效。如果是这样，就不该调整销售区域。

销售人员也许只会拜访那些有最大潜力的顾客。如果不能对区域制定系统性的规划，销售人员的访问工作就可能不尽如人意，从而增加非销售时间（如路途时间）。此外，监管力度也会减弱。如果监管工作出现懈怠，销售人员随时有可能失去对工作和产品的热情。

在实施区域调整工作之前，应该对市场潜力进行重新评估。可能需要对原先的经销商进行重新激励甚至更换，因为它们对公司、产品、政策可能已经失去了兴趣。在调整销售区域之前，需要调查顾客对产品的接受程度。这就需要做一个小范围的市场调研。同时，竞争对手的当前活动内容也需要进行一些调查。

如果需要调整销售区域，销售人员一定要完全了解区域变化的程度以及背后的原因，包括在多大程度上区域边界线的变动取决于拓展范围、减少成本、增加销售额的需要。销售经理需要在接到调整销售区域任务的同时，寻求销售人员和上级领导的参与和帮助。

销售区域的全盘规划、规模和顾客人数的确定是由销售经理负责的，一旦分配下去，销售人员（有时候销售经理也会一同参与）对于在该区域内达到最佳的销售绩效也会起到举足轻重的作用。实际上，销售区域内部的管理在很大程度上取决于销售人员是否能够有效地实施自我管理。信息技术的应用也能帮助公司实施销售区域的管理和调整，这部分内容在第 12 章已经讨论过。

薪　酬

薪酬目标

销售经理需要对如何制定销售人员的**薪酬方案**（compensation plan）进行慎重考虑。这是因为制定不同的薪酬方案，可以达到不一样的目标。第一，薪酬方案可以通过将销售业绩和物质回报进行直接联系的方式激励销售人员。第二，薪酬方案可以用来吸引优秀的销售人员，因为这是激励销售人员做出更好业绩的方法，提供给他们可观的收入，提高他们的生活水平。第三，薪酬方案可以让销售成本跟随销售额同向浮动。当销售情况欠佳时，可以调低佣金提成的水平来抵消销售额降低带来的影响；当销售情况较好的时候，销售额的提高能够弥补提高销售成本带来的影响。第四，薪酬方案可以将销售人员的注意力集中在具体的销售目标上。公司可以针对那些特别想卖出去的产品设置较高的佣金提成，或者给那些能够给公司带来有价值新客户的销售人员额外的佣金提成。总之，薪酬方案可以对这些行为实施控制。

薪酬方案的类型

在设置薪酬方案的时候，销售经理需要明白一件事，那就是高薪酬措施并不对所有销售团队适用。达尔蒙（Darmon）针对这个问题提出了五种类型的销售团队[8]：

1. 习惯型。这类销售人员习惯于靠固定的、预先定好的收入维持生活。

2. 满足型。这类销售人员只需要他们的销售业绩能够保住他们的工作。

3. 权衡型。这类销售人员希望自由安排工作和休闲时间，不指望获得多高的收入。

4. 目标型。这类销售人员希望自己能获得成功和成就感，被同事和上级看好，把销售定额的实现当作对自己工作的认可。

5. 金钱型。这类销售人员以获得最大的收入为目的。为了追求金钱，他们甚至愿意牺牲家庭、休息时间甚至自己的健康。

这样的类型划分说明，销售管理者需要了解销售人员的动机，并根据动机进行分门别类。只有在这个基础上制定的薪酬方案才算有效。比如，如果一个销售团队由前三种类型的销售人员构成，那么通过提供更多机会来获得更多提成佣金的方案就不能奏效；相反，如果发现一个销售团队的人员基本是目标型和金钱型的，那么将固定工资改成底薪加成制会更加有效。

根本上讲，有三种基本的薪酬方案：

● 固定工资制；
● 佣金制；
● 底薪加提成制。

下面从管理销售人员的角度评价每种薪酬方案的优缺点。图 15-2 展示了我们如何将销售目标与固定工资制、佣金制、底薪加提成制联系起来。如果目标能够实现，不管采用哪种薪酬方案，销售成本都是相同的。

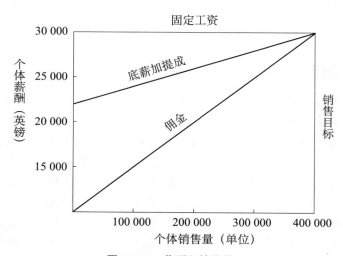

图 15-2　薪酬和销售量

固定工资制

这种薪酬方案鼓励销售人员多方考虑销售职能的各个方面，而不仅仅考虑如何有快速回报。与实施佣金制的销售人员相比，实行固定工资制的销售人员更愿意提供技术性服务、报告完整的反馈信息、发掘潜在顾客。这种薪酬方案会给销售人员安全感，销售人员知道每个月的收入是多少，而且管理费用很低，因为不用计算每个销售人员的佣金和红利。

如果一项复杂的购买决定由许多决策单元的成员做出，而且他们的决定受到全国各地不同销售人员的影响，这样的薪酬方案就正好解决了如何计算每个人佣金的问题。威尔逊列举了一个向兰开夏郡销售建材的例子，一名销售人员影响了伦敦的一名建筑师，一名销售人员访问了诺里奇的一个承包商，还有一名销售人员说服了当地官员。[9]

然而，这种薪酬方案也存在一些缺点。首先，对于销售额或者利润的增加，没有直接的物质激励。其次，固定工资制很难挽留那些业绩突出的销售人员，他们会认为这种方案很不公平，自己没有得到认可，所以更容易寻找另一份能够给予优秀销售人员更高待遇的工作。最后，当公司销售额下降的时候固定工资水平在短时间内是没有太大变化的。所以相对于其他薪酬方案来说，这种方案的灵活性较差。

由于这些特点的存在，固定工资制只适用于工业销售领域中销售周期较长、技术服务占的比重较大的那些行业。销售人员销售的产品数量少、价值高的时候，这种薪酬模式特别适用。在实行佣金制的时候，因为下订单的时间不同，每月的收入会有浮动变化。特许营销协会的一项研究表明，英国有 1/3 的销售人员通过这种方式获得薪酬。[10]

佣金制

很显然，佣金制是可以促进销售的。然而，由于收入取决于销售业绩，销售人员不愿意在那些他们认为与销售没有直接关系的事情上浪费时间。这样导致销售人员尽可能追求短期目标，从而阻碍了能够实现长期目标的相关活动的实施。比如，他们不愿意向管理层书面报告市场信息，不愿意抽时间参加销售培训课程。

对于那些因非自身原因影响工作收入的销售人员来说，这种佣金方式无法带给他们安全感，他们迫于压力必须去销售，可能会损害买卖双方的关系。这种现象在工业销售领域尤为突出。它的决策时间长，销售人员很早就开始承受完成销售业绩的压力，这是有害无益的。

从管理层的角度出发，这种薪酬方案能够以直接的方式自动控制成本，而且可以让管理层对那些特别关注的产品的销售实施高佣金提成策略，把控销售活动的进行。

那些通过团队销售的方式构建销售组织结构的方法是有益于消费者的，比如让更多的产品和技术专家参与销售，能解决更多问题。但这种情况在佣金制的情况下可能不那么管用，因为销售人员可能很不情愿将自己的佣金提成分一部分给这些专家成员。佣金制可能会带来一些不道德的行为。一家名为 Sears 的美国公司曾经对其汽车维修工人采用佣金提成的方式，根据他们给顾客提供的服务和卖出的产品，严格执行佣金制。公司发现，有些工人甚至向顾客索要一些不必要的工作报酬。经过一些官司以后，公司不得不给予顾客不菲的补偿，尤其是那些觉得自己的产品被工人进行完全不必要的修理且必须付钱的顾客。Sears 公司随后废除了佣金和原先的销售目标，将顾客满意度放在首要位置。[11] 还有研究表明，销售人员薪酬中的佣金成分越大，销售人员越有可能夸大他们销售的产品以及他们的销售业绩。[12]

佣金制通常适用于那些潜在顾客比较多、购买过程相对短暂、不需要技术方面的服务支持的行业。保险销售业就是一个最常使用佣金制的行业。

底薪加提成制

这种薪酬方案集合了前两种方案的优点，致力于在给销售人员一定安全感的情况下给予一定的经济激励。收入并不仅仅来源于佣金提成，管理层相比于佣金制来说，更容易控制销售人员的工作时间，销售成本在一定程度上也和收入有关。这种方法对于那些有理想抱负、既希望有安全保障又希望能通过自己的努力和能力赚取更多收入的销售人员来说，非常有吸引力。

虽然这种薪酬方案和佣金制大相径庭，但它确实是公司用得最多的一种薪酬方案。额外的收入可能与利润和销售额直接相关，是销售额的一个固定比率；或者达到一定的销售水平之后才有。报酬是基于产品和顾客的一个百分比，这个百分比水平可以是固定的或在一定范围内浮动。另外，如果完成了某个特定的任务（比如，实现了销售目标或者发掘了一定数量的新潜在客户），就可以发给奖金（金钱奖励的数目总和）。表 15－4 列出了对采用固定工资制、佣金制和底薪加提成制的公司的调查结果。[13]

表 15－4　英国薪酬制度的使用情况

	制造业公司（%）	工业品分销商（%）
固定工资制	34	15
底薪加提成/奖金制	66	81
佣金制	—	4

资料来源：Manufacturing firms-Avlonitis, G., Manolis, C. and Boyle, K. (1985) Sales management practices in the UK manufacturing industry, *Journal of Sales Management*, 2 (2) 6 - 16. Industrial distributors-Shipley, D. and Jobber, D. (1991) Sales force motivation, compensation and evaluation, *Service Industries Journal*, 11 (2): 154 - 70.

小　结

本章对两种销售职能进行了讨论——组织和薪酬。销售队伍的建立和组织有以下三种方法：
- 地域型；
- 产品分类型；
- 顾客分类型。

以顾客为导向的方法依据四个变量：
- 市场集中性；
- 客户规模；
- 新客户/现有客户情况。

通过工作负载法计算公司需要多少名销售人员。

建立销售区域需要对工作量和市场的销售潜力进行权衡。

最后，我们讨论了三种薪酬方案，它们是固定工资制、佣金制、底薪加提成制。

下一篇将讨论销售管理的最后一个领域——销售控制。

案例练习

Rovertronics 公司

走那些别人不敢走的路……虽然仍然需要指路明灯。

Rovertronics 公司由亚瑟·沙利文（Arthur Sullivant）于 1965 年建立。沙利文是牛津大学控制论专业毕业的科学家，曾发明人工智能芯片，这种芯片随后被用于制作世界上最早的自主型机器人。这个机器人被亲切地称为"无惧的弗雷迪"（Fearless Freddie），说"无惧"是因为这个机器人可以被操控进入人类因太危险无法进入的空间。机器人的应用领域包括炸弹清理、地雷清排等军事领域，反应堆故障排除等核物理领域，污水排放系统维护等民用领域。尽管公司有很多技术专家，但在产品营销方面缺乏远见，产品研发的想法总是基于技术创新而非用户需要，是一个典型的靠企业家拍脑袋做决策的企业。

经历了漫长的早期发展后，公司可以每年生产 5 个左右的单模型原件，每个售价为 50 000 英镑，这个价格正好能弥补成本，还能保证一定的利润和一部分留作未来继续研发的结余。沙利文没有什么商业头脑，但是很明智地注册了知识产权，并且为产品申请了全球专利。他在商业方面的一个弱点是，几乎从来不去关注关于产品如何销售的问题。甚至有的消费者认为，其销售产品或者商业方面完全是随缘的。

尽管如此，这个公司吸引了当地银行的财团，财团看到了这个产品的商业价值潜力，所以想要投资这个公司，让公司更加商业化。但是财团同样没有销售产品的经验，所以打算雇用一些专业的销售人员及营销咨询团队，共同产生凝聚力，制订营销计划，以最大限度地发掘公司产品的市场商机。财团投资者对下面的创新型问题所在的领域尤其感兴趣：

- 销售团队的组织形式——结构、区域；
- 薪酬；
- 最初需要的销售人员数量；
- 其他能让购买组织看到产品商业价值的构想（如销售策略、新兴市场等）。

分组任务

将班级里的同学分成四组，两组扮演营销咨询公司的角色，分别代表两家竞争公司，对该机器人公司的业务发展战略提供指导和规划，还有一组扮演银行投资者，最后一组扮演观察者。两组扮演咨询公司角色的同学有 30 分钟的时间准备一个 5 分钟的汇报展示，以满足银行投资者的要求。银行投资者需要选出最具创新性投标方案的咨询团队，并给予中标报酬奖励，或者如果对两个方案都不满意，继续招标项目。每一组在展示的时候需要站在银行投资者的角度，为银行投资方代表提供他们的分析依据和重新发展公司的最终战略方案。银行投资方代表需要对每个汇报展示给出反馈意见，最后宣布哪个咨询公司中标（或者宣布两家公司都没有中标，重新将该招标放入招标项目）。

咨询公司提案的评价标准需建立在上述关键指标，以及因此产生的一些别的想法或分析结果的基础上。

资料来源：Written by Andrew Pressey, Lecturer in Marketing, University of East Anglia; Neville Hunt, Lecturer in Marketing, University of Luton.

西弗敦糖果公司

西弗敦糖果公司（Silverton Confectionery）是一家位于英国伯克郡的成长型公司，专门通过报刊店、糕点糖果店销售高质量的巧克力、糖果，价格高于市场平均水平。

现阶段，它的经营范围在英格兰和威尔士地区，销售人员覆盖了这些地区的各个小的区域。每个销售人员在他们负责的区域内销售公司的所有种类的产品，并且寻找如何将产品进行出口以赢得更多的市场机会。这种销售组织系统与公司的销售人员能够完美匹配，这些销售人员在他们负责的区域非常知名，在很多地方甚至非常受欢迎。销售人员的职责包括销售产品、采购产品。他们的薪酬结算方式是底薪加提成。

公司的成功取决于对大型糖果公司忽视的利基市场的开发和充分利用。很快，公司的业务扩展到苏格兰地区。假设你是一个当地的销售经理，需要估计出在当地需要多少位销售人员。

首先面临的任务是，对一些销售点市场进行访问，对于营业额为 20 万英镑的销售点来说一年需要 3 次，营业额在 10 万～20 万英镑之间的销售点一年需要 2 次，营业额在 10 万英镑以下的销售点一年需要 1 次。你已经完成了一个市场调研报告，识别出了每个不同营业额的销售点，结果如表 15-5 所示。

一个销售人员平均每周会访问 60 个销售点，除去假期、开会、培训等事情，以 43 周来计算。

表 15-5 销售点情况

种类	销售点个数
低于 10 万英镑	2 950
10 万～20 万英镑	1 700
20 万英镑以上	380

问题讨论

究竟需要多少名销售人员？

1. 讨论以下说法：最明智的销售组织模式是地域型模式，其他模式的成本太高。

2. 工作负载法对销售人员数量确定的实践意义有哪些？

3. 举两个例子，说明以下两种薪酬制度适用于哪种类型的产品或服务：

（1）佣金制；

（2）固定工资制。

4. 讨论以下方法的优缺点：

（1）销售人员评价的定性方法；

（2）销售人员评价的定量方法。

5. 讨论达尔蒙提出的五种类型的销售人员（习惯型、满足型、权衡型、目标型、金钱型）在面对不同薪酬方案时的心理动机或心理活动。

第 5 篇　销售控制

本书的最后一篇包括两章。第 16 章介绍了销售预测和销售预算。销售预测的重要性不言而喻，因为销售、营销和公司计划都是基于此。如果预测有偏差，做出的业务规划也不可能正确。对于预测在制定业务规划中的地位，本章从预测的精确度在实践中的不同等级方面进行了讨论。我们还讨论了销售预测的定量、定性两种方法，以及各自的优缺点。然后，在讨论预算过程的时候，特别强调了预算的概念，它表示销售团队中的每一个成员预计销售额的总和估计，这可以从个人销售目标和定量的数据来获得。

　　我们以销售人员评估的相关知识来结束本书。第 17 章分析了销售队伍评估过程和对于企业的重要性。然后探讨绩效评估的标准，包括定量和定性两个方面。获得和失去订单是在评估的时候面对的一个关键问题。这里我们强调了提问的技巧和识别答复内容的优劣性两方面能力的重要性。最后，探讨了面试评估的作用问题。

销售预测和预算

学习目标

学习本章后，你应该可以：

1. 了解销售预测在营销规划系统中的作用。
2. 了解定性预测方法。
3. 了解定量预测方法。
4. 了解如何在预测时使用电脑软件。
5. 了解预算在组织的稳定运营中所起的作用。
6. 知道怎样确定销售预算以及销售预算的目的。

目　的

销售经理对未来会发生什么有一定的了解是非常重要的，因为这样可以提前制订计划。如果销售经理不进行销售预测，制订计划就没有意义，前面章节所说的一切都将被否定。许多销售经理没有认识到销售预测是他们的责任，而是把这个问题留给需要预测来编制预算（之后会讨论到）的会计人员。销售经理并不总能看到进行销售预测的迫切需求，他们认为销售是一个更紧迫的任务。当需要实现目标时，这一点特别重要。当销售经理的预测任务推迟到最后一刻，仓促估算，没有科学依据的时候，最终结果是销售预测仅仅是一个猜测。这种态度的错误性在本章中将被讨论。

当处于生产者市场时——类似于第1章所描述的战后几年的情况，由于市场可以接纳所有的产出，甚至有可能供不应求，所以对预测的需求不大。这种情况下，销售不成问题，能否允许顾客购买才是问题。然而，买方市场的情况是不同的，过度生产的后果是库存积压，这就需要进行资金周转借贷，导致成本增加。边际资本（借入最后一个单位收入的成本）来自银行透支，至少是在借贷基准利率的基础上加1％或2％。因此，过度生产和库存积压的成本是高昂的。然而，生产不足也是有害的，因为销售机会可能会被错过。潜在的客户可能不会等待交货，而是去能够更快交货的竞争对手那里，这就导致了销售机会的丧失。

因此，销售预测的目的是提前制订销售计划，并在管理层认为最有效的方式下达成销售目标。需要再次强调的是，销售经理是负责这项工作的人。会计人员不可能知道市场将会是涨还是跌，他们所能做的只是用以前的销售额推断，估计一般趋势，并据此做出预测。销售经理才是了解市场趋势和走向的人，如果把销售预测的任务交给会计人员，是对责任的懈怠。此外，销售预测程序必须认真对待，因为它是制订销售计划的依据。如果销售预测是错误的，那么销售计划也正确不了。

计　划

销售计划通常是依据销售预测制订的，而计划的目的是分配公司资源以实现销售目标。

一个公司可以通过预测市场总量（也称为市场预测），判断自己所能占有的市场份额来进行销售预测，也可以直接进行销售预测。本章后面将介绍这方面的方法。重点在于，计划者对笼统的预测不感兴趣，只有当销售预测落实到公司中实际的单个产品时，计划者才会对预测感兴趣。

我们现在讨论计划者所关心的短期、中期和长期预测的可行性和有用性，并从公司各部门的角度来看待每一种预测。

1. 短期预测。这种预测通常是预测未来三个月的情况，对于战术性问题非常有用，比如制订生产计划。这时，销售的总体趋势不如短期波动重要。

2. 中期预测。这种预测对计划者有直接影响，对商业预算最为重要。销售预测是商业预算的起点。因此，如果销售预测不正确，整个预算就是不正确的。如果预测过于乐观，那么公司将会积压库存，这些库存会占用运营资本。如果预测比较悲观，那么企业可能会错失一些市场机会，因为它不能生产额外的商品以满足市场所需。更重要的是，当销售预测由会计人员来做，他们会倾向于保守，得到一个低于销售趋势的错误预测，这样做的后果刚刚已经描述过。这再次强调了销售预测应该是销售经理的责任。中期预测通常是预测未来一年的情况。

3. 长期预测。这种预测通常是预测未来三年或更长时间的情况，需要根据行业类型而定。在计算机和信息技术等行业中，三年被认为是长期，而对于钢铁制造业来说，通常以十年为一个长期区间。可以根据政府政策、经济趋势等宏观环境因素来进行长期预测。这种预测主要是财务会计人员进行长期资源分析时所需要的，一般也是董事会所关心的问题。董事会需要确定满足预测的市场需求所需建设的生产水平方面应该采用什么样的政策，这样的决定可能涉及新工厂的建设和工作人员的培训。

除了上述三种预测中已经提到的作用，销售预测也会直接或间接地影响销售计划中的其他职能。这些影响包括：

1. 之前已经提到生产计划的安排需要以销售预测为基础。生产和销售之间还需要密切和迅速的联系，以确定短期内客户的优先顺序。因此，把现有顾客和潜在顾客都考虑进去是非常重要的。生产部门也需要长期销售预测的信息，以确定满足预期的市场需求所需要进行的工厂投资。

2. 采购通常可以根据生产计划进行，请购单和材料单都可以为采购计划提供依据。对于战略性物资或者交付周期较长的物资，最好能够提前指出可能紧缺的材料或元件，以便更好地安排采购计划。从价格和交付的角度来看，提前指出可以使采购更有效率。

3. 对于人力资源管理来说，销售预测对人员计划和知识管理是有用的。可用的工作人员数量是否足够？现有的工作人员是否具备必要的知识和专业技能？

4. 之前提到财务（具体来说就是成本）预算需要根据中期销售预测进行。本章稍后会讨论销售预测在销售预算过程中的作用，以及这项职能是如何运作的。长期的销售预测对于财务会计人员来说非常有价值，因为这种预测提供了长期的利润计划和收入流。长期预测也为资金投入计划提供了依据，比如为替换旧的厂房和机器或者满足长期的预测市场需求，需要置办新的厂房和机器。

5. 研究与开发部门也需要销售预测信息，尽管它们所需要的信息更多的是关于技术问题的信息，而不是实际的预计销售数字。它们需要知道现有产品的预期寿命，以及为了保持竞争力必须对其功能和设计做出什么样的改变。市场研究报告将有助于研发，使它们能够设计和开发适合市场的产品。这种观点反映了以客户需求为导向的营销方式。实地销售人员关于本公司产品和竞争对手产品的报告在为研发人员建立一个市场的整体概念方面非常有用，这些信息可以由市场调查和研究部门进行收集和整理。

6. 市场营销也需要根据销售预测进行，销售策略和促销计划的制定需要以实现预测的销售额为目标。这些计划和策略可能包括招聘额外的销售人员、薪酬计划、促销支出和其他事项。

霍格思（Hogarth）提出了一个非常有用的模型，包括三个交互式预测组成部分：执行预测任务的人，基于判断所产生的行动，以及该判断所造成的结果。[1] 这个模型如图 16 - 1 所示。

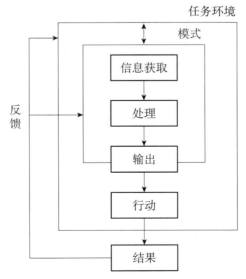

图 16 - 1　基于概念的判断预测模型

资料来源：Hogarth，R.（1975）Cognitive processes and the assessment of subjective probability distributions，*Journal of the American Statistical Association*，70（350）：271 - 89.

该模型展示了个人在进行预测时与预测任务相关的理念。这种判断涉及获取和处理信息以及信息的输出。判断会转化为行动，也就是销售预测。结果是指在外部因素的影响下，产生最终预测的行动。反馈点包括在预测付诸实施的时候可能需要的纠正措施。通过监控计划的执行，尝试通过控制使销售目标尽可能实现。

由此可以看出，准确的销售预测是重要的，因为几乎所有的职能都是以销售预测为基础的。短期、中期和长期销售预测都与某些业务职能相关，如果没有准确的预测，销售计划无法建立在坚实的基础上，那么在以后的实践中将不得不对销售计划进行调整，因为实际的销售额与预测的销售额不一致。

现在我们已经明确了销售预测的目的，以及销售预测对于制订所有计划的重要性，接下来我们将要讨论的是不同类型的销售预测方法。另外，需要时刻谨记销售预测是销售经理的责任。销售预测方法可以分为两种类型：定性方法和定量方法。

预测的层次

预测有不同的层次，从国际层面到国家层面，到行业，再到公司，直到单个产品的预测。预测可以根据预测的时间跨度划分为不同的季节预测，也可以根据地理位置划分为不同的销售人员所负责区域的预测。季节预测和区域预测是销售管理者最关心的，因为销售预算和薪酬体系都是以此为依据建立的，本章稍后会对这个问题进行讨论。

然而，公司通常不需要做出国际层面或国家层面的预测，因为这些信息可以从国际和国内公认的来源获取。公司的预测人员会发现这些数据非常有用，因为根据这些宏观预测信息可以对产品预测进行调整。也正是从这些市场预测中，公司可以确定通过销售和市场营销自己所能达到的市场份额。这些营销努力涉及操纵营销组合以计划如何实现销售目标（比如通过降低价格实现更多的销售）。至于具体根据时间和地理进行划分的产品预测，可以称为"销售预测"。销售预测对销售管理非常重要。事实上，这也是销售经理对一线销售人员进行控制的一种方式，正如我们之后会讨论的，这是企业中销售部门产生销售收入的机制。

未来的前景

几年前，平面电视革命看起来还是电视行业的救星，那时候电视行业正处于销售和利润停滞不前甚至衰退的成熟期。

20 世纪 90 年代末，发达国家的电视机销售已经达到顶峰。大多数家庭有好几台电视机。新的销售只限于更换现有的电视机顾客，而且更换频率很快，通常只需要几年的时间。

正因为如此，对于像索尼、松下和飞利浦这样的大公司或品牌来说，前景是黯淡的，因为过去的市场对它们来说更加有利可图。之后，市场中出现了一系列的技术突破，带来了平面电视。

尽管价格很高，市场还是喜欢新的产品。新的电视机屏幕光滑又轻薄，顾客争先恐后地用新电视机取代旧电视机。

因此，像索尼这样的公司开始把注意力转移到公司业务中的电视部门，投入大量资金用于精炼和开发电视产品，生产的电视屏幕越来越大。基于新型平面电视所产生的溢价和市场需求，对销售额和利润率的预测促使制造商的研发和营销预算快速增长。

到 2014 年，英国一台普通 32 英寸电视机的平均价格为 220～280 英镑。8 年前，同样在英国，一台类似的电视机价格为 800～900 英镑。索尼公司在英国的电视机行业已经损失了 3.5 亿英镑。

那么，到底出了什么问题？

事实上，主要的电视机制造商对平面电视产品的需求预测是正确的。它们在销售方面仍然是成功的。一些顾客仍然在更换旧的电视机，电视机行业又焕发了新的生命力，产品生命周期进入了一个新的阶段。

然而，包括索尼在内的许多主要制造商都没有预料到市场会出现激烈的价格竞争，导致价格和利润率大幅下降。也许，一些主流电视机品牌制造商可以预料到这一点并提前制订计划，但即使是电视机营销经理，也并不总能拥有完美的视角，做出准确的预测。

资料来源：extracted from various news items May 2014.

定性方法

定性预测方法有时被称为判断性或主观性方法，因为它们更多地依赖人的看法和意见，而不是数学统计。定性方法通常与定量方法结合使用。

消费者调查法

这种方法涉及询问顾客在预测期间的购买可能性情况，有时被称为市场调研法。对于客户较少的工业产品，这种研究往往是由销售人员面对面进行的。唯一的问题是，销售人员需要确定顾客可能购买的产品中有多少比例会归于本公司。另一个问题是客户（和销售人员）在对未来进行预测的时候往往过于乐观。这两个问题都可能导致成倍增长的错误估计。客户经理被认为应该更好地了解他们的客户。

对于消费品来说，销售人员与顾客通过面对面交谈进行调查是不太可能的。最好的方法是通过市场研究调查来访谈客户（可能会同时加入其他问题，或者采用与其他公司分享调查问卷的综合调查）。显然，这种方法只能采访消费总体中的小部分样本，因此预测的准确性会降低。然而，由于对整个目标受众进行调查是不现实的，因此有代表性的样本被认为是可靠的、有效的和可行的。样本必须包含受众的关键成员。在这种抽样调查中，问题的类型和数量也是需要认真考虑的。在进行这种研究时，最好能够对消费者的观点进行等级划分，并且这种等级划分要反映消费者购买的可能性。问卷可以直接询问消费者购买某个特定产品或品牌的可能性，当然其中要包括自己的产品或品牌。

当部分用户可以在一定程度上准确表达自己的意图时，这种方法是最有价值的。因此，这种方法通常适用于组织购买的情况。另外，这种方法对公司研发部门收集技术相关的信息也非常有用。但是，需要特别强调的是，购买意愿并不总能转化为实际的购买行为。

专家意见法

这种方法有时称为陪审团法，是指咨询那些对所分析行业有专业知识的专家。这些人可能来自公司内部，包括营销人员、财务人员或其他对该行业有详细了解的人。但是，这些专家通常来自公司外部，包括在某个行业有丰富经验的管理咨询人员。有时，外部人员也包括向公司提出销售建议的顾客。因此，专家组通常是由内部和外部人员混合组成的。

这些专家准备好市场预测观点，需要和委员会中的其他专家辩论以维护自己的观点。他们的个人观点和立场可能会在讨论中改变。如果意见不能统一，可能要使用数学集合的方法达成一致。

这种类型的预测方法是自上而下的方法，据此能产生行业预测。公司判断自己在所预测的市场总量中能占多少份额。但是，由于这种方法缺少从实际市场中收集的数据，所以难以将这种预测规划到实际的产品和销售区域中，如果硬要进行规划，结果只能是没有价值的武断规划。因此，这种预测所呈现的是一种总体预测，只对总体而非具体产品的预测有用。

这种方法的一种变形是"审慎的经理预测"，销售经理被要求站在购买者的立场上判断可能的销售机会。销售经理需要从顾客的观点看待公司的销售，然后审慎地对销售进行评价，并将外部经济条件、竞争对手的产品设计、质量、交付、价格以及其他任何与公司销售评价相关的因素都考虑进去。

销售人员意见综合法

这种方法涉及每个销售人员对其所负责的销售区域进行产品预测。把这种个体预测综合起来就得到了公司预测，这种预测方法有时称为"草根法"。每个销售人员的预测必须在适当的时候经其销售经理和部门经理的商定，最终由销售经理对预测进行综合得到最终的公司整体预测。

这种方法是自下而上的方法。如果薪酬与销售预测（通过设定销售配额或销售目标）相关联，员工抱怨可能会减少，因为薪酬所基于的销售预测是由销售人员自己制定的。这涉及双方的投入。

这种预测方法的一种变形是"发现数字的不同"，销售队伍中每个层级的人员在会议之前产生一组预测数字，销售人员针对不同的产品和顾客产生一组预测数字，区域经理则对所负责的销售区域产生一组预测数字。然后，销售人员和区域经理会面，并对数字的差异进行讨论和协商。区域经理产生基于销售区域的预测数字之后，与地区经理会面，然后地区经理会得到一个地区预测数字，最后到达销售经理那里，最终得到整体的预测数字。

销售人员意见综合法的一个直接问题是，当销售预测用于未来的薪酬制定（通过制定销售定额和销售目标）时，销售人员可能会倾向于做出悲观的预测。因此，无法反映真实的情况。这个问题可以通过将销售预测与销售支出和未来薪酬关联起来的方法来缓解。

当薪酬与销售预测不挂钩时，正如本章之前所讲述的，顾客和销售人员倾向于高估未来的销售额，也就是产生一种过于乐观的预测。上述这些讨论的结果是预测可能会偏乐观或偏悲观。因此我们可以推断，销售人员也许会过于关心自己每日的活动而无法做出客观的预测，而且他们可能对影响产品销售的更广泛因素并不了解。他们的预测往往是主观的。

德尔菲法

这种方法与专家意见法有相似之处，而且预测小组成员的选择使用了类似的标准。主要区别在于小组成员不需要会面。

项目负责人会向每位小组成员进行开放式的问卷调查，提出的问题通常是行为性的，比如，"您认为未来五年是否会有新的技术产品替代我们的产品系列？如果是，新产品的市场份额会有多大？"询问的过程会深入到更加细节性的问题，或者进入第二个阶段，在这个阶段会向小组成员询问一些关于公司的问题。这个过程会在合适的时候进入下一个阶段。最终的目标是将得到的小组成员的观点整合成某种形式的预测。在每轮问卷调查之后，所有小组成员的回答被整合成一个报告，在完成下一轮问卷调查之前，这个报告会在小组成员之间传阅，小组成员不会空泛地填写问卷，可以在整合报告的基础上调整自己的回答。

小组成员不需要会面意味着他们不会被多数人的意见所影响，这样可以做出一个更加真实客观的预测。然而，对于销售区域预测和产品预测来说，这种方法的价值不大，而且这个过程非常耗费时间。有些小组成员可能会对这个过程感到不适应。这种预测方法在提供关于产业趋势的整体数据方面非常有价值，是一种技术性的预测工具。另外，这种方法对于新产品信息的提供或者公司想要开发用于生产或销售的流程也非常有用。

贝叶斯决策理论

虽然这种方法被认为是定性方法的一种，但它实际上是主观方法和客观方法的综合。由于篇幅所限，本章无法详细描述这种方法的细节。事实上，要想将这种方法讲清楚，可能需要一个单独的章节来进行阐述。

该方法与关键路径分析方法比较相似，都使用了网络图，必须对网络中的每个事件进行概率估算。一个简单的例子可以很好地讲述这种方法的基础原理。因为不是简单地提供一个案例研究就可以涵盖该方法的大部分或者全部领域，所以本章结尾部分提供了一个案例练习，使读者可以更深入地了解贝叶斯决策理论，并提出了关于该理论的一些问题供读者思考。

产品试验和市场营销试验

这种方法对于之前没有销售数据或者很难估计市场需求的新产品或改进产品来说非常有价值。因此在产品投放市场之前，通过顾客样本中的试验对产品的需求进行估计是明智的。这适用于全新的产品或者针对现有产品的延伸产品。这种方法对于现有市场或者即将进入的新市场也是适用的。

产品试验是指在产品投放市场之前，让潜在客户试用样品，并记录他们在一段时间内对产品使用的反应，可以要求他们写日记来记录产品的缺陷、使用情况、整体反应等。可以使用这种方法进行测试的产品类型包括家庭耐用消费品（比如吸尘器）和罐装食品（比如汤）。然而，可以提供的样品数量是有限的（特别是耐用消费品），并且这种方法只对"投放"还是"不投放"的决策有用。

市场营销试验对于销售预测来说可能更有价值。它是指在一个特定地理区域范围内限量投放一种产品，比如类似于布里斯托这样的试验镇或者 Tyne-Tees 电视台所覆盖的一个更大范围的区域。这样，在全国范围内投放产品的情形就与这个在小范围的区域内投放产品的情形类似，当然后者的投放成本更低。这种方法对于知名的食品品牌特别有用。试验市场的结果可以被粗略地加总以预测全国范围内投放的结果。然而，这种估算只能预测投放的结果，随着时间的流逝，产品的新鲜感会消失，估算的结果不再适用。另外，这种方法很容易给竞争者机会去观察在试验市场中投放的产品，这样产品的出奇制胜效果会大打折扣。另外，竞争者可能会尝试破坏市场营销试验活动，通过在试验期间在同一市场上加大自己产品的促销活动力度，这样进行试验的公司在对试验结果进行总结和估算的时候就必须考虑这些额外的因素，使估算的复杂性大大增加。虽然产品试验是一种重要的工具，但必须强调的是在某些情况下，即使产品试验的结果不好，实际投放市场的时候也可能取得成功。例如，索尼曾经在研发阶段对随身听进行产品试验，结果显示没有人愿意通过耳机来听音乐。虽然得到的是消极的反馈，索尼仍然将随身听投放市场。事实证明，它一夜爆红，取得了巨大的成功。

定量方法

定量预测方法（quantitative forecasting techniques）有时被称为客观的数学方法，因为这个方法更多地依靠数学而不是判断来计算。先进计算机软件包的应用使这种方法非常流行，其中一些甚至是为需要预测的公司量身定制的。

有些技术我们不做详细探讨，因为要求专业知识。事实上，单介绍一个方法就可能占用整个教科书的篇幅。一些定量的方法确实很简单，而其他可能非常复杂。我们现在介绍这些技术，以便读者了解它们的用途和适用范围。如果预测问题需要专业的数学知识，那就需要请教专家，而不是利用这里给出的有限信息进行计算。定量方法可以分为两类：

1. **时间序列分析**（time series analysis）。预测者考虑的唯一变量是时间。这个方法的应用相对简单，但不利之处在于可能过分强调利用过去的事件来预测未来。这个方法对预测相对稳定的市场销售量非常有用，适合测量不会因突发因素影响需求的市场销量。换句话说，除非预测者特意考虑经济下滑或经济好转的情况，否则不可能预测市场的起伏变化。

2. **因果分析法**（causal techniques）。假定可测量的自变量与预测的因变量之间存在关系。因变量的预测是通过将自变量的值放入计算公式产生的。必须选择一个合适的因变量，并且必须仔细考虑预测的时点。这种方法涉及因果关系。当人们试图在这些因果关系背后寻找规律时，就会出现问题。在许多情况下，没有合理的解释。事实上，往往无法判断这种因果关系在未来能否持续。在这个阶段，因果关系背后的原理可能不太明显，但是一旦明白了这些方法，因果关系自然就清楚了。首先讨论第一种方法——时间序列分析。

定量方法（时间序列分析）

移动平均法

该方法按时间序列对数据进行算术平均。时间序列越长，平滑度越高，其原理是减去期初销售量并加上期末销售量。通过表 16-1 给出的办公用品有限公司（Office Goods Supplies Ltd）的简单例子，可以很好地理解这个方法。可以看出，较长的移动平均线比较短的移动平均线更平滑。

表 16-1　办公用品有限公司：公文包的年度销售量移动平均法

年份	数量	三年总计	平均数	五年总计	平均数
2000	1 446	—	—	—	—
2001	1 324	—	—	—	—
2002	1 409	4 179	1 393	—	—
2003	1 218	3 951	1 317	—	—
2004	1 146	3 773	1 258	6 543	1 309
2005	935	3 299	1 100	6 032	1 206
2006	1 147	3 228	1 076	5 855	1 171
2007	945	3 027	1 009	5 391	1 078
2008	780	2 872	957	4 953	991
2009	1 003	2 728	927	4 810	962
2010	1 174	2 957	986	5 049	1 008
2011	804	2 981	994	4 706	941
2012	1 044	3 022	1 007	4 805	961
2013	1 161	3 009	1 003	5 186	1 037
2014	1 287	3 492	1 164	5 470	1 094

这些数据可以用图表示（见图 16-2）。可以看出，移动平均数使得销售量曲线更平缓，五年平均线比三年平均线更平滑。可以通过延长趋势线来进行预测，由预测者自行决定采用三年平均值还是五年平均值。事实上，有时候没必要对数据进行平滑处理（在趋势稳定的情况下）。这种方法称为趋势预测。一般来说，数据波动越大，越需要更长的平均时间。

指数平滑法

这是一种给待预测数据的各个部分分配不同权重的方法。移动平均线和直线趋势预测的问题在于，无法预测市场的下滑或好转趋势（除非预测者故意让数据下调或好转）。在这项方法中，预测者将"典型性"的程度分配给时间序列的不同部分。

我们不打算详细解释方法背后的数学原理，因为本书不是销售预测的专业教科书。在前面例子使用的统计方法中，权重被应用于时间序列分析的时间轴前端部分。这些权重是由预测人员根据自己的判断确定的，决定这些权重在多大程度上代表时间轴前端的数据的趋势（尽管需用数学方法推导）。结果如图 16－3 所示。

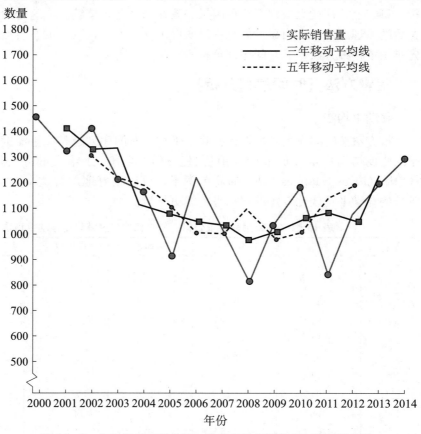

图 16－2　办公用品有限公司：公文包的年销售量，移动平均法

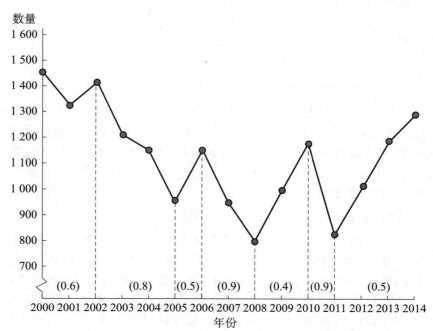

图 16－3　办公用品有限公司：公文包的年销售量，指数平滑法（括号内显示权重）

在移动平均法中，需要给一些下跌或上涨的趋势留出反应的时间，以进行预测。采用指数平滑法则可以立即做出反应。在图 16-3 的例子中，预测者对销售量下跌期间比上涨期间分配更大的权重，因此 2012 年被预测为呈下跌趋势。如果使用移动平均线预测，2009—2010 年的趋势线更加不连续。

在实践中，该方法操作简单，但本质上属于一种计算机技术。预测人员利用计算机可以非常方便地改变不同时期的平滑系数，从而产生一系列预测结果。时间序列的早期和后期部分的不同权重决定了该预测方法的结论。

时间序列分析

这种方法在数据模型出现季节波动时非常有用。对于时装产品和对季节变化有反应的产品来说，它特别有用。它可以用于长期的周期性变化分析（如贸易模式），但是处理这样的长期趋势有更好的方法。因此，这种方法的最佳应用场景是数据在年度基础上重复发生季节性变化的模式。这些季节性变化是以偏离总趋势的程度来衡量的。

通过使用前面例子中的数据，可以得到表 16-2。它能够很好地解释办公用品有限公司 2010—2014 年的公文包季度销售量，以及销售量的变化呈季节性特点，在每年的最后一个季度达到高峰。

表 16-2　办公用品有限公司：公文包的季度销售量

年份	季度	销售量	4 个季度移动总和	两两之和	除以 8 后的趋势	偏离程度
2010	1	207				
	2	268				
	3	223				
	4	476	1 174			
2011	1	154	1 121	2 295	287	−64
	2	162	1 015	2 136	267	+209
	3	127	919	1 934	242	−88
	4	361	804	1 723	215	−53
2012	1	189	839	1 643	205	−78
	2	263	940	1 779	222	+139
	3	182	995	1 935	242	−53
	4	410	1 044	2 039	255	+8
2013	1	211	1 066	2 110	264	−82
	2	287	1 090	2 156	269	+141
	3	199	1 107	2 197	275	−64
	4	464	1 161	2 268	284	+3
2014	1	235	1 185	2 346	293	−94
	2	350	1 248	2 433	304	+160
	3	200	1 249	2 497	312	−77
	4	502	1 287	2 536	317	+33

这个例子中的偏离程度总和为 +40（见表 16-3）。理论上总量必须等于零，否则意味着在预测中会加入一个正偏差。但是，这种修正的依据必须平均地来自所有

的数字，计算如下：40/4＝＋10。

因此，必须从每个季度的数字中减去 10。修正后的数字是：

季度	1	2	3	4	
修正后偏差	－292	－19	－328	＋639	＝0

表 16－3　办公用品有限公司：季度偏差总量

年份	1 季度	2 季度	3 季度	4 季度	
2010	—	—	－64	＋209	
2011	－88	－53	－78	＋139	
2012	－53	＋8	－82	＋141	
2013	－64	＋3	－94	＋160	
2014	－77	＋33	—	—	
总和	－282	－9	－318	＋649	＝＋40

在这个具体的例子中，这些数字必须除以 4，以产生一个年度总和（因为这里使用的是 4 年的数据），从中得出的预测数字如下：

季度	1	2	3	4	
偏差	－73	－5	－82	＋160	＝0

表 16－4 中的数字是表 16－2 末尾数字的一个扩展，这些数据可用以下方法得到：各个季度的销售量进行累加，得到一年的总量，然后，这个总量减去上季度的数字再加上新一季度的数字，再将季度偏差总量与下一栏的数字配对（为了更平滑），然后将这个总量除以 8 得到季度变化趋势。最后，通过变化趋势中的实际数据（销售量）计算与总趋势的偏差，将其表示为与总趋势的偏离程度并在最后一栏中记录。

表 16－4　办公用品有限公司：预测趋势指标和被采用的趋势偏差

年份	季度	趋势	偏差	预测值
2014	3	326	－82	244
	4	334	＋160	494
2015	1	343	－73	270
	2	352	－5	347
	3	360	－82	278
	4	369	＋160	529

将统计数据合并到一个图表中，并绘制销售量趋势图，如图 16－4 所示。趋势线被不断延伸（这里需要预测人员的技巧和直觉），将总趋势的偏离程度应用到趋势线中，就可以得出销售预测。

在图 16－4 的例子中，可以看出趋势线延续了与前几年相似的缓慢上升的趋势。2014 年第三季度和第四季度的前两个数字是预测值。当然，这两个季度已经过去了，我们可以看出预测值与实际值略有不同，这证明了预测是不完美的。2015

年四个季度的销售我们也做了预测，预测值包括在图表中。

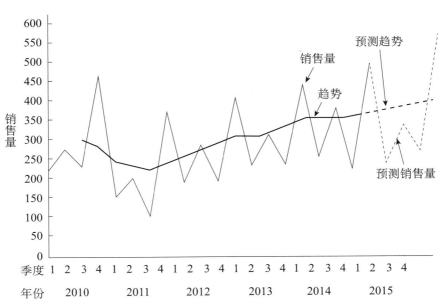

图 16 - 4　办公用品有限公司：公文包的季度销售量和一年期预测

像许多类似的方法一样，这种方法不能预测衰退和上升的趋势，并且这些数据必须由预测者通过延长趋势线来主观地调整数据预测值。例如，2010 年和 2011 年的经济萧条和衰退必须以数据形式人为地包含进去。

Z 图表

这种方法仅仅是移动平均法的一个延续。除了给出移动年度平均总额外，还能给出月度销售量和累计销售量。用一个例子说明为什么它被称为 Z 图表。每个 Z 图表代表一年的数据，而使用月销售数据时最适合使用 Z 图表。作为预测工具，它提供了一个有用的媒介，使用三个标准（月度、累计和移动年平均值），可以将一年的销售量与前几年进行比较。

办公用品有限公司 2013 年和 2014 年每月的公文包销售量如表 16 - 5 所示，这些数据足以让我们做出 Z 图表。表 16 - 5 中的数字可以融合在图 16 - 5 中。

移动年平均销售量是通过加上新的月销售量，再减去 12 个月前的旧的月销售量而获得的。累计销售量通过每个月的数字叠加得到，Z 图表的下面一条线就是月销售量。

这种方法比较直观，可以用于中期（一年）的销售量预测。然而，这种方法的严谨性并不是很强，其主要用途是做直观的比较。

表 16 - 5　办公用品有限公司：2013—2014 年公文包的月销售量

月份	2013 年月销售量	2014 年月销售量	2014 年累计销售量	移动年总量
1	58	66	66	1 169
2	67	70	136	1 172
3	86	99	235	1 185
4	89	102	337	1 198
5	94	121	458	1 225

续表

月份	2013 年月销售量	2014 年月销售量	2014 年累计销售量	移动年总量
6	104	127	585	1 248
7	59	58	643	1 247
8	62	69	712	1 254
9	78	73	785	1 249
10	94	118	903	1 273
11	178	184	1 087	1 279
12	192	200	1 287	1 287

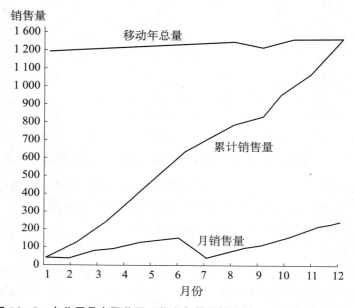

图 16 - 5　办公用品有限公司：公文包的月销售量，2014 年的 Z 图表

误差

最后一部分简要地概述两种计算机操作方法，但详细的描述需要大量的篇幅和复杂的数学方法，这依赖复杂的计算机软件包。如果读者希望进一步研究这些方法，对于方法的适用性、准确性和精确性，需要找专家咨询建议。这并不是说预测者（销售经理）必须对这两种方法熟练掌握，他们只需知道这两种方法用于预测什么以及预测的精确程度即可。

第一种方法是博克斯-詹金斯（Box-Jenkins）模型，这是一个复杂的指数平滑法，对时间序列的不同部分分配不同的权重。使用这种方法时，计算机软件包将时间序列的早期数据部分作为控制组，用来对照来自时间序列的后期数据部分，推导出提供最佳拟合早期和后期数据的权重，从而产生最适合的权重值用于预测。这种方法对于短期和中期的预测是相当准确的。

另一种方法被称为 X-11，由美国人朱利叶斯·希斯金（Julius Shiskin）开发的。它是一种分解方法，将时间序列分解为趋势周期、季节周期和不规则部分，是一种有效的中期预测方法，其计算中应用了很多分析方法。

定量方法（因果分析）

先行指标

这种方法试图定义和建立一些可测量的现象与所预测的事物之间的线性回归关系。在这里，我们不讨论线性回归方法。如果你想深入学习，可以参考更高级的统计学教材，它们对这种方法的具体内容和应用有详细讲述。

我们用一个简单的例子来解释这种方法。儿童自行车的销售取决于儿童的数量，所以自行车制造商考虑的主要先行指标是出生人数。因此，自行车制造商会试图建立两者之间的关系，如果制造商正在考虑生产第一批儿童自行车（平均适用年龄为三岁），那么出生时间就要比第一批儿童自行车的生产时间提前三年。换句话说，第一批自行车会比儿童出生时间滞后三年。

这个例子显然过于简单，而且有很多预测方法可以对许多先行指标进行排列，即先行于实际销售额的指标。这些排列组合可能与已知的销售情况相一致，也就是销售情况在时间上落后于指标。实际销售与指标相符的排列组合则可以用于预测。因此，随着时间的推移，指标的排列组合需要不断检查是否需要更新。由于过去预测的数字现在被现实的数字所取代，所以预测指标的排列需要以最近的销售数据为依据。

这种更复杂的预测类型使用所谓的相关分析来建立关系。同样，读者可以从高级统计学教材中获取深层次的知识，以及更多的启发。

模拟

随着计算机的广泛使用，这种预测方法已经成为可能。先行指标预测在一些可衡量的现象与需要预测的事物之间建立了关系，而模拟则通过迭代过程或重复试验得出预测关系。在一个相当复杂的预测问题中（大多数问题需要利用这种方法），可能性和结果是多种多样的。如果对各种结果都很清楚，该方法就称为蒙特卡洛模拟（Monte Carlo simulation），它假定事情发生的概率是事先确定的（这种方法与赌博概率游戏背后的原理很相似）。

如果不进行复杂的数学讨论和解释，就无法对这种方法有深入的解释。就本书而言，只要你知道这种方法就足够了，如果需要深入学习，可以咨询相关专家。

扩散模型

到目前为止，所讨论的大部分方法都依赖在预测之前得到公司和行业的一系列过去的销售额数据。然而，当新产品推向市场，新产品不是简单的对旧产品的延伸或重新设计时，这时候用来估算销售额的方法来自一个叫"创新扩散"的理论。一位学者在 30 年前就对这个理论进行了研究，并使用巴斯的**扩散模型**（diffusion model）对录像机的销售额进行了预测。[2]

与大多数因果分析一样，这种模型背后的数学原理也是比较复杂的，对于想要将这种方法应用于新产品的销售经理来说，最好寻求专家的帮助。它本质上也是一种计算机方法，计算过程很复杂。扩散模型的前提假设是新产品涉及四个基本方面：

- 创新；
- 个人创新的沟通交流；

- 社会制度；
- 时间。

从理论上说，创新可分为以下类型：

- 连续；
- 动态连续；
- 不连续。

巴斯的扩散模型可以用一个时间轴图形来表示。在时间轴的前端，越是在产品创新的早期，产品创新被接受的可能性越小，这个时期知识必须传达给尽可能多的个人，特别是那些有可能影响知识宣传效果的关键人物。这种沟通过程被分解成正式的和非正式的。这两个过程被融入预测模型，所以这种模型可以应用于没有大量过去销售数据的情形。正式的沟通是由公司控制的，包括广告支出和新产品支持等；非正式因素涉及家庭和参照群体影响等方面。

创新一旦启动，就需要衡量接受度，以提高预测的效度。产品都有一个完整的生命周期，对于使用这种方法的预测者来说很重要的是获得产品刚刚推出时的销售数据，以便确定接受度。因此，只需使用产品推出时初始阶段的少量数据，便可以进行预测。我们需要假设产品都会经历生命周期曲线，并且通过人们之间相互模仿的过程，新产品会逐步被接受，即后来的购买者会追随创新者。

计算机软件在销售预测中的应用

为了进行销售预测，人们设计了一些有针对性的软件。但问题在于，软件很快会过时，所以如果要使用软件包的话，最好使用最新的版本。信息技术的发展速度表明了软件的更新换代速度。以下列举了一些经过时间考验的较为流行的软件包。

EXEC＊U＊STAT：来自麦西亚软件公司（Mercia Software Ltd.），它将商务统计与高质量图形生成相结合，提供了快速的数据分析工具。

FOCA：来自 Timberlake Clark 公司，它使用指数平滑法、频谱分析法、博克斯-詹金斯模型和自适应滤波法，提供现代的时间序列预测工具。

MINITAB：来自 CLE. COM 公司，它是一款易于使用的通用数据分析系统。其功能包括描述性统计、回归分析与诊断、残差分析和逐步回归，时间序列分析包括平滑趋势分析和博克斯-詹金斯操作工具。

RATS：来自 Timberlake Clark 公司，它是执行时间序列和横截面回归分析的计量经济学软件包，用于预测时间序列趋势，也可以分析小型的横截面和面板数据。

SAS/ETS：来自 SAS 软件公司，它是一个提供预测、计划和财务报告的计量经济学和时间序列数据库的软件工具。它包含时间序列分析、线性和非线性系统模拟以及季节性调整的程序包，其应用包括计量经济建模和现金流量计划，以及销售预测分析。

SORITEC：来自 Timberlake Clark 公司，它包括非线性和同步估算技术、同步非线性仿真解决方案、全矩阵处理语言和传递函数估算等程序。

SPSS-PC＋：来自英国 SPSS 有限公司，它是一个界面友好交互式的数据分析软件包，具有全屏编辑功能，数据输入和验证以及一系列分析和报告程序包。

STATGRAPHICS：来自 Cocking ＆ Drury 公司，是一个包含绘图功能（2D

和 3D）、描述性统计、估计和检验、分布拟合、探索性数据分析、回归分析、方差分析、时间序列分析的统计和图形软件包，包括博克斯-詹金斯 ARIMA 建模、多变量和非参数化方法以及实验设计。

STATPAC GOLD：来自 Molimerx 公司，具有批处理和交互式处理功能，作图性能好，与大多数其他软件包相比，占用内存更少。

以上是英国流行的主要分析软件，在美国可用的更多，还有更多的软件处于开发阶段。

辉瑞公司技术平台：AS400，Microsoft Excel

辉瑞利用 John Galt 优化销售预测

辉瑞公司是一家以科学研究为基础的全球性制药公司，致力于发现和开发创新的增值产品，改善人们的生活质量，使人们享受更持久、更健康、更富有成效的生活。该公司有三个业务部门：医疗保健部门、动物保健部门和消费者保健部门。辉瑞的产品遍布 150 多个国家。

墨西哥的华纳兰伯特公司（Warner Lambert）（现在属于辉瑞公司）组建了一个流程预测（CF）团队，力图对公司的存货进行全面和准确的无约束预测，从而提高存货周转率和减少退货。公司需要一个可以在整个企业中进行推广的解决方案，以便从新定义流程中的关键利益相关者那里收集数据。

CF 团队安装了 John Galt Solutions 的 ForecastX Wizard 软件来预测其流程，并预测长达 18 个月的销售额，取得了积极的效果。该部门称，"我们有季节性产品的基础数据库，产品销量受到一些促销和特殊事件的影响"。事件建模已被公司证明是获取准确预测最有用的功能，其结果令人满意。

华纳兰伯特公司对 ForecastX 非常满意，因为它为预测需求提供了一个用户友好、经济实惠、良好且快速的工具。华纳兰伯特公司的需求部门对 John Galt ForecastX 软件数据预测报告的使用仍在继续，称"它运行良好，对我们来说很容易"，"你不必成为统计专家，这一点非常好。每个人都明白如何使用它以及如何理解这些数据"。

资料来源：http://www.johngalt.com/customers/pfizer.shtml accessed 2 May 2014.

预算的用途

一个组织需要进行预算才能确保支出不超过计划收入。我们知道，销售预测是商业计划活动的起点，公司的成本核算以中期销售预测为出发点，由此将预算分配给各个部门（或成本中心）。预算规定了开支的限度，因此是一种控制手段，公司可以根据预期的销售额计算利润，再减去实现这些销售额的成本（在公司的总预算中表示出来）。

不正确的中期预测结果会使公司的利润计划出错。这里需要再次强调，如果预测过于悲观，并且公司的销售额比预测的多，那么潜在的销售机会可能会因为没做准备、缺乏工作资金和设备而丧失。相反，如果预测过于乐观，销售收入不符合预期的销售额，则会出现收入问题，公司不得不与贷款人（可能是银行）联系以满足其短期营运资金需求（如果利率高，成本相应地也非常高）。后者是许多企业失败的主要原因，不一定是因为产品不好或销售团队表现差，而可能是因为没有足够的资金来满足运营的要求。这些问题首先来自不正确的中期预测。以下是卡夫公司（Kraft）的一个销售预算案例。

销售预算的可选方案

卡夫是一个拥有丰富品牌组合的跨国休闲食品公司，它是全球第二大食品公司，年收入492亿美元。该公司的标志性品牌包括吉百利（Cadbury）、雅可布（Jacobs）、卡夫（Kraft）、LU、麦斯韦尔庄园（Maxwell House）、米尔卡（Milka）、纳贝斯克（Nabisco）、奥利奥（Oreo）、奥斯卡·迈耶（Oscar Mayer）、费城（Philadelphia）和三叉戟（Trident）等多个品牌，每年有超过10亿美元的收入，其中有40个品牌已经存在一个多世纪。该公司80%以上的收入来自各大产品类别的拳头产品，超过50%的产品类别的市场份额是竞争对手的两倍。公司的使命是通过创造美味消除饥饿和鼓励健康的生活方式。在过去的25年里，公司捐赠了价值近10亿美元的现金和食物。卡夫是创新、市场营销、健康和可持续发展的领导者，是道琼斯工业指数（Dow Jones Industrial Average）、标准普尔500指数（Standard and Poor's 500）、道琼斯可持续发展指数（Dow Jones Sustainability Index）和Ethibel可持续发展指数的成员。

有许多销售预算的方法可供选择，卡夫采用的预算组合方法如下：

1. 零基预算。在一个充满活力的业务中，在制定预算时，"重新开始"通常是有意义的，不能过于依赖过去的表现。这对卡夫来说是合适的，因为该组织正在不断寻求创新。因此，所有预算的制定都没过多地参考以前的预算。这样，改变就被纳入预算思维。

2. 战略预算。这涉及识别新的商机，然后制订计划，充分抓住机会。这与零基预算紧密相关，帮助卡夫集中力量获得竞争优势。

3. 滚动预算。考虑到外部环境变化的速度和常规的不确定性，股东们寻求快速的预算结果。美国公司通常每三个月向股东报告一次，英国则是六个月。滚动预算包括评估过去12个月的表现，并预测未来3个月的表现。

4. 基于活动的预算编制。审查个人活动并评估他们对公司的贡献力度。然后，他们可以根据排名确定优先级，并被分配适当的预算额度。

资料来源：adapted from http://www.thetimes100.co.uk/case_study with permission.

预算确定

部门预算不是由成本会计师编制的，成本会计师与管理人员一起为各个部门分配各自的预算。决定整体预算如何用于实现计划销售（和生产）的是部门经理。例如，营销经理可能会认为需要将更多的预算分配给广告，而不是分配给为达到预期销售而进行的其他努力。在困难时期，许多组织会倾向于减少娱乐和培训活动的预算。因此，经理会根据情况分配预算，比如到底是专注于品牌形象还是产品推广，明确依赖营销策划的重点在哪里，而且要符合公司的目标和战略。

因此，整体的销售预测是公司计划的基础，销售部门预算（销售和营销部门的预算或者市场营销部门预算）是为实现这些预期销售额而制定营销计划的基础。因此，销售部门的预算反映了市场即将实现的预期销售支出。

这个时候，我们有必要区分销售部门的预算和销售预测。销售部门的预算仅仅是预算期间执行营销职能的预算，成本会计师将销售部门预算分为三个要素。

1. 销售费用预算，包括直接用于销售过程的费用，例如，销售人员的工资和佣金、销售费用和培训费用。

2. 广告预算，包括线上促销的费用（例如电视广告）和线下促销的费用（例如优惠券兑换计划）。确定这种预算水平的方法如下：

（1）上一年销售额所占的百分比。

（2）与竞争对手的对等性。小制造商追随更大的制造商，并根据领导者的行为调整自己的广告预算，以与领导者保持一致。

（3）剩余数额法。在其他部门收到各自的预算之后，才将预算分配给广告部。换言之，对于一些公司来说，如果部门预算安排没有被遗漏，剩下的就用于做广告。对于另一些公司来说，广告作为战略的一部分是非常重要的，这种方法不适用。

（4）目标任务法。它确定了达到营销计划中规定的营销目标所需的广告支出。

（5）投资回报法认为，广告是一个超出预算期的长期项目。它将广告支出看作长期投资，并试图确定这种支出的回报。目标受众的范围和受众的数量是重要的考虑因素。

（6）增量法类似于以上的方法，它假定在最后一单位上花费的广告费用会带来相同的单位收入。

方法（1）假设销售额的增长将产生促销的增长，反之亦然，而相反的方面可能正是补救的措施，即在销售下滑时，可以通过增加广告支出来扭转。方法（2）假设了市场中的现状。方法（3）不值得推荐，因为它假设广告是一个优先级最低的投入，只有在其他支出已经满足时才会考虑。在公司资金周转受阻的时候，才可能发生这样的情况，广告是第一个被削减的项目，因为它是无形的。由于广告是一种大众传播的形式，效果很难衡量。然而，扭转局势的方法有时恰恰是提高公司的知名度。方法（4）似乎有道理，但会计师会说，营销人员在陈述营销目标时没有充分考虑价值因素，而这样的市场目标无法与利润挂钩。方法（5）和（6）似乎也有道理，但主要的困难是带来的收益很难衡量，比如增加广告支出带来多少品牌忠诚度增加，什么时候边际收益等于边际支出。在实践中，企业在决定广告费用的预算时，经常使用多种方法的组合，例如方法（4）和（5）相结合。

3. 行政预算，即销售的行政部门运行所需的费用。这些费用包括市场调研、销售管理和支持员工的费用等。

营销经理（或负责营销和销售职能的人员）必须根据未来一年的营销计划，确定销售部门预算的各个部分应该如何分配给上述三个预算分支。这样的支出预算需要以保证预期销售额能够实现为前提。

到目前为止，我们所讨论的都是销售部门的预算，而销售预算本身还没有讨论。销售预算对公司有更大的影响，因而我们列出一个独立的小节来讨论。

销售预算

销售预算（sales budget）可以说是所有产品销售的预期总收入，它会影响所有其他方面的业务。所以，销售预算直接来源于销售预测。

可以说，销售预算是公司预算程序的起点，因为公司所有其他活动都依赖公司销售的各种产品的销售额和预期总收入。该预算影响公司的其他职能领域，如财务和生产，因为这两个职能直接依赖销售。图 16-6 很好地解释了销售预算的程序。

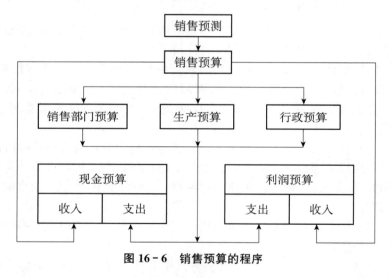

图 16-6 销售预算的程序

图 16-6 表示了成本会计师眼中的预算程序。销售预算来自销售部门预算（或营销管理职能的总成本），生产预算涵盖实际生产产品所涉及的所有成本，行政预算包括人事、财务等所有其他费用以及不直接用于生产和销售的费用。

因此，销售预算代表了公司的收入，而其他预算则代表支出。成本会计也有现金预算和利润预算，每个公司都有销售收入。在这里，我们没有必要详细讨论现金预算和利润预算的具体内容。如果你想更多地了解这些内容，可以参考会计学相关教材。

预算分配

销售预算是个体销售人员的预计销售额的总和。分配到个体销售员的数字有时被称为销售定额或销售目标，这是为实现总的预期销售额必须达到的销售数量。因此，这样的配额或目标是销售人员必须达到的绩效目标，并且激励措施通常与销售人员是否能够达到（或超过）这样的配额或目标相关。我们在第 14 章和第 15 章已经介绍了这些激励措施。

每个销售人员都知道他们必须销售一定的数量以达到配额，这样的配额实际上是绩效目标。配额不一定以个人为基础，可以是基于群体的，也就是说集中在整个地区、区域或区域经理的每个人都可以平均分配销售佣金。实现配额也可能需要不到一年的时间，全年的预算可能会按同样的方式分解，比如按月计算。在这样的管理下，时间跨度比一年更为现实和直接。因此，销售人员实现配额或目标的动机更多。

对于历史悠久的公司来说，最常见的**预算分配**（budget allocation）方式是根据整体销售预算的变化，按照适当的比例或百分点增加（或减少）销售人员个人的配额或销售目标。然而，时不时地检查个人销售配额是否合理也是有必要的，可根据当时的市场状况判断个人的配额是否合理。

这个过程的第一步是确定销售区域的潜力，通常采用替代的方法对相对潜力进行测量。对于消费品，相对潜力可以用区域内消费者的可支配收入和消费者数量来衡量，对于工业产品，则可以使用潜在客户的数量来衡量。另一个需要考虑的因素是工作量。显然，在两个有同等潜力的销售区域中，如果一个区域的消费者分布更集中，另一个更分散，那么负责这两个销售区域的销售人员的配额不应该等同。通过评估销售区域的潜力和工作量，总销售预算可以最大限度在销售人员之间公平分配，当然，以往的经验和销售人员过去的表现通常也会考虑在内。

销售配额不仅是销售人员的激励手段，而且是衡量业绩的主要标准。第 17 章详细介绍了对销售人员进行评估的各个方面。

准确的销售预测对制造业的重要性

公司要生存，销售预测必须尽可能准确。

预测通常来自销售部门，但是其预测结果不仅限于影响销售部门，因为预测结果还会用于公司的财务预测。销售预测的可靠程度代表了公司对自身发展和销售投资策略制定的掌控程度。预测越不准确，风险就越大。对于制造业来说，销售预测在不同类型的销售渠道中有一个额外的维度。制造企业必须购买足够的原材料来制造商品，商品生产出来，还要有足够的市场。销售预测将给出特定时期销售多少个单位的预期数字，在此基础上，公司将订购足够的原材料来生产产品。

如果销售预测过于乐观，那么该公司就会有一定的库存积压，并且需要支付产生这种库存所需的成本。另外，如果销售预测过于保守，没有足够的原材料补货，客户流失和订单取消可能会对公司产生负面影响，公司声誉甚至可能被损坏。传统销售预测是基于大量猜测得出的结果，尽管这种猜测也是有依据的。

销售经理对销售团队中的成员进行管理，每个销售人员都会走标准的销售流程，根据经验来推测销售何时结束，以及销售量有多少。这些数据被汇总到销售预测结果中，整理后发送给公司高管。

无论销售预测呈现的形式多"漂亮"，看起来多让人信服，它仍然是"黑暗中的大魔王"。由于预测的依据可能不准确，预测可能有很大的差距。对于制造业来说，这个成本是非常高的。

销售预测可以被定义为"风险和机遇的适当权衡"。它以在获得机会的同时承担最小的风险为目标，致力于用更精确、更实际的预测结果取代容易出错的猜测结果。

最具体最可靠的预测是通过精确的销售分析方法导向的客户关系管理（CRM）解决方案系统创建的。这种方法依托于统一的系统，以平均结单比率和过去购买者的行为等因素为基础，对每次销售进行评级。这个系统可以计算更具体的任务细节，例如在销售过程的特定阶段销售的平均持续时间。该系统还可以更精确地计算风险与回报，所以基于这种分析的销售预测比基于前面提到的"最佳猜测"的预测有更高的准确度。

对于制造业来说，良好的预测意味着对原材料的订购数量更加有把握。由于制造单位数量的预测准确度较高，公司不会因为生产的产品数量不足而无法满足要求，或者出现大量库存积压。总之，准确的销售预测对制造企业至关重要，能够帮助企业顺利地实现销售目标。最精确的预测只能通过先进的 CRM 系统来实现。

资料来源：http://blog.pipelinersales.com/sales-management/accurate-sales-forecast-is-crucial-to-manufacturing/，extracted from material posted by Todd Martin，15 February 2014.

小　结

本章讨论了销售预测的目的，还强调了预测取决于销售管理，它对于营销规划过程的重要性不言而喻。没有合理准确的预测，营销规划就是空谈。本章还谈到了短期、中期和长期的销售预测，以及每种预测在生产或服务职能中的用途和重要性。

销售预测的方法包括定性和定量两大类，后者分为时间序列分析和因果分析法。对于定性方法和时间序列分析我们花了较多的篇幅来深入讨论，以告诉读者如何运用。然而，因果分析方法在很大程度上取决于计算机的使用，而且计算原理在很大程度上依赖高等数学。因此，这方面我们只是进行了一定的概要描述，没有做具体的讲解。

最后，我们讨论了销售预算在激励和管控销售人员方面的重要性。由销售预测确定的销售预算可以分解为单个销售人员和整个区域的销售配额或目标。金钱激励措施可能与是否达到配额有关，可以作为衡量成就的标准。尽管如此，我们也要注意还有许多不可控因素影响销售业绩。对于这些知识，斯科特·艾丁格（Scott Edinger）进行了很好的总结。[3]

大多数组织依靠销售预测产生的数据，直接决定从预算到奖金的每一项具体事宜。这些数据毕竟在很大程度上只是对未来发生事情的一个预测，并没有足够的实证基础。所以，销售领导者有必要采取更多的方法。仅仅例行检查销售情况或查看定期报表，并根据直觉进行调整是不够的。为了做出更好的销售预测，销售领导者需要注意以下几点：

● 良好的预测需要一个良好的销售战略。当地图出错时，无法准确地描绘各地的真实分布情况，当预测不正确时，情况也是如此。总之，预测本身并不是战略，良好的销售战略需要考虑一切可能的结果，然后向期望的那个结果逐步靠近。一个好的战略可能包括 SWOT 分析或对客户决策标准的清晰见解，以及对一系列绩效标准进行排序等。但最重要的是，它会引导你的具体战术，并帮助你确定用什么逻辑来组织接下来的步骤。如果一个客户在你的销售渠道中占据足够高的地位，那么这个客户就值得公司制定足够灵活的渠道战略，并加以关注。

● 良好的预测需要了解买家的行为。如果你想了解卖家应该如何销售，就应先了解买家如何购买。如果你想有一个准确的预测，这种方法同样适用。很多预测基于卖方过去的、历史的销售情况，缺乏对买方情况的考量。销售进程只有在买方采取行动时才会前进，因此销售组织有必要深入了解它们的买方是如何做出决定的。他们的购买流程是什么？未来的决策周期有哪些阶段？你应该分别在每个阶段做什么事情？

● 良好的预测需要良好的流程。一旦你清楚了解客户如何购买，就可以应用你的流程。高效流程的关键是确保流程能够解决销售中的关键里程碑事件。需求分析、实地研究或销售展示是在销售过程中承诺客户的重要里程碑吗？确定提案前需要开审查会议吗？如果答案为"是"，就应该将它们安排在流程的适当阶段，并加强管理使这些事件顺利完成。无论它们代表什么样的里程碑，都要确保它们被嵌入流程，这些事件的流程顺序可以为公司的管理工作指明方向。

● 良好的销售预测需要持续改进。预测是"快照"而不是"电影"。你需要记住，一个好的销售预测只代表一个时点，随着时间的推移，销售预测需要不断改进。你可能会看到商业或市场环境方面的变化，这暗示了公司的流程需要增加一个额外的里程碑事件。你可能发现随着时间的推移，流水线上各个事件每个阶段的投入价值都需要更改，因为你有了更新的数据可以作为预测的依据。

基于这些原则，销售预测可以成为一个战略性的投入，会对销售业绩产生积极的影响，而不应仅仅进行一次准确的数字猜测。最优秀的销售负责人往往使用销售预测作为工具来帮助他们管理业务，调整战略决策并确定如何分配资源。

经典仿制有限公司

贝叶斯决策理论应用的背景

自 18 世纪 60 年代以来，我们已经看到了在信息不完整或不确定的情况下解决问题的复杂统计方法的发展。统计学的新领域有各种各样的理论术语——统计决策理论、简单决策理论和贝叶斯决策理论（托马斯·贝叶斯（Thomas Bayes）时期之后开始流行这个术语）。这些名称表示的意思相同，但为了统一，我们使用术语"贝叶斯决策理论"。

贝叶斯决策理论是用概率处理未来不确定性的方法，相对较新，且有争议。销售预测可以应用这种方法，公司可将自己对销售的一些猜测作为输入数据，融入销售预测的计算。从本质上讲，构思概率的方法有两种。

● 作为物理的实体，即物理系统中具有的性质；

● 作为对某种真理和信仰陈述的衡量标准。

直到 20 世纪 50 年代末，大多数统计学家仍持有第一种概率观点，也就是说，事件发生的概率可能是事件发生的相对频率。从这个时期开始，人们开始重新思考概率的含义，现在它更多地被视为一种信念的度量。后一种方法被称为贝叶斯统计。贝叶斯观点认为，概率是人们信仰的一个度量，我们总是可以用概率来表达我们的信念程度。

要使用贝叶斯方法，决策者必须能够为每个指定的事件或自然状态确定一个概率。概率的总和必须为 1，并且这些概率代表了决策者对整个问题各种因素发生的可能性看法的主观程度。正是由于概率的这个主观性质，贝叶斯决策在解决概率未知的商业问题时往往非常有用。这同时是许多从业者经常拒绝贝叶斯方法的原因，实际上有些比较保守的统计学家称之为"误差的量化"！

在实际的商业问题中，决策问题往往交给专业水平高的人，他们能够为各种发生的事件估计有效的概率。这些概率是基于经验、直觉或其他因素的主观评估，比如现有的已公开的数据，所有这些数据都是在做出决定之前获得的。为此，这种主观概率估计称为事件的先验概率。

在商业决策中，我们必须考虑货币的影响，以及任何活动的预期价值，以做各种选择决策。管理人员必须列出足够多的投资选项，对每个选项可能带来的利润和损失进行全面衡量。应用贝叶斯决策理论，首先要选择一个选项，并对选择该选项的经济后果有一个合理的衡量。

一旦确定了相关的未来事件并确定了各自的主观先验概率，决策者就需要计算出每个事件的预期收益，并选择最有吸引力的预期收益事件。在商业决策中，收益表现为收入或利润，决策者需要选择具有最高预期收益的行为。

贝叶斯方法可以用来解决相当复杂的问题，但在这个例子中，我们通过例证和解释给出了一个相对简单的解决问题的方法。对于困难的问题，解决方法是相似的。

贝叶斯决策理论在经典仿制有限公司的应用

英国精美仿制家具制造商经典仿制有限公司（Classical Reproductions Ltd）正在考虑是否要冒险进入美国市场。该公司将指定一名代理人，将持有的存货和家具卖给优质的零售店。

为了降低运输成本，运输的货物需要相当大的规模量，第一批计划运送的家具价值达 200 万英镑。

目前，这种类型的家具在北美地区尤为流行，价格昂贵。经典仿制有限公司的管理层估计，只要美国经济状况依然良好，家具就可以始终保持高需求。如果经济状况恶化，需求和价格将会急剧下降，因为这样的产品不是必须购买的。

为了负担与风险投资有关的制造、运输、仓储和其他费用，该公司正在从银行筹集资金。尽管这项投资看起来不错，但未来 12 个月美国经济的发展趋势具有不确定性。管理层面临的问题是，现在是否可以冒险进入，因为产品需求量很大。但经济有恶化的可能，或者虽然有需求，但是购买可能会延迟很久，在这期间需求情况可能会改变。

我们假设，管理层认为未来 12 个月美国经济的走向可能有三种情况：

- 维持良好；
- 低迷；
- 严重萧条。

经济的变化趋势是公司不可掌控的事件（E）或自然状态。我们还假设，管理层已经确定了三种可能的行动方式：

- 马上出口，因为需求量大；
- 推迟一年；
- 推迟两年。

管理层预测了三种可能事件中每一种行动方案可能的预期利润，这些信息如表 16-6 所示：

表 16 - 6 基本信息

事件（E）	马上出口（英镑）	延迟一年（英镑）	延迟两年（英镑）
经济维持良好	800 000	600 000	500 000
经济低迷	450 000	370 000	200 000
经济严重萧条	−324 000	50 000	80 000

管理层希望做出的决定能够最大化公司的预期利润。他们给每个可能的事件确定了主观先验概率：

事件	概率
经济维持良好（A）	0.4
经济低迷（B）	0.3
经济严重萧条（C）	0.3
合计	1.0

这些先验概率现在被合并到决策树中（见图 16 - 7），它由一系列节点和分支组成。决策点由一个正方形和几个圆圈表示。左边（正方形）表示公司必须做出决定，每个分支代表可选择的行动或决定。每个分支通向另一个节点（圆圈），由此进一步的分支表示各个偶然事件。

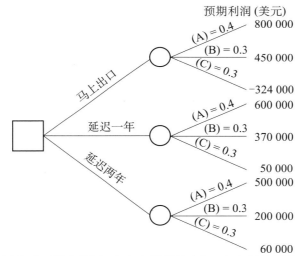

图 16 - 7 经典仿制有限公司的决策树：（A）经济维持良好；（B）经济低迷；（C）经济严重萧条

接下来，应该为每个行动方案计算预期值（EV），然后对每个可选择的行动过程的预期值进行加总。在下面的收益表（见表 16 - 7、表 16 - 8 和表 16 - 9）中，要让每个事件的预期利润乘以确定的先验概率，并对这些事件预期值进行求和。

表 16 - 7 行动方案 1：马上出口

事件（E）	概率	预期利润（英镑）	预期价值（英镑）
A	0.4	800 000	320 000
B	0.3	450 000	135 000
C	0.3	−324 000	−97 200
这些选择的总预期价值			357 800

表 16 - 8 行动方案 2：延迟一年

事件（E）	概率	预期利润（英镑）	预期价值（英镑）
A	0.4	600 000	240 000
B	0.3	370 000	111 000
C	0.3	50 000	15 000
这些选择的总预期价值			366 000

表 16 - 9 行动方案 3：延迟两年

事件（E）	概率	预期利润（英镑）	预期价值（英镑）
A	0.4	500 000	200 000

续表

事件（E）	概率	预期利润（英镑）	预期价值（英镑）
B	0.3	200 000	60 000
C	0.3	80 000	24 000
这些选择的总预期价值			284 000

该公司最终决定采用延迟一年的行动方案，因为最大的预期收益对应这个方案。由于该方案是在不确定条件下选择的，预期价值366 000英镑就被称为不确定性条件下的预期价值，该方案被称为最佳行动方案。

在这个例子中，已经被分配的事件概率叫先验概率，因为它们是在获取采样或实验信息之前获得的。通常，这些先验概率是主观的，代表决策者相信各种事件发生的可能性。使用这些先验概率进行的分析称为先验分析。经过前面的分析，决策者必须决定是根据先验分析的结果继续推进分析，确定最佳方案，还是为做出更好、更确定的决策获得更多的信息。

额外的信息可以通过调查、实验或其他方式获得。如果这些额外的信息需要纳入考虑，决策者就不得不用新的概率代替先前的概率，用这个新的信息进行一次额外的分析过程。这些新的概率称为后验概率。

当然，获得更多的信息可能意味着高昂的代价，决策者必须决定这样做是否值得。现在，我们对最终结果进行一些拓展：当先验概率如下时，我们得到完备信息的期望值。

（1）经济维持良好＝0.4
（2）经济低迷＝0.3
（3）经济严重萧条＝0.3

如果经济条件依然良好，那么最好的选择就是马上出口。如果经济出现适度下滑，最佳选择仍然是出口。如果经济严重萧条，最好的选择是延迟两年。因此，我们找到完备信息的期望值（EVPI）：

$$479\ 000-366\ 000=113\ 000（英镑）$$

这个113 000英镑的价值可以解释为不确定性条件下最优行为的预期机会损失，是不确定性的代价。决策者可以做得比获得完备信息的情况要好，所以这个数字是他们愿意支付的获得额外信息的最大值，他们知道这些信息并不完美。

问题讨论

1. 使用以下信息对经典仿制有限公司进行完整的决策分析：

完全信息下期望利润的计算

事件	最优行为利润（英镑）	概率	预期价值（英镑）
A	800 000	0.4	320 000
B	450 000	0.3	135 000
C	80 000	0.3	24 000
			479 000

未来12个月的各种事件的先验概率是：
（A）＝0.3
（B）＝0.4
（C）＝0.3

2. 进行一个先验-后验分析，找到完备信息的期望值（EVPI）。

3. 这个例子应用了贝叶斯决策理论，你认为该理论的优点和缺点是什么？

成功的秘诀

在奥特卡博士公司（Dr. Oetker）推出的旗舰冷冻比萨品牌"Pizza Ristorante"进入英国市场之前，英国鲜有人知道该公司是欧洲领先的食品制造商之一。那么，奥特卡博士是谁？

1891年，德国的药剂师奥古斯特·奥

特卡博士（Dr August Oetker）创立了奥特卡集团，奥特卡博士公司隶属于该集团。如今，该集团已经发展成为德国最大的家族企业之一，年营业额超过 35 亿英镑。其成功的关键是什么？是一个简单的理念：无论是经营还是产品，"质量是最好的秘诀"。

质量是最好的秘诀

Pizza Ristorante 于 2002 年在英国推出，令人惊讶的是这个巨大的德国食品和饮料集团竟然是首次进入英国市场。真正的比萨味道是消费者从这家比萨店得到的。Pizza Ristorante 很快就取得了巨大的成功，研究表明 76％ 的消费者更偏好 Pizza Ristorante，而不是它的竞争对手。它现在已经是英国公认的知名品牌。

成功的秘诀

奥特卡博士在开拓新市场方面拥有丰富的经验，并且在其进入的 23 个欧洲国家市场上处于领先地位。该公司在英国经历了类似的成功。为配合公司的理念，Pizza Ristorante 用最优质的原料制作，以满足消费者对优质冷冻食品的需求。此外，公司一直在认真考虑所进入的特定市场的本土化需求以及竞争的性质。进入英国比萨市场的时候，薄脆比萨行业已经被英国自有品牌统治，奥特卡博士认为低价引入高质量品牌产品只能通过增加价值来获取竞争优势。公司的目标是通过让消费者试吃 Pizza Ristorante 独特的真正比萨味道来鼓励消费者购买自己的冷冻比萨产品，以刺激市场。

向上发展和向前发展

在英国市场比萨品牌成功的激励下，奥特卡博士又引进了几款自己的畅销品牌。例如，该公司的酸奶和点心品牌"Onken"现在在英国市场上也获得了认可并发展得很好。

奥特卡博士在英国市场最近的一笔业务是收购知名的蛋糕烘烤和装饰品牌"Super-Cook"。

公司现在正处于将奥特卡博士和 Super-Cook 进行品牌整合的过程中，这种整合会体现在新的包装和促销活动中。

奥特卡博士在欧洲其他市场，特别是本国市场（德国）的烘焙产品行业中也非常成功，并且它在德国的烘烤产品有悠久的历史。就像在英国市场推出比萨品牌一样，奥特卡博士毫无疑问将会在新收购的品牌上投入大量的资源，并且会继续把自己成功的秘诀带到新品牌的经营中。

然而，英国的烘焙产品市场以其保守主义闻名于世。英国面包师不喜欢自己的产品被混淆，基本上对创新持怀疑态度，特别是当这些创新来自欧洲其他地区时。

另外一个不可忽视的关于投放新品牌的关键任务是说服英国的零售商，特别是那些大型食品超市继续支持这个新的品牌，并提供货架空间。

新的销售力量也要招募进来，接受专业的培训，因为有效的销售是品牌在市场上获得成功的关键。

资料来源：Adapted from articles originally in *The Grocer*，18 May 2002，p. 30；13 July 2002，p. 48；and the website：http：//www.talkingretail.com/products，22 February 2008.

问题讨论

1. SuperCook 与奥特卡博士整合后，在英国市场进行重新投放的营销经理想要从支持本次重新投放活动的公司总部获得一个预测系统，对第一年的销售额进行尽可能准确的预测，以实现满足市场需求的目标。针对该营销经理可能会采用的最好的预测系统，为其提供建议。

2. 营销经理希望新的销售队伍可以得到激励认真工作，从而保证新品牌的市场投放成功。她认为，在激励和控制销售人员方面的销售预算非常重要。针对为销售人员设定销售定额和销售目标的最好方式，给营销经理提供建议，并解释在衡量销售成绩的时候如何将销售定额和销售目标作为衡量的标尺。

思考题

1. 销售预测在公司计划制订过程中的作用是什么？

2. 区分定性和定量预测方法，每种方法有哪些优缺点？

3. 识别销售预测和市场预测之间的差异。

4. 政府预测或贸易协会预测对于中等规模的公司有哪些具体的用途？

5. 销售部门预算与销售预算有什么不同？

6. 讨论销售预算在企业预算过程中的重要性。

7. 低质量的预测会导致销售损失、产品被动降价和库存积压。举例说明这个观点。

8. 短期预测、中期预测、长期预测的战术或战略目的是什么？

第17章 销售人员评估

学习本章后，你应该可以：
1. 了解销售人员评估的含义。
2. 了解销售人员评估过程。
3. 了解如何建立绩效评估标准，以实现销售目标。
4. 了解信息在评估过程中的重要作用。
5. 设定绩效评估中的定量、定性标准。

销售人员评估过程

销售人员评估（salesforce evaluation）是指将销售人员的目标和结果进行对比。**销售人员评估过程**（salesforce evaluation process）如图 17 - 1 所示。首先是销售目标，可能是财务目标，如销售额、利润、费用；或市场目标，如市场份额；或顾客目标，比如顾客满意度和服务水平。然后，必须确定最优的销售战略以实现销售目标。接下来，需要针对整个公司、各个区域、销售人员、产品以及客户设定绩效标准。销售业绩通过检查审核后，将结果与考核标准进行对比。最后，对产生差距的原因进行分析梳理，采取行动改善绩效。

评估的目的

绩效评估的主要目的是实现公司目标。参照标杆进行对比，可以找出与标杆相比存在哪些差距，找到改进的方向以采取相应的行动。当然，绩效评估还有别的作用。它可以提高个体的积极性，提高个人的销售技术。项目评估的过程包括甄别出哪些是值得表扬、受到好评的行为。此外，它可以对中上水平的工作表现予以肯定，通过这种方法可提高销售人员的自信，提高其积极性。这种精细化的评估过程

图 17-1　销售人员评估过程

使缺点可以及时被发现，能够帮助销售人员有针对性地提高相应的技术。

因此，绩效评估是高级销售培训中的重要元素。当然，绩效评估也有缺点，可能会使销售人员甚至整个团队对某些品类的产品或产品线的销售缺乏足够的重视。这样的话，公司就必须制定、设计一套薪酬计划，通过高额的佣金提成，激励销售人员销售那些被忽视的产品。

绩效评估可以给销售管理工作提供很重要的决策信息。培训、薪酬、激励和目标设定都来自对销售绩效的评估，如图 17-2 所示。所以，对于销售人员来说，设计一个信息收集体系非常重要，可保证绩效评估的公平性、准确性。

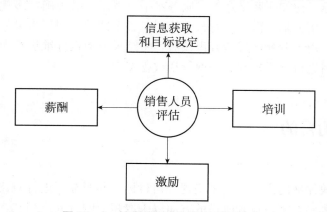

图 17-2　销售管理中评估的重要角色

国际销售团队的管理和控制水平取决于公司的文化和所在国家地区的文化背景。下面的专栏指出了这个问题的一些要点。

管理国际销售团队

公司的企业文化决定了对公司销售人员的管控力度和水平。很多欧洲和美国的公司很重视利润，所以强调定量的控制机制（比如销售额、利润），而很多亚洲公司比如日本公司使用的评估指标就没有那么正式。

控制系统的设定必须考虑每个海外市场的实际情况。此外，还要考虑雇用的销售团队的类型特点（外派人员或者当地人）。国内的一些制度对外派人员也许是适用的，但外国人可能觉得这与他们的文化和商业范式格格不入。

绩效标准的建立

对销售人员或队伍进行评估，要求绩效标准的设定与评估销售是否成功的指标处在同一系统中。销售控制其实建立在对销售绩效行为信息的收集基础上，最后将销售的实际业绩与绩效标准进行对比。对于整个销售团队来说，销售预算是与实际销售绩效进行对比的标准。销售预算可以用来评估销售管理者，也可以用来评估销售人员。对于个体销售人员来说，销售定额是成功销售的重要标准。

绩效标准提供了公正评估和销售人员之间相互比较的方法。仅仅比较销售结果有失公正，因为不同销售区域的销售潜力和工作量是不一样的。

信息收集

个体销售人员能够提供关于绩效评估的很多有用的信息。他们能够向总部提交数据，内容包括各类品牌/产品的销售数据和顾客总量，顾客访问名单的日报和周报，市场中隐藏的商机、涉及的问题，以及费用。

销售人员还可以通过实地造访对这些数据进行补充。这可以给公司提供更多的定性信息，比如销售人员在顾客面前的表现，销售人员的工作习惯、工作态度、组织能力，这些定性的信息都可以作为销售人员提供的除定性信息以外的信息补充。

市场研究的项目同样可以从顾客的角度给公司提供关于销售团队的信息。具体的项目，或者一般性项目（比如交货时间研究、产品可靠性研究等），也可以反映出与销售人员表现相关的信息。珀金斯引擎公司（Perkins Engines）负责的一个市场研究项目发现，有技术背景的销售人员更能够在销售的过程中向顾客传达顾客难以理解的产品特征。[1]这个研究发现让珀金斯引擎公司对其销售人员进行重新培训，可使他们在销售时聚焦产品的某些特征以及顾客能得到的具体好处。

最后，公司的档案也能提供丰富的信息。过去的销售记录、访问次数、费用水平等能够为我们提供信息比较的基础、发展趋势的指标，以进行绩效评估和销售目标设定。

绩效衡量标准

定量的绩效标准

用**定量的绩效标准**（quantitative performance measures）衡量绩效有两种情况。不管是哪一种，销售管理者都要为他们带领的销售团队设定标准。首先是一系列的投入型标准，它们带有诊断性，能够识别出哪些类型的绩效未达到标准。产出型标准则与销售绩效和利润相关。很多公司都将投入型标准和产出型标准结合使用，以衡量它们销售团队的绩效。[2] 对个体销售人员来讲，这些具体的产出型标准包括：

- 达到的销售额；
- 获得的利润；
- 获得的毛利润和毛利率；
- 每个潜在客户的销售额；
- 每个现有客户的销售额；
- 销售额占销售潜量的百分比；
- 订单数量；
- 新顾客的销售额；
- 新顾客的数量。

所有这些标准都属于产出型标准。

第二类标准与投入有关，包括：

- 销售访问次数；
- 每个潜在客户的访问次数；
- 每个现有客户的访问次数；
- 报价的次数（某种程度上，这也算产出型标准）；
- 潜在客户的访问总数。

结合投入标准和产出标准，可算出以下混合比例的数值：

1. 成功率＝订单数量/报价数量；
2. 每次访问的销售额；
3. 每次访问所获得的利润（称为有效性）；
4. 每次访问的订单量；
5. 平均订单价值＝销售额/订单数量；
6. 发掘顾客的成功率＝新顾客数量/拜访新顾客的次数；
7. 每份订单的平均利润＝利润/订单数量。

所有这些比率指标都能够在个人、产品、顾客等方面进行应用，可对以下问题进行回答：

（1）销售人员是否达到令人满意的销售水平？

（2）销售的成功是否反映在利润上？

（3）销售人员是否通过过度打折的方式"买来"销售额？

（4）销售人员是否花了足够的时间来发掘新顾客？

（5）在发掘新顾客的时间内，是否带来了新的订单？

（6）销售人员每周拜访顾客的次数是否令人满意？

（7）他们是否对不同类型的顾客进行了足够多的回访？

（8）销售人员是不是访问了太多的低潜力顾客？

（9）对顾客的拜访能否在成功的销售结果中体现出来？

（10）报价的次数能否反映在接收的订单中？

（11）销售是如何实现的——由较多的小订单还是较少的大订单组成？

（12）每个订单带来的利润是否对得起拜访顾客的相应成本？

这些标准大多数是诊断性的。它们能够识别出一个销售人员未能达标的原因。可能是因为懒惰——访问次数不多，或者访问次数足够，但是访问效率（也就是每次访问所获得的利润）非常低，这说明销售技巧有待提高；或者是销售人员拜访了太多的老客户，没有访问足够多的新客户。访问率是非常重要的指标，因为研究表明访问率的提高已经被证明对销售额、感知服务质量、顾客满意度有显著的积极作用。[3]

这些比率进一步指出了接下来需要研究的问题。低成功率（订单数量／报价数量）要求我们对订单为何没有跟上报价的原因进行分析。访问不够有效说明公司需要检查销售人员的技能是否过硬，找出各个方面存在的问题，然后进行对症下药的培训。

定量的标准研究每个销售人员获得的具体报酬，重点聚焦在费用和薪酬上。就费用来讲，主要是比较销售人员之间的成本花销，以及同一个销售人员今年和去年的花销。用到的比率包括：

- 费用/销售额；
- 费用/利润；
- 每次访问的费用；
- 销售区域内每平方英里的费用。

这样的测量方法能够让我们识别出某些费用过高的情形。薪酬分析在下面的情形中非常有用：

- 大部分的工资是固定的；
- 销售人员的固定工资水平不同。

后一种情形下，公司根据工作年限或者年龄给销售人员发放工资。对于薪资水平是否公平，可以通过下面两个比率的计算来分析：

- 总工资（含佣金）／销售额；
- 总工资（含佣金）／利润。

某一种薪酬方案在执行时失控，会表现在这些比率上。那些销售业绩很好但工资特别低的销售人员会辞职寻找一份多劳多得的工作。

乔伯、胡利和希普利（Jobber，Hooley and Shipley）进行了一项针对 450 家工业品生产商（生产和销售重复性购买的工业品和资本货物如零件和机器的公司）的调查研究。[4]调查目的是统计大公司（成交额高于 300 万英镑）和小公司（成交额不到 300 万英镑）执行销售绩效评估的方法和程度。从表 17－1 可看出，各个公司之间使用产出型指标的程度相去甚远，大公司相比小公司倾向于使用更多的产出型指标。最近的一项绩效评估调查表明，与每个顾客的销售额指标相关的标准的使用率正在逐步提高，被越来越多的公司使用。[5]

表 17－1　小型公司和大型公司销售团队绩效评估的产出型标准使用情况比较

评估标准	小型公司（%）	大型公司（%）	统计数据差异显著性
销售			
销售量	87.2	93.1	
每种产品销售量	61.2	80.3	＊
每类顾客销售量	48.2	59.5	
每份订单销售量	22.4	26.7	
每家分支机构销售量	22.4	38.9	＊
每次访问销售量	12.9	24.4	＊
市场份额	32.9	57.3	＊
客户			
新客户数量	58.8	55.7	
流失客户数量	44.7	42.7	
新客户销售量	57.6	54.2	
过期支付的客户数量	41.2	38.2	
购买全产品线产品的客户数量	14.1	16.0	
利润			
毛利润	58.8	48.9	
净利润	38.8	42.7	
毛利润占销售量的比重	47.1	45.0	
净利润占销售量的比重	38.8	34.4	
投资回报率	28.2	26.7	
每次访问利润率	12.9	12.2	
订单			
订单数量	48.2	38.2	
取消的订单数量	14.1	13.7	
每次访问订单比率	25.9	29.0	
成功率（＝订单数量/报价数量）	37.9	40.5	
订单平均价值	28.2	26.0	
每份订单平均利润率	21.2	16.8	
订单与报价的比率	29.4	21.4	
其他产出型标准			
客户投诉数量	23.5	22.3	

＊表示差异显著，$p < 0.05$。

表 17－2 说明，对于用投入型指标衡量访问效果来说，大型公司和小型公司的情况大相径庭。同样地，大型公司比小型公司更多地使用投入型标准来对销售团队进行评估。

表 17 - 2　小型公司和大型公司销售团队绩效评估的投入型标准使用情况比较

评估标准	小型公司（%）	大型公司（%）	统计数据差异显著性
访问			
每段时间的访问次数	49.4	69.7	*
每类顾客的访问次数	15.3	37.4	*
潜在客户的访问次数	56.5	53.8	
现有客户的访问次数	55.3	61.8	
发掘客户成功率（＝新客户数量/潜在客户访问次数）	28.2	32.8	
费用			
销售费用和销售量的比例	38.8	45.4	
每次访问的平均成本	21.2	30.8	
其他投入型标准			
要求提交的报告数量	42.0	42.0	
产品展示的数量	23.5	22.3	
服务造访次数	21.2	23.1	
信函/电话方式访问潜在客户的次数	14.1	7.7	

* 表示差异显著，$p < 0.05$。

随着个人电脑的普及，很多电脑软件被开发出来，用来帮助公司制作分析销售人员销售绩效的系统或程序模块。创建定量销售数据库，可以分析、记录和总结销售人员一段时期内的销售表现。

当然，仅仅靠定量标准不能全面评估销售人员。为了提供更广阔的视角，定性的评价方法需要配合使用。

定性的绩效标准

定性评估方法往往更加主观，通常用于评价实地造访的效果。这些指标主要包括：

1. 销售技巧。这个指标包括以下几个子指标：
- 销售的开场白和建立关系的技巧；
- 确认顾客的需要，询问的能力；
- 销售演示的质量；
- 使用视觉辅助工具；
- 承受拒绝的能力；
- 销售结算的能力。

2. 客户关系。
- 销售人员的受欢迎程度如何？
- 顾客对销售人员的服务、建议是否满意？销售人员的可信度如何？顾客有没有经常投诉？

3. 自我组织能力。销售人员在以下几个方面的表现如何？
- 访问前的准备；
- 规划好路线，减少不必要的额外交通成本；
- 及时更新顾客记录；

- 向总部提供市场信息；
- 进行自我分析以改正缺点。

4. 产品知识。销售人员对以下方面的了解程度如何？

- 自己的产品、顾客利益以及运用情况；
- 竞争对手的产品以及产品优点、应用情况；
- 自己的产品与竞争对手的产品相比的优缺点。

5. 合作精神和态度。销售人员对以下方面的了解程度如何？

- 对管理层改善绩效提出的目标做出反应，如增加物色顾客的比率；
- 遵循实地培训时有关提高销售技巧方面的建议；
- 主动性。

6. 销售人员对以下两个方面的态度：

- 公司和产品；
- 努力工作。

越来越多的公司以顾客满意度来衡量其销售人员是否成功。[6] IBM 的高级销售经理理查德·哈森（Richard Harrigon）说："提升顾客满意度的效率和速度是决定销售队伍薪资水平的基础。"[6] 一个影响顾客满意度的因素是购买者进行面对面交谈的次数。次数太少会让顾客感到被忽视、服务质量低，过多的面对面访问则会让顾客厌烦。哈姆维（Hamwi，2013）的一项研究表明，当销售人员联系购买者的频率和节奏与购买者感知到的最佳频率吻合时，购买者对销售人员的信任度和满意度会更高。因此，需要大量的尝试和经验积累，以确定对顾客的最佳访问频率，然后销售人员按照这个频率进行访问。[7]

乔伯、胡利和希普利进行了一项关于工业品制造商采用定性绩效评估指标的调查。[8] 表 17 - 3 显示了调查结果，即各个公司销售经理使用的评估标准。尽管大小公司在定性标准使用上的比例差异没有定量标准的情况那么大，但从数据中能够看出，小型公司的销售经理倾向于采用"拍脑袋"的方式形成自己的意见，而大型公司的销售经理更加正式一些，比如采用评估报告的方式来表达观点。

表 17 - 3　小型公司和大型公司销售人员定性评估标准使用情况对比

评估标准	小型公司（％）	大型公司（％）	统计数据差异显著性
技巧			
销售技巧	81.9	86.9	
沟通技巧	77.1	85.4	
知识			
产品知识	94.0	90.8	
对竞争对手的了解	80.7	83.1	
对公共政策的了解	56.6	68.5	
自我管理			
计划能力	77.1	76.2	
时间管理	54.2	61.5	
判断/决策能力	74.7	68.5	
报告的准备和提交	63.9	77.7	*

续表

评估标准	小型公司（%）	大型公司（%）	统计数据差异显著性
个人特点			
态度	91.6	88.5	
主动性	92.8	83.1	
仪表和举止	90.4	86.9	
积极性	45.8	50.8	
创造性	49.4	56.9	

* 表示差异显著，$p < 0.05$。

前面已经提到，定量标准和定性标准是相辅相成的。每次访问导致的低销售率必然引起对销售技巧、顾客关系、产品知识各方面的严格排查，这样能找出绩效不佳的原因。

图 17-3 列出了销售经理对销售人员评估结果的反应。林奇（Lynch）[9] 提出了四种不同的情况：

1. 良好的定性评估结果/良好的定量评估结果。比较合适的做法有表扬和奖励，以及对合适的人员进行晋升。

2. 良好的定性评估结果/较差的定量评估结果。良好的定量评估结果表明，销售人员在顾客面前表现良好，但是某些定量的绩效指标，如态度、书面报告、市场信息反馈，可能需要通过改进建议、培训达到公司的要求。

3. 较差的定性评估结果/良好的定量评估结果。定量的投入没有带来定性的成功。这种特殊的结果需要进行分析，找到具体的原因，提供建议和培训指导。缺乏持之以恒的精神、销售技巧不够或者访问次数的过多/过少都是导致销售结果不良的可能原因。

4. 较差的定性评估结果/较差的定量评估结果。这需要认真讨论并找出问题所在，并通过培训提高水平。在某些情况下，还需要实行惩罚措施甚至解雇员工。

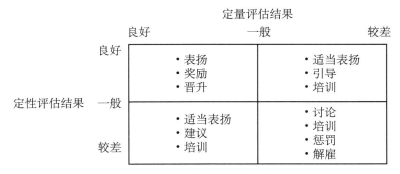

图 17-3　销售人员评估矩阵

为了能让考核和控制系统有效运作，让销售团队对这种系统加强理解非常重要。如果简单地理解它们是管理方式和批评管理员工的工具，员工就会产生不满情绪。这种系统应该被理解为一种帮助销售人员改变自己、提升自己的辅助工具。确实，定量的产出型标准还可以作为实现销售目标后进行奖励发放的依据。所以，应该从正面而不是反面来看待控制考核系统。

获得或失去重要订单

销售经理经常会问的一个重要定性评估问题是："我们到底是能够得到订单还是会失去订单？"对于大客户的销售，这个问题更加重要。比如，总经理可能会向销售经理说："你负责确认一下沙特阿拉伯的公司是否真的会下一笔大订单，购买我们的新的飞行器引擎。我下周需向上级报告，这样我们才能决定是否需要扩建工厂。"

显然，销售经理凭直觉会直接询问负责这笔销售的相关销售人员。但问题是，很多销售人员其实自我感觉良好。如果你知道你即将错过一个500万英镑的订单，你该如何解释？所以如果直接问："比尔，这份订单你能搞定吗？"可能没有什么效果，因为得到的回答可能是："是的，客户喜欢我们！"但他们的言下之意实际上是，客户喜欢这个销售人员，但不一定喜欢这个产品。

所以，销售经理需要更进一步研究、分析，准确评估实时情况。这就需要弄清楚一系列的问题，比如谁、在哪里、什么时间、为什么、怎么样等。而且，销售经理需要考虑哪些答复是能够采用的（有助于得到订单），哪些答复是不能采用的（不利于得到订单）。表17-4解释了这个过程，以一个1 000万英镑的电脑销售订单为例。如果失去了订单，那么这种答复是不能让人信服的（比如，MIS的董事没有这个权力批准这个大订单）。

表17-4 获得或失去订单

问题	较差的回答（失去订单）	好的回答（得到订单）
● 谁有权购买？	● MIS的董事	● MIS的董事，但需要经过执行董事的批准，我们以前跟他们提起过此事。
● 他们何时购买？	● 立刻购买。他们喜欢新产品模型。	● 在年末审计高峰之前。
● 做出决定时，他们在哪里——独自在办公室？在老板办公室，还是在会议上？	● 在哪里购买有区别吗？我觉得做出购买决定就可以了。	● 在董事会上。但是不用担心，因为董事会上不会出现供应商，我们有两个很好的顾客。
● 他们为什么买我们的东西？为什么不从常规合作供应商那里购买？	● 我和他们的关系好。他们喜欢我们的新产品模型。	● 以前的供货商产品升级，要求涨价，他们不满意，而我们的产品正好适合他们。
● 购买资金从何处来？	● 他们资金充裕。	● 成本削减后，成本偿还期是14个月，有一家租赁公司愿意加盟这笔交易。

销售人员自欺欺人的同时，也会误导销售经理。好的回答（得到订单）可以成为解决所有销售经理问题的清晰可信的方案（比如，执行董事可能有权批准这么大的一笔订单）。

如果结果是失去一笔订单，销售经理就需要权衡，到底是这笔订单重要，还是销售人员重要。如果二者都具有很大的潜力，那么销售经理、销售培训师、顶尖销售人员就应该与他们共同努力。他们应该多咨询问题，明白自己为什么接受培训，以及销售经理希望他们学到什么。在这个过程中，他们也会逐步意识到，管理层关心他们的发展，希望双方能够和谐发展，都取得成功。

如果销售人员的潜力被认为非常大，而这个销售单子的潜力非常小，那就只需给他们提出建议。通常情况下，最好是在一天的访问结束之后，向他们提这个事情。在谈论这个话题时，避免以直来直去的强硬的方式交流，语气要委婉，以免引起销售人员的不适。

当销售人员的潜力不大，但销售订单非常值得的时候，选择起来就有些麻烦。可能这个销售人员需要被调到其他岗位上去。当销售人员和订单的发展潜力都不大的时候，最根本的问题就变成在订单失去之后还是之前重新分配销售人员的岗位。

评估面试

评估面试（appraisal interviewing）可以及时发现销售人员的不足之处、需要改进之处，而且能在销售人员表现优异时给予表扬。其中一个方法是要求销售人员写下他们来年的 5～10 项期许，比如，参加关于产品展示的培训课程、参加时间管理培训课程、每个月与销售经理访谈、实现销售目标、加入营销团队等。然后，销售经理和销售人员坐下来，共同探讨这个期许清单，将其分为四个部分（每个季度完成其中一部分）。在每个季度末，他们会开一个会，总结一下这些期许的实现情况，是否有变动。同时，这还可以提供一个认可或者批评销售人员的机会。

小 结

本章对销售绩效评估的整个过程进行了探讨，并描述了销售人员评估过程。它始于设定销售目标，然后是销售战略的制定、绩效标准的设定、销售成果与标准的比较衡量，最后是采取行动来改进销售绩效。

接下来，探讨了评估销售人员所需的各类标准。主要有两种广义标准——定性指标和定量指标。这些标准主要用来评估、控制、激励销售人员取得更好的绩效。

麦克拉伦轮胎公司

麦克拉伦轮胎公司（MacLaren Tyres Ltd）是一家进口亚洲制造的汽车轮胎并进行销售的公司。大卫·麦克拉伦（David MacLaren）于 1990 年创立这家公司，当时他的一个新加坡朋友告诉他，那边生产供应的轮胎相比于欧洲的轮胎更廉价实用，有获利空间。虽然亚洲生产的轮胎没有欧洲生产的那么耐用（亚洲的平均 18 000 英里，而欧洲的约 25 000 英里），但亚洲产的轮胎生产标准更高，像短板问题、爆胎问题、漏气问题相对于欧洲的轮胎来说出现的概率更低。

麦克拉伦认为，在英国一定存在一个目标市场，能够给这种亚洲生产的轮胎提供销路。他认为，一定会有相当一部分人被亚洲轮胎的这种廉价的特点所吸引。在价格相对敏感的市场上，客户一般是中低收入阶层，开的一般是车龄超过三年的二手车。

他决定联系一个委托经销商，在当地找一个轮胎经销商来销售这些轮胎。一开始生意比较清淡，但很多分销商逐渐觉得这些轮胎的质量还不错，因此销量开始上升。

麦克拉伦成为销售经理，招聘了五位销售人员，组成了一个销售职能团队。下面是麦克拉伦得到的这五名销售人员的基本资料。

销售人员情况简介

皮特·基里克（Peter Killick）——五年前加入公司，拥有 HND 证书（一种商业从业资格证书），之前有两年的保险销售经历。27 岁。负责泰恩赛德地区，喜欢社交，性格外向。

凯瑞·奥尔福德（Gary Olford）——三年前加入公司。无从业资格证书，但创造过很多汽车销售纪录，还卖过玩具产品。35岁。负责曼彻斯特/利物浦地区。工作很认真，但似乎缺乏积极主动性。

巴里·威尔逊（Barrie Wilson）——与基里克同时加入公司。拥有 HNC 资格证（一种工程技术从业资格证书）。之前是工程公司的一个技术人员代表。28 岁。负责伦敦地区的销售。看起来很喜欢这份工作，但是缺乏在销售成功目标路上前进的"动力"。

罗恩·海恩斯（Ron Haynes）——三年前加入公司。取得了工科学位。有洗浴用品、丝绸用品的销售经历。29 岁。负责伯明翰地区的销售。似乎缺乏工作热情，但销售业绩基本保持在平均水平。

凯文·哈里斯（Kevin Harris）——两年前加入公司。拥有商业方面的学位。之前，在完成学业的过程中担任过工业销售培训期间的营销助理。25 岁。负责布里斯托地区。热爱工作，但缺乏实践经验。

销售人员数据

麦克拉伦需要仔细分析这些销售人员的销售业绩。他需要制订包括一系列销售绩效考核标准在内的评估计划，使其具有实用性。销售人员去年销售业绩的基础数据如表17－5所示：

表 17－5　销售人员数据

	销售额（千英镑）	毛利（千英镑）	活跃客户数	客户造访总次数	访问不同客户的次数
基里克	298	101	222	1 472	441
奥尔福德	589	191	333	1 463	432
威尔逊	391	121	235	1 321	402
海恩斯	440	132	181	1 152	211
哈里斯	240	65	296	1 396	421

市场数据

麦克拉伦根据交易过程中的总结和对销售人员所负责地区的了解，估计出了每个区域的潜在客户的最大量，以及每个地区的市场价值的最大潜力（见表 17－6）。

表 17－6　市场数据

	潜在客户数量	区域市场价值潜力（千英镑）
基里克（泰恩赛德）	503	34 620
奥尔福德（曼彻斯特/利物浦）	524	36 360
威尔逊（伦敦）	711	62 100
海恩斯（伯明翰）	483	43 800
哈里斯（布里斯托）	462	38 620

续表

问题讨论

1. 对麦克拉伦轮胎公司的每个销售人员进行销售绩效评估。

2. 如果想要做到更完整的评估，需要哪些额外信息？

3. 你认为还需要采取什么措施？

思考题

1. 销售人员绩效的定量评估指标最容易被曲解，你同意这种说法吗？

2. 对于销售绩效的定性标准和定量标准，该如何进行权衡，如何配套使用？

3. 如果公司失去了一笔大订单，销售管理者应该如何降低风险，防止再次发生？

4. 当评估销售团队中每个人的情况时，应该用什么样的绩效评估指标？

5. 相比于个人销售来说，采用团队销售的方式更容易提高销售人员的积极性，所以是更好的销售组织模式。分析这种说法是否正确。

好问电子：线上线下的销售整合

好问电子公司（Ask Electronics）成立于 1983 年，是英国充满活力和竞争激烈的电子产品市场中的一家电子产品独立零售商。该公司是家族企业。令该公司引以为豪的是其销售人员提供的顾客服务水平，他们提供售前和售后的消费者关怀。公司目标是使消费者的购买体验尽可能简单和愉悦，不管消费者想要购买的是电视机、平板电脑、照相机还是摄像机。该公司为其较高的员工保留率而自豪，很多员工在职多年。

好问电子基本上是一家实体零售商。实体店面销售额在 2003 年左右达到顶峰，并从那时开始逐步下降。据分析，这主要是由两个因素造成的：消费者越来越多地倾向于从线上购买电子产品和消费者的电子产品购物逐渐远离伦敦市中心。为了提高销售额和利润，公司决定从实体零售转向真正的多渠道零售。因此，该公司一直在科技和程序上投资在线平台。现在，该公司认为自己是一家在线和实体兼具的电子产品零售商。

好问电子的直接目标是扩大市场份额。然而，电子产品市场竞争非常激烈，该公司有多家竞争对手，它们都是实体和线上并行的零售商。作为一家实体零售商，该公司与同等价位的所有零售商竞争。另外，竞争者还包括与好问电子在同一个区域经营的零售商，它们都在伦敦市中心。作为专业的电子产品零售商，好问电子也与其他销售相同产品的零售商竞争。作为线上零售商，好问电子要与所有其他售卖相似电子产品的专业零售商和综合零售商竞争。John Lewis、Richer Sounds、PC World、Curry's、Argos 都在竞争对手之列。事实上，好问电子在线上和线下都有很多竞争者。

该公司过去常常在伦敦市中心的四个经销店运营，但它现在更加专注于一家商店：好问店。这家占地 10 000 平方英尺的零售店位于托特纳姆法院路，该地从 20 世纪 60 年代起就是有名的科技和电子中心。这家店在给予潜在客户试用和比较产品的机会上发挥了非常关键的作用。如果消费者需要帮助或者建议，知识团队总是可以在第一时间出现。

多年来，好问电子不断提高其作为线上零售商的竞争力。在线上和线下，该公司都具备来自世界顶尖品牌最新和最好的技术，并按照从家喻户晓的品牌（如苹果公司）到新兴品牌（如 GoPro）的顺序排列。线上和线下销售的广泛的产品和配件都有现货供应。所以，通常可以保证迅速派送。

该公司将自己定位在高端电子市场的中间水平。它销售各种各样的电子产品，包括电子摄像机、照相机、卫星导航系统、高保真音响设备、等离子电视、家庭影院系统、手提电脑和打印机，也售卖附加服务（如延长质保期）。因为该公司获得了销售所有产品的授权，所以从其网店或者实体店购买的所有商品都有制造商的全面质量保障。

为了给消费者提供无缝解决方案，该公司现在推出了门店自提服务，消费者可以线上下单，到门店自提。下单两个小时之内，就可以在伦敦市中心的门店自提。门店自提专门为没有太多时间和想要尽快拿到商品的消费者设计。这项服务对不便接收到家派送的消费者格外方便。如果消费者在门店购买了产品但是不想自己带回家，该公司还提供送货上门服务。这项服务对于大多数产品都是免费的。

过去的几年里，该公司在向一家真正的多渠道零售商转型相关的物流、投资等方面努力。因此，它现在将自己重新定位并将品牌树立为一个真正的多渠道零售商。现在，在销售和销售管理上该公司最重要的目标依然是通过网络提高线上和线下的销售额。它希望通过网络和销售点联结（包括提供只在店里才能获得的低价）来提高店内销售额。为了实现这些目标，公司需要一个定制的客户关系管理计划。长期目标依然是在培养客户忠诚的同时，提高长期和短期的销售额。该公司依靠其实体店中的销售主管向客户和潜在客户提供核心价值。

问题讨论

1. 好问电子如何确保其销售主管能够更好地为公司通过线上和线下销售提高销售额的长期目标而努力？

2. 一个相对小型而独立的公司在这样一个激烈竞争的市场中有什么优势和劣势？好问电子在这样的竞争中应该如何进行差异化？

3. 为好问电子设计一个适合的客户关系管理计划并说出理由。

案例研究2

Game The Work：严肃的游戏，严肃的结果

Game The Work 是索菲亚·布斯塔曼特（Sofia Bustamante）和马马丁·塞赛（Mamading Ceesay）最新的创业项目，他们是获奖社会企业——伦敦创意实验室的联合创始人。作为伦敦的一家咨询公司，Game The Work 专注于利用严肃游戏来应对工作和生活环境中的挑战。它结合了积极心理学、神经科学、注意力和设计思维中的专业意见。正如乔纳斯·费雷拉（Jonas Ferreira）所说，"游戏只是一个游戏，但技能是真实的"。

Game The Work 的基本理念是：创新、合作、企业家精神和文化变化都可以通过游戏的方式成功、有效地实现。实证研究和很多普通的研究都反复证明了玩（游戏）能够用强大且不可抗拒的方式开发人类大脑。因此，Game The Work 用游戏引导个体思考、加入头脑风暴，甚至找出潜在的解决方案和策略。在游戏的实时过程中，随着参与者被主持人引导，很多工具、方法和结构得到了解释和执行。

Game The Work 正在为个体和组织搭建一个基于网络端和移动端的平台。个人和公司游戏的目标都是在参与者学习解锁高效新习惯和行为时，识别其想法和行为。Game The Work 还对个人和组织提供附加服务，诸如训练、研讨会和改变项目。这些项目可以根据组织需求量身定制。

Game The Work 的团队旨在为希望改进个人发展的个体提供深入和定制化的支持。除了生活改变训练和职业训练，其"提升你的游戏"产品线里还有很多活动，包括：

● 重要的谈话；

- 把消极习惯变成积极习惯；
- 摆脱上瘾；
- 活得有目标、有选择、有专注力；
- 真正照顾你自己；
- 改变你的人生故事；
- 成为最棒的自己；
- 如果你内向，那就拥抱安静力量；
- 毁灭，恢复，然后创造一个更好的生活。

Game The Work 现在提供一个叫作进化休息室的交互体验项目。进化休息室是指一个在类似伦敦市中心国王十字车站这样的繁忙区域进行的"体验跑"，小组成员可以一起分享一段内在和外在的旅程，在过程中能够获得洞见和疑问解答。因此，个人问询和自我主导的观察与一些吻合的运动（如散步）结合在一起。进化休息室板块鼓励参与者利用周围的混乱情况和问题，而不是回避它们。每位参与者选择一个与自己有关的问题，可以关于生活，也可以关于工作或者人际关系。活动期间，参与者解决他们自己的问题，同时为每小节开始时分到同一小组的同伴提供建议和支持。每位参与者在此之前

都不需要教练或者领导经验。但是每组都有一名来自 Game The Work 的组长。进化休息室向个人提供，组织也可为其员工或者成员预订。后者在加强团队成员之间的联系上格外有用。进化休息室的拓展版也可以向组织提供，与公司活动的目标保持一致。至今，进化休息室在英国和德国很受欢迎。

进化休息室可以在线预订，网址是 http://www.gamethework.com/evolution-lounge/。与此同时，网站 http://www.gamethework.com 也在改变以体现这些发展。该项目可以向英国和全世界的个人与组织提供，有一些活动在德国取得了巨大的成功。

尽管在线平台是运营的关键，但是Game The Work 的人才是业务的核心。因此，对团队领导人和整个团队的专业和职业发展培养是一项要一直践行的承诺。

问题讨论

1. Game The Work 怎样才能让它已有的长期会员接受新的发展项目？

2. 线上运营的咨询有哪些挑战和优势？

3. 提出一个为新的团队成员设计的训练项目。

案例研究3

劳埃德银行集团：以公司活动为营销手段

劳埃德银行集团（Lloyds Banking Group）成立于 2009 年 1 月，由 Lloyds TSB 和 HBOS 合并而来，是新晋的英国最大的银行。这家银行在英国有深厚的私人股东基础和超过 3 000 万客户。劳埃德银行为英国大众提供活期存款账户、储蓄账户、个人贷款、信用卡以及抵押贷款。银行有 10 万多名全职员工。公司最近启动了一个多品牌战略，囊括在这个项目中的品牌是 Lloyds TSB、Bank of Scotland、Halifax、Scottish Widows、Lex Autolease、AMC、Blackhorse、LCD、Colleys 以及 Birmingham Midshires。

劳埃德银行现在的首席执行官是安东尼奥·霍塔-奥索里奥（Antonio Horta-Osorio），他眼界宽广，对银行的未来有清晰的规划。霍塔·奥索里奥和他的管理团队正在谋求把劳埃德银行改革成一个简约的、低风险的、以英国为中心的零售和商业银行帝国。

银行的改革正在推进。2013 年 11 月，劳埃德银行同意把自己旗下的 Scottish Widows 出售给 Aberdeen 资产管理公司。Heidelberger Leben 和劳埃德银行在塞恩斯伯里超市的股份也被同意售出，Scottish Widows 的售出紧随其后。2014 年，劳埃德银

行减少了将近 100 亿英镑的商业投资。目前为止，劳埃德银行已经从 20 多个国家退出或宣告退出，因此实现了 2014 年末在 10 个甚至更少的国家经营的目标。

参照过去几年中银行出现的问题，劳埃德银行的主要目标之一是继续证明它仍然为商业而生。它的股份可以证明，作为一家股份银行，在其客户商业运转的整个环节中，它可以专门提供新颖且长期的方案。这家银行的一个重要目的是确保其现有客户和潜在客户（前景）能明确集团已经对团队做了新的部署。

客户关系总监对银行和客户之间长久而持续的关系是否成功和如何发展起着决定性作用。尽管客户关系总监受聘于公司，但他同样是客户值得信赖的顾问。信任在客户和客户关系总监之间是必不可少的。

由于过去几年银行业的衰退，再加上恶名昭著，自 2009 年以来经济服务部鲜有社交活动。尽管如此，因为现场活动在强化已有关系和通过现有客户介绍新客户方面具有出色的效果，为了实行保留现有企业客户并获得新的企业客户的策略，劳埃德银行持续投资举办企业客户活动。

各式各样的活动都有一个目标与其对应。劳埃德银行一直致力于实现每场活动的高出勤率，以此来保持与银行客户的契约。尽管这些活动的目的是强化企业客户与银行之间的关系，但是一个额外的策略是已有客户会帮助银行接触新的潜在客户。因此，银行与已有客户的关系分为两层。首先，客户和银行之间的关系会得到加强。其次，银行可以为它的合作团队找到新的有潜力的客户。它的目的在于现有客户可以向他们的熟人推荐合作产品的证券投资组合。

一系列明显的目标和策略都与国家性事件有关。它们说明尽管目前经济衰退且情况变幻莫测，但银行对商业活动仍然十分支持。这不仅着重强调企业仍然可以在这种金融危机期间向银行申请贷款，地区团队也会一直作为企业客户可信任的建议者，不论是

在经济周期的哪个阶段。此外，除了向地区团队介绍企业客户，这些活动也可以使企业客户与当地的同行会面。最终，这些活动的目的在于展现劳埃德银行集团致力于支持专业人士，并且其正在构建的新的结构将会更加强有力地提供这样的支持。

这次宣传活动的目标人群分为以下三个类别：

1. 拥有 1 500 万～5 亿英镑营业额公司的首席执行官和财务总监。

2. 关键影响人物，例如律师、会计人员、经纪人/顾问。

3. 当地媒体和商业杂志。

劳埃德银行新整合的团队成员也被邀请到这个项目中来。

因为目标受众是高水平的部门经理，他们的空余时间有限，所以活动必须花样百出且信息丰富，这样才更具吸引力，获得最高的出席率。尽管调查的邮寄环节已经结束，各个地区的活动组织者还是会检查现场准备情况和客户名单。对客户以及潜在客户的培养不只在活动中完成，事后的后续服务中也有。一个地区项目结束后七天之内，直接的市场信息会发送到每个参与者手中。这一般包括经济预测的纲要、现场的照片、案例学习、问题与解答的反馈以及地区团队的联系方式。邮寄的直接营销手册会发送给每个与会人、受邀者和有记录的潜在客户。活动的各个方面都会考虑到受邀者非常忙碌这个事实，因此活动开始前会向他们发送提醒信息。

所有的交流都被发送或是集中广播，也被各个地区的客户关系总监个人化地保存下来。在所有的客户接触点（包括电话回访和个人欢迎）中也是如此。在活动的各个阶段会捕捉数据。有时候数据会通过电子设备捕捉，有些则在与客户面对面沟通时获取。这种不间断的数据捕捉提供了一种更完整的客户档案，因此对客户会有更深入的了解。

这件事是否成功可用以下三个方面衡量：

1. 对银行的感知；
2. 对银行与客户关系强度的影响；
3. 新业务的发展。

问题讨论

1. 请为劳埃德银行集团提出一种最合适的调查方式来衡量客户对银行的评价。请对你的答案做出解释。

2. 为了帮助银行和企业客户之间建立业务往来，给出一个地区事件活动的提案，并进行解释。

3. 在公司与客户之间，劳埃德银行集团的客户关系总监怎样建立一种更好的信任关系？

案例研究4

旅游关爱组织：非营利组织的销售和销售管理相关性

成立于 1989 年的旅游关爱组织（Tourism Concern）是一家独立的慈善机构，致力于为公平贸易的旅游而斗争。机构的愿景是建立一个不受剥削的世界，即旅游的各方受益平等，产业、观光者和东道主社区的关系以真诚和尊重为基础。该机构与超过 20 个国家的伙伴合作以确保当地人受益。简而言之，它致力于旅游业的开发。当社区和组织向其寻求帮助时，它会发起活动。

旅游关爱组织是一个独一无二的机构。没有其他非政府组织像它一样频繁参与旅游开发实践。旅游关爱组织在为特定团体提供有益帮助时起到重要作用。该机构的另一重要作用是与旅游业最严重的侵犯人权现象作斗争。

旅游关爱组织旨在通过产业、政府、发展和非营利组织人权的合作来改变旅游业交易和发展的方式。它的活动是根据特定国家的社区和组织向该机构提交的报告或者在度假时发现问题的旅行者的需求发起的。

旅游关爱组织会咨询亲自参与过强占土地、国际志愿和工作条件等方面事件的合作者和股东。它花费几个月的时间搜索、调查和收集案例研究。以上措施使机构能提出解决问题的建议、制定策略以实施解决方案。

该机构的活动需要资金，因此寻求支持需要旅游关爱组织的长期努力。它的解决方案是多样的和因地制宜的。它通常围绕三个核心领域解决问题。

1. 影响人、政府或产业

旅游关爱组织通过其运动游说政府、挑战产业责任和暴露侵权问题，旅游关爱组织的发声有助于联合国马拉喀什进程和联合国贸易与发展委员会（UNTAD）工作的展开。

该机构也鼓励度假者质疑他们自己对参观过的文化景点和假期的真实印象。它提供的信息帮助旅游者询问正确的问题，并在制订假期安排时做出正确的选择。机构的教育资源和出版物旨在促进批判性思维和激发创意。

2. 创造替代事物的方式

旅游关爱组织为最大化当地社区的旅游收益提供方案和工具。其最大的项目是公平贸易旅游工程，旨在给弱势旅游提供者和工人提供权利和帮助。该机构开发工具以改善产业实践，与基于社区的机构合作来加强和推广自己的举措。

3. 成为边缘化社区的代言人

旅游关爱组织使特定国家的人民和社区的声音被英国媒体听到。该机构也帮助他们通过构建能力和发展工具来提高宣传活动效果。旅游关爱组织的运动经常通过特定国家的人群发展起来。

定期的捐款和馈赠对该机构来说十分重要。这些支持可以帮助该机构开展关键的活动来保护当地人的权利，同时帮助他们在旅游中获得更公平的交易。支持者可以是进行一次性在线捐赠的人，或者是成为朋友或成员的人。该公益组织除了给成员提供专业和学术网络之外，还提供三种会员身份。成员可获得无价的建议和支持，包括独家活动的邀请和慈善机构报告的复件。所有成员除了能收到旅游关爱组织合作者的折扣，还能减少活动费用支出。定期捐赠帮助该慈善机构更有效地计划和减少管理费用，因此更多的捐赠有助于其更好的发展。

参与费用为每个月 5 英镑。每个新朋友会收到免费的道德旅游指南手册（价值 15英镑），该手册罗列了 300 份全世界独一无二的旅游攻略。学生会员每月花 2 英镑就可收到这些旅游学习手册。

旅游关爱组织的教育资源和出版物是用来影响批判性思维和激发创意的。它已经成为道德旅游学术研究的前沿文献，并且是学生、演讲者和老师的教材。教材的 KS3 和KS4 已经准备在课堂中使用，可以从机构网页上免费下载。更多的教材包括购买可得的练习册和教育材料，也包含课堂计划。产业内人员、旅游业的学习和研究者都可以了解到机构所参与旅游业问题的详细报告。PDF文件可以从机构官网上下载。副本可以购买到。有 AS/A2/BTEC/学位证书的学生还可以得到 DVD 和更多学习资源。

学术会员网是一个分享旅游关爱组织相同价值的机构。它被认为是旅游业积极改变的驱动力，因此旅游关爱组织相信它的建立是必要的。

为了达到它的目标并帮助实施其所寻求的旅游业改变，旅游关爱组织一直在竞购信托基金并参与特定的运动和项目。来自成员和捐赠的收入帮助该机构保持基金的运营。

该机构的主要目标之一是增加成员数量。另一个目标是增加机构的资金支持。这适用于某个不希望成为机构成员但提供一次性捐助的人。组织在销售和销售管理上的目标是首先在英国市场增加成员数量和资金支持，然后聚焦于如何在国际市场上这样做。

为了保证参与支持者数量，也为了宣传其运营理念，旅游关爱组织使用多种社交媒体平台，比如脸书、推特和 YouTube。它也在官网上建立了免费注册账户。

问题讨论

1. 组织如何通过使用 B2B 交易中常用的方法来更好地利用社交媒体，获得新的受众？

2. 建议并证实一个市场研究计划，该计划要能使机构获得更多以市场为导向的想法。

3. 建议一些方式使旅游关爱组织扩展其活动范围并提供更广泛的产品和服务组合。

图书在版编目（CIP）数据

销售与销售管理：第 10 版/戴维·乔布，杰夫·兰开斯特著；李先国，焦腾啸译．--北京：中国人民大学出版社，2020.5

（工商管理经典译丛．市场营销系列）

ISBN 978-7-300-27908-4

Ⅰ.①销… Ⅱ.①戴… ②杰… ③李… ④焦… Ⅲ.①销售管理 Ⅳ.①F713.3

中国版本图书馆 CIP 数据核字（2020）第 025183 号

工商管理经典译丛·市场营销系列

销售与销售管理（第 10 版）

戴维·乔布
　　　　　　　　著
杰夫·兰开斯特

李先国　焦腾啸　译

Xiaoshou yu Xiaoshou Guanli

出版发行	中国人民大学出版社		
社　　址	北京中关村大街 31 号	**邮政编码**	100080
电　　话	010 - 62511242（总编室）	010 - 62511770（质管部）
	010 - 82501766（邮购部）	010 - 62514148（门市部）
	010 - 62515195（发行公司）	010 - 62515275（盗版举报）
网　　址	http://www.crup.com.cn		
经　　销	新华书店		
印　　刷	涿州市星河印刷有限公司		
规　　格	185 mm×260 mm　16 开本	**版　次**	2020 年 5 月第 1 版
印　　张	27.25　插页 1	**印　次**	2023 年 6 月第 3 次印刷
字　　数	686 000	**定　价**	85.00 元

尊敬的老师：

您好！

为了确保您及时有效地获得培生整体教学资源，请您务必完整填写如下表格，加盖学院的公章后以电子扫描件等形式发我们，我们将会在2～3个工作日内为您处理。

请填写所需教辅的信息：

采用教材			□ 中文版　□ 英文版　□ 双语版	
作　者		出版社		
版　次		ISBN		
课程时间	始于　　年　月　日	学生人数		
	止于　　年　月　日	学生年级	□ 专科　　　　□ 本科 1/2 年级 □ 研究生　　　□ 本科 3/4 年级	

请填写您的个人信息：

学　校			
院系/专业			
姓　名		职　称	□ 助教 □ 讲师 □ 副教授 □ 教授
通信地址/邮编			
手　机		电　话	
传　真			
official email（必填） (eg：×××@ruc.edu.cn)		email (eg：×××@163.com)	
是否愿意接受我们定期的新书讯息通知：　□ 是　□ 否			

系/院主任：_____（签字）

（系／院办公室章）

___年___月___日

资源介绍：

——教材、常规教辅资源（PPT、教师手册、题库等）：请访问 www.pearson.com/us/higher-education。　（免费）

——MyLabs/Mastering 系列在线平台：适合老师和学生共同使用；访问需要 Access Code。　（付费）

地址：北京市东城区北三环东路 36 号环球贸易中心 D 座 1208 室 （100013）

Please send this form to：copub.hed@pearson.com

Website：www.pearson.com

中国人民大学出版社　管理分社

教师教学服务说明

中国人民大学出版社管理分社以出版经典、高品质的工商管理、统计、市场营销、人力资源管理、运营管理、物流管理、旅游管理等领域的各层次教材为宗旨。

为了更好地为一线教师服务，近年来管理分社着力建设了一批数字化、立体化的网络教学资源。教师可以通过以下方式获得免费下载教学资源的权限：

★ 在中国人民大学出版社网站 www.crup.com.cn 进行注册，注册后进入"会员中心"，在左侧点击"我的教师认证"，填写相关信息，提交后等待审核。我们将在一个工作日内为您开通相关资源的下载权限。

★ 如您急需教学资源或需要其他帮助，请加入教师 QQ 群或在工作时间与我们联络。

中国人民大学出版社　管理分社

🐧 **教师 QQ 群：** 648333426（仅限教师加入）

☎ **联系电话：** 010-82501048，62515782，62515735

✉ **电子邮箱：** glcbfs@crup.com.cn

📍 **通讯地址：** 北京市海淀区中关村大街甲 59 号文化大厦 1501 室（100872）